SV

Dieser Band enthält die seit 1957 veröffentlichten kleineren politisch-publizistischen Schriften von Jürgen Habermas.

Aus der Einleitung zum Band 1000 der edition suhrkamp, *Stichworte zur ›Geistigen Situation der Zeit‹*: »Die Neue Rechte warnt vor der diskursiven Verflüssigung der Werte, vor der Erosion naturwüchsiger Traditionen, vor der Entmächtigung automatisch geltender Institutionen, vor Überlastungen des Subjekts und überzogener Individuierung; sie möchte die Modernisierung gern aufs kapitalistische Wachstum und den technischen Fortschritt begrenzt sehen und gleichzeitig den kulturellen Wandel, die Identitätsbildung, den Motiv- und Einstellungswechsel anhalten, den Traditionsbestand einfrieren. Demgegenüber müssen wir den Begriff und die Würde der Moderne, das heißt: die Dimensionen einer *unverkürzten* Rationalität wieder zu Bewußtsein bringen. Wir müssen klarmachen, daß sich in den posttraditionalen Rechts- und Moralvorstellungen, in der Entbindung von Subjektivität, in der Freisetzung von Spontaneität, in dem, was die Soziologie seit Durkheim ›institutionellen Individualismus‹ nennt, ein verletzbarer Eigensinn moralisch-praktischer und ästhetisch-expressiver Rationalität, Max Weber sagte: die innere Logik ausdifferenzierter Wertsphären, durchsetzt. Wer diesen Eigensinn einer Kombination aus vereinseitigter kognitiv-instrumenteller Rationalität einerseits, verwaschenem Traditionalismus andererseits aufopfern möchte, riskiert den Preis kostspieliger Regressionen: auf Deutschem (Blut- und) Boden haben wir schon einmal das Experiment einer auf Wirtschaftswachstum und technischen Fortschritt *eingeschränkten* Modernisierung gemacht.«

Jürgen Habermas
Kleine Politische Schriften
(I-IV)

Suhrkamp Verlag

Erste Auflage 2021

Satz: MZ-Verlagsdruckerei GmbH, Memmingen
Printed in Germany
Umschlag: hißmann, heilmann, hamburg
ISBN 978-3-518-24309-1

Inhalt

Vorwort 9

I. *Schul- und Hochschulreform*

1. Das chronische Leiden der Hochschulreform (1957) . . . 13
2. Konservativer Geist – und die modernistischen Folgen (1959) 41
3. Pädagogischer »Optimismus« vor Gericht einer pessimistischen Anthropologie (1961) 58
4. Vom sozialen Wandel akademischer Bildung (1963) . . . 101
5. Zwangsjacke für die Studienreform (1966) 120
6. Universität in der Demokratie – Demokratisierung der Universität (1967) 134
7. Für ein neues Konzept der Hochschulverfassung 157
   a) Grundsätze für ein neues Hochschulrecht (1968) . . . 157
   b) Heilige Kühe der Hochschulreform (1968) 169
   c) Zur Diskussion des Hessischen Hochschulgesetzentwurfs (1968) 176
8. Demokratisierung der Hochschule – Politisierung der Wissenschaft? (1969) 186

II. *Protestbewegung*

9. Diskutieren – was sonst? (1962) 199
10. Kongreß Hochschule und Demokratie 205
    a) Rede über die politische Rolle der Studentenschaft (1967) 205
    b) Diskussionsbeiträge (1967) 213
    c) Brief an C. Grossner (1968) 215
11. Studentenprotest in der Bundesrepublik (1967) 217
12. Einleitung einer Podiumsdiskussion (1968) 239

13. Werden wir richtig informiert? (1968) 245
14. Die Scheinrevolution und ihre Kinder (1968) 249
15. Seminarthesen (1968) 261
16. Protestbewegung und Hochschulreform (1969) 265
17. Ein wahrhaftiger Sozialist (1980) 304

III. *Tendenzwende*

18. Machtkampf und Humanität (1970) 311
19. Die Utopie des guten Herrschers (1972) 318
20. Berufsverbote 328
    a) Ein Gutachten (1976) 328
    b) Brief an Gräfin Dönhoff (1978) 331
21. Umgangssprache, Bildungssprache, Wissenschaftssprache (1977) 340
22. Deutscher Herbst 364
    a) Volksjustiz (1977) 364
    b) Briefwechsel mit K. Sontheimer (1977) 367
23. Mut zur Erziehung. Brief an R. Spaemann (1978). 407
24. Einleitung zum Band 1000 der edition suhrkamp (1979) . 411
25. Der Fall Brückner ist ein Fall Albrecht (1980) 442
26. Die Moderne – ein unvollendetes Projekt (1980) 444

IV. *Interviews*

27. Mit Gad Freudenthal (1977) 467
28. Mit Angelo Bolaffi (1978) 491
29. Mit Detlef Horster und Willem van Reijen (1979) 511

Nachweise 533

Für Tilmann

Vorwort

»Was da in einem Jahrzehnt von deutschen Schriftstellern geleistet worden ist: ran an die Apo, drauf auf die Apo, ran an die SPD, drauf auf die SPD, rein in die Partei, raus aus der Partei, Sympathie mit der RAF, Haß auf die RAF – das haben einst Dezennien von Literatur nicht gepackt« – dieser Vorwurf des »Konkret«-Herausgebers ist einer der wenigen, vor denen ich sicher bin, wohl weil ich, um Enzensberger zu variieren, ein bedauernswert seriöser Mensch bin. Die anderen Vorwürfe aber, mit denen mich unsere Neukonservativen verwöhnen, geben Anlaß, die Aufsätze und Reden zusammenzustellen, mit denen ich mich, in einem etwas bürgerlichen Sinne, politisch-publizistisch betätigt habe. In den Abschnitten I und II ist die Substanz der 1969 veröffentlichten Sammlung »Protestbewegung und Hochschulreform« erhalten; die Abschnitte III und IV schreiben das fort und dokumentieren Dinge, die man heute, im Jargon des großen Verdachts, zur »geistig-politischen Auseinandersetzung« rechnet. Ich halte es nicht für meine Aufgabe, die eigenen politischen Stellungnahmen, bei denen gewiß das Irrtumsrisiko noch größer ist als in der wissenschaftlichen Arbeit, rückblickend zu kommentieren; sie müssen für sich selber sprechen. Einzige Zutat sind die den vier Abschnitten vorangestellten Motti; sie werfen Schlaglichter auf die Kulissen des Zeitgeistes, die übrigens nicht nur auf der linken Seite des Bühnenraums so launiglaunenhaft wechseln.

Starnberg, im November 1980 J. H.

I. Schul- und Hochschulreform

Die Unfähigkeit zur Politik. Politikbegriff
und Wissenschaftsverständnis von Humboldt bis
Habermas
(Titel einer von Hans Maier betreuten
Dissertation).

1. Das chronische Leiden der Hochschulreform (1957)

Es folgen Auszüge aus der Einleitung zu einem Bericht über eine empirische Untersuchung, die das Institut für Sozialforschung *in Frankfurt am Main Mitte der fünfziger Jahre durchgeführt hat. Meine Einleitung ist in enger Kooperation mit Th. W. Adorno entstanden. Der Aufsatz gibt einen Rückblick auf jene rhetorisch bestimmte Phase der Hochschulreform, die durch den wirksameren Pragmatismus des* Wissenschaftsrats *abgelöst worden ist. Er entwickelt die These, daß eine Hochschulreform ohne materiale Wissenschaftskritik nicht möglich ist.*

I

Die unbestrittene Tatsache des politischen Versagens der deutschen Universitäten vor und während der Hitler-Diktatur war es, die 1945 die Geister der Reform auf den Plan rief. Aber es blieb von Anbeginn bei dem Wunsche, der Institution in Anpassung an die veränderten politischen und wissenschaftlichen Verhältnisse wieder die Form zu verleihen, die sie vor anderthalb Jahrhunderten, zur Zeit der ökonomischen und politischen Emanzipation des Bürgertums, angenommen hatte.

Im Heidelberger Kreis, unter der Ägide von Karl Jaspers, entstand das erste *Studium generale*, mit dem Zentrum einer »Zeitschrift für die Einheit der Wissenschaften im Zusammenhang ihrer Begriffsbildung und Forschungsmethoden«. Zur gleichen Zeit versuchten die Initiatoren der Alpbacher Ferienkurse das auf dem Wege persönlichen Zusammentreffens in Form von Kolloquien zu erreichen, was Jaspers einem literarischen Symposion vorbehielt: die Regeneration der Universitas litterarum. »Die Zukunft der Universitäten beruht auf der Wiedererneuerung ihres ursprünglichen Geistes«, formulierte Jaspers unmittelbar nach dem Zusammenbruch in seiner Programmschrift zur Idee der Universität (Berlin 1946). Erste Aufgabe der Hochschulreform schien die Besinnung auf die autonome Bildungskraft der Wissenschaft, auf das »wissenschaftliche Ethos«, das alle humanen Energien des Geistes freisetzen würde, wenn es nur erst seine Stätte, die Universität, von den trüben und trübseligen Schatten wissenschaftsfremder, vor allem politischer Ein- und Übergriffe gereinigt hätte.

Diesem liberalen Bildungshumanismus trat ein anderer zur Seite, der sich auf neuscholastische Katholizität berief und die Einheit der Wissenschaften aus dem Universalismus nicht so sehr der Philosophie des deutschen Idealismus als vielmehr des erneuerten thomistischen Systems begründen wollte. So entstand in Mainz ein weitgespanntes Studium generale in Form der freien Wahl von vier allgemeinbildenden Vorlesungen während der ersten drei Semester und in Tübingen neben einem wöchentlichen Dies academicus das Leibnizkolleg, das zwischen Schulabschluß und Universitätsbeginn in drei Trimestern das verkürzte Programm einer Artistenfakultät bot. Romano Guardini und Theodor Steinbüchel waren hier die Initiatoren. Gleichzeitig entschloß sich die Universität Freiburg zu einem um den Kern eines Dies universitatis vielfach gegliederten Studium generale.[1]

Früh schon sind diese allein oder doch vornehmlich auf den philosophischen Anspruch der Universitas litterarum begründeten Bemühungen ihrer politischen Indifferenz wegen kritisiert worden. Unterstützt von den angelsächsischen Besatzungsmächten, bestand diese Kritik auf einer Erweiterung des Studium generale im Sinne einer »general education«, die darauf drängen sollte, daß der Student seine staatsbürgerlichen Funktionen rational und verantwortlich auszuüben lerne. Für diese Absicht ist das sogenannte Blaue oder Hamburger Gutachten repräsentativ, das 1948 auf Veranlassung des britischen Militärgouverneurs von einem unabhängigen »Studienausschuß für Hochschulreform« ausgearbeitet wurde und den fortan maßgebenden Reformvorschlag darstellen sollte. Auf ähnlicher Linie hält sich der sogenannte Chicago-Frankfurt-Plan, ein Vergleich der deutschen und amerikanischen Erfahrungen mit den Studia humanitatis, wie es hier vorsichtiger heißt, der im Jahre 1952/53 in Frankfurt im Rahmen eines Interfa-

1 Vgl. dazu W. Killy, Studium generale und studentisches Gemeinschaftsleben, Berlin 1952.

kultätsseminars von fünf Chicagoer, sieben Frankfurter und einem Schweizer Dozenten durchgeführt wurde.[2] Die Kräfte, die das Hamburger Gutachten trugen oder ihm nachträglich sich anschlossen (so die Gewerkschaften in der Oberaudorfer-Entschließung 1950), gerieten zwar in den Verdacht des Modernismus oder der Anglophilie; allein der Gedanke, daß die Universität auch außerhalb des wissenschaftlichen Unterrichts auf die Studenten pädagogisch einzuwirken habe, setzte sich, als Programmpunkt wenigstens, auf den in Hinterzarten 1952 und in Honnef 1955 abgehaltenen offiziellen Reformtagungen durch.[3] Auch die Humboldtsche Universität bezog ja de facto ihre bildende Kraft nicht aus der kritischen Einübung des wissenschaftlichen Handwerks allein, sondern übertrug einen Teil ihrer Erziehungsaufgaben der persönlichen Kommunikation von Studenten und Dozenten. Die institutionalisierten Formen dafür, das Seminar, der Haushalt des Professors und in gewissem Sinne die Korporationen sind indes dafür in ihrer gegenwärtigen Gestalt weithin untauglich geworden. Um so stärker das Ungenügen an einer ausschließlichen Wissenschaftsbildung und der Impuls, die Universitas litterarum durch die konkrete Lebensgemeinschaft einer Universitas magistrorum et scholarum zu ergänzen. Daher auch die Versuche, an die Tradition der mittelalterlichen Bursen und Kollegien anzuschließen: 1954 wohnten in der Bundesrepublik bereits 10 Prozent aller Studenten in Studentenheimen, freilich eher in lockerer Gemeinsamkeit denn in der Gemeinschaft, derentwillen einst diese Einrichtung betrieben und begründet wurde.

Das Studium universale ist inzwischen auf den meisten Universitäten zur rituellen Darbietung gesondert plakatierter Vorträge erstarrt, die Reform der Technischen Hochschulen beschränkt sich auf das Unikum einer sogenannten technischen Universität[4], und das »Leben« der studentischen Gemeinschaften gerinnt mehr und mehr in den Korporationen alten und veralteten Stils. Diese

2 Vgl. W. Rüegg, Humanismus, Studium generale und Studia Humanitatis in Deutschland, Genf und Darmstadt 1954.

3 Vgl. G. Tellenbach, Probleme der deutschen Hochschule, Freiburg 1953; H. Heimpel, Probleme und Problematik der Hochschulreform, Göttingen 1956.

4 Die Technische Hochschule in Berlin nennt sich so.

Andeutungen stehen hier für die Bilanz des Versuchs, durch eine wiederhergestellte Einheit der Wissenschaften und die Erneuerung der Hochschule als Gemeinschaft das Verhältnis von Universität und Gesellschaft in Balance zu bringen: nämlich der Universität die Bildungsfähigkeit und die politische Verantwortung zurückzugeben, mit der sie ihre Freiheit wahren und ihre Mitglieder zur Einrichtung und Einhaltung einer demokratisch organisierten Gesellschaft erziehen sollte.

Inzwischen ist die Reform der Hochschule in der Theorie vornehmlich auf fiskalische und wissenschaftsorganisatorische Rationalisierungen reduziert worden, in der Praxis auf eine dilatorische Behandlung mancher nützlichen und im Rahmen einer planvollen Hochschulpolitik eigentlich routinemäßigen Aufgaben. Hier wie sonst mißlingt heutzutage eine Reform nicht mehr geradehin, vielmehr wird sie als Dauerreform institutionalisiert und so gleichermaßen aufgeschoben wie aufgehoben. Kennzeichnend für den gegenwärtigen Stand ist der Vorstoß von Helmut Coing[5], der die Gravamina der Hochschulfinanzierung statistisch unterbaut und, mit dem Hinweis auf die mangelnde Ausstattung der Forschungsinstitute, auf die Lücken in der Forschungsorganisation, auf das quantitative Mißverhältnis von Lehrkörper und Studentenschaft und schließlich auf die materiellen Notstände unter den Studenten selbst, ebenso nüchtern wie eindringlich den Appell an die potentiellen Geldgeber wiederholt: die Aufgaben einer finanziellen Sanierung der Hochschulen nehmen, je überfälliger sie werden, den Namen der Hochschulreform nachgerade für sich allein in Anspruch. Die Sache selbst aber verschwindet vielfach hinter dem Dogma, das in Honnef bereits zu den »Konventionen«, das heißt zu den ausdiskutierten und fortan undiskutierbaren Voraussetzungen einer jeden künftigen Reform gezählt wurde. Es lautet: »Die deutsche Hochschule in ihrem Kern ist gesund.«[6] Wo ein solches Dekret noch Zweifel läßt, springt der in der Deutschen Historischen Schule entwickelte und unsere offizielle Historie bestimmende Evolutionsbegriff ein, um Anspruch und Namen der »Reform« auch noch für den ordentlichen Geschäftsgang einer bloß

5 Vgl. Die Gegenwart, 2. Juni-Heft 1956, S. 367f.

6 Vgl. H. Heimpel, Probleme und Problematik der Hochschulreform, S. 7.

finanziellen Abgeltung und Abdeckung der inneren Widersprüche im Universitätsleben aufrechtzuerhalten: »[...] insofern ist die Hochschulreform keine Aktion, die gelingt oder mißlingt, sondern ein immerwährender Prozeß, eine immerwache Sorge um das alte Gute, den Gerüsten vergleichbar, auf denen die mittelalterlichen Dome zugleich verändert und bewahrt wurden.«[7]

Es ist abzusehen, daß eine großzügige finanzielle Sanierung zu einer Neugliederung des Lehrkörpers, zur Vermehrung der Assistentenstellen, zur Verbesserung des Stipendienwesens führen kann, aber die Struktur der Universitäten, die der reformatorische Elan der ersten Nachkriegsversuche wenigstens modifizieren wollte, unberührt stehen läßt. Denn diese Versuche sind nicht zufällig, etwa aus Gründen persönlichen Versagens oder des materiellen Notstandes wegen, gescheitert. Wenn Jaspers andrerseits glaubt, in seinem Diskussionsbeitrag zum Coing-Aufsatz[8] auf einem »Prooimion« bestehen zu sollen, »das den Geist des ganzen Unternehmens entwickelt«, so darf füglich bezweifelt werden, daß in diesem Falle dem Geist geschenkt wird, was dem Geld versagt bleibt. Denn was ist es, das »stehen bleibt« und das nun der »Geist«, das dem wissenschaftlichen Erkennen verbundene Ethos, bewältigen müßte? Stehen bleibt, woran der Geist, und das war eben jener Geist der ersten Reformversuche, vergeblich sich abgearbeitet hat und worin offenbar ein Objektives, ein vom gesellschaftlichen Lebenszusammenhang erzeugter und nicht ohne ihn aufzuhebender Widerstand sich festsetzt und fortsetzt. Stehen bleibt unerfüllt zunächst das Programm einer *Einheit der Wissenschaften*, die seit dem Tode Hegels mit fortschreitender Spezialisierung ihres Apparates der Synthese beharrlich sich entziehen; sodann das Programm der *Einheit von Lehre und Forschung*, das mit der Entwicklung reiner Forschungsinstitute auf der einen und der »Verschulung« des Lehrbetriebes, der Übermittlung je fertig vorgegebener Kenntnisse auf der anderen Seite der reformerischen Initiative ebenso beharrlich sich verweigert; und schließlich das Programm der *Lehr- und Lernfreiheit*, das durch ein sinnvolles Verhältnis in der Zahl der Lehrenden und Lernenden allein nicht garantiert werden kann, weil

7 H. Heimpel, Schuld und Aufgabe der Universität, Göttingen 1954.
8 Vgl. Die Gegenwart, 3. Juni-Heft 1956, S. 405 ff.

das Gesetz der großen Zahl eher noch die Bürokratisierung befördert; ein Mißstand, in dem übrigens schon der preußische Kultusminister Carl Heinrich Becker einen partikularistischen Fachimperialismus der Professoren mit übertriebener Fakultätentrennung, Stoffüberlastung und innerakademischem Berechtigungswesen erkannte. In diesen drei Vorgängen reproduziert die Hochschule das, was man ihre inneren Widersprüche nennen kann. Da ist einmal der Widerspruch der *Spezialisierung*: je mehr die gleichmäßige Vergegenständlichung aller Natur- und Lebensbereiche Umfang und Ergebnis der Wissenschaft im ganzen erweitert, um so mehr begründet jede einzelne Wissenschaft ihre Autonomie auf eine Beschränkung, auf die Spezialität je isolierter Felder und aparter Methoden, was die Konsistenz des Zusammenhangs der Wissenschaften untereinander zunächst gefährdet. Dann der Widerspruch der *Bürokratisierung*: die Differenzierung des wissenschaftlichen und organisatorischen Apparates verurteilt den einzelnen Forscher mit der Subsumtion unter ein arbeitsteiliges System ebenso zur Beschränkung, wie sie der Forschung gerade zu unbeschränktem Fortschritt verhilft. Schließlich der Widerspruch der *Scholarisierung*: je genauer und je schneller die Wissenschaften fortschreiten, um so weniger können sie die, die ausgebildet werden wollen, in der Mehrzahl an ihrem eigentlichen Leben teilnehmen lassen; je vielfältiger das Angebot ihrer Ausbildungschancen im ganzen, um so einseitiger und schulmäßiger ist die Ausbildung, die sie jedem einzelnen vermitteln können. In diesen drei Vorgängen reflektiert sich ein objektiver Prozeß, dem die Universität mit allen anderen Institutionen so wenig von außen unterliegt, wie er sich in ihrem eigenen Gefüge vielmehr von innen heraus durchsetzt.

Daran ist zu erinnern, wo immer an den Geist und an das Persönliche appelliert wird. Wenn es feststeht, daß eine finanzielle Sanierung die Hochschulen nicht von einem Bann befreit, den sie mit der übrigen Gesellschaft teilt, dann darf liberaler Optimismus daraus nicht schon ableiten wollen, daß die Hochschule kraft der Spontaneität ihres geistigen Lebens vom Wiederholungszwang ihrer inneren Widersprüche genesen wird, wo jener nur hinreichend Nahrung und Spielraum gewährt würde. So meint es Jaspers, wenn er von der »Chance durch Freilassen« spricht und dafür plädiert, die Verwaltung möchte selber vom Geist der Universität ergriffen und mit ihm solidarisch werden. Hellmut Becker[9] hat diesen Gedanken einer Verbindung von staatlicher Finanzhilfe und kultureller Freiheit entfaltet. Gegen die Kulturverwaltung setzt er eine Kulturpolitik, die das Unplanbare noch in seiner Freiheit plant und die auch das an Freiheit und Selbstverantwortung gebundene akademische Unternehmen finanziert. Unsere Universitäten sind nach diesem Modell konstruiert, sind Staatsanstalten und Selbstverwaltungskörperschaften in einem.[10] Das zeigt sich auch darin, daß der Staat die planmäßigen Professoren mit Beamtenrechten ausstattet, ohne sie mit der Auflage der damit sonst verbundenen speziellen Weisungen zu versehen. Allein, wenn Schleiermacher im Einvernehmen mit Humboldt die Freiheit der Wissenschaften gegen das administrative Reglement verteidigt, so verteidigt er die Autonomie der Hochschule in einem anderen Sinne, als dies heute, und sei es mit den gleichen Worten, geschehen könnte. In der Zeit des Frühliberalismus, des selbständigen Unternehmertums fügte sich die Hochschule mit ihrem Anspruch auf Autonomie und mit der institutionellen Form der Selbstverwaltungskörperschaft den Gesetzen ihrer Zeit. Heute aber, da sich die freie Warenproduktion in eine von zentralen Verfügungsstellen geplante verwandelt hat, sperrt sie sich mit dem gleichen Anspruch und der gleichen institutionellen Form gegen das Gesetz unserer Zeit. Ihr Insistieren auf verwaltungsfreien Reservaten, auf institutionell ausgesparten Spielräumen für unabhängige Forschung und Lehre hat etwas Illusionäres, da doch längst auch die methodisch vorgehende Wissenschaft genauso wie der berufsorientierte akademische Unterricht von dem Gesetz erfaßt ist, dem sie eigensinnig sich entziehen möchte; andererseits bekundet sich freilich darin so etwas wie ein archaisches Moment, das auf eigentümliche Weise mit der Humanität verflochten ist. Freiheit ist etwas Altmodisches, und wenn sich akademische Freiheit im liberalen Wortlaut auf ihre

9 H. Becker, Kulturpolitik und Schule, Stuttgart 1956.

10 Seit der Beckerschen Hochschulreform ist die Formel maßgebend: »Die Universität ist eine Veranstaltung des Staates und hat zugleich nach Maßgabe der Gesetze die Rechte einer Körperschaft des öffentlichen Rechtes.« Vgl. dazu Hans Gerber, Hochschule und Staat, Göttingen 1953.

verbürgten Rechte beruft und sich sperrt gegen die Verwaltung dessen, was im Kern nicht verwaltet werden kann, dann bieten sich als wirksame institutionelle Instrumente kaum andere als die unzeitgemäßen Reste korporativer Privilegien.

So notwendig und schleunigst die Universität materiell auf *einen* Stand mit den fortgeschrittensten Institutionen der Gesellschaft gebracht werden sollte, so zweischneidig ist eine Synchronisierung der organisatorischen Formen, denn die entwickelte Industriegesellschaft bietet deren vornehmlich bürokratische an.

Eine solche betriebsmäßige Gleichschaltung der Hochschulen hat uns die in der DDR durchgeführte sowjetische Reform vorgeführt. Die Universität: Dozenten, Assistenten und Studenten bezahlen dort ihre finanzielle Sanierung je auf ihre Weise mit der Subsumtion unter ein ideologisch gesteuertes bürokratisches Regiment. Die Zulassung zur Universität richtet sich nach entsprechend dem voraussichtlichen Bedarf errechneten Fachkontingenten (und nach Gesichtspunkten gesellschaftlicher wie ideologischer Auslese). Studiert wird jeweils *ein* Fach nach einem streng geregelten Stundenplan. Der Student absolviert Berufsvorbildung und Berufsausbildung in einem. Das Fachstudium wird ergänzt durch ein obligatorisches Studium dessen, was unter dem Titel Marxismus-Leninismus betrieben wird.

Aspiranten halten anhand der vorgeschriebenen Lehrbücher Überblicksvorlesungen. Tatsachenvermittlung setzt sich an Stelle der methodischen Anleitung. Forschung und Lehre sind getrennt. Die Hochschule wird zur obersten Berufsschule. Vier vom Staatssekretariat ernannte Protektoren besetzen die Schlüsselpositionen in Universitätsverwaltung, Forschung und Erziehung. Im ganzen funktioniert die Hochschule tendenziell nach den Gesetzen eines modernen, rationell verwalteten Großbetriebs in staatlicher Regie.[11]

Wir glauben uns an dieses Beispiel einer gleichgeschalteten Wissenschaft halten zu dürfen, weil darin gesellschaftliche Tendenzen, die auch in den Ländern der westlichen Industriegesellschaft wirksam werden, zu einem fast reinen Modell sich entfaltet haben. Die

11 Vgl. M. G. Lange, Totalitäre Erziehung, Frankfurt 1954.

Differenz der politischen Formen in Ost und West und deren Gewicht sei unbestritten; allein, die gleichen Widersprüche, in die sich das Verhältnis von Wissenschaft und Gesellschaft verstrickt, sind hier tendenziell zu beobachten, wo sie dort bereits in kodifizierter Gestalt offen sich festgesetzt haben. Wissenschaft reagiert auf Verwaltung, gleichgültig, wer die Verwaltung autorisiert und ausübt. Obwohl die in ihren Teilbereichen weitgehend verwissenschaftlichte Gesellschaft ihre Weise der Produktion und Organisation von der Wissenschaft sich vermitteln läßt, darf die Wissenschaft selbst, die doch das leistet, ihren Betrieb nicht in den gleichen Formen organisieren, wenn anders sie der Gefahr entgehen will, ihre kritische Substanz zu verderben; wo Wissenschaft in ihrem eigenen Apparat strikt die Rationalisierung der »gleichzeitigen« Institutionen abbildet, die ihre Rationalität von der Ratio der Wissenschaft selber einst bezogen und immer noch beziehen, verfällt sie der Sterilität.

Die Einsicht, daß Wissenschaft einer gewissen Unzeitgemäßheit institutionell sich versichern muß, bedarf strenger Nüchternheit. Sie hat sich auf das karge, jeden romantischen Schleiers bare und dabei einigermaßen abstrakte Argument zu beschränken, daß gegenwärtig die auf den Universitäten etablierten Wissenschaften zur Gesellschaft sich in Spannung halten müssen, sollen nicht deren Verhältnisse die kritischen Kräfte ganz in Fesseln schlagen. So mag der progressive Geist auch in den Universitäten ein Bündnis eingehen mit gewissen archaischen Elementen ihrer inneren und äußeren Verfassung (Vorlesungsstil, Senatsverfassung, Selbstverwaltungsprivilegien usw.), um für die Freiheit – die nur auf Umwegen ihren kürzesten Weg findet – verwaltungsfreie Reservate herauszuschinden. Aber auch dann wird Wissenschaft den objektiven Tendenzen der Zeit nicht ganz und nicht einmal ausreichend sich entziehen können, zumal sie bereits unwiderruflich als die zentrale Vermittlungskategorie einer verwissenschaftlichten Gesellschaft selbst funktioniert. Wenn die Hochschulreform in der Dimension, in der sie nach 1945 ansetzte, gescheitert ist, so darum, weil sie sich selbst als eine exklusive Reform mißverstand und übersah, daß die hochgradige Interdependenz der Prozesse innerhalb einer vergesellschafteten Gesellschaft scheinbar exterritoriale

Gebiete ebensowenig anerkennt, wie deren isolierte Umgestaltung duldet. Daher scheint heute vor allem eine soziologische Reflexion der Stellung unserer Hochschulen am Platze zu sein.

II

Auch wenn ein *historischer Rückblick* auf die griechischen Akademien und auf die Entwicklung der europäischen Universitäten seit dem 13. Jahrhundert zu einer Deutung in verfallsgeschichtlichen Kategorien wenig Anlaß gibt, so scheint doch mit dem Übergang zum Spätkapitalismus im Universitätsleben eine Art Verfall selbst nach den Kategorien sich abzuzeichnen, die auf den Universitäten mittlerweile sich eingespielt hatten. Die Hoffnung, in der Schleiermacher und Humboldt die Berliner Universität, das Muster aller deutschen Universitäten fortan, gründeten; die Hoffnung, daß in Zukunft die Einflußsphäre der Staatsgewalt immer mehr sich zusammenzöge, trog. Die Perspektive des aufsteigenden Bürgertums, das mit Recht von der Freisetzung der Wirtschaft wie der Wissenschaft und von der politischen Aktion eines der Staatsvormundschaft gegenüber mündig gewordenen Individuums für sich und die Nation, mit der es sich gleichsetzte, nur das Beste erwartete, sollte bereits in der zweiten Hälfte desselben Jahrhunderts umschlagen und den Blick auf eine veränderte Situation freigeben: mit der Konzentration des Kapitals und der Verwandlung der anarchischen in eine von zentralen Verfügungsstellen aus geplante Warenproduktion schieben sich die in der frühkapitalistischen Phase so wie in Hegels Rechtsphilosophie noch geschiedenen Sphären des »Staates« und der »bürgerlichen Gesellschaft« ineinander. Diese Verflechtung zerstört auch die für jene Zeit charakteristische relative Autonomie der »kulturellen Sektoren«, von der Wissenschaft und Universität ein gewisses Maß an Bewegungsfreiheit immerhin bezogen.

Der Staat wurde zwangsläufig mächtiger als sein absolutistischer Vorfahre, denn sein Einfluß und seine Kontrolle erstrecken sich heute in alle gesellschaftlichen Bereiche. Insofern ist von einer *Verstaatlichung der Gesellschaft* nicht zu Unrecht die Rede.

Zugleich aber verliert der Staat an Macht, weil die außerstaatlichen Gewalten der pluralistisch organisierten Gesellschaft ihrerseits die staatlichen Instanzen, sei es über das Parlament und die Verwaltung oder über die Regierung, unmittelbar unter Druck setzen, weshalb als die Kehrseite jenes Prozesses die *Vergesellschaftung des Staates* sich erweist. Die Universität kann sich der neuen Verflechtung sowenig wie irgendeine andere Institution entziehen. Sie fügt sich doppeltem Zugriff: der Staat und die Wirtschaft treten an die Universitäten gewissermaßen als Großeinkäufer heran; und diese reagieren mit einem System der Staatsexamina und dem der bald ebenso zahlreichen Diplome, die für freie Berufe qualifizieren. Auch die eigentlich wissenschaftlichen Examina empfangen von der Kundschaft der Universität den Stempel hoher Werbequalität, der heute die Doktores nur so ins Kraut schießen läßt.[12] In anderer Hinsicht funktioniert der Staat als Interessenwalter der Wirtschaft, indem er Technische Hochschulen unterhält und eigens Institute außerhalb des Rahmens der Universität etabliert, die, entlastet von der Lehre, industriewichtigen, freilich auch anderen Forschungen sich widmen können. Allein, seitdem die Wirtschaft an einer Wissenschaft, die als Hilfswissenschaft für Arbeitsvorbereitung und Verwaltung ihre Nützlichkeit längst erwiesen hat und mit deren Hilfe man Maschinen bauen, Betriebe organisieren, Menschen auslesen und neuerdings in ungeahntem Maß manipulieren kann, unmittelbares Interesse gewann, tritt sie nicht mehr nur als Abnehmer, sondern auch als Auftrag- und Geldgeber der Universitäten auf, sofern sie nicht überhaupt dazu übergeht, die Forschung in eigene Regie zu übernehmen. In den USA wächst die Industrieforschung der entsprechenden Universitätsforschung bereits über den Kopf, während in Deutschland immer noch über den ›Stifterverband für die Deutsche Wissenschaft‹ und ähnliche Organisationen nicht weisungsgebundene Gelder aus der Industrie den Universitäten zufließen.[13]

12 Freilich erfreute sich der Doktortitel in Anknüpfung an die ungebrochene Tradition des absolutistischen Beamtenstaates auch vor seiner inflationären Verbreitung eines großen Prestiges; nur konnte sich dieses Prestige häufiger als jetzt auf wirkliche Leistungen berufen.

13 Vgl. H. Becker, Organisation und Finanzierung der deutschen Forschung, in: Deutscher Geist zwischen gestern und morgen, Stuttgart 1954.

Der Prozeß der Vergesellschaftung, in deren Zuge Wirtschaft und Universität, Produktion und Forschung sich verflechten, spiegelt sich in einer Veränderung der Wissenschaft selbst. Wenn auch die mit Descartes sich selbst reflektierende moderne Wissenschaft von Anbeginn die technische Umsetzung ihrer Resultate, kurz: Anwendbarkeit implizierte, hatte doch der deutsche Idealismus, dem wirtschaftlich zurückgebliebenen Zustand des Landes gemäß, den Begriff des Wissens so weit wiederum in sich, die reine Kontemplation, zurückgenommen, daß ihm das Verhältnis von Wissenschaft und gesellschaftlicher Praxis als ein höchst vermitteltes sich darstellte: die Wissenschaft soll im Sinne dieser Konzeption nicht unmittelbar der Reproduktion der Gesellschaft dienen, sondern der ihr immanenten tendenzfreien Gesetzlichkeit überlassen werden, um am Ende doch ihre Kräfte in den Fortschritt der Nation einfließen zu lassen. Man hat mit Recht gesagt, daß Galvani die Elektrizität nie würde entdeckt haben, wenn er von Anfang an auf so etwas wie Glühbirnen oder Telefone aus gewesen wäre. Heute jedoch, im Zeichen von Los Alamos, wissen die großen Verwaltungen sehr wohl, was sie von der Wissenschaft wollen, so daß Zeitpläne für die wissenschaftliche »Entwicklung« bestimmter Verbindungen, Gleichungen und Elemente nichts Ungewöhnliches mehr sind.[14] Zumal sich das Verhältnis von Wissenschaft und Technik in unserem Jahrhundert bereits vielfach umkehrt und der Fortschritt der Forschung abhängig wird vom Fortschritt in der Konstruktion von Apparaten und Instrumenten. Jedenfalls bewährt sich der technologische Typ der Wissenschaft gesellschaftlich unmittelbar; sie wird fungibel und damit recht eigentlich reif zur Vergesellschaftung.

Freilich – je anwendbarer die Resultate, um so reiner die Theorien: mit der Praktikabilität wächst paradox die Entfremdung der Theorie von der Praxis. Zwar überwindet die neue Wissenschaft die sprichwörtliche Weltfremdheit ihrer scholastischen Vorläuferin, aber ihre Weltlichkeit erringt sie um den Preis einer anderen Weltfremdheit. Hielten sich auch die mittelalterlichen Universitä-

14 Bekanntlich verdankt die Kybernetik ihre rapide Entwicklung ebenso wie die Atomforschung den vom Staat vertretenen Interessen der Kriegführung sowie den dafür mobilisierten Kapitalreserven.

ten von der Praxis der Handwerker und der Kaufleute weit entfernt, so bot doch der normative Charakter des – selbst in der medizinischen Fakultät noch auf den Buchstaben begründeten – Wissens Gewähr dafür, daß die Wissensvermittlung stets auch Anweisung für den lebensgeschichtlichen Umgang in sich barg. Genau diese Anweisung zum rechten Leben, dieses freilich auch im Mittelalter schon von der Ethik zugleich angezogene und vergegenständlichte Abzielen auf die Lebensführung des einzelnen und der Gesellschaft, das so gut wie allen wissenschaftlichen Mitteilungen damals eigen war, wurde nun von der neuen Wissenschaft abgelegt. Das, was auf mittelalterlichen Universitäten gelehrt wurde, zerfällt einmal in die Lehrsätze und ihre Erläuterungen, die die theoretischen Prinzipien entwickeln, und zum anderen in die Übung, diese Prinzipien auf die Fälle des konkreten Lebens anzuwenden. Eben diese kasuistische Anwendung der Theorie, die noch in Kants Bestimmung der Urteilskraft eingeht[15], sicherte einen gesellschaftlichen Bezug, den die mechanistische Anwendung der neuen Wissenschaft, den die Technik unterbricht. Die von Kasuistik gereinigte Theorie versteift sich vielmehr auf eine Wertfreiheit, die nun so etwas wie Werte erst freisetzt und verselbständigt und entweder einer subjektiven Moral oder aber einer objektiven Metaphysik – wie die Beispiele Schelers und Nicolai Hartmanns bezeugen – zur Pflege überläßt. Die anwendbar gewordene Wissenschaft ist neutral gegenüber einer gesellschaftlichen Praxis, die nun ihrerseits ohne wissenschaftliche Anleitung über das Wie der Anwendung befindet. Sie bezahlt ihre Praktikabilität damit, daß sie sich zur »reinen Theorie« der lebendigen, zwecksetzenden Praxis entfremdet.

Bei neutralisierten Wissensinhalten indes wird die bildende Kraft der Wissensvermittlung problematisch. Auch ein philosophischer Zusammenhang, in den sie allenfalls nachträglich eingereiht werden können, bleibt ihnen äußerlich. Die Apologeten haben sich daher angewöhnt, an Stelle der Inhalte die Weise ihrer Ermittlung, das methodische Vorgehen des Forschers und die Haltung der Wissenschaftlichkeit in abstracto als die Bildungskraft der Universitäten zu

15 »Man könnte sagen, durch Verstand sind wir imstande zu erlernen, durch Urteilskraft, vom Erlernten Gebrauch zu machen« (Nachlaß 40, 2409, Ausgabe der Preußischen Akademie).

reklamieren; sie beschwören »die Fähigkeit, zugunsten objektiver Erkenntnis die eigenen Wertungen für je einen Augenblick zu suspendieren, von der eigenen Partei, dem eigenen gegenwärtigen Willen absehen zu können, zugunsten unbefangener Analyse der Tatsachen ...« (Jaspers). Aber es ist schwer einzusehen, warum die Einübung in eine Forschung, die ihrem Wesen nach der Existenz des Forschers äußerlich bleiben muß, für ihn und sein Verhalten im außerwissenschaftlichen Bereich dennoch nicht folgenlos bleiben, dennoch ihn »bilden« soll. Mit dieser Unstimmigkeit mag es zu tun haben, daß Jaspers zur Begründung des Bildungsanspruches auch der heutigen Universitäten doch schließlich auf den »Gehalt der Wissenschaften« rekurriert. Freilich gesteht er sich sogleich ein, daß die Inhalte der Naturwissenschaften »verhältnismäßig gleichgültig« geworden sind, so daß am Ende nur der Appell an den Bildungswert der geisteswissenschaftlichen Gehalte übrigbleibt. Wie aber ist es damit in Wirklichkeit bestellt?

Die moderne Industriegesellschaft verlangt funktionsnotwendig vier Wissenschaften als »Lieferanten«: von den alten die Jurisprudenz und die Medizin, von den neuen die Natur- und die Sozialwissenschaften; zu den letzteren gehören auch Psychologie und Soziologie in ihrem zur Tabellenwissenschaft entwickelten Stadium. Sie dienen der Menschenauslese und -behandlung und haben, zusammen mit der Logistik, als letzte aus dem funktionsunfähig gewordenen Kern der philosophischen Disziplinen in den Bereich des Praktikablen sich retten können. Jener Kern der philosophischen Fakultät, der zu Humboldts Zeit noch der Kern der ganzen Universität war, ist heute an die Peripherie gerückt. Es handelt sich um die Geisteswissenschaften, die sich dem naturwissenschaftlichen Modell der Exaktheit nicht fügten und damit freilich oft auch objektiv, wie die Gleichgültigkeit so mancher geistesgeschichtlicher Untersuchungen beweist, in Verzug gerieten und irrelevant wurden. Schon um die Mitte des vorigen Jahrhunderts begann daher die Spaltung der alten Artistenfakultät in solche Disziplinen, die der Forderung der Gesellschaft nach Praktikabilität des Wissens gehorchten, und in solche, die sich dem versagten; und zwar sollte diese Spaltung zwischen der neu entstandenen naturwissenschaftlichen und der also halbierten philosophischen Fakultät tiefer reichen als die zwischen den anderen seit jeher getrennten Fakultäten. Auf die Geisteswissenschaften der reduzierten philosophischen Fakultät und auf die Künste, von denen Wissenschaft mit dem Augenblick ihrer Institutionalisierung in der platonischen Akademie bereits sich getrennt hatte, zieht sich nunmehr die »Kultur« zusammen. Sie werden defensiv und zum Träger des Kulturprotestes. Die Gesellschaft freilich weiß sich auch dagegen zu schützen: sie verurteilt die also in Rückstand geratenen Kulturträger zum Musealen, um sie alsdann sich zu assimilieren. Die unnütze Kultur wird noch als solche zur Sehenswürdigkeit verfestigt und gewinnt gerade in dem, was der Anwendung sich ebenso entzieht wie dem Tausch, den Vorzug des Marktgängigen. Durch eine ubiquitäre Kulturindustrie wird sie in den Prozeß der Vergesellschaftung selbst da, wo sie ihm widersteht, noch einbezogen.[16] Solcherart entschärft, darf Kultur gar aufrücken in den Stand der Bildungspflege. Als deren Instrument im Rahmen der Universität war das Studium generale geplant. Die neutralisierten Wissenschaften, selbst der Bildungskraft beraubt, können den seitens der Gesellschaft gleichwohl aufrechterhaltenen Bildungsanspruch der Universität nur noch durchsetzen, indem sie sich um eine weitere, gleichsam um eine Spezialwissenschaft für Generelles ergänzen. Ihr fällt die Aufgabe zu, die bildenden Gehalte der Geisteswissenschaften von den Toten zu erwecken und das Nicht-Lernbare gleichwohl in lernbarer Form zu präsentieren.

III

Wie nun spiegeln sich der Prozeß der Vergesellschaftung einerseits und die entsprechende Neutralisierung der Wissenschaften sowie die ergänzende Reaktivierung philosophischer Restbestände andererseits im *Universitätsbetrieb* selbst? Verlangt von seiten einer verwalteten Gesellschaft, angeboten von einer praktikabel gewordenen Wissenschaft und darum von den Universitäten in erster Linie vermittelt werden Kenntnisse, die auf ihre Funktion hin ohne

16 Die Entfaltung des Zusammenhangs bei Th. W. Adorno, Kulturkritik und Gesellschaft, in: Prismen, Frankfurt 1955.

weiteres durchsichtig sind. Wo eine Gesellschaft Angestellte braucht statt mehr oder weniger autonom Disponierende, frißt sie sich in den inneren Betrieb der Universität so weit ein, daß sich die Berufsvorbildung (an der die Humboldtsche Universität hartnäckig festgehalten hatte) in Richtung auf die Berufsausbildung verschiebt, die eng an den aktuellen Bedürfnissen der beruflichen Praxis orientiert sein soll. Die Entfremdung der Arbeit in der durchfunktionalisierten Gesellschaft, welche die Bestimmung der Menschen von ihrem Berufe trennt, perfektioniert sich in der Tendenz dieser Berufe, bereits in ihren Ausbildungsgängen sich ganz gegen andere abzuschließen. Heimpel zitiert dafür aus seinem Erfahrungsbereich Beobachtungen an Lehramtskandidaten, Archivaren und wissenschaftlichen Bibliothekaren. Umgekehrt bestimmt der funktionelle Charakter der akademischen Berufe manche Ausbildungsgänge, die von der Materie her verschiedenen Disziplinen und gar verschiedenen Fakultäten zugehören, wiederum zu einer verblüffenden Angleichung.

Die Versachlichung des vermittelten Wissens und die Verfachlichung der darauf sich stützenden Ausbildung haben zur Folge, daß die Einheit von Forschung und Lehre nur noch fiktiv aufrechterhalten werden kann. Diese Einheit gründet sich auf die Einsicht, daß Wissen sinnvoll stets nur in seiner Bewegung ergriffen und daher nicht in einer zu Zwecken der Lernbarkeit abgerichteten Gestalt schulmeisterlich wie eine Ware ausgeliefert werden kann. So soll sich die Lehre des Professors vom gewöhnlichen Unterricht dadurch unterscheiden, daß sie die mitgeteilten Inhalte auf die methodischen Grundlagen ihrer Ermittlung hin transparent macht. Die Wiederholung dessen, was andere erforscht haben, soll zurückstehen hinter der Entfaltung des Problemhorizonts und der Anleitung zur methodischen Arbeit. Wissensbesitz soll zurückstehen hinter einem Wissen, das der Lehrer in »Fluß hält« und das den Studenten anregt teilzunehmen. Das bedeutet für beide Teile ein Maß an Freiheit, das der Universität von innen, durch den immer schwerfälligeren Apparat der Wissenschaften, und von außen, durch die Ausbildungswünsche der Berufssphäre, immer mehr eingeschnürt wird. Beide Einschränkungen sind wohl auch im naturwissenschaftlichen Bereich mit der Disziplin der Sache selbst kaum mehr vereinbar. Wie dem Forscher die ehedem weitreichende Selbständigkeit in der Organisation des internen wissenschaftlichen Betriebes genommen ist, so wird dem Studenten durch Zwischenprüfungen, durch zensierten Zugang zu gewissen Vorlesungen und Übungen und vor allem: durch den mehr oder minder reglementierten Stundenplan, den ein Fachexamen heute vorschreibt, die Freiheit des Lernens (und die, nicht zu lernen) aufs ärgste beschnitten. Eine andere Frage ist es, ob man diese Entwicklung auch noch beschleunigen und, wie Ortega y Gasset bereits 1930 vorschlug[17], die Forschung grundsätzlich auf Institute außerhalb der Universität abziehen soll; oder ob man, wie mühsam auch immer, gegen den gesellschaftlichen Trend an der gefährdeten Einheit von Lehre und Forschung nur um so ernsthafter festhalten soll.

An dieser Stelle sei nur vermerkt, daß uns eine solche Empfehlung alles andere als reaktionär zu sein scheint, da die Universität, auch die Humboldtsche, nirgends das Programm jener Einheit eigentlich durchzusetzen vermochte. Auch hat sie dieses Programm stets als eine Erziehung des Studenten zur Kritikfähigkeit und nie so verstanden, wie man es ihr oft angekreidet hat: als wollte sie den Forschertyp als solchen auf den Studenten abbilden, gar jeden neugebackenen Studenten zu einem kleinen Forscher machen. Die Einheit von Lehre und Forschung baut vielmehr auf dem Verluste dessen auf, was ihr als Intention unterlegt wird: nämlich der Bildung auf einen inhaltlich fixierten Typus hin. Während des 19. Jahrhunderts bis in die Anfänge des unsrigen hinein haben sich neben und gegen den Bildungsanspruch der humanistischen Universität (»allein aus dem Geiste der Kritik«) Modelle der alten Führungsschichten als Auslese- und Erziehungsideale erhalten. Wenn auch die ständisch gebundenen Typen des Kavaliers, des Gentleman oder des ›homme de lettres‹ und des Advokaten im Stil des französischen 18. Jahrhunderts schon zerbröckelten, so verlangte etwa die höhere Beamtenlaufbahn immer noch, daß man einem Typus, eben dem des preußischen Beamten, entsprach, und dies verlangte sie eher als bestimmte Fertigkeiten: der Vorrang von Herkunft und Erziehung erklärt übrigens die gesellschaftliche

17 Vgl. Ortega y Gasset, Schuld und Schuldigkeit der Universität, München 1952.

Auslese der juristischen Fakultät noch bis 1914. Heute dagegen beschränkt sich die hochschulmäßige Fachausbildung tendenziell auf die Vermittlung von genau umschriebenen Fertigkeiten ohne Bindung an ein gesellschaftlich geprägtes Modell, das die Studenten auch »persönlich« bestimmen könnte.

Gerade das unpersönliche Profil der heute üblichen Wissensvermittlung provoziert nun das der *»Verschulung«* der Universitäten komplementäre Bestreben, aus dem Reservoir des geisteswissenschaftlichen Restbestandes den ideologisch aufrechterhaltenen Bildungsanspruch wenigstens als eine Art Appendix zum Nützlichen noch zu erfüllen. Damit kommt die Universität einem Bedürfnis der Gesellschaft entgegen; denn die Berufssphäre erwartet, wie unsere Expertenbefragung im einzelnen nachweist, zwar einerseits und in erster Linie den Nutzen der Fachschule, zugleich aber als eine Art Schutz gegen die Reibungen im Personellen und als Mittel zur Prestigesteigerung, die wieder leicht in bare Münze sich umsetzen läßt, die Vermittlung von etwas, das man vage genug mit Niveau, Überblick, Fähigkeit zur Menschenführung, kurzum: Persönlichkeit benennt. Die Fragwürdigkeit der sogenannten *Persönlichkeitsbildung* liegt darin, daß das abstrakte, von seiner realen Wirksamkeit abgespaltene Dasein eines Menschen zu seiner Aufgabe, womöglich zu seiner Würde gemacht wird. Noch Goethe und Hegel waren sich recht genau dessen bewußt, daß Kategorien der Innerlichkeit nur durch selbsttätige Entäußerung, daß die Personen nur in ihrem aktiven Verhältnis zu den realen Aufgaben der bürgerlichen Gesellschaft sich bildeten. Zwar wirkte auch zu dieser Zeit schon Rousseaus Unterscheidung von ›homme‹ und ›citoyen‹ im Sinne einer Verherrlichung des Menschen, der sich durch sein bloßes Sein repräsentiert, so bei Hölderlin, der »Menschen« gegen »Berufe« setzt, so bei Schiller, für den gemeine Naturen mit dem zahlen, was sie tun, edle aber mit dem, was sie sind. Marx dagegen kritisierte die rousseauistischen Prämissen und radikalisierte Hegels Gedanken dahin, daß sich der Mensch in seiner Arbeit selbst erst erzeugt. Mit Nietzsche geht diese Einsicht wieder verloren: »Was jemand ist, fängt an sich zu verraten, wenn sein Talent nachläßt, wenn er aufhört zu zeigen, was er kann.« So glaubt Nietzsche, auch darin seinem Lehrer Schopenhauer treu, daß Wertbezeichnungen sich überall zuerst auf das beziehen, was ein Mensch »ist«, und erst später und in einem abgeleiteten Sinne auf seine Handlungen. In diesem Verhältnis spricht sich etwas von dem gesellschaftlichen Prozeß aus, der mit der Entfremdung der Arbeit den Menschen real versagt, in ihr sich zu finden. Denn während desselben Jahrhunderts hatte sich objektiv der gesellschaftliche Charakter der Entäußerung verändert. Konnte Hegel noch im Anblick einer überwiegend vorindustriellen Produktionsweise die Entäußerung des Menschen zugleich als Aneignung des Gegenstandes begreifen, und in beidem eine Versöhnung von Subjekt und Objekt, die partiell in der handwerklichen Bearbeitung der Dinge vor Augen stand – so mochte es Nietzsche, dem Zeitgenossen der »Gründerjahre«, begegnen, daß sich unter der Herrschaft der entfremdeten gesellschaftlichen Verkehrsformen die Entäußerung des Menschen in einem fremdgesteuerten Verhalten verliert, ohne die Möglichkeit, der vergegenständlichten Fähigkeiten und Leistungen in der Versöhnung mit dem bearbeiteten Gegenstand wieder Herr zu werden. Die Forderung, Persönlichkeiten zu bilden, konnte als eine unreflektierte Forderung so lange sinnvoll vertreten werden, wie souveräne und autonome Menschen eine Art von gesellschaftlicher Notwendigkeit besaßen, wo gewissermaßen das individuelle Bewußtsein selbsttätig zwischen den gesellschaftlichen Gesamtprozeß und die je zu bewältigenden Einzelaufgaben eingespannt war.

Unter den gegenwärtigen Bedingungen nähert sich die Allgemeinbildung bedenklich dem Quiz-Ideal einer mit dem Schein der Universalität verklärten Informiertheit über hauptsächlich geisteswissenschaftliche Materien, vorab in Philosophie, Kunstgeschichte und moderner Literatur, wie unsere Studentenbefragung zeigt; diese Art Informiertheit fügt dem entfremdeten Verhältnis der Fachwissenschaft zu ihrem Gegenstand nur ein weiteres hinzu, soweit sich nicht die dazutretende Spezialwissenschaft für Generelles überhaupt auf die Ausbildung von Leuten beschränkt, die über das besondere Monopol Allgemeinbildung verfügen und es an Stellen, wo man deren bedarf, einsetzen können. Ein wie auch immer aufgezogenes Studium generale muß sich um so eher in Formen einer solchen Branche festfahren und verfahren, als es nicht

mehr an die Bildungstradition der hochbürgerlichen Familie anschließen kann. Dabei handelt es sich weniger darum, daß im Zuge wachsender beruflicher Mobilität oder wachsender Demokratisierung der Hochschule an Stelle einer relativ geschlossenen Bildungsschicht nun in Mehrheit universitätsfremde Familien ihre Kinder zum Studium schickten. Die Statistik ihrer gesellschaftlichen Herkunft zeigt, daß sich die Veränderungen gegenüber der Jahrhundertwende innerhalb relativ konstanter Schichten halten. Wenn schon von Bildungsverfall nicht zu Unrecht die Rede ist, dann betrifft er in erster Linie die früheren Bildungsschichten selbst. Freilich erklärt sich dieser Schwund an Erfahrungshorizont nicht so sehr aus einer partikularen Veränderung der Familienstruktur, sondern, wenngleich durch diese vermittelt, aus der allgemeinen Tendenz zur verwalteten Welt, der zunehmenden Reglementierung der Individuen in Bereichen, in denen sie vordem noch spontan handeln und sich auf das, was sie »von Hause mitbekamen«, stützen mußten.
Wo sich die Forschung zur Dienstleistung und die Lehre zum Unterricht verwandelt und die Universität in Forschungsinstitut und Schule zerfällt, von denen eins so auftragsgebunden arbeitet wie das andere; wo der Universitätsbetrieb im organisatorischen Gefüge einer großen Bürokratie sich angleicht – da verändert sich auch der Sinn der wissenschaftlichen Tätigkeit, der Professoren wie der Studenten. Wissenschaft wird tendenziell Arbeit von der Art, wie sie heute allerorten vergeben und getan wird. Und die, die sie tun, werden so zu Angestellten wie die anderen auch. Mit dem Argument »Studium ist Arbeit« konnte daher der sozialistische Studentenbund kürzlich seine zunächst noch absonderlich klingende Forderung nach einem Studienhonorar begründen, das dem Studenten die soziale Anerkennung seiner faktisch längst schon bezogenen Stellung als Angestellter nicht mehr länger versagt. In England und Schweden ist das Stipendienwesen bereits so weit ausgebaut, daß ein Studium auf Kosten des Staates fast die Regel ist, während der Präsident der ›Deutschen Forschungsgemeinschaft‹ noch vor zwei Jahren feststellen konnte, daß in der Bundesrepublik das Studium von nur einem Prozent aller Immatrikulierten aus öffentlichen Mitteln sinnvoll gefördert wird. Gewiß dürfte die

sprichwörtliche Armut der Studenten (eine sogenannte klassische Operette trägt bekanntlich den Titel des Bettelstudenten) in früheren Zeiten eher noch ausgeprägter gewesen sein als heute im Zeichen des Werkstudententums. Die gern idealisierte Asozialität, das Bild vom fahrenden Scholaren, verweist auf eine Stellung, die vielfach dem des Lumpenproletariats entsprochen haben mag. Und schließlich haben sich selbst die Exponenten der deutschen Klassik, wenn nicht als Werkstudent, so doch als Hauslehrer kärglich genug verdingen müssen, der, nach der Äußerung des Herrn Gontard zu Hölderlin, als eine Art »Bedienter« angesehen wurde. Aber die Beispiele des erfolgreichen Sichdurchhungerns entbehren heute, in einer Zeit der Überproduktion und der Angst vor einer Überfüllung des Arbeitsmarktes, der letzten Plausibilität. Das tiefere Motiv indes, das so etwas wie »Armut und Würde« heute überhaupt unmöglich und es daher auch den Werkstudenten schwer erträglich macht, den Kontrast zwischen der eigenen Lebenshaltung und der sonst heute üblichen auszuhalten, finden wir in der genannten Angleichung der akademischen an die in Verwaltung und Industrie geübte Arbeitsweise. Nur eine Arbeit, wie der Künstler sie als einziger heute noch festhält; nur eine, die der Selbsttätigkeit des frei sich entfaltenden Individuums einen gewissen Spielraum läßt und dessen Neigungen, Interessen, Talente – sein subjektives Bedürfnis – nicht ganz verleugnet, kann zur Askese anhalten und zu jenem Opfer, das als Sublimierung jedem Akt geistiger Bewältigung innewohnt. Aber auf der einen Seite die Arbeitsweise eines Angestellten ausüben und gleichzeitig auf der anderen Seite sich den Reizkonsum, der jene Arbeitsweise erst vollständig macht, versagen, führt zu einem Widerspruch, der seiner Auflösung zutreibt. Freilich wird auch eine staatlich garantierte soziale Sicherheit nicht mehr, wie noch das Privatvermögen der Väter vielen studierenden Söhnen des vergangenen Jahrhunderts oder auch den Privatdozenten, die ökonomische Basis eines autonomen Denkens zurückgeben, das wir mit wissenschaftlichem Geist gleichzusetzen immer noch geneigt sind. Auch dann wird der Student für gewöhnlich seine Studienzeit auf die gesellschaftlich geforderten, sogenannten praktischen Ziele abstellen und, mag er mit noch so guten Vorsätzen zur Universität kommen, bald auf »risikofreies« Studieren sich verlegen wollen; denn für die Ausbildung, selbst wo sie aus öffentlichen Mitteln bestritten wird, gilt in besonderem Maße die kapitalistische Gleichung, daß Zeit Geld sei.[18]

In einem mit der akademischen Arbeitsweise und der tendenziellen Angleichung der Studenten an den Angestelltentypus verändert sich auch ihr Verhältnis zu den Professoren. Die sokratische Beziehung ohne Autorität, wie sie Jaspers mit Anspielung auf Kierkegaard für das Verhältnis von Professor und Student bestimmt, verwandelt sich in das Verhältnis von Verkäufer und Käufer, wo der Gegenstand der akademischen Mitteilung nicht um seiner selbst willen, geschweige denn in gemeinsamer Arbeit studiert wird, sondern seinen einzigen Sinn aus der beruflichen Verwendbarkeit bezieht und sich zum Pensum verwandelt.[19]

IV

Nach alledem ist festzuhalten: die Schäden, an denen die Hochschulreform von Anbeginn laboriert, ohne ihnen grundsätzlich beikommen zu können, beziehen ihre Hartnäckigkeit aus einer Gesellschaft, die zwar ihre entlegensten Felder noch verwissenschaftlicht, aber gleichzeitig Wissenschaft so entschärft, daß diese aufhört, ein Ferment des Lebens zu sein. Hochschulreform kann daher sinnvoll nur heißen: die besten Traditionen der Universität mobil machen, um ihr eine bestimmte Doppelbödigkeit zu erhalten.

Selbstverständlich muß die Universität als Institution der bestehenden Gesellschaft sich an diese so weit anpassen, daß ihre und ihrer Mitglieder ökonomische Basis gesichert ist. Überfällig ist vor allem die Vermehrung der Planstellen für Lehrkräfte und Assistenten und ein großzügiger Ausbau des Stipendienwesens. Soweit die Univer-

18 In diesem Zusammenhang sind Vorschläge erwägenswert, die darauf abzielen, die Universitäten von der Berufsausbildung zugunsten ihrer traditionellen Aufgabe reiner Berufsvorbildung zu entlasten. Vgl. dazu Hans Heigert, Die verlorene Hochschulreform, in: Der Monat, Mai 1956, und Hans Wencke, Die Deutsche Hochschule vor den Ansprüchen unserer Zeit, Göttingen 1955.

19 Vgl. M. Horkheimer, Gegenwärtige Probleme der Universität, Frankfurt a. M. 1953.

sität jedoch ihre »Gleichzeitigkeit« mit der Gesellschaft wörtlich nimmt und deren Formen ungebrochen nachahmt, wird sie auch die Elemente verabschieden müssen, die ihr bislang in den würdigen Gestalten akademischer Lehrer immer noch ein Bild von dem gaben, was sie sein kann und soll. Es gilt also, dieser Gleichzeitigkeit nach außen sich ebenso zu versichern wie nach innen einer entsprechenden Ungleichzeitigkeit, indem die Universität in ihrem internen Betrieb den einen Anspruch mit dem nötigen Ernst aufrechterhält, nämlich: daß sie es mit mündigen Menschen zu tun hat, selbstverständlich auf, aber auch vor dem Katheder. Es ist oft bemerkt worden, daß die Situation der Studenten wesentlich eine festgehaltene Kindersituation sei. Zwar nicht mehr ans Elternhaus gebunden, aber noch nicht ins Erwerbsleben entlassen, den speziellen Bedingungen eines Berufs noch nicht subsumiert, sind die Studenten mit der Möglichkeit als ihrem Privileg ausgestattet, sich von der Konkurrenz der Interessen und Ideologien zu distanzieren. Und doch gelten sie nicht mehr als Schüler, sondern als Erwachsene, an deren Verantwortung alle möglichen Mächte und Interessenten, an die auch der Staat appelliert. Wenn überhaupt irgendwem, dann bliebe den Studenten, sofern nur ihre ökonomische Unabhängigkeit gesichert ist, ein bescheidenes Maß an Exterritorialität zugebilligt, ohne daß ihre Freiheit sogleich als Narrenfreiheit oder als die der Kinder wieder unter Kuratel gestellt würde.[20] Entwicklungsverzögerung ist, wie die Anthropologie nachgewiesen hat[21], offenbar das Gesetz, unter dem die Menschen und die menschliche Gesellschaft die Kräfte ihres Fortschritts sammeln. Wieviel mehr ist es heute von Bedeutung, wo es ausdrücklich des Festhaltens an einer Unmündigen-Situation bedarf, um nach den Regeln der Mündigkeit behandelt zu werden. Denn der Anspruch, den eine Universität gegen ihre von innen sich durchsetzende Tendenz der »Verschulung« aufrechterhält, soll ja gerade verhin-

20 Vgl. W. Dirks, Die Verantwortung der Studenten gegenüber Volk und Staat, in: Guardini – Dirks – Horkheimer, Die Verantwortung der Universität, Würzburg 1954.

21 Zuerst: L. Bolk, Das Problem der Menschwerdung, Jena 1926; daran anschließend eine breite Kontroverse; zuletzt: A. Gehlen, Der Mensch, Bonn 1950, und A. Portmann, Biologische Fragmente zu einer Lehre vom Menschen, Basel 1951.

dern, daß dem Studenten im unmittelbaren Anschluß an das Elternhaus das Maß an Versagung und Unfreiheit auferlegt wird, welches den voll funktionsfähigen, den »eingeschalteten« Erwachsenen im Sinne des Sprachgebrauchs ihre Mündigkeit so schwer, wenn nicht gar unmöglich macht. Es scheint, als müsse sich heute der Fortschritt auf die Stützen der Regression verlassen, als müsse sich Erwachsenheit mit den Privilegien der Infantilität ausstatten, um nicht unter die Räder zu kommen.

Wenn eine Reform der Prüfungsordnung dazu beitragen könnte, den Anspruch der Mündigkeit zu befestigen, sie wäre das Dringendste, was überhaupt zur Erledigung anstünde. Noch dienlicher scheint uns Heimpels Petitum des »exemplarischen Lernens«, sofern es drei Momente in sich schließt: einmal die Befreiung von Stoffballast und flüchtigem Überblick über das vergegenständlichte Ganze, den »Mut zur Lücke«; sodann die Einheit von Forschung und Lehre, indem ein solches Vorgehen dem Professor gestattet, das Vorgetragene auf den Weg hin, auf dem er es gewonnen hat, durchsichtig zu machen; und schließlich die daraus sich ergebende Freiheit des Lernens, die den Studenten zur Selbständigkeit des Urteils instand setzt und anhält.

Damit sind wir auf das verwiesen, was die Wissenschaft von sich aus beizutragen hätte, nämlich: statt einer verlorenen Universitas litterarum nachzuhängen auf ihre, und das heißt jede Spezialwissenschaft auf ihre eigenen, Grundlagen zu reflektieren und in einem ihr Verhältnis zur gesellschaftlichen Realität zu kritisieren. In den Naturwissenschaften zeichnet sich eines bereits deutlich ab: daß nur noch die Fachleute, und unter ihnen die führenden Forscher, in der Lage sind, aus der methodischen Transparenz ihres Faches, wenn nicht die im herkömmlichen Sinne philosophischen, so doch die philosophisch relevanten Konsequenzen zu ziehen. Alle Versuche von seiten der Schulphilosophie, die Erkenntnisse in Relativitätstheorie, Atomphysik, organischer Chemie, Virenforschung, Morphologie, Tierpsychologie usw. dem überlieferten Kategoriensystem zu integrieren – Versuche selbst, die die Erschütterung der klassischen Grundlagen ernst nehmen und auf eine konventionelle Interpretation verzichten –, erreichen vorerst wenig mehr als die von Naivität nicht freien Spekulationen philosophierender Spezialwissenschaftler; die nämlich verlängern nur zu oft ihre fachwissenschaftlichen Einsichten metaphysisch oder antimetaphysisch, anstatt sie fachimmanent zu radikalisieren, und fallen daher philosophisch weit unter das Niveau, das sie in ihrem Fach erarbeitet haben.

Aber noch ein weiteres bahnt sich an. Die Reflexion auf die Grundlagen drängt zur Kritik des Verhältnisses von Wissenschaft und Gesellschaft. Und wiederum muß diese Kritik von den einzelnen Wissenschaften selbst ausgetragen werden, denn sie basiert auf der Einsicht in die drastische Unvertretbarkeit des Forschers als Person gerade in den Wissenschaften, die bisher Unpersönlichkeit zur ersten methodischen Voraussetzung machten. Seit die Gesellschaft die technische Umsetzung der atomphysikalischen Berechnungen und Experimente offensichtlich in Formen betreibt, die ebenso traditionell wie gefährlich sind; seit die wissenschaftlich neu entfalteten Produktivkräfte im Rahmen der bestehenden Ordnung offensichtlich in irrationalen Verhältnissen gefesselt bleiben; seit Atomenergie vorwiegend in Waffen statt in arbeitersparende Energiezufuhren verwandelt wird, ist den Naturwissenschaften, und nicht nur den hochexplosiven unter ihnen, die Auflage erteilt, den Bann der methodischen Neutralität wenigstens von den möglichen gesellschaftlichen Konsequenzen in der Verwaltung ihrer Ergebnisse abzuziehen. Wenn man Landgrebes Deutung der Heisenbergschen Unbestimmtheitsrelation trauen darf, kann sogar erwartet werden, daß heute bereits die Reflexion der Grundlagen von sich aus auf die Reflexion der gesellschaftlichen Anstalten drängt, unter denen physikalische Forschung betrieben wird: »Vom Sein der Natur kann nicht mehr ohne Bezugnahme auf das Sein des Menschen gesprochen werden.«[22]

Diese Implikation der Grundlagendiskussion mit dem kritischen Verhältnis der einzelnen Wissenschaft zur Gesellschaft im ganzen ist bei den Geisteswissenschaften ohnehin gegeben. Das Scheitern des hochschulreformerischen Versuchs, Bildung und staatsbürgerliches Bewußtsein zu befördern, bewahrte sie vor einer öffentlichen Rechenschaftslegung gleichzeitig über ihr Vermögen der Selbstre-

22 L. Landgrebe, Philosophie der Gegenwart, S. 91 ff.

flexion wie über das, die gesellschaftliche Situation mit ihren Instrumenten kritisch zu durchdringen. Deshalb lag hinter der Ablehnung des Studium generale nicht nur die sinnvolle Abwehr einer kurzschlüssigen Flucht in einen didaktischen Seitenweg. Sie war selber eine Flucht: und zwar vor der *Notwendigkeit, die Kritik der Wissenschaften zum Kernstück der Reform zu machen.* Als repräsentatives Beispiel sei hier nur die Wissenschaft zitiert, in deren Bereich unsere Untersuchung gehört, die einzige, bei der die Reflexion auf die Grundlagen mit der Kritik ihres Verhältnisses zur Gesellschaft unmittelbar zusammenfällt. Dessen ungeachtet hält sich die Soziologie, wo sie ihre Wissenschaftlichkeit als Wertfreiheit versteht, in Besinnungslosigkeit gerade darüber, daß der Absolutismus der quantifizierenden Methoden einerseits und die funktionalistischen Grundlagen ihrer Hypothesen- und Theorienbildung andererseits ein harmonisiertes Modell des Bestehenden bereits voraussetzen, weshalb das, was ist, eben weil es ist, von ihr kritisch nicht mehr transzendiert werden kann.

Es gilt also, den einen Gedanken des Studium generale, nämlich die Kritik der Wissenschaften, allen organisatorischen und pädagogischen Reformen vorangehen zu lassen, aus den Scherben des ganzen Unternehmens zu retten und von dem abzuheben, was eine »Kulturfakultät« (Ortega y Gasset) als Dachorganisation der Spezialwissenschaften fälschlich sich zumutete und was sie für Lehrende wie Lernende schließlich hätte werden müssen: Weltanschauung im Digest-Stil. Eine Kritik der Wissenschaften darf sich nicht vorgängig und nicht vorschnell einer Einheit der Wissenschaften versichern wollen, die nicht darum schon zu haben ist, weil man ihrer dringend bedarf. Es war falsch, bei diesem Unternehmen an der traditionellen Entgegensetzung von Allgemeinbildung und Spezialisierung festzuhalten. Spezialisierung in einer Wissenschaft derart, daß man durch primäre Kenntnis ihrer Phänomene und durch handwerkliche Einübung in ihre Methoden wenigstens in *einem* Bereich souverän sich zurechtzufinden und womöglich überhaupt etwas zu finden vermag, ist nicht gleichzusetzen mit dem Erwerb der Qualifikation für einen bestimmten Beruf. Bezeichnenderweise geht es, unserer Untersuchung zufolge, denen, die sich der Kritik an dem Bestehenden entschlagen, so als sei dies den Menschen schlechthin ein Vorgegebenes, nur um berufliche Eingliederung, nicht um Spezialisierung als solche. Ihrem Verhalten kämen eher Tendenzen derer entgegen, die Wissenschaft in einen Methodenkanon auflösen und diesen fetischistisch handhaben möchten; so nämlich, daß der Gegenstand hinter der Organisationsanweisung – die ihrem Sinn nach doch nur dazu herhalten soll, den Gegenstand zum Vorschein zu bringen – erst vergleichgültigt wird und schließlich als qualifizierter ganz verschwindet. Eine Selbstkritik der Wissenschaften müßte dem gegenüber damit beginnen, die *Spezialisierung zu radikalisieren*, um so den Methodenfetischismus auf seine Wurzeln zurückzubringen, nicht wiederum mit einem Streit um die Methode, sondern um das, was die Methode zeigen soll. Anstatt die Spezialisierung bei dem Grad, an dem sie fertige Berufstechniken liefert, stillzustellen und dann womöglich mit Allgemeinbildung zu firnissen, sollte sie bis zur Selbstreflexion vorgetrieben werden. Die genialen wissenschaftlichen Fortschritte, die am Ende auch die Grenzen der zugehörigen Disziplin durchbrachen, sind von radikalen Spezialisten mit hoch spezialisierten Organisationen erreicht worden: von Leuten wie Albert Einstein, Sigmund Freud, Konrad Lorenz – und nicht von solchen, die sich von Anbeginn auf philosophische »Interpretation« verlegten und damit endeten, das, was die Branche überwinden sollte, selbst als Branche zu etablieren. Diese Aufgabe der Selbstreflexion glaubte noch der Neukantianismus für alle Wissenschaften der Philosophie reservieren zu können. Heute kann von einem solchen Anspruch, jedenfalls für die Naturwissenschaften, wahrscheinlich auch für die Medizin, nicht mehr die Rede sein. Das Privileg der *»Grundlagenforschung«* hat nun eine jede Wissenschaft für sich selbst und, über sich selbst hinaus, für den Bereich der benachbarten Wissenschaften auszuüben. Und wo es die Philosophie behält, wie im Falle der philologisch-historischen und der sozialwissenschaftlichen Disziplinen, da handhabt sie es nicht mehr wie früher in einsamer Autonomie, sondern im dialogischen Kontakt mit diesen Wissenschaften selbst.

Allein, diese Selbstreflexion soll nicht etwa bei einer neuen, einer pluralistischen Wissenschaftslehre sich genügen lassen, sondern bis zu dem Grunde vorstoßen, da sie begreift, daß sich eine mit der

Praxis versöhnte Theorie bei der Praktikabilität nicht bescheidet. Freilich darf diese Aufklärung der aufgeklärten Wissenschaften sich nicht in einen Kult der politischen Tat noch in einen solchen irrationaler Existenz ablenken lassen, wenn anders die Universität nicht ein zweites Mal Stätte von Rektoratsreden werden soll, die den akademischen Machtergreifungen aus dem Jahre 1933 gleichen.

2. Konservativer Geist – und die modernistischen Folgen (1959)

Der von Bund und Ländern eingesetzte »Deutsche Ausschuß für das Erziehungs- und Bildungswesen«, der Vorläufer des Bildungsrates, dem neben anderen Georg Picht angehörte, hatte im sogenannten »Rahmenplan« seine Vorstellungen zur Reform der Schule, insbesondere der Sekundarstufe zuammengefaßt. Ein Kernstück bildeten die Vorschläge zur Einrichtung der Förderstufe, gegen deren Verwirklichung sich viele Bundesländer bis heute wehren.

Zunächst konnte sich der geschaffene Deutsche Ausschuß für das Erziehungs- und Bildungswesen über Publizität nicht beklagen; sein »Rahmenplan zur Umgestaltung und Vereinheitlichung des allgemeinbildenden öffentlichen Schulwesens« wurde in den Tageszeitungen mit Schlagzeilen annonciert, Leitartikel folgten. Wohl geht inzwischen die Diskussion in den Fachblättern weiter, aber die unmittelbaren Adressaten bleiben reserviert. Bundestag und Länderregierungen, Schulverwaltung und Landtage scheinen es mit dem Rat, den sie durch Einsetzung des Ausschusses selber sich bestellt haben, nun so dringlich nicht mehr zu haben; aus dem Kultusministerium von Rheinland-Pfalz kommt gar lakonisch die Nachricht, daß man mit der Ausarbeitung eines Gegenplanes befaßt sei. Um so lebhafter gären dieweil Diskussionen und Proteste in den Lehrerkollegien, vor allem an höheren Schulen; der Philologenverband bläst zum Sammeln; dichter schließen sich die Reihen der Unzufriedenen. Was befürchten sie?
Gewiß, die Motive der Ablehnung sind vielfältig, oft pädagogisch begründet, fast immer pädagogisch verkleidet. Die Affekte indessen, von denen die Auseinandersetzung nicht frei blieb, verraten auch politische Neuralgien: manch einem will der Ausschuß beinahe wie ein vorgeschobener Posten der SED erscheinen. Der Reformvorschlag dürfte vor allem an zwei Komplexe rühren. Die vorgesehene Förderstufe soll einerseits das liberale Prinzip der Leistungsauslese angemessener als bisher verwirklichen, nämlich

jedem Kind ohne Ansehen seiner Herkunft den Bildungsgang eröffnen, der seiner Bildungsfähigkeit entspricht; andererseits ist ein auf sieben Jahre beschränktes Gymnasium geplant, das den stimmkräftigen Forderungen nach »zeitgemäßer Bildung«, nach »Orientierung in der modernen Welt« gerechter werden soll. Leicht kann sich daher eine geheime Furcht vor weitgehender Sozialisierung der Ausbildungschancen mit der offen ausgesprochenen Befürchtung verbinden, daß dabei das Gros der höheren Schulen deklassiert werden möchte. Also fließen im bildungshumanistischen Alptraum von der Vermassung, den hierzulande freilich nicht nur die »Gebildeten« träumen, surreal die heterogenen Motive ineinander; das freilich nicht ohne Schuld des Rahmenplanes selber. Auch er trennt nicht mit wünschenswerter Klarheit die beiden Reformziele: eine psychologisch und pädagogisch korrekte Auslese nach Maßgabe sozialer Gerechtigkeit auf der einen, die Befriedigung realitätsgerechter Bildungsansprüche mit Hilfe eines neuen Schultyps – des Gymnasiums – auf der anderen Seite. Suggestiv erscheinen beide in einem komplementären Verhältnis zusammengeschlossen. Kritiker des Planes mögen darin gleichsam einen Schuldzusammenhang entdecken, in dem der neue Typ des Gymnasiums den »sozialen Fortschritt« der Förderstufe um den Preis eines »realistisch« verringerten Bildungsstandes abgelten muß. Solche Kritik hält sich zu ihrem Gegenstand in unbewußter Ironie, denn sie steht und fällt damit, daß sich von ihren kulturkonservativen Prämissen der Rahmenplan selber noch, bei all seiner Nüchternheit, eine Strecke des Weges leiten, eine Strecke auch verleiten läßt.

Das neue Ausleseverfahren

Im Anschluß an die Versuche mit dem sogenannten differenzierenden Mittelbau schlägt der Ausschuß vor, alle Kinder nach Abschluß der Grundschule – bis auf diejenigen, deren Begabung dann schon »in die Augen springt« – weitere zwei Jahre auf einer Förderstufe zusammenzuhalten. Der gemeinsame Stammunterricht wird durch Kurse mit erhöhten Anforderungen ergänzt, in denen die befähigteren Kinder etwa in gleichem Maße und an den gleichen Inhalten gefördert werden sollen wie in Sexta und Quinta der nichthumanistischen Gymnasien heute. Die Erwartungen, die der Ausschuß daran knüpft, sind hoch, aber nicht unbegründet:

Wenn der Plan gelingt, kann die Auslese für die endgültigen Bildungswege gerechter, verläßlicher und überzeugender werden: die Bildungsfähigkeit der Kinder wird an anspruchsvolleren Aufgaben allmählich und wiederholt erprobt; dabei bleiben die Chancen so lange wie möglich offen. Ob die Fähigkeiten für weiterreichende Anforderungen genügen, wird für die Kinder selbst eindrücklich erlebbar und auch für die Eltern sichtbar; die Schwächeren brauchen nicht vorzeitig auszuscheiden, die Gefahr der Entmutigung wird geringer.

Freilich übergeht das Gutachten eine Bedingung, von der das Gelingen des Planes abhängt. Die Scheinobjektivität zwangsläufig starrer Prüfungsmaßstäbe, wie sie bisher für die Aufnahme auf höhere Schulen gelten, soll der zuverlässigeren Objektivierung von Fähigkeiten und Schwächen während einer zweijährigen Probezeit weichen; damit wächst der Ermessensspielraum der Lehrer ebenso, wie die Möglichkeiten eines bloß temporären »Zurichtens« für die Aufnahmeprozedur schwinden. Die Lehrer werden mithin auf der Förderstufe nicht nur vor einer pädagogisch großen, ja großartigen Aufgabe stehen, sondern auch vor einer Verantwortung ungewöhnlichen Ausmaßes; sie wird eine Bürde für die Einsichtigen, für die Vorurteilsvollen aber eine Versuchung sein müssen. Die Erziehung der Erzieher, schon die Auslese der später selber mit Aufgaben der Auslese Befaßten, wirft mit ihren Versäumnissen, ihren Fehlern Schatten über alle diese Bemühungen – keine Schulreform ohne Reform der Hochschule.

Der Rahmenplan präsentiert Idee und Funktion der Förderstufe präzise, mit zwingenden Argumenten. Die Entscheidung über die Aufnahme in die weiterführenden Schulen wird für den gesamten Lebensweg des Kindes in dem Maße immer folgenreicher, in dem die Berufsposition, und damit die soziale Stellung überhaupt, zunehmend von schulischen Leistungsnachweisen abhängig gemacht wird. In gewissem Umfang beginnen die Schulen, nach Helmut Schelskys kluger Beobachtung, die Aufgaben von »Zuteilungsämtern in einer Sozialchancen-Zwangswirtschaft« zu übernehmen. Von dem sozialen Druck, der sich aus diesem Grund am Knotenpunkt des Übergangs zur Höheren Schule konzentriert, verspricht nun das neue Verfahren den Ausleseprozeß zu entlasten; ins pädagogische Reservat gleichsam zurückgenommen und wieder dem eigenen Gesetz überantwortet, kann sodann die Auslese nach den Erfordernissen psychologischer Sorgfalt und sozialer Billigkeit geregelt werden. Diese Erfordernisse gegen den Druck der Interessen, gegen die elterliche Angst vor den verpaßten Lebenschancen der Kinder abzuschirmen, sie in ihr eigenes Recht zu setzen – das ist, wenn man so will, der ingeniöse Trick der ganzen Förderstufe.

Die Maßstäbe sozialer Gerechtigkeit

Unter soziologischem Aspekt gewinnt diese Lösung eine eigentümliche Radikalität daraus, daß im Prinzip alle Kinder als Anwärter auf eine höhere Schulbildung gelten sollen; demzufolge wird fortan nicht mehr die überwiegende Mehrheit der Kinder von Anbeginn in die Kategorie der »Volksschüler *per se*« fallen dürfen. Die Tragweite dessen tritt freilich im Rahmenplan selber nicht deutlich hervor, weil der Ausschuß ein in seinen Proportionen gewissermaßen verzerrtes Gesellschaftsbild adoptiert. So ist etwa von der in den letzten Jahrzehnten kaum noch eingegrenzten Beweglichkeit unserer sozialen Schichtung die Rede, die das Auf- und Absteigen für jedermann in den Bereich des Möglichen rücke. Wenn in diesem Sinne die gesellschaftliche Entwicklung schon so weit gediehen scheint, daß sich die meisten nach Maßgabe individueller Leistung eine »verdiente« Berufsposition und eine »gerechte« soziale Stellung erwerben können, dann mag auch der Rahmenplan seine Intentionen konservativ als eine Art nachträgliche Ratifizierung ohnehin veränderter Verhältnisse verstehen. Tatsächlich aber ist die soziale Mobilität, wie jüngere Untersuchungen nachweisen, keineswegs dermaßen entfesselt, die Struktur der Klassengesellschaft in ihrem Kern noch nicht in dem Maße, wie angenommen, aufgeweicht. Der Zustand, den der Rahmenplan der Realität unterstellt, wird daher unter Mithilfe des Rahmenplans selber erst realisiert

werden müssen; insofern unterschätzt er die eigene sozialpolitische Funktion.
Andererseits betrachtet der Ausschuß das Bild, das er sich von den scheinbar so fortgeschrittenen Zuständen unserer Gesellschaft machen zu müssen glaubt, nicht durchaus mit Wohlgefallen; eher scheint er mit Fassung tragen zu wollen, was nicht zu ändern ist. Vielleicht nicht ganz frei von jenem hochbürgerlichen Pessimismus, der sich gern auf das Schicksal eines vermeintlich absteigenden akademischen Mittelstandes beruft, assoziiert sich – in einer stillen Ecke des Bewußtseins – steigende Mobilität womöglich mit Ortega y Gassets aufstiegshungrigen Massen, die alle Dämme solider Bildung hinwegzuschwemmen drohen. Zwar weiß das Gutachten, daß der gesellschaftliche Bedarf an qualifiziertem Nachwuchs heute, und erst recht in Zukunft, von den 12 Prozent Gymnasiasten nicht entfernt gedeckt werden kann; aber in der Blicklinie der »Vermassung« gerät die Zunahme an höheren Schülern mit der Abnahme ihrer durchschnittlichen Begabungs- und Bildungshöhe in einen Zusammenhang fast mythischer Fatalität: »Die weiterführenden Schulen erhalten eine Schülerschaft, deren Befähigungsdurchschnitt der überlieferten Höhe der Anforderungen nicht mehr voll genügt.« So distanziert sich denn der Ausschuß auch nicht entschieden genug von der demagogischen These der »erschöpften Begabungsreserve« – ein Klischee übrigens, das unter Philologen weithin zum Bestand gehört; seine Glaubwürdigkeit dürfte seit jenen Jahren, in denen die Reduktion auf Erbeigenschaften wissenschaftliche Beweise weltanschaulich erübrigte, verschlissen sein.

Die erschöpfte Begabungsreserve

Wer wird im Ernst den gesunkenen Leistungsdurchschnitt, wo immer er tatsächlich sich nachweisen ließe, *a priori* der Zulassung unterdurchschnittlich befähigter Kinder in die Schuhe schieben dürfen? Das erforderte wohl eine Prüfung *a posteriori*, und zwar unter Voraussetzungen, die heute organisatorisch und personell so gut wie überall fehlen. Belastung der Lehrer durch zu viele Wochenstunden, Belastung des Unterrichts durch zu große Klassen, Belastung des gesamten Schulbetriebs durch Raummangel und unzureichende Ausstattung usw.; profane Umstände dieser Art sind allein Ursachen genug, um den Umschlag von Quantität in Qualität, den Umschlag der großen Zahlen in das, was man für Vermassung hält, zu erklären. Die Anzahl der höheren Schüler an sich erklärt nichts; sie wird sich ohnehin – eine Prognose ohne Risiko – in kurzer Frist verdoppeln müssen, wenn wir mit der Entwicklung in den Ländern des Ostblocks auch nur Schritt halten wollen.

Eine vor wenigen Jahren in Schleswig-Holstein durchgeführte Untersuchung hat ergeben, daß beispielsweise unter höheren Beamten in 96 von 100 Familien mindestens 1 Kind mehr als nur Volksschulbildung erhalten hat, während gleiches unter Landarbeitern in keiner von 100 Familien, bei ungelernten Industriearbeitern in 5 von 100 Familien, bei angestellten Handwerksgesellen in 19 von 100 Familien, bei angelernten und gelernten Industriearbeitern in 24 von 100 Familien der Fall war. Das ist ein Ausschnitt aus einer einzigen Tabelle. Und doch brauchen wir diese wenigen Daten nicht einmal durch den Hinweis auf die fast schon sprichwörtliche Minderheit von 5 Prozent Arbeiterkindern an westdeutschen Universitäten zu ergänzen, um darzutun, wie dünn das soziale Stratum ist, das vom Auslesesystem der weiterführenden Schulen heute überhaupt erfaßt wird. Des weiteren ist zu berücksichtigen, daß die Elternhäuser – selbst solche, die man einst den »gebildeten Ständen« zugerechnet hätte – eine Reihe von Erziehungsfunktionen nicht mehr erfüllen. Die patriarchalische Kleinfamilie im gehobenen Bürgertum des 19. Jahrhunderts konnte ihre Kinder, wie man weiß, noch in einem Klima großziehen, das – bis auf den heutigen Tag als Bücherschrank und Klavier in seiner verdinglichten Gestalt erhalten – einen gewissen Zugang zum Bildungsgut der Nation garantierte. Diese und andere Aufgaben müßte heute zusätzlich die höhere Schule übernehmen; um so eher deshalb, weil deren Wahrnehmung von der großen Zahl jener Familien schon gar nicht erwartet werden kann, die mit der bürgerlichen Tradition gesellschaftlich keinen Zusammenhang hat. Erst dann könnte eine Auslese nach Maßgabe der Bildungsfähigkeit, um die es dem Ausschuß zu tun ist, die Kooptation nach Maßgabe des sozialen Milieus ganz ablösen. In verständlicher Beschränkung läßt der Rahmenplan diese Problematik jedoch ganz beiseite, zumal mit ihr unvermeidlich auch die Ganztags-Schule hätte zur Diskussion gestellt werden müssen.

Allerdings sollte jetzt schon allen Eltern, deren Kinder für geeignet befunden wurden, die Zustimmung zum Besuch der weiterführenden Schulen und damit zu einer Verlängerung der Schulzeit gleichermaßen möglich gemacht werden. Nur wer vom hemmungslosen wie opferwilligen Streben nach familienindividuellem Aufstieg in durchgängig allen Schichten überzeugt ist, wird die ökonomischen und ideologischen Sperren unterschätzen, die auch dann noch bestehen, wenn künftig die Schule ohne Ansehen der elterlichen Wünsche die Fortbildungsfähigkeit der Kinder beurteilen und bescheinigen sollte. Das soziale Grundrecht auf eine befähigungsgerechte Erziehung der Kinder bedürfte heute noch vielfach eines Schutzes auch gegen die Gleichgültigkeit der eigenen Eltern. Dieser ist wohl ohne den empfindlichen Eingriff einer gesetzlichen Einschränkung der elterlichen Verfügungsgewalt, wie sie der Gesetzgeber für analoge Fälle vorsieht, zu erreichen: wo Eltern eine verlängerte Schulzeit für ihr Kind mit begründetem Hinweis auf ihre ökonomische Lage ablehnen, könnten staatliche Erziehungsbeihilfen einspringen.

Bildungsrealismus mit schlechtem Gewissen

Gewiß bedarf der Ausschuß nicht, wie manch einer seiner Kritiker, der Belehrung über die »erschöpfte« Begabungsreserve; doch hat selbst er, so scheint es, vom Trauma der wachsenden Zahlen nicht ganz sich lösen können. Mit dessen nachwirkenden Skrupeln wird ihm noch die wohlverdiente Freude an der Förderstufe ein bißchen verdorben – fast so, als habe man sich dazu durchringen müssen, mehr vom Verstande gestoßen als von jenem Mut beflügelt, der nach Plato seinen Sitz im Herzen hat. Wie unterm fortzeugenden Fluch der fortschrittlichen Tat fühlten sich die Reformer gedrungen, das begonnene Werk nun auch noch über den Fortschritt hinaus zu vollenden. Jedenfalls trägt der Bildungstypus jenes auf der Förderstufe aufbauenden Gymnasiums manche Züge, die der Identifikation mit einem Angreifer eher entsprungen sein könnten als einer kritischen Antwort auf die Herausforderungen der »modernen Welt«. Dies ist die immer wiederkehrende Tabu-Formel für die Bedürfnisse einer Industriegesellschaft, deren Ansprüchen, legitimen und anderen, der Ausschuß entgegenzukommen um so vorbehaltloser sich befleißigt, je mehr er dieser Welt selber mit einer gewissen Fremdheit gegenüberzustehen scheint. So will uns an Stellen dünken, wo das Gymnasium mit der »Zuordnung zur modernen Welt« zu deren geschichtlicher Entfaltung in Gegensatz gebracht wird. Dabei handelt es sich um Nuancen, aber an sie wird man sich halten müssen, solange Bildungspläne nicht vorliegen.

Das Gymnasium soll den Bildungsbedürfnissen einer Jugend entsprechen, »die die neue Welt so sehr als die ihre betrachtet, daß sie Mühe hat, zur bisherigen Geschichte noch ein lebendiges Verhältnis zu finden«. Genau darin besteht indessen die Gefahr, der die höhere Schulbildung *a limine* entgegenzuwirken hätte. Die im Positivismus ausgebildeten und heute für alle exakten Wissenschaften verbindlichen Verfahren sind in ihrem Ansatz ebenso unhistorisch, wie deren technische Anwendungen von jeder historischen Situation ablösbar. Die aus Wissenschaft und Technik hervorgegangenen, von diesen Produktivkräften geprägten Strukturen unserer Gesellschaft verfügen mithin nicht von sich aus über eine Kraft der Erinnerung. Sie verdecken eher die geschichtliche Entwicklung unserer Kultur und täuschen, nach dem Modell technisch manipulierbarer Funktionszusammenhänge, die Gegenwart über ihre Vergangenheit hinweg. Wenn dann noch, selber geschichtlicher Herkunft, Interessen an der Verdrängung der geschichtlichen Vergangenheit hinzukommen, mag eine solche Gesellschaft in besonderem Maße Kräfte entfalten, und (mit dem System der Massenmedien) auch Mittel bereitstellen, die die Menschen mit einem Schleier der Geschichtslosigkeit überziehen – unter Abzug freilich jenes Glücks, das, von den Griechen bis auf Nietzsche, die Philosophen von ewiger Gegenwart sich versprachen. Mit dem Bewußtsein der geschichtlichen Entwicklung geht mehr verloren als das Wissen, »wie es gewesen ist«, nämlich die Fähigkeit, angemessen einzuschätzen, »was daraus werden kann«, und zu entziffern, was am Bestehenden fällig, was hinfällig und was über es hinaus objektiv möglich ist. Mit dem historischen Bewußtsein, vielleicht heute sogar das wichtigste daran, geht die utopische Dimension verloren. Es ist gewiß sinnvoll, dem neusprachlichen und dem mathematisch-naturwissenschaftlichen Zweig des Gymnasiums »moderne Berufswelt und Technik«, auch den »Bereich der Wirtschaft« ans Herz zu legen, zumal sie gegenüber den Verführungen und den Vorspiegelungen bloßer Geistesgeschichte ein wirksames Korrektiv abgeben würden. Aber nur wenn der objektive Geist der Gegenwart in seinem geschichtlichen Gang, die gesellschaftlichen Verhältnisse, Kultur überhaupt in ihrer geschichtlichen Herkunft kompromißlos so durchsichtig gemacht werden, wie man es von höherer Schulbildung erwarten kann und heute gegen den Zeitgeist erst recht verlangen muß, wird der neue Typus des Gymnasiums in seinen Grundlagen der Gefahr institutionell geförderter Bildungskonformität mit einer Art historischer Unbildung entgehen können, die nachgerade politisches Risiko geworden ist. Die Anforderungen, die sich für die Schüler daraus ergeben, dürften kaum einen Deut geringer sein als die an humanistischen Gymnasien üblichen.

Die verborgene Elite

Der Rahmenplan präsentiert Gymnasium und Studienschule als Alternative; je mehr er auf der einen Seite »dem Zug der Moderne« nachgibt, um so stärker pocht er fürs sogenannte Klassische auf ein Reservat. Anscheinend hat sich im Ausschuß die Tradition einer kritischen Auffassung des »lebendigen Verhältnisses zu unserer bisherigen Geschichte« nicht ganz durchsetzen können. Einzig antiquarische und monumentalische Interessen an der Geschichte – ohnehin in der Deutschen Historischen Schule, und seitdem auf unseren Universitäten bestimmend – sollen allem Anschein nach den Zugang zur Geschichte lizensieren. Zwar heißt es in den sonst vorzüglichen Bemerkungen zur Studienschule, daß »der Strom der Überlieferung neben dem Echten das Entartete, neben dem Gültigen das Verderbliche« mit sich führe; aber der folgende Satz, der für sich genommen nicht falsch ist, ermangelt als Schluß aus dem

vorangegangenen Satz verräterisch der logischen Konsequenz: »Eben deshalb bedarf die Überlieferung einer besonnenen Pflege, die große Erscheinungen und Gedanken der Vergangenheit in ihrer reinen Gestalt hervorhebt und davor bewahrt, daß sie überwuchert werden und in Vergessenheit sinken.« Wenn hingegen neben dieser – gewiß auch Wahrheit stiftenden – Denkmalspflege eine kritische Aneignung der geschichtlichen Zusammenhänge, aus denen unsere Gegenwart ihre Zukunft bestreiten muß, als legitimes Geschäft der Historie gelten darf, dann können die Bildungstypen von Studienschule und Gymnasium nicht mehr alternativ im Zeichen von »Überlieferung und Geschichte« – »technischer Zivilisation und Gegenwart« in der Weise konfrontiert werden, wie es im Rahmenplan bei aller Dialektik doch geschieht.
Vor allem verliert dann auch die geistige Priorität der einen vor der anderen ihren Sinn. Noch wo er hochgelobt wird, verrät nämlich der mit der Form des neunjährigen Gymnasiums inthronisierte Bildungsrealismus das schlechte Gewissen seiner Apologeten. Wenn es mit der behaupteten Ebenbürtigkeit beider Typen etwas auf sich hätte, bedürfte es nicht der Verdoppelung des neusprachlichen Gymnasiums auf der Ebene der Studienschule.[1] Diese wird in heimlicher Vorliebe mit den Attributen und Imperativen einer Eliteschule ausgestattet und diskreditiert das Gymnasium allen Beteuerungen zum Trotz – das hat im bösen Wort von ihm als der höheren Klippschule sein Echo gefunden. Wenn zudem Schultypen erster und zweiter Wahl überhaupt vorgesehen sind, bleibt unklar, warum nicht auch der andere Zweig des Gymnasiums eine entsprechende »Hochform« finden sollte; der imaginäre Sieg der philologischen über die mathematisch-naturwissenschaftlichen Bildungswerte würde in einem Zeitpunkt institutionell verewigt, da sich der Weltgeist deutlich auf die Seite der Naturwissenschaften geschlagen hat. Wider Willen bereitet so der Rahmenplan seiner Reform den Weg in jene Zonen, in denen sich Fachverbände bekriegen und die schlagkräftigere *pressure-group* die besseren Argumente ersetzt.

1 Deren Orientierung an Französisch statt Englisch läßt sich übrigens aus dem verblaßten Bildungskanon der deutschen Tradition nicht mehr überzeugend legitimieren: der Rahmenplan zeigt hier, wenn die despektierliche Ausdrucksweise gestattet ist, einen romanistischen »*bias*«.

Diese Linien sind in dem Gutachten allerdings nicht so klar gezeichnet, wie wir sie ausgezogen haben; sie durchkreuzen sich mit anderen, zusammen ergeben sie aber die Konturen eines unausgetragenen Kompromisses, der immer wieder an einem Punkte laboriert: der neue Bildungsrealismus wird anspruchsloser angesetzt, als es sein mit Anstrengung aufgewertetes Prestige wahrhaben darf. Gleichzeitig erscheint er im Verhältnis einer unabdingbaren Komplementarität zur Förderstufe. Der magische Kreis dieses in modernistischer Anpassung sich verstrickenden Konservatismus ist aber ohne Mühe zu sprengen. Die Förderstufe wird zwar, wenn sie hält, was sie verspricht, die Tore der höheren Schulen sehr weit öffnen; denn die Auslese wird extensiver sein. Der Befähigungsdurchschnitt der multiplizierten Zahl an Schülern braucht jedoch nicht zu fallen, wahrscheinlich wird er sich sogar heben; denn die Auslese wird intensiver sein. Ein auf der Förderstufe aufbauendes Gymnasium wird daher sein Anspruchsniveau nicht notwendig senken und ebensowenig mit einem minderbefähigten Typus von Schülern im Medium eines verkürzten Bildungsrealismus Kompromisse schließen müssen. Vielmehr wird das siebenjährige Gymnasium einer neunjährigen Studienschule gleichwertig sein, wenn anders den »realistischen« Zweigen nicht ohne Not der Zugang zur »modernen Welt« aus der Tiefe ihrer geschichtlichen Entwicklung geschmälert werden soll. Wurzellos erscheint diese Welt ohnehin nur einem solchen Humanismus, der sich selber museal geworden ist. Das Paket von Förderstufe und Gymnasium läßt sich aufschnüren; man kann die eine wollen und das andere lassen; man kann und man sollte ohne Vorbehalte den Unterschied von Studienschule und Gymnasium von einem Unterschied im Bildungsdrang auf einen des Bildungsinhaltes reduzieren.

Die Förderstufe ist ein Problem für sich und hat zunächst mit den verschiedenen Zweigen der höheren Schule als solchen nichts zu tun. Sie verlangt allerdings strukturell Englisch als erste Fremdsprache[2]; sie muß daher, obschon prinzipiell als Ausleseverfahren für

2 Zudem empfiehlt sich, wo das eben mit dem Bildungsziel der weiterführenden Schulen vereinbar ist, Englisch als erste Fremdsprache notgedrungen auch deshalb,

alle Zweige gleichermaßen wünschenswert, für den Zweig zwangsläufig ausscheiden, der seiner eigenen Struktur nach Latein als erste Fremdsprache fordert – für die humanistische Studienschule. Der vorgesehene Typ einer neusprachlichen Studienschule hat demgegenüber keine Berechtigung. Aus dem Unterschied ihres organisatorischen Aufbaus folgt ebensowenig wie aus dem der Bildungsinhalte ein Niveauunterschied zwischen Studienschule und Gymnasium. Der humanistische Zweig würde sich aus Schülern rekrutieren, die zwei Bedingungen erfüllen: sie müssen ihre Reife für die höhere Schulbildung frühzeitig und deutlich erkennen, zum anderen eine gewisse Fähigkeit und Neigung für den humanistischen Bildungsgang begründet vermuten lassen. Damit dürfte noch keineswegs ein überdurchschnittliches Befähigungsniveau gesichert sein; denn das humanistische Gymnasium verzichtet nicht nur auf die Mehrzahl der früh erkennbar Begabten, die sich für andere Bildungsinteressen aufgeschlossen zeigen, sondern auch auf die Masse derjenigen, deren Fähigkeiten erst auf der Förderstufe erkennbar hervortreten. Die auf der Förderstufe aufbauenden Gymnasien werden also einen Begabungsrückstand gegenüber der humanistischen Studienschule kaum zu befürchten haben. Auch einen gewissen Zeitverlust, der durch die Hemmungen des Stammunterrichts während des gemeinsamen fünften und sechsten Schuljahrs trotz der differenzierenden Ergänzungsstunden im Vergleich zum Sexta- und Quintaunterricht der Studienschule schwerlich ganz zu vermeiden ist, dürften die Gymnasien aufgrund der sorgfältigen Auslese ihrer Schüler ausgleichen können: die Förderstufe würde ja der weiterführenden Schule diese Aufgabe, mit der sie heute bis zur Oberstufe aufs schwerste belastet ist, abnehmen.

Eine Modifikation des Rahmenplanes in der angedeuteten Richtung würde sich auf Tendenzen, die in ihm selber bereits angelegt, durch konkurrierende Tendenzen aber überlagert oder abgebogen sind, durchaus stützen können. Die glaubwürdige Abgrenzung gegen alle deklassierenden oder auch nur als Deklassierung mißverstande-

weil der Grundschulunterricht immer häufiger nach ganzheitlichen Methoden ausgerichtet wird und daher für den Anschluß eine Sprache nahelegt, die die analytischen Fähigkeiten nicht so plötzlich und streng beansprucht.

nen Implikationen des »realistischen« Bildungstyps könnte dem organisierten standespolitischen Gezeter den Atem nehmen. Die Diskussion würde auf den Kern der Reform – das Ausleseverfahren – zurückgeführt, eine Verfilzung aller möglichen ablehnenden Motive verhindert. Die Demaskierung der bloß vorgeschobenen pädagogischen Argumente sollte sodann den vorwiegend politischen Charakter auch dieser Reform reiner hervortreten lassen können.

Hauptschule auf weite Sicht

Selbst wenn sich der Anteil der Kinder, die heute weiterführende Schulen besuchen – phantastische Perspektive – verdreifachen würde, erreichte er kaum die Hälfte aller Schüler; die Mehrheit würde auch dann noch mit Volksschulbildung sich begnügen müssen. Eine Reform der Auslese betrifft vor allem auch die, die nicht ausgelesen werden. Darum darf die Sorgfalt, mit der der Ausschuß die Erweiterung und Erneuerung der Volks- zur Hauptschule überdacht hat, vielleicht gar als sein eigentliches Verdienst gelten. Zu der kühneren und auf lange Sicht wohl einzig vertretbaren Lösung hat er sich freilich nicht entschließen können. Obschon für die Hauptschule eine zehnjährige Laufzeit in Aussicht genommen ist, soll diese nicht, wie bisher alle allgemeinbildenden Schulen nach zehn Jahren, mit der mittleren Reife oder einem Äquivalent abschließen. Gegen das Fernziel, den Bewußtseinsstand der Hauptschüler in ihrer großen Mehrheit auf das Niveau des Mittelschulabschlusses zu heben, bestehen jedoch kaum ernsthafte Einwände; zumal dann nicht, wenn der Abschluß der Hauptschule stufenweise nach dem Anspruchsgrad der verschiedenen berufsbildenden Schulen differenziert und qualifiziert werden könnte.

Die durchschnittliche Produktivität der Arbeit ist bereits auf dem gegenwärtigen Stand der Technik so weit gediehen – und alles spricht für eine fortgesetzte Steigerung –, daß die gesellschaftlich notwendige Gesamtarbeitszeit beträchtlich verringert werden konnte. Das wirkt sich für den einzelnen Arbeitnehmer in Form von kürzeren Arbeitstagen und vervielfachten arbeitsfreien Tagen aus, und in einer Herabsetzung der Altersgrenze. Diese Entwicklung eröffnet überdies die Möglichkeit, den Zeitpunkt des Eintritts ins Berufsleben für alle weit über das 14./15. Lebensjahr hinauszuschieben, damit den Zeitraum für Bildung und Ausbildung sprunghaft zu vergrößern. Der verkürzten Gesamtarbeitszeit wird in der Lebensperiode der Jugendlichen eine Verlängerung der für Erziehung aufgewandten Zeit zu entsprechen haben. Beide sollten in einem umgekehrt proportionalen Verhältnis stehen; die eine sollte nicht zusammen mit der anderen auf der Grundlage »Lernen ist Arbeit« in den Sog des fremdgesteuerten Freizeitverhaltens geraten. Die labilen Strukturen der parteienstaatlichen Massendemokratie machen nämlich die Hebung des allgemeinen Bildungsstandards zur gesellschaftlichen Notwendigkeit. Auf der Basis der Dummheit, jenes Zustandes, den die herrschende Praxis der wissenschaftlich angeleiteten Manipulation sogenannter öffentlicher Meinung erzeugt und erhält, wird sich eine Demokratie jedenfalls als Demokratie nicht dauerhaft reproduzieren können. Dieses politische Argument läßt sich leicht in ein pädagogisches übersetzen. Einstmals hatte es seinen guten Sinn, der polytechnisch ausgerichteten, bereits an die unanschaulichen Prinzipien und Resultate von Natur- und Gesellschaftswissenschaften heranführenden Realbildung eine mehr heimatkundlich orientierte Volksschulbildung gegenüberzustellen, die die Proportionen des anschaulichen Lebensumkreises festhält. Heute ist jedoch dieser Kreis selber vielfältig aufgesprengt; an seine Stelle sind Verhältnisse getreten, die ein ihrer Größenordnung und ihrem Abstraktionsgrad angemessenes Bewußtsein, Urteilsvermögen gegenüber formalisierten gesellschaftlichen Prozessen auch in den breiten Schichten der Bevölkerung verlangen. Und schließlich: Wer im Sinne der Reformer Bildung nicht ganz mit Ausbildung glaubt identifizieren zu dürfen, wer vom Bildungsgrad nicht nur Chancen der Lebenserhaltung, sondern auch der Erfüllung des Lebens in gewissem Umfange abhängig sieht (darin humanistisch der Idee des in der Bewährung seiner Fähigkeiten sich entfaltenden und verwirklichenden Individuums verbunden), der wird schwerlich eine ganze Kategorie Menschen von einem Teil ihres möglichen Lebens und von der »Erfüllung« dieses Lebens auf dem Gesetzgebungswege abschneiden wollen. Sollte nicht, um ein einziges Beispiel zu geben, die Masse der Bevölkerung auf lange Sicht instand gesetzt werden, etwa aus den in Massenauflagen erscheinenden Taschenbuchreihen selbständig zu wählen und sich das, was jeweils gemäß ist, auch anzueignen? Wir wissen heute, nicht mehr so naiv wie die Aufklärer des 18. Jahrhunderts, daß das von Erziehung allein nicht abhängt; doch wird darum eine zweite Aufklärung nicht vergessen dürfen, daß es auch von ihr abhängt.

Das Problem der Finanzierung

> Die hier vorgeschlagene Neuordnung des westdeutschen Schulwesens verlangt große finanzielle Aufwendungen ... sie können und müssen in jedem Fall sofort erhöht werden.

Diese verzweifelte Forderung stellt der Ausschuß mit Recht den Hinweisen zur Verwirklichung des Rahmenplanes voran. Tatsächlich begegnet den Reformbestrebungen von daher ein Widerstand, der am Ende nur in parteipolitischer Auseinandersetzung und, soweit es die Verfassung zuläßt, aufgrund eines Mandats der gesamten Wählerschaft zu überwinden sein dürfte. Die Reform, mit welchen Modifikationen auch immer, erfordert öffentliche Dienstleistungen ungewöhnlichen Umfangs, die im Rahmen der gegenwärtigen Wirtschaftsordnung nicht ganz ohne Konflikt mit herrschenden Interessen aufgebracht werden können. J. K. Galbraith von der Harvard-Universität hat in einem kürzlich auch in Deutschland erschienenen Buch[3] die Disproportionalitäten behandelt, die im System des oligopolistisch organisierten Kapitalismus zwischen den Sektoren der privatwirtschaftlichen Produktion und der öffentlichen Dienstleistungen aufklaffen. Er hat die Tendenzen aufgezeigt, die neben privatem Reichtum öffentliche Misere entstehen lassen, und pointiert:

> Der Alkohol, die Schundliteratur und die Zahnpasten ... sie alle sonnen sich im strahlenden Licht des freien Marktes. Schulen, Gerichte, Städtische Schwimmbäder aber sind verrufen wie schlechte Regenten.

3 »Gesellschaft im Überfluß«, Droemersche Verlagsanstalt, München.

Auch der Hinweis auf die hohen Verteidigungslasten kann diejenigen, die einen weit bescheideneren Anteil des öffentlichen Haushaltes für das Erziehungswesen fordern, nicht recht ermutigen. Denn in der Rüstungsproduktion läßt sich wiederum privates Kapital verwerten, während eine bessere Ausbildung von mehr Lehrern und noch mehr Schülern nicht dazu angetan wäre, bestehende Produktionskapazitäten auszulasten, zu erweitern oder gar neue zu schaffen. Zwar besteht zwischen beiden indirekt sehr wohl eine Beziehung, denn die Industrie ist auf Forschung ebenso angewiesen wie auf ausreichend geschulten Nachwuchs, aber die Umleitung des Kapitals funktioniert nicht von selber. Galbraith meint:

Die hohe Ausbeute, die durch wissenschaftliche und technische Ausbildung zu erzielen ist, lockt noch lange kein Anlagekapital aus der Industrie ins Unterrichtswesen. Man darf keineswegs damit rechnen, daß der Kapitalmarkt Gelder, die für den Bau neuer Raffinerien bestimmt waren, etwa dem Bau neuer Laboratorien zukommen läßt. Hier zeigt sich die vielgerühmte Investitionskontrolle durch den freien Kapitalverkehr am kritischsten Punkt als ein Hindernis von gewaltigen Ausmaßen.

Die mit der Reform notwendig verbundenen politischen Entscheidungen werden nicht einfach durchzusetzen sein. Die Gefahr, daß der Reformplan in diese Dimension gar nicht erst eindringt, vielmehr im Vorfeld einer Diskussion der Selbstzerfleischung unter Pädagogen steckenbleibt, ist groß. Wir schlagen darum vor, die Verhandlung des pädagogischen und die des finanziellen Problems, in ihrem Gehalt beide politisch, parallel zu schalten. Aus der vorläufigen Diskussion um den Rahmenplan sollte gewissermaßen noch einmal ein Rahmen entwickelt werden, der die vorerst kontroversen pädagogischen und organisatorischen Einzelheiten so weit einklammert, daß eine genaue Expertise über die finanzielle Größenordnung der ersten Reformmaßnahmen jetzt schon möglich ist – wie immer dann auch ihre Details und die Perspektive der weiteren Maßnahmen sich modifizieren würden.
Im eisigen Schatten der nuklearen Waffen frieren die Machtverhältnisse, wenn eine Katastrophe vermieden wird, militärisch ein. Der Konflikt zwischen der westlichen und der östlichen Welt wird mit anderen Mitteln ausgetragen werden müssen. Dabei wird die

Erziehung der Menschen, so sehr sie uns Selbstzweck dünkt, unvermeidlich auch als ein solches Mittel zum heterogenen Zweck weltpolitischer Konkurrenz beansprucht. Unterdessen gewährt die Wirtschaftsordnung für Reformen auf diesem Gebiet unserer Seite nicht einmal Vorteile. Wahrlich, der Rahmenplan des Deutschen Ausschusses stellt unsere politische Vernunft auf eine harte Probe.

3. Pädagogischer »Optimismus« vor Gericht einer pessimistischen Anthropologie (1961)

Die folgende Analyse befaßt sich mit den Bedenken, die Helmut Schelsky gegenüber dem »Rahmenplan« des Deutschen Ausschusses in seinem Buch »Anpassung oder Widerstand« (Heidelberg 1961) präsentiert hat.

Eine zweite Phase der durch den »Rahmenplan« des Deutschen Ausschusses für das Erziehungs- und Bildungswesen angestoßenen, vor einigen Monaten jedoch auslaufenden Diskussion um die Schulreform ist nun eröffnet; sei es auch durch eine Schrift, die, in einer bezeichnenden Fehlleistung ihres Untertitels, nicht sowohl gegen den *Plan* einer Schulreform, als vielmehr gegen diese selbst Bedenken anmeldet. Helmut Schelsky wird als eine unbeabsichtigte Nebenfolge in Kauf nehmen, was seiner Intention stracks zuwiderlaufen müßte. Weil die Argumente in der Kraft des Entwurfes, in Anspruch und Treffsicherheit, in der Entschiedenheit ebenso wie in der Offenheit des Gedankens die einschlägige Polemik weit übertreffen, verschaffen sie dieser Sache erneut eine Publizität, die ihr, doch im Interesse Schelskys und den Reformern zum Nachteil, eben zu entgleiten drohte. Hier hat ein deutscher Professor zuwege gebracht, was ein Vorurteil der Fähigkeit französischer Intellektueller vorbehalten möchte – ein wissenschaftliches Pamphlet auf hohem Niveau. Der deutsche Ausschuß könnte ihm dafür dankbar sein, auch wenn er selbst einen harten, zuweilen mag es scheinen unbilligen Preis entrichten muß; denn mit seinen Gegnern verfährt der Pamphletist nicht eben zimperlich.[1]

Zum Zweck der Vorverständigung darf ich anmerken, daß es weder meine Aufgabe ist, noch meine Absicht, den Deutschen Ausschuß irgend zu verteidigen; ich beschränke mich auf jene Diskussion der soziologischen Voraussetzungen und der sozialen Folgen einer geplanten Reform des westdeutschen Schulsystems, die Schelsky mit der Kompetenz des Fachmanns auf einer neuen Ebene wieder aufgenommen hat. Wenn ich

1 Seitenzahlen ohne nähere Angaben beziehen sich auf das erwähnte Buch von Schelsky.

gleichwohl die beiden Monita am Rahmenplan (die Kritik an Real- und Studienschule), denen ich zustimme, beiseite lasse, um die übrigen, die mir einer Überprüfung zu bedürfen scheinen, in extenso zu behandeln, entspringt das nicht taktischen, sondern ausschließlich technischen Erwägungen. Schelsky faßt die von vielen Seiten vorgetragene Kritik an der Aufspaltung der höheren Schule (in Gymnasium und Studienschule) zusammen und verschärft sie; andererseits begründet er eine, von fast allen Seiten zaghaft vermiedene Kritik an der Dreigliederung des Schulwesens und nimmt der Realschule ihre soziologisch beanspruchte Legitimitätsbasis – beide Partien verdienten, nicht nur um des Autors willen, eine eingehende Würdigung. Den systematischen Ertrag der *Untersuchung* sehe ich überhaupt in dieser fundierten Kritik an einer selbständigen Mittelschule; aber die *Streitschrift* verfolgt andere, wenn man so will, höhere strategische Ziele.

Schelsky sieht im Rahmenplan die doppelte Gefahr angelegt, daß die Eltern aus einer Schule, die nur mehr den Lehrern gehört, verbannt werden; und daß eine Anpassung an scheinbare Bedürfnisse des Zeitgeistes wie der Gesellschaft der höheren Schule ihren Rang, nämlich die Kraft zur Heranbildung einer geistigen Führungsschicht nimmt. Demgegenüber drängt Schelsky einerseits auf die institutionelle Sicherung eines starken Elterneinflusses auf die Schule, vorab auf den Zugang zu ihren weiterführenden Zweigen; andererseits empfiehlt er, nach der vierjährigen Grundschule, eine organisatorische und strukturelle Trennung zweier in sich geschlossener und folgerichtiger Bildungswege. Der eine ertüchtigt unmittelbar zu »Daseinsbewältigung« und Beruf nach Prinzipien des Zweiten Bildungsweges; der andere führt, nach dem klassischen Prinzip der Bildung als eines zugemuteten Umwegs, zur gelehrten Weltverarbeitung und erst mittelbar zum Beruf.
Das Triebwerk der Polemik ist mit so viel Energien aufgeladen, daß es die kritischen Argumente über die Kritik selbst hinausträgt: Schelsky konstruiert zum Rahmenplan fast so etwas wie einen Gegenplan, in dem die beiden strategischen Ziele eine gemeinsame Kontur gewinnen.
Für beide ist organisatorisch die im Rahmenplan vorgesehene Förderstufe ein Hindernis: sie unterwirft nämlich den Durchsetzungswillen der Eltern in größerem Maße als bisher der schulpäd-

agogischen Kontrolle und schließt die Alternative der Grundständigkeit weiterführender Schulen aus. Schelskys Kritik entzündet sich deshalb an dieser Einrichtung; was er davon, nach seiner Abrechnung, übrig behält, ist eine umfunktionierte Förderstufe, die durch die Kontinuität des Namens allenfalls darüber hinwegtäuschen könnte, daß sie für das bare Gegenteil der ihr ursprünglich zugedachten Aufgabe in Dienst gestellt werden soll – »ein Aushilfsmittel für die schwierigen Fälle des Übergangs, in denen Begabungs- und Leistungsurteil der Grundschullehrerschaft und der Aufnahmeprüfung mit dem Schulwillen der Eltern in Widerspruch stehen, praktisch also die Sammelklasse für die bei den Aufnahmeprüfungen zu höheren Schularten durchgefallenen Schüler, bei denen die Eltern doch ihren Anspruch auf Überführung in diese Schularten aufrechterhalten« (S. 18).

Die unterschlagene Funktion der Förderstufe

Eine so ausführliche Diskussion der Förderstufe, wie sie uns Schelsky nicht erspart, ist freilich nur gerechtfertigt[2], wenn diese Einrichtung als der Beginn eines Unternehmens betrachtet werden darf, das mit sozialer Auslese wenig, um so mehr mit pädagogischer »Förderung« zu tun hat. Beide Funktionen sind, nicht ohne Schuld des Rahmenplans, so verquickt worden, daß sich bei Schelsky, und nicht nur bei ihm, die Auffassung festsetzen konnte: in der Förderstufe sei »vom Problem der Übergänge her eine neue Schulgattung konzipiert« (S. 17).[3] Die nächste Aufgabe der Förderstufe ist es hingegen, Möglichkeiten der Erprobung zu bieten, um

2 Um die Förderstufe von dem, als was sie konzipiert war, auf den Status einer Hilfseinrichtung für abgewiesene Probanden sozial zielstrebiger Eltern herabzudrücken, bedarf es einer Mobilmachung von Argumenten, deren Aufwand das Gewicht der Sache selbst verzerrt. Schon von Anbeginn hat die Diskussion um den Rahmenplan der Förderstufe hinterrücks eine Bedeutung zuwachsen lassen, die sich im internationalen Vergleich der Schulsysteme kurios ausnimmt. Vgl. den Überblick von Walter Schultze, Das Schulwesen in der Bundesrepublik, Frankreich, England und den Vereinigten Staaten, in: Soziologie der Schule, ed. P. Heintz, Sonderheft 4 der Kölner Zeitschrift für Soz. und Sozialpsych., Opladen 1959, S. 3ff.

3 Auch wenn man die unterstellte »Schulgattung« durch Schulstufe, wie es heißen müßte, ersetzt, trifft der Satz nur die halbe Wahrheit.

dadurch Begabungen »herauszufordern«. Der Rahmenplan entwickelt diese Intention derart im Zusammenhang mit der *anderen* Aufgabe: aufgrund der »geweckten« und deutlich »hervor-getretenen« Fähigkeiten die Eignung der Schüler für weiterführende Schulzweige auch zu beurteilen, daß über der vordergründigen Funktionsverbesserung, nämlich der Perfektionierung der Auslese, der eigentliche Funktions*zuwachs* nur zu leicht vergessen wird. Soziologisch ist die Förderstufe nicht nur, und nicht einmal in erster Linie, unter dem Gesichtspunkt der Regulierung sozialer Auf- und Abstiegsprozesse relevant, sondern vor allem im historischen Zusammenhang mit dem säkularen Funktionsverlust der hochbürgerlichen Familie, auf deren Erziehungsleistungen die gymnasiale Lernschule des 19. Jahrhunderts aufbauen konnte. Eine von Schelsky mit Vorliebe diagnostizierte Tendenz zur »Vermittelständlichung« der gesamten Gesellschaft, zumal ihres Lebensstils, betrifft nicht die typisch mittelständische Bildungstradition, die einst vom Neuhumanismus ausgeprägt war. Im allgemeinen dürfen nicht einmal diejenigen Familien, die man den Nachfolgeschichten der »gebildeten Stände« zurechnen könnte, beanspruchen, den traditionellen Erziehungsstandard gehalten, oder auf vergleichbarem Niveau einen neuen entwickelt zu haben.[4]

Die pädagogische Funktionsverschiebung vom Elternhaus zur Schule illustriert ein Katalog von Bildungszielen, den der »Bremer Plan« für das zehnte Jahr der Hauptschule aufstellt. Darin ist die Rede von Ökonomie und Rationalisierung des Haushaltes; von Kleidung und Mode; Wohnerziehung und Wohnkultur; Pflege der Geselligkeit; Gesundheitslehre; Ernährungslehre; Erziehung zu kritischem Verbrauch usw.[5] Interessant ist die Begründung, mit der die otiosen Ziele der musischen Bildung eingeführt werden: »Da die Gesellschaft der Zukunft den einzelnen weit mehr Freizeit schenken wird, als frühere Epochen es je für möglich hielten, ist die Bedeutung dieser ›unnützen‹ Beschäftigungen weiter gewachsen, sie wer-

4 Mit der objektiven Beschränkung der familialen Erziehungsfunktionen geht subjektiv, zumal in den aufstiegsorientierten Schichten, eine gewisse Verstärkung der familialen Erziehungs*intentionen* häufig zusammen. Die globale Form der Aussage verrät freilich schon, daß beide Trends noch sorgfältiger empirischer Untersuchung bedürfen.

5 Plan zur Neugestaltung des deutschen Schulwesens, 4. Fassung, sog. Bremer Plan, Sonderdruck der Arbeitsgemeinschaft Deutscher Lehrerverbände, S. 18.

den dem Bürger von morgen zu einem innerlich reicheren Leben verhelfen und ihn vor einer rein passiven Konsumentenhaltung bewahren.«[6] Daraus geht bereits hervor, daß der Funktionszuwachs der Schule nicht einfach einen Funktionsverlust des Elternhauses kompensiert; wie es ja überhaupt nicht darum zu tun ist, das Erziehungsmodell eines bestimmten historischen Familientyps schulpädagogisch wiederherzustellen und auf alle Schichten zu verallgemeinern. Gerade die neuen »Verhaltensmuster für das Leben in den Öffentlichkeitsstrukturen« sind »familienfremd« und können deshalb nicht ausschließlich aus der historischen Dimension einer Funktionsverlagerung vom Elternhaus auf die Schule begriffen werden.[7] Solche hinzugetretenen Aufgaben überschreiten per se den pädagogischen Wirkungsspielraum der Familie, was freilich nicht heißt, daß sie automatisch von der Schule auch übernommen würden. Heute werden sie vielmehr weithin noch in einer »unreflektierten, funktionalen Erziehung realisiert, also in Kontakt mit den jeweiligen Gesellschaftsbereichen selbst; ein großer Teil der faktisch abgegebenen Erziehungsfunktionen der Eltern geht also gar nicht eindeutig an den Erziehungsfachmann über«.[8]

In der historisch soziologischen Betrachtung der Akkulturationsleistungen des Elternhauses im Verhältnis zu den Erziehungsfunktionen der höheren Schule (einst also des Gymnasiums mit seinen

6 Ebd., S. 14.

7 R. Dahrendorf (Demokratie und Sozialstruktur in Deutschland, in: Archives Européennes de Sociologie, I, 1, 1960, nachgedruckt in: Offene Welt, März 1961, S. 92ff.) weist darauf hin, daß die »öffentlichen« Tugenden des sozialen Verkehrs und des politischen Umgangs im Gegensatz zu den »privaten« Tugenden etwa der Innerlichkeit, der Wahrhaftigkeit und Treue von außerfamilialen Erziehungsinstanzen abhängig sind: »Zwischen Familie und Schule kannte und kennt die deutsche Gesellschaft eine Rangordnung, die von der vergleichbarer Gesellschaften erheblich abweicht. Während etwa in England und den USA die Hauptlast der Sozialisierung des einzelnen auf den Schulen mit ihrer doppelten Prägekraft der offiziellen Lehre durch Lehrer und der inoffiziellen Lehre durch peer groups liegt, gehen alle zentralen Einflüsse auf die Erziehung des Kindes in Deutschland noch heute prinzipiell von der Familie aus. Die Annahme scheint sinnvoll, daß die Vermittlung der öffentlichen Tugenden vor allem ein Werk der Erziehungsinstitutionen, die der privaten Tugenden dagegen ein Werk der Familie ist. In diesem Sinne würde ich behaupten, daß die Überordnung der Familie über die Schule in Deutschland das Vorwiegen privater Tugenden in den Werten der deutschen Gesellschaft und damit das Nicht-Funktionieren der deutschen Demokratie weiter zu erklären vermag.« A.a.O., S. 106.

8 J. Kob, Die Rollenproblematik des Lehrerberufs, in: Soziologie der Schule, a.a.O., S. 99.

Vorschulen) gewinnt die Einrichtung des differenzierten Mittelbaues *den* genuinen Sinn, der ihn als eine *Förder*stufe erst qualifiziert. Der Idee nach ruht ja deren Form der Auslese bereits auf einer vervielfältigten Anstrengung, neue Fähigkeiten zu wecken, statt die, von der Grundschule präparierten, bloß zuverlässiger als bisher zu sondieren. Die auf die Dimension einer Auslesestufe geschrumpfte Förderstufe gerät darum in ein soziologisch verengtes Blickfeld: ich höre schon die Pädagogen, die wieder einmal über eine Soziologisierung der Schule verärgert sind, frage mich aber diesmal, als Soziologe, ob der Autor ihrem nachhaltig gebrandmarkten antisoziologischen Affekt[9] nicht unfreiwillig Vorschub leistet.

Gewiß macht sich Schelsky zunächst auch die pädagogischen Argumente zunutze, die im wesentlichen von seiten des Philologenverbandes und durch Repräsentanten der katholischen Kirche[10] gegen die Förderstufe geltend gemacht worden sind. Dabei wird aber nicht hinreichend deutlich, daß den *Erwartungen* des Rahmenplans, die sich auf Erfahrungen mit Versuchen des differenzierten Mittelbaus berufen, auf der anderen Seite *Meinungen* über erwartete Fehlentwicklungen entgegenstehen. Der Wissenschaft bleibt im Falle einer solchen Kontroverse einzig der Weg, die Erfahrungsbasis methodisch so zu erweitern, daß die kontroversen Auffassungen in Hypothesen übersetzt und falsifiziert werden können. Schelsky weiß, daß solche Forschungen in der Bundesrepublik großenteils fehlen; am Beispiel einiger, wie es scheint sehr erfolgreicher Ansätze, läßt sich aber jedermann verständlich machen, woran es fehlt.
So sind etwa im Rahmen der Hochschule für Internationale Pädagogische Forschung zwei (noch nicht veröffentlichte) Untersuchungen durchgeführt worden, um die Frage zu klären, ob der Leistungsstand der weiterführenden Schulen durch Einschub einer Förderstufe gefährdet wird. Die eine beruht auf einem Vergleich des in Niedersachsen erprobten differenzierten Mittelbaues mit Mittelschulen am gleichen Orte. Da hier Alternativen zu dem, grundsätzlich freiwilligen, Besuch der Versuchsschulen gegeben sind und auch genutzt werden, sind wesentliche Bedingungen des

9 Eine wissenssoziologische Analyse des Tatbestandes gibt Hellmut Becker, Sozialforschung und Bildungspolitik, in: Die Soziologie und moderne Gesellschaft, Stuttgart 1959, S. 191 ff.

10 Für und Wider den Rahmenplan, ed. O. Schorb, Stuttgart 1961, Bibliographie S. 185 f.

Normalfalls nicht reproduziert. Dieser Forderung scheint die zweite Untersuchung aber zu genügen; sie erstreckt sich auf die 6. und 7. Klassen in drei Gemeinden ähnlicher sozialer Struktur mit verschiedenen Schulsystemen (in der ersten besteht ein grundständiges Gymnasium und eine Volksschule mit Mittelschulzweig, in der zweiten eine selbständige Mittelschule, in der dritten eine Gesamtschule mit Förderstufenunterricht). Den mir vorliegenden Informationen zufolge[11] ergibt sich bei vorsichtiger Interpretation, daß die nach Grundsätzen des Rahmenplans »geförderten« Schüler in ihrem Leistungsstand (bei konstant gesetzter »Intelligenz«) hinter den Schülern in den Parallelklassen des Gymnasiums nicht zurückbleiben, während die »Volks- und Mittelschüler« der Förderstufe ihren vergleichbaren Altersgenossen auf den üblichen Volks- und Mittelschulen in mehreren Fächern überlegen sind.

Schelsky neigt dazu, die Unterrichtssituation umstandslos in die Resultante jenes Parallelogramms der sozialen Kräfte aufzulösen, dessen Druckverhältnissen die Schule allerdings ausgesetzt ist. Er versäumt die Frage, ob nicht auch mit einem, aus der immanenten Kraft pädagogischer Bemühungen hervorgetriebenen Gegendruck *soziologisch* gerechnet werden muß. Kob beschreibt das Spannungs- und Anpassungsverhältnis des Elternhauses zur Schule an der Schwelle des Übergangs von der Grundschule zu den weiterführenden Schulen folgendermaßen: Die Eltern »erkennen die Lehrer als Begabungsgutachter an und entwickeln selbst eine starke Aktivität in dem Bemühen, ihr Kind für den Prozeß der Auslese vorzubereiten. Für sie besteht dabei eine ganz eindeutige Teilung der pädagogischen Funktionen: Aufgabe der Schule ist die Förderung der Begabten, die Familie dagegen macht sich die Förderung der Begabung des einzelnen Kindes bzw. die systemgerechte Demonstration dieser Begabung zur Aufgabe.«[12] Aus dieser Rollenperspektive der Eltern betrachtet, geht Pädagogik in Funktionen der sozialen Auslese auf – und Schelsky macht sich diese Perspektive, als sei es die sozial einzig wirksame, und die für den Soziologen allein beträchtliche, zu eigen: »Das System der Erprobung als zentrale Aufgabe der Förderstufe muß für ihre Schüler das *Schulklima eines hochgezüchteten Leistungsunterrichts für Durch-*

11 Für die ich den Herren Professoren Roth und Schultze verpflichtet bin.
12 Kob, a.a.O., S. 102.

schnittsbegabungen schaffen. Es macht die Situation, die wir heute in der 4. Klasse derjenigen Grundschulen finden, die unter einem starken und breiten Aufstiegsdruck der Elternschaft stehen ... zur Normalsituation für eine zweijährige allgemeine Schulgattung« (S. 32). In diesem Satz hat das »System der Erprobung« unmerklich einen anderen Stellenwert angenommen, als ihm in der Erörterung des Rahmenplans zugedacht war: es erscheint als die entpädagogisierte Veranstaltung einer Leistungskonkurrenz nach Maßstäben der Nutzenmaximierung und bei Strafe der Gruppendiskriminierung im Rahmen einer großbetrieblichen Organisation (vgl. S. 28 bis 32). Eine olympische Sportveranstaltung mag in den bewährten Kategorien der Betriebs- und Verwaltungssoziologie noch leidlich vollständig analysiert werden können; es scheint mir erwägenswert, ob sich die Schulsoziologie, zumal bei der Mikroanalyse des Unterrichtsvorgangs selber[13], nicht *auch* spezifischer Kategorien bedienen müßte.

In die pädagogische Konzeption der Förderstufe geht die durchaus soziologische Überlegung, ob nicht der Unterricht vom äußeren Interessendruck der Eltern, der sich am Knotenpunkt des Übergangs zu den weiterführenden Schulen massiert, durch eine Pädagogisierung des Ausleseverfahrens entlastet werden kann – etwa dadurch, daß die sozial folgenreiche Entscheidung, statt auf die sichtbare, aber nicht immer einsichtige Aufnahmeprüfung konzentriert zu sein, in die reversiblen, sowohl Kindern wie Eltern deutlich zu machenden Entscheidungen über »Kern und Kurs« überführt wird. Ins pädagogische Reservat zurückgenommen und gegen die sonst punktuell konzentrierten Sozialansprüche abgeschirmt, kann, so ist die Vorstellung, die unvermeidliche Aufgabe der Auslese eher immanenten Gesetzen des Bildungsprozesses überantwortet, nämlich nach den Erfordernissen pädagogischer Bemühung und psychologischer Einsicht geregelt werden. Schelsky bestreitet das explizit als Illusionismus (S. 53). Er bezweifelt, daß die pädagogische Praxis aus sich heraus zur gesellschaftlich relevanten Kraftentfaltung fähig ist.

13 Die übrigens bei uns einer empirischen Durchführung auf breiter Basis noch harrt.

Heinrich Roth verarbeitet in einer sehr sorgfältigen Abhandlung die jüngsten Ergebnisse der internationalen Forschung auf dem Gebiet der Begabungs- und Lernpsychologie[14] und gelangt zu dem Ergebnis, daß beim Problemlösungsverhalten nicht etwa fertig angeborene Fähigkeiten und Leistungsformen unvermittelt ins Spiel treten; als einem produktiven Lernprozeß liegen ihm vielmehr sehr allgemeine Fähigkeiten, schwer zu isolierenden Primärfaktoren zugrunde, die wir mit »Beziehung erfassen«, »eine Regel finden«, »Fragen haben«, »Lücken entdecken« – mit Strukturieren und Umstrukturieren umschreiben können. »Begabung« ist menschliche Bildsamkeit schlechthin. Nun fällt die Kumulation der Erfahrungen und deren Sedimentierung als Fertigkeiten zusammen mit der Geschichte des objektiven Geistes, oder, um es »wissenschaftlich« auszudrücken, mit dem Aufbau sozialkultureller Umwelten. Die Bildungsgeschichte der Menschen vollzieht sich als die ihrer Gesellschaft – wie Hegel es in der »Phänomenologie des Geistes« begriffen hat. Die Bildung der Individuen geschieht, auf einem gegebenen Entwicklungsstand der Zivilisation, in der Art einer Reproduktion der für sie konstitutiven Erfahrungsmuster: »nur wenn es gelingt, jene Ursituationen, in denen der Menschheit neue Einsichten und Produktionen gelungen sind, als schöpferische Lernsituationen wiedererstehen zu lassen, werden immer mehr Kinder und Jugendliche produktiv an unserer Kultur teilnehmen.«

»Begabung« läßt sich bloß in Kategorien der Kulturanthropologie und der Pädagogik zumal definieren. »Es ist von Anfang nötig, daß die Ausgangs- und Primärfaktoren der Intelligenz und Begabung, über die wir oben gesprochen haben, bewußt durch den Anreiz von Aufgaben und die Befriedigung von Antworten angesprochen und aktiviert werden und laufend durch phasengerechte Angebote und Zumutungen herausgefordert und in der Entfaltung gehalten werden. Mit anderen Worten: es gilt, sie in schöpferische Lernprozesse zu verwickeln. Lernen in diesem Sinne heißt: die Prozeßfaktoren, die zur Lösung einer Aufgabe benötigt werden, durch

14 Heinrich Roth, Wandlung des Begabungsbegriffs, in: Schule und Jugend zwischen Reform und Restauration, im Erscheinen (Schroedel Verlag Hannover); die folgenden Zitate beziehen sich alle auf diese Abhandlung.

schöpferisches Nachschaffen derjenigen menschlichen Produktionen zu entbinden, die selbst das Ergebnis schöpferischer Denk- und Gestaltungsprozesse waren, und zwar so, daß sie dabei auf der Subjektseite zur Ausprägung der gleichen Fähigkeiten und Kräfte dienen, die einst in sie eingegangen sind.« Das Kind in einen Lernprozeß zu verwickeln, mag auf verschiedene Weise gelingen; immer aber bedarf es der »Herausforderung«. Auch dafür erbringt Roth empirische Nachweise. »Bei der Analyse des Problemlösungsverhaltens sind auf experimentellem Wege solche, die Entfaltung der Intelligenz störenden Momente eindeutig erkannt worden: es sind Zeitdruck, Frustrationen, Erregungen, Lebenskonflikte, Einengungen und Einstellungsverhärtungen durch mechanisches Lernen (Rigidität), falsche Bindung an Schablonen usw.« Roth schließt daraus: »Der Deutsche Ausschuß für das Erziehungs- und Bildungswesen hat deshalb recht, wenn er fordert, Begabungen anzuregen, sie bewußt herauszufordern, zu erproben und sich bewähren zu lassen, bevor man sie ›ausliest‹, d.h. einfach als gegeben nimmt. Er hat auch recht mit seinem Satz: daß erst durch Erziehung aus den Naturanlagen Begabungen werden.«

Es wäre unnötig, der Schule die Aufgabe der Förderung explizit zu übertragen, oder auch nur zu überlassen, wenn man die soziologisch begründete Erwartung hegen dürfte, daß unter heutigen Verhältnissen die pädagogische Substanz anderer Erziehungseinrichtungen, vorab der Familie, in der Regel ausreichen würde, Kinder dieser Altersstufe »phasengerecht« in »Lernprozesse zu verwickeln«. Schelsky lehnt denn auch die Förderstufe keineswegs aus *diesem* Grunde ab. Er unterstellt aber, soweit er es überhaupt in Betracht zieht, daß die Schule an einer solchen Aufgabe scheitern muß, weil sie den sozialen Druck des Elternwillens eher auf zwei weitere Jahre bloß verlängern als, von ihm unabhängig, einen schulpädagogisch »autonomen« Bildungsprozeß in Gang bringen würde. Dem liegt die Überzeugung von der sozialen Unwirksamkeit des Bildungsprozesses zugrunde.

Gegen die vom Deutschen Ausschuß häufig verwendete Formel von der »Bildungsfähigkeit und -willigkeit« der Schüler wendet Schelsky ein, daß »Bildungsstreben im eigentlichen pädagogischen Verstande überhaupt kein *soziales* Motiv von Belang zur höheren Ausbildung oder zum Schulbesuch ist« (S. 159). Innerhalb der erbbestimmten Grenzen hängt es jedoch wesentlich von der Bildungswilligkeit des Kindes ab, ob es ihm gelingt, sich das in den

Mustern der sozialkulturellen Umwelt Vorgelernte verfügbar zu machen; sich den, in den Gestalten des objektiven Geistes aufgehobenen gesellschaftlichen Reichtum anzueignen; sich durch die vorweggenommenen Risiken bestandener Erfahrungen und gekonnter Antworten zu entlasten; mit einem Wort: an der vorgetanen Arbeit der Kultur selbst teilzuhaben und sich nicht über einen fremdgeregelten Konsum daran bloß beteiligen zu lassen. An dem Erfolg, mit dem das Erlernen des Lernens gelingt, wird noch der Freiheitsgrad bemessen sein, innerhalb dessen sich der einzelne später unter den Zwangsverhältnissen der Gesellschaft wird bewegen können – und dürfen.

Ein »soziales« Motiv ist das Bildungsstreben mindestens insofern, als es mitbestimmt, wie und wieweit der künftige Erwachsene »gesellschaftliches Wesen« sein wird, nämlich ein Wesen, das sich der Mitgift der sozialkulturellen Normen zu bemächtigen versteht, statt bloß deren Strafgewalt auf sich zu ziehen. Es motiviert den einzigen »gesellschaftlichen« Akt, dessen das Kind »selber« fähig ist. Wenn nur »auf *einem* Gebiet ein produktiver Lernprozeß anläuft, und sei er noch so bescheiden und anfängerhaft«, dann ist, Roth zufolge, gewährleistet, daß »der Lernende diesen Entfaltungsprozeß als *seine* Sache und Angelegenheit erfährt, mit der er sich ganz identifizieren kann. Produktiv in diesem Sinne kann man auf allen Altersstufen und Denkebenen werden.« Im Bildungsprozeß, und nur in ihm, ist die Mündigkeit der Unmündigen vorweggenommen; unter der Vorgabe der Erziehenden und im Schonraum eines von den großen gesellschaftlichen Spannungen weithin entlasteten Erziehungsfeldes ist den Kindern die Chance gegeben, unvertretbar für sich selbst zu handeln, das Lernen zu erlernen, eben: unter der Obhut vorgeschossener Mündigkeit mündig zu werden – in dem von Kant unverlierbar festgehaltenen Sinn der »Aufklärung«.

Kinder bringen ihr »Bildungsstreben« gewiß nicht von Natur aus mit; es wird ja selbst erst herangebildet – wie überhaupt das pädagogische Verhalten dialektisch das, auf was es sich doch immer schon stützen muß, erst hervorbringt. »Die Intelligenz steigt und fällt ... mit der mäeutischen Kraft unserer Lehrmethoden, mit unserer pädagogischen Kraft, *Motivationen zu stiften*, die das Kind und den Jugendlichen veranlassen, für die Anstrengungen des Begriffs Opfer zu bringen« (Roth). Vor dieser Aufgabe stehen alle Erziehungsinstanzen, Elternhaus und Schule zumal. Die Unvertretbarkeit des Subjektes im Bildungsprozeß verlangt, das Bildungsstreben *im Kinde selbst* hervorzurufen; Eltern können darin eine Stellvertretung nicht übernehmen. Schelskys realistische Überlegung, daß »in der westlichen Welt, beim Verfall der bildungsbürgerlichen Motivationen, eigentlich nur noch die Aussicht auf einen höheren Lebensstandard durch qualifizierenden Schulbesuch und anspruchsvollere Ausbildung zur Verfügung (steht), d.h. letzten Endes finanzielle Vorteile« (S. 159f.), trifft nur die Rolle von Erwachsenen, denen ein aufgeklärtes Selbstinteresse zugemutet werden kann, und wird deshalb in Anwendung auf die Kinder dieser Erwachsenen unrealistisch. Auch wenn die Eltern, aus »sozialen Motiven«, für ihre Kinder Schulerfolg erstreben, werden sie nicht umhin können, statt ihnen *ihr* Motiv zu unterschieben oder einfach Lernzwang auszuüben, deren eigenes Bildungsstreben zu wecken. Die Erziehungsleistung des Elternhauses und der Schule verhalten sich deshalb, soweit sie am Interesse des Kindes selbst orientiert bleiben, komplementär.

Ein Interessenkonflikt kann freilich entstehen, wenn die Erwartungen der Eltern enttäuscht werden und, ihrem fürsorglichen Bildungsstreben zum Trotz, die Fähigkeiten des Kindes hinter den Anforderungen des elterlich gesetzten und aufrechterhaltenen Schulzieles nachweisbar[15] zurückbleiben. (Im reziproken Fall bleibt das von den Eltern gesetzte Schulziel hinter der »Bildungsfähigkeit und -willigkeit« des Kindes zurück.) Eine dann aktualisierte Abschirmung der Schule gegenüber dem Anspruch anderer Erziehungsinstanzen wird indessen von Schelsky als »Erziehungsabsolutismus des fachmännisch qualifizierten und beruflichen Pädagogen« abgelehnt. Diese Befürchtung wäre nur dann am Platze, wenn zwei Bedingungen fehlten: erstens eine demonstrierbare Eigengesetzlichkeit von Bildungsprozessen gegenüber anderen sozialen Motiven; und, zweitens, die Motivationskraft dieser Bildungspro-

15 Das Problem der Feststellbarkeit von Schulfähigkeiten soll nicht verharmlost werden; immerhin ist in der Testpsychologie der Satz unbestritten, daß eine Prognose um so zuverlässiger sein kann, je später sie getroffen wird.

zesse selbst gegenüber anderen sozialen Interessen. Daß beide Bedingungen schulpädagogisch erfüllbar sind, ergibt sich, wie ich glaube, in Konsequenz des vorgeführten Gedankengangs. Um sich ihr zu entziehen, nimmt Schelsky Zuflucht zu einer Begabungstheorie eigener Art.

Statusabhängiger Bildungsprozeß

Schelsky ersetzt den Bildungswillen des Kindes, soweit er soziale Relevanz beansprucht, durch den Willen der Eltern mit der Begründung: das liege im Wesen der Elternschaft. Dem Lehrer begegne im Schüler nicht nur dessen eigene auf Mündigkeit angelegte, eben bildungsfähige Person, sondern zugleich der soziale Wille der Eltern stellvertretend für ihr sozial unerwachsenes Kind: »Mein Kind ist ... mit mir identisch, was sein Wille als soziales Wesen betrifft. Um die Wahrheit auf eine Pointe zu treiben: als soziales Wesen und als sozialer Wille gehe ich jeden Tag mit meinen Kindern zur Schule, und der Lehrer hat *diese* soziale Subjekthaftigkeit *des Kindes* grundsätzlich anzuerkennen« (S. 51). Wir sind jedoch, nicht zuletzt dank Schelskys eigenen Untersuchungen auf diesem Gebiet, davon unterrichtet, daß sich mit der institutionellen Form der patriarchalischen Kleinfamilie bürgerlichen Typs auch jene Autoritätsstruktur gründlich gewandelt hat, die für eine solche radikale Identifikation der »sozialen Subjekthaftigkeit« von Kind und Eltern einst die Basis gewesen sein mag. Diese Vorstellung, mit Verlaub dem ehrbaren Konservatismus eines Riehl würdig, wird gerade soziologisch unter Verhältnissen problematisch, die dem heranwachsenden Kind im Schonraum, sei es der Familie, sei es der Schule, die Chance gewähren können, den Vorgang der Akkulturation *auch* bewußt als Bildungsprozeß zu durchleben und *insoweit* selbst, d. h. unvertretbar zu übernehmen. Weil dieser Vorgang für das Kind gesellschaftlicher Akt schlechthin ist, sehe ich heute keine Notwendigkeit, über oder gar an Stelle des kindlichen Bildungswillens einen sozialen Willen anderer Provenienz zu konstituieren, der *in dieser Sache*[16] am Ende den Ausschlag geben soll.

16 In jeder anderen Hinsicht ist ja die »soziale« Stellvertretung der Eltern für die Kinder selbstverständlich.

Schelsky verweist demgegenüber auf die, durch amerikanische Untersuchungen gesicherte, durch seine Schüler Kob und Knebel[17] auch für Schulkinder in Hamburg und Schleswig-Holstein bestätigte Beziehung zwischen den Schulzielen der Eltern und dem Schulerfolg der Kinder. Das Schulziel, das sich das Elternhaus für die Kinder setzt, wirkt sich, wie vermittelt auch immer, gleichsinnig auf deren tatsächliche Schulleistung aus. Dieses Ergebnis, für sich genommen, würde freilich nicht genügen, um die Schlußfolgerung zu stützen: daß der Durchsetzungswille der Eltern *als solcher* für die schulische Bildungsfähigkeit der Kinder ausschlaggebend ist. Schelsky legt deshalb Wert auf den Nachweis, daß der Faktor »Schulziel der Eltern« auf den Schulerfolg des Kindes *unabhängig von den Faktoren des sozioökonomischen Status* einwirkt; denn daß er als ein Moment der gesellschaftlichen Herkunft in Lebensgeschichte und Bildungsschicksal, und damit in die Bildungsfähigkeit des Kindes eingeht, ist ja im Rahmen des (als »objektivistisch« abgelehnten, in Wahrheit historisch soziologisch bestimmten) Begabungsbegriffs des Deutschen Ausschusses und der modernen Psychologie ohnehin selbstverständlich. Für jenen Nachweis nun zitiert Schelsky einen Satz aus dem Untersuchungsbericht von Kob und Knebel: »Das Schulziel *und nicht die soziale Schichtenzugehörigkeit* erweist sich für die Schulleistung als ein vermutlich mindestens ebenso gewichtiger Faktor wie die sogenannte Intelligenz.«[18] Ich habe mich indessen überzeugt, daß diese Aussage von dem vorgelegten Material nicht gestützt wird, also empirisch nicht eingelöst zu sein scheint. Schelsky bemerkt selbst, als sei es bloß eine Einschränkung, »daß selbstverständlich dieses Schulziel des Elternhauses nicht unabhängig von dessen sozialem Status ist«; um dann wiederum die Behauptung im ursprünglichen Sinne aufzunehmen: »das Schulziel bestimmt die Schulleistung; das Elternhaus und nicht die Schulleistung bestimmt das Schulziel des Kindes«.[19]

Von dem breiten Hintergrund des gesellschaftlich bestimmten Bildungsschicksals des Kindes wird das »Setzen des Schulzieles« als

17 Nachwuchs- und Begabungsreserve, in: Der quantitative und qualitative Nachwuchsbedarf in der industriellen Gesellschaft, Material- und Nachrichtendienst der Arbeitsgemeinschaft Deutscher Lehrerverbände, Sonderheft Juni 1960, S. 30ff.

18 Kob und Knebel, ebd., S. 34.

19 Auch diese letzte Aussage (ebd., S. 32) wird durch die Analyse des statistischen Zusammenhangs zwischen »Schulziel der Eltern« und »Begabungsbeurteilung des Lehrers« bei 351 Schülern der 3. und 4. Volksschulklassen nicht schlüssig nachgewiesen. Aus der vorgelegten Tabelle wird nicht ersichtlich, ob und inwieweit die Eltern an Schulzielen, die schon im 1. Schuljahr fixiert waren, bis zum 3. und 4. Schuljahr unabhängig vom Schulerfolg des Kindes festhalten.

ein »metapädagogischer Vorgang« isoliert; es wird als Ausdruck des »ganzen sozialen Selbstbewußtseins, der sozialen Lebensansprüche« seiner Eltern hypostasiert, damit nicht »die soziale Dimension des Leistungs- und Bildungswillens« im Begabungsbegriff »unterschlagen« werde (S. 48). Offenbar bevorzugt Schelsky einen Begabungsbegriff im Sinne Karl Valentin Müllers, in den die »soziale Bewährung« der Eltern ebenso eingeht wie die »Zucht der Tradition«, die sie mit ihren Kindern verbindet und in ihnen spezifische Antriebslagen schafft.[20] Beides mag sich dann im »sozialen Durchsetzungswillen« der Eltern dokumentieren. Wenn man diesen subjektiven Faktor aber, *vor* jeder soziologischen Analyse seines Zusammenhangs mit der objektiven Interessenlage des gesellschaftlichen Status, als Zurechnungsbasis für schulische Begabungsatteste empfiehlt, dann sollte man die Implikationen dieses Verfahrens nicht verschweigen: im Maße der Berücksichtigung jenes Faktors wird von vornherein *nicht* die Begabung des Schülers als Individuum, sondern eine Zugabe in Form von Statusvorteilen der Familie prämiiert. In eine solche Begabungstheorie geht stillschweigend eine Art gesellschaftspolitischer Legitimitätsvorbehalt gegen die (sei's gewollte, sei's geduldete) Veränderung naturwüchsiger Sozialverhältnisse ein.

Was nun den Sachverhalt angeht, den Schelsky gerne für ein experimentum crucis seiner Begabungstheorie dienstbar gemacht hatte – der Einfluß des von den Eltern gesetzten Schulzieles auf die Schulleistung der Kinder –, so läßt er sich ohne die unverständliche Scheu vor »milieutheoretischen« Erwägungen[21] in den Rahmen der international auf diesem Gebiet vorliegenden Forschungen zwanglos einordnen.

Zunächst steht ja das schichtenspezifische Aspirationsniveau überhaupt in einem plausiblen Zusammenhang mit den berufsspezifi-

20 K. V. Müller, Begabung und soziale Schichtung in der hochindustriellen Gesellschaft, Köln und Opladen 1956, S. 14-38; ders., Heimatvertriebene Jugend, Würzburg 1956, S. 22ff.

21 In der internationalen Forschung ist auf schulsoziologischem Gebiet die hermeneutische Ergiebigkeit des »milieutheoretischen« Ansatzes, wenn ich das Wort recht verstehe, von keiner Gruppe ernsthaft in Frage gestellt. Vgl. dazu J. Floud, Schule als selektive Institution, in: Soziologie der Schule, a.a.O., S. 45.

schen Erfahrungen und den Interessenlagen der großen Statusgruppen. Die Eltern der Oberschicht setzen ihren Kindern in der Regel hohe Ziele, um die Kontinuität des Status zu wahren. Wenn man von dem Anteil der Kinder, die tatsächlich eine höhere Schule erreichen, auf die Zielsetzung der Eltern zurückschließen darf, ergibt sich freilich: daß bei Beamten im höheren Dienst und, mit einigem Abstand, unter freiberuflich tätigen Akademikern der hohe Schulanspruch der Eltern noch bedeutend energischer verfolgt wird als von den Eltern in den nichtakademischen Berufen der Oberschicht, typisch bei Fabrikanten und Großhändlern.[22] In dieser Berufsgruppe ist ja, im Vergleich mit den beiden anderen, die Schulbildung für die Erhaltung der Statuskontinuität auch objektiv von geringerer Bedeutung. – In den Mittelschichten ergibt sich ein anderes Bild. Da sich in Kreisen des alten Mittelstandes mit dem Geschäftsbetrieb auch oft der Beruf vom Vater auf das Kind vererbt, liegt der Schulanspruch hier niedriger als in den aufstiegsorientierten Schichten des neuen Mittelstandes. Diese mittleren Angestellten und Beamten ziehen aus dem, oft genug künstlich überhöhten, hierarchischen Aufbau ihrer Arbeitswelt »eine mehr oder minder emotional fundierte Aufstiegsideologie«.[23] – Demgegenüber ist die Stellung der Arbeiter im Produktionsprozeß nicht dazu angetan, Erwartungen auf individuellen Aufstieg zu wecken. Ihre objektive Lage setzt sich subjektiv häufig in Bilder einer in zwei Blöcke gespaltenen Gesellschaft um[24], so daß überhaupt das Aspirationsniveau dieser Unterschicht gering ist. Um so gravierender scheint sich hier das Bewußtsein auszuwirken, daß eine Verlängerung der Schulzeit mit einem Verzicht auf das Zusatzeinkommen der mitverdienenden Jugendlichen, also mit einer Einbuße des familialen Konsumstatus erkauft werden müßte.[25]

22 H. Adam, Soziale Unterschiede in der Schulausbildung begabter Kinder, Soziologische Diplomarbeit Frankfurt/M. 1960 (hektographiert im Institut für Sozialforschung), S. 27ff.; vgl. auch K. M. Bolte, Sozialer Auf- und Abstieg, Stuttgart 1957.

23 H. P. Bahrdt, Industriebürokratie, Stuttgart 1958, S. 130.

24 Popitz, Bahrdt, et al., Das Gesellschaftsbild des Arbeiters, Tübingen 1957.

25 Die Beobachtung, »daß etwa bei ähnlicher ökonomischer Lage in kleinbürgerlicher Situation bei unseren Beamten oder Angestellten wesentlich andere Schulziel-

Auf dem Hintergrund solcher Statusabhängigkeit des elterlichen Schulanspruchs wird auch der Einfluß des gesetzten Schulziels auf die tatsächliche Schulleistung verständlicher. Natürlich schlägt die Aspiration der Eltern nicht unvermittelt in die Motivation des Kindes um. Es handelt sich vielmehr um einen weitläufigen Umsetzungsprozeß, in dem eine Reihe meist wiederum schichtspezifischer Faktoren vermitteln. Ganz schlicht: auch zur Verwirklichung *dieses* Zweckes muß eine Reihe von Mitteln organisiert werden, die nicht jeder Familie gleichermaßen zur Verfügung stehen – zunächst materielle Mittel, angefangen vom häuslichen Arbeitsplatz bis hin zum regulären Nachhilfeunterricht.

Auf diese Dimension der schulorientierten Hilfsfunktionen im Elternhaus haben besonders Becker und Clemen aufmerksam gemacht.[26] Adam ist diesem Hinweis empirisch nachgegangen und hat nicht nur den großen Umfang der außerschulischen Schulförderung, sondern auch deren enge Beziehung zur gesellschaftlichen Herkunft der Schüler bestätigt.[27] Schon aus so vordergründigem Zusammenhang wird ferner die Bedeutung der elterlichen Schulbildung für die Schulleistung ihrer Kinder klar: sie können ihnen besser helfen. Mit dem Schulerfolg der Kinder korreliert der Ausbildungsgrad der Eltern nicht nur als ein Moment der gesellschaftlichen Stellung überhaupt; auch innerhalb derselben Statusgruppe sind im allgemeinen solche Schüler erfolgreicher, deren Eltern selbst eine bessere Schulbildung genossen haben. »In Denmark, if fathers in lower strata have more education than the class mean, their sons are likely to be upwardly mobile. Similary, in England, working-class children who reach the grammar school are likely to have parents whose education is higher than the average for their class. A report on Belgian studies states that the

wünsche vorhanden sind als bei Industriearbeitern oder unselbständigen oder selbständigen Handwerkern« (S. 52), scheint mir gerade durch die »unbestreitbare Korrelation« zwischen Aspirationsniveau und sozialem Status erklärt zu werden und nicht etwa der Erklärung durch eine gegenläufige (für sich genommen nicht falsche) Annahme des Sinnes zu bedürfen, »daß der Schulanspruch der Familie nicht notwendig in der traditionellen Gebundenheit des sozialen Status der Familie zu beharren braucht, sondern daß er ebenso davon ablösbar und aktivierbar ist wie andere Sozialansprüche« (ebd.).

26 Hellmut Becker und Wolfgang Clemen, Elternhaus, höhere Schule und Universität, Würzburg 1957, S. 10ff.

27 Adam, a.a.O., S. 51ff.

cultural level of lower-status families, rather than their material situation, determines the tendency toward upward mobility.«[28]

Für den »cultural level« einer Familie ist die Schulbildung der Eltern freilich nur ein Index. Sehr viel wirksamer als explizite Nachhilfeleistungen werden die Lernprozesse des Kindes durch ein gehobenes Sprachmilieu im Elternhaus gefördert.

Zuletzt hat Basil Bernstein nachgewiesen, daß der häusliche Sprachgebrauch die geistige Entwicklung des Kindes unabhängig von jeder angeborenen Fähigkeit erleichtert oder verzögert: »Gewisse sprachliche Formen bringen für den Sprechenden einen Verlust an Geschicklichkeiten (kognitiven wie sozialen) mit sich, die sowohl für eine erfolgreiche Erziehung als auch für den Erfolg im Beruf von entscheidender Wichtigkeit sind; diese Formen des Sprachgebrauchs sind kulturell und nicht individuell bestimmt. Wir werden zeigen, daß sich besondere Sprechweisen mit bestimmten sozialen Gruppen verbinden.«[29] Während in den Mittelschichten die sprachlichen Erfahrungen das Kind für die Ansprüche der Schulbildung prädestinieren, wachsen Kinder aus der Arbeiterklasse mit einer expressiven Sprechweise auf, die einer konkretistischen Umwelt so angepaßt ist und bestimmten Formen eines unmittelbaren sozialen Kontakts so verhaftet bleibt, daß sie die Erzeugung und Verwendung individueller Bedeutungen und formaler Beziehungen hemmt. »So sind Kinder aus der Mittel- und solche aus der Arbeiterklasse als Folge der verschiedenen Formen ihres Sprachgebrauchs auf verschiedene Ebenen des Lernens ausgerichtet.«[30] – In den gleichen Zusammenhang gehört ein Ergebnis der Arbeiten von Nisbet[31]: daß das soziale und kulturelle Klima in großen Familien die sprachliche Entwicklung, und damit den späteren Schulerfolg der Kinder, mehr behindert, als das in kleinen Familien der Fall ist.

Der Einfluß der Familiengröße auf Begabung und Bildungsfähigkeit der Kinder gehört zu den gesichertsten Ergebnissen der internationalen Forschung[32]; aber die Interpretation ist strittig.

28 S. M. Lipset und R. Bendix, Social Mobility in Industrial Society, London 1959, S. 237, dort weitere Belege.

29 B. Bernstein, Soziokulturelle Determinanten des Lernens, in: Soziologie der Schule, a.a.O., S. 52.

30 Bernstein, ebd., S. 72.

31 J. D. Nisbet, Family Environment, in: Occasional Papers on Eugenics, London 1953.

32 Literatur bei Lipset, Bendix, a.a.O., S. 239ff.

Neben den selbstverständlichen ökonomischen Implikationen scheint die Familiengröße vor allem ein Index für die Kontaktdichte zwischen Kindern und Erwachsenen zu sein; eine große Familie hat für das Verhalten der Erwachsenen gegenüber den Kindern für gewöhnlich einen ähnlichen Effekt wie beispielsweise die Berufstätigkeit der Mutter: sie können sich nicht soviel mit ihnen »beschäftigen«. Stärker als in der Mittelschicht differenziert dieser Faktor in der Unterschicht: von den Arbeiterkindern, die in West Hertsfordshire die Grammar school besuchten, standen die Kinder aus kleinen Familien (bis zu zwei Kindern) zu ihren Mitschülern aus kinderreichen Familien in einem Verhältnis von 17:2.[33]

Die den späteren Schulerfolg mitbestimmenden Antriebslagen und Geschicklichkeiten, die in dem dichten und kaum erhellten Gewebe der täglichen Gespräche und des Umgangs in der Familie gewissermaßen lautlos heranwachsen, sind in hohem Maße von schichtspezifischen Umweltstrukturen abhängig. Besonders in den USA sind, unter dem Einfluß der psychoanalytisch inspirierten Kulturanthropologie, zahlreiche Versuche unternommen worden, die intimen Beziehungen zwischen »Kind und Gesellschaft«[34] aufzudecken. Dabei ergaben sich[35] in den Aufzucht- und Erziehungspraktiken, angefangen von der Behandlung des Kleinkindes bis hin zu den Formen der Bestrafung und Belohnung von Jugendlichen, für Mittel- und Unterschicht verschiedene Lernmuster: Arbeiterkinder werden strenger und äußerlicher erzogen, weniger zum Aufschub unmittelbarer Befriedigungen, weniger zur Unabhängigkeit und Ichstärke angeleitet als die Kinder »bürgerlicher Herkunft«.

33 Floud u.a., Social Class and Educational Opportunity, London 1956, S. 91; entsprechende Angaben für London macht H. T. Himmelweit, Social Status and Secondary Education, in: Social Mobility in England, ed. Glass, London 1954, S. 149ff.

34 E. H. Erikson, Kindheit und Gesellschaft, Zürich, Stuttgart 1957, ders.: Trieb und Umwelt in der Kindheit, in: Freud in der Gegenwart, Frankfurter Beiträge zur Soziologie, Band VI, 1957.

35 E. M. Duvall, Conceptions of Parenthood, in: Am. J. Sociol. 1946, S. 193ff.; A. Davis und R. J. Havighurst, Social Class and Color Differences in Childrearing, in: Am. Soc. Rev. 1946, S. 698ff.; dies., A Comparison of Chicago and Harvard Studies of Social Class Differences in Childrearing, ebd., 1955, S. 430ff., Sears u.a., Pattern of Childrearing, Illinois 1957; exemplarisch ist die gleichnamige Untersuchung von M. L. Kohn, Social Class and Parental Authority, in: Am. Soc. Rev., 1959, S. 352ff.; ders., Social Class and Parental Values, ebd. 1959, S. 337ff.

Diese wenigen Hinweise mögen genügen, um in Umrissen das weite Feld der Statusfaktoren anzudeuten, die zwischen dem, selber vom Status abhängigen, Schulanspruch der Eltern und dem Schulerfolg ihrer Kinder vermitteln. Über die Interpretation des von Schelsky bezeichneten Zusammenhangs zwischen sozialem Status, Schulziel, Intelligenz und Schulerfolg ist kaum ein Zweifel möglich. Der Zusammenhang selbst sei an Hand von amerikanischem Material dargestellt (vergleichbare Untersuchungen für die Bundesrepublik fehlen).

*Tabelle 1**

Percentages of Boys Who Expected to Go to College By I.Q. and Father's Occupation

(3,348 second- and third-year male students in Boston area high schools: 1950)

	I. Q. Quintile					
Father's occupation	1 (Low)	2	3	4	5 (High)	All quintiles
Major white collar	56	72	79	82	89	80
Middle white collar	28	36	47	53	76	52
Minor white collar	12	20	22	29	55	26
Skilled labor and service	4	15	19	22	40	19
Other labor and service	9	6	10	14	29	12
All occupations	11	17	24	30	52	27

Source: Joseph A. Kahl, Educational and Occupational Aspirations of 'Common Man' Boys, Harvard Educational Review, 23 (1953): 188

Die erste Tabelle zeigt, daß unter den befragten Bostoner Schülern der Wunsch, von der High School zum College überzugehen (das Schulziel), von dem, an der Berufsstellung des Vaters gemessenen Status des Elternhauses mehr bestimmt ist als von ihrer eigenen, in Form des Intelligenzquotienten gemessenen Begabung. Aus der zweiten Tabelle wird, freilich an einem anderen Sample, deutlich, daß für die Verwirklichung des Schulziels, die vollzogene Aufnahme in ein College, wiederum der Status des Elternhauses und nicht die Intelligenz den Ausschlag gibt. Natürlich verbieten die Unterschiede, sowohl des Schulsystems als auch der Bedingungen sozialer Mobilität, eine einfache Übertragung dieses (nicht einmal für die USA ohne weiteres generalisierbaren) Befundes auf deutsche Verhältnisse. Aber auf die Stärke der Korrelationen im einzelnen kommt es nicht an. Am Beispiel des Übergangs von der High School zum College wird ein Zusammenhang demonstriert, der bei uns, der Tendenz nach, auch schon für den Übergang von der Grundschule zur höheren Schule nachzuweisen sein dürfte: »to the extent that the school system constitutes a subculture, intelligence will be strongly correlated with motivation for educational achievement; the actual decision to go to college, however, is made outside of the school system, and hence class position seems to be the most significant determinant of this decision.«[36]

*Tabelle 2**

Cleveland Students Who Intended to Go to College Who Actually Enrolled By Social Class and I. Q.

Parental social class	Under 101		101–115		115+		All	
	Per cent	Number	Per cent	Number	Per cent	Number	Per cent	Number
Upper and upper middle	83	35	79	62	89	99	85	196
Lower middle	61	23	50	56	63	64	57	143
Upper lower and lower lower	37	46	57	67	47	76	48	189
All classes	58	104	62	185	69	239	63	528

Source: Computed from R. C. White, These Will Go to College (Cleveland: Western Reserve University Press, 1952), p. 45. Classes are based on W. L. Warner's Index of Status Characteristica.

* Die Tabellen sind dem Buch von Lipset u. Bendix, Social Mobility in Industrial Society, S. 228f. entnommen.

Lipset und Bendix betrachten »educational achievement« selbstverständlich als ein Moment des sozialen Status; kein Anhaltspunkt findet sich dafür, den massiven sozialen Tatbestand, den sie mit »class position« bezeichnen, nun umgekehrt zu einem, im Schulziel sich manifestierenden »Durchsetzungswillen« der Familie zu verflüchtigen. Class position – das bedeutet, wie wir gezeigt haben, für die Bildungsfähigkeit des Kindes zunächst ein bestimmtes materielles Substrat seines Lebensspielraums (Wohnung, Kleidung, Essen usw.); das bedeutet ein bestimmtes Sprachmilieu; bestimmte Aufzuchtprozeduren, von Entwöhnung und Reinigung angefangen; bestimmte Erziehungspraktiken und Autoritätsverhältnisse; das

36 Lipset, Bendix, a. a. O., S. 232f.

bedeutet die Art und den Grad des kulturellen Reizklimas, der Bildungstimuli, von den Routinen des täglichen Umgangs bis zu den expliziten Angeboten (Bücher, Reisen, Besuche im Theater, im Museum usw.); bedeutet Hilfe oder Vernachlässigung bei dem Versuch, den intellektuellen und sozialen Normen des Schulbetriebs zu genügen – ja, es bedeutet vieles mehr als in soziologischen Kategorien zureichend sich ausdrücken ließe.[37]

Jeder einzelne Schüler hat, im Lebensraum seiner Familie, eine ganze Sozialgeschichte absolviert, deren Spuren die aktuelle Gestalt seiner Bildungsfähigkeit prägen, bevor er, wann immer, seinem Lehrer zum ersten Mal begegnet. Der Lehrer kann sich gewiß dieses Kind »geben lassen« wie ein Naturprodukt: als mixtum compositum aus Erbgut und »Elternwille«; er kann es aber auch in seiner »sozialen Subjekthaftigkeit«, nämlich, wenn man es recht versteht, und das Wort hier erlaubt ist, als geschichtliche Existenz begreifen. In diesem Fall muß er, von seinem Standort außerhalb der Familie, aber nicht gegen sie, versuchen, *auch* solche kulturellen Muster anzubieten, von denen eine frühzeitige soziale Fixierung der Lebensgeschichte womöglich ausschließen würde – »denn wir wissen überhaupt nicht, welche Freiheitsgrade innerhalb erbbestimmter Grenzen nicht doch den Ausgangsfaktoren gegeben sind, zumal wenn sie nur operativ, in Lernprozessen zu dem werden können, was sie später bedeuten«.[38]

Auf solche Erkenntnisse stützen sich pädagogische Versuche in der Art des vom New Yorker Board of Education betreuten Demonstration Guidance

37 Ich vernachlässige hier, daß sich der Zirkel der gesellschaftlichen Herkunft erst nach dem Abgang von der Schule, nämlich auf dem Arbeitsmarkt schließt. Vgl. dazu Lipset, Bendix, S. 197f.: »If an individual comes from a working-class family, he will typically receive little education or vocational advice; while he attends school his job plans for the future will be vague and when he leaves school he is likely to take the first available job which he can find. Thus the poverty, lack of education, absence of personal ›contacts‹, lack of planning, and failure to explore fully the available job opportunities that characterize the working-class family are handed down from generation to generation. The same cumulation of factors, which in the working class creates a series of mounting disadvantages, works to the advantage of a child coming from a well-to-do-family. The social status of parents and education of their children is, therefore, closely related both to the nature of the latter's first jobs and to the pattern of their later careers.«

38 Roth, Schule und Jugend zwischen Reform und Restauration, a.a.O.

Project, das seit 1956 zunächst an zwei Schulen erprobt wird mit dem erklärten Ziel: »to stimulate all students from a cultural deprived area, and from generally low income families without an educational tradition, to reach higher educational and vocational goals«.[39] Hier versucht die Schule exemplarisch, Funktionen der »Förderung« zu übernehmen: unterdurchschnittlich »begabte« Schüler, die sich in ihrer Mehrheit aus Negern und Puertoricanern zusammensetzen, werden auf ganzer Breite in ein stimulierendes Bildungsklima, das ihren Elternhäusern fehlt, eingelassen. Neben einem didaktisch intensivierten Unterricht und der von Tutoren betreuten Schularbeit, bezieht sich das eigentliche Guidance-Programm auf die Erweiterung des kulturellen Erziehungsspielraums außerhalb der Schule (Film, Theater, Museum, Bibliothek usw.), auf eine Einführung in andere soziale Lebensbreiche; auf individuelle Beratung; klinische, hygienische, psychologische und finanzielle Unterstützung; schließlich auf den Kontakt mit den Eltern (die ihre Kinder im Hause behalten, denn die Schule hat keinen Internatsbetrieb). – Die sorgfältig registrierte Entwicklung der Schüler zeigt nicht nur einen überdurchschnittlichen Anstieg der Leistungen; auch die gemessene Intelligenz, sprachgebundene wie nichtsprachliche, die bei unterdurchschnittlich ausgestatteten Kindern mit zunehmendem Alter für gewöhnlich fällt, stieg hier in wenigen Jahren um durchschnittlich drei bis vier Punkte.[40] Gleichzeitig gelang es, die Selbsteinschätzung, überhaupt die Entfaltung der Antriebslage der Schüler zu beeinflussen und so, neben der Bildungsfähigkeit, auch den Bildungswillen zu wecken.

Die Annahme, daß dem Bildungswillen des Kindes einfach der Durchsetzungswille der Eltern zu substituieren sei, erweist sich am Beispiel solcher Experimente als ungeeignet. Diese bestätigen vielmehr pragmatisch die Erkenntnis, die der Soziologe theoretisch dem Pädagogen vermitteln kann: im allgemeinen sind Bildungsfähigkeit und -willigkeit der Schüler, einschließlich ihrer gemessenen Intelligenz[41], von der sozialkulturellen Umwelt, zumal vom familialen Lebensraum *in seiner ganzen Breite*, lebensgeschichtlich in so

39 3. hektographierter Jahresbericht (1958/59) des Board of Education of the City of New York über das Demonstration Guidance Project Junior High School 43 Manhattan and George Washington High School, S. 1.

40 Ebd., S. 18, das gilt für die Junior High School; für die individuellen Veränderungen des I. Q. auf der High School, vgl. S. 18.

41 Für die Statusabhängigkeit von Intelligenztests vgl. statt vieler K. Eells u.a., Intelligence and Cultural Differences, Chicago 1951, S. 51ff.

hohem Maße abhängig, daß über die Grenzen ihrer Entfaltung zuverlässig nur die Herausforderungen und Erprobungen der in Gang gesetzten Lernprozesse selber entscheiden können. Auf diese, von der empirischen Sozialforschung legitimierte Erkenntnis, stützt sich die pädagogische Konzeption der Förderstufe.

Wenn sich ein in seinem Fach so überragender Gelehrter wie Schelsky – und mit Sicherheit in voller Kenntnis der Literatur, auf die ich mich sporadisch beziehe – dieser Konsequenz gleichwohl verschließt, stellt sich die Frage nach dem Rechtfertigungsgrund seiner ablehnenden Haltung um so dringlicher. Der berufsmäßigen Neigung der Soziologen, den Standort des Gegners ideologiekritisch zu relativieren, möchte ich, obwohl ihr manche ungeschützte Stelle der Streitschrift entgegenkommen würde[42], widerstehen. In der Sache selbst scheint mir die fragwürdige Beurteilung der sozialen Folgen pädagogischer »Förderung« das einzige Motiv von Belang zu sein. Die Befürchtung, daß sich die »Autonomie der Pädagogik« in eine »Autokratie der elternlosen Erziehung« umsetzen müsse, entspringt einem Mißtrauen gegenüber den gesellschaftlichen Funktionen des im schulpädagogisch gesicherten Schonraum tendenziell nach eigenen Gesetzen sich vollziehenden Bildungsprozesses. Um indessen die Motive klären zu können, aus denen Schelsky diese Art Pädagogisierung perhorresziert, vergewissern wir uns des Zusammenhangs, in dem er das andere Ziel seiner Streitschrift entwickelt: die Dichotomie eines Schulsystems, das die Alternative eines allgemeinen berufsvorbereitenden und eines höheren berufsentlasteten Bildungsweges in Gestalt deutlich abge-

42 »In der Aufgabe, den Eltern den sozialen Aufstieg strenger zu dekretieren als es die bisher den elterlichen Schulwillen einschränkenden Eignungsbeurteilungen taten, übernimmt die Förderstufe eine der unheilvollsten sozialen Aufgaben.« (S. 60). Bei dieser Gelegenheit möchte ich mich auf den Hinweis beschränken, daß Schelskys Analyse der schulpolitisch relevanten Interessenlagen unvollständig ist. Ich sehe keinen wissenschaftlich plausiblen Grund, aus der Analyse eines Interessenkonflikts *eine* der antagonistischen Parteien auszusparen. Die Stellung der Unternehmer in dieser Sache ist ebenso wohldokumentiert wie die der Gewerkschaften; vgl. die Übersicht über die Stellungnahmen der Arbeitgeberverbände, in: Septembergesellschaft, Heft 4, Juli 1960; ferner: Wirtschaft und Bildungsreform, Sonderdruck des Indusdtrie- und Handelstages, März 1960; vgl. auch Bibliographie in: Für und Wider den Rahmenplan, a.a.O., S. 187f.

grenzter, geschlossener Schullaufbahnen je eigenen, unverwechselbaren Anspruchs verwirklichen soll.

Geteilte Schule, halbierte Lehrer

Präzise verallgemeinert Schelsky die soziale und didaktische Konzeption des Zweiten Bildungsweges zu dem »unmittelbar lebens- und berufsbezogenen Prinzip eines in einem einheitlichen Zusammenhange verstandenen Volksschul- und Berufsschulwesens bis hinauf zur wissenschaftlichen Berufsausbildung« (S. 95 f.). Diese Bildungsform soll einerseits didaktisch die praktische Lebenserfahrung zu ihrem Ausgangspunkt wählen und vom »Speziellen zum Allgemeinen« voranschreiten; unter dem Gesichtspunkt der sozialen Verwendbarkeit soll sie andererseits stets derart auf Lebenspraxis bezogen bleiben, daß auf jeder ihrer Stufen ein sinnvoller Abschluß ebenso möglich bleibt wie ein Vordringen bis zur wissenschaftlichen Berufsbildung auf den Hochschulen (Abel: ein Weg der gesicherten Plattform). Der Bildungsauftrag der höheren Schule hat hingegen kompromißlos die »Minderheitenanforderungen« einer produktiven Bildung zu stellen und gleichzeitig die »Existenzform einer geistig tragenden Schicht« anzusinnen; ihm dient didaktisch ein von Berufs- und Lebenspraxis entlasteter, ein mittelbarer Weg der Bildung, ja der Umweg der Bildung als Prinzip.

Die psychologische, pädagogische und soziologische Dimension, aus denen Schelsky seine Unterscheidungskriterien wählt mit dem Ziel: die Notwendigkeit des grundständigen und »geschlossenen« Gymnasiums darzutun, sind freilich nicht trennscharf auseinandergehalten. Zunächst ist das didaktische Gebot, vom Anschaulich-Konkreten zum Abstrakt-Verallgemeinerten, von der gelebten Situation zu formulierten Beziehungen voranzuschreiten, einfach entwicklungspsychologisch bedingt und empfiehlt sich deshalb auf einer gewissen Altersstufe für den Unterricht *aller* Kinder. Unabhängig von ihrer Begabung vollzieht sich der Durchbruch zum abstrakten Denken im allgemeinen erst während des dreizehnten Lebensjahrs.[43] Ebenso gilt das institutionelle Prinzip des pädagogischen

43 Heinrich Roth, Psychologische Ansätze für eine Förderstufenpädagogik, in: Schule und Jugend usw. a.a.O.

Schonraums weit über dieses Alter hinaus für *alle* Schüler. Die Schule schafft per se eine Karenzsituation für Kinder; und noch für die Jugendlichen in der Berufsausbildung versucht man ja, im Gegensatz zu den polytechnischen Praktiken des Ostens, durch die Einrichtung spezieller Lehrwerkstätten, diese Karenz zu verlängern.[44] Bleibt schließlich als das einzig trennscharfe Kriterium: die berufsbezogene oder berufsfreie Orientierung des Unterrichts. Dieser Unterschied wird jedoch für eine Differenzierung der Schultypen nicht vor dem 7. Schuljahr aktuell, und braucht übrigens auch dann nicht so dramatisch verwirklicht zu werden, daß seine didaktischen Konsequenzen eine verminderte »Durchlässigkeit« zwischen Hauptschule und höherer Schule notwendig machen.

In unserem Zusammenhang ist jedoch eine gewisse Ressortblindheit der Soziologen gegenüber der genuinen pädagogischen Idee der Karenz oder Schonung interessanter: »Die Höhere Schule sollte sich von den anderen allgemeinbildenden und berufsbezogenen Schulen in der Tat dadurch unterscheiden, ›daß die sie durchlaufenden jungen Menschen gewissermaßen zur Gesellschaft hingeführt werden, indem sie von ihr ferngehalten werden‹.« (S. 84.) Schelsky mißversteht, daß *dieses* Prinzip eines der Schulerziehung überhaupt ist und per se weder etwas zu tun hat mit der Anschauungsentbundenheit des Bildungsweges noch mit der Berufsfremdheit des Bildungszieles. Deshalb glaubt er auch, daß die Karenzsituation an die sozialen Voraussetzungen eines Minderheitenstatus gebunden ist: er begreift sie von vornherein unter dem Aspekt der Privilegierung. Gewiß ist die Entlastung von den Anforderungen der Reproduktion des gesellschaftlichen Lebens historisch immer an Bedingungen eines führenden Standes oder einer herrschenden Klasse gebunden gewesen. Die Industriegesellschaft ist indessen, auf der Basis einer beispiellos gesteigerten Produktivität der Arbeit und bei entsprechender Reduktion der gesellschaftlich notwendigen Gesamtarbeitszeit, in der Lage, diese Bedingungen für alle Jugendlichen zu verallgemeinern, zunächst bis zum 10. Schuljahr – obwohl darüber hinaus auch in der Berufsbildung noch gewisse Schonmechanismen wirksam sind. Für den Teil der Jugendlichen, die mehr als zehn Schuljahre absolvieren, ist zwar die Karenzzeit verlängert; der rein quantitative Unterschied eignet sich aber nicht zum

44 Vgl. etwa die Bestrebungen des Ettlinger Kreises.

Kriterium einer qualitativen Differenzierung der Schultypen. Diese kann vielmehr allein aus der Dimension der Berufsnähe des Bildungsziels gewonnen werden. Die »berufsbezogene Allgemeinbildung« wird freilich erst für das neunte und zehnte Schuljahr relevant; allenfalls wirkt sie auf die Orientierung der beiden vorangehenden Jahre zurück.[45] So besteht in der Sache kein zwingender Grund, den »Umweg der Bildung« eher, nämlich unmittelbar nach Abschluß der Grundschule abzuzweigen. Schelsky besteht gleichwohl auf der Isolierung eines gymnasialen Bildungsauftrages; ihr entspricht eine nachdrückliche Apologie des berufsständischen Selbstverständnisses der Gymnasiallehrer.

Die spezifische Bildungsform der höheren Schule habe eine geistige Existenzform ihrer Lehrer zur Folge, deren Selbständigkeit sozial nur durch den Sonderstatus einer Berufsgruppe mit genuinem Selbstverständnis und spezieller Besoldung gesichert erscheint. »Der Volksschullehrer ist an erster Stelle und in Reinheit ›Pädagoge‹ im Sinne der wissenschaftlichen Pädagogik wie kein anderer Lehrertyp. Der Gymnasiallehrer versteht seine geistige Existenz und seinen geistigen Lehrauftrag unmittelbar vom Sachgehalt des wissenschaftlichen Faches aus, das er als sein Studium gewählt hat; er hat aus dem Geist seiner Wissenschaft zu lehren und zu bilden, deshalb ist Pädagogik für ihn in der Tat ein Hinzugefügtes, ein Hilfsmittel und nicht das Zentrum seines beruflichen Selbstverständnisses.« (S. 114) Schelsky macht aus der Not einer vom unglücklichen Bewußtsein verhinderter Wissenschaftler geprägten Lernschule die Tugend jenes ruhmreich vergangenen Professorengymnasiums, für das es heute weder Lehrer noch Schüler gibt. Das ist, meine ich, nicht nur »Widerstand« am falschen Platz, sondern vor allem auch vergeblicher Widerstand.

Die sozialen Kräfte, die der bis heute aufrechterhaltenen, klar distanzierenden Statusabgrenzung der beiden Lehrergruppen entgegenlaufen, verstärken sich zwangsläufig in dem Maße, in dem die gesellschaftliche Praxis fast aller Bereiche wissenschaftlichen Charakter annimmt. Denn dieselbe Tendenz der Verwissenschaftlichung ist in ihrer Auswirkung auf die Schulen ambivalent. Sie macht auf der einen Seite dem Nurpädagogen der Volksschuloberstufe ebenso ein Ende wie einer pädagogikfremden Wissenschaftsvermittlung auf höheren Schulen andrerseits. Mit der wachsenden

45 Bremer Plan, a.a.O., S. 15ff.

Praktikabilität der Wissenschaften wird unvermeidlich auch die Volksschule Vermittlungsstufe wissenschaftlichen Wissens – der Bremer Plan spricht konsequent von einer »Lehrbarkeit der Wissenschaft bis zur Grundschule«.[46] Im gleichen Zuge hat sich auch die Wissenschaft selbst so weit differenziert, daß ihre Vermittlung zu einem Problem eigener Art geworden ist.

Mit dem Grade der Spezialisierung des Kanons positiver Wissenschaften und im Maße der Ausbildung einer ressortspezifischen Esoterik ihrer »Sprachen« wächst nicht nur die Strecke der Vermittlung vom »Erzeuger« zum »Verbraucher«, sondern verändert sich der Akt der Vermittlung selber zu einer produktiven Leistung wissenschaftlichen Rangs. Eugen Fink hat darauf aufmerksam gemacht: »Die Forscher vertrauen darauf, daß immer ein Unterrichtssystem als eine Leiter zur Wissenschaft vorhanden sein werde; und die Pädagogen verlassen sich auf die Vorfindlichkeit von irgendwelchem elementarem Wissensstoff. Das ist beiderseits ein unkritischer Glaube, der verhängnisvolle Folgen hat ... Die Vermittlungsstufen der Wissenschaft müssen selbst als wissenschaftliches Problem erkannt und anerkannt werden ...«[47]

Nicht nur bleibt heute die Lehre auf Wissenschaft bezogen, auch umgekehrt ist Wissenschaftsvermittlung auf eine beispiellose Weise von der Lehre abhängig geworden: diese muß in einem genuinen Akt der produktiven Interpretation einen, aus der Einheit von Lehre und Forschung längst herausgewachsenen Wissensstand nicht nur in die Verfügungsgewalt der technisch hantierenden, sondern in den Sprachbesitz der kommunizierenden Gesellschaft zurückholen. Die Originalität dieses Vorgangs, und die schiere Unmöglichkeit, ihn, auf welcher Stufe auch immer, zu eliminieren, wird daran deutlich, daß es nicht mehr genügt, die Wissenschaften auf eine »vereinfachte Vorgestalt« zurückzuführen, die dem jugendlichen Verständnis gemäß ist und doch nichts von der substantiellen Tiefe preisgibt; neben der von Fink bezeichneten »Reduktion aufs Elementare« muß die pädagogische Umsetzung

46 Ebd., S. 25.

47 E. Fink, Menschenbildung und Schulplanung, in: Material und Nachrichtendienst der Arb. Gemeinschaft dtsch. Lehrerverbände, Sondernummer Juni 1960, S. 19f.

heute eine Integration der Aspekte leisten, von der Forschung selbst über weite Strecken dispensiert ist. Sie muß wissenschaftliche Arbeitsteilung produktiv rückgängig machen, also in der Breite eine analoge Funktion übernehmen, wie sie, auf dem schmalen Grenzstreifen zwischen Forschung, Literatur und Politik, der wissenschaftlichen Essayistik vorbehalten ist. Diese Reflexionsform, die der wissenschaftliche Geist ausgebildet hat, um sich von den selbstverschuldeten, aber unentrinnbaren Verstrickungen zu lösen – Philosophie in der fragmentarischen Gestalt einer Dialektik der Aufklärung, als die sie, wenn sie nicht in Gegenaufklärung[48] zurückschlägt, einzig noch möglich zu sein scheint –, ist auch einer Pädagogik eigen, die sich ihren Stoff von den Wissenschaften nicht mehr einfach geben lassen kann, sondern darauf angewiesen ist, auf *ihre* Weise die Wissenschaften zu Ende zu denken. Die Lage, in der Lehrende und Lernende kommunizieren, duldet ja nicht jenen spezifischen Aufschub der Antworten, von dem der wissenschaftliche Erkenntnisfortschritt lebt. Das Beispiel des ungefächerten Sprachunterrichts, das Wolfgang Edelstein an der Odenwaldschule erprobt hat[49], zeigt genau diese Integration der wissenschaftlich aufgefächerten Gesichtspunkte als die eigentlich pädagogische Leistung. In diesem Fall korrespondiert der Einweisung von Tertianern in den reflektierenden Umgang mit der Sprache als solcher, auf der Ebene der Forschung, nicht einmal die vergleichende Sprachwissenschaft, sondern eher eine wissenschaftliche Essayistik, in der Sprachwissenschaftler, nach des Tages Arbeit, noch einmal über diese nachdenken[50]; also weniger die Einzelwissenschaft als die Selbstreflexion der Einzelwissenschaftler, die ihnen heute der Philosoph nicht mehr abnimmt.

Die hochentwickelte Gymnasialpädagogik (Wagenschein, Esser und andere) entwickelt überzeugend, daß die Halbierung der Gymnasialpädagogen in schlechte Lehrer und gute Fachleute uns keineswegs hilft, ein »kulturelles Erbe« zu bewahren: es sei denn, es ginge auf Kosten der Erben

48 Vgl. dazu das Vorwort von H. Schelsky, Soziologie der Sexualität, Hamburg 1955.

49 Wolfgang Edelstein, Exemplarisches Lernen, Schriftenreihe der Odenwaldschule, Heft 18.

50 W. Porzig, Das Wunder der Sprache, Bern 1950.

selbst, nämlich der Schüler. Kobs Untersuchungen[51] bieten, soweit ich sehe, keine Grundlage dafür, die Rollenproblematik der Gymnasiallehrer allein auf den Typus des »Pädagogen« unter ihnen zu projizieren, der Schwierigkeiten hat, innerhalb einer industriell bestimmten Arbeitswelt eine isolierte Erziehungsfunktion als vollwertige Berufsqualifikation zu legitimieren; mindestens ebenso problematisch ist offenbar die konträre Rolle des fachlich orientierten Lehrertyps, der die »Minderwertigkeit« eines Auffang- und Ersatzberufes gegenüber den primären Berufen seines Spezialgebiets durch fachmännische Nebentätigkeiten zu kompensieren sucht – der Professor en miniature, der es zum Professor nicht gebracht hat.[52] Das empirische Material, das bisher vorliegt, läßt erkennen, daß *der Widerstreit* der pädagogischen und fachwissenschaftlichen Komponenten *als solcher*, daß *die Dichotomie* »pädagogischer« und »wissenschaftlicher« Lehrertypen, die bis in den Rollenkonflikt ein und desselben Lehrers hineinreicht, *selbst* den Kern der Problematik darstellt. Sie kann nur durch eine, von den Bedürfnissen des Unterrichts ohnehin geforderte Integration überwunden werden: so nämlich, daß die »gegebene« Wissenschaft für die Zwecke der Lehre ein zweites Mal angeeignet wird. Dieser Akt der Interpretation verliert das Beiläufige eines »bloß erzieherischen« Aspektes und ist, sobald er in seinem Rang und in seiner Eigenart erkannt wird, zur Basis eines soliden Berufsbewußtseins ebenso geeignet wie zur Garantie

51 Das soziale Berufsbewußtsein der Lehrer an höheren Schulen, Würzburg 1958, ders., Untersuchungen zum Berufsbild des Lehrers, in: Soziologie in der modernen Gesellschaft, Stuttgart 1959, S. 209ff.

52 Auch die außerschulische Nebentätigkeit dieser Lehrer (wissenschaftliche und sonstige literarische Arbeiten, Vorträge, Kurse an Volkshochschulen usw.; vgl. Kob, Das soziale Berufsbewußtsein usw. a.a.O., S. 62) sind ja, streng genommen, sekundär gegenüber der Forschungstätigkeit des Gelehrten; auch sie werden deshalb ein genuines Selbstverständnis aus der produktiven Leistung der pädagogischen Vermittlung, allenfalls der wissenschaftlichen Essayistik ziehen müssen. Im übrigen gibt die von Kob analysierte Beziehung zwischen der rollentypischen Haltung der Lehrer und ihrer Fächergruppe einen wichtigen Hinweis: Die Tatsache, daß Lehrer, die naturwissenschaftliche Fächer vertreten, häufiger dem pädagogischen, Lehrer hingegen, die sprachliche Fächer vertreten, häufiger dem fachlich orientierten Typus angehören, läßt sich wohl nicht allein mit dem Angebot alternativer Berufschancen im einen, und ihrem Fehlen im anderen Fall erklären; es dürfte differenzierend hinzukommen, daß beim fortgeschrittenen Stand der Naturwissenschaften ihre Fachvertreter die Dringlichkeit und auch Eigenart einer Interpretation des Wissensstoffes aus Bedürfnissen der Lehre deutlicher sehen als die Philologen, die heute noch eher dem Schein erliegen können, als sei das, was sie auf der Universität lernen, in verkleinerter Form einfach umzusetzen.

einer, von Schelsky zum Kriterium des bonum commune erhobenen – Verhaltenssicherheit.

Zur politischen Anthropologie des antipädagogischen Affekts

Schelsky läßt sich auf derlei Überlegungen gar nicht ein, weil er a limine die »Pädagogisierung« als »sozialen Totalitarismus« verteufelt: »Die hier angedeutete Gefahr des Pädagogismus liegt in der schrankenlosen Ausdehnung des pädagogischen Anspruchs. Der Mensch wird, nicht nur als Kind und Jugendlicher, sondern, wie die Konzeptionen der Erwachsenenbildung auch des Deutschen Ausschusses zeigen, noch als Erwachsener zum animal educandum erklärt, dem gewisse Organisationen in unserer Gesellschaft als Führungsinstitutionen auf dem Wege zur dauernden Bildung zugeordnet werden ... ›Der ganze Mensch‹ als geplantes oder geführtes Objekt einer der vielen abstrakten und funktionalisierten Institutionen der arbeitsteiligen Gesellschaft ... das ist schon sozialer Totalitarismus« (S. 162f.).
Was mich an dieser Argumentation stört, ist die Definition der Schulen als »Führungsinstitutionen« einer Erziehungsdiktatur nach dem Vorbild, sei es der jakobinischen Idee, sei es der faschistischen oder stalinistischen Praxis. Diese Interpretation ist zumal deshalb irritierend, weil Schelsky im Hinblick auf Residuen »echter« Führungsinstitutionen gar nicht so unfreundlich urteilt. So möchte er etwa die Aufgabe sozialer Koedukation von der Förderstufe lieber aufs Militär übertragen wissen; und bei dieser, funktionell auf den Ernstfall des Tötens und des Sterbens abgerichteten Institution besteht immerhin ein gewisses Recht, davon zu sprechen, daß sich, wie es Gehlen einmal in anderem Zusammenhang ausgedrückt hat, der Mensch von ihr »konsumieren lassen muß«. Hingegen können Organisationen, deren Praxis an der Erziehungsidee des 18. Jahrhunderts verbindlich orientiert ist, keineswegs Individuen derart subsumieren, daß diese »mit Haut und Haaren in ihren Status hineingehen« oder: zu Objekten einer »planenden Manipulierung« verdinglicht werden (S. 161). Jene Erziehungsidee entstand nicht zufällig in einer Phase der gesellschaftlichen Entwicklung, in der

mit dem Binnenraum der bürgerlichen Kleinfamilie zum ersten Mal überhaupt so etwas wie ein institutionell abgesicherter Entlastungsraum für die Heranwachsenden entstanden war; der schulorganisatorisch errichtete »Schonraum« reproduziert bloß dessen elementare Bedingungen. Die Automatik der Sanktionen, die im Normalfall durch einen Vorstoß gegen das System der gesellschaftlich geltenden Normen ausgelöst werden, ist hier ausgeschaltet; die Sanktionen selbst sind, je nachdem, umgeleitet, gebrochen, aufgeschoben oder gar aufgehoben.

Diese Ausdrucksweise erlaubt es, den schulpädagogischen Vorgang soziologisch verständlich zu machen. Die Bildung der Heranwachsenden vollzieht sich als Reproduktion der für eine Gesellschaft konstitutiven Erfahrungsmuster. Die Aneignung dieses aus bewältigten Situationen gezogenen Kapitals geschieht normalerweise unter Zwang: als Verinnerlichung von Normen unter Androhung der zugehörigen Sanktionen. Das ist die naturwüchsige Form der Erziehung durch Zuchtprozeduren, die dadurch charakterisiert sind, daß ihre mannigfach abschattierte Skala von Sanktionen doch stets auf den Nullpunkt des physischen Zwangs bezogen bleibt. Der »Ernst« der Erwachsenensituation ist nicht suspendiert, höchstens spezialisiert. Die seit dem 18. Jahrhundert sich gleichsam unter der Hand vollziehende Revolution der Erziehungspraktiken läßt sich deshalb auf die Pointe bringen: daß dem Lehrer die Gewalt körperlicher Züchtigung genommen wird – die Abschaffung der Prügelstrafe ist das Siegel auf eine der Naturwüchsigkeit enthobene Erziehung. Sie bedeutet nämlich im Prinzip die Institutionalisierung eines Lernvorgangs ohne *äußere* Sanktionen. Die Automatik von Verbot und Strafe wird im schulpädagogischen Schonraum einer »ausgeklinkten Gesellschaft« der Idee nach, durch die Evidenz von Erfolg und Mißerfolg ersetzt: scheitert der Schüler an einer Aufgabe, versagt er in der Erprobung der eigenen Fähigkeiten. Die Grenze, an die er dann stößt, ist nicht eine *von außen verhängte* Sanktion; vielmehr stößt er in der pädagogisch provozierten Situation an eine Grenze der Bewältigung, an der er *sich selbst* erfahren muß – die Sanktion wird gleichsam immanent. Hegel hatte mit seiner Straftheorie etwas Ähnliches im Sinn: unter der Wucht der Sanktion erfährt der Verbrecher nicht die Gewalt der von ihm verletzten Normen als solcher, sondern die Konsequenz seiner eigenen Tat, vor der er nun unausweichlich mit sich selbst konfrontiert und deshalb zur Selbstreflexion – dem Akt der Menschwerdung schlechthin – genötigt ist. Freilich bedarf es der idealistischen Prämissen, um glaubhaft zu machen, daß der Verbrecher tatsächlich die äußerlich verhängte Strafe mit den Folgen der Tat als der eigenen Handlung und (nicht bloß einer Gesetzesverletzung) identifizieren kann. Anders verhält es sich, wenn die Sanktion in der Art von Mißerfolgen eigener Versuche evident aus der Situation des Probierens selbst hervorgeht: dann wird sie zur Chance der Selbsterfahrung in der Selbstentfaltung und verliert überhaupt die Wirkungsweise einer Sanktion. Der *in diesem Sinne* »sanktionsfreie« Lernprozeß vermittelt denn auch Erfahrungen des Scheiterns nicht als »Ernstfall«, sondern als Stimulus zur Realisierung kulturell vorgegebener Erfahrungsmuster in Gestalt gelungener Antworten und bewährter Fähigkeiten, das heißt immer *auch*: in der Gestalt spezifischen Weiterlernenkönnens, mit dem das Individuum aus dem historischen Kapital der Zivilisation seine Identität bestreiten und, nachdem es aus dem Schonraum entlassen ist, seine Individualität behaupten kann. Die Freiheitsgrade eines solchen Prozesses der Identitätsfindung sind, im Rahmen unserer eigenen Kultur heute außerordentlich groß; die »Muster« können sich deshalb nur auf das Angebot erstrecken, nicht auf das, was sich an diesen Herausforderungen entzünden mag. Es kann nicht auf feste Muster hin von Anbeginn erzogen werden; ein sanktionsfreier Lernprozeß kann nicht auf anthropologische oder sozialtypische Leitbilder abgestellt sein. Wenn Schelsky jenen großartigen Satz von Rosenstock[53] nicht nur zitiert hätte, um ihn einzuschränken, würde er darauf verzichtet haben müssen, den Typus des Intellektuellen zum Leitbild des Gymnasiums zu kreieren.[54]

53 »Angesichts der kommunistischen Parteischulen, angesichts aller idealistischen Schulen und angesichts des endlosen Geredes über das Menschenbild in der Erziehung halte ich die ... Lossprechung ... von einem Menschenbild für das Dogma aller künftigen Erziehung.«

54 Die Typenbestimmung als solche ist von einem glanzvollen und überzeugenden Pathos: »Es geht darum, einen hochrationalen, entemotionalisierten, seiner Gegenwart hingegebenen und zugleich Kräfte der Distanzierung in sich entwickelnden Menschentyp zu bilden, jene Mischung von rationaler Exaktheit und intuitiver

Schelsky hält daran freilich nicht aus Unverständnis fest; er kritisiert die Schonraumpädagogik im Prinzip. In der Frage etwa der Rücksichtnahme darauf, daß ein »Scheitern« innerhalb des sanktionsfreien Lernprozesses nicht drastisch in Sanktionen für den Lernprozeß selbst umschlage, verteidigt Schelsky emphatisch den Ernstfall gegenüber dem Vorschuß an Entlastung, den die Gesellschaft ihren Kindern als *Schul*kindern öffentlich garantiert. So drücke sich in der Sorge des Rahmenplans um die sogenannten Abbrecher (die »auf der Strecke bleiben« und eine Schule vorzeitig verlassen müssen[55]) »ein falsches Sicherheitsstreben unserer Zeit aus, dem der Ausschuß aus moral-erzieherischen Gründen, d. h. um der Charaktererziehung der Gebildeten willen, hätte Widerstand leisten müssen. Hier kommt eine Form der Schonung des Menschen zum Zuge, die ihn seiner Freiheitschance fürsorglich beraubt« (S. 88). Schelsky bedauert, wenn ich ihn recht verstehe, das Ausmaß der pädagogisierten Erziehung auf Kosten solcher Kompetenzen, die unsere Schulen zu »Führungsinstitutionen« allerdings machen würden: Kompetenzen einer Zucht, die sich der Härte automatisch ausgelöster Sanktionen als Mittel der »Charaktererziehung« bedient und es verachtet, den Ernstfall, doch gerade um der Freiheitschance individueller Entwicklung willen, zu irrealisieren. Wenn Schelsky erklärt, die Pädagogisierung der Gesellschaft sei »eine der entscheidenden Bedrohungen der Freiheit des Menschen« (S. 161), müssen seiner Argumentation stillschweigend Prämissen einer Anthropologie zugrunde lie-

Phantasie zu pflegen, die alle wesentliche geistige Produktion heute bestimmt, jene Grenzen der Erkenntnisweisen aufzuzeigen, denen gegenüber den Erkenntniswillen zu behaupten, heute ein Akt der Bildung ist, jene kritische Verhaftetheit und Verantwortung gegenüber der politischen und sozialen Welt zu erzeugen, die sich doch immer wieder in der Kontemplation von den Handlungszwängen der sozialen Welt befreit. Es geht darum, einen Menschen zu bilden, der das Leiden der Bewußtheit an der Zeit auf sich nimmt.« (S. 80) Ich gestehe, daß ich mich der Faszination dieser Formulierung nicht entziehen kann; allein, so etwas kann man nicht als »Typus« züchten (Ernst Jünger und Gottfried Benn hätte dergleichen im Sinne gelegen); dazu kann man bestenfalls Chancen geben, die individuell ergriffen oder verfehlt werden.

55 Schelsky vernachlässigt in diesem Zusammenhang (S. 87f.) die verborgene Mittelschulfunktion der höheren Schule, die G. und H. Pröbsting statistisch isoliert haben (Statistisches Material über das Schulwesen der Bundesrepublik, 1950-1957, im Material und Nachrichtendienst der Arb. gemein. dtsch. Lehrerverb. April 1959, S. 15ff.). Nebenbei sei auf die Inkonsequenz hingewiesen, die darin besteht, einerseits einen »geschlossenen« höheren Bildungsweg möglichst deutlich von den allgemein berufsbildenden Schulen abzusetzen, aber gleichzeitig zu erwarten, daß die mittlere Reife der höheren Schule zu einer »Fachschulreife« qualifizierte (S. 104).

gen, der zufolge es die menschliche Natur nicht aushalten wird, wenn sie in wachsendem Maße kulturelle Erfahrungs- und soziale Verhaltensmuster sanktionsfrei lernt. Tatsächlich kann der gesellschaftliche Zwangs- und Verkehrszusammenhang nicht unberührt davon bleiben, ob die Heranwachsenden zunehmend mit Willen und Bewußtsein funktionale Fähigkeiten lernen und soziale Rollen einüben. Mir scheint, daß eine solche »Pädagogisierung« das *Verhältnis* der Individuen *zu* ihren sozialen Rollen, damit auch die Rollensysteme selbst, verändern könnte. Allein, an Stelle einer Emanzipation von Autoritäten, die vor dem Bewußtsein nicht zu legitimieren und darum auch in einem sanktionsfreien Lernprozeß nicht zu vermitteln sind, würde die Gefahr eines sozialen Totalitarismus doch nur eintreten müssen, wenn man unterstellt: daß die Individuen, auch in einer hochentwickelten industriellen Gesellschaft, anthropologisch notwendig einem weiteren Reflexionszuwachs nicht mehr gewachsen sind, daß sie auf die substantielle Gewalt von »Führungsinstitutionen« großer Stabilität stets angewiesen bleiben. Diese Annahme vorausgesetzt, würden den Erziehungseinrichtungen ersatzweise Aufgaben solcher »Institutionen«, deren Autorität sie selbst zuvor abgetragen haben, zuwachsen – und von ihnen auf dem dann allein verbliebenen Wege der Manipulation wahrgenommen werden müssen.

Um uns Schelskys erstaunlichen Affekt gegen die »Zivilisationsgefahr« der Pädagogisierung verständlich zu machen, extrapolieren wir auf gewisse philosophische Grundüberzeugungen, die von Hobbes bis heute Bestandteil aller pessimistischen Anthropologien gewesen sind. Carl Schmitt hat einmal auf den Gegensatz zwischen dem ressortspezifischen Optimismus der Pädagogik und der pessimistischen Auffassung vom Menschen bei politischen Denkern hingewiesen[56], ohne freilich zu sehen, daß die kritische Position gegenüber einer pessimistischen Anthropologie nicht durch optimistische Gegenanthropologien charakterisiert ist – sondern durch den geschichtsphilosophischen Verzicht auf anthropologische Invariantenlehren überhaupt. Auch bei Schelsky verbindet sich mit einer pessimistischen Auffassung vom Menschen die Betonung des politischen Elements, noch im gesellschaftlichen Bereich selbst.

In diesen Zusammenhang gehört auch die eigentümliche Isolierung des elterlichen Willens vom Komplex der übrigen gesellschaftlichen Verflechtungen derart, als habe jede schulsoziologische Betrach-

56 Carl Schmitt, Der Begriff des Politischen, München 1932, S. 50ff.

tung einen grundsätzlich irreduziblen »Entschluß« souveräner Eltern über das Bildungsschicksal ihrer Kinder als unabhängige Variable zu respektieren. Schelsky spielt gar diesen Gedanken soweit durch, daß er eine »Stiftung für Begabtenförderung« befürwortet, die mit der »Mobilisierung des sozialen Schulziels der Eltern, also ihres familienhaften Aufstiegwillens« beauftragt werden soll – wahrlich eine bedrückende Vorstellung, daß eine der Bildungsfähigkeit und -willigkeit der Kinder entsprechende Schulbildung nur über das Triebwerk eines motorisierten Durchsetzungswillens der Familie in Gang gesetzt werden soll. Damit würde doch eine, aus kleinbürgerlichem Weltbild suggerierte Verhaltensnorm für die Gesamtgesellschaft obligatorisch gemacht. Ich kann nicht einsehen, daß eine qualifizierte Schulbildung nur über den posthumen Statuserfolg der Elternfamilie zu legitimieren sei, genau genommen: über den »sozialen Entschluß«, dergleichen anzustreben. Ist der Wille zur sozialen »Bewährung« eo ipso eine gesellschaftspolitisch wünschenswerte Tugend? Oder gibt es Gesichtspunkte, unter denen Gelassenheit der Eltern gar als eine größere erscheinen könnte? Eine Haltung jedenfalls, die rechtzeitig die Identifikation der Eltern mit dem gesellschaftlichen Schicksal ihrer Kinder löst, und Präjudize soweit vermeidet, daß Chancen für den je unvertretbaren Bildungsgang nicht »dezisionistisch« abgeschnitten werden.

Gewiß ist der Aufstiegsdruck der neumittelständischen Kleinfamilie, der institutionell in die unteren Schichten hineingetragen werden soll, *sozial* eines der stärksten Motive, für die Kinder einen Schulerfolg anzustreben. Ob aber nicht eine Erfolgsmotivation der Kinder *ohne* die Umleitung über das soziale Motiv der Eltern um so schadloser wirksam werden kann, ist eine Erwägung, die durch den zusammenfassenden Bericht McClellands über die Beziehung zwischen Aufstiegsmotivation und Lernverhalten nahegelegt wird. Dieser bestätigt, was der Augenschein über den »Strebertypus« ohnehin lehrt: »The ›highs‹ work harder at laboratory tasks, learn faster, do somewhat better school work in highschool even with IQ partialled out, and seem to do their best work when it counts for their record and not when other special incentives are introduced such as pressure from the outside to do well, money prizes, or time off from work. They are more resistant to social pressure, choose experts over friends as work partners, and tend to be more active in college or community activities, like risky occupations, perform better under longer odds, and choose moderate risks over either safe or speculative ones.«[57]

Der Sozialcharakter solcher Kinder, deren Schulbildung von den Eltern als Vehikel familienindividuellen Aufstiegs betrachtet wird, hat manche Autoren nachdenklich gestimmt; sie fragen nach den psychologischen Kosten hoher Mobilität und erwägen, »that we should turn away from the quest for more mobility per se and concern ourselves with the conditions under which men acquire motivation for achievement; that instead of identifying greater equality of opportunity with human happiness, we begin to inquire into the dissatisfactions which are endemic in our social life, including those dissatisfactions which create a drive for achievement and are hence a source of both the assets and liabilities of social mobility.«[58]

Damit sind alternative Perspektiven für die gesamtgesellschaftliche Funktion der Schule eröffnet. Schelsky empfiehlt eine, vom stimulierten Aufstiegswillen der Eltern angetriebene und am Schulerfolg der Kinder legitimierte Mobilisierung der Gesellschaft (die in ihrem Ausmaß nur durch die, allerdings geschützten Kontinuitätsbedürfnisse der mittleren und gehobenen Statusgruppen eingeschränkt sein soll). Lipset und Bendix hingegen betonen die sozialpsychologischen Kosten beschleunigter Mobilität und scheinen eher an einer Temperierung der von der Schule kanalisierten Umschichtungsvorgänge interessiert zu sein. Diese Alternative ist jedoch, wie ich glaube, unvollständig; sie setzt nämlich jenes enge Berechtigungsverhältnis zwischen Schulbildung und Berufsstellung als selbstverständlich voraus, das doch bloß für eine Entwicklungsphase der bürgerlichen Gesellschaft charakteristisch ist, in der die Schule mit anderen Instanzen der gesellschaftlichen Auslese spürbar zu konkurrieren beginnt. Ihre »Verteilerfunktionen« in einer »Sozialchancenzwangswirtschaft«[58a] kann die Schule im gleichen Maße auch

57 Zitiert nach Lipset, Bendix, a.a.O., S. 247, Anmerkung 48.

58 Ebd., S. 287.

58a H. Schelsky, Schule und Erziehung in d. industriellen Gesellschaft, Würzburg 1957, S. 17ff.

wieder einbüßen, in dem sie sich in dieser »Rolle einer Art Zuteilungsamtes« erst einmal durchgesetzt hat.

Eine großzügige Schulpolitik, die sich, bei gesichertem Zuwachs des gesellschaftlichen Reichtums, aus dem Engpaß befreit, sich die Ausbildungskapazitäten von fragwürdigen Maximen eines »sozialen Bedarfs« täglich neu diktieren zu lassen, wird die Bildungschancen schon im Hinblick auf Erfordernisse vervielfältigen, die mit der Sphäre gesellschaftlicher Arbeit, und dem Statuserwerb in ihr, unmittelbar nichts zu tun haben. Die Rollen des »homme« und des »oitoyen«, die Rollen des Privatmanns in seiner arbeitsfreien Zeit und die des Staatsbürgers im politischen Bereich verlangen zunehmend eine Art »Weltverständnis«, das, obwohl weitgehend durch Schulen vermittelt, seinen Sinn nicht in Berechtigungen für berufliches Weiterkommen findet. Im Zuge einer solchen Schulpolitik würden die verteilten und genutzten Bildungschancen die Zahl der »eingelösten« Qualifikationen verfügbarer Berufspositionen so weit überschreiten, daß sich das Berechtigungsverhältnis von Schulbildung und Beruf lockern müßte.

»Schulsozialismus« – von den Liberalen ererbt

So wenig sich die zugrunde liegende Anthropologie, der Schelskys normative Schulsoziologie den verborgenen Impetus entlehnt, einer geschichtlichen Kontinuität mit dem Liberalismus rühmen darf, so sehr muß es verwundern, daß am Ende die politische Rechnung in der Währung liberaler Münze beglichen wird. Mit »liberal« und »sozialistisch« gelingt immerhin eine heute wieder propagandawirksame Unterscheidung von Freund und Feind. – »Schulsozialismus« ist von nun an das Kennwort für den ideologisch dechiffrierten Rahmenplan. Denen, die im Panzer ihres pädagogischen Eros, noch vor sich selbst, das kommunistische Manifest zu verbergen scheinen, hat es Schelsky auf den Kopf zugesagt: »Die sozialistische gesellschaftspolitische Konzeption ... gehört zu den nahezu unbestrittenen Hintergrundsüberzeugungen fast aller deutschen Pädagogen« (S. 153).

Und noch einmal: Sozialisten sind sie alle, »von Fichte bis zum

Deutschen Ausschuß« (S. 152); halten sie es doch mit dem Ziel einer durch chancengleichen Zugang zu den Bildungsstätten der Nation ermöglichten »sozialen Gerechtigkeit«.

Bedient man sich aber, über Tagespolitik hinaus, solch traditionsreicher Begriffe, wird man, ohne falsche Sentimentalität gegenüber der Aura unbestimmter Assoziationen, an ihrem Ursprungsort die Bedeutungen zu wägen, zu klären haben: mit historischen Kategorien läßt sich nicht ad hoc verfahren, als sei ihnen durch operationelle Definitionen Genüge getan.

Schelsky bezieht sich einmal, gegenüber dem »ohnmächtigen Sollen« des pädagogischen Optimismus, auf des Hegelschülers Marx' Kritik an den Utopisten; er bietet die Autorität eines (und nicht nur irgendeines) Sozialisten auf, um Reformpläne dieser Art des mangelnden Realismus zu überführen – zu Recht insofern, als so etwas wie ein »Schulsozialismus« gerade für die ökonomisch denkenden *Sozialisten* eine contradictio in adjecto gewesen wäre.[59] Hingegen war der chancengleiche Zugang zu den öffentlichen Institutionen des Erziehungssystems immer schon *»ein liberales Postulat«*. Man ging freilich einst davon aus, daß die, damals eng mit Eigentumstiteln verknüpften, Bildungschancen der Kinder durch die erfolgreiche Marktposition der Eltern ausgewiesen wurden: bei freiem Marktverkehr war dann, dieser Idee zufolge, die Gleichheit der Chancen durch die immanente »Gerechtigkeit« des Preismechanismus gesichert. Die moderne Vorstellung einer Ordnung sozialer Gerechtigkeit ist durch und durch liberalen Ursprungs; die Sozialisten nahmen die Liberalen bloß beim Wort.

Als indessen, seit dem letzten Drittel des 19. Jahrhunderts, die wirtschaftliche Entwicklung jenen ökonomischen Voraussetzungen der Chancengleichheit immer mehr ihre Glaubwürdigkeit nahm; als die breiten Schichten den ökonomischen Ausgleich, den ein sich selbst überlassener Markt ihnen offensichtlich verweigerte, gestützt auf die verallgemeinerten demokratischen Gleichheitsrechte, politisch zu kompensieren suchten; war es eine sozialstaatliche Umfunktionierung wiederum der liberalen Idee, die der radika-

59 Das Klassenverhältnis schien ihnen in jenem, der kapitalistischen Produktionsweise innewohnenden Konflikt der Interessen so wohlfundiert, daß sie jeden Versuch, vom Überbau her die Basis zu revolutionieren, nur belächeln konnten.

len Kritik der Sozialisten den Wind aus den Segeln nehmen sollte. Die Chancengleichheit für einen, allein nach Maßgabe individueller Tüchtigkeit geregelten Erwerb der sozialen Position, welcher die liberale Devise versprochen hatte, wurde nun von einer Bewährung (statt auf dem Markt) in der Schule abhängig gemacht – die Schulbewährung sollte der »Lebensbewährung« gewissermaßen vorgeschaltet werden, an ihr die Vorauslese für die verschiedenen Ebenen des späteren Statuserwerbs sich bemessen. Tatsächlich ist diese »Hintergrundsüberzeugung« nicht nur in die Köpfe der deutschen Volksschulmeister, sondern überhaupt in die Grundnormen der westlichen Demokratien eingegangen.[60] Das ordnungspolitische Modell der liberalen Erfolgsgesellschaft ist von dem der sozialstaatlichen Leistungsgesellschaft weitgehend abgelöst worden. Soziologisch betrachtet kommt ihm die Tendenz entgegen, daß eine gewandelte Qualifikationsstruktur im Bereich der gesellschaftlichen Arbeit die Hierarchie der beruflichen Positionen zunehmend mit der Skala schulisch attestierter Leistungen koordiniert.

Nun bestreitet Schelsky die historische Kontinuität des »Schulsozialismus« mit dem Liberalismus unter Hinweis auf des Aristoteles ehrwürdige Unterscheidung einer kommunativen Gerechtigkeit von der bloß distributiven. Es kann aber schwerlich der Schule oder ihren Reformern irgend zur Last gelegt werden, wenn die strukturellen Voraussetzungen für eine vom Staat »getrennte« Gesellschaft, die tendenziell in der liberalen Phase des Kapitalismus gegeben waren, seit über einem halben Jahrhundert schwinden. Ernst Forsthoff, der sozialistischer Neigungen unverdächtig ist, hat den springenden Punkt bezeichnet: in dem Maße, in dem der Staat über die formelle Sicherung hinaus an der Gestaltung der gesellschaftlichen Ordnung beteiligt werden muß, wächst zwangsläufig die Masse der unter Gesichtspunkten distributiver Gerechtigkeit zu fällenden Entscheidun-

60 H. Ridder, Zur verfassungsrechtlichen Stellung der Gewerkschaften im Sozialstaat, Stuttgart 1960, S. 10. »Es sollte sich von selbst verstehen, daß diese Aufgaben des sozialpflichtigen Sozialstaates sich heute nicht auf den Bereich der materiellen Güterverteilung beschränken, sondern auch – und zwar in vielleicht noch höherem Maß – die allseitige ideelle Teilhabe an den Kulturgütern der Nation betreffen, mithin also beispielsweise das Schulrecht in schärfstem Maße unmittelbar von diesem grundgesetzlichen Sozialstaatsgebot betroffen ist.«

gen.[61] Solange die Sphäre des Warenverkehrs und der gesellschaftlichen Arbeit im wesentlichen privater Autonomie unterstand, mußte sich, wenn überhaupt, »soziale Gerechtigkeit« auf andere Weise verwirklichen als unter Verhältnissen, die durch die beiden großen Trends der Verstaatlichung der Gesellschaft und einer Vergesellschaftung des Staates bestimmt sind.[62] Freilich kann sich der Zwang zu Distribution überhaupt im Maße des gesellschaftlichen Reichtums lockern.

Schelskys legitime Kritik an der Starre einer modellgerecht verwirklichten Leistungsgesellschaft, der »Meritokratie«, ist nicht selber liberal, sondern eine Kritik am liberalen Prinzip des verpönten Schulsozialismus.
Solche Kritik kann sich von Gesichtspunkten leiten lassen, unter denen es wünschenswert erscheint, die von der Schule übernommene Funktion gesellschaftlicher Auslese zugunsten anderer Ausleseinstanzen einzuschränken. Innerhalb dieses, im buchstäblichen Sinne: reaktionären Modells, ist das liberale Prinzip eines chancengleichen Statuserwerbs zugunsten anderer Prinzipien, und das heißt natürlich immer auch: anderer sozialer Interessen, relativiert. Eine Kritik hingegen, die das liberale Modell der Leistungsgesellschaft auf seine immanenten Voraussetzungen prüft, wird zu dem Schluß kommen, daß gerade eine rigorose Durchführung gleicher Bildungs- und Ausbildungschancen *für alle* dem einzelnen die »schicksalhafte« Zuteilung seines sozialen Status in doppelter Hinsicht erspart. Indem die Schulqualifikation zum regelmäßigen Zulassungskriterium für eine entsprechende Berufsposition wird, verliert der Status nicht nur seine »naturwüchsige« Legitimation durch zugeschriebene Merkmale der Herkunft; diese braucht nämlich andererseits auch nicht von der »natürlichen« Legitimation durch angeborene Merkmale der Begabung abgelöst zu werden, weil in dem Maße, in dem sich jene erste Tendenz durchsetzte, eine gegenläufige in Kraft treten würde. Der vorauszusehende Überschuß an genutzen Bildungschancen über verfügbare Berufschancen wird es zu der befürchteten Äquivalenz von Status und

61 Ernst Forsthoff, Lehrbuch des Verwaltungsrechts, Allgemeiner Teil, München und Berlin 1950, S. 54ff., besonders S. 58.
62 Vgl. dazu das Einleitungskapitel in Habermas, Friedeburg, Oehler, Weitz, Student und Politik, Neuwied 1961.

Schulbildungsgrad kaum kommen lassen, er wird vielmehr die Schulbildung in ihrem Berechtigungscharakter geradezu entwerten. »Realisieren« läßt sich das Kapital einer gehobenen oder höheren Allgemeinbildung dann womöglich eher in einem individualisierten Freizeitstatus als in einer äquivalenten Berufsposition. Eine »schulsozialistische« Gesellschaftsordnung, wenn man sie so noch nennen wollte, wird gerade das vermeiden, was Schelsky ihr als Essenz unterstellt: daß einem jeden das Streben, »über den Schulbesuch die ihm gemäße Sozialposition zu erreichen, nicht nur als Grundrecht, sondern auch als selbstverständliche soziale Grundpflicht angesonnen wird« (S. 151).

Ich kenne auch keine Partei in der gegenwärtigen Reformdiskussion, die derlei stramme Gedanken im Ernst verfolgen würde. Schelsky betont mit Recht, daß eine »liberale« Gesellschaftspolitik für ihre Maßnahmen stets den Willen des Individuums zum Ausgangspunkt nimmt: sie muß ihm die Chance des Neinsagens lassen. Diese Chance aber gewinnt der Heranwachsende nur, wenn er, im Verhältnis zu seiner pädagogisch angeleiteten Bildungsfähigkeit und -willigkeit, in den Stand gesetzt worden ist, sich nicht mehr durch andere, und seien es die eigenen Eltern, ein solches Nein präjudizieren lassen zu müssen; erst *auf* dem Stand der ihm möglichen gehobenen oder höheren Allgemeinbildung wird der einzelne es ablehnen können, diese zur Basis der beruflichen Weiterbildung zu machen. *Unter* diesem Stand ist ihm die Chance des Neinsagens im gleichen Maße beschränkt, in dem die versäumte Schulbildung zumutbare Alternativen von vornherein verschließt.

Am Ende lassen sich also auf der gemeinsamen Ebene liberaler Tradition alle Gegensätze leidlich bereinigen, aber ein gutes Gefühl gewinne ich in der dünnen Luft ordnungspolitischer Grundsatzdiskussionen nicht. Gewiß tragen sie dazu bei, die gesellschaftspolitische Tragweite der Schulreform sichtbar zu machen. Wo massive Interessen auf dem Spiel stehen, und nicht nur die berufsspezifischen der verschiedenen Lehrergruppen, geht es nicht an, die politische Substanz der pädagogischen Diskussion zu verharmlosen. Andererseits verkürzt ein voreiliger Rekurs auf »Entscheidung« die Dimension der verständigen Klärung *erforschbarer* Tatbestände. Der von Schelsky gegen den Deutschen Ausschuß erhobene Vorwurf, er stütze seine Argumente nicht ausreichend auf empirische Befunde, fällt kläglich auf die deutsche Soziologie zurück. Der Abstand, in dem die Schulsoziologie der Bundesrepublik, überhaupt die empirische Forschung auf dem Gebiet des Bildungs- und Erziehungswesens, unter dem Pegel der internationalen liegt, ist ein genaues Maß für die unerschlossenen Möglichkeiten der Rationalisierung schulpolitischer Kontroversentscheidungen.

4. Vom sozialen Wandel akademischer Bildung (1963)

Im Rahmen der Berliner Universitätstage habe ich im Januar 1963 den folgenden Vortrag gehalten:

In der Diskussion um Hochschulreform halten heute fast alle Parteien in verblüffender Einmütigkeit an dem Grundsatz fest, daß die universitäre Form des Hochschulstudiums nicht preisgegeben werden darf: »unüberlegt handeln diejenigen, die uns eine Umbildung und Zerstreuung der Universitäten in Spezialschulen vorschlagen«.[1] Wer die Reformschriften der letzten fünfzehn Jahre durchgesehen hat, wird diesem Satz Schleiermachers ein Alter von mehr als 150 Jahren gar nicht mehr zutrauen.

Die damals so eindringlich vorgetragene Warnung darf nicht als eine Isolierung der Wissenschaft von Praxis mißverstanden werden. Jene Bildung im emphatischen Sinne, die, über die Einübung beruflicher Fertigkeiten hinaus, durch die universitäre Form des Studiums gesichert werden sollte, wurde von Fichte gerade als die Form der »Umwandlung des Wissens in Werke« verstanden.[2] Humboldt rechtfertigt seine Maxime, daß Wissenschaft bilden müsse, mit dem gleichen Argument: daß es dem Staat sowenig als der Menschheit um Wissen und Reden, sondern um Charakter und Handeln zu tun sei.[3] Und Schleiermacher identifiziert ausdrücklich Bildung mit der Bildung des gemeinen Sinnes, jenes sensus communis, der in der weltläufigeren Philosophie der westlichen Nationen als common sense und bon sens die Bedeutung eines Organs für das praktisch Notwendige stets behalten hatte: »ein anständiges und edles Leben gibt es für den Staat ebensowenig als für den einzelnen,

1 Friedrich Schleiermacher, Gelegentliche Gedanken über Universitäten in deutschem Sinn, in: A. Anrich (Hg.), Die Idee der Deutschen Universität, Darmstadt 1959, S. 249.

2 Johann Gottlieb Fichte, Deduzierter Plan einer zu Berlin zu errichtenden Höhern Lehranstalt, in: Anrich, a.a.O., S. 130.

3 Humboldt, Über die innere und äußere Organisation der höheren wissensch. Anstalten in Berlin, in: Anrich, a.a.O., S. 379.

ohne mit der immer beschränkten Fertigkeit auf dem Gebiete des Wissens doch einen allgemeinen Sinn zu verbinden«[4] – nur im Horizont der Bildung löst sich eine starre Masse von Kenntnissen zu praktischer Heilsamkeit und Trefflichkeit. Dieser vielfältig bekräftigten Intention widerspricht damals die betonte Abkehr der wissenschaftlichen Studien von den Bedürfnissen der Berufspraxis keineswegs. Denn in der Verachtung der bloß empirischen Zwecke, in dem Versuch der Abgrenzung der Universität gegen die Handwerkertalente, für die Schelling so herbe Worte gefunden hat, spiegelt sich ja auch ein objektiver Stand der sozialen Entwicklung: Zwischen der Berufspraxis der Handwerker auf der einen Seite, der Ärzte, Verwaltungsbeamten und Richter auf der anderen Seite hatte sich noch kein prinzipieller Unterschied der wissenschaftlichen Rationalisierung herausgebildet. Gemessen an dem strengen Anspruch einer theoretischen Begründung der professionellen Fertigkeiten befanden sie sich allemal im Stadium einer pragmatisch erlernten und geübten Kunst, einer »Technik« im griechischen Sinne. Zwar versucht Schelling, die Wissenschaftlichkeit der höheren Fakultäten dadurch zu retten, daß er die Jurisprudenz auf Geschichtsphilosophie und die Medizin auf Naturphilosophie verpflichtet[5], aber wenige Jahre später meldet Fichte energisch Zweifel an, ob der Heilkunde überhaupt eine wissenschaftliche Basis gegeben werden könne. Hier wie in der Rechtswissenschaft überwiege der Teil, der zur praktischen Kunst der Anwendung im Leben gehöre.[6] Schleiermacher zieht daraus nur die Konsequenz, daß die eigentliche Universität in der philosophischen Fakultät vollständig aufgeht, während die höheren Fakultäten Spezialschulen sind: »sie haben ihre Einheit nicht in der Erkenntnis unmittelbar, sondern in einem äußeren Geschäft, und verbinden, was zu diesem erfordert wird, aus den verschiedenen Disziplinen«.[7] Dies sind die philosophischen Disziplinen, für die die Mitglieder der höheren Fakultäten wenigstens als außerordentliche Lehrer ver-

4 Schleiermacher, a. a. O., S. 226.

5 Schelling, Vorlesungen über die Methode des akademischen Studiums, in: Werke, Bd. V, S. 282ff.

6 Fichte, a.a.O., S. 155.

7 Schleiermacher, a.a.O., S. 259.

pflichtet werden sollten; die berufspraktischen Spezialschulen der Theologen, Juristen und Mediziner können unter dem einen Dach der Universität nur geduldet werden, wenn alle Universitätslehrer »in der philosophischen Fakultät eingewurzelt« sind.[8] An der Wende vom 18. zum 19. Jahrhundert konnte man sich in einem auf Deutschland beschränkten Blickfeld[9] noch keinen Begriff von einer möglichen Verwissenschaftlichung der »äußeren Geschäfte« machen. Die Universitätsreformer brauchten deshalb mit der Tradition der praktischen Philosophie nicht ernstlich zu brechen. Die bei allen tiefgreifenden Revolutionen der politischen Ordnung gleichwohl durchgehaltenen Strukturen einer vorindustriellen Arbeitswelt gestatten sozusagen zum letzten Mal die klassische Auffassung des Verhältnisses von Theorie und Praxis: die in der Sphäre der gesellschaftlichen Arbeit verwendbaren technischen Fertigkeiten sind der theoretischen Anleitung unmittelbar nicht fähig; sie werden nach tradierten Mustern der Geschicklichkeit pragmatisch eingeübt. Die Theorie, die sich auf das unveränderliche Wesen der Dinge jenseits des veränderlichen Bereichs menschlicher Angelegenheiten bezieht, gewinnt nur dadurch Geltung in der Praxis, daß sie die Lebenshaltung der mit Theorie befaßten Menschen selbst prägt, ihnen aus dem Verständnis des Kosmos im ganzen auch Normen für das eigene Verhalten erschließt und so durch die Handlungen der philosophisch Gebildeten hindurch positive Gestalt annimmt. Eine andere Beziehung der Theorie zur Praxis hat die überlieferte Idee der Universitätsbildung nicht in sich aufgenommen; noch wo Schelling versucht, der Praxis des Arztes durch Naturphilosophie eine wissenschaftliche Basis gleichwohl zu geben, verwandelt sich ihm das medizinische Handwerk unversehens in eine medizinische Handlungslehre: der Arzt soll sich an den naturphilosophisch abgeleiteten Ideen nicht anders orientieren als das sittlich handelnde Subjekt an den Ideen der praktischen Vernunft.[10]

Inzwischen ist jedem bekannt, daß die Verwissenschaftlichung der

8 Ebd., S. 261.

9 Das gilt nicht für Hegel der Jenenser Realphilosophie, vgl. M. Riedel, Studien zu Hegels Rechtsphilosophie, a.a.O., S. 75ff.

10 Schelling, a.a.O., Bd. V, S. 251f.

Medizin nur in dem Maße gelingt, wie die pragmatische Kunstlehre des medizinischen Handwerks in eine erfahrungswissenschaftlich kontrollierte Verfügung über objektivierte Naturprozesse umgewandelt werden kann. Das gilt in gleicher Weise für andere Bereiche der gesellschaftlichen Arbeit; ob es darum geht, die Gütererzeugung, Betriebsführung und Verwaltung oder den Bau von Werkzeugmaschinen, Straßen und Flugzeugen oder die Beeinflussung des Wahl-, Kauf- und Freizeitverhaltens zu rationalisieren, stets wird die entsprechende Berufspraxis die Form einer technischen Verfügung über vergegenständlichte Prozesse annehmen müssen. Diese Verfügung entspricht in gewisser Weise immer noch der handwerklichen Technik, sagen wir einer Bearbeitung von Material. Eine wissenschaftliche Technik unterscheidet sich davon allerdings in zweierlei Hinsicht. Erstens stammt unsere Kenntnis von dem Verhalten einer solchen Materie unter definierten Umständen nicht mehr aus tradierten Umgangserfahrungen, sondern aus empirisch bestätigten Gesetzeshypothesen, die über die Abhängigkeit kovarianter Größen Voraussagen gestatten. Zweitens braucht sich unser Eingriff nicht auf materielle Dinge zu beschränken; die verfügbar gemachten Prozesse, handle es sich um Meinungen, Verhaltensweisen oder Regeln, müssen sich nur an beobachtbaren Daten überhaupt feststellen lassen. Die erfahrungswissenschaftlich angeleiteten Techniken bringen Erscheinungen unter Kontrolle, über die wir *wie* materielle Dinge verfügen können. Genau damit mag es zusammenhängen, daß ein wissenschaftliches Studium, das doch auf die Berufspraxis in einem anspruchsvollen Sinne theoretisch vorbereitet, auch heute noch den gleichen Argwohn weckt, den schon Schelling gegenüber den »Brotwissenschaften« hegte.

Damals hat die Maxime, daß Wissenschaft bilde, eine strenge Trennung von Universität und Fachhochschule schon deshalb verlangt, weil sich die vorindustriellen Formen der Berufspraxis gegen theoretische Anleitung sperrten. Heute sind die Forschungsprozesse mit der technischen Anwendung und der ökonomischen Verwertung, ist die Wissenschaft mit Produktion und Verwaltung im industriegesellschaftlichen System der Arbeit zusammengekoppelt: Anwendung der Wissenschaft in Technik und Rückanwendung der technischen Fortschritte in der Forschung sind zur

Substanz der Arbeitswelt selber geworden. Eine unverändert starre Abwehr gegen die Zerstreuung der Universität in Spezialschulen kann sich unter diesen Umständen nicht mehr auf das alte Argument berufen. Die universitäre Form des Studiums soll heute gegen die Berufssphäre nicht etwa abschirmen, weil diese der Wissenschaft noch immer fremd wäre, sondern weil sich umgekehrt die Wissenschaft in dem Maße, in dem sie die Berufspraxis durchdrang, ihrerseits der Bildung entfremdet hat. Die philosophische Überzeugung des Deutschen Idealismus, daß Wissenschaft bilde, trifft auf die empirisch-analytischen Verfahrensweisen nicht mehr zu. Einst konnte Theorie durch Bildung zur praktischen Gewalt werden; heute haben wir es mit Theorien zu tun, die sich unpraktisch, nämlich ohne auf das Handeln zusammenlebender Menschen untereinander ausdrücklich bezogen zu sein, zur technischen Gewalt entfalten können. Gewiß vermitteln die Wissenschaften jetzt ein spezifisches Können: aber das Verfügenkönnen, das sie lehren, ist nicht dasselbe Leben- und Handelnkönnen, das man vom wissenschaftlich Gebildeten damals erwartete. Strikt erfahrungswissenschaftlich ausgebildete Betriebswirte und Ärzte »können« mehr als vergleichbare Praktiker früherer Generationen; unsere Gesellschaft würde sich ohne dieses Können nicht am Leben erhalten. Gleichzeitig zeigen aber diese vorzüglich geschulten Ökonomen und Mediziner im industriellen Betrieb und in der ärztlichen Praxis, wir wissen das auch aus empirischen Erhebungen[11], eigentümliche Schwächen. Diese Mängel sind schwer greifbar; so behilft man sich mit ideologisch nicht unverdächtigen Klischees und sagt: es fehle diesen Hochschulabsolventen an der Fähigkeit zur »Menschenführung« und »Menschenbehandlung«, ihnen mangele der Sinn für »zwischenmenschliche Beziehungen«, sie verlören »den ganzen Menschen« aus dem Auge usw. Damit mag es bestellt sein wie immer; jedenfalls erhalten unsere Studenten, soweit sie in den Verfahrensweisen einer positivistischen Wissenschaft unterwiesen werden, wohl technisch unentbehrliche Informationen über verfügbar zu machende Prozesse, aber keine praktisch hilfreiche Orientierung für gelebte Situationen. Während

11 Ulrich Gembardt, Akademische Ausbildung und Beruf, in: Kölner Zeitschrift für Soziologie und Sozialpsychologie, 11. Jg. 1959, H. 2, S. 223ff.

der Deutsche Idealismus in Übereinstimmung mit der Tradition der großen Philosophie in den begriffenen Fakten zugleich den idealen Zusammenhang zu fassen meinte, der auch für den Handelnden eine normativ verbindliche Richtung weisen sollte, liefern die Erfahrungswissenschaften heute Normen anderer Art. Diese Vorschriften belehren uns darüber, mit welchem Verhalten der Dinge wir unter angebbaren Umständen rechnen müssen, sie räumen einen Verfügungsbereich ein. Die wechselseitigen Verhaltenserwartungen hingegen, die aus einem Weltverständnis entspringen, gelten für das Zusammenleben von Menschen in Lagen, in denen das Notwendige getan werden muß und verfehlt werden kann. Erst wenn wir Normen *dieses* Typs weder durch naturwüchsige Traditionen noch durch äußerlich verhängte Sanktionen lernten, sondern einzig unter dem Zwang theoretisch erarbeiteter Einsicht und eines vernünftig erzielten Konsensus annehmen würden, wäre der Maxime einer Bildung durch Wissenschaft Genüge getan. Die Erfahrungswissenschaften im strikten Sinne können zu technischen Fertigkeiten verhelfen, nicht aber zu praktischen Fähigkeiten bilden.[12]

In der neueren Reformdiskussion ist dieses Dilemma alsbald begriffen worden. Als Hermann Heimpel 1956 die Devise des preußischen Kultusministers Becker, daß die deutsche Hochschule in ihrem Kern gesund sei, im Zeichen eines bundesrepublikanisch erstarkten Bildungskonservatismus erneuerte, hat er zugleich die traditionellen Merkmale von Lehre und Forschung durch Erziehung als ein drittes Moment der Bildung ergänzt; vom Prozeß der wissenschaftlichen Ausbildung möchte er das Moment der menschlichen Bildung abspalten und einen autonomen Erziehungsauftrag neben der akademischen Lehre institutionalisieren.[13] Als sehr revolutionär hat sich diese Auffassung nicht erwiesen; ihr folgt ja nicht nur die jugendbewegte Konzeption des Bremer Universitätsplans[14], sondern auch das reservierte Gutachten des Wissenschaftsrates zur

12 Vgl. Max Horkheimer, Eclipse of Reason, New York 1947, bes. Kap. I, S. 3ff.: »Means and Ends«, deutsche Ausgabe Frankfurt 1965.

13 Hermann Heimpel, Probleme und Problematik der Hochschulreform, Göttingen 1956, S. 8.

14 H. W. Rothe, Über die Gründung einer Universität zu Bremen, Bremen 1961.

Gestaltung neuer Universitäten.[15] *Eine* Konsequenz aus anderthalb Jahrzehnten Diskussion ist der Vorschlag, die in Kollegienhäusern kasernierten Anfangssemester zur akademischen Lebensgemeinschaft zu verpflichten.

Hier wird, im Namen einer Bewahrung der Idee der Humboldtschen Universität, deren wichtigste Maxime: Bildung durch Wissenschaft preisgegeben. Wer die Universitas litterarum in einer restaurierten Zunftgenossenschaft der Lehrenden und der Lernenden wieder festmachen möchte, kehrt die großartige Emanzipation der neuhumanistischen Bildung von Normen, die nur durch Tradition ausgewiesen waren und wissenschaftlicher Reflexion nicht standhielten, um. Wenn die Universität die Verschulung, die sie an den Konsumenten überfüllter Seminare beargwöhnt, als Erziehungsauftrag selbst in Regie nehmen wollte, müßte sie mit den autarken Mächten der Unmündigkeit paktieren. Nur unter dem Vorschuß der fingierten Mündigkeit kann diese selbst wachsen.

Ein bemerkenswertes Reformgutachten aus dem Verband Deutscher Studentenschaften[16] gelangt aus diesem Grunde zur rigorosen Ablehnung einer akademischen Erziehung außerhalb des Prozesses wissenschaftlicher Arbeit. Weil die Studenten an der Maxime einer Bildung allein durch Wissenschaft festhalten, die Funktion dieser Wissenschaft aber positivistisch deuten, nämlich auf den Bereich technischer Verfügung beschränkt sehen, müssen sie »intellektuelle Allgemeinbildung« und »harmonische Persönlichkeitsformung« aus dem Tempel der Hochschule verweisen. Damit wird freilich abermals aus dem Bildungsprozeß des Erkennens ein sozusagen ethisch verfestigter Bestandteil an Charakterbildung herausgelöst, den andere vor den Toren der Universität nur in Empfang zu nehmen brauchen, um ihn über Kollegienhäuser der Universitätsverwaltung wieder zuzuführen. Beide Parteien knüpfen ihre konkurrierenden Absichten an die gleiche These einer Arbeitsteilung zwischen Wissenschaft und Erziehung. Während einst Bildung ein wissenschaftlich erschlossenes Verständnis der Welt im ganzen in

15 Anregungen des Wissenschaftsrats zur Gestalt neuer Hochschulen, Tübingen 1962.

16 Studenten und die neue Universität, Gutachten einer Kommission des VDS, Bonn 1962 (nicht im Handel), S. 19.

das Handeln der Menschen umschlagen sollte, wird sie heute zu so etwas wie anständigem Verhalten, zu einem andressierten Persönlichkeitsmerkmal verkürzt. Aus Bildung wird das objektive Moment der wissenschaftlichen Erkenntnis zugunsten des bloß subjektiven einer wohlerzogenen Haltung getilgt.

Der Gebildete verfügte über Orientierung im Handeln. Universal sollte diese Bildung sein im Sinne der Universalität eines perspektivisch zusammengezogenen Horizonts von Welt, in dem wissenschaftliche Erfahrungen interpretiert und in praktische Fähigkeiten, nämlich in ein reflektiertes Bewußtsein von dem praktisch Notwendigen umgesetzt werden konnten. Nun ist *der* Typ Erfahrung, der heute nach positivistischen Kriterien wissenschaftlich allein zugelassen wird, dieser Umsetzung in Praxis nicht fähig. Das Verfügenkönnen, in dem sie resultiert, ist mit der Potenz aufgeklärten Handelns nicht zu verwechseln. Ist aber deshalb Wissenschaft überhaupt von dieser Aufgabe dispensiert; oder stellt sich heute die Frage nach akademischer Bildung im Rahmen einer mit wissenschaftlichen Mitteln verwandelten Zivilisation von neuem als ein Problem der Wissenschaft selber?

Erst sind die Produktionsverfahren durch wissenschaftliche Methoden revolutioniert worden; dann wurden die Erwartungen des technisch richtigen Funktionierens auch auf gesellschaftliche Bereiche übertragen, die sich im Gefolge der Industrialisierung der Arbeit verselbständigt haben und deshalb einer planmäßigen Organisation entgegenkommen. Die wissenschaftlich ermöglichte Gewalt technischer Verfügung über Natur wird heute auch auf die Gesellschaft direkt ausgedehnt: jedem isolierbaren gesellschaftlichen System, jedem verselbständigten kulturellen Bereich, dessen Beziehungen immanent unter einem vorausgesetzten Systemzweck analysiert werden können, wächst gleichsam eine neue sozialwissenschaftliche Disziplin nach.[17] Im gleichen Maße verwandeln sich aber die wissenschaftlich gelösten Probleme der technischen Verfügung in ebensoviele Lebensprobleme; denn die wissenschaftliche Kontrolle natürlicher und gesellschaftlicher Prozesse entbindet die Menschen nicht vom Handeln. Nach wie vor müssen Konflikte

17 Friedrich H. Tenbruck, Bildung, Gesellschaft, Wissenschaft, in: Wissenschaftliche Politik, Ed. Oberndörfer, Freiburg 1962, S. 376ff.

entschieden, Interessen durchgesetzt, Interpretationen gefunden werden – durch umgangssprachlich gebundene Handlungen und Verhandlungen gleichermaßen. Nur sind diese praktischen Fragen heute weithin durch das System unserer technischen Leistungen selber bestimmt.

Wenn aber Technik aus Wissenschaft hervorgeht, und ich meine die Technik der Beeinflussung menschlichen Verhaltens nicht weniger als die Beherrschung von Natur, dann verlangt das Einholen dieser Technik in die praktische Lebenswelt, das Zurückholen der technischen Verfügung partikularer Bereiche in die Kommunikation handelnder Menschen erst recht der wissenschaftlichen Reflexion. Gewiß war die wissenschaftliche Orientierung im Handeln, die der Neuhumanismus an den Hochschulen institutionalisieren wollte, damals schon ein legitimer Anspruch. Heute jedoch ist dieser Anspruch dadurch, daß die praktischen Fragen durch Vermittlung der Wissenschaften selber motiviert sind, erst recht unabweisbar geworden. Bei Strafe der von Vico vorausgesagten Barbarei der Reflexion dürfen wir die Rationalisierung nicht an den Grenzen des Bereichs technischer Verfügung stillstellen. Wir müssen vielmehr deren praktische Folgen selbst noch in die wissenschaftliche Reflexion aufnehmen. Der vorwissenschaftliche Horizont der Erfahrung wird infantil, wenn der Umgang mit den Produkten angespanntester Rationalität auf naive Weise in ihm eingelebt werden soll. Eine wissenschaftliche Orientierung im Handeln aber nannte man früher akademische Bildung. Diese ist nicht als museumsreifer Bestand einer liebgewordenen Tradition der Pflege bedürftig, sondern ein von den objektiven Folgen des Forschungsprozesses erzwungenes und nur von ihm selber einlösbares Desiderat. Freilich läßt sich Bildung dann nicht länger auf die ethische Dimension der persönlichen Haltung einschränken; in der politischen Dimension, um die es geht, muß vielmehr die theoretische Anleitung zum Handeln aus einem wissenschaftlich explizierten Weltverständnis folgen.[18]

Eugen Fink hat eine Form der Bildung bezeichnet, die die Produkte der wachsenden technischen Verfügungsgewalt in den verkümmerten Kommunikationsbereich unserer praktischen Fähigkeiten wie-

18 Vgl. meinen Vortrag über Universität in der Demokratie – Demokratisierung der Universität, in diesem Band S. 134ff.

der einholen könnte.[19] Diese Bildung wäre technisch und politisch zugleich. Fink geht von der Tatsache aus, daß die moderne Wissenschaft zur Lebensvoraussetzung fast aller Menschen geworden ist und in ihrem originären Modus als Forschung doch nur von einer verschwindend kleinen Minderheit wirklich geleistet wird: »Einige Dutzend Gehirne treiben in schöpferischer Weise Physik, und mehr als zwei Milliarden Menschen leben dank der durch Naturwissenschaft ermöglichten Maschinentechnik«.[20] Diese Mediatisierung der breiten Masse durch eine Forschungselite, und umgekehrt auch die Verselbständigung eines technischen Entwicklungsprozesses gegenüber den diskutierbaren Zielsetzungen der kommunizierenden Menschen selber, ließe sich verringern und am Ende gar aufheben durch ein Bildungssystem, das die Kontinuität einer verwissenschaftlichten Zivilisation von der Universität bis zur Grundschule sichert. Diese Kontinuität wäre dann nicht mehr nur äußerlich in einer Kette von Konsumgütern und in einem Netz von Organisationen, sondern im kritischen Bewußtsein der Bürger selbst festgemacht. Mit dem pragmatischen Charakter der Wissenschaft lernen diese, die verwissenschaftlichte Praxis durchschauen; sie können deren objektive Folgen diskutieren und in den gesellschaftlichen Lebensprozeß bewußt einholen. Die technische Bildung wird so politisch eingelöst: »Die Menschenfreiheit erscheint produktiv in den werktätigen Prozessen der Umwandlung der Natur durch den arbeitenden Menschen, sie erscheint auch in der politischen Selbstformung eines Volkes, das jede Bevormundung abwirft und sich selbst regiert ... Nur wenn die Technik in der Bildung aller geistig bewältigt wird, kann das Volk die Kontrolle der technischen Machtmittel wahrnehmen und die Volksherrschaft bekräftigen«.[21]

Die Denkfigur ist Hegelscher, genauer: junghegelianischer Herkunft. Im Maße der Erweiterung ihrer technischen Verfügungsgewalt haben die Menschen Produkte hervorgebracht, denen sie fremd gegenüberstehen; nun gilt es, daß sich die Gattung in den

19 Eugen Fink, Technische Bildung als Selbsterkenntnis, in: Der Begriff Technik, Verein Deutscher Ingenieure, Düsseldorf 1962 (nicht im Handel), S. 16ff.

20 Eugen Fink, ebd., S. 15.

21 Ebd., S. 15.

Werken ihrer produzierenden Freiheit selbst als das Subjekt wiedererkennt. Die in der politischen Selbstbestimmung einer emanzipierten Gesellschaft eingelöste technische Bildung wird nach dem Schema von Hervorbringen und Entfremdung, und der Aneignung des Entfremdeten ideologiekritisch gedacht. Ideologiekritisch ist nämlich auch die Funktion des geforderten Bildungssystems: es soll den Schein der Autonomie reiner Theorie und deren Abhängigkeit von der gesellschaftlichen Praxis entlarven. Läßt sich aber eine solche Kritik, die die Vermittlung der reinen Theorie mit Prozessen gesellschaftlicher Arbeit nachweist, in gleicher Weise auch gegenüber dem System von Forschung, Technik, Ökonomie und Verwaltung anwenden? Wenn wir unter »Technik« die wissenschaftlich rationalisierte Verfügung über vergegenständlichte Prozesse verstehen wollen und unter »Demokratie« institutionell gesicherte Formen einer allgemeinen Kommunikation über die praktische Frage: wie die Menschen unter den objektiven Bedingungen ihrer immens erweiterten Verfügungsgewalt miteinander leben können und leben wollen, dann scheint es mir fraglich, ob, nach den Worten Finks, Technik und Demokratie wirklich aus einer *gemeinsamen* Wurzel produzierender Freiheit entspringen. Muß nicht das Zurückholen der Gewalt technischer Verfügung in den Konsensus handelnder und verhandelnder Bürger, also die politische Reflexion andere Bedingungen der Rationalität erfüllen als die, aus denen Technik hervorgegangen ist? Der pragmatistische Hinweis auf den Zusammenhang von Wissen und Arbeit[22] bewährte gegenüber der Theorie im klassischen Sinne kritische Kraft; gegenüber der Technik, die der Einsicht in diesen Zusammenhang entsprungen ist und ihn in jedem ihrer Erzeugnisse von neuem ausspricht, genügt er offenbar nicht.

Die Grenze des ideologischen Ansatzes läßt sich deutlich bei Marx nachweisen. Auch er kritisiert ja den Zusammenhang der kapitalistischen Produktion in der Art einer Gewalt, die sich gegenüber der produzierenden Freiheit, gegenüber den Produzenten verselbstän-

22 Vgl. John Dewey, The quest for Certainty, New York 1929, vgl. jetzt: die Einleitung von K. O. Apel zu der von ihm besorgten Peirce-Ausgabe, Frankfurt 1968, 1970; ferner J. Habermas, Erkenntnis und Interesse, Frankfurt 1968, S. 116 bis 177.

digt hat. Durch die private Form der Aneignung gesellschaftlich produzierter Güter gerät der technische Prozeß der Erzeugung von Gebrauchswerten unter das Gesetz des ökonomischen Prozesses einer Erzeugung von Tauschwerten. Sobald wir diese Eigengesetzlichkeit des Kapitals auf ihren Ursprung aus dem Privateigentum an Produktionsmitteln zurückführen, kann die Gattung den ökonomischen Zwang als ein entfremdetes Werk ihrer produzierenden Freiheit durchschauen und dann auch aufheben. Schließlich kann die Reproduktion des gesellschaftlichen Lebens als ein Prozeß der Erzeugung von Gebrauchswerten rational geplant werden: die Gesellschaft nimmt ihn technisch unter Kontrolle. Diese wird demokratisch nach dem Willen und der Einsicht der vereinigten Individuen ausgeübt. Dabei setzt Marx die praktische Einsicht einer politischen Öffentlichkeit mit einer erfolgreichen technischen Verfügung gleich. Inzwischen wissen wir, daß selbst eine gut funktionierende Planungsbürokratie keine zureichende Bedingung ist für die Realisierung der vereinigten materiellen und ideellen Produktivkräfte im Genuß und in der Freiheit einer emanzipierten Gesellschaft. Marx hat nicht damit gerechnet, daß zwischen der wissenschaftlichen Kontrolle über die materiellen Lebensbedingungen und einer demokratischen Willensbildung auf allen Stufen eine Diskrepanz entstehen könnte – der philosophische Grund dafür, daß Sozialisten den autoritären Wohlfahrtsstaat, nämlich eine relative Sicherung des gesellschaftlichen Reichtums unter Ausschluß der politischen Freiheit, nicht erwartet haben.

Selbst wenn die technische Verfügung über die physischen und sozialen Bedingungen der Lebenserhaltung und Lebenserleichterung ein Ausmaß erreicht hätte, wie es Marx für ein kommunistisches Stadium der Entwicklung annimmt, müßte damit nicht automatisch auch schon eine Emanzipation der Gesellschaft im Sinne der Aufklärer des 18. und der Junghegelianer des 19. Jahrhunderts verbunden sein. Denn die Techniken, mit denen die Entwicklung einer hochindustrialisierten Gesellschaft unter Kontrolle zu bringen wären, lassen sich nicht mehr nach dem Werkzeugmodell deuten, so nämlich, als würden für undiskutiert vorausgesetzte oder aber in Kommunikation geklärte Ziele geeignete Mittel organisiert.

Daß dieser Schwierigkeit auf dem Wege einer pragmatistisch einsichtigen Technischen Bildung allein schwerlich beizukommen ist, haben wir gesehen. Inzwischen ist von anderer Seite schon der Ansatz eines solchen Programms in Frage gestellt worden. Freyer und Schelsky haben ein Gegenmodell entworfen, in dem die Verselbständigung der Technik, die Fink noch kritisiert, anerkannt wird. Gegenüber dem primitiven Zustand der technischen Entwicklung scheint sich heute das Verhältnis der Mittelorganisation für gegebene oder vorentworfene Zwecke umzukehren. Aus einem, immanenten Gesetzen gehorchenden Prozeß von Forschung und Technik fallen sozusagen ungeplant die neuen Methoden heraus, für die wir dann erst Verwendungszwecke finden. Uns wächst durch einen automatisch gewordenen Fortschritt, so heißt Freyers These[23], in immer neuen Schüben abstraktes Können zu; dessen müssen sich Lebensinteressen und sinnstiftende Phantasie erst nachträglich bemächtigen, um es für konkrete Ziele auszuschöpfen. Schelsky verschärft und vereinfacht diese These dahin, daß der technische Fortschritt zusammen mit den unvorhergesehenen Methoden auch noch die ungeplanten Verwendungszwecke selber produziert: die technischen Möglichkeiten erzwingen zugleich ihre praktische Auswertung. Er vertritt diese These insbesondere mit dem Blick auf die hochkomplizierten Sachgesetzlichkeiten, die bei politischen Aufgaben angeblich alternativlose Lösungen vorschreiben: »anstelle der politischen Normen und Gesetze (treten) Sachgesetzlichkeiten der wissenschaftlich-technischen Zivilisation, die nicht als politische Entscheidungen setzbar und als Gesinnungs- oder Weltanschauungsnormen nicht verstehbar sind. Damit verliert auch die Idee der Demokratie sozusagen ihre klassische Substanz: an die Stelle eines politischen Volkswillens tritt die Sachgesetzlichkeit, die der Mensch als Wissenschaft und Arbeit selbst produziert«.[24] Während Fink noch mit einer geschichtlich begründeten Konvergenz von Technik und Demokratie rechnet, soll sich diese

23 Hans Freyer, Über das Dominantwerden technischer Kategorien in der Lebenswelt der industriellen Gesellschaft, Veröffentl. d. Mainzer Akad. d. Wiss. u. Lit., Mainz 1960.

24 H. Schelsky, Der Mensch in der wissenschaftlichen Zivilisation, in: Auf der Suche nach Wirklichkeit, Düsseldorf 1965, S. 439-480.

Problematik im »technischen Staat« erledigen. Gegenüber dem autonom gewordenen System von Forschung, Technik, Ökonomie und Verwaltung scheint die vom neuhumanistischen Bildungsanspruch inspirierte Frage nach der möglichen Souveränität der Gesellschaft über die technischen Lebensbedingungen, die Frage nach deren Integration in die Praxis der Lebenswelt, hoffnungslos veraltet. Derlei Ideen taugen im technischen Staat bestenfalls zu »Motivmanipulationen für das, was unter sachlich notwendigen Gesichtspunkten sowieso geschieht«.[25] Weil Wissenschaft und Technik das praktische Leben ohnehin nach ihren Gesetzen diktieren, ist Bildung in den wissenschaftstranszendenten Bereich religiöser Innerlichkeit abgeschoben: die Bildungsfrage ist zwar im Durchgang durch die Wissenschaften, aber nicht mehr *aus* der Dimension der Wissenschaft selbst zu beantworten.[26]

Stimmt indessen die These von der Eigengesetzlichkeit des technischen Fortschritts? Dient nicht die Behauptung, daß sich die politischen Entscheidungen in den Vollzug des immanenten Sachzwangs verfügbarer Techniken auflösen und zum Thema praktischer Überlegungen gar nicht mehr gemacht werden können, am Ende bloß dazu, naturwüchsige Interessen oder vorwissenschaftliche Dezisionen einer möglichen Rationalisierung zu entziehen? Weder Tempo und Richtung des Forschungsprozesses noch dessen praktische Umsetzung werden von sogenannten Sachzwängen diktiert. Auf dem großen Sektor der marktorientierten Forschung, die private Unternehmen in eigener Regie betreiben, unterliegen die

25 Ebd., S. 31.

26 Helmut Schelsky, Der Mensch in der wissenschaftlichen Zivilisation, AFG des Landes NRW, H. 96, Köln–Opladen 1961, S. 37. Nach Abschluß des Manuskripts ist mir Schelskys noch unveröffentlichte Untersuchung zur Hochschulreform: Einheit und Freiheit, Hamburg rde 1963, bekanntgeworden. Darin ist die früher vorgetragene These modifiziert. Schelsky definiert hier, in Aneignung der humanistischen Tradition, Bildung als geistige und sittliche Souveränität gegenüber den Handlungszwängen, die sich in der wissenschaftlich angeleiteten Technik durchsetzen. Aber diese Bildung ist auch hier als ein privater und die Wissenschaft transzendierender Vorgang aufgefaßt; sie soll die Person von der Gesellschaft im ganzen innerlich befreien, eine »Befreiung des inneren Menschen«, eine »innere Führung des Lebens« ermöglichen; vgl. J. Habermas, Zur Logik der Sozialwissenschaften, Frankfurt 1970, S. 91ff.

Investitionsentscheidungen ohnehin Maßstäben (wenn auch langfristig kalkulierter) betriebswirtschaftlicher Rentabilität; auf dem anderen Sektor der staatlich finanzierten Forschung setzen sich im allgemeinen militärische Bedürfnisse durch; die Prioritäten der Forschung werden weithin nach Gesichtspunkten der militärischen Planung entschieden. In den USA sind die beiden größten öffentlichen Auftraggeber der Forschung das Verteidigungsministerium und die Raumfahrtbehörde. Wenn man dabei berücksichtigt, daß über 70% der Aufträge des Pentagon durch die Privatwirtschaft ausgeführt werden, die daran nicht nur des unmittelbar ökonomischen Gewinns, sondern auch des dabei abfallenden technischen Wissens wegen interessiert ist, dann wird der private Einfluß auch auf diesem Sektor verständlich. Helmut Krauch, der diese Zusammenhänge am amerikanischen Beispiel analysiert[27], kommt gegen Schelsky zu dem Schluß, daß die Richtung des technischen Fortschritts auf dem Wege über die staatliche Forschungspolitik weithin beeinflußt werden kann; bis heute ist sie aber in hohem Grade noch abhängig von privaten ökonomischen Interessen, die nicht als solche zum Gegenstand der Diskussion einer am allgemeinen Interesse orientierten Wissenschaft und weiterhin einer über die praktischen Folgen hinreichend aufgeklärten, eben gebildeten politischen Öffentlichkeit gemacht werden.

Nicht nur in dieser Hinsicht ist die Marge der Machbarkeit des technischen Fortschritts noch unausgeschöpft. Auch dort, wo laufende politische Entscheidungen durch Gremien wissenschaftlicher Gutachter beraten werden, kann von Sachzwang nicht die Rede sein. Selbst in strikt isolierbaren Fragen kann eine Rationalisierung der Mittelwahl bei gegebenen Zwecken zu konkurrierenden, funktional äquivalenten Empfehlungen führen. In solchen Fällen wäre die Entscheidungstätigkeit der Politiker keineswegs fiktiv, sondern im Gegenteil dezisionistisch zugespitzt. Normalerweise werden aber die wissenschaftlichen Expertisen selbst schon voneinander abweichen. Deshalb hat James Conant vorgeschlagen,

27 Helmut Krauch, Forschungspolitik und öffentliches Interesse, in: Zeitschrift Atomzeitalter, Sept. 1962, S. 218ff.; ders., Wider den technischen Staat, a.a.O., Sept. 1961, S. 201ff.; vgl. auch die erwähnten Untersuchungen von Hirsch und Rödel und die dort verarbeitete neuere Literatur zur »mixed economy«.

alle Gutachtergremien mit Forschern verschiedener politischer Überzeugung zu besetzen, damit der Politiker aus der Diskussion der konkurrierenden Deutungen lernen könne. Der Anschein des unpolitischen Charakters sogenannter Sachentscheidungen mag vielfach dadurch erst entstehen, daß die Interpretation der sachlichen Informationen und der technischen Empfehlungen in praktischer Absicht von den Sachverständigen selbst vorweggenommen wird. Genau diese Akte der Deutung bezeichnen aber das, worauf eine sozial gewandelte akademische Bildung heute vorbereiten müßte. Der technische Fortschritt verliert den suggestiven Schein einer Art Automatik, wenn man den gesellschaftlichen Interessenzusammenhang reflektiert, von dem seine konkrete Richtung naturwüchsig bestimmt wird, und wenn man sich weiter klar macht, daß die aus der Analyse empirischer Gleichförmigkeiten gewonnenen technischen Empfehlungen im Hinblick auf ihre praktischen Folgen wiederum interpretiert werden müssen. Diese Folgen verweisen auf den geschichtlichen Horizont der sozialen Lebenswelt. In *ihr* sollen die wachsenden Chancen planmäßiger Verfügung realisiert werden. Die Aufgabe, die wissenschaftlich vergegenständlichten, d.h. in der Art von Dingen verfügbar gemachten Beziehungen in das Netz der gelebten Bezüge zurückzuübersetzen, fällt aber in erster Instanz der Wissenschaft selber zu.

Erst wenn sie diese Aufgabe gelöst hat, wird die »Lehrbarkeit der Wissenschaft bis zur Grundschule«[28] denkbar, jenes Bildungssystem also, das die von Eugen Fink behauptete Konvergenz von Technik und Demokratie vorbereiten könnte. Der Forschung entspricht heute eine doppelte Funktion der Lehre: zunächst die Vermittlung des formalen und des empirischen Wissens für die Ausbildung in den Berufstechniken und im Forschungsprozeß selbst; dann aber auch jene Rückübersetzung von wissenschaftlichen Resultaten in den Horizont der Lebenswelt, die es erlauben

28 Plan zur Neugestaltung des deutschen Schulwesens, 4. Fassung, sog. Bremer Plan, Sonderdruck der Arbeitsgemeinschaft Deutscher Lehrerverbände 1960, S. 25; vgl. dazu Eugen Fink, Menschenbildung und Schulplanung, in: Material uns. Nachrichtendienst. d. Arbeitgemeinschaft deutscher Lehrerverbände, Sondernummer Juni 1960.

würde, den Informationsgehalt technischer Empfehlungen in Diskussionen über das im allgemeinen Interesse praktisch Notwendige einzubringen. Wir können das heute nicht mehr den zufälligen Dezisionen Einzelner oder dem Pluralismus von Glaubensmächten überlassen. Es geht darum, einen praktisch folgenreichen Wissensstand nicht nur in die Verfügungsgewalt der technisch hantierenden Menschen weiterzugeben, sondern auch in den Sprachbesitz der kommunizierenden Gesellschaft zurückzuholen. *Das* ist heute die Aufgabe einer akademischen Bildung, die nach wie vor von einer der Selbstreflexion fähigen Wissenschaft übernommen werden muß. Wenn unsere Universitäten auf Bildung in diesem Sinne verzichten, ob sie nun eine abgespaltene Charakterbildung als Erziehungsauftrag für Kollegienhäuser institutionalisieren oder aber aus dem Universitätsbetrieb ganz verweisen wollen; wenn Wissenschaft aus der Tugend ihrer positivistischen Strenge die Not macht, praktische Fragen der Naturwüchsigkeit oder der Beliebigkeit unkontrollierter Werturteile zu überlassen – dann kann auch Aufklärung einer politisch mündig gesprochenen Öffentlichkeit nicht mehr erwartet werden. Diese nämlich ist das Forum, auf dem sich heute akademische Bildung, einer im ironischen Nachhall des hohen Sozialprestiges festgehaltenen Exklusivität zum Trotz, bewähren müßte.

Freilich ist der Zwang zu dieser Form der Reflexion nicht in allen Wissenschaften gleich stark; die Sozialwissenschaften spüren ihn wohl am meisten.

Wir beobachten in den letzten anderthalb Jahrhunderten unserer Universitätsgeschichte eine eigentümliche Polemik der unteren gegen die oberen Fakultäten. Dabei mag auch das Ressentiment des in der akademischen Hierarchie Hintangesetzten eine Rolle gespielt haben; der sachliche Kern des schon von Kant registrierten Streites der Fakultäten war aber stets der Anspruch der unterprivilegierten, daß eigentlich nur in ihrem Bereich strenge Wissenschaft betrieben werde. Prototypisch ist dieser Anspruch damals von Schleiermacher formuliert worden: »Erhalte sich also nur die philosophische Fakultät dabei, daß sie *alles* zusammenfaßt, was sich natürlich und von selbst als Wissenschaft gestaltet, so mag sie immerhin die letzte (Fakultät) sein ... Sie ist auch deshalb die erste und in der Tat

Herrin aller übrigen, weil alle Mitglieder der Universität, zu welcher Fakultät sie auch gehören, in ihr müssen eingewurzelt sein«.[29] Dieser von Kant bis Schleiermacher entfaltete Hegemonieanspruch der Philosophen gegenüber Theologen, Juristen und Medizinern als den »bloßen Geschäftsleuten der Wissenschaft« ist in der Enzyklopädie Hegels wissenschaftlich eingelöst worden. – In der zweiten Hälfte des Jahrhunderts hat dann eine in ihrer führenden Rolle anerkannte philosophische Fakultät die Polemik mit verkehrten Fronten fortsetzen müssen. Aus ihrem Schoß waren inzwischen die Naturwissenschaften hervorgegangen; nun erhoben diese erfolgreich den Anspruch, die Kriterien der Wissenschaftlichkeit nach den strengeren Maßstäben ihrer Methodologie zu bestimmen. Die ebenfalls erst im 19. Jahrhundert entwickelten hermeneutisch verfahrenden Geschichts- und Geisteswissenschaften haben demgegenüber nur die Auffangstellungen für eine in die Defensive gedrängte philosophische Fakultät bereitet. Der Hegemonieanspruch der Naturwissenschaften ist freilich in wissenschaftstheoretischer Strenge erst im Wiener Kreis begründet worden. – Gegenüber den Naturwissenschaften haben sich schließlich heute die sozialwissenschaftlichen Disziplinen als die letzte, die sogenannte fünfte Fakultät etabliert (nach der historisch korrekten Zählung müßte sie den sechsten Platz einnehmen; aber bezeichnenderweise brauchte an den kommerzialisierten Stadtuniversitäten, an denen die Sozialwissenschaften zuerst Fakultätsrang erhielten, die erste Fakultät nicht mehr mitgezählt zu werden: die theologische Fakultät war entfallen). Das Schlachtfeld, auf dem der Streit der Fakultäten verschwiegener denn je ausgetragen wird, ist unübersichtlich. Gleichwohl scheint sich eine Wachablösung in der polemischen Rolle des Wortführers, der bestimmt, was als Wissenschaft zu gelten hat, nochmals anzubahnen; darauf bezieht sich meine abschließende Vermutung.

Während gerade in den Sozialwissenschaften die Bemühung, den strengen Kriterien einer Erfahrungswissenschaft zu genügen, noch in vollem Gange ist, ja erst in der Ökonomie und, um vieles bescheidener, in der Soziologie zu sichtbaren Erfolgen geführt hat,

29 Schleiermacher, a. a. O., S. 260.

scheint sich doch hier auch schon eine eigentümlich neue Reflexionsform zu bilden. In dem Maße, als gerade die Sozialwissenschaften genötigt sind, die Umsetzung ihrer Ergebnisse in Praxis noch in die eigene Reflexion aufzunehmen, müssen sie die Lösungen ihrer theoretisch-technischen Fragen in der Form von Antworten auf praktische Fragen interpretieren. Dabei werden sie ihre empirisch-analytischen Verfahrensweisen mit den hermeneutischen verbinden und so die Kriterien der Wissenschaftlichkeit wiederum neu definieren müssen.[30] Das befreit die Hermeneutik aus dem Ghetto der historischen Geisteswissenschaften; und nicht abzusehen ist umgekehrt das Schicksal dieser im 19. Jahrhundert kanonisierten Geschichtswissenschaften selbst, wenn sie in die Dauerkommunikation mit den systematisch verfahrenden Sozialwissenschaften hineingezwungen sind. Nur wenn die Wissenschaften die permanente Erweiterung der technischen Verfügungsgewalt gleichzeitig im Horizont der praktischen Folgen, angesichts deren wir handeln müssen, und das heißt auch: aus historischen Voraussetzungen reflektieren lernen, werden sie die Kraft zur akademischen Bildung in einem sozial gewandelten Sinne zurückgewinnen.

30 Vgl. J. Habermas, Zur Logik der Sozialwissenschaften, Materialien, Frankfurt 1970; und der Sammelband: Hermeneutik und Ideologiekritik, Frankfurt 1971.

5. Zwangsjacke für die Studienreform
(1966)

Am 14. Mai 1966 hat der Wissenschaftsrat Empfehlungen zur Neuordnung des Studiums an den wissenschaftlichen Hochschulen *verabschiedet. Von Studenten sind sie als der Beginn einer technokratischen Hochschulreform aufgefaßt worden. Ihre Befürchtungen richteten sich vor allem auf das Disziplinierungsinstrument der befristeten Immatrikulation. Meine Kritik bezieht sich auf die folgenden Teile der Wissenschaftsrats-Empfehlungen:*

Aus den ›Empfehlungen zur Neuordnung des Studiums an den wissenschaftlichen Hochschulen‹, verabschiedet in der Vollversammlung des Wissenschaftsrates am 14. Mai 1966: »Man stellt es den Studenten anheim, sich selbst einzuschätzen, verschiebt im übrigen die Auslese auf das Examen und findet das Risiko, in dem das Studium damit steht, durch den hohen Wert der akademischen Freiheit gerechtfertigt. Wenn dieses Verfahren sich auch in der Vergangenheit bewährt hat, so ist doch sicher, daß die wissenschaftliche Hochschule unter den heutigen und den künftigen Bedingungen des Studiums sich die bisherige Praxis fernerhin nicht leisten kann« (S. 19).

»(Der Wissenschaftsrat) schlägt folgende Gliederung der Ausbildungsfunktionen der wissenschaftlichen Hochschulen vor:

das Studium für alle Studenten, das mit einer die Berufsfähigkeit bestätigenden Prüfung abschließt;

ein Aufbaustudium für Studenten, die an der Forschung interessiert und für sie befähigt sind;

ein Kontaktstudium, das als Angebot an im Beruf stehende Absolventen der wissenschaftlichen Hochschulen diesen die Möglichkeit geben soll, ihre wissenschaftliche Ausbildung in Abständen aufzufrischen« (S. 16).

»Die Begrenzung der Studienzeit hat zur Folge, daß die Studenten nur für die Dauer des Studiums und der anschließenden Prüfung immatrikuliert werden und daß bei einer vierjährigen Studiendauer die Immatrikulation nach viereinhalb Jahren erlischt.« »Studienfachwechsel in der zweiten Phase des Studiums und zweimaliger Studienfachwechsel sollten seltene Ausnahmen sein, die besonderer Genehmigung bedürfen« (S. 29).

»Für das Aufbaustudium wird eine besondere Zulassung notwendig sein. Voraussetzung für sie ist der Abschluß des Studiums in einer der dafür vorgesehenen Formen [...]. Ist die Examensnote nicht mindestens gut, so sollte die Zulassung von einer Kollegialentscheidung abhängig gemacht werden« (S. 31).

Bislang haben die Empfehlungen des Wissenschaftsrates die Struktur der bestehenden Universität kaum berührt. Seit 1960 sind zahlreiche neue Lehrstühle eingerichtet und die Stellen des Mittelbaus erheblich vermehrt worden. Dabei ging es um eine quantitative Anpassung des Ausbildungssystems an eine mittlerweile schnell gewachsene Zahl von Studenten. Auch die konservativen Empfehlungen zur Neugliederung des Lehrkörpers dienten eher dem Ausbau der bestehenden Hochschulen als ihrer Reform: die alte Verteilung der Kompetenzen und Abhängigkeiten, also die Ordinarienuniversität, wurde mit geringfügigen Korrekturen noch einmal bestätigt. Nun hat aber der Wissenschaftsrat Vorschläge zu einer Neuordnung des Studiums vorgelegt, die, in die Praxis umgesetzt, unsere Universitäten von Grund auf umkrempeln müßten.

Die hochschulpolitische Lage

Die bisher wirksame Konstruktion des Wissenschaftsrats, die maßvoll reformfreudige Professoren mit den Vertretern der Ministerien von Anbeginn zusammenführt, läßt erwarten, daß diese ernstliche Anstrengung zu einer Reorganisation der Hochschulen auf dem listigen Wege über eine Studienreform Folgen haben wird. Zwanzig Jahre lang hat, unter der Dunstglocke einer unermüdlichen Reformrhetorik, die schiere Trägheit der Korporation dem Ansinnen einer planvollen Umgestaltung widerstanden; lieber ließen sich die Universitäten, im Vertrauen auf die Unversehrtheit ihres gesunden Kerns, von den Zwängen unkontrollierter

Umstände zu kurzfristigen Anpassungsreaktionen nötigen. Am Ende schien sich die Meinung durchzusetzen, man solle die Hochschulen ihrem Immobilismus überlassen – die Reformgesinnung sollte in andere Kanäle, die sich mit der Gründung neuer Universitäten aufgetan hatten, abfließen.

In dieser Situation erneuert der Wissenschaftsrat den allgemeinen Anspruch auf Hochschulreform. Diesmal können seine Empfehlungen freilich nicht durch die Ministerien durchgesetzt werden. In erster Linie sind die Fakultäten selber der Adressat. Die Vorschläge können nicht ohne die Initiative, die Erfahrung und die Phantasie der Lehrstuhlinhaber verwirklicht werden. Für die Realisierung der Pläne ergibt sich daraus eine Gefahr. Auf der einen Seite besteht ein bekanntes und sozialpsychologisch leicht erklärbares Gefälle der Reformbereitschaft zwischen Front und Etappe. Innerhalb der Fakultäten scheint sich an einer defensiven Einstellung, die gelegentlich von Gesellschaftsbildern des absteigenden akademischen Mittelstandes abgestützt ist, durch den Professorenschub der letzten fünf Jahre nicht allzuviel geändert zu haben; die Empfehlungen werden hier nicht mit Begeisterung aufgenommen. Auf der anderen Seite hat der Wissenschaftsrat, vielleicht auch in Sorge um die Effektivität seiner Vorschäge, die Neugliederung der Studiengänge mit einer bürokratischen Auflage versehen, die durch geneigte Ministerien leicht zu erfüllen wäre und in jedem Fall spektakuläre Folgen haben müßte: er empfiehlt die obligatorische Begrenzung des Studiums auf vier Jahre. Die Studenten sollen nur noch befristet immatrikuliert werden. Jeder soll das Recht zu studieren verlieren, wenn er nicht spätestens im neunten Semester ein Examen ablegt, das seine akademische Berufsfähigkeit bestätigt. Das bedeutet, nach geläufigen Begriffen, die generelle Einführung der Zwangsexmatrikulation. Die Gefahr zeichnet sich ab: wenn zögernde Fakultäten die ohnehin milde formulierten und schonend dosierten Empfehlungen des Wissenschaftsrates »weich« interpretieren und so den Gehalt der Reform entschärfen, wenn aber gleichzeitig kaum veränderte Studiengänge durch eine obligatorische Verkürzung der Studienzeit äußerlich zurechtgestutzt werden, dann muß sich der Sinn des akademischen Studiums vollends verkehren.

Es wäre unbillig, diese Gefahr allein den Zögernden und den

Widerstrebenden zur Last zu legen. Auch wenn meine Stilisierung die gegenwärtige hochschulpolitische Lage trifft, bleibt zu untersuchen, ob nicht Reserve gegenüber dem Gutachten in seiner vorliegenden Fassung aus guten Gründen geboten ist. Ich vertrete hier die These, daß der Wissenschaftsrat zu unbedenklich und gleichzeitig nicht radikal genug verfährt.

Die Intention der Empfehlungen

Der Wissenschaftsrat sieht den Kern der Schwierigkeiten, mit denen die Studenten und ihre Lehrer heute zu kämpfen haben, in der falschen Liberalität der deutschen Universitätstradition, die jedermann zumutet, sein Studium in eigener Verantwortung zu planen. Dem ehrwürdigen Grundsatz der akademischen Freiheit wird deshalb das Prinzip einer sinnvoll institutionalisierten Planung der akademischen Freiheit entgegengestellt. Neben intensiven Beratungen des einzelnen Studenten und Vorkehrungen für die rationelle Nutzung der vorlesungsfreien Zeit gehören dazu vor allem gegliederte Studiengänge und transparente Prüfungen nach einzelnen Studienabschnitten. Schon der im vergangenen Jahr vorgelegte Bericht des Gründungsausschusses für die Universität Konstanz wies in die gleiche Richtung. Und das Beispiel der neuen juristischen Fakultät Gießen zeigt, daß die geforderte Studienreform manchenorts schon im Gang ist.

Ein durchdachtes Unterrichtssystem mit Studienplänen und entsprechend koordinierte Lehrveranstaltungen sollen die Studenten so weit verpflichten und orientieren, daß ein gestrafftes Grundstudium fast in der Art des reformierten Oberstufenunterrichts an Gymnasien durchgeführt werden kann. Nach den Vorstellungen des Wissenschaftsrats schließt diese erste Phase in der Regel nach vier Semestern mit einer Zwischenprüfung ab. Die zweite Phase des Studiums dauert ebensolang; sie ist nicht in gleicher Weise reglementiert und läßt einen etwas größeren Spielraum für die individuelle Wahl von Interessengebieten; aber auch dieser Studienabschnitt, mit dem für die Masse der Hochschulabsolventen das Studium abschließen soll, ist unter dem Gesichtspunkt der Berufs-

vorbildung klar organisiert. Staatsexamen, Magister- und Diplomprüfung sind gleichwertige Studienabschlüsse, die die Berufsfähigkeit bestätigen, aber noch nicht zur Weiterführung des Studiums berechtigen. Zum Aufbaustudium bedarf es einer besonderen Zulassung. Erst während dieses letzten Studienabschnittes, der einem Vertiefungsstudium, aber auch einem Wiederaufnahme- oder einem Zweitstudium dienen und mit der Promotion abschließen kann, darf der Student damit rechnen, ohne pädagogische Rücksichten und Reglementierungen auch am Prozeß der Forschung teilzunehmen. Ihm wird also strenggenommen erst am Ende seines berufsvorbildenden Studiums (doch nur, wenn er zusätzliche Qualifikationen für ein Aufbaustudium nachweist) die »Reife« zuerkannt, die bisher mit dem Abitur bestätigt wurde.
Die Intention der Empfehlungen verrät, wenn ich sie recht verstehe, einen Pragmatismus am falschen Platz. Einerseits formuliert der Wissenschaftsrat Desiderate einer überfälligen Neuordnung des Studiums. Denn in vielen Fächern fehlt ein unter Gesichtspunkten des Studienganges sinnvoll koordiniertes Angebot an Lehrveranstaltungen und eine hinreichende Anleitung für den Lernenden, den Aufbau seines Studiums nach eigenen Interessen und Fähigkeiten zu planen. Andererseits will sich aber der Wissenschaftsrat nicht mit Vorkehrungen begnügen, die jedem Studierenden eine zureichende Chance der notwendigen Orientierung sichern, damit er die ihm zugebilligte akademische Freiheit nutzen kann; er verlangt statt dessen eine institutionalisierte Planung für Studenten, denen der Anspruch auf akademische Freiheit entzogen wird. Auf deutschen Universitäten war es, seit den Tagen der preußischen Reformer, Grundsatz, noch dem jüngsten Studenten Mündigkeit anzusinnen. Der Wissenschaftsrat mißtraut der bildenden Kraft des Vorschusses auf eine antizipierte Mündigkeit, die sich als solche unter dem Schutz dieser Fiktion erst entfalten sollte. In Zukunft behalten die Absolventen wissenschaftlicher Hochschulen für die Dauer ihres berufsvorbildenden Studiums einen Schülerstatus. In diesem Zusammenhang erscheint die obligatorische Begrenzung der Studienzeit als ein konsequenter Bestandteil des Gesamtplans.
Eine Neugliederung des Studiums, die dem vermeidbaren Leerlauf der Vergeudung der Kräfte und einer falschen Verteilung der

Gewichte zugunsten der Effizienz von Forschung und Lehre steuert, müßte eine Planung des Studiums ermöglichen, aber sollte sie diese Planung den Studenten abnehmen? Das Gutachten erweckt den Eindruck, als sei das eine ohne das andere nicht möglich.

Was der Wissenschaftsrat nicht untersucht

Der Wissenschaftsrat hat eine Reihe von Überlegungen nicht angestellt, jedenfalls gibt er es nicht zu erkennen. Unter den Beispielen für die Neuordnung der Studiengänge, die den Empfehlungen angefügt sind, finden sich ingeniöse, wohl auch von den Ulmer Gründungsplänen inspirierte Vorschläge zu einer umfassenden Reform der Ausbildung an medizinischen Fakultäten. An diesem einen Beispiel zeigt sich, daß mit dem bloßen Zwang zur stärkeren Reglementierung, mit formalen Hinweisen auf Studienpläne und auf kontrollierte Abschlüsse von gegliederten Studienabschnitten nicht viel gewonnen ist. Der Wissenschaftsrat weiß das. Aber wenn es ihm nicht in erster Linie um den unmittelbaren Erfolg einer Studienzeitverkürzung zu tun ist, warum enthält er sich dann der substantiellen Vorschläge zur Studienreform; warum verzichtet er darauf, für alle zentralen Fächergruppen ähnlich zu verfahren wie für die Medizin? Die Studienabschnitte und ihre formalen Abschlüsse haben verschiedenen Stellenwert je nach der logischen Struktur der Wissenschaft und den entsprechenden Methoden der Lehre, je nach dem spezifischen Verhältnis eines Faches zur Berufspraxis und den entsprechenden Formen der praktischen Vorbereitung auf den Beruf. Nur ein systematischer Vergleich der fälligen Reformen in den Ausbildungsgängen der medizinischen und der naturwissenschaftlichen, der juristischen und der sozialwissenschaftlichen, der historischen und der philologischen Fächergruppen hätte überdies deutlich machen können, daß eine Neugliederung des Studiums in vielen Fällen auch eine Reorganisation der Unterrichtsmaterie, sei es mit Rücksicht auf die Verlagerung von Schwerpunkten der Forschung, sei es im Hinblick auf eine veränderte Berufspraxis, einschließen muß.

Ein anderer Punkt, mit dem sich der Wissenschaftsrat nur sehr beiläufig befaßt, ist der Zusammenhang einer Neugliederung des Studiums mit einer Reform der Lehre. Die Koordinierung der Lehrveranstaltungen im kodifizierten Rahmen von vorgeschriebenen Studiengängen ist mit dem herrschenden Prinzip der Freiheit der Lehre nicht umstandslos zu vereinbaren. Wenn das Studium nach den Empfehlungen des Wissenschaftsrats ohne eine neue Definition der Stellung und der Aufgaben der Dozenten neu gegliedert würde, müßte die beanspruchte Einheit von Forschung und Lehre ganz fiktiv werden. Alle Dozenten würden mehr oder weniger in die Rolle von akademischen Räten gedrängt und in ihren Forschungen gehemmt. Einer kompromißlosen Verschulung des Hauptstudiums käme die Aufteilung in zwei Kategorien von Lehrern entgegen. Die Studienprofessoren übernähmen die ganze Last der normalen Ausbildung, während sich die Professoren alten Stils auf die Betreuung des Aufbaustudiums beschränken dürften und auf diesem gehobenen Niveau zur Aufrechterhaltung der traditionellen Einheit von Forschung und Lehre privilegiert wären. Diese Lösung ist unannehmbar, solange wir den Studenten die akademische Freiheit und damit das Recht, auch an Prozessen der Forschung teilzunehmen, belassen und nicht einer Elite nach dem Abschluß ihres berufsvorbildenden Studiums vorbehalten wollen. Dann dürfen die Lehrverpflichtungen nicht auf den akademischen Mittelbau oder auf eine neue Klasse von Professoren, die von Forschung dispensiert wären, abgewälzt werden. Den Professoren und Dozenten können aber, ohne Schaden für die Forschung, die neuen und ernst zu nehmenden Belastungen nur zugemutet werden, wenn die faktische Beschränkung ihrer Lehrfreiheit durch großzügige Beurlaubungen ausgeglichen wird. Kompensationen dieser Art spielen mit Recht in dem Gründungsplan für die Universität Bielefeld eine wichtige Rolle.

Noch einen dritten Punkt vernachlässigt der Wissenschaftsrat. Soweit zu erkennen ist, hat er über die Ursachen der durchschnittlichen Studienzeitverlängerung, die während des letzten Jahrzehnts zu beobachten war, nur Vermutungen angestellt; auf empirische Untersuchungen stützt er sich nicht.[1] Statt dessen ist abstrakt von

1 Inzwischen ist der Bericht über eine vom Wissenschaftsrat veranlaßte Untersu-

»Bedingungen« die Rede, die den Grundsatz der akademischen Freiheit, im 19. Jahrhundert noch eine Antriebskraft für das Studium, heute in ein Hemmnis verkehrt hätten. Dieser Prozeß sei irreversibel. Nun mag es sein, daß die Abiturienten, die jetzt zur Hochschule kommen, nicht mehr in gleicher Weise ausgestattet sind wie junge Studenten während des 19. Jahrhunderts. Heute rekrutiert sich die Studentenschaft der Bundesrepublik zwar immer noch nicht aus dem breiten Reservoir der Arbeiterschicht, aber der Zugang zu den Universitäten ist immerhin bis in die untere Mittelschicht hinein geöffnet. Die soziale Zusammensetzung der Studentenschaft ist also nicht mit der geringen Selektion von Söhnen aus bürgerlichen Häusern zu vergleichen, die einst die Universitäten bezogen. Die vom Neuhumanismus geprägte Tradition und das Sprachmilieu der Elternhäuser, die sozialen Vorbilder und die Erziehungstechniken, die dort herrschten, haben damals auch Qualifikationen gefördert und Einstellungen prämiiert, die auf Prinzipien wie das der akademischen Freiheit eher zugeschnitten waren. Es mag sein, daß jene spezifischen Wertorientierungen und tiefsitzenden Leistungsmotivationen, die zu Bildungsprozessen alten Stils befähigen, unter denen, die heute ihr Studium beginnen, relativ weniger oft zu finden sind als unter Studienanfängern vor, sagen wir, einem Jahrhundert. Wenn es sich wirklich so verhalten sollte, wäre aber zu erwägen, ob nicht in Kompensation der sozial gewandelten Verhältnisse, unter denen die Masse der künftigen Studenten aufwächst, das Schulsystem Aufgaben übernehmen kann und soll, die das bürgerliche Elternhaus einmal erfüllt hat. Es wäre etwa zu bedenken, ob eine Reform durch Verschulung der Universität ohne Rücksicht darauf in Gang gesetzt werden soll, wieviel eine reformierte Schule der Hochschule an Reglementierung ersparen könnte.

chung erschienen: Kath, Oehler, Reichwein, Studienweg und Studienerfolg. Eine Untersuchung über Verlauf und Dauer des Studiums von 2000 Studienanfängern des Sommersemesters 1957. Institut für Bildungsforschung, Berlin 1966.

Der Wissenschaftsrat läßt sich auf Diskussionen über die Grundsätze der deutschen Universitätstradition, die er durch effiziente, den Erfordernissen eines rationalisierten Großbetriebs angemessenere Organisationsprinzipien ersetzt sehen möchte, nicht ein. Verständlicherweise ignoriert er die folgenlose Reform- und Klage-Literatur, die freilich nicht immer nur verstockt oder mit der Leidensfähigkeit der schönen Seele Ideen Humboldts, Schleiermachers, Fichtes und Schellings anhängt. Allein, indem der Wissenschaftsrat diese Diskussion vermeidet und ohne viel Aufhebens die akademische Freiheit der Lernenden ebenso wie das Prinzip der Bildung durch Wissenschaft beiseite schiebt, gibt er Argumenten, die bisher oft genug nur zum Vorwand des Immobilismus gedient haben, ein gewisses Recht zurück. Wenn die Neugliederung des Studiums mit dem bürokratischen Zwang vorgeschriebener und nicht bloß zur Orientierung angebotener Studiengänge, wenn sie zudem mit der Sanktion einer ebenso obligatorischen Befristung des Studiums verknüpft wird, dann kann mit guten Gründen die Tradition für die Rechtfertigung eines Widerstandes gegen diese Reform angerufen werden.

Wenn wir den Empfehlungen des Wissenschaftsrats folgen, wird die Universität für die Masse der Studenten zwingend und mit Ausschließlichkeit Anstalt zur Vorbereitung auf einen akademischen Beruf; die andere Funktion, die auf deutschen Hochschulen bis heute mit der Funktion der Berufsvorbildung nicht nur nominell verbunden war, wird abgetrennt. Das Recht auf Teilnahme an Prozessen der Forschung nach Maßgabe individueller Bildungsinteressen ist dann nicht nur faktisch, sondern formal einer Minderheit der Studenten vorbehalten. Wie groß immer heute die Zahl der Studenten sein mag, die dieses Recht in Anspruch nehmen, wesentlich ist, daß allen die Chance, zu wählen, rechtlich garantiert ist. Gewiß muß diese Berechtigung an Kriterien der Eignung gebunden sein. Und wahrscheinlich sind die Argumente derjenigen überzeugend, die das Abiturzeugnis nicht länger als Zulassung zur Universität, nämlich zu einer Anstalt der Lehre im Zusammenhang freier Forschung, akzeptieren möchten. In diesem Falle müßte die Universität selber über die Zulassung entscheiden; und es läge nahe, statt eine Aufnahmeprüfung zu Beginn des Studiums einzuführen die endgültige Zulassung zu einem uneingeschränkten Studium von der Zwischenprüfung am Ende eines gestrafften viersemestrigen Grundstudiums abhängig zu machen.

Aber der Wissenschaftsrat möchte uns überdies glauben machen, daß der Abschluß eines berufsbezogenen Studienganges eine notwendige Bedingung für ein freies Studium ist. Die vorgeschlagene Neugliederung des Studiums verbietet dem Lernenden, unabhängig von einem Examen, das die Fähigkeit zu einem akademischen Beruf bestätigt, wissenschaftliche Interessen außerhalb seines zunächst gewählten Studienganges zu verfolgen. Dieses Verbot schränkt die Möglichkeit ein, eigene Interessen an verschiedenen Gegenständen zu erproben und kennenzulernen; womit die wichtigste Voraussetzung für einen begründeten Studienfachwechsel entfällt. Auch entmutigt jenes Verbot, unter Anforderungen eines strammen Studienplans, die Reflexion auf Lernprozesse, die zunächst nur der Vorbildung zu einem akademischen Beruf, aber nicht der Kritik der methodologischen Voraussetzungen und der praktischen Folgen des Gelernten dienen.

Ein solches Verbot ist plausibel, wenn wir unsere Hochschulen eindeutig und ausschließlich unter dem Gesichtspunkt der Effizienz, d.h. der machtpolitischen Stellung und der ökonomischen Leistungsfähigkeit unseres Gesellschaftssystems, einrichten wollen. In der Tat sind die Bildungsaufwendungen der Bundesrepublik im Vergleich zu anderen industriell fortgeschrittenen Ländern so alarmierend vernachlässigt worden, daß das Problem, wie wir möglichst schnell, möglichst billig möglichst viele und brauchbare Lehrer oder Ingenieure oder Ärzte produzieren können, immer mehr zu einer Existenzfrage wird. Der ökonomische Gesichtspunkt, wie wir die nicht ausgeschöpften Reserven an Bildungsfähigkeit wirksamer fördern und für die Anforderungen spezialisierter Berufspositionen wirtschaftlicher nutzen können, kann sogar Priorität beanspruchen. Aber setzt er, solange faschistoide Wertsysteme noch nicht wieder in Geltung sind (und davon gehen alle Beteiligten aus) andere, in der Tradition der deutschen Universität wohlbegründete Gesichtspunkte definitiv außer Kraft?

Die Kraft der antizipierten Mündigkeit

Das Prinzip der selbständigen Studienplanung und die Antizipation der Mündigkeit des Studenten können, unabhängig von ihren philosophischen Begründungen, als eine Verlängerung bürgerlicher Erziehungstechniken in den Bereich der Universität verstanden werden: die Herausforderung der Studienfreiheit setzte das Autonomietraining des Elternhauses fort. Diese Praxis bewährte sich vor allem dadurch, daß sie die wissenschaftliche Kreativität der Lernenden und Forschenden begünstigte. Das mag für manche Disziplinen auch heute noch gelten; aber die Bedingungen der Kreativität sind heute Gegenstand empirischer Untersuchungen; wir tun gut daran, deren Resultate abzuwarten.

Eine andere Auswirkung der Studienfreiheit verdient indessen nach wie vor unser Interesse: offensichtlich stimuliert sie eine eigentümliche Verknüpfung von kognitiven Lernvorgängen und solchen Bildungsprozessen, in denen sich mit dem Stand der Informationen zugleich verfestigte Einstellungen ändern. Im Sprachgebrauch des deutschen Idealismus nannte man das Reflexion. Es scheint so, daß sogar die Hemmungen des Lernprozesses und die Desorientierungen, denen der Student unter dem Entscheidungszwang der akademischen Freiheit in einer unstrukturierten Lage ausgesetzt ist, zu heilsamen Problematisierungen führen können. Das Bildungspotential der Wissenschaften braucht nicht auf der kognitiven Ebene allein wirksam zu sein. Soweit es durch Reflexion auch in den lebensgeschichtlichen Zusammenhang des einzelnen eingeht, bewirkt es Verunsicherung und Revision gefrorener Traditionsmuster und führt zur kritischen Auflösung dogmatisch bindender Gewalten. Diese Form der Kritik und Selbstkritik eröffnet eine Dimension, die sich nicht mit der freilich unabdingbaren Rationalität der Beherrschung technisch verwertbaren Wissens deckt. Sie ist nicht nur ein Medium persönlicher Bildungsprozesse, auf die jeder, der den Kriterien der Eignung zum wissenschaftlichen Studium genügt, ein Recht haben sollte. Heute ist vielmehr jene Form der Kritik, weil wir uns eine unreflektierte Umsetzung der wissenschaftlichen Informationen in den Kontext der gesellschaftlichen Lebenspraxis nicht länger leisten können, auch ein politisches

Erfordernis ersten Ranges. Es spricht einiges für die Vermutung, daß wir die praktischen Folgen des wissenschaftlich-technischen Fortschritts nicht eher beherrschen lernen, als bis wir diesen Fortschritt durch Reflexion gebrochen fortsetzen. Wenn diese Vermutung stimmt, kann auch der Hinweis auf die unbestreitbare Effizienz der straffer organisierten Hochschulsysteme in anderen Ländern den Zweifelnden nicht überzeugen.

Ich verkenne nicht den Vorzug der Beschränkungen, die sich der Wissenschaftsrat bei Abfassung seines Gutachtens auferlegt hat. Der Verzicht darauf, die Neugliederung des Studiums in ihrem materiellen Gehalt, im Zusammenhang mit einer Reform der Lehre und mit Rücksicht auf eine künftige Reform der Schule zu erörtern, macht sich ebenso wie die Enthaltsamkeit gegenüber Grundsatzdiskussionen auf der Ebene der pragmatischen Folgerungen bezahlt: der Wissenschaftsrat legt einen dürren und bündigen Organisationsplan vor und erläutert dessen Prinzipien an einigen plausiblen Beispielen. Wer aber von jenen Zusammenhängen nicht abstrahiert, bringt sich nicht schon dadurch um den Erfolg; er gelangt nur zu anderen, darum nicht ebenso pragmatischen Folgerungen. Meine Kritik läßt sich in einem Satz zusammenfassen: ich kann nicht einsehen, warum zwischen einer energischen Neugliederung des Studiums und der Abschaffung der Studienfreiheit ein Junktim hergestellt werden muß.

Das verhängnisvolle Junktim

Es geht nicht an, daß die Studienzeit obligatorisch begrenzt wird. Aus pragmatischen Gründen nicht: denn die befristete Immatrikulation würde uns des besten Kriteriums für den Erfolg der Studienreform berauben und dadurch eine zuverlässige Rückkopplung zwischen der Initiative der Fachvertreter und einer großzügigen, aber gezielten Hilfe der Ministerien erschweren. Aus prinzipiellen Gründen nicht: denn der bürokratische Zwang zur Einhaltung eines verbindlichen Studienfahrplanes beschränkt ohne Not den Spielraum, innerhalb dessen Interessen geweckt, Fähigkeiten okkasionell erprobt, Wünsche produktiv befriedigt und kritische Erfahrungen gesammelt werden können.

Es geht nicht an, daß das Hauptstudium allein am Ziel der akademischen Berufsfähigkeit ausgerichtet wird. Die Zulassung zur Teilnahme an Prozessen der Forschung kann nicht vom Abschluß eines berufsvorbildenden Studiums abhängig gemacht werden. Nichtobligatorische Angebote von alternativen Musterstudiengängen, die nach Forschungsrichtungen und beruflichen Orientierungen aufgefächert sind und auf dem Wege intensiver Beratung den Studenten nahegebracht werden, dürfen das Hauptstudium nicht von der Forschung fernhalten und in einem schlechten Sinne pädagogisieren.
Es geht nicht an, daß die Studienreform durchgeführt wird, ohne Stellung und Aufgaben der Dozenten neu zu definieren. Die Koordinierung der Lehrveranstaltungen im Rahmen eines geplanten Unterrichtssystems schränkt die Freiheit der Lehre faktisch ein. Damit gleichwohl die Einheit von Forschung und Lehre auch für den zweiten Abschnitt des Hauptstudiums gesichert bleibt, müssen von Anbeginn die kompensatorischen Ansprüche der Dozenten auf Forschungssemester und Befreiung vom Turnus geregelt werden. Wenn für die Planung des Studiengangs genügend flexible und überzeugende Modelle angeboten werden, wird sich die Masse der Studierenden vorerst dieser Orientierung gewiß nicht nur bedienen, sondern den Angeboten so folgen, als seien es Vorschriften. Aber manche werden auf der Grundlage jener Orientierung auch eigene Wege suchen, Risiken nicht scheuen und Umwege gehen. Sie werden vielleicht die Kenntnisse für ihre Examina nicht in den vorgesehenen Kollegs erwerben, sie können an einem besonderen Problem hängenbleiben, scheinbar esoterische Seminare oder gar keine mehr besuchen, und sicher werden sie nicht nach vier Jahren ihr Studium beenden. Vielleicht wechseln sie ihr Studienfach noch nach dem vierten Semester, vielleicht verlassen sie die Universität ohne formalen Abschluß nach einem mißlungenen Versuch zu promovieren. Ich gebe zu: so ergeht es heute vielfach auch denen, die lieber einen disziplinierten und übersichtlichen Studiengang gefunden hätten. Ihnen muß geholfen werden. Um aber die unproduktiven Umwege unnötig zu machen, muß man die produktiven nicht verbieten.
Das Instrument der befristeten Immatrikulation mag recht ver-

schiedenen Interessen entgegenkommen, und die Tilgung archaischer Freiheit in den Schlupfwinkeln, wie es scheint, verrotteter Institutionen mag gerade den Progressiven einleuchten. Aber wollen wir wirklich die Universität in Stromlinienform? Ich befürchte, daß selbst die, die sie wollen, mit ihr nicht zufrieden sein werden. Gerade die bürokratischen Auflagen, mit denen die Studienreform gekoppelt ist, sind dazu angetan, das, was fällig und überfällig ist, zu blockieren.

6. Universität in der Demokratie – Demokratisierung der Universität (1967)

Die ›Universitätstage‹ 1967 der Freien Universität Berlin standen unter dem Titel Universität und Demokratie. *Für die Veröffentlichung meines am 20. Januar gehaltenen Vortrages in der Zeitschrift* Merkur *habe ich auf Veranlassung des Herausgebers die hochschulpolitische Lage, wie sie sich mir nach den ersten zwei Jahren der Protestbewegung darstellte, einleitend kurz charakterisiert.*

Von den Universitäten der Bundesrepublik gibt es Neues zu berichten: Konflikte spitzen sich zu, die nicht mehr allein auf der Ebene fehlender Lehrstühle und überfüllter Seminare entstehen und nicht mehr in administrativen Begriffen definiert werden können. An der Freien Universität Berlin haben sich die Auseinandersetzungen in aller Öffentlichkeit um publizitätswirksame Anlässe kristallisiert. Hier sind die Konflikte greifbar, die an anderen Hochschulen noch schwelen, aber rasch manifest werden könnten.

Das, was man im stereotypen Deutsch der Verlautbarungen nun schon seit Jahren »die Vorgänge an der Freien Universität« nennt, hängt gewiß auch mit berlin-spezifischen Umständen zusammen: mit einem überproportionalen Zuzug politisch wacher Studenten und einer relativ freiheitlichen Universitätsverfassung einerseits, mit einem aus Zeiten des Kalten Krieges hier besser als andernorts konservierten Verhaltenssyndrom andererseits – die Mauer wirft einen langen Schatten, und die Presse tut ein übriges, damit die Berliner das Frösteln nicht verlernen. Ihres lokalen Kolorits entkleidet, sind aber die an Westberlins Universität ausgebrochenen und offen ausgetragenen Konflikte die, die sich auch an anderen Universitäten anzubahnen scheinen: es geht, in gebotener Vereinfachung, um die politische Rolle der Studentenschaft, um die Reorganisation des Lehrbetriebs und um die Demokratisierung der Hochschule im ganzen. Berlin ist ein Modellfall.

Die politische Rolle der Studentenschaft, um die heute zwischen

Studentenvertretung und Senat, zwischen einer aktiven, im allgemeinen recht qualifizierten Minderheit der Studenten und einer Mehrheit der Professoren gestritten wird, ist unproblematisch gewesen, solange die Studenten mit herrschenden Auffassungen konform gingen: solange die Resolutionen für die EVG und nicht gegen die atomare Bewaffnung der Bundeswehr ausfielen; solange die Solidaritätssammlungen für geflüchtete DDR-Studenten und nicht für Gegner der französischen Kolonialmacht in Algerien bestimmt waren; solange der Koreakrieg als Verteidigung der Freiheit galt und der Kampf der Amerikaner noch nicht, wie in Vietnam, als Intervention in einen Bürgerkrieg aufgefaßt werden mußte. Eine empfindlich reagierende Hochschulverwaltung sah sich aber nun genötigt, den politischen Bewegungsspielraum der Studenten, der so inopportun genutzt wurde, einzuschränken: die Reihe der »Affären«, die einmal durch einen Vortrag Erich Kubys, ein anderes Mal durch eine Vietnamdemonstration ausgelöst, einmal durch eine korporationsfreundliche Zulassungspolitik, ein anderes Mal durch ein Raumverbot des Rektors verschärft wurden, bezeichnet die Linie eines bis heute offenen Konfliktes. Er wird im übrigen von Grundsatzdiskussionen begleitet und interpretiert, die von konservativer Seite mit dem erklärten Ziel einer Entpolitisierung der Hochschule geführt werden.
Der universitätsinterne Streit ist mit einem Konflikt zwischen den politisierten Teilen der Studentenschaft und der Berliner Öffentlichkeit verquickt. Diese Öffentlichkeit wird durch eine scharfmacherische Presse beeinflußt, und sie versteift ihrerseits die Haltung der Behörden gegenüber den Studenten. Das zeigte sich noch während des letzten Semesters in Form von Demonstrationsverboten, in der autoritären Art des Eingreifens der Polizei und in einer dubiosen Beschlagnahmeaktion beim Landesvorstand des SDS.
Seit dem vergangenen Jahr verbindet sich die Auseinandersetzung um die politische Rolle der Studentenschaft mit den Diskussionen, die durch die Empfehlungen des Wissenschaftsrates zur Studienreform ausgelöst worden sind. Die Reorganisation des Lehrbetriebs berührt unmittelbar die Interessen und die Nöte der Studenten an ihrem Arbeitsplatz – soweit sie einen finden. Hier haben sich eigentümlich verquere Fronten gebildet, die den eigentlichen Kon-

flikt häufiger verschleiern als zum Ausdruck bringen. Sogar der kritische Teil der Presse begnügt sich nur zu oft damit, durch unreflektierte Parteinahmen für den Wissenschaftsrat die verständlichen Ressentiments derer, die einmal von einer Alma mater stiefmütterlich behandelt worden sind, zu befriedigen – und sich durch die törichten Abwehrreaktionen eines seinerseits verletzten Traditionsbewußtseins bestätigt zu finden. In Wahrheit geht es darum, ob eine fällige und von vielen Seiten energisch unterstützte Neuordnung der Studiengänge innerhalb der bestehenden Autoritätsstrukturen bloß dazu benutzt werden soll, eine sehr schwerfällige Korporation auf Vordermann zu bringen. Dann müßte ein reglementierter Lehrbetrieb allein auf die Erfordernisse der akademischen Berufsausbildung für eine nach Kapazität und Bedarf begrenzte Leistungselite abgestellt werden. Obligatorisch begrenzte Studienzeiten, Ausschluß der Studenten von der Teilnahme an Forschungsprozessen und eine Entpolitisierung der Hochschule wären die Folge. An der Freien Universität ist der Eindruck entstanden, als ob die Wissenschaftsrats-Empfehlungen in diesem repressiven Sinne verwirklicht werden sollten. Zwei der Berliner Fakultäten haben sich beeilt, die Zwangsexmatrikulation einzuführen; die politische Bildungsarbeit der studentischen Vereinigungen wurde zeitweise eingeschränkt; und auf Vorlesungskritiken, die in einer Studentenzeitung anonym erschienen waren, haben betroffene Professoren mit dem vollen, unserem Berufsstand eigentümlichen Narzißmus geantwortet. Das hat wiederum anhaltende Proteste hervorgerufen, die im vergangenen Sommer mit einem Sit-in von dreitausend Studenten ihren Höhepunkt fanden. Inzwischen sind auf Senats- und Fakultätsebene gemeinsame Studienreformkommissionen eingerichtet worden, in denen Professoren und Studenten die Folgerungen, die aus den Wissenschaftsrats-Empfehlungen zu ziehen sind, diskutieren.

Die anhaltenden Konflikte, die sich an der politischen Rolle der Studentenschaft und an der Neuordnung des Studiums entzünden, bringen die Problematik einer Hochschulverfassung zu Bewußtsein, deren wichtigste Elemente aus dem frühen 19. Jahrhundert stammen. Gerade weil sich die erst nach dem Kriege und aus Protest gegen die Unterdrückung der Lehrfreiheit gegründete Berliner

Universität eine liberalere Verfassung gegeben hat, die einige strukturelle Wandlungen, insbesondere die veränderte Stellung der Studentenschaft, berücksichtigt hat, ist dieses sogenannte Berliner Modell ins Kreuzfeuer geraten. Die eine Seite möchte die liberalen Neuerungen wieder rückgängig machen, die andere Seite dringt auf eine umfassende Reform. Mit Recht kann diese Seite darauf hinweisen, daß alle bisherigen und alle offiziell empfohlenen Reformen die inneren Strukturen der Hochschule unangetastet lassen. Noch im Januar dieses Jahres hat der akademische Senat der Freien Universität seine Auffassung von der Interessenharmonie aller Teile der Korporation bekräftigt: »Den Ordnungen der Freien Universität sind Verhaltensweisen fremd, die Studentenschaft und Universitätslehrer prinzipiell als Gruppen mit entgegengesetzten Interessen auffassen.« Demgegenüber erscheint den Studenten die Hochschule aus der ernüchternden Perspektive von unten als ein hierarchischer Herrschaftsverband. Für Verhandlungen mit dem Regierenden Bürgermeister über ein neues Hochschulgesetz, das der Berliner Senat vorbereitet, haben Vertreter des Allgemeinen Studentenausschusses ihre Konzeption von einer neuen, einer im strengen Sinne freien Universität mit wenigen Sätzen zusammengefaßt. In der Einleitung dieses Arbeitspapieres heißt es:

»Geht man in der Diskussion um die Hochschulreform von drei Prinzipien aus:

1. von der notwendigen Unabhängigkeit der Hochschule in ihrer wissenschaftlichen Arbeit von direktem staatlichen oder industriellen Einfluß –

2. von der Notwendigkeit, wissenschaftliche Arbeitsbedingungen an der Hochschule durch größtmögliche Kommunikation in allen Bereichen und Vermeidung willkürlicher Entscheidungen herzustellen –

3. von der Notwendigkeit, die Studierenden durch Information über und Teilnahme am Forschungsprozeß auszubilden und das Studium an zukünftigen Berufsbildern zu orientieren –

so zeigt sich, daß die Universität derzeit diesen Prinzipien nicht hinreichend entspricht. Denn

1. ist die Unabhängigkeit ihrer wissenschaftlichen Arbeit dadurch gefährdet, daß im Zusammenspiel mit privatindustriellen Geldge-

bern und auch durch die ›pressure‹ einzelner Ordinarien oder Institute im politischen Raum der Forschungsprozeß in eine gefährliche Abhängigkeit von außerwissenschaftlichen Instanzen gerät, ohne daß die notwendige Diskussion über die Verbindung der Wissenschaft zur Gesellschaft selbst vorher genügend geführt wäre;

2. wird die Diskussion über wissenschaftliche Methoden und Inhalte und damit auch über den Zweck des Studiums derzeit vor allem durch die Ordinarien- und Institutsstruktur der Hochschule behindert, die allein nach den Arbeits- und Prestigebedürfnissen der Lehrstuhlinhaber ausgerichtet ist. Vor allem die Freiheit der Ordinarien, über

den Institutshaushalt,

die Arbeit und den Einsatz des wissenschaftlichen Personals und über Art, Richtung und Auftraggeber der Forschung zu bestimmen,

hat häufig zur Folge, daß

a) die wissenschaftliche Forschung unsystematisch bleibt, weil ihre Ziele und Methoden ungenügend diskutiert werden;

b) die weisungsgebundenen und abhängigen wissenschaftlichen Mitarbeiter (Assistenten etc.) sowie die auszubildenden Studenten ungenügend am Wissenschaftsprozeß beteiligt werden;

c) der materielle Gewinn und die Publikation von Forschungsergebnissen den Professoren allein verbleibt, die auch schon die Auftragsverhandlungen nach Art eines wirtschaftlichen Unternehmens geführt haben.

3. Weil angesichts der unter 2. geschilderten Mängel die Forschungsarbeit des Ordinarius undiskutiert bleibt und auch die Lehre von den betroffenen Studenten nicht beeinflußt werden kann, ist der Nutzen der Forschung wie die wissenschaftliche Ausbildung der Studierenden oft nicht gesichert. Andererseits sind die beruflichen Anforderungen, auf die sich das Fachstudium in der Regel recht und schlecht bezieht, so wenig geklärt, daß die Prüfungsordnungen der einzelnen Studiengänge veraltet sind und konservative gesellschaftliche Funktionen erhalten.

In dieser Situation ist die bloße Straffung des Studienganges nach willkürlichen und unerprobten Prinzipien eine schlechte Abhilfe. Hingegen ergeben sich neben der Notwendigkeit des Ausbaus der

Universitäten die drei den oben geschilderten Mängeln entsprechenden Forderungen:

1. Die Hochschule muß das Recht erhalten, die vom Staat gewährleisteten finanziellen Mittel unabhängig zu verwalten und über ihre Verwendung zu entscheiden; anzustreben ist also eine Einheit von akademischer und wirtschaftlicher Verwaltung. Die berechtigten Interessen der staatlichen Verwaltung an einer sinnvollen Nutzung der Mittel können am besten berücksichtigt werden, wenn die Entscheidungsstruktur innerhalb der Hochschule eine demokratische Entscheidung über die Ausgabe der Mittel gewährleistet und wenn zusätzlich das Kuratorium der Universität über Bedarf und Verwendung der Mittel mitentscheidet. Im Kuratorium ist wie seither die Öffentlichkeit vertreten.
2. Um eine verantwortungsvolle Verwaltung der öffentlichen Mittel innerhalb der Hochschule zu garantieren *und* um bessere wissenschaftliche Arbeitsbedingungen zu schaffen, müssen alle Personengruppen innerhalb der Hochschule gemäß ihrer differenzierten Funktion in Lehre, Forschung und Ausbildung beteiligt werden. Zu diesem Zweck muß das Lehrstuhlprinzip, das die patriarchalische Macht der Ordinarien noch heute garantiert, wegfallen. Fachprofessoren müssen in Abteilungen zusammenarbeiten und in interfakultativen Instituten Grenzgebiete pflegen.
3. Um die Teilnahme der Studierenden an und die Information über die Wissenschaft zu verbessern, müssen die Studiengänge neu gegliedert werden, neue Formen der Arbeit in kleinen Gruppen müssen an die Stelle einer Auslese durch Zwischenprüfungen oder Seminar-Eingangsprüfungen treten.

Es empfiehlt sich, einer Neuorganisation der Freien Universität einen Aufgabenkatalog voranzustellen, der in größerem Rahmen die Rolle der Universität und ihre Organisation definiert.

Die Freie Universität erfüllt ihre Aufgaben im Dienste der Erhaltung und Entwicklung der sozialen und rechtsstaatlichen Demokratie. Diese Aufgaben sind in Freiheit und Unabhängigkeit und im Zusammenwirken von Lehrenden und Lernenden:

– der wissenschaftlichen Forschung und Lehre zu dienen
– die Freiheit der Ausbildung und Berufswahl für den Hochschullehrerberuf zu sichern

– die Ausbildung und Fortbildung des Nachwuchses und der Angehörigen von Berufen zu ermöglichen, in denen eine wissenschaftliche Bildung erforderlich oder dienlich ist
– an der allgemeinen wissenschaftlichen und kulturellen Erwachsenenbildung mitzuwirken
– unter ihren Mitgliedern und im öffentlichen Leben die politische Bildung und Betätigung zu fördern, die der Ausgestaltung demokratischer und rechtsstaatlicher Verhältnisse durch die Anwendung wissenschaftlicher Erkenntnisse dienen.«
Wenn man dieses neue Berliner Modell, das mehr noch als das alte ein demokratisches Muster für die Verfassung deutscher Universitäten sein möchte, auf dem Hintergrund der angedeuteten Konflikte sieht, dann wird die Aktualität deutlich, die das Thema der diesjährigen Berliner Universitätstage – *Universität und Demokratie* – hatte. Bei dieser Gelegenheit habe ich einen Vortrag gehalten, dem der folgende Text zugrunde lag.

I

»In der Gegend von Sdeh Boker im Negev, dem großen Wüstengebiet Israels, will Ben Gurion eine Universitätsstadt gründen, die der Nutzung dieses Wüstengebietes dienen soll. Die neue Stadt wird für 10000 Studenten und die entsprechende Anzahl akademischer Lehrer geplant und soll der israelischen Jugend durch das Erwerben der notwendigen Kenntnisse in Naturwissenschaft und Technik die Entwicklung der Wüste nahebringen. Vor allem ist an die Ausbildung von Kadern gedacht, die für eine zukünftige Industrie in der Wüste notwendig sein werden. Bei der Entwicklung einer solchen Industrie sollen insbesondere Unternehmen berücksichtigt werden, die große wissenschaftliche Kenntnisse und wenig Rohstoffe benötigen.«
Interpretieren wir diese Nachricht aus der FAZ vom 11. Januar 1967 ohne Kenntnis der näheren Umstände richtig, dann soll hier eine Hochschule als Instrument für die industrielle Erschließung einer schwer zugänglichen Region dienen. Die Produktion soll von Anbeginn auf der Stufe der fortgeschrittensten Technologien aufge-

nommen werden. Für die Zukunft Israels ist das wahrscheinlich ein lebenswichtiges Projekt. Für uns aber ist eine Universität als Ausgangspunkt für die Industrialisierung eines Wüstenstrichs eine ungewöhnliche Vorstellung. Denn in einem hochindustrialisierten Land ohne im strengen Sinne unterentwickelte Regionen kann das die Aufgabe einer Universität schwerlich sein. Im Gegenteil: die Argumente, die für Regensburg oder Bielefeld als Standort neuer Universitäten ins Feld geführt wurden, verrieten mehr Bildungsromantik als Planungsstrategie. Gleichwohl ist das israelische Beispiel so abwegig nicht. Auch *unsere* Bildungsinstitutionen haben zunächst einmal Aufgaben im System der gesellschaftlichen Arbeit zu erfüllen.

Hochschulen müssen technisch verwertbares Wissen vermitteln, d. h. den Bedarf einer Industriegesellschaft an qualifiziertem Nachwuchs decken und zugleich für eine erweiterte Reproduktion der Ausbildung selber sorgen. Hochschulen müssen ferner technisch verwertbares Wissen nicht nur vermitteln, sondern auch erzeugen. Dabei handelt es sich um Informationen, die aus der Forschung in Kanäle der industriellen Verwertung, der Rüstung und der zivilen Wohlfahrt fließen; oder es handelt sich um Beratungswissen, das in die Strategien der Verwaltung, der Regierung und anderer Entscheidungsinstanzen, etwa privater Unternehmungen, eingeht. So ist die Universität über Lehre und Forschung unmittelbar mit Funktionen des Wirtschaftsprozesses verknüpft. Sie übernimmt aber darüber hinaus mindestens *drei* weitere Aufgaben.

Erstens hat die Hochschule dafür Sorge zu tragen, daß ihre Absolventen, wie immer das auch indirekt geschehen mag, mit einem Mindestmaß an Qualifikationen von der Art extrafunktionaler Fähigkeiten ausgestattet werden. In diesem Zusammenhang heißen extrafunktional alle die für die Ausübung einer akademischen Berufsrolle relevanten Eigenschaften und Einstellungen, die nicht per se mit den beruflichen Kenntnissen und Fertigkeiten gegeben sind. Über den Katalog der Führungseigenschaften und Loyalitäten, die Angestellte in leitenden Positionen erfüllen sollen, unterrichten allwöchentlich die Stelleninserate. Entsprechend erwartet man etwa von Richtern eine institutionengerechte Ausübung der Amtsautorität oder von Ärzten rasches Handeln in Situationen der

Unsicherheit. Die Tugenden solcher ungeschriebenen berufsständischen Ethiken bringt die Hochschule gewiß nicht hervor, aber die Muster des von ihr angebotenen Sozialisationsprozesses müssen wenigstens damit übereinstimmen. Wenn das nicht der Fall ist, entstehen Konflikte: man denke etwa an die Proteste evangelischer Kirchengemeinden gegen jene Pfarrer, die aus der jüngeren Generation der Bultmannschule stammen. Wir dürfen sicher sein, daß diese Theologen keine schlechteren Exegeten sind als ihre Vorgänger – an den funktionalen Fähigkeiten liegt es also nicht.

Zweitens gehört es zu den Aufgaben der Hochschule, die kulturelle Überlieferung der Gesellschaft zu übermitteln, zu interpretieren und auch fortzubilden. An Beispielen aus dem 19. Jahrhundert, an der Rolle etwa der Deutschen Historischen Schule oder an der Kontroverse zwischen Geschichtsschreibern der kleindeutschen und der großdeutschen Orientierung, läßt sich der Einfluß fachwissenschaftlicher Interpretationen auf das Selbstverständnis des großen Publikums leicht erläutern. Aber auch heute können sich die hermeneutischen Wissenschaften, wie immer positivistisch sie sich in ihren Verfahrensweisen disziplinieren, dem Zwang nicht ganz entziehen, wirkende Traditionen nicht nur zu erforschen, sondern, indem sie sie erforschen, entweder kontinuierlich weiterzugeben oder fortzubilden oder kritisch zu verändern. Wir brauchen nur an die jüngst unter deutschen Historikern geführte Diskussion über die Entstehung des Ersten Weltkrieges zu erinnern. Oder stellen wir uns vor, wie sich das Bild der deutschen Klassik in den Köpfen der künftigen Studienräte verschieben müßte, wenn beispielsweise der Suhrkamp Verlag eine Generation lang die germanistischen Lehrstühle für neuere Literatur besetzen würde.

Drittens hat die Universität stets eine Aufgabe erfüllt, die nicht leicht zu definieren ist. Heute würden wir sagen: sie prägt das politische Bewußtsein ihrer Studenten. Auf deutschen Hochschulen war es lange genug ein unpolitisches Bewußtsein, eine eigentümliche Legierung aus bildungshumanistisch bestimmter Innerlichkeit und staatstreuer Autoritätsbereitschaft, die weniger unmittelbar politische Einstellungen hervorgebracht als vielmehr eine politisch folgenreiche Mentalität bestimmt hat. Ohne deklarierte Veranstaltungen, ohne den Lehrbetrieb einer politischen Wissenschaft und ohne politische Bildungsarbeit, ohne ein Mandat der Studentenschaft für Fragen der Tagespolitik, ohne politische Vereinigungen von Studenten – eben unter der Glocke eines dem Scheine nach unpolitischen Betriebes – sind Generationen nicht nur wissenschaftlich ausgebildet, sondern zugleich politisch wirksam erzogen worden. Hier hat sich der Geist eines Akademikerstandes reproduziert, für den freilich die Gesellschaft damals noch einen relativ einheitlichen Status vorsah. Jene Mentalität hat, über Unterschiede der Fakultäten und Berufe hinweg, immerhin die Homogenität der wissenschaftlich ausgebildeten Eliten in dem Maße verbürgt, daß die akademische Ausbildung sogar ausgereicht hat, in bestimmten Führungsgruppen eine Kontinuität über den Bruch von 1945 hinweg zu sichern. Gleichwohl hat diese Tradition auf den Hochschulen *selbst* den Faschismus nicht überlebt. Im Zusammenhang mit langfristigen strukturellen Wandlungen der Gesellschaft hat sich, wie wir wissen, der durch eine einheitliche Mentalität geprägte Stand von Akademikern aufgelöst. Bedeutet das aber, daß die heutigen Universitäten die Aufgabe der politischen Bildung nicht mehr erfüllen oder, soweit sie diese Funktion in anderer Weise nach wie vor wahrnehmen, eigentlich nicht mehr zu erfüllen brauchten?

Das Beispiel jener als industrielles Entwicklungszentrum geplanten Wüstenuniversität übt die eigentümliche Suggestion aus, als hätten Forschung und Lehre es heute allein mit der Erzeugung und der Vermittlung technisch verwertbaren Wissens zu tun. Kann und soll sich die Universität heute auf diese, wie es scheint, gesellschaftlich allein notwendigen Funktionen beschränken und allenfalls die Reste der alten Persönlichkeitsbildung als einen vom Wissenschaftsbetrieb separierten Erziehungsauftrag institutionalisieren?[1] Ich möchte diesem suggestiven Schein entgegenwirken und die These vertreten, daß sich die Universitäten in keinem Fall der drei genannten Aufgaben, die über die Erzeugung und Vermittlung technisch verwertbaren Wisens hinausgehen, entledigen können. In jedem denkbaren Fall nimmt der universitäre Wissenschaftsbetrieb Einfluß auf das handlungsorientierende Selbstverständnis ihrer

1 Vgl. die Anregungen des Wissenschaftsrats zur Gestalt neuer Hochschulen, Tübingen 1962.

Studenten und der Öffentlichkeit. Er kann sich im Hinblick auf die Gesellschaft nicht ausschließlich durch ein Verhältnis zur Technik, nämlich zu Systemen zweckrationalen Handelns, definieren. Unvermeidlich tritt er auch in ein Verhältnis zur Praxis, d. h. er nimmt Einfluß auf das kommunikative Handeln. Denkbar ist jedoch, daß eine als Produktionsbetrieb rationalisierte Hochschule ihren Einfluß auf das kulturelle Selbstverständnis und auf die Normen der Handelnden nur noch indirekt und ihr selbst unbewußt ausübt. Eine an die Bedürfnisse der industriellen Gesellschaft übermäßig angepaßte Universität, die die Reste wohltuend archaischer Freiheiten getilgt hätte, könnte hinter dem Rücken der effizienten Anstrengungen ebenso ideologisch wirksam werden wie einst die traditionelle Hochschule. Sie könnte ihr unreflektiertes Verhältnis zur Praxis damit bezahlen, daß sie implizite Berufsethiken, kulturelle Überlieferungen und Formen des politischen Bewußtseins stabilisiert, deren Gewalt sich gerade dann unkontrolliert ausbreitet, wenn sie nicht gewollt sind, sondern vielmehr aus der Faktizität der bestehenden Einrichtungen allein resultieren.

In diesem Sinne haben einige Kritiker die Empfehlungen des Wissenschaftsrates verstehen wollen, weil diese einerseits eine Leistungssteigerung der Universität fordern, aber andererseits unveränderte Strukturen der Hochschule im Inneren hinnehmen, obwohl diese für großbetriebliche Rationalisierungen eine Schranke darstellen.[2] Das mag *eine* Tendenz treffen. Ich bin jedoch überzeugt, daß die global gehaltenen Empfehlungen des Wissenschaftsrats auch eine andere Interpretation gestatten.

Nach 1945 hatte man sich zunächst bemüht, die durch den Neuhumanismus vermittelte und institutionell stark verankerte Dimension der allgemeinen Bildung zu nutzen mit dem Ziele, die Bürger der Universität zu zuverlässigen Bürgern der neuen demokratischen Ordnung heranzubilden. Das allerorten auflebende *Studium generale* wurde zwanglos mit politischer Aufklärung verknüpft. Die Kulturverwaltungen waren mit der Einrichtung von Lehrstühlen für politische Wissenschaft und Soziologie nicht kleinlich. Die Studentenvertretungen befaßten sich mit politischen Tagesfragen,

2 W. Lefèvre, Möglichkeiten für die Hochschulpolitik des SDS, in: Neue Kritik, Okt./Dez. 1966, S. 27ff.

und politische Vereinigungen der Studenten wurden begrüßt und gefördert. Ob daraus ein förmlicher Auftrag zur politischen Bildung abgeleitet wurde oder nicht, gleichviel, die politische Aufklärung der Studenten erschien, zumal in der Periode des Kalten Krieges, als wünschenswert. Wenn ich einmal verallgemeinern darf: man hat damals die Universität mit einer gewissen politischen Ausweitung ihres traditionellen Selbstverständnisses, *im übrigen aber so, wie sie war*, in die Demokratie hineingesetzt. Dem entsprach die krisenfeste Verankerung der Selbstverwaltungsautonomie. Freilich hatte diese die Nebenfolge eines gewissen Immobilismus; sie erwies sich nämlich als Hindernis für eine Hochschulreform aus eigener Kraft. So ist es heute, zwei Jahrzehnte nach dem *Blauen Gutachten*, schließlich dazu gekommen, daß der schwerfälligen Korporation von einer unzufriedenen Gesellschaft eine Rechnung präsentiert wird, die sie freilich keineswegs allein zu verantworten hat.

In dieser Situation stehen *die* Professoren, die die Traditionen der deutschen Universität wahren möchten, vor einer Alternative. Sie können das Gutachten des Wissenschaftsrats entweder im Sinne der technokratisch gesonnenen Anpassungsstrategen lesen und sich zu eigen machen: dann opfern sie geheiligte Grundsätze der Tradition, nehmen Reglementierungen in Kauf und retten vorerst die eigene Position in einer Ordinarienuniversität. Oder aber sie interpretieren dieses Gutachten, unter Abzug einer bürokratisch erzwungenen Studienzeitverkürzung, im Sinne der sogenannten Progressiven: dann können sie in der Hochschule weiterhin eine Dimension offenhalten, die wir seit den Tagen des deutschen Idealismus mit dem Namen der Selbstreflexion verbinden. Das aber würde, so scheint mir, den Preis einer Veränderung der inneren Strukturen erfordern.

Die rückblickend fast liebenswerte Liaison unserer Nachkriegsdemokratie mit der traditionellen Hochschule geht zu Ende. Zwei Tendenzen ringen miteinander. *Entweder* ist die Steigerung der Produktivität der einzige Gesichtspunkt einer Reform, welche eine entpolitisierte Hochschule in das System der gesellschaftlichen Arbeit fugenlos integriert und sie zugleich unauffällig aus ihrer Verzahnung mit der politischen Öffentlichkeit löst. *Oder* die

Universität behauptet ihre Stellung *in* der Demokratie. Das scheint aber heute nur noch auf *dem* Wege möglich zu sein, der, nicht ohne Mißverständnisse nahezulegen, *Demokratisierung der Hochschule* genannt wird. Mein Votum für diesen zweiten Weg möchte ich begründen, indem ich eine Affinität und innere Beziehung des universitären Wissenschaftsbetriebs zu der demokratischen Form des Willensbildungsprozesses aufzuzeigen versuche.

II

Das Argument, das ich an den Beginn stelle, entlehne ich der Wissenschaftstheorie. Denn für die prinzipielle Trennung von Praxis und Wissenschaft und für eine Koordinierung von Wissenschaft und Technik spricht ein Selbstverständnis der Forschung, das bis auf David Hume zurückgeführt werden kann. Hume hat gezeigt, daß sich normative Aussagen aus deskriptiven nicht ableiten lassen. Deshalb scheint es angebracht, Erörterungen über die Wahl von Normen, also über moralische oder politische Fragen, nicht mit Fragen der empirischen Wissenschaften zu vermengen. Aus theoretischem Wissen können wir bei gegebenen Zielen allenfalls Regeln für instrumentales Handeln gewinnen. Praktisches Wissen hingegen bezieht sich auf Regeln kommunikativen Handelns, und diese Standards sind wissenschaftlich nicht zwingend zu begründen. Diese logische Trennung legt dann auch die institutionelle Trennung nahe: Politik gehört nicht an die Universität, es sei denn als Objektbereich einer selbst unpolitisch verfahrenden Wissenschaft.

Nun ist jenes Argument, das Hume vorgetragen hat, nicht etwa falsch; aber ich glaube, daß aus ihm *nicht* die Strategie folgt, für die Humes positivistische Nachfolger das Argument ins Feld führen. Man braucht Forschung nicht nur unter den logischen Bedingungen der Theorien, die aus ihr hervorgehen, zu beurteilen; ein anderes Bild ergibt sich, wenn man statt der Resultate die Bewegung des Forschungsprozesses im Auge hat. So sind metatheoretische Erörterungen das Medium des wissenschaftlichen Fortschritts – ich meine methodologische Erörterungen über die Brauchbarkeit eines analytischen Rahmens, über die Zweckmäßigkeit von Forschungsstrategien, über die Fruchtbarkeit von Hypothesen, über die Wahl von Ermittlungstechniken, über die Interpretation von Meßergebnissen und über die impliziten Annahmen von Operationalisierungen, ganz zu schweigen von Diskussionen über theoretische Grundannahmen oder über die Leistungsfähigkeit verschiedener methodischer Ansätze.

Interessanterweise folgen aber Diskussionen dieser Art, logisch betrachtet, grundsätzlich keinen anderen Regeln als irgendeine kritische Erörterung praktischer Fragen. Von schlichten Deduktionen oder empirischen Überprüfungen unterscheidet sich eine solche *kritische* Argumentation dadurch, daß sie auf dem Wege einer Rechtfertigung der Wahl von Standards Einstellungen rationalisiert. Gewiß, zwischen Einstellungen und Aussagen ist ein Verhältnis der Implikation unmöglich. Gleichwohl kann die Zustimmung zu einer Prozedur oder die Annahme einer Norm mit Argumenten gestützt oder geschwächt, jedenfalls rational abgewogen werden – und eben darin besteht die Aufgabe der Kritik sowohl bei metatheoretischen wie auch bei praktischen Entscheidungen.

Gewiß macht es einen Unterschied, ob wir Standards erörtern, die, wie in der Wissenschaft, den Rahmen für deskriptive Aussagen festlegen, oder Standards, die Regeln kommunikativen Handelns sind. Aber beide Male geht es um die Rationalisierung einer Wahl im Medium ungezwungener Diskussion. In den seltensten Fällen werden praktische Fragen in dieser rationalen Form entschieden. Aber *eine* Form der politischen Willensbildung gibt es, nach deren Prinzip in gleicher Weise Entscheidungen von einem in herrschaftsfreier Diskussion erzielten Konsensus abhängig gemacht werden sollen – und das ist die demokratische. Das Prinzip der Öffentlichkeit soll dabei jede andere Gewalt als die des besseren Argumentes ausschalten; und Mehrheitsentscheidungen gelten dieser Idee zufolge nur als Ersatz für den zwanglosen Konsensus, der sich am Ende herausstellen würde, wenn man nicht stets die Diskussion unter Entscheidungszwang abbrechen müßte. Dieses Prinzip, daß – kantisch gesprochen – allein Vernunft Gewalt haben solle, verbindet die demokratische Form der politischen Willensbildung mit jener Art Diskussion, der auch die Wissenschaften ihren Fortschritt verdanken; denn in diesem Fortschritt dürfen wir das Moment der Willensbildung nicht übersehen.

Darin zeigt sich eine untergründige Einheit von theoretischer und praktischer Vernunft. Dieser Einheit können wir uns heute nur formal vergewissern; eine Philosophie, die sie inhaltlich explizierte, fehlt. Ein institutionell gesichertes Privileg gegenüber den Einzelwissenschaften kann Philosophie heute nicht mehr beanspruchen. Aber seine universelle Kraft behält das Philosophieren in der Form der Selbstreflexion der Wissenschaften selber. Hier, in dieser von der Philosophie ausgetretenen Dimension, erhält sich auch noch die Einheit von theoretischer und praktischer Vernunft, die für die wissenschaftlichen Theorien selbst mit Recht aufgehoben ist. Die fachimmanent gewordene Philosophie kann, außerhalb ihres legitimerweise auch als Fach konservierten Aufgabenbereiches, die Rolle des Dolmetschers zwischen einer fachlichen Borniertheit und der nächsten übernehmen. So halte ich es für philosophische Aufklärung, wenn Mediziner an soziologischen und psychoanalytischen Forschungen zur Entstehung von Psychosen den Einfluß der Familienumwelt einschätzen und dadurch gewisse biologistische Grundanschauungen ihrer Fachtradition reflektieren lernen. Für philosophische Aufklärung halte ich es, wenn Soziologen unter Anleitung von Fachhistorikern einige ihrer allgemeinen Hypothesen auf geschichtliche Materialien anwenden, dadurch auf die unvermeidliche Gewaltsamkeit ihrer Operationalisierungen aufmerksam werden und so das methodologisch unterdrückte Verhältnis von Allgemeinem und Einzelnem reflektieren lernen. Für philosophische Aufklärung halte ich es, wenn Philologen an neueren psycho-linguistischen Untersuchungen über das Erlernen grammatischer Regeln die kausale Verknüpfung von Sprechen und Sprache mit externen Bedingungen begreifen und auf diesem Wege die methodischen Grenzen bloßen Sinnverstehens reflektieren lernen. Das sind Beispiele keineswegs für interdisziplinäre Forschung, sondern für eine Selbstreflexion der Wissenschaften, in der diese sich ihrer eigenen Voraussetzungen für das handlungsorientierende Selbstverständnis kritisch innewerden.

Als Reflexionsform der Wissenschaften bewährt sich ein solches immanentes Philosophieren auch im Hinblick auf die Umsetzung der wissenschaftlichen Resultate in die Lebenswelt. Der Wissenschaftsrat hat die Abschaffung des »Philosophicums« empfohlen. Dafür gibt es gute Gründe. Aber gerade die Übersetzung wissenschaftlicher Materien in die Bildungsprozesse von Schülern verlangt *die* bestimmte Form der Reflexion, die einmal an das Bewußtsein der Philosophie gebunden war. Eine kaum in Ansätzen vorhandene Didaktik für die Fachgruppen des Gymnasiums müßte zwingend auf die philosophischen Voraussetzungen der Fächer selber zurückführen. So kann etwa die Vermittlung von grammatischen Grundstrukturen in einem ungefächerten Sprachunterricht der Unterstufe sinnvoll gar nicht diskutiert werden, ohne auf die von Humboldt über Saussure bis Chomsky entfalteten Probleme der Sprachphilosophie zu stoßen. Entsprechend führen didaktische Fragen des Geschichtsunterrichts für den Anfang der Mittelstufe zur Problematik der Entstehung des historischen Bewußtseins, das sich mit der Tradition des geschichtsphilosophischen Denkens seit dem Ende des 17. Jahrhunderts entfaltet hat. Nicht geringer ist der Zwang zur Selbstreflexion, der von solchen Fragen der pädagogischen Umsetzung auf Naturwissenschaften und Mathematik zurückwirkt. Leicht ließen sich für andere Wissenschaftsbereiche die Umschlagstellen zwischen Theorie und Praxis zeigen, an denen die Selbstreflexion aufbricht: in der Jurisprudenz führt die Praxis der Rechtsanwendung auf Fragen der Hermeneutik; und in den Sozialwissenschaften ist es das Bedürfnis der Praxis nach Entscheidungshilfe und Planung, das Diskussionen über Grundfragen der Methodologie hervorgerufen hat.

Alle diese Beispiele kennzeichnen eine Dimension, in der die Wissenschaften Reflexion üben und sich auf Wegen, die einmal die Philosophie begangen hat, kritisch über ihre weltanschaulichen Voraussetzungen ebenso wie über ihr Verhältnis zur Praxis Rechenschaft geben. Diese Dimension darf nicht zugeklappt werden; denn in ihr allein ist es möglich, jene *drei* Funktionen, welche die Hochschule so oder so über die Erzeugung und Vermittlung technisch verwertbaren Wissens hinaus berücksichtigen muß, in rationaler Weise zu erfüllen. Nur in jener Dimension können wir anstelle traditionaler Berufsethiken ein reflektiertes Verhältnis der

Hochschulabsolventen zu ihrer Berufspraxis fördern; nur in jener Dimension können wir das sonst dogmatisch wirksame Verhältnis der lebenden Generationen zu den handlungssteuernden kulturellen Überlieferungen durch Reflexion ins Bewußtsein heben; nur in jener Dimension können wir schließlich auch politisch folgenreiche Einstellungen und Motive, die der universitäre Wissenschaftsbetrieb und die Korporation formen, kritischer Erörterung unterziehen. Die Teilnahme der Studenten an Forschungsprozessen schließt nicht zuletzt Beteiligung auch an dieser Selbstreflexion der Wissenschaften ein. Wenn sich aber kritische Erörterungen dieses Typs im Bereich der umfassenden Rationalität bewegen müssen, in der die theoretische Vernunft von der praktischen noch nicht durch die auf anderer Ebene notwendigen methodischen Verbote abgespalten ist, dann besteht eine Kontinuität zwischen *diesen* Bemühungen und der kritischen Erörterung praktischer Fragen. Wenn jene Argumentation am Ende nur die Verschränkungen von methodischen Grundannahmen und handlungsorientierendem Selbstverständnis offenlegt, dann sind die Selbstreflexion der Wissenschaften auf der einen und die rationale Erörterung politischer Entscheidungen auf der anderen Seite – so weit die beiden immer auseinander liegen und so wenig sie umstandslos vermengt werden dürfen – gleichwohl durch die gemeinsame Form der Kritik verbunden.

Deshalb brauchen wir, solange wir Rationalisierung nicht willkürlich abbrechen wollen, einen Gegensatz zwischen Fachuniversität und sogenannter Bildungsuniversität nicht anzunehmen. Aus dem gleichen Grund dürfen wir uns aber auch mit einer entpolitisierten Hochschule nicht abfinden. Auch Tagespolitik muß Bestandteil der universitätsinternen Öffentlichkeit sein dürfen. Ich sage das, obwohl an der Universität Frankfurt soeben ein NPD-Hochschulbund gegründet worden ist. Und ich glaube diese These vertreten zu dürfen, weil das Prinzip, durch das politische Erörterungen an Universitäten allein legitimiert sind, dasselbe Prinzip ist, das die *demokratische Form* der Willensbildung bestimmt: nämlich der Grundsatz, Entscheidungen in der Weise zu rationalisieren, daß sie, der Idee nach, von einem in herrschaftsfreier Diskussion erzielten Konsensus abhängig gemacht werden können.

III

Das ist, wie gesagt, ein Prinzip. Es ist verbindlich, aber es ist nicht wirklich. Deshalb müssen wir, wenigstens unter analytischen Gesichtspunkten, am demokratischen Willensbildungsprozeß auseinanderhalten: a) die Diskussion der Vorschläge und Begründungen und b) die Demonstration eines Willens mit Berufung auf vorangegangene Argumentationen. Soweit es sich nicht um hochschulpolitische Auseinandersetzungen zwischen Teilen der Korporation selber handelt, ist die Universität nicht der Ort, um dort einen politischen Willen zu demonstrieren.[3] Aber sie ist, wie ich meine, ein vorzüglich geeigneter Ort für die Erörterung politischer Fragen, wenn und sofern diese Diskussion grundsätzlich an dieselben Regeln der Rationalität gebunden ist, innerhalb deren sich die wissenschaftliche Reflexion bewegt. Auch läßt sich mit dem Hinweis auf diesen strukturellen Zusammenhang erklären, daß Studenten von ihren Staatsbürgerrechten einen extensiven Gebrauch machen, um außerhalb der Universität auch ihren Willen zu demonstrieren. Freilich wird dann umgekehrt ebenso verständlich, daß man von Bürgern der Universität in ihrer Rolle als Staatsbürger einen durchsichtigen Zusammenhang zwischen Demonstrationen und vorangegangenen Argumentationen erwartet.

Dieser Zusammenhang fehlt bei den meisten Demonstrationen keineswegs. Zwei Formen der Demonstration kann es geben, die ihn leugnen. Ich meine einmal den Anarchismus jener verhinderten Bombenleger, die von der Vergeblichkeit der Diskussion überzeugt

3 Natürlich muß für *hochschulpolitische* Auseinandersetzungen *innerhalb* der Korporation allen Parteien auch die Möglichkeit zugestanden werden, ihren begründeten Willen zu demonstrieren. Dabei sollten die Mittel, die die Studenten wählen, den Mitteln der Herrschaftsorganisation, der sie gegenüberstehen, komplementär sein. Eine Dauermobilisierung der Studentenschaft jedoch, die sich gegenüber bestimmten, im Prinzip durchsetzbaren hochschulpolitischen Zielen verselbständigte und allein unter dem Gesichtspunkt einer Politisierung des Bewußtseins als jakobinischer Erziehungsprozeß unterhalten würde, ließe sich *auf der Grundlage*, auf der hier Politik als ein unveräußerlicher Bestandteil universitätsinterner Öffentlichkeit gerechtfertigt wird, nicht legitimieren. Allerdings wäre ein solches Vorgehen in extremen Lagen als eine Notwehrreaktion auf die Ausschaltung der universitätsinternen Öffentlichkeit selber verständlich zu machen.

sind und nur mehr der unmittelbaren Aktion vertrauen. Indem sie von sich aus die Kommunikation abbrechen, verzichten sie auf *das* Mittel der Politik, das im Rahmen der Universität allein gerechtfertigt werden kann. Indem sie nicht mehr mit sich sprechen lassen, definieren sie sich für die anderen als bloßes Objekt – sei es der Sozialforschung oder der Psychopathologie. Wenn wir allerdings diese Form der Politisierung *untersuchen*, sollten wir uns nicht verhehlen, daß solche Studenten in einer Hochschule leben, die ihnen keine zureichenden Studiengelegenheiten bieten kann. Wir sollten bedenken, daß sie in einer Demokratie aufgewachsen sind, die selbst einen Jaspers aufscheucht – in der nämlich die äußere Politik von Rauchfahnen systematischer Verschleierung vernebelt wird und in der nach innen die Integration mit Notstandsvorbereitungen, Lohnleitlinien und schriller werdenden Tönen der Presse auf Kosten der Liberalität voranschreitet. Die Einrichtungen einer verwirklichten Demokratie wären wie verschwebende Netze, aus zerbrechlichster Intersubjektivität gewoben; statt dessen könnten unsere Institutionen eines Tages wie Ringwälle dastehen, vor denen die überlebenden Individuen nur noch bellen.

Eine andere Gruppe von Demonstranten scheint zu glauben, daß diese Zukunft schon begonnen hat. Sie brechen nicht nur die Diskussion ab, sie verleugnen auch noch die politischen Ziele. Sie leben in der Hoffnung, daß es eine Revolution, die Spaß macht, nicht nur im Film geben könnte. Was immer nach Ordnung ausschaut, provozieren sie, erst recht die Ordnungshüter. Mich bedrückt bei dieser Form von Demonstration vor allem ein Gedanke. Nehmen wir einmal an, eines Tages würde die Polizei in Berlin oder auch in München, entgegen ihrem verfassungsmäßigen Auftrag, innenpolitisch offen Partei nehmen und sich durch ihr Verhalten selbst als politischer Gegner definieren: wer sollte ihr in einer solchen Situation den gebotenen *politischen* Widerstand leisten, wenn wir uns inzwischen alle zu Provos entpolitisiert hätten?[4]

4 Eine inzwischen vom AStA der Freien Universität vorgelegte Dokumentation über das brutale Vorgehen der Polizei gegen Demonstranten auf dem Kurfürstendamm am 10. Dezember 1966 läßt es sehr zweifelhaft erscheinen, daß meine Konstruktion auf diese Vorgänge angewendet werden kann.

Das Abgleiten in Anarchismus und Provokationismus, also in Formen der politischen Selbstentmündigung, bietet nur die Folie, auf der um so deutlicher hervortritt, daß Bürger der Universität, auch in ihrer Rolle als Staatsbürger außerhalb der Universität, auf den Zusammenhang von Willenskundgebung und vorangegangener Argumentation zu achten haben. Unter dieser Voraussetzung aber muß die kritische Erörterung politischer Fragen als Bestandteil der universitätsinternen Öffentlichkeit gelten.

Diese These scheint mir durch den hier versuchten Nachweis einer immanenten Beziehung zwischen universitärem Wissenschaftsbetrieb und Kritik gestützt. Für sie läßt sich aber auch pragmatisch das Bedürfnis eines politischen Selbstschutzes der Korporation ins Feld führen. In einer nicht eben gefestigten Demokratie müssen wir mit verschleierten Notstandsfällen rechnen, die nach Interpretation der berufenen Instanzen gerade *nicht* als Verstoß gegen die Legalität anerkannt werden. In solchen Fällen arbeitet oft nur noch der Mechanismus der solidarischen Selbstverteidigung der angegriffenen Institution in ihrer Gesamtheit. Dem partikularen Interesse scheint dann nämlich durch eine akute Konvergenz mit dem allgemeinen Interesse, über den eigenen Bereich hinaus, Kraft zuzuwachsen. Die *Spiegel*-Affäre war ein Beispiel. Gegen die verletzte Pressefreiheit hat sich die gesamte Institution in seltener Einmütigkeit zur Wehr gesetzt. Eine Verletzung der Tarifautonomie würde gewiß einen nicht minder geschlossenen Protest der Gewerkschaften auslösen. Und so müßte auch, wenn jemals wieder die Verfassungsnorm, welche Freiheit von Lehre und Forschung garantiert, angetastet werden sollte, der erste Widerstand von den Universitäten selber ausgehen, Professoren und Studenten Seite an Seite. Von einer entpolitisierten Hochschule könnte ein solcher Akt der Notwehr nicht mehr erwartet werden.

Wenn wir, auch aus diesem pragmatischen Grunde, eine kritische Erörterung politischer Fragen in der Universität nicht nur zulassen, sondern fördern, dann haben Studenten natürlich erst recht teil an Diskussionen, in denen die Hochschule selbst Politikum ist. Sie haben, und niemand bestreitet das, teil an der Hochschulpolitik. Nun fordert eine aktive und gut argumentierende Minderheit der Studentenschaft seit Jahren eine Demokratisierung der Hochschule.[5] Die Ordinarienuniversität, die eine Gemeinschaft der Lehrenden mit den Lernenden fingiert, soll ersetzt werden durch eine Korporation, an deren Verwaltung alle drei Parteien beteiligt sind mit der Möglichkeit, ihre besonderen Interessen zu vertreten: die Studenten, der Mittelbau und die Professoren. Außerdem soll der Dualismus zwichen Lehrstuhlhierarchie und Institutsverwaltung überwunden werden, wobei wiederum Studenten und Nichtordinarien ihren Arbeitsplätzen entsprechend an der Verfügung über die institutionsgebundenen Mittel zu beteiligen wären. Diese Vorschläge werden zum Teil dadurch Mißverständnissen ausgesetzt, daß sie sich auf falsche Modelle, z. B. auf die Mitbestimmung der Arbeitnehmer in industriellen Unternehmen, beziehen.

Mit der Macht des Ordinarius ist es bei uns bekanntlich eigentümlich bestellt. Zwischen dem Chef einer chirurgischen Klinik und dem Direktor eines orientalistischen Seminars besteht in Einkommen und Einfluß ein vergleichbar beträchtlicher Unterschied wie zwischen einem Großindustriellen und dem traditionellen Handwerksmeister. So würden viele meiner Kollegen erstaunt fragen, welche Kompetenzen sie denn überhaupt abtreten könnten. In der Tat scheint mir die Stellung des Ordinarius gerade durch die eigentümliche Inkonsistenz seines Status, nämlich durch das Mißverhältnis zwischen dem unvergleichlichen Sozialprestige und einem verhältnismäßig bescheidenen Kompetenzbereich, ausgezeichnet zu sein. Das verringert nicht eben die Empfindlichkeiten. Aber vielleicht ist es nützlich, wenn Professoren wie Studenten sich darüber klar werden, daß nicht in erster Linie das Quantum an Verfügungsgewalt, sondern die Qualität der Macht den Anstoß erregt: nämlich eine Kategorie persönlicher Abhängigkeit *face to face*, die in fast allen übrigen Bereichen der Gesellschaft obsolet geworden ist. In Institutionen der wissenschaftlichen Lehre und Forschung genügt schon eine geringe Dosis von traditionaler Herrschaft, um peinliche Konflikte zwischen Amts- und Sachautorität offen hervortreten zu lassen.[6]

5 Maßgeblich sind die SDS-Hochschuldenkschrift und ein Reformvorschlag, den eine Kommission des VDS ausgearbeitet hat; vgl. auch Nitsch, Gerhardt, Offe, Preuß, Hochschule in der Demokratie, Neuwied 1965.

6 E. Baumgarten, Zustand und Zukunft der deutschen Universität, Tübingen 1963.

Ich kann hier die Diskussion nicht aufnehmen. Ich bin nur der Meinung, daß wir als Professoren keinen Grund haben, uns einer solchen Diskussion zu entziehen. Wenn z.B. der gegenwärtige Konflikt an der Freien Universität – dessen offener Austrag, entgegen dem Lamento eines Teiles der Presse, für das Ansehen der Universität und deren Freiheit nicht kränkend sein kann – noch zu einem politisch sinnvollen Ergebnis führen sollte, dann könnte es dieses sein: die Bildung gemeinsamer Kommissionen an den Hochschulen Berlins und der Bundesrepublik, in denen die Professoren mit Assistenten und Studenten ohne Einschränkung alle, auch die gravierenden, hochschulpolitischen Forderungen diskutieren. Über die Resultate wäre zunächst die Öffentlichkeit zu informieren.

In Berlin ist die hochschulpolitische Auseinandersetzung in ein erstes Stadium gemeinsamer Diskussion schon eingetreten. Die Studienreformkommissionen machen auch an anderen Universitäten Schule. Der Rektor der Freien Universität hat in seiner Rede zur letzten Immatrikulationsfeier eine sinnvolle Strategie vorgeschlagen: »Die deutsche Universität kann heute ihre klassische Idee nicht mehr einfach beteuern. Sie kann aber auch nicht der Aufforderung bloß nachgeben, ihre Tradition über Bord zu werfen und sich bedingungslos einer veränderten Welt anzupassen.« Die Ebene der Diskussion ist durch die Empfehlungen des Wissenschaftsrats vorgezeichnet; diese sollten nicht hintergründiger interpretiert werden, als sie gemeint sind. Mit Recht nennt der AStA-Vorsitzende, Herr Nevermann, die mangelnde finanzielle Ausstattung und die mangelnde Organisation von Lehre und Studium als die wirklichen Ursachen der Studienzeitverlängerung. Mit Recht wehrt er sich dagegen, daß die Versäumnisse von Staat und Universität durch administrative Maßnahmen auf die Schultern der Studenten abgewälzt werden. Aber ihre Stellung in der Demokratie wird unsere Hochschule nur halten, wenn ein reformiertes Grundstudium eine auch formal unanfechtbare Ausbildung auf jenem Niveau garantiert, das es den Studenten erst ermöglicht, während ihres Hauptstudiums nicht nur nominell, sondern tatsächlich an Prozessen der Forschung teilzunehmen.

Nun haben sich die Bedingungen für den Eintritt in die Einzelwissenschaften seit Humboldt erheblich verändert. Heute ist Kritik nur mehr im Durchgang durch die Selbstreflexion der Wissenschaften selber möglich; eine Universalwissenschaft in Gestalt der Philosophie gibt es nicht mehr. Deshalb setzt die kritische Aneignung des Wissens im Hauptstudium Fertigkeiten voraus, die in dem strafferen Rahmen eines Grundstudiums erworben werden müssen. Diesen Teil der Wissenschaftsrats-Empfehlungen sollten wir also schnell und wirksam realisieren – aber in der erklärten Absicht, die Kraft der Reflexion als eine gemeinsame Anstrengung *aller* Bürger der Universität ernstlich zu ermöglichen und der eilfertigen Integration einer entpolitisierten Hochschule in die sich formierende Gesellschaft mit Entschiedenheit zu begegnen.

7. Für ein neues Konzept der Hochschulverfassung

Die angekündigte Novellierung des Hessischen Hochschulgesetzes *hat meine Frankfurter Kollegen und mich veranlaßt, dem Ministerium für die Ausarbeitung des Referentenentwurfs einen Vorschlag zu unterbreiten. Unserem Gesetzentwurf haben wir Grundsätze vorangestellt und Erläuterungen beigegeben, die auf der Dokumentenseite der* Frankfurter Allgemeinen Zeitung *veröffentlicht worden sind.*

Am 20. September 1968 hat Minister Schütte Grundzüge des Referentenentwurfs für ein neues Hessisches Hochschulgesetz bekanntgegeben. Die heftige Reaktion der hessischen Rektoren hat mich zu einer Interpretation in der Wochenzeitung Die Zeit *veranlaßt.*

Meine Frankfurter Kollegen und ich haben in Form einer kritischen Auslegung des Referentenentwurfs unsere Konzeption einer neuen Hochschulverfassung noch einmal dargelegt. Der zuerst in der Frankfurter Rundschau *veröffentlichte Artikel ist für den* Spiegel *erweitert worden.*

a) (Denninger, v. Friedeburg, Habermas, Wiethölter) *Grundsätze für ein neues Hochschulrecht* (1968)

1. Die Organisation der Hochschule verbindet die Wirksamkeit einer zentralisierten Verwaltung mit einer korporativen Selbstkontrolle, die auf allen Ebenen die Transparenz der Entscheidungen sichert. Der Einheit von akademischer und wirtschaftlicher Verwaltung entspricht die Aufsicht eines Kuratoriums, in dem die Organe des Staates (und der Stadt) vertreten sind. Um eine rationale Ausübung der Selbstverwaltungsautonomie zu gewährleisten, werden im Rahmen einer Präsidialverfassung zentrale Ausschüsse mit Entscheidungskompetenzen für die Verteilung der global zugewiesenen Haushaltsmittel ausgestattet.

2. Die Willensbildung in den Organen der Selbstverwaltung wird nach Interessen der tatsächlich an Forschung und Lehre beteiligten Gruppen organisiert. Die hochschulpolitischen Einheiten des Willensbildungsprozesses sind: die Versammlung der Hochschullehrer, die Versammlung der wissenschaftlichen Mitarbeiter, das Studentenparlament (bzw. die Fachschaften).
3. Die Institutionen der fachbezogenen Selbstverwaltung werden auf der Basis der tatsächlichen Einheiten von Forschung und Lehre errichtet. Nicht Lehrstühle und Fakultäten, sondern Institute (Seminare) bzw. Kliniken und Abteilungen sind die fachbezogenen Organisationseinheiten.
4. Das Prinzip der Freiheit von Lehre, Studium und Forschung kann nicht mehr nur negativ als Abschirmung individueller Gelehrsamkeit gegen interessierte Einwirkung von außen gesichert werden. In der Hochschule und gegenüber dem Staat muß dieses Prinzip auch im Sinne von Teilhaberechten Anwendung finden. Die Autonomie der Wissenschaft kann nicht unpolitisch gewahrt werden. Sie verlangt, daß die am Lehr- und Forschungsprozeß unmittelbar beteiligten Gruppen die unvermeidlichen gesellschaftlichen Abhängigkeiten reflektieren und die gesellschaftlichen Funktionen der Wissenschaft im Bewußtsein politischer Verantwortung für Folgen und Nebenfolgen erörtern.

Die Ziele im einzelnen

1. Das Verhältnis von Hochschule und Instanzen des Staates (der Stadt) soll so geregelt werden,
– daß die Hochschule autonome, aber auf allen Ebenen legitimierte Entscheidungen über eine zweckrationale Erfüllung ihrer Aufgaben treffen kann;
– daß die Effektivität der Verwendung öffentlicher Mittel durch transparente und zweckmäßige Entscheidungsprozeduren gesichert ist;
– daß Organe des Staates (der Stadt) Kompetenzen für alle inhaltlich relevanten Entscheidungen der Hochschule überlassen, aber zugleich eine effektive Aufsicht über die Mittelverwendung führen.

Dieses Ziel kann erreicht werden:
a) durch eine Verfassung, die die Einheit von akademischer und wirtschaftlicher Verwaltung unter einem langfristig amtierenden, mit erheblichen Kompetenzen ausgestatteten, vom Konzil gewählten, von staatlichen Weisungen ebenso wie von fachgebundenen Interessen unabhängigen Präsidenten herstellt;
b) durch globale Haushaltszuweisungen;
c) durch zentrale Ausschüsse, die mit Kompetenzen für die Verteilung der Haushaltsmittel ausgestattet (und auch für Berufsverhandlungen über Sach- und Personalmittel zuständig) sind;
d) durch ein handlungsfähiges Konzil von gewählten Vertretern, das die Tätigkeit von Präsident und Senat wirksam kontrolliert;
e) durch ein Kuratorium, in dem einerseits Vertreter der zentralen Selbstverwaltung ihre Forderungen gegenüber den Repräsentanten von Landtag, Landesregierung und Stadt begründen und in dem andererseits die Organe des Staates (der Stadt) gegenüber der Hochschule eine wirksame Kontrolle ausüben.
2. In der Hochschule sollen Initiative, Willensbildung, Verwaltung und Kontrolle so geordnet werden,
– daß die hochschulpolitischen Entscheidungen auch nach Regeln eines politischen Willensbildungsprozesses zustande kommen;
– daß die Hochschule fähig ist, aus sich selbst Initiative zu einer am Erfolg kontrollierten Dauerreform zu entwickeln;
– daß eine rational verfahrende, initiativreiche, ökonomische und zur Vertretung der Hochschulinteressen fähige Verwaltung entsteht;
– daß alle relevanten Entscheidungsprozesse vor der hochschulinternen Öffentlichkeit legitimiert und von Teilkörperschaften kontrolliert werden.
Dieses Ziel kann erreicht werden:
a) durch eine gruppenspezifische Willensbildung in Versammlungen, in denen jeweils Hochschullehrer, wissenschaftliche Mitarbeiter und Studenten nach hochschulpolitischen Gesichtspunkten Fraktionen bilden und ihre Interessen zunächst untereinander klären;
b) durch ein Konzil, dessen Mitglieder von den Fraktionen der Versammlungen delegiert werden und das (auch auf Antrag von

Präsident, Senat und Kuratorium) hochschulpolitische Grundsatzentscheidungen trifft, Reforminitiativen ergreift und Experimente auswertet;
c) durch die Schaffung von zwei Kompetenzschwerpunkten (auf der Ebene der zentralen Selbstverwaltung werden der Präsident und die Ausschüsse, auf der Ebene der fachbezogenen Selbstverwaltung werden die Abteilungen[1] mit weitreichenden Kompetenzen ausgestattet);
d) durch Kontrollen, die alle relevanten Entscheidungen unter Legitimationszwang stellen (die Tätigkeit von Präsident und Senat wird vom Konzil, die Tätigkeit der Abteilungen von den Fakultätsausschüssen, die Tätigkeit der Institutsleitung von der Institutsversammlung kontrolliert);
e) durch Einrichtung von Appellationsinstanzen (z. B. für Habilitationen).
3. Die Repräsentation der hochschulinternen Gruppen soll so geregelt werden,
– daß die am Lehr- und Forschungsprozeß unmittelbar beteiligten Gruppen auf allen Ebenen auch an den Entscheidungskompetenzen teilhaben;
– daß die gruppenspezifischen Interessen angemessen zur Geltung kommen;
– daß die wechselseitige Kontrolle der Gruppen möglich ist;
– daß hochschulpolitische Fragen als politische Fragen behandelt werden können;
– daß Entscheidungen, die Fachkompetenz verlangen, nicht dysfunktionalen Willensbildungsprozessen unterworfen werden.
Dieses Ziel kann erreicht werden:
a) durch Versammlungen der Hochschullehrer, wissenschaftlichen Mitarbeiter und Studenten, die nach Maßgabe der Interessenlagen von Teilgruppen (Lehrstuhlinhaber/Nichtordinarien; wissenschaftliche Assistenten/Räte) Sektionen bilden;
b) durch eine gruppenparitätische Zusammensetzung des zentralen Organs der hochschulpolitischen Willensbildung (Konzil);
c) durch eine gruppenparitätische Grundrepräsentation auf den

1 Wir haben in späteren Veröffentlichungen die Termini »Ständige Kommission« und »Fachbereich« übernommen.

Ebenen der Institute, Abteilungen, Fakultätsausschüsse und des Senats, aber mit einschränkender Qualifikation der Beschlußmodalitäten bei Entscheidungen, die Fachkompetenz verlangen (z.B. Berufung, Habilitation);

d) durch eine variable, von den Zuständigkeiten abhängige Zusammensetzung von Kommissionen (insbesondere der zentralen Ausschüsse).

4. Autonomie und Abhängigkeit sollen für jedes Mitglied der Korporation so ausgewogen sein,

– daß alle Abhängigkeitsverhältnisse, die weder funktional noch durch Sachautorität gerechtfertigt werden können, aufgehoben werden;

– daß in Lehre, Studium und Forschung ein Produktivitätsspielraum individueller Unabhängigkeit und Selbstverantwortung gesichert ist, der der Struktur wissenschaftlichen Arbeitens genügt;

– daß die Koordinierung der Lehre (und der mit Lehre verbundenen Forschung) den legitimen Ansprüchen der Studenten auf eine Wahl zwischen flexiblen, berufsvorbereitenden Studiengängen und auf Teilnahme an Forschungsprozessen sowie an der Selbstreflexion der Wissenschaft genügt;

– daß die Koordinierung der Forschung und die Wahl der Forschungsprojekte ebenso Gesichtspunkten der Effizienz der Mittelverwendung wie den wissenschaftlichen Interessen des einzelnen Forschers genügt.

Dieses Ziel kann erreicht werden:

a) durch die organisatorische Zusammenfassung verwandter Fächer und Fachbereiche zu Abteilungen, die unter der Kontrolle der mit allgemeinen Angelegenheiten und Koordinationsaufgaben betrauten Fakultätsausschüsse über Berufung, Habilitation, Promotion und andere Prüfungen entscheiden (und sich gegebenenfalls um Mitglieder aus anderen Abteilungen erweitern oder Kompetenzen auf gemischte Kommissionen übertragen);

b) durch Institutsordnungen, die unter anderem die Wahl des Institutsleiters durch die Institutsversammlung, ferner eine öffentlich legitimierte Aufgabenverteilung und die Zuordnung der wissenschaftlichen Mitarbeiter zu Institutionen (statt zu Personen) vorsehen;

c) durch eine Planung der Studiengänge auf Abteilungs- und Institutsebene;
d) durch Forschungsplanung auf der Ebene der zentralen Ausschüsse und der Institute;
e) durch Objektivierung der Prüfungsverfahren (Öffentlichkeit, Transparenz der Anforderungen usw.);
f) durch Relativierung und Neuordnung des Habilitationsverfahrens (Öffnung paralleler Zugänge zur wissenschaftlichen Laufbahn);
g) durch Objektivierung des Berufungsverfahrens (Ausschreibung, keine Verhandlungen über Sach- und Personalmittel mit dem Ministerium);
h) durch eine periodische Trennung der Funktionen von Lehre, Forschung und Verwaltung für Hochschullehrer.

5. Die Autonomie der Wissenschaft soll so wirksam garantiert werden,
– daß die forschungsimmanenten Bedingungen des wissenschaftlichen Fortschritts und insbesondere die Voraussetzung für eine unbehinderte, von Herrschaftsbeziehungen freie Diskussion in der wissenschaftlichen Öffentlichkeit jederzeit erfüllt sind;
– daß unreflektierte gesellschaftliche Interessen und ungerechtfertigter politischer Druck nicht (auch nicht unter der Decke privatautonomer Abwehrrechte privilegierter Wissenschaftler) auf den Prozeß von Forschung und Lehre einwirken;
– daß die Wissenschaftler Aufgaben einer Selbstreflexion ihrer Wissenschaft im Sinne der kritischen Prüfung sowohl der objektiven Abhängigkeit als auch der politischen Folgen ihrer Tätigkeit explizit übernehmen.

Dieses Ziel kann erreicht werden:
a) durch die Anerkennung politischer Diskussionen als eines legitimen Bestandteiles der hochschulinternen Öffentlichkeit;
b) durch Beseitigung aller nichtlegitimierten Abhängigkeitsverhältnisse und durch wirksame Diskriminierung jeden, auch des plebiszitären Drucks auf den wissenschaftlichen Erkenntnisprozeß, insbesondere auf die wissenschaftliche Diskussion (soweit diese ihren eigenen Standards folgt);
c) durch eine auf den Ebenen der zentralen Ausschüsse, der

Abteilungen und der Institute geführte Diskussion über Ziele der Studiengänge, über Kriterien der Auswahl von Forschungsprojekten, über den sozialen Verwendungszusammenhang der wissenschaftlichen Qualifikationen und der im Forschungsprozeß erzeugten Informationen;
d) durch die Initiierung von Gegenveranstaltungen und den Entwurf von Modellen (Spielraum für Kritik und Neuerung im Lehrbetrieb und in der Forschung, soweit diese in unmittelbarem Zusammenhang mit der Lehre steht, auch wenn die Initiative von Studenten ausgeht).
6. Das Disziplinarrecht der Hochschule soll so geordnet sein,
– daß es die Funktionsfähigkeit der Hochschule sichert;
– daß es nicht zum Zweck oder mit der Folge politischer Diskriminierung angewendet werden kann;
– daß es keine Rücksicht auf die Prinzipien einer berufsständisch eingeschränkten Ethik nimmt.
Dieses Ziel kann erreicht werden:
a) durch Schaffung eines abschließenden Kataloges möglichst präziser Tatbestände des Ordnungsrechtes, wobei sorgfältig zu prüfen ist, ob neben den allgemeinen Vorschriften des Straf- und Ordnungswidrigkeitenrechtes ein besonderes universitäres Ordnungsrecht überhaupt als notwendig erscheint;
b) durch Gewährleistung eines rechtsstaatlichen Verfahrens (rechtliches Gehör, grundsätzliche Öffenlichkeit des Verfahrens, angemessene Verteidigung, notfalls durch Bestellung eines Offizialverteidigers, Schaffung einer Berufungsinstanz);
c) durch Bildung ordnungsrechtlicher Kommissionen, an denen gewählte Vertreter aller Gruppen der Universitätsmitglieder beteiligt sind, wobei die Stellung der Kommissionsmitglieder derjenigen unabhängiger Richter entsprechen muß.

Erläuterungen

Die Organe der zentralen Selbstverwaltung sind: 1. der Präsident; der Senat; die zentralen Ausschüsse, 2. das Konzil, 3. das Kuratorium, 4. die Versammlung der Hochschullehrer, die Versammlung der wissenschaftlichen Mitarbeiter, das Studentenparlament.

Die Organe der fachbezogenen Selbstverwaltung sind: 1. die wissenschaftlichen Einrichtungen (Zentralinstitute, Institute, Seminare, Kliniken), 2. die Abteilungen, 3. die gemischten Kommissionen, 4. die Fakultätsausschüsse, 5. Fachschaften.

Die Schwäche der bisherigen Selbstverwaltungsorganisation ist in dem Mißverhältnis zwischen den administrativen Anforderungen eines Großbetriebs und der begrenzten Leistungsfähigkeit einer Honoratiorenverwaltung und ferner in dem Konkurrenzverhältnis zwischen staatlicher Wirtschaftsverwaltung und akademischer Selbstverwaltung begründet. Eine in ihren Kompetenzen erweiterte Einheitsverwaltung verlangt die effektive Zusammenarbeit einer zentralisierten und starken Fachadministration mit mittelfristig amtierenden Vertretern der Hochschule. Der Typus des Hochschullehrers und des wissenschaftlichen Mitarbeiters mit Verwaltungskompetenz erfordert die periodische Trennung der Funktionen von Lehre, Forschung und Verwaltung (mit großzügigen Kompensationen durch Forschungsurlaub).

1. Der *Präsident* wird auf acht Jahre vom Konzil gewählt. Wiederwahl ist möglich. Er verfügt über einen Stab von mindestens vier hochqualifizierten Beamten mit Erfahrungen im akademischen Bereich. Dem Präsidenten untersteht die gesamte Verwaltung. Er führt den Vorsitz im Senat, im Kuratorium und in den zentralen Ausschüssen. Der Präsident ist im Rahmen der allgemeinen Rechtsaufsicht an Weisungen nicht gebunden. Er vertritt keine Fachinteressen (hat keinen Fachlehrstuhl). Er führt die Beschlüsse von Senat und zentralen Ausschüssen aus. Er gibt vor dem Konzil jährlich einen Rechenschaftsbericht.

Der *Senat* wird von den Fakultätsausschüssen gewählt. Die studentischen Mitglieder des Senats werden vom Studentenparlament gewählt. Jedes Mitglied amtiert mindestens zwei Jahre, die studentischen Mitglieder mindestens ein Jahr. Der Senat ist gruppenparitätisch zusammengesetzt. Seine wichtigste Aufgabe ist die Aufstellung und die Verabschiedung des Haushaltsplans. Er verwaltet das Vermögen der Hochschule. Er bestimmt die Stellvertreter für den Vorsitzenden in den zentralen Ausschüssen. Er übt alle Funktionen des bisherigen Senats aus.

Die *zentralen Ausschüsse* haben Planungs-, Entscheidungs- oder Aufsichtsfunktionen. Ausschüsse sind mindestens für folgende Aufgaben einzurichten: für die Verteilung der Forschungs- und Personalmittel; für Bauplanung; für Hochschulreform; für Studienförderung; für Bibliotheksfragen; für Habilitationen und Promotionen (als Appellationsinstanz). Die Mitglieder der zentralen Ausschüsse werden vom Konzil gewählt. Die gruppenspezifische Zusammensetzung variiert mit dem Zuständigkeitsbereich der zentralen Ausschüsse.

2. Das *Konzil* übernimmt die Funktionen eines Hochschulparlamentes. Es ist gruppenparitätisch zusammengesetzt und hat 120 Mitglieder. Die Mitglieder des Konzils werden von den Versammlungen bzw. vom Studentenparlament gewählt. Zu den Aufgaben des Konzils gehören: Satzung; Wahl (mit ministerieller Bestätigung) und Abwahl des Präsidenten; Wahl der Mitglieder der zentralen Ausschüsse; Kontrolle der Entscheidungen von Präsident und Senat; Grundsatzentscheidungen der Hochschulpolitik; Reforminitiativen und Auswertung von Experimenten.

Das Konzil wählt ein Präsidium, das aus drei Mitgliedern und ihren Stellvertretern besteht. Es hat das Recht, sich über die Verhandlungen im Senat und in den zentralen Ausschüssen durch den Hochschulpräsidenten umfassend unterrichten zu lassen. Es bereitet die Konzilssitzungen vor und leitet sie. Es entsendet einen Vertreter in das Kuratorium. Es kann die Pressestelle der Hochschule zur wirksamen publizistischen Vertretung von Plänen und Entscheidungen des Konzils heranziehen. Die Mitglieder des Präsidiums dürfen kein anderes Amt in der zentralen Selbstverwaltung bekleiden.

Das Konzil tritt einmal jährlich zusammen. Außerordentliche Sitzungen finden auf Beschluß des Präsidiums oder auf Antrag von mindestens der Hälfte der Konzilsmitglieder statt. Der Präsident sowie Vertreter von Senat und Kuratorium haben Sitz und Antragsrecht im Konzil.

3. Das *Kuratorium* setzt sich aus drei Vertretern des Landtages, drei Vertretern der Landesregierung und einem Vertreter der Stadt einerseits, einem Mitglied des Konzilspräsidiums, dem Hochschulpräsidenten, einem Mitglied des zentralen Ausschusses für Hoch-

schulreform sowie je einem Senator der wissenschaftlichen Mitarbeiter und der Studenten andererseits zusammen. Im Kuratorium werden der Haushaltsvoranschlag und die Finanzplanung der Hochschule begründet und geprüft. Die politischen Vertreter erhalten alle Informationen, die sie wünschen. Sie überprüfen die Zweckrationalität der Mittelverwendung und bringen Effektivitätsforderungen der Öffentlichkeit zur Geltung. Das Kuratorium tagt mindestens vierteljährlich. Es kann auf Wunsch der politischen Vertreter oder des Präsidenten jederzeit einberufen werden.

Fachbezogene Selbstverwaltung

Sie hat drei Funktionsbereiche: Ergänzung des Lehrkörpers (Berufung, Habilitation, Anstellung); Ordnung des Studiums (einschließlich der Prüfungen); Organisation der Forschung (soweit sie nicht unmittelbar durch Bedürfnisse der akademischen Lehre bestimmt ist). Die Kompetenzen der bisherigen engeren Fakultät liegen hauptsächlich im ersten Funktionsbereich. Die Reformbedürftigkeit der alten Struktur ergibt sich aus dem Mißverhältnis zwischen den formalen Zuständigkeiten der Fakultät und der tatsächlichen Kompetenz, der Informationsbereitschaft und dem begründeten Interesse ihrer Mitglieder. Die Aufgaben der Berufung, der Habilitation, der Anstellung der wissenschaftlichen Räte usw. sollen daher einer Abteilung übertragen werden, die aus Vertretern homogener Fachbereiche zusammengesetzt ist.

Die Organisation des fachbereichsgebundenen Studiums ist Sache der Institute (Seminare) bzw. der Kliniken. Die Organisation berufsbezogener Studiengänge (und Studienabschlüsse) greift hingegen über die Grenzen einzelner Institute und (in der Regel auch) einzelner Abteilungen hinaus. Für diese Fragen werden wegen der von den akademischen Berufszielen bestimmten Vielfalt der Kombinationen gemischte Kommissionen gebildet.

Die Organisation der Forschung ist, soweit sie nicht nur peripher mit Lehre und Studium zusammenhängt, an die Institutsarbeit gebunden. Für die von Bedürfnissen der akademischen Lehre unabhängigen Forschungen können hingegen zentrale Einrichtungen geschaffen werden. Diese Zentralinstitute dienen einer problem- oder methodenorientierten Zusammenfassung von Forschungsprojekten aus verschiedenen Fachbereichen.

1. *Institute* (Seminare) geben sich eine Ordnung, die folgende Grundsätze berücksichtigt (Kliniken bedürfen einer besonderen Regelung). Organe des Instituts sind: der Institutsdirektor, die Institutsleitung, die Institutsversammlung. Der Institutsdirektor wird aus dem Kreise der Hochschullehrer von der Institutsversammlung gewählt. Er bedarf zu seiner Wahl der Mehrheit der Stimmen der Hochschullehrer. Der Direktor führt die Geschäfte des Instituts. Dabei wird er von je einem gewählten Vertreter der wissenschaftlichen Mitarbeiter und der Studenten unterstützt. Alle drei bilden die Institutsleitung. Der Institutsversammlung gehören an: alle am Institut arbeitenden Hochschullehrer; alle wissenschaftlichen Mitarbeiter des Instituts (sie verfügen aber nur über eine gleiche Zahl stimmberechtigter Mitglieder, wobei die Relationen zwischen ihren Teilgruppen angemessen zu berücksichtigen sind); Studentenvertreter in gleicher Anzahl (diese werden von der Fachschaft gewählt). Es gehört zu den Rechten und Aufgaben der Institutsversammlung, über folgende Fragenkomplexe zu beraten und mit einfacher Mehrheit zu entscheiden: Ausführung der Prüfungs- und Studienordnungen; Prioritäten bei der Anschaffung von Büchern und Geräten; Bibliotheksordnung; allgemeine Richtlinien für die Verwendung anderer Institutsmittel (Reisekosten, Exkursionen, Gastvorträge usw.); Aufgabenverteilung für wissenschaftliche Mitarbeiter und Hilfskräfte; Raumverteilung. Über Personalfragen, soweit sie in die Zuständigkeit der Institutsleitung fallen, und über allgemeine Richtlinien für die Verwendung von Forschungsmitteln kann nicht gegen den Willen der Mehrheit der Hochschullehrer entschieden werden. Die wissenschaftlichen Mitarbeiter sind unmittelbar dem Institut zugeordnet. Wissenschaftlichen Assistenten soll in der Regel die Hälfte der Arbeitszeit für eigene wissenschaftliche Arbeiten zur Verfügung stehen.

2. *Abteilungen* sollen verwandte Fachbereiche zusammenfassen. Ihr Umfang muß so begrenzt sein, daß, bei Erhaltung der Arbeitsfähigkeit des Gremiums, Hochschullehrer kraft Amt der Abteilungsversammlung angehören können. Organe der Abteilung sind:

der Dekan und die Abteilungsversammlung. Der Dekan wird aus dem Kreise der Direktoren der zugehörigen Institute gewählt. Der Abteilungsversammlung gehören an: alle hauptamtlichen Hochschullehrer, die an den zugehörigen Instituten arbeiten; eine jeweils gleiche Anzahl von wissenschaftlichen Mitarbeitern und Studentenvertretern. Die Abteilungsversammlung übernimmt die Rechte und Aufgaben der bisherigen engeren Fakultät. Sie berät und entscheidet insbesondere über Angelegenheiten: der Berufung; der Habilitation; der Promotion; anderer Prüfungen und Studienordnungen. Bei Berufungs- und Habilitationsangelegenheiten kann die Abteilung um stimmberechtigte Mitglieder aus benachbarten Abteilungen erweitert werden. In diesen Angelegenheiten kann nicht gegen den Willen der Mehrheit der Hochschullehrer entschieden werden.

3. Für Fragen der berufsbezogenen Studiengänge, von denen mehrere Abteilungen betroffen sind, überträgt die Abteilung ihre Kompetenzen auf *gemischte Kommissionen*. Diese Kommissionen werden aus Mitgliedern der zuständigen Abteilungen ad hoc gebildet (Beispiel: Lehrerbildungskommission). Sie setzen sich gruppenparitätisch zusammen und entscheiden mit einfacher Mehrheit.

4. Der *Fakultätsausschuß* wird von den Versammlungen der zugeordneten Abteilungen gewählt. Er setzt sich gruppenparitätisch aus jeweils drei Mitgliedern der zugehörigen Abteilungen zusammen. Zu seinen Aufgaben gehören: gemeinsame Angelegenheiten (wie Ehrenpromotion, Preisverteilung, Druckkostenzuschüsse); Koordinierung der Arbeit der Abteilungen, Beaufsichtigung von Berufungen, Habilitationen, Anstellungen (der Fakultätsausschuß kann die Hinzuziehung abteilungsfremder Experten mit Stimmrecht auch gegen den Wunsch der zuständigen Abteilung veranlassen).

Das Verhältnis der Organe der fachbezogenen Selbstverwaltung wechselt nach fakultätsspezifischen Bedingungen. So kann z. B. ein Institut zugleich die Aufgaben einer Abteilung, eine Abteilung die Aufgaben eines Fakultätsausschusses übernehmen.

Der Normalfall ist die Sektionsabteilung. Sie besteht aus zwei bis drei Instituten mittlerer Größenordnung und verwandter Fachorientierung. Vier bis sechs solcher Abteilungen, die ihrerseits strukturelle Gemeinsamkeiten haben, sind einem Fakultätsausschuß untergeordnet. Nach diesem Modell dürfte sich am zwanglosesten die naturwissenschaftliche Fakultät gliedern lassen. Die juristische Fakultät und die wirtschafts- und sozialwissenschaftliche Fakultät weichen von jenem Modell ab, weil sich hier nur ein oder zwei Abteilungen ergeben. Im extremen Fall decken sich Abteilung und Fakultät. Eine solche Fakultätsabteilung bildet aus sich einen Fakultätsausschuß (die Neugliederung erstreckt sich dann in erster Linie auf die Reorganisation und Zusammenfassung der Fachbereiche).

Für die philosophische Fakultät bieten sich in einigen Fällen Institutsabteilungen, in anderen Seminarienabteilungen an. Wenn Institute (z. B. des Fachbereichs Geschichte) die Größenordnung von Abteilungen erreichen, übernimmt der Institutsdirektor gleichzeitig die Aufgabe des Abteilungsdekans und die Institutsversammlung die Funktion der Abteilungsversammlung. Eine Seminarienabteilung umfaßt andererseits eine größere Zahl kleiner und in ihrer Fachorientierung eher auseinanderstrebender Institute. In den klinischen Fächern der medizinischen Fakultät werden sich in manchen Fällen Klinikabteilungen als die beste Organisationsform anbieten.

b) Heilige Kühe der Hochschulreform
(1968)

Die Regierungen in Paris und Rom schicken sich an, die Studentenproteste zu beantworten – mit einer tief in die inneren Strukturen der Hochschulen eingreifenden Reform. Auch in der Bundesrepublik gibt es einige Anzeichen dafür, daß es – innerhalb des kulturföderalistisch eingeengten Handlungsspielraums – noch zu einer Veränderung des Hochschulsystems kommt, die das bescheidene Maß der bislang üblichen Routineanpassungen an den alten und der halbherzigen Experimente an den neuen Hochschulen sprengen könnte.

Der Wissenschaftsrat hat so lange neuen Wein in alte Schläuche gegossen, bis diese geplatzt sind. Nun nimmt er *post festum* in Angriff, womit er vor Jahren hätte beginnen sollen: Empfehlungen zur Organisation der Hochschulselbstverwaltung. Immerhin ist der Wissenschaftsrat das einzige Gremium, dessen Wort nicht Schall und Rauch gewesen ist.

Ferner hat es vor einigen Monaten einen Bericht der Rektorenkonferenz von Nordrhein-Westfalen gegeben. Nachdem bereits die Godesberger Rektorenerklärung Reformbereitschaft grundsätzlich bekundet hatte, haben in diesem Papier acht Rektoren eines Landes ihren Willen zu weitreichenden Veränderungen der inneren Struktur der Hochschule erklärt. Bisher haben Rektoren eher dazu geneigt, auf den gesunden Kern der deutschen Universität zu schwören.

Schließlich hat in der vergangenen Woche der hessische Kultusminister, Professor Ernst Schütte, einen aufsehenerregenden Referentenentwurf für ein neues Hochschulgesetz angekündigt. Er ist erst in Grundzügen bekannt; doch ist jetzt schon zu sehen, daß damit für die innere Organisation der Hochschule ein ungewöhnliches Modell geschaffen wird. Wenn dieser Entwurf den Landtag passiert, dürften fortan konventionelle Hochschulgesetze vom Typ des soeben in Baden-Württemberg verabschiedeten unwahrscheinlich sein.

Diese Planungen, Berichte und Entwürfe, die ich ihrer Realisierungschancen wegen für beachtlich halte, decken sich, soweit das heute schon zu beurteilen ist, keineswegs in ihren Intentionen. Aber eines haben sie gemeinsam: sie schlachten heilige Kühe. Nun ist nicht Reform an sich wünschenswert, sondern eine vernünftige Reform. Wir sollten deshalb achtgeben, daß nicht die falschen Kühe geschlachtet und die falschen heilig gehalten werden.

Vier Probleme sind es, die jetzt zur Diskussion und, wie es scheint, nicht nur zur Diskussion stehen: Honoratiorenverwaltung und Hochschulautonomie; Demokratisierung der Hochschule; Abschaffung der Fakultäten; Hochschulgesamtplanung.

Heute besteht Einigkeit darüber, daß die schwerfällige und berufsständisch belastete Honoratiorenverwaltung durch eine initiativreiche, ökonomisch arbeitende, durch eine zur Vertretung der Hochschulinteressen fähige und effektive Verwaltung abgelöst werden soll. Das verlangt auf der Ebene der zentralen Selbstverwaltung, die bisher in Rektor und Senat verkörpert war, eine stärkere Konzentration der Kompetenzen.

Gegenüber der Zwischenlösung eines mittelfristig amtierenden Dreierkollegiums von Hochschullehrern scheint sich heute die Konstruktion eines langfristig amtierenden Präsidenten, der nicht Hochschullehrer sein muß, durchzusetzen. Damit ist zugleich die Vereinigung der beiden bisher konkurrierenden Hochschulverwaltungen verbunden: die Wirtschaftsverwaltung wird aus dem unmittelbaren Kompetenzbereich der Staatsverwaltung ausgegliedert und im Rahmen einer Präsidialverfassung mit der akademischen Selbstverwaltung zusammengeschlossen. Schließlich sollen die Organe der Hochschule den für eine zentrale Planung des Lehr- und Forschungsprozesses notwendigen Spielraum dadurch erhalten, daß sie über globalisierte Haushaltsmittel verfügen und an Stelle des Ministeriums selber die Berufsverhandlungen über Sach- und Personalmittel führen können.

Freilich gehen die Vorstellungen über das Verhältnis der einzelnen Organe innerhalb der in ihren Kompetenzen erweiterten Selbstverwaltung weit auseinander. Auf der einen Seite besteht die Gefahr, daß das Modell der wirtschaftlichen Betriebsführung von der Industrie unvermittelt auf die Hochschule übertragen wird; der Präsident gewinnt dann die überragende Stellung eines Großmanagers, der die gesamte administrative Arbeit den erleichtert in ihren »Privatbereich« von Lehre und Forschung zurückkehrenden Hochschulmitgliedern abnimmt. Die Scheinrationalität einer solchen Arbeitsteilung ruft Abwehrreaktionen hervor, die nun ihrerseits die Gefahr mit sich bringen, daß die Rationalisierungschancen einer gestrafften Verwaltung den narzißtischen Empfindlichkeiten der alten Kollegialorgane geopfert werden. Darum haben sich die nordrhein-westfälischen Rektoren nicht zur Preisgabe der Rektoratsverfassung entschließen können – diese soll nur horizontale Anbauten erhalten.

Mir scheint, daß die besseren Argumente für einen vom Konzil gewählten Präsidenten sprechen, der als Vorsitzender des Senats und der ständigen Kommissionen eine starke Stellung hat, gleichzeitig aber unter Kooperationszwang steht. Im Senat muß er sich mit den akademischen Vertretern der fachbezogenen Selbstverwaltung, in den ständigen Kommissionen mit den Vertretern des Konzils einigen. Er ist an die Beschlüsse dieser Organe gebunden.

Freilich sieht dieses Modell vor, daß der starken Hochschulbürokratie mittelfristig amtierende akademische Vertreter mit gewissen administrativen Fähigkeiten gegenüberstehen. Dieser neue Typus von Hochschullehrer und Assistent kann ohne eine gesetzlich ermöglichte periodische Trennung der heute gleichzeitig ausgeübten Funktionen von Lehre, Forschung und Verwaltung allerdings nicht entstehen.

Ebenso umstritten wie die Probleme, die uns eine gescheiterte Honoratiorenverwaltung hinterlassen hat, ist die Autonomie der Hochschule gegenüber Staat und Gesellschaft. Die Hochschulen der Bundesrepublik sind aus dem Zusammenbruch des Naziregimes mit gestärkten Selbstverwaltungspositionen hervorgegangen. Die Apologeten der besten Humboldtschen Traditionen konnten eine weitreichende Autonomie überzeugend mit dem Hinweis auf die Zeit der politischen Unterdrückung rechtfertigen. Deshalb blieb der andere Zusammenhang der Selbstverwaltungsstruktur mit der spezifischen Unfähigkeit unserer Hochschulen, aus sich selbst heraus Reforminitiativen zu entfalten, lange verdeckt.

Heute, da die keineswegs nur selbstverschuldeten Dysfunktionalitäten des Lehrbetriebs auf der Hand liegen, mehren sich hingegen Stimmen, die die Unbeweglichkeit der Hochschulen unmittelbar mit deren Autonomie in Zusammenhang bringen und eine stärkere Disziplinierung von außen verlangen – allen voran Repräsentanten der Wirtschaft. Wenn nun gar der Kompetenzbereich der Hochschule gegenüber der staatlichen Verwaltung noch erweitert werden soll, wie es auch unter Gesichtspunkten der Effizienz sinnvoll ist, müssen dann nicht erst recht die Kontroll- und Ordnungsbefugnisse des Staates ausgedehnt werden?

An einigen Orten wird deshalb die Konstruktion eines Beirats oder eines Kuratoriums erwogen, das Disziplinierungsfunktionen übernehmen soll. Eine dieser Konstruktionen sieht beispielsweise vor, daß das Kuratorium jedesmal dann in schiedsrichterlicher Funktion entscheidet, wenn sich Präsident und Senat nicht einigen können. Solange ein Einigungszwang nicht innerhalb der zentralen Selbstverwaltung institutionalisiert ist, kann auf diesem Wege permanent von außen in die Hochschule hineinregiert werden.

Pläne dieser Art gehen, wie ich meine, auf eine falsche Überlegung zurück. Nicht die Hochschulautonomie als solche, sondern die quasi feudalistischen inneren Strukturen der Hochschule, die durch Selbstverwaltungsimmobilismus nur gefestigt werden, hemmen hochschulintern die zweckrationale Erfüllung von Lehr- und Forschungsfunktionen. Deshalb sollten die Organe des Staates den Organen der Hochschule für alle inhaltlich relevanten Entscheidungen die Kompetenz überlassen und über eine effektive Aufsicht hinaus keine Ordnungsfunktionen beanspruchen; gleichzeitig müßte dann freilich die innere Struktur der Hochschule so beschaffen sein, daß transparente und zweckmäßige, auf allen Ebenen legitimierte Entscheidungsprozeduren überzeugende Garantien für die Verwendung öffentlicher Mittel darstellen.

Im übrigen ist die modische Vorstellung verbreitet, daß dem Kuratorium »bedeutende Persönlichkeiten des öffentlichen Lebens« angehören sollen. So soll das Kuratorium Bindeglied zwischen Hochschule und Gesellschaft werden. Verhängnisvoll wäre es aber, wenn dadurch ein direkter Einfluß gesellschaftlicher Kräfte auf Haushalt, Lehre und Forschung institutionalisiert würde. Denn die Unabhängigkeit der »unabhängigen Persönlichkeiten« kann doch nur bedeuten, daß die Interessengruppen, für die sie stehen, einer klaren demokratischen Legitimation entbehren. Wenn es hingegen nur um die Herstellung von Kontakten, um die Aufnahme von Anregungen und Initiativen gehen sollte, dürfte der Beirat keine Entscheidungskompetenzen haben. Die liberale Vorstellung schließlich, daß Vertreter des öffentlichen Lebens eine Art Pufferzone zwischen Hochschul- und Staatsbürokratie bilden könnten, scheint mir nicht sehr realistisch zu sein. Auf jeden Fall müßten dann aber die »Unabhängigen« von den drei Gruppen der Universität gewählt werden.

Die hochschulpolitischen Auseinandersetzungen innerhalb der Korporation entzünden sich nun nicht so sehr am Aufbau der zentralen Selbstverwaltung als an der massiv vorgetragenen Forderung nach einer Demokratisierung der Universität. Die nordrhein-westfälischen Rektoren beantworten diese Forderung mit dem Konzept einer entschieden unpolitischen Hochschule. Danach beruht die Verwaltung gesellschaftlicher Teilfunktionen nicht auf politischen, sondern ausschließlich auf sachlichen Entscheidungen. Wenn aber die Hochschulselbstverwaltung in diesem Sinn in erster Linie Sachverwaltung ist, kann eine Beteiligung der wissenschaftlichen Mitarbeiter und der Studenten allenfalls unter dem Gesichtspunkt der Integration aller Mitglieder einer Hochschule in Betracht kommen. Die Vertretung der nicht habilitierten Mitglieder in den Selbstverwaltungsorganen dient dann nicht der Demokratisierung, sondern einer Art vorbeugender Disziplinierung im eigenen Hause. Dieses Konzept der Hochschulverwaltung als Sachverwaltung geht auf fragwürdige Traditionsbestände des 19. Jahrhunderts zurück. Heute stützt es sich auf ein verbreitetes technokratisches Bewußtsein. Es ist schlicht eine Ideologie.

Soweit ich sehe, haben drei Vorurteile in dieser Diskussion ein besonderes Gewicht. Zunächst hat es den Anschein, als stelle die sogenannte Demokratisierung der Hochschule die Effektivität der Verwaltung in Frage. In Wirklichkeit führt sie diese Effektivität erst herbei. Denn sie bedeutet die Organisation der Willensbildung nach den verschiedenen Interessen der an Forschung und Lehre tatsächlich beteiligten Gruppen. Demokratisierung dient der wechselseitigen Kontrolle dieser Gruppen. Und sie bietet eine Garantie dafür, daß alle relevanten Entscheidungsprozesse vor der hochschulinternen Öffentlichkeit legitimiert und von Teilkörperschaften wirksam kontrolliert werden.

Sodann besteht die Auffassung, als stelle die sogenannte Demokratisierung der Hochschule die Funktionalität von Entscheidungen in Frage. In Wahrheit sorgt sie erst dafür, daß hochschulpolitische Entscheidungen auch nach Regeln eines politischen Willensbildungsprozesses zustande kommen. Das gilt in erster Linie für die Grundsatzfragen, die das Konzil behandelt. Das gilt aber auch für alle Gegenstände auf den übrigen Ebenen der Selbstverwaltung, die

keineswegs aufgrund von Expertenwissen allein zwingend erledigt werden können, auch wenn selbstverständlich Fragen wie Habilitation und Berufung fachspezifischen Sachverstand voraussetzen.
Schließlich scheint es sich so zu verhalten, als stelle die sogenannte Demokratisierung der Hochschule die Autonomie von Lehre und Forschung in Frage. Auch das ist nicht der Fall. Das Prinzip der Freiheit von Lehre und Forschung kann heute nicht mehr nur negativ als Abschirmung individueller Gelehrsamkeit gegen interessierte Einwirkung von außen gesichert werden. Es muß auch im Sinne von Teilhaberechten Anwendung finden. Die Autonomie der Wissenschaft kann nicht unpolitisch gewahrt werden. Erst die Diskussion über Ziele der Studiengänge, über Kriterien der Auswahl von Forschungsprojekten, über den sozialen Zusammenhang der wissenschaftlichen Qualifikationen und der im Forschungsprozeß erzeugten Informationen kann die an Lehre und Forschung unmittelbar beteiligten Gruppen instand setzen, vermeidbare und unvermeidbare gesellschaftliche Abhängigkeiten zu reflektieren.
Mit guten Gründen führt deshalb der hessische Referentenentwurf das Konzil als ein handlungsfähiges Gremium der hochschulpolitischen Willensbildung und der Kontrolle ein. Seine Mitglieder werden zu gleichen Teilen von der Vereinigung der Hochschullehrer, von der Vereinigung der wissenschaftlichen Mitarbeiter und vom Studentenparlament gewählt. An den übrigen Organen sollen die drei Gruppen in einem Verhältnis von 5:3:2 teilnehmen.
Es wäre zu erwägen, ob diesem starren Schlüssel nicht eine gruppenparitätische Grundrepräsentation auf allen Ebenen vorzuziehen wäre. Sie könnte mit einschränkenden Beschlußmodalitäten bei den Fragen, die Fachkompetenz voraussetzen, verbunden werden.
Die hessischen Rektoren haben auf Schüttes Entwurf aus einem eigentümlich beschränkten Blickwinkel reagiert. Ihre affektive Abwehr richtet sich gegen die paritätische Zusammensetzung des Konzils. Wenn man bedenkt, daß in diesem Gremium die Wahl des Präsidenten, die Wahl der Mitglieder der ständigen Kommissionen, Satzungsänderungen, hochschulpolitische Grundsatzfragen und Reforminitiativen verhandelt und entschieden werden, dann ist nicht recht einzusehen, warum in diesem Kompetenzbereich Pro-

fessoren vor ihren wissenschaftlichen Mitarbeitern und den Studentenvertretern durch Sachverstand privilegiert sein sollen.

c) (Denninger, v. Friedeburg, Habermas, Wiethölter) ein Beitrag zur Diskussion des hessischen Hochschulgesetzentwurfs (1968)

Der nordrhein-westfälische Ministerpräsident Kühn wird den Hochschulgesetzentwurf seines Kultusministers vorerst zurückhalten. Er beruft sich auf den Wunsch des Wissenschaftsrats, der Empfehlungen zur Verwaltungsorganisation der Hochschulen erarbeitet hat und auf die Landesregierungen mit dem Ziel einer bundeseinheitlichen Regelung Einfluß nehmen möchte.

Es bedarf keiner großen Phantasie, um sich vorzustellen, wie auch der hessische Kultusminister vom Wissenschaftsrat bedrängt wird: Minister Schütte hat schon Anfang Oktober einen Hochschulgesetzentwurf vorgelegt, dessen Intention von den Plänen des Wissenschaftsrats abweicht. Allen voran ist Bundesminister Stoltenberg daran interessiert, dem Wissenschafts- und Bildungsrat einen Status zu geben, der in zentralen Angelegenheiten der Bildungspolitik den Willensbildungsprozeß der Länderparlamente durch sogenannte Expertenentscheidungen präjudizieren müßte.

Am Beispiel des hessischen Hochschulgesetzentwurfs möchten wir zeigen, daß diese schwierige Materie gewiß Sachverstand und kompetentes Urteil verlangt – daß aber die Empfehlungen von Experten gerade hier eine Entscheidung zwischen politisch folgenreichen Alternativen einschließen. Das Votum des Wissenschaftsrats ist gewichtig, aber es ist unvermeidlich eine politische Entscheidung. Nach den bisher bekannt gewordenen Überlegungen zu urteilen, ist es ein Votum dafür, die Hochschulen unter Kuratel zu stellen.

Die Länder sollten sich durch eine absichtsvoll wiederbelebte Föderalismuskritik nicht gerade in dem Augenblick einschüchtern lassen, wo der Föderalismus seine Vorzüge erweisen kann. Denn neue Modelle, die gegen eingesessene Interessen durchgesetzt

werden müssen, können eher in einzelnen Ländern mit günstigen Konstellationen als bundeseinheitlich verwirklicht werden.
Hochschulgesetze werden auch in Berlin, in Hamburg, in Bayern und in Rheinland-Pfalz vorbereitet. Regierungen, Parteien und unabhängige Gruppen präsentieren eigene Hochschulgesetzentwürfe. Darin sind gemeinsame Elemente zu finden: die Präsidialverfassung etwa, die Beteiligung von wissenschaftlichen Mitarbeitern und Studenten an der Selbstverwaltung, die Ablösung der Fakultäten durch Fachbereiche. Aus dem alten Bestand bleiben Senat und Konzil, wenigstens dem Namen nach, erhalten.
Diese Verbindung von neuen Elementen mit einigen Namen alter Institutionen erweckt den Eindruck, als bestünde im großen und ganzen ein Konsensus über die Richtung des Reformkurses. Davon kann keine Rede sein. Soweit die Reformansätze überhaupt mehr als ein Herumtappen ohne Konzeption erkennen lassen, zeichnen sich verschiedene, oft gegensätzliche Intentionen ab.
Reformvorschläge sind Antworten auf Schwächen, die es einer Institution unmöglich machen, ihre Probleme zu lösen. Die Schwächen der akademischen Selbstverwaltung sind trotz der partiellen Anpassung seit Beginn der 60er Jahre offensichtlich. Wir möchten an vier kritische Gesichtspunkte erinnern.
1. Mangelnde Effizienz der Verwaltung. Die Honoratiorenverwaltung ist den Erfordernissen eines Großbetriebes von der Ausdehnung einer normalen Hochschule mit ihren zehn- bis zwanzigtausend Studenten, mit ihren komplizierten Forschungseinrichtungen und riesigen Kliniken nicht mehr gewachsen.
2. Immobilismus der Entscheidungsgremien. Die Kollegialorgane, in denen allein oder fast ausschließlich Professoren vertreten sind, arbeiten nach dem Prinzip gegenseitiger Rücksichtnahme. Sie sind nicht in der Lage, Prioritätsentscheidungen zu fällen und die Initiative zu Neuerungen zu ergreifen.
3. Hierarchische Verfestigung der Autoritätsstrukturen. Die Entscheidungsprozesse in der Hochschule sind nicht transparent und nicht hinreichend legitimiert. Die Folge ist ein undurchsichtiger und lähmender Partikularismus im Innern und die Unfähigkeit, Gesamtinteressen der Hochschule nach außen wirksam zu vertreten.

4. Unproduktivität des Lehr- und Forschungsbetriebes. In den Massenfächern kann die Funktion der Vorbereitung auf akademische Berufe nicht mehr ausreichend erfüllt werden. Die destruktiven Folgen für den Forschungsprozeß sind nicht ebenso sichtbar, aber langfristig unvermeidlich. Studienziele und Forschungsprojekte wuchern mehr oder weniger »naturwüchsig«.

– Solche pauschalen Vorwürfe treffen gewiß nicht alle Bereiche. Sie vernachlässigen überdies den Umstand, daß einige der schwierigsten Probleme weder durch Verschulden der Hochschule entstanden sind noch von ihnen allein gelöst werden können. Aber jene Kritik bezeichnet doch die strukturellen Schwächen der Hochschule, mit denen es jede Reform heute aufnehmen muß. Nun werden freilich die Schwächen verschieden interpretiert; und die Interpretationen bestimmen verschiedene Richtungen der Reform. Drei Intentionen zeichnen sich ab.

Die *erste* Gruppe von Reformvorschlägen enthält Elemente, die die Absicht einer Disziplinierung der Hochschule von außen erkennen lassen. Die Präsidialverfassung soll diesen Vorstellungen zufolge nicht nur die Effizienz der Verwaltung sichern, sondern zugleich der Arm sein, mit dem ein der Hochschule übergeordnetes Kuratorium aus Vertretern des Staates und der Öffentlichkeit die widerwillige Korporation auf Vordermann bringt. Diese Konzeption, der der Wissenschaftsrat nicht fernsteht, kommt Interessen der gewerblichen Wirtschaft entgegen.

Eine *andere* Gruppe von Reformvorschlägen enthält Elemente, die die Absicht der Selbstdisziplinierung einer entpolitisierten Hochschule erkennen lassen. Eine in ihren Selbstverwaltungskompetenzen erweiterte und nach außen defensiv abgeschirmte Hochschule soll unter dem Regiment der durch Sachverstand privilegierten Hochschullehrer nach funktionalen Bedürfnissen reorganisiert werden. Diese Konzeption, die in dem Plan der nordrhein-westfälischen Rektoren ausgearbeitet ist, kommt Interessen der Hochschullehrer, freilich ohne Rücksichtnahme auf traditionalistische Lieblingsvorstellungen, entgegen.

Beide Reformvorstellungen treffen sich in dem technokratischen Bewußtsein, daß Hochschulangelegenheiten unpolitische Sachfragen sind.

Mit dieser Ideologie, daß Wissenschaftsverwaltung ausschließlich Sachverwaltung sei, bricht das *dritte* Konzept. Ihm liegt eine einfache Idee zugrunde. Die Hochschule kann nur dann ihre Handlungsfähigkeit zurückgewinnen und ihren Autonomiespielraum ebenso sachverständig wie initiativreich ausschöpfen, wenn die Reform sowohl das funktionale Bedürfnis nach einer starken und ökonomischen Verwaltung als auch die praktische Notwendigkeit berücksichtigt, die hochschulpolitisch folgenreichen Entscheidungen im eigenen Haus zu treffen und auf breiter Grundlage zu legitimieren. Der vom hessischen Kultusminister Schütte vorgelegte Entwurf enthält Elemente, die für die Verwirklichung des Konzepts einer zugleich funktionsfähigen und demokratischen Hochschulselbstverwaltung erforderlich sind. Dieses Konzept ist freilich in dem Entwurf nicht klar formuliert.

Der Entwurf sieht eine *Präsidialverfassung* vor, die die Schwächen der bisherigen Honoratiorenverwaltung vermeidet und den unfruchtbaren Dualismus von wirtschaftlicher und akademischer Verwaltung beendet. Die starke Stellung des Präsidenten gewährleistet eine rational verfahrende und zur effektiven Vertretung der Hochschulinteressen fähige Administration.

Wenn die Einheitsverwaltung, zusammen mit der Globalzuweisung der Haushaltsmittel, eine sinnvoll in Anspruch genommene Autonomie der Hochschule ermöglichen soll, darf allerdings der Präsident lediglich *ein* Bestandteil der zentralen Selbstverwaltung sein. Er darf keine Koalitionschancen mit Kräften außerhalb der Universität haben. Er muß unter dem institutionellen Zwang stehen, sich mit den akademischen Vertretern der Hochschule zu einigen. Er darf nicht in Versuchung geführt werden, sich mit Mehrheiten des Kuratoriums zu verbünden und gegen die Hochschule zu regieren. Diese Gefahr ist im Entwurf nicht mit wünschenswerter Konsequenz ausgeschlossen. Überdies finden sich darin noch bedenkliche Reste des Verwaltungsdualismus, von dem sich die Regierung nur zögernd, mit Angst vor der eigenen Courage, löst.

Das neue *Konzil* behält vom alten nicht viel mehr als seinen Namen. Es wird ein handlungsfähiges parlamentarisches Gremium von gewählten Vertretern der drei am Lehr- und Forschungsprozeß beteiligten Gruppen sein. Es vereinigt Repräsentanten der Hochschullehrer, der wissenschaftlichen Mitarbeiter und der Studenten nach einem Wahlmodus, der es erlaubt, Fraktionen, die immer schon bestanden haben, formell und in aller Öffentlichkeit zu bilden. Zum erstenmal in der deutschen Universitätsgeschichte können hier hochschulpolitische Grundsatzfragen auch nach Regeln eines politischen Willensbildungsprozesses entschieden werden.

Die Angelegenheiten, die das Konzil verhandelt, verlieren den Schein unpolitischer Sachfragen und werden den partikularistisch bestimmten Zufallsentscheidungen einseitig zusammengesetzter und nicht öffentlicher Kollegialorgane entzogen. Die hochschulpolitische Schlüsselstellung des Konzils verlangt freilich über die Regelungen des Entwurfs hinaus klare Kompetenzen bei Wahl und Abberufung des Präsidenten und eine klare Definition seiner Zuständigkeit für Grundsatzentscheidungen.

Das Kernstück der Reform, das der Entwurf nicht als solches kenntlich macht, ist die Einrichtung von Organen, die ohne Vorbild sind: die *Ständigen Kommissionen*. Hier sollen unter dem Vorsitz des Präsidenten Abgeordnete des Konzils die für die Entwicklung der Hochschule zentralen Entscheidungen treffen. Die Konstruktion ist so angelegt, daß diese Kommissionen aller Voraussicht nach tatsächlich in der Lage sein werden, jene schmerzlichen Prioritätsentscheidungen sachkompetent und unabhängig von Fachbereichsegoismen zu fällen, zu denen die akademische Selbstverwaltung bislang unfähig war.

Zwei Umstände sprechen für diese Erwartung. Einmal werden die Mitglieder der Ständigen Kommissionen nicht von den Fachbereichen oder von den Repräsentanten der Fachbereiche im Senat, sondern vom zentralen Organ der hochschulpolitischen Willensbildung, eben vom Konzil selbst, bestimmt. Sie sind deshalb so weit von den Fachbereichen entfernt, daß sie Pressionen von dieser Seite am ehesten Widerstand leisten können. Zum anderen haben sich die Delegierten schon bei der Wahl zum Konzil aufgrund ihrer Informiertheit, ihres sachlichen Interesses und ihrer allgemeinen politischen Fähigkeiten qualifizieren müssen. Darum besteht Aussicht, daß sie sich in die Verwaltungsmaterie einarbeiten und vom

Gesamtinteresse der Hochschule, nicht aber von partiellen Gesichtspunkten leiten lassen. Mit der Funktionsfähigkeit der Ständigen Kommissionen steht und fällt die Handlungsfähigkeit einer autonomen Hochschule – und daher die Reform als ganze.
Hochschulpolitisch aufgeklärte Entscheidungen im Gesamtinteresse der Hochschule können aber die Ständigen Kommissionen nur dann fällen, wenn sie nicht, wie der Entwurf vorsieht, den Präsidenten bloß beraten, sondern echte Entscheidungsbefugnisse bei der Aufstellung des Haushaltsvoranschlages und der Strukturplanung erhalten. Sie dürfen nicht dadurch entmutigt werden, daß jene Kompetenzen dem der Hochschule aufgesetzten Kuratorium vorbehalten sind.
Nur wenn im *Kuratorium* nicht schon die hochschulinternen Beschlüsse präjudiziert werden, kann der Partikularismus, kann vor allem der Immobilismus der bisherigen Selbstverwaltung überwunden werden. An dieser Stelle meinen wir einen wesentlichen *Konstruktionsfehler des Entwurfs* zu sehen, der mit der zugrunde liegenden Konzeption unvereinbar ist.
Das Kuratorium müßte der Ort sein, an dem einerseits die Repräsentanten der Hochschule Haushaltsvoranschlag und Strukturplanung gegenüber den Vertretern des Landes und der Öffentlichkeit begründen, und an dem andererseits die politischen Vertreter eine wirksame, auf Informationen gestützte Kontrolle über die in ihren Entscheidungswegen transparent gewordene Hochschule ausüben. Dann müssen aber die Kompetenzen zwischen Kuratorium und Ständigen Kommissionen in der Weise geteilt und aufeinander abgestimmt sein, daß die Hochschule bei ihren gewichtigsten Entscheidungen nicht demoralisiert, sondern geradezu genötigt wird, ihren Autonomiespielraum zu nutzen.[2]

2 In unserer dem Ministerium übergebenen Stellungnahme zum Referentenentwurf schlagen wir für den § 12 Abs. 1, der die Kompetenzen des Kuratoriums regelt, folgende Änderung vor:
»Das Kuratorium berät über Strukturplanung und Finanzplanung der Universität, sowie über die Angelegenheiten der Wirtschafts- und Personalverwaltung, soweit sie von besonderer Bedeutung sind. Es kann den anderen Organen der Universität Empfehlungen für die weitere Entwicklung der Universität geben. Das Kuratorium kontrolliert die rationelle Verwendung der Haushaltsmittel. Das Kuratorium stellt den ihm von der Ständigen Kommission für Haushaltsangelegenheiten vorgelegten

Sobald das Kuratorium, wie es die Empfehlungen des Wissenschaftsrates nahelegen, in die Rolle eines Disziplinierungsinstrumentes von seiten der Öffentlichkeit gegenüber der Hochschule gedrängt würde, wäre die Grundintention des Entwurfes ins Gegenteil verkehrt. Eine leichte Verschiebung der Gewichte kann die kunstvolle Balance zwischen den einzelnen Organen der Selbstverwaltung und damit den heilsamen institutionellen Zwang zur Wahrnehmung der Autonomie zerstören.

Die Fakultäten sollen durch *Fachbereiche* abgelöst werden, die gleichzeitig Schwächen der alten Fakultätsstruktur wie auch die Hemmnisse einer personalistischen Verfassung der Seminare und Institute überwinden. Bisher besteht ein Mißverhältnis zwischen den formalen Zuständigkeiten der engeren Fakultät und der tatsächlichen Kompetenz, der Informationsbereitschaft wie dem begründeten Interesse ihrer im allgemeinen heterogen zusammengewürfelten Mitglieder. Deshalb sollen die Aufgaben der Berufung, der Habilitation, der Anstellung der akademischen Mitarbeiter auf ein enger umschriebenes Organ übergehen, das Vertreter verwandter Fächer konzentriert.

Auf der anderen Seite absorbiert der Fachbereich die bisher selbständigen Institute und Seminare; er übernimmt deren Haushaltskompetenzen und Leitungsfunktionen. Die alten Gefahren verfestigter Autoritätsstrukturen und unproduktiver Lehr- und Forschungsprozesse werden sich allerdings in den neuen Formen reproduzieren, wenn der Lehrstuhlpartikularismus nur durch einen zerfließenden Fachbereichspluralismus ersetzt wird.

Dem muß der *Senat* entgegensteuern. Der Senat hat daher die Gestalt einer ständigen Konferenz der Fachbereichsdekane (sowie der entsprechenden Vertreter der wissenschaftlichen Mitarbeiter und Studenten) und ist für alle zentralen Aufgaben in Fachbereichsangelegenheiten zuständig. Insbesondere bildet er Kommissionen

Entwurf des Haushaltsplanes fest. Es legt den festgestellten Entwurf dem Landtag vor. Das Kuratorium kann den Entwurf mit Empfehlungen zur Änderung des Gesamtumfanges des Haushaltsplanes an die Ständige Kommission zur erneuten Beschlußfassung zurückweisen. Kommt eine Einigung zwischen Ständiger Kommission und Kuratorium nicht zustande, so entscheidet der Kultusminister.«

für eine zwingende Koordinierung der berufsbezogenen Studiengänge, die ja in der Regel über einzelne Fachbereiche hinausgreifen. Andererseits überläßt der Senat alle hochschulpolitischen Grundsatzentscheidungen dem Konzil und alle planungsrelevanten Entscheidungen, die die Hochschule im ganzen betreffen, den Ständigen Kommissionen.

Es gehört zu den Vorzügen des konsequent zu Ende gedachten hessischen Konzepts, daß es auf der Ebene der zentralen Selbstverwaltung eine überzeugende Arbeitsteilung zwischen den einzelnen Organen schafft und die zentrale Selbstverwaltung mit der fachlichen sinnvoll koordiniert.

Diesem Konzept zufolge sollen die drei am Lehr- und Forschungsprozeß tatsächlich beteiligten Gruppen nicht nur symbolisch, sondern mit verbürgten Einflußchancen an den Willensbildungsprozessen der Hochschule auf allen Ebenen teilhaben. Das Ausmaß der *Beteiligung* von wissenschaftlichen Mitarbeitern und Studenten (das Konzil soll im Verhältnis 1:1:1, fast alle übrigen Organe sollen im Verhältnis 5:3:2 zusammengesetzt werden) hat die schärfsten Reaktionen hervorgerufen.

Gleichwohl ist die vorgesehene »Demokratisierung« die einzige Gewähr dafür, daß alle relevanten Entscheidungsprozesse vor der hochschulinternen Öffentlichkeit legitimiert und von Teilkörperschaften wirksam kontrolliert werden; im übrigen kann sie dem Einfrieren von undiskutierten Gruppeninteressen vorbeugen. Uns ist kein Argument bekannt, das für den Kompetenzbereich des Konzils ein Sachverstandprivileg der Hochschullehrer plausibel machen könnte. Auf der anderen Seite sollten in Angelegenheiten, die, wie Berufung und Habilitation, fachspezifische Kenntnisse verlangen und zudem die Rekrutierung nur einer der drei Gruppen beeinflussen, Entscheidungen gegen den Willen der Mehrheit der Hochschullehrer nicht möglich sein.

Die effektive Beteiligung aller drei Gruppen ist ferner notwendig, um die oft beschworene Autonomie der Wissenschaft zu sichern. Erst die ungehemmte Diskussion über Ziele der Studiengänge, über Kriterien der Auswahl von Forschungsprojekten, über den sozialen Zusammenhang der wissenschaftlichen Qualifikationen und der wissenschaftlichen Informationen kann die am Wissenschaftsprozeß Beteiligten in den Stand setzen, vermeidbare und unvermeidbare gesellschaftliche Abhängigkeiten zu reflektieren.

Kontrovers ist aber nicht nur die Beteiligungsquote, sondern auch die *Einteilung der Mitglieder der Hochschule* in drei Kategorien. Vor allem erhebt die Gruppe der »Nichtordinarien« Anspruch darauf, als eine vierte Kategorie anerkannt zu werden.

Tatsächlich wird die Definition der Gruppe der Hochschullehrer dadurch erschwert, daß sich eine funktionsgerechte Differenzierung des Lehrkörpers mit überlieferten korporationsrechtlichen Zuordnungen überschneidet. Indirekt wird mit der Gruppeneinteilung über den Status entschieden, den zukünftig die Habilitation haben soll. Unter funktionalen Gesichtspunkten ergibt sich eine zwanglose Abgrenzung. Zur Gruppe der Hochschullehrer gehören künftig nur diejenigen, die sich mindestens einmal mit Erfolg um eine Professur (Lehrstuhl oder Abteilungsleiterstelle) beworben haben.

Privatdozenten bleiben in der Gruppe der wissenschaftlichen Mitarbeiter; ihr Privileg gegenüber den nichthabilitierten wissenschaftlichen Mitarbeitern besteht dann allein in der begründeten Aussicht, bei Bewerbungen um ausgeschriebene Professuren bessere Chancen zu haben. Obgleich der Entwurf an der konventionellen beamtenrechtlichen Gliederung der Hochschullehrer noch festhält, scheint er die funktionale Gliederung anzustreben. Ihr sind vorerst durch ein Bundesrahmengesetz Grenzen gesetzt.

Gravierender als diese Schranke sind freilich die Grenzen des Kulturföderalismus. Föderalistische Regelungen haben große Vorzüge, wenn es darum geht, eine Vetomacht gegen Fehlentwicklung zu mobilisieren. Aber neue Konzepte scheitern nur zu oft an der Unbeweglichkeit des Föderalismus. Das muß nicht so sein. Wo kühne kulturpolitische Neuerungen geboten sind, darf das kleinste gemeinsame Vielfache der Kultusminister- oder der Ministerpräsidentenkonferenz kein Maßstab sein. In diesem Fall muß ein Modell geschaffen werden, das sich später durch die suggestive Kraft einer gelungenen Praxis in anderen Ländern durchsetzt. In Hessen besteht diese Chance. Sie kann vertan werden.

Die seit zwanzig Jahren fällige Reform der deutschen Hochschule kann kaum noch mit dem Einverständnis der offiziellen Vertreter dieser Korporation zustande kommen. Diese Korporation war zwanzig Jahre lang unfähig, sich aus eigener Kraft zu reformieren. Nun bleibt kein anderer Ausweg, als daß sich eine weitsichtige Landesregierung und ein aufgeklärtes Parlament zum schmerzlichen Eingriff in eine ehrwürdige Institution entschließen. Zugleich müssen sie der naheliegenden Versuchung widerstehen, den einmaligen Akt einer erzwungenen Reorganisation in einer auf Dauer gestellten Kontrolle der Hochschule durch Staat und Gesellschaft fortzusetzen. Dafür könnte der Wissenschaftsrat willkommene Legitimationen liefern. Statt dessen muß die Hochschule in den Stand gesetzt werden, ihre Autonomie nicht nur im Schilde zu führen, sondern auch zu praktizieren.

8. Demokratisierung der Hochschule – Politisierung der Wissenschaft?
(1969)

Vor der Westdeutschen Rektorenkonferenz habe ich, auf Bitte ihres Präsidenten Werner Maihofer, zu der im Titel ausgedrückten Befürchtung, die damals viele Kollegen äußerten, Stellung genommen.

Die studentische Protestbewegung hat, nach über 20 Jahren vergeblicher Reformrhetorik, eine Gesetzgebung in Gang gebracht, die in die Struktur der Hochschulen tief eingreifen wird. Einige dieser Entwürfe berücksichtigen Gesichtspunkte einer »Demokratisierung« der Hochschule. Die formale Teilnahme von Studenten und Assistenten an der Selbstverwaltung der Hochschule hat viele Professoren und die wichtigsten Repräsentanten großer Wissenschaftsorganisationen auf den Plan gerufen.

Ein Argument kehrt in den letzten Monaten immer wieder: Die Reform der Hochschulverfassung, und erst recht studentische Mitbestimmung, so heißt es, verfehlten die eigentlichen Probleme. Nun wird niemand behaupten wollen, daß sich mit einer gesetzlichen Grundlage für die Reorganisation der Hochschulselbstverwaltung die unerträglichen Verhältnisse des Massenstudiums von selbst ändern werden. Eine Reorganisation kann die Hochschule allenfalls instandsetzen, die Probleme zu lösen, die sie aus eigener Kraft lösen muß. Dazu gehört dann auch die politisch begründete und wirksame Vertretung der Hochschulinteressen gegenüber Haushaltsausschuß und Finanzministerium.

Neben solche Argumente, die nur Ablenkungsfunktionen haben, treten ernstzunehmende Bedenken. Ich nenne vier der wichtigeren Einwände:

1. Eine Demokratisierung wird die Hochschule mit politischen Aufgaben belasten, die ihrer Funktion widersprechen. Als eine politisch konstituierte Einheit wird sie im Kampf der Parteien selber zu einer Partei. Darüber muß sie ihre Unabhängigkeit einbüßen. Allein, die Hochschule wird durch Vorkehrungen, die

sie politisch handlungsfähig machen sollen, nicht selbst zu einer politischen Institution. Die Hochschule zielt auch dann nicht auf Machterwerb und Machterhaltung. Ihre Funktion ist nach wie vor durch die primär unpolitischen Aufgaben von Forschung und Lehre bestimmt. Diese kann sie aber nur unter Bedingungen politischer Handlungsfähigkeit erfüllen.

2. Eine Demokratisierung der Hochschule führt zu einer Politisierung der Wissenschaft, die mit den immanenten Bedingungen wissenschaftlichen Fortschritts unvereinbar ist. Demgegenüber ist jedoch zu bedenken, daß eine materiale Wissenschaftskritik, die die praktischen Implikationen von Forschung und Lehre explizit machen soll, sich gerade gegen eine solche, wie immer auch verschleierte Instrumentalisierung der Wissenschaft für politische Zwecke richtet.

Schwerer wiegt das Argument gegen den Mißbrauch einer zum Vorwand herabgesetzten Wissenschaftskritik. Durch studentische Mitbestimmung wird ein Zwang zur Legitimation und Selbstreflexion der Wissenschaft institutionalisiert, der die *Gefahr* der Nötigung einschließt, Parteilichkeit in Fragen walten zu lassen, die Mehrheitsbeschlüssen nicht unterliegen können und dürfen. Dieses Argument ist nicht leichtzunehmen. Jede Regelung produziert ihre eigenen Risiken. Bei der Frage allerdings, welche Regelung die geringeren Risiken mit sich führt, dürften sich die angeblichen Vorzüge des status quo kaum plausibel machen lassen. Die unpolitische Hochschule hat sich der akademischen Machtergreifungen des Jahres 1933 nicht erwehren können.

3. Eine Demokratisierung der Hochschule läßt Fraktionen entstehen. Diese Elemente widersprechen einer ungezwungenen akademischen Willensbildung. Das ist ein schwaches Argument. In die Erörterung praktischer Fragen gehen, bei der Bewertung von Folgen und Nebenfolgen, konkurrierende Vormeinungen und globale Interpretationen ein, die zwar der Explikation fähig, aber einer Überprüfung ad hoc meistens unzugänglich sind. Der Umstand, daß es Fraktionen gibt, bringt solche Kristallisationspunkte zu Bewußtsein. Die förmliche Bildung von Fraktionen, die ja unter der Hand immer schon bestanden haben, wäre deshalb gerade ein Anzeichen dafür, daß die Willensbildung in der Hoch-

schule nicht mehr im gleichen Maße wie bisher durch Cliquen und Klüngel präjudiziert werden kann.

Eine modifizierte Form des Argumentes lautet, daß feste Stimmenanteile für Professoren, wissenschaftliche Mitarbeiter und Studenten gruppenständische Interessen einfrieren lassen und dadurch die Willensbildung lähmen. Diese Gefahr bestünde jedoch nur dann, wenn sich Fraktionen nicht quer durch die Gruppen hindurch, sondern gruppenspezifisch bilden würden. Dafür gibt es kein Indiz. Nur in trade-unionistischen Fragen können sich Gruppenblöcke formieren; und für diese Angelegenheiten ist ja eine geregelte Konfliktlösung mit gleichen Durchsetzungschancen auch wünschenswert.

4. Eine Demokratisierung der Hochschule wird auf der Ebene des Fachbereichs Fragen, die bisher in den Kompetenzbereich des einzelnen Ordinarius fielen, neuen Verfahren kollektiver Entscheidung unterwerfen. Dadurch entsteht die *Gefahr*, daß der Initiativspielraum, der für produktives wissenschaftliches Arbeiten unerläßlich ist, unzumutbar eingeschränkt wird. Dieses Argument hat Gewicht. Freilich kann es sein relatives Recht nur innerhalb der Grenzen behaupten, die dadurch gezogen sind, daß das Prinzip der Freiheit von Lehre und Forschung nicht nur wie bisher von Professoren in Anspruch genommen werden soll, sondern im Sinne von Teilhaberechten gleichermaßen, wenn auch nicht in gleicher Weise, für Studenten und wissenschaftliche Mitarbeiter Anwendung finden muß.

Um Einwänden gegen eine »Demokratisierung« der Hochschule zu begegnen, habe ich am 28. Mai 1969 vor der Westdeutschen Rektorenkonferenz auf Einladung ihres Präsidenten die folgenden Thesen zur Diskussion gestellt:

Was heißt: »Demokratisierung« der Hochschule und was ist: »Politisierung« der Wissenschaft?

Viele Hochschullehrer und wichtige Repräsentanten der Wissenschaftsorganisationen sind alarmiert: Sie beschwören das Gespenst einer Politisierung der Wissenschaft. Mit diesem Wort belegen sie die Gefahr, daß die grundrechtlich geschützte Autonomie von Lehre und Forschung durch sachfremde Interessen eingeschränkt oder gar zerstört wird. Die deutsche Universitätsgeschichte zwischen 1933 und 1945 gibt in der Tat Beispiele für eine Instrumentalisierung der Wissenschaft zu politischen Zwecken. Indes: aus der Mitbestimmung von Studenten (und Assistenten) würden Gefahren doch nur erwachsen, wenn die Autonomie der Hochschule unter den gegenwärtigen Umständen allein durch das liberale Modell der Freiheitssicherung garantiert werden könnte. Dieses Modell der Ausgrenzung privatautonomer Verfügungsbereiche stützt sich auf individuelle Abwehrrechte privilegierter Wissenschaftler und auf die institutionelle Abschirmung einer entpolitisierten Hochschule gegen interessierte Einwirkung von außen. Heute sind jedoch die gesellschaftlichen Bedingungen, unter denen jenes Modell einst im Sinne der Freiheitssicherung funktionieren konnte, nicht mehr erfüllt. Heute kann die Autonomie von Lehre und Forschung nicht mehr unpolitisch gewahrt werden.

Zur Erläuterung dieser These möchte ich zwei Fragen erörtern:

1. Was heißt: Autonomie der Hochschule?

2. Was heißt: Autonomie der Wissenschaft?

Daraus ergibt sich eine Antwort auf unsere Ausgangsfrage.

I

Ich möchte von einer trivialen Feststellung ausgehen. Der Verwissenschaftlichung der Berufs- und Alltagspraxis entspricht eine Vergesellschaftung der in Hochschulen organisierten Lehre und Forschung. In den industriell entwickelten Ländern ist die Erhaltung des gesellschaftlichen Systems immer mehr von den in Hochschulen erzeugten beruflichen Qualifikationen und wissenschaftlichen Informationen abhängig geworden. Das hat auch die Hochschulen ihrerseits von Staat und Wirtschaft abhängig gemacht. Öffentliche und privatwirtschaftliche Instanzen nehmen auf dem Wege der Finanzierung und der Nebenfinanzierung Einfluß auf Prioritäten der Forschung sowie auf Umfang und Proportion der Ausbildungskapazitäten. Auch die Inhalte der akademischen Lehre ändern sich natürlich im Zusammenspiel der immanenten Wissenschaftsentwicklung mit Interessen der Berufspraxis. Das gab es im 19. Jahrhundert ebenfalls. In dem Maße jedoch, als individuelle Gelehrsamkeit der organisierten Forschung gewichen und die Wissenschaft zur ersten Produktivkraft geworden ist, sind auch die Hochschulen, die heute Investitionen einer beträchtlichen Größenordnung verlangen, in ein wachstumsorientiertes, staatsinterventionistisch geregeltes Gesellschaftssystem teils naturwüchsig, teils planmäßig integriert worden.

Mit Recht macht der Wissenschaftsrat darauf aufmerksam, daß sich das Verhältnis von Universität und Staat nicht mehr nach dem liberalen Selbstverwaltungsmuster von Autonomie und Staatsaufsicht fassen läßt. Entscheidungen über die Struktur und den Ausbau der Hochschule, Entscheidungen über den Umfang der einmaligen Investitionen und der laufenden Mittel, Entscheidungen vor allem über die Allokation der Forschungsmittel haben heute unmittelbar politisches Gewicht. Zugleich erfordern die wachsenden planungsrelevanten Aufgaben innerhalb einzelner Hochschulen die Integration mit Planungen *extra muros*. Darum stellt sich die Alternative: Entweder zieht die Kultusverwaltung immer mehr Kompetenzen einer entpolitisierten Hochschule an sich und entscheidet in relativ großer Entfernung von den Betroffenen administrativ, oder die Hochschule selbst konstituiert sich als eine auf dieser Ebene politisch handlungsfähige Einheit und vertritt sachverständig ihre legitimierten Ansprüche. Die zweite Lösung scheint mir um so eher geboten zu sein, weil eine Reihe von Interessen, die im Hochschulsystem befriedigt werden, nicht organisationsfähig sind, also keine wirksame Lobby finden und daher in Konkurrenz mit den organisierten Gruppeninteressen geringere Durchsetzungschancen haben.

Aber nicht nur gegenüber den staatlichen Instanzen, auch gegenüber der Gesellschaft hat sich die Stellung der Universität verändert. Dieses Verhältnis läßt sich nicht mehr nach dem liberalen Öffentlichkeitsmuster einer diffusen Ausstrahlung von privatgelehrtem Wissen fassen. In geeigneter Form sollten vielmehr die gesellschaftlichen Interessengruppen die Vertreter der Universität mit ihren Ansprüchen und Bedürfnissen konfrontieren können und umgekehrt auch die Repräsentanten der Hochschule Gelegenheit haben, ihre Forderungen und Grundsätze plausibel zu machen. Wie immer nun der Kontakt der Hochschule mit Staat und Gesellschaft förmlich geregelt wird (beispielsweise durch ein Kuratorium mit staatlich delegierten Entscheidungskompetenzen einerseits, durch eine Clearingstelle für den Austausch von Informationen und für öffentlichkeitswirksame Diskussionen andererseits) – in jedem Fall muß die Hochschule instandgesetzt werden, in praktisch folgenreichen Fragen einen politischen Willen zu bilden.

Damit ergibt sich eine Antwort auf die erste unserer beiden Fragen. Unter gegenwärtigen Verhältnissen kann die Hochschule ihre Autonomie nur wahren, wenn sie sich als eine politisch handlungsfähige Einheit konstituiert. Nur dann kann sie die politisch folgenreichen Funktionen, die sie eo ipso erfüllen muß, mit Willen und Bewußtsein übernehmen.

Dem steht bis jetzt ein gewisser Immobilismus der Entscheidungsgremien wie auch die Verfestigung von Autoritätsstrukturen entgegen. Die Kollegialorgane, in denen allein oder fast ausschließlich Professoren vertreten sind, arbeiten auf der Basis gegenseitiger Schonung. Sie sind kaum in der Lage, Prioritätsentscheidungen zu fällen und Initiativen zu Neuerungen zu ergreifen. Die Entscheidungsprozesse in der Hochschule sind überdies nicht transparent und nicht hinreichend legitimiert. Die Folge ist ein lähmender Partikularismus im Inneren und die Unfähigkeit, Gesamtinteressen der Hochschule überzeugend zu deklarieren und wirksam nach außen zu vertreten. Hier kann eine *Demokratisierung* der Hochschule Abhilfe schaffen. Dieses Wort ist, wie ich stets betont habe, mißverständlich. Denn natürlich geht es nicht um eine abstrakte Übertragung von Modellen der staatlichen Willensbildung auf die Universität. Es geht nicht um die Bildung eines Staates im Staat. »Demokratisierung« heißen vielmehr die Vorkehrungen, die der Hochschule politische Handlungsfähigkeit sichern und sie instandsetzen sollen, ihre Selbstverwaltungsautonomie nicht nur im Schilde zu führen, sondern auch zu praktizieren.

Dem dient *erstens* die im Hessischen Hochschulgesetzentwurf vorgesehene funktionale Trennung der Fachbereich-Verwaltung und des Senats von den im engeren Sinne hochschulpolitischen Einheiten. Die Versammlung der Professoren, wissenschaftlichen Mitarbeiter und Studenten wählt einen Konvent in der Weise, daß Fraktionen, die immer schon bestanden haben, sich nun formell und in aller Öffentlichkeit bilden können. Der Konvent seinerseits entsendet Mitglieder in Ständige Kommissionen, welche die für die Entwicklung der Hochschule zentralen Entscheidungen treffen sollen. Damit ist die Chance gegeben, daß hochschulpolitische Fragen auch nach Regeln einer aufgeklärten politischen Willensbildung behandelt und nicht durch den Hinweis auf vermeintliche Sachzwänge präjudiziert oder abgeschnitten werden.

Zu der Rekonstruktion der Willensbildung in der Hochschule gehört *zweitens* die Einbeziehung aller an Lehr- und Forschungsprozessen beteiligten Gruppen. Die Mitbestimmung von Studenten (und Assistenten) empfiehlt sich schon deshalb, weil diese Gruppen nicht oder nicht im gleichen Maße wie die Hochschullehrer mit langfristigen Positionsinteressen identifiziert sind. Ihre Teilnahme sichert die Transparenz der Willensbildung; sie verstärkt den Zwang zur Legitimation von Entscheidungen und die Kontrolle der Ausführung von Beschlüssen; vor allem kann sie zu einer unbefangenen Thematisierung von Fragen beitragen, die sonst ausgeklammert blieben. Andrerseits kann die fiktive Einheit von Lehrenden und Lernenden nicht länger Grundlage der Hochschulorganisation sein. In der Hochschule gibt es verschiedene positionsgebundene Interessen, die eine geregelte Konfliktlösung mit gleichen Durchsetzungschancen verlangen. Die Interessengegensätze ergeben sich, sobald das Prinzip der Freiheit von Lehre und Forschung nicht nur von Professoren in Anspruch genommen wird, sondern in Übereinstimmung mit dem Grundgesetz auch im Sinne von Teilhaberechten Anwendung findet.

Ihre Grenze findet die Mitbestimmung von Studenten (und Assistenten) an dem Kompetenzgefälle, das zwischen den Gruppen besteht. Freilich betrifft das nicht die Kompetenz in allgemeinen hochschulpolitischen Fragen, sondern die Fachkompetenz. Das Kompetenzgefälle sollte deshalb bei Berufungen, Habilitationen und bei der Anstellung wissenschaftlicher Mitarbeiter berücksichtigt werden.

II

Wie aber verhält sich die Demokratisierung der Hochschule zur Autonomie der Wissenschaft? Muß nicht eine im erläuterten Sinne demokratisierte Hochschulselbstverwaltung die Unabhängigkeit wissenschaftlichen Arbeitens korrumpieren? Gewiß sind wir uns alle darin einig, daß die forschungsimmanenten Bedingungen wissenschaftlichen Fortschritts und insbesondere die Voraussetzungen für eine unbehinderte, von Herrschaftsbeziehungen freie Diskussion erfüllt sein müssen. Der Erkenntnisprozeß darf weder durch unreflektierte gesellschaftliche Interessen noch durch plebiszitären Druck bestimmt werden. Allein, dieses Ziel kann heute mit den Mitteln der privatautonomen Abwehrrechte privilegierter Wissenschaftler nicht mehr zureichend realisiert werden. Dieser Vorstellung liegt ein Quarantänemodell der Wissenschaft zugrunde: nur durch strenge Isolierung könne Wissenschaft gegen politische Ansteckungsgefahren immunisiert werden.

Man kann darauf hinweisen, daß sich normative Aussagen aus deskriptiven nicht ableiten lassen. Deshalb scheint es angebracht zu sein, die Wahl von Normen, also die Entscheidung moralischer oder politischer Fragen, nicht mit Fragen der empirischen und der formalen Wissenschaften zu vermengen. Aber dieser Purismus trügt. Denn die kritische Erörterung praktischer Fragen wohnt den Wissenschaften selber inne. Ich denke dabei zunächst an jene metatheoretischen Erörterungen, die das Medium des wissenschaftlichen Fortschritts sind. Diskussionen über die Implikationen eines begrifflichen Rahmens oder theoretischer Grundannahmen, über die Tragweite verschiedener methodischer Ansätze oder Forschungsstrategien, über die Interpretation von Messungen oder die impliziten Annahmen von Operationalisierungen – Diskussionen dieser Art folgen Spielregeln einer Kritik, die auf unbewußte Voraussetzungen reflektiert, Vorentscheidungen explizit macht und mit Argumenten die Wahl von Standards stützt oder schwächt. Allein in dieser Dimension einer Selbstreflexion der Wissenschaften können wir uns des inhaltlich verstandenen Interesses an der Freiheit von Lehre und Forschung vergewissern; denn in dieser Dimension lassen sich auch die gesellschaftlichen Implikationen eines scheinbar immanenten Ganges der Forschung aufdecken. Das gilt für unvermeidliche erkenntnisleitende Interessen und vermeidbare weltanschauliche Voraussetzungen ebenso wie für die methodologischen Bedingungen der Umsetzung wissenschaftlicher Informationen in die Lebenswelt. Die Selbstaufklärung der Wissenschaften über ihre jeweils spezifische Einbettung in objektive Lebenszusammenhänge schafft die Grundlage, auf der dann auch die konkrete Verwendung einzelner Projekte und bestimmter Qualifikationen geprüft werden kann.

Die Teilnahme der Studenten an Forschungsprozessen muß Beteiligung auch und gerade an dieser Selbstreflexion der Wissenschaften einschließen, wenn anders das Programm einer Bildung durch Wissenschaft unter Bedingungen hochspezialisierter Einzelwissenschaften noch eingelöst werden soll. Nur auf diesem Wege ist, wenn überhaupt, eine rationale Integration fachwissenschaftlich eingeübter Kenntnisse und Fertigkeiten in die Biographie des einzelnen und seine künftige Berufspraxis möglich. Wissenschaftliche Bildungsprozesse haben dann vor allem die Form der Einübung der Hochschulabsolventen in ein kritisches Verhältnis zur Berufspraxis, das an die Stelle der traditional eingespielten Berufsethiken tritt. Kritisch heißt hier eine Verbindung von Kompetenz und Lernfähigkeit, die beides gestattet: den skrupulösen Umgang mit einem tentativen Fachwissen – und eine kontextempfindliche, gut informierte Bereitschaft zum politischen Widerstand gegen fragwürdige Funktionszusammenhänge des praktizierten Wissens. Aus diesen Überlegungen ergibt sich eine Antwort auf die zweite unserer beiden Fragen: unter gegenwärtigen Verhältnissen kann die Autonomie der Wissenschaft nur gewahrt werden, wenn alle am Lehr- und Forschungsprozeß Beteiligten auch an der Selbstreflexion der Wissenschaften teilnehmen – mit dem Ziel, unvermeidliche Abhängigkeiten zu reflektieren und die gesellschaftlichen Funktionen der Wissenschaft im Bewußtsein politischer Verantwortung für Folgen und Nebenfolgen explizit zu machen. Dem steht vielfach noch ein unpolitisches Selbstverständnis der Wissenschaften entgegen. Wenn eine materiale Wissenschaftskritik, welche die Verschränkung von methodischen Grundlagen, weltanschaulichen Implikationen und objektiven Verwertungszusammenhängen aufklären soll, *»Politisierung«* der Wissenschaft genannt werden könnte, dann würde diese Politisierung erst erkennen lassen, wann Wissenschaft ihre Autonomie einbüßt und sich von gesellschaftlichen Instanzen zur Durchsetzung rational nicht ausgewiesener Ziele und Interessen in Anspruch nehmen läßt.

Diskussionen dieser Art werden in der Regel Bestandteil des Lehrbetriebs sein, sie können auch informell geführt werden. Das wird von Fach zu Fach verschieden sein. Aber auf der Ebene des Fachbereichs sollten institutionelle Vorkehrungen getroffen werden, damit die Organisation der Lehre (und der mit dem Lehrbetrieb verbundenen Forschung) unter Gesichtspunkten jener Wissenschaftskritik in Frage gestellt werden kann. Die Mitwirkung der Studenten an Prüfungsordnungen, am Curriculum und an den Grundsatzentscheidungen über die mit der Lehre integrierten Forschungsprojekte ergibt sich bereits aus dem Umstand, daß eine abstrakte Trennung zwischen dem gemeinsam betriebenen Prozeß der Selbstreflexion der Wissenschaft und den organisatorischen Folgerungen für Form und Inhalt des Studiums das erklärte Ziel einer Bildung durch Wissenschaft vollends fiktiv werden ließe. Studenten sind junge Erwachsene, die nicht Spielwiesen für Unmündige (nach dem Modell der Schülermitverwaltung) brauchen, sondern Mitbestimmung auf der Grundlage einer, sei es auch erst antizipierten, Mündigkeit. Dieses Erbe der Humboldt-Universität sollten wir nicht vorschnell preisgeben.

Im übrigen sind Studenten von Entscheidungen über ihr Studium unmittelbar betroffen. Ihre Interessen und ihre Erfahrungen dekken sich aber nicht mit denen der Professoren. Sie erwerben Qualifikationen, und sie eignen sich Informationen (und die Regeln zur Erzeugung von Informationen) mit dem Blick auf eine künftige Berufspraxis an; für sie gewinnt daher der objektive Zusammenhang, in den Wissenschaft eingebettet ist, im allgemeinen eine andere Aktualität als für ihre Lehrer. In den Lehrveranstaltungen sammeln Studenten zudem Erfahrungen, die ihnen ein kompetentes Urteil in Fragen der Didaktik erlauben.

Freilich setzt eine Institution der wissenschaftlichen Lehre ein funktionales Gefälle der fachlichen Kompetenz stets voraus. Deshalb kann sich die Mitwirkung der Studenten an Prüfungsordnungen, Curriculum und Grundsatzentscheidungen über die mit der Lehre integrierten Forschungsprojekte nur auf den institutionellen Rahmen des Studiums, nicht auf die Wahrnehmung von Funktionen innerhalb dieses Rahmens erstrecken, die Fachkompetenz voraussetzen. Für solche Veranstaltungen tragen der einzelne Dozent, der einzelne Prüfer, der einzelne Projektleiter die Verantwortung.

Eine »Politisierung« im Sinne der Selbstreflexion der Wissenschaft ist nicht nur legitim, sie ist Bedingung einer Autonomie der Wissenschaft, die heute unpolitisch nicht mehr gewahrt werden kann. Alle Gruppen, Professoren, wissenschaftliche Mitarbeiter und Studenten sollen Einfluß haben auf die Organisation einer Lehre (und der mit Lehre verbundenen Forschung), die den legitimen Ansprüchen der Studenten auf eine Wahl zwischen flexiblen, berufsvorbereitenden Studiengängen und auf Teilnahme an Forschungsprozessen sowie an der Selbstreflexion der Wissenschaft genügt. Diese Willensbildung würde mit ihrem eigenen legitimen Ziel in Widerspruch geraten, wenn sie nicht gleichzeitig garantierte, daß für fachkompetent Lehrende und Forschende ein unverletzbarer Produktivitätsspielraum individueller Unabhängigkeit und Selbstverantwortung besteht, der der Struktur wissenschaftlichen Arbeitens genügt.

II. Protestbewegung

»Die Konsequenz aus den Erfahrungen der Studentenbewegung ist: für die revolutionäre Praxis ist die Habermas'sche Theorie nicht brauchbar ... Die von ihm beschworenen Realitäten, die die Studentenbewegung angeblich mißachtete, haben für ihn den Zweck, die Unmöglichkeit der Revolution zu behaupten; dagegen lernte die Studentenbewegung, die Realitäten zu beachten und auszunutzen, um den revolutionären Kampf voranzutreiben.«

(Aus dem Vorwort zu einem Raubdruck meiner Aufsätze aus den Jahren 1954-1970, Amsterdam 1970.)

9. Diskutieren – was sonst? (1962)

Im Herbst 1962 habe ich zu der von C. Grossner und A. Oetker initiierten Schrift 4 Daten – Standorte – Konsequenzen *einen Beitrag über die Rolle politischer Studentengruppen geschrieben. Er ist, wie ich glaube, typisch für die erste Hälfte der 60er Jahre: gegenüber den ersten Anzeichen eines neuen Aktionismus habe ich mit einem prononcierten Hinweis auf den minimalen Handlungsspielraum reagiert.*

Man hatte sich Mut zur Politik geschworen, den Abschied vom Elfenbeinturm löblich proklamiert – das war auf dem Studententag in Berlin 1960. Als anderthalb Jahre später eine Mauer quer durch die Stadt gezogen wurde, mochte sich ein mutiger VDS-Vorsitzender dessen erinnert haben: die festgefahrene Außenpolitik der Bundesregierung schien schnelle und gründliche Revision zu verlangen. Eine noch im Oktober einberufene Delegiertenratssitzung einigte sich auf eine Reihe kritischer Forderungen: Anerkennung der Oder-Neiße-Grenze; Austritt aus der NATO. In einem Aufruf an die Deutsche Studentenschaft war von Disengagement in Mitteleuropa und von Kontakten zur DDR die Rede. Eine Kundgebung sollte in der Paulskirche stattfinden – an der traditionellen Gedächtnisstätte der Vergeblichkeit aufgekärter Opposition in Deutschland. Die Wahl des Tagungsortes nahm die Frustration vorweg – und dabei blieb es. Der Bonner Himmel, dessen Decke über einer verzögerten Regierungsbildung trügerisch aufgerissen war, hatte sich alsbald wieder zugezogen. Von dem Mut zur Politik blieb eine folgenlose Deklamation übrig, noch eine Deklamation. Und wieder einmal dominierte das ungute Gefühl, daß Studenten auf dieser Ebene Politik nicht machen können. Können sie es überhaupt?

Von der guten Absicht gelenkt, über das Verhältnis der Studenten zur Politik zu urteilen, stolpert man nur zu leicht in einen Tümpel von Gemeinplätzen. Politische Bildung, ohnehin ein Hort für die Kraftlosigkeit des Meinens und die Ohnmacht des Sollens, hat auf hohen Schulen erst recht den Ton der politischen Ermahnung. Sie teilt die Untugend einer vom Handeln abgefilterten Kultur. Die Liturgie der staatsbürgerlichen Verantwortung verrät nicht eigentlich, worin diese sich bewähren könnte, wenn nicht in der wiederholten Liturgie selbst. Der Appell an die politische Beteiligung muß dechiffriert werden wie der Sinn eines Anakoluths: wann und woran, wie und wofür sollten sich Studenten als solche politisch beteiligen?

Wie die Dinge bei uns liegen, können Studenten nicht mehr und nicht weniger »tun« als jeder normale Staatsbürger sonst: sie verfügen weder über soziale Macht noch über ein Prestige, das diesen Mangel kompensiert. Sie haben weder Einfluß auf Apparate noch Zugang zu Techniken, die ein Veto effektiv machen würden. Nicht einmal ihre Presse durchbricht die Glaswände des Sanatoriums, das eine milde Gesellschaft für die verspätete Pubertät jugendlicher Intellektueller eingerichtet zu haben scheint. Studenten sind nicht von dem Los dispensiert, das den unorganisierten Staatsbürgern beschieden ist. Die Abstraktionsebene, auf der ein verselbständigtes politisches Geschehen intellektuell verarbeitet werden kann, schneidet sich im allgemeinen nicht mit der Ebene unseres praktischen Verhaltens; und wo sich zufällig Schnittflächen doch ergeben, bleibt die herausfallende Handlungschance unübersichtlich in den praktischen Folgen. Wenn Herr Schlamm im Schatten der Mauer die Studenten zum Aktivismus aufruft, bedient er sich entweder einer unverbindlichen Phraseologie – oder er ist klug genug zu wissen, daß auf den Spielwiesen zwischen den Organisationen und in den Vorgärten der professionellen Politik der Aktionsspielraum des puren Handelns auf den Umgang mit Plastikbomben eingeschränkt ist.

Freilich könnte die Frucht des Schlammschen Appells eines Tages gerade im Gesinnungspotential der politischen Gleichgültigkeit von Studenten aufgehen, für die das allgemeine Interesse abstrakt bleibt, weil sie es mit bestimmten Interessen nicht verknüpfen können. Die Durchgangssituation des Hochschulstudiums scheint dafür wenig konkrete Anknüpfungspunkte zu bieten. Der Kommilitonen aufgeklärtes Selbstinteresse an Examensvorbereitung und künftiger Karriere ist als solches unpolitisch. Organisationsbedürftige Interessen, die in der Nachkriegszeit bestanden haben, sind gesättigt oder, soweit sie noch bestehen, ohne politischen Zündstoff: der studentischen Selbstverwaltung sind ja nicht viel mehr Funktionen verblieben als Mensaaufsicht und die Vermittlungsdienste eines Büros für Auslandsreisen.

Mit dem Blick auf eine fortschreitende Verwissenschaftlichung der politischen Praxis mag man einwenden, daß doch die Wissenschaft selbst zur Substanz des Handelns geworden sei: nicht Straßendemonstrationen oder Partisanenkämpfe, sondern Untersuchungen im Labor und Beratungen im Ministerium verändern das politische Gleichgewicht. Die These ist, wenn man den Wunschtraum einer Technokratie durch Wissenschaft davon abzieht, nicht falsch. Aber hier, wie bei Hegel, müßte die Substanz des Handelns ihrer selbst als Subjekt des Handelns erst bewußt werden. Das positivistische Selbstverständnis unserer Wissenschaften, dem sie bisher ihren Fortschritt verdankten, verhindert indessen eine Reflexion auf die praktischen Folgen der technisch umgesetzten Erkenntnisse, jedenfalls im Rahmen dieser Wissenschaften selbst. Solange diese Absperrung aufrechterhalten wird, so lange bleibt jede praktisch noch so folgenreiche Wissenschaft selbst unpraktisch – und alle politische Bildung auf Universitäten eine aparte Angelegenheit.

Jene aktiven Minderheiten, von denen vor Jahren die Parole ausging, vom Elfenbeinturm Abschied zu nehmen, rekrutieren sich aus Mitgliedern der studentischen Selbstverwaltung und der an den Hochschulen registrierten politischen Gruppen. Das Dilemma der Selbstverwaltung, für die sich die Masse der Studenten nicht interessiert, ist bekannt. Während sie in den ersten Nachkriegsjahren, unter dem starken ökonomischen Druck und in einer politisch hellhörigen Umgebung, mit ihrer Arbeit der »sozialen Betreuung« am Aufbau der Universität im ganzen aktiven Anteil hatte, erhielt einige Jahre später die ausdrückliche Beschränkung auf »studentische Angelegenheiten« einen definitiv anderen Sinn. Schon 1952 bemerkt Ulrich Gembardt in dieser Wendung das kaum verhüllte Eingeständnis, »daß man darauf verzichtete, in der Universität und im öffentlichen Leben mitzureden. Übrig blieb das Spiel und Übungsfeld zur Perfektion demokratischer Spielregeln und Praktiken«. Zu Beginn des Jahres 1960 beschließt der Bonner AStA seinen Rücktritt mit der spektakulären Begründung: »Seit Jahren kämpft die Studentengemeinschaft um die Anerkennung ihrer Mündigkeit. Seit Jahren weigert sich die Universität hartnäckig, der Studentenschaft den ihr zukommenden Platz in der Universitätskorporation einzuräumen.« Inzwischen hatte man sich mit der Betriebsstruktur der Hochschule soziologisch beschäftigt. Man hatte eingesehen, daß die Aktivität der Studentenvertretung an Interessen anknüpfen muß, die sich unmittelbar aus dem Arbeitsprozeß ergeben: aus dem Status der Studierenden im Instituts- und Seminarbetrieb, in der Klinik und im Labor. Auf breiter Basis sollen daher die Fachschaften an einer Selbstverwaltung der großen Institute teilnehmen; bei Entscheidungen über die Verteilung der Arbeitsmittel, über Lehrpläne, Prüfungsordnungen und Fragen der Berufsvorbereitung sollen sie gehört werden. Dem liegt die Überlegung zugrunde, daß heute die großen Institute faktisch die Selbstverwaltungseinheiten der Universitäten bilden. Eine »Demokratisierung« auf dieser untersten Ebene würde die beherrschende Stellung der Institutsdirektoren bedrohen und die Autonomie der Fakultäten nach innen explizit in Frage stellen. Sie stößt deshalb auf ebenso energischen Widerstand wie andere, nicht ganz so begründete Versuche, auf der obersten Ebene, also im Senat, die Kompetenzen der Studentenvertretung zu erweitern.

Wenn ich es recht sehe, zielen in den letzten Jahren alle diese von seiten der Studenten vorgetragenen Reformvorschläge auf eine »Demokratisierung der Hochschule« – eine Konzeption übrigens, die in einer wissenschaftlich fundierten Denkschrift des SDS ohne Scheu bis in ihre Konsequenzen verfolgt ist.

Dieses bemerkenswerte Dokument ist gleichwohl praktisch ohne Folgen geblieben – der Parteivorstand, dem es zugedacht war, hat es nicht einmal entgegengenommen. An diesem Beispiel zeigt sich die andere Barriere, an der sich eine offiziell ermunterte politische Beteiligung aktiver Minderheiten stößt.

Die politischen Studentengruppen sind Statthalter einer historischen Niederlage: in jener Phase, als noch eine westdeutsche Rektorenkonferenz entschieden gegen jedes Wiederaufleben der Korporationen Stellung nahm, entstanden, haben sie fast als einzige die Restauration der traditionellen »Lebensgemeinschaften« überlebt. Je mehr diese die Abhängigkeitsverhältnisse von Schule und

Elternhaus auch auf der Universität perpetuieren, um so peinlicher, sollte man meinen, wird auf Mündigkeit im akademischen Nachwuchs der Parteien geachtet. Diese bieten den Studenten ja nicht nur einen pragmatischen Weg zu einer effektiven Einflußnahme auf politische Entscheidungen, sie sind auch ihrerseits auf den Zustrom aus den intellektuellen Vorhöfen angewiesen. Aber Parteivorstände denken darüber anders. Wissenschaftliche Analyse, vorbehaltlose Diskussion langfristiger Reformen und eine von taktischen Rücksichten freie Kritik an tagespolitischen Entscheidungen kann anscheinend die parteiinterne Öffentlichkeit nicht mehr aushalten. Vielleicht ist die Bürokratisierung auch schon so weit gediehen, daß man Sachfragen prinzipiell den beamteten Referenten überlassen möchte.

Auf jenem Studententag in Berlin hat Hellmut Becker die innere Spannungslosigkeit unserer Demokratie als ihre eigentliche Gefahr diagnostiziert. Studenten halte sie wie Indianer in Reservaten, mit dem Recht, dann und wann politische Kriegstänze aufzuführen – »aber diese Indianer werden nicht wie aktive Minderheiten behandelt«. Wenn wir die Mündigkeit der Studenten nicht respektieren, sie nur noch als Fiktion sorgfältig bewahren, kann sie auch nicht gedeihen. Erst vorgeschossene Mündigkeit weckt diese selbst.

Den Studenten Mut machen zur Politik kann nicht heißen: ihren Aktivismus herausfordern. Es kann nur heißen: sie ermutigen, zu diskutieren und wiederum zu diskutieren, was politisch geschieht, was nicht geschieht. Nur stete Reflexion kann die gelegentliche Demonstration im Ernstfall rechtfertigen. Die kompetenzfreie Verantwortlichkeit für das Ganze wird erst im Bewußtsein der minimalen Handlungschancen unerbittlich. Politische Selbstverständigung und politische Aufklärung, unablässig betrieben, resultieren in politischem Handeln nur dann und wann – wenn überhaupt. Aus den Exempeln ist zu lernen. Ein Minister Schlüter war nur zu stürzen, weil Rektoren und Dekane ihre Ämter niederlegten. Die Proteste gegen atomare Aufrüstung verklangen ohne Echo, als sich die SPD von der Bühne zurückzog. Das Honnefer Modell wurde schleunigst realisiert, als angedrohte Vorlesungsstreiks den Lehrbetrieb blockieren sollten.

Wer aber nicht will, daß sich die Studenten als Tarifpartner der

Kultusminister gewerkschaftlich organisieren, und wer gleichwohl an ihre politische Beteiligung unermüdlich appelliert, wird ihnen schwerlich auf die Dauer versagen, woran sie sich einzig beteiligen können: Mitgestaltung der Universität, in deren Lebensprozeß sie einbezogen sind, und Mitwirkung bei der Willensbildung der politischen Parteien, für die sie den akademischen Nachwuchs stellen.

10. Kongreß ›Hochschule und Demokratie‹

Am 9. Juni 1967 fand in Hannover im Anschluß an das Begräbnis Benno Ohnesorgs, der eine Woche zuvor im Zusammenhang mit einer Anti-Schah-Demonstration vor der Berliner Oper von einem Polizisten erschossen worden war, ein Studentenkongreß statt. An diesem Tage hat die Protestbewegung von Berlin auf die Hochschulen der Bundesrepublik übergegriffen. Meine Rede war der Versuch, die politische Rolle der Studentenschaft in der Bundesrepublik zu bestimmen. Die beiden Diskussionsbeiträge nehmen das Problem der Gewalt auf: Dutschke hatte sein Konzept des neuen Aktionismus vorgetragen und die Taktik der Regelverletzung entwickelt. Dabei habe ich den Topos des »linken Faschismus« verwendet; diesen habe ich später in einem Brief an C. Grossner zu klären versucht.

a) Rede über die politische Rolle der Studentenschaft in der Bundesrepublik[1] (1967)

Die politische Aktivierung von Teilen der Studentenschaft, die wir seit einigen Jahren in der Bundesrepublik wie in anderen westlichen Ländern beobachten können, hat Reaktionen hervorgerufen. Innerhalb der Universitäten reichen diese von fast unmerklichen Diskriminierungen über Hörsaalverbote bis zur Androhung von Disziplinarmaßnahmen. Außerhalb der Universitäten breitet sich Mißtrauen und Ablehnung gegen »studentische Störenfriede« aus; sie schlagen schnell in Sanktionen um. Die Reaktionen der breiten Bevölkerung kristallisieren sich um tiefsitzende Ressentiments gegen Minderheiten, insbesondere gegen intellektuelle Minderheiten. Diese stereotype Einstellung wird durch einen großen Teil der Presse befestigt, von einer Presse, die sich an der Verdächtigung

1 Erschienen in: Der Politologe, Berliner Zeitschrift für politische Wissenschaft Nr. 23, Juli 1967, S. 2ff.

extremistischer Gruppen unter den Stichworten Randalierer, Gammler, Kommunisten nicht genugtun kann. Solche Verdächtigungen fallen gegen eine schon gefährdete Demokratie ins Gewicht, gleichviel, ob es sich um die blanken Aufhetzungen der Springer-Presse oder um die sublimierten Angriffe scheinbar seriöser Leitartikel handelt. Nicht minder problematisch sind die Reaktionen der großen politischen Parteien, die seit Jahren mit ihren Studentenverbänden in Fehde liegen, oft zu Distanzierungen und manchmal zum Ausschluß der mißliebigen Studenten neigen. Das ist ein alarmierendes Zeichen dafür, daß der innere Aufbau dieser Parteien autoritär ist und daß in ihnen der Toleranzspielraum für Fraktionsmeinungen auf ein Minimum zusammengeschrumpft ist.

Dies alles beobachten wir seit Jahren. Nun aber hat sich das antistudentische Syndrom so gefestigt, daß Organe des Staates darangehen, die politischen Teilnahmerechte der Studenten einzuschränken. Das begann in Berlin im vergangenen Semester mit Demonstrationsverboten und vorbeugenden polizeilichen Maßnahmen. In der vergangenen Woche hat die Reaktion der Staatsgewalt auf Studentenproteste eine neue Qualität angenommen, eine Qualität, die wir seit den Tagen des Faschismus in Berlin und in der Bundesrepublik zum ersten Mal wieder kennenlernen. Wenn die Augenzeugenberichte, die zuverlässig dokumentiert sind, nicht Wort für Wort widerlegt werden, hat die Polizei am Freitag, dem 2. Juni, vor dem Opernhaus in Berlin Terror ausgeübt, und der Berliner Senat hat am selben Abend diesen Terror gedeckt. Terror heißt: gezielte Einschüchterung, heißt: faktische Einschränkung geltender Rechte. Terror zielt nicht auf die gewaltsame Unterdrückung eines augenblicklichen Protestes, sondern auf die Abschreckung künftiger Proteste. Sollte der begründete Verdacht auf Terror nicht mit aller wünschenswerten Konsequenz aufgeklärt werden, sollte er, im Falle der Bestätigung, nicht unmißverständliche juristische und politische Folgen haben, dann werden wir den 2. Juni 1967 als einen Tag in Erinnerung behalten müssen, an dem die Gefahr nicht nur einer schleichenden Austrocknung, sondern einer manifesten Erschütterung der Demokratie in unserem Lande für jeden Bürger, der lesen kann und nicht willentlich die Augen schließt, drastisch sichtbar geworden ist.

Diese Ereignisse geben Anlaß, darüber nachzudenken, welche politische Rolle heute die Studenten in der Bundesrepublik spielen, spielen können und spielen sollen. Die studentische Opposition ist Teil der intellektuellen, die intellektuelle ist Teil der unorganisierten außerparlamentarischen Opposition. In diesem Rahmen genießen Studenten keine Privilegien. Sie haben keine korporativen Sonderrechte, auf die sie ihre politische Aktivität begründen können. Zudem müßte sich jeder Versuch, eine Elitestellung akademisch zu rechtfertigen, vor der historischen Erinnerung an die Rolle, die gerade die aktiven Bürger der deutschen Universitäten in den dreißiger Jahren gespielt haben, aufs peinlichste blamieren. Studenten haben für das, was sie tun, keine andere Legitimation als die Staatsbürgerrechte, die sie mit allen Bürgern teilen. Was sie vor politisch passiveren Gruppen auszeichnen kann, ist nur die extensivere Inanspruchnahme dieser Rechte. Das wiederum ist nicht erstaunlich, wenn man bedenkt, daß 1. Studenten ein höheres Informationsniveau haben, als wir es durchschnittlich in der Bevölkerung antreffen; daß 2. das Studium in einem gewissen Umfang immerhin Motive und Interessen weckt oder begünstigt, die zu politischem Engagement führen können (und sei es nur dadurch, daß es ihren Widerspruch herausfordert); und daß 3. die Studentenrolle vom aktuellen gesellschaftlichen Druck stärker freisetzt als andere Erwachsenenrollen, die einen anerkannten gesellschaftlichen Status einräumen.
Welche Funktion hat nun die studentische Opposition in der Bundesrepublik heute?
Wenn wir die Zielscheiben der studentischen Proteste betrachten, bemerken wir daran etwas Spezifisches – jene Proteste sind nämlich in einem recht altmodischen und heute fast schon diskreditierten Sinne politisch. Sie entzünden sich in den meisten Fällen nicht an den unmittelbaren Verbandsinteressen, sondern an den allzu pragmatischen Unterlassungen, die sich Presse, Parteien und Regierung zuschulden kommen lassen. Die studentischen Proteste bringen oft genug erst zu Bewußtsein, was die offiziellen Instanzen absichtslos oder auch mit Vorsatz aus dem politischen Bewußtsein ihrer Bürger aussperren und vielleicht sogar aus ihrem eigenen Bewußtsein verdrängen. Die Studentenproteste, das ist meine These, haben eine

kompensatorische Funktion, weil die in einer Demokratie sonst eingebauten Kontrollmechanismen nicht oder nicht zureichend arbeiten.

Oft waren es erst Studentenproteste, die politische Ereignisse, zu innenpolitischem Hausgebrauch als Konsumwaren abgepackt, in *die* theoretische Perspektive hereingerückt haben, ohne die sie als politische Ereignisse gar nicht begriffen werden können. Dafür ist der Vietnam-Konflikt ein überzeugendes Beispiel. Erst der Vorstoß der Studenten gegen die falschen Definitionen dieses Krieges, der ein sozialer Befreiungskampf ist, hat in das offizielle Weltbild unseres Landes die Bresche geschlagen, durch die dann auch von anderer Seite aufklärende Informationen nach und nach eindringen konnten. Oft waren es erst Studentenproteste, die uns für ein krasses Mißverständnis zwischen beanspruchten Legitimationen und tatsächlichem Verhalten sensibel gemacht haben. Dafür sind die Demonstrationen gegen den persischen Staatsbesuch ein überzeugendes Beispiel. Erst dieser Widerstand hat die durch die Illustriertenpresse vorbereiteten und durch das Staatszeremoniell bekräftigten Personalisierungen durchbrochen und den Gegensatz zwischen Schaubildern aus orientalischen Märchen und der tatsächlichen Rolle eines despotischen Monarchen sichtbar gemacht. Oft waren es erst Studentenproteste, die den auf unmittelbare Ereignisse fixierten Blick unserer Realpolitiker erweitert und welche die heute geforderte Phantasie in Bewegung gesetzt haben, um Folgen gegenwärtigen Handelns in ganzer Tragweite zu antizipieren. Dafür sind die Proteste gegen die Notstandsplanung ein Beispiel. Oft waren es erst Studentenproteste, die dann an Prinzipien erinnerten, als allein ein radikales Festhalten an Grundsätzen vor einer qualitativen Verschiebung des Verfassungszustandes bewahren konnte. Das war so während der *Spiegel*-Affäre, und das ist heute wieder so. Studenten sind es, welche heute die Öffentlichkeit gegen alle offiziellen Darstellungen und gegen die falschen Apologien der Obrigkeit davon überzeugen, daß Polizeiterror, wenn er nicht durch weithin sichtbare politische Konsequenzen öffentlich und wirksam verurteilt wird, den ersten definitiven Schritt zum Polizeistaat bedeuten kann. Es waren schließlich Studentenproteste, die aus Anlaß konkreter Ereignisse in Südafrika, in Südamerika,

in Ostasien oder anderswo die Presse, die Parteien und die Regierung darauf gestoßen haben, daß sich der weltgeschichtliche Aggregatzustand der Politik verändert hat und in den Kategorien des 19. Jahrhunderts nicht mehr fassen läßt – daß Außenpolitik nicht mehr als Machtpolitik mit diplomatischen und militärischen Mitteln betrieben werden kann, sondern als eine Gesellschaftspolitik im Weltmaßstab betrieben werden müßte.
Ich fasse zusammen. Die Aufgabe der studentischen Opposition in der Bundesrepublik war es und ist es, den Mangel an theoretischer Perspektive, den Mangel an Sensibilität gegenüber Verschleierungen und Verketzerungen, den Mangel an Radikalität bei der Auslegung und Praktizierung unserer sozialrechtsstaatlichen und demokratischen Verfassung, den Mangel an Antizipationsfähigkeit und wachsamer Phantasie, also Unterlassungen, zu kompensieren. Ihre Aufgabe ist es, das Fehlen einer in ihren Intentionen aufgeklärten, in ihren Mitteln redlichen, in ihren Interpretationen und Handlungen fortschrittlichen Politik, wenn nicht wettzumachen, so doch zu deklarieren. Dabei verkenne ich nicht die engen Grenzen, die einer studentischen Opposition gezogen sind. Darauf kann ich an dieser Stelle nicht eingehen.
Statt dessen möchte ich auf einige objektive und subjektive Gefahren hinweisen, die sich im Bereich der Hochschule selber für den politischen Bewegungsspielraum der Studenten ergeben.
Objektive Gefahren ergeben sich aus den bestehenden Strukturen der Hochschulen und erst recht aus einer bestimmten Tendenz zu ihrer Veränderung. Es mehren sich die Zeichen, daß die rückblikkend fast liebenswerte Liaison unserer Nachkriegsdemokratie mit der Hochschule traditioneller Gestalt zu Ende geht. Der Schatten einer autoritären Leistungsgesellschaft fällt schon auf eine Korporation, die mit ihren feudalistischen Überbleibseln nicht nur für die Repressionen eigener Art, sondern auch für archaisch anmutende, aber bitter notwendige Freiheitsreservate gesorgt hat. Heute ringen zwei Tendenzen miteinander, von denen die eine gewiß stärker ist – um so mehr muß die Studentenschaft für die Durchsetzung der anderen kämpfen. Entweder ist die Steigerung der Produktivität der einzige Gesichtspunkt einer Reform, welche die Hochschule in das System der gesellschaftlichen Arbeit fugenlos integriert und

zugleich unauffällig aus ihrer Verzahnung mit der politischen Öffentlichkeit löst. Oder die Hochschule behauptet ihre Stellung in der Demokratie; das scheint aber heute nur noch auf dem Wege möglich zu sein, der Demokratisierung der Hochschule genannt wird. Drei Punkte halte ich für entscheidend:

1. müssen politische Diskussionen, müssen Diskussionen auch von Tagesfragen ein anerkannter Bestandteil der hochschulinternen Öffentlichkeit bleiben. Die kritische Erörterung politischer Fragen in der Universität soll nicht nur zugelassen, sondern offiziell gewollt und gefördert werden. Ich bin der Überzeugung, daß die Selbstreflexion der Wissenschaft, die das Medium des wissenschaftlichen Fortschritts ist, mit der rationalen Erörterung politischer Entscheidungen durch die gemeinsame Form der Kritik verbunden ist.

2. darf die in vielen Disziplinen und an manchen Fakultäten nicht nur fällige, sondern überfällige Neuordnung der Studiengänge nicht dazu benutzt werden, eine sehr schwerfällige Korporation bloß auf Vordermann zu bringen. Es muß verhindert werden, daß ein reglementierter Lehrbetrieb allein auf Erfordernisse der akademischen Berufsausbildung für eine nach Kapazität und Bedarf begrenzte Leistungselite abgestellt wird. Die Folge der Reglementierung *in diesem Sinne*, die Folge obligatorisch begrenzter Studienzeiten, die Folge eines Ausschlusses der Studenten von Forschungsprozessen wäre eine indirekt erzwungene Entpolitisierung der Hochschule.

3. ist es im berechtigten Interesse der Studentenschaft, überlieferte und neue Ordnungen des akademischen Disziplinarrechts sorgfältig zu prüfen und anzustreben, daß die Studenten an der Selbstverwaltung der Hochschule als eine von drei Parteien angemessen beteiligt werden.

Lassen Sie mich, meine Damen und Herren, andererseits auch auf die subjektiven Gefahren hinweisen, die der studentischen Opposition drohen. Ich spreche über Schwierigkeiten beim Versuch, die Welt nicht nur zu interpretieren, sondern sie zu verändern.

Zunächst ist heute jeder, der mit einem gewissen theoretischen Anspruch Politik erörtert und mit praktischen Folgen betreiben möchte, einem Mißverhältnis zwischen seiner Kritik und den

Chancen der Umsetzung dieser Kritik gegenübergestellt. Lassen Sie es mich so ausdrücken: die Durststrecke zwischen Theorie und Praxis ist ungewöhnlich lang. Die Gründe dafür liegen auf der Hand. Je komplexer und umfassender ein System wird – und in einem Stadium, in dem wir zum ersten Male strikt von Weltgeschichte sprechen dürfen, umfaßt das System die gesellschaftlichen Interaktionen des ganzen Erdballes – um so mehr entzieht sich das System unmittelbaren Eingriffen, um so schwächer werden die Aussichten für das, was einst direkte Aktion hieß. Die Komplexität der Glieder, die heute zwischen Theorie und Praxis vermitteln, ist nur zu oft entmutigend. *Zwei weitere* Schwierigkeiten ergeben sich aus der Rolle der Studenten. Auf der einen Seite entstehen Spannungen zwischen – Energie und Geduld erfordernden – politischen Interessen und dem Interesse an der schnellen und zuverlässigen Vorbereitung auf einen spezialisierten Beruf. Auf der anderen Seite entstehen Konflikte zwischen dem Bedürfnis nach theoretischer Anleitung im Handeln und einem positivistischen Wissenschaftsbetrieb, der Handlungsorientierung nicht mehr hergibt. Diese drei Schwierigkeiten fordern zwiespältige Reaktionen heraus. Ich nenne jeweils zwei Reaktionsbildungen, die nicht Lösungen darstellen, sondern den ungelösten und verdrängten Konflikt bloß spiegeln. Aber ich mache mit Nachdruck darauf aufmerksam, daß nach meinen Erfahrungen die Masse der Studenten an dem einen der beiden Pole zu suchen ist, während wir am anderen Pol, selbst an den mobilsten Hochschulen, nur eine Handvoll von Studenten finden.

1. Das Spannungsverhältnis zwischen Theorie und Praxis kann von denen, die die entsprechenden Frustrationen nicht aushalten und nicht rational verarbeiten können, abgeleitet werden:

entweder in Indifferentismus, in eine Abwendung von Politik überhaupt

oder in Aktionismus, das heißt in eine Praxis, die jeden Anlaß zur Mobilisierung, allein um der Mobilisierung, aber nicht um der begründeten und taktisch aussichtsreichen Durchsetzung von definierten Zielen willen ergreift.

2. Das Spannungsverhältnis zwischen politischem Engagement und Berufsvorbereitung kann von denen, die die entsprechenden

Belastungen nicht tolerieren und nicht rational verarbeiten können, abgeleitet werden:

entweder in *Über*anpassung, das heißt in eine Antizipation von Zwängen der künftigen Berufssituation, oder in ein regressives Festhalten an der Situation von Studienanfängern, das heißt in Abwehr gegen intellektuelles Eindringen in die Materie eines Faches zugunsten eines Zustandes verselbständigter revolutionärer Dauerbereitschaft.

3. Das Spannungsverhältnis zwischen dem Bedürfnis nach praktischer Gesamtorientierung und dem Wissenschaftsbetrieb kann von denen, die die entsprechenden Frustrationen nicht aushalten und nicht rational verarbeiten können, abgeleitet werden:

entweder in eine positivistische Beschränkung auf erfahrungswissenschaftlich immanente Fragen, verbunden mit Apathie oder mit einer von Fall zu Fall kontingenten Handlungsorientierung

oder aber in theoretische Übervereinfachungen, in fetischisierte Gesinnungen und in eine irrationalistische Verklärung des Unmittelbaren.

Ich halte es für nötig, daß wir uns über jene Schwierigkeiten und auch über die Reaktionsformen, in denen sich die unbewältigten Konflikte ausdrücken, klar werden, damit die studentische Opposition nicht in Gefahr gerät, sich selbst zu isolieren und ohne Boden zu agieren. Ich halte diese Gefahr nicht für groß. Sie sollte nicht denen zum Vorwand dienen, die den Bewegungsspielraum der studentischen Opposition als solchen einschränken möchten. Vor allem aber habe ich mich davon überzeugt, daß die Repräsentanten der Berliner Studentenschaft auf exemplarische Weise zeigen, wie jene Schwierigkeiten auf rationale Weise zu bewältigen sind. Ich mache mir keine Illusionen über eine von Gewalt freie Welt – diese Welt ist von Gewalt besessen. Aber die Befriedigung, die man daran haben könnte, die sublime Gewalt der Institutionen durch Herausforderung in manifeste Gewalt umzuwandeln, ist masochistisch, keine Befriedigung also, sondern Unterwerfung unter eben diese Gewalt.

Die demonstrative Gewalt, welche die politische Aufklärung in unserer Situation, also in einer nicht-revolutionären Lage, allein in Anspruch nehmen darf, ist definiert durch das Ziel der Aufklärung.

Durch Demonstration erzwingen wir Aufmerksamkeit für unsere Argumente, weil wir sie für die besseren halten. Wir erzwingen Diskussion dort, wo sie uns durch informellen Zwang verwehrt wird. Eine Gewalt hingegen, die verwundet, kann diesem Ziel nicht dienen.

Wenn die studentische Opposition einen Vorzug hat, dann kann es nur der sein: daß sie Sensibilität für die Verletzung von Menschen und für deren Verletzbarkeit, einzelner Menschen wie ganzer Klassen, zu einer politischen Kategorie erhebt.

b) Diskussionsbeiträge[2] (1967)

»[...] Der Sinn von Provokation sollte für heute abend terminologisch geregelt werden, damit wir nicht aneinander vorbeireden. Soweit Sie mit ›Provokation‹ die Ausübung demonstrativer Gewalt meinen, ist sie völlig legitim. [...] Demonstrative Gewalt ist die Gewalt, mit der wir uns Aufmerksamkeit für Argumente erzwingen und dort die Herstellung von Bedingungen für eine Diskussion erzwingen, wo sie stattfinden sollte. Das hat man bisher nicht Provokation genannt. Die in den Institutionen selbst verankerte Gewalt, auf die sich herrschende Positionen stützen, wird durch Provokation zu Aktionen herausgefordert, die diese sublime Gewalt zu einer manifesten Gewalt machen und damit deklarieren sollen. Wenn ich Provokation in diesem Sinne verstehen darf, dann heißt systematisch betriebene Provokation von Studenten ein Spiel mit dem Terror (mit faschistischen Implikationen) [...].

Was die plebiszitäre Kontrolle der Lehrveranstaltungen angeht, Herr Krahl, so möchte ich wissen, was Sie damit meinen. Was meinen Sie mit der ›Destruktion des bürgerlichen Lehrbetriebs‹? Ich halte es für notwendig, daß die Kritik an den Lehrveranstaltun-

2 Die Tonbandnachschriften der beiden Diskussionsbeiträge (Bedingungen und Organisation des Widerstandes, Der Kongreß in Hannover, Voltaire-Flugschrift 12, 1967, S. 75f. und S. 100ff.) habe ich im Hinblick auf Übertragungsfehler und Unebenheiten des gesprochenen Wortes redigiert. Von leichten Kürzungen wird der Inhalt nicht berührt.

gen in einem institutionell nach Möglichkeit gesicherten Rahmen und, solange es diesen Rahmen nicht gibt, eben auch ungeregelt, in einem viel breiteren Umfang geübt werden sollte, als es bisher üblich ist. Dafür haben sich die Berliner, und ich halte das für sinnvoll, das Institut der Vorlesungsrezension geschaffen. Ich halte es für ebenso sinnvoll, in den Lehrveranstaltungen, sei es in der Mitte oder am Ende oder wann immer, die Lehrveranstaltung zu kritisieren. Plebiszitäre Kontrollen der Lehrveranstaltungen von unten halte ich aber nicht nur nicht für legitim, sondern für verheerend. Denn sie impliziert die Abschaffung der Lehrfreiheit oder deren definitive Einschränkung. Ich möchte daran erinnern, daß es im Codex liberaler Rechte sehr wohl solche gibt, die auch für uns völlig unveräußerlich sind.«

»[...] ich bin erstaunt, daß die Linie, die Herr Dutschke hier vertreten hat, zwar aus dem Publikum in Frage gestellt worden, aber vom Tisch der Veranstalter ohne Kommentar hingenommen worden ist. [...] Herr Weller hat wiederum von Brutalität und Unmenschlichkeit gesprochen; ich meine, daß wir diese Vokabeln glaubwürdig nur verwenden und vertreten und nicht nur zu manipulativen Zwecken ausstreuen könnten, wenn Herr Dutschke uns eine klare Auskunft auf folgende Fragen in einem positiven Sinne gäbe. Herr Dutschke hat als konkreten Vorschlag nur vorgetragen, daß ein Sitzstreik stattfinden soll. Das ist eine Demonstration mit gewaltlosen Mitteln. Ich frage mich, warum er das nicht so nennt und warum er eine Dreiviertelstunde darauf verwendet hat, eine voluntaristische Ideologie zu entwickeln, die man im Jahre 1848 utopischen Sozialismus genannt hat, die aber unter heutigen Umständen – jedenfalls glaube ich Gründe zu haben, diese Terminologie vorzuschlagen – ›linken Faschismus‹ nennen muß. Es sei denn, daß Herr Dutschke aus dem, was er an ›Überbau‹ entwickelt hat, praktisch keine Konsequenzen zu ziehen wünscht. Das hätte ich gerne geklärt.
Ich hätte gerne geklärt, ob er nun willentlich die manifeste Gewalt nach dem kalkulierbaren Mechanismus, der in diese Gewalt eingebaut ist, herausfordern möchte – und zwar so, daß er das Risiko von Menschenverletzung, um mich vorsichtig auszudrücken, absicht-

lich einschließt – oder ob er das nicht will. Die offizielle Version, gegen die Sie auf eine so überaus überzeugende, auf eine überaus erfolgreiche Weise in den letzten Tagen mit dem besten Recht angegangen sind, nämlich die Version, daß der Tod eines Kommilitonen auf das Konto von ›provokationistischen Studentenhorden‹ gehe, diese Version, und ich hätte das gerne Herrn Dutschke gefragt, würde sie Wahrheit werden können, wenn seine Strategie sich durchsetzt, oder habe ich ihn total mißverstanden? [...]
Wir können über die progressive Rolle, die auch Gewalt haben kann, diskutieren; in der Theorie, der ich nicht eben fernstehe, ist darüber ausführlich diskutiert worden. Die analytische Unterscheidung zwischen progressiver und reaktionärer Gewalt hat einen guten Sinn – eben für die Analyse. Ich meine, daß es in einer Situation, die weder revolutionär noch nachrevolutionär ist [...] für Studenten, die in der Tat nichts anderes als Tomaten in den Händen haben können, nur subjektive Anmaßung sein kann, eine Strategie vorzuschlagen, die, wie ich es heute schon zweimal gesagt habe, darauf angelegt ist, eine sublime Gewalt, die notwendig in Institutionen impliziert ist, manifest werden zu lassen – gleichviel, ob jene zu vertreten ist oder nicht. Ich meine, daß formale Regelungen, gegen die Sie mit so viel Verve hier zu Felde ziehen, nach den Vorstellungen, die wir bisher gemeinsam geteilt haben, materiell eingelöst, aber nicht außer Kraft gesetzt werden sollten.
Ich darf noch einmal sagen: meine Intervention hat den Zweck, Sie, die Sie Herrn Dutschke nun vertreten müssen, zu bitten, mich wirklich zu überzeugen, ob das ein Mißverständnis ist oder ob in dieser Strategie sehr wohl das impliziert ist, was ich hier zunächst hypothetisch unterstellt habe.«

c) Brief an C. Grossner (13. 5. 1968)

[...] Hauptsächlich schreibe ich Ihnen wegen unserer Diskussion über den unglücklichen Topos des linken Faschismus. Damit nicht zum zweiten Mal ganz unnötig – und ganz unnötig viel – Porzellan zerschlagen wird, erlauben Sie mir noch ein paar Bemerkungen.

Rückblickend auf meine Hannoveraner Intervention möchte ich dreierlei feststellen. Erstens habe ich damals nicht gesehen, daß die neuen Formen der Provokation ein sinnvolles, legitimes und sogar notwendiges Mittel sind, um Diskussionen dort, wo sie verweigert werden, zu erzwingen. Zweitens hatte ich damals Angst vor den irrationalistischen Implikationen eines Vorgehens, das unter dem Topos »die Spielregeln brechen« eingeführt wurde. Diese Befürchtungen hege ich auch heute noch, daher hat sich die Intention meiner damaligen Bemerkung nicht geändert. Freilich würde ich sie heute gewiß nicht mehr in der gleichen Form zum Ausdruck bringen, erst recht würde ich das Etikett des linken Faschismus vermeiden, und zwar nicht nur, weil dieses Etikett das grobe Mißverständnis einer Identifizierung des SDS mit den rechten Studenten Anfang der dreißiger Jahre hervorgerufen hat, sondern weil ich inzwischen überhaupt unsicher geworden bin, ob das eigentlich Neue an den gegenwärtigen Revolten durch geistesgeschichtliche Parallelen getroffen werden kann. Drittens halte ich nach wie vor Gewaltanwendung in der gegenwärtigen Situation nicht für ein vertretbares Mittel des politischen Kampfes. Eine revolutionäre Situation, die von der Masse der Bevölkerung als unerträglich empfunden wird, erzeugt Gewalt und reaktiv auch Gegengewalt. In einem solchen Zusammenhang, in dem Hegel die Kausalität der Sittlichkeit am Werke sah, kann eine Strategie, auch wenn sie Gewalt impliziert, Anspruch darauf erheben, politisch beurteilt zu werden. In einer Lage hingegen, die nicht revolutionär ist und deren Unerträglichkeit keineswegs allgemein ins Bewußtsein getreten ist, kann die gleiche Strategie nicht nach denselben Maßstäben beurteilt werden. In diesem Falle müssen sich die handelnden Subjekte, gleichviel, ob sie politisch zu handeln glauben, inhumane Folgen ihres Handelns moralisch zurechnen lassen.

Herzliche Grüße Ihres J. H.

11. Studentenprotest in der Bundesrepublik (1967)

Auf Einladung des Goethe-Hauses in New York habe ich Ende November 1967 einen Vortrag gehalten, der ein amerikanisches Publikum über die Protestbewegung in der Bundesrepublik unterrichten sollte.

Als vor einigen Monaten in Berlin nach dem Innensenator und dem Polizeichef auch der Regierende Bürgermeister von seinem Amt zurücktrat, haben Kommentatoren dieses Ereignis mit der Protestbewegung der Berliner Studenten in Zusammenhang gebracht. Niemand wird behaupten dürfen, daß Albertz zurücktreten mußte, weil er die Studenten gegen sich hatte; aber das Gewicht der manifesten Unzufriedenheit der Studenten konnte immerhin in die Waagschale der innerhalb der SPD ausgetragenen Fraktionskämpfe geworfen werden. Diese Entwicklung ist neu und unerwartet; sie widerspricht allen geläufigen Voraussagen.

Wir waren bisher überzeugt, daß Studenten in entfalteten Industriegesellschaften keine politische Rolle spielen.

Studenten haben im Rußland des 19. Jahrhunderts, im China der 20er und 30er Jahre und im Cuba der 50er Jahre eine revolutionäre Rolle gespielt. 1956 sind die Aufstände in Budapest und Warschau von Studentenprotesten ausgelöst worden. Eine starke politische Stellung haben Studenten vor allem in den Entwicklungsgebieten Südostasiens, Lateinamerikas und Afrikas. Regierungen in Bolivien, Venezuela, Indonesien, Korea und Südvietnam sind von Studenten gestürzt worden. In Ländern, in denen revolutionär-nationalistische Gruppen, in der Regel Militärs, die Führung übernommen haben, ist der politische Druck der Studentenschaft permanent. Hier sind nämlich, im allgemeinen, drei Bedingungen für eine Politisierung des Bewußtseins der Studenten erfüllt.

1. Die Studenten können sich unbedingt als die künftige Elite des Landes verstehen, die für einen Modernisierungsprozeß großen Stils verantwortlich ist; andererseits ist ihr Studium nicht an gut definierten und gesellschaftlich verbindlichen Modellen ausgerich-

tet. Die auf der Hochschule antizipierte Erwachsenenrolle ist also gleichzeitig politisch gewichtig und inhaltlich diffus; so ist sie nicht geeignet, eine privatisierte, an Beruf und Fortkommen festgemachte Orientierung zu stützen.

2. Die Studenten bereiten sich nicht nur auf Rollen vor, die politische Bedeutung haben. Die Hochschule selbst ist eine Agentur des sozialen Wandels. Von ihr geht beides aus: das neue, technisch verwertbare Wissen, und das praktisch folgenreiche Bewußtsein der Moderne. Der Umstand, einer Universität anzugehören, drängt daher bereits zur Parteinahme gegen den Traditionalismus der überkommenen Gesellschaftsstrukturen.

3. Diese Strukturen der alten, entlang Verwandtschaftsbeziehungen organisierten Gesellschaft sind die gleichen, die das Leben in den Elternhäusern der Studenten bestimmen. Deshalb besteht eine eigentümliche Parallelität zwischen dem Sozialisationsvorgang des einzelnen Studenten und dem umfassenden Wandlungsprozeß der Gesellschaft. Der Student, der sich von einem traditionalistischen Elternhaus löst und in die universalistischen Rollen einer modernisierten Gesellschaft einübt, kann die entwicklungstypischen Erfahrungen der Adoleszenz mit den gesellschaftlichen Strukturwandlungen verknüpfen; er kann den epochalen Vorgang im Rahmen des eigenen Bildungsprozesses begreifen und umgekehrt sein privates Schicksal an das politische binden.

Keine dieser drei Bedingungen ist in den industriell fortgeschrittenen Gesellschaften erfüllt. In den europäischen Ländern und in den Vereinigten Staaten hat die Hochschule eng umschriebene Funktionen, nämlich die der Vorbereitung auf qualifizierte Berufspositionen, der Erzeugung technisch verwertbaren Wissens und der Vermittlung einer Kultur, aus der seit Jahrhunderten Wissenschaft und Technik hervorgehen, statt von außen in sie einzubrechen. Zudem besteht kein prinzipieller Gegensatz zwischen den Orientierungen des Elternhauses und den in der Hochschule herrschenden Normen und Werten der modernen Leistungsgesellschaft. Soziologische Erwägungen dieser Art[1] haben zu der Prognose

1 Vgl. S. N. Eisenstadt, From Generation to Generation, Glencoe 1956, S. 171 f.; ferner: T. Parsons, Youth in the Context of American Society, in: E. H. Erikson (Hg.), Youth: Change and Challenge, New York 1963, S. 93 f.

geführt, daß Studenten in unseren Ländern politische Bedeutung nicht gewinnen können. S. M. Lipset hält an dieser These auch heute noch fest: »A brief comparative look at the situation of the university and educated youth in the emerging and industrially developed societies suggests, that student activism cannot take on major proportions in the latter.«[2]

Gleichwohl beobachten wir seit zwei bis drei Jahren an unseren Hochschulen Studentenproteste, die in Umfang und Methode die seit dem Ende des Krieges gewohnten Proportionen sprengen – in den USA ebenso wie in der Bundesrepublik und, wenn die Zeichen des vergangenen Jahres nicht täuschen, auch in England und Frankreich. Es gibt sogar Anzeichen für ähnliche Impulse in der DDR. Wie sollen wir das erklären? Ich möchte diese Frage am Beispiel der Bundesrepublik untersuchen.

I

Dabei will ich mich auf die Vorgänge in Berlin konzentrieren, denn die Freie Universität ist bekanntlich zum Berkeley der Bundesrepublik geworden. Der Aktivismus der Berliner Studenten findet jedoch an den Universitätsorten Westdeutschlands ein wie immer auch abgeschwächtes Echo. Das ist in den Wochen nach dem 2. Juni dieses Jahres deutlich geworden: die Empörung über den Tod des Kommilitonen Ohnesorg, eines politisch eher unprofilierten Studenten, der bei einer Anti-Schah-Demonstration an der Berliner Oper von einem Polizisten in Zivil erschossen worden ist, hat die Hochschulen der Bundesrepublik ohne Ausnahme ergriffen. Nirgends gewannen freilich diese Konflikte das Ausmaß und die Stetigkeit der Berliner Studentenproteste, die seit dem Frühjahr 1965 anhalten und deren Ende vorerst nicht abzusehen ist.

Eine aktive, im allgemeinen recht qualifizierte Minderheit von Studenten, überwiegend aus den sozialwissenschaftlichen oder philosophischen Fachrichtungen, führt hier den Kampf gegen eine Mehrheit der Professoren, deren konservative Gruppen in der

2 S. M. Lipset, P. G. Altbach, Student Politics and Higher Education in the USA, in: S. M. Lipset (Hg.), Student Politics, New York 1967, S. 199f., hier S. 243.

juristischen und der medizinischen Fakultät besonders stark vertreten sind. Da die Universitäten in Deutschland staatliche Einrichtungen mit Selbstverwaltungskompetenzen sind, gibt es keine unabhängige Administration, gegen die die Studenten Front machen könnten; der geborene Gegner ist die Fakultät. In der hochschulinternen Auseinandersetzung wird um drei Positionen gestritten. Die drei Streitpunkte entsprechen, wenn man von spezifischen Unterschieden absieht, den issues, die hierzulande mit den Stichworten: free speech, knowledge factory und student power bezeichnet werden.[3]

Zunächst zum ersten Punkt: free speech. Das sogenannte politische Mandat des AStA, der örtlichen Studentenvertretung, ist seit dem Ende der 40er Jahre umstritten. Die Allgemeinen Studentenausschüsse und, als Dachverband, der Verband Deutscher Studentenschaften sind Zwangsverbände, die sich auf die automatische Mitgliedschaft aller eingeschriebenen Studenten stützen. Daher ist das Argument, daß diese Vertretungen in politischen Tagesfragen im Namen der Studentenschaft nicht Stellung nehmen können, formal richtig. Andererseits machen die Studenten geltend, daß sich hochschulpolitische Fragen von gesamtgesellschaftlichen Konzeptionen nicht säuberlich trennen lassen.[4] Der strenge Legalitätsstandpunkt würde, angesichts der bestehenden Herrschaftsstrukturen und der tatsächlichen Verteilung der Kompetenzen in der Hochschule, zudem von vornherein zur Erfolglosigkeit verdammen. Das politische Mandat ist daher immer praktiziert und stillschweigend anerkannt worden. Aber die legale Möglichkeit, die faktisch in Anspruch genommenen Freiheiten einzuschränken, blieb bestehen. Als im Frühjahr 1965 der Senatsbeauftragte für politische Bildung wegen einer Einladung an Karl Jaspers, der zur 20. Wiederkehr der Kapitulation und somit der Befreiung vom Naziregime sprechen sollte, wegen Amtsanmaßung vom Rektor gerügt wurde, lud das Studentenparlament anstelle von Jaspers, der abgesagt hatte, Erich Kuby ein. Kuby hatte einige Jahre zuvor

3 Vgl. u.a. die Dokumente in: H. Draper, Berkeley, The New Student Revolt, New York 1965; und S. M. Lipset, Sh. Wolin, The Berkeley Student Revolt, Garden City 1965.

4 Vgl. J. Hager u. H. Häußermann, Die Rebellen von Berlin, Köln 1967, S. 26ff.

Zweifel an der Freiheit der Freien Universität geäußert. Das nahm der Rektor nun zum Anlaß, die Veranstaltung in der Freien Universität zu verbieten; der Vortrag Kubys mußte in der Technischen Universität stattfinden. Das war der Beginn einer Reihe von Affären. Die akademischen Behörden sahen sich veranlaßt, den politischen Bewegungsspielraum der Studentenschaft immer wieder einzuschränken. Einige Beispiele: Der Vertrag eines Assistenten wurde wegen ungenauer, den Rektor belastender Veröffentlichungen, für die sich der betreffende Assistent aber schon förmlich entschuldigt hatte, nicht verlängert. Eine Vietnamausstellung wurde mit baupolizeilichen Argumenten verhindert. Zeitweise wurden Hörsäle für politische Veranstaltungen nicht eindeutig wissenschaftlichen Charakters überhaupt gesperrt. Schließlich befaßte sich der akademische Senat mit dem Antrag, einer mißliebigen politischen Studentengruppe die Förderungswürdigkeit abzuerkennen.

Sodann zum zweiten Punkt: knowledge factory. Die Hochschulen der Bundesrepublik sind ohne Veränderung ihrer Strukturen zögernd ausgebaut und, seit dem Ende der fünfziger Jahre, auf Empfehlungen des Wissenschaftsrates durch eine lineare Erweiterung des Lehrkörpers an die rapide wachsenden Studentenzahlen äußerlich angepaßt worden. Die Massenuniversität bietet in Instituten und Kliniken, Laboratorien und Bibliotheken Arbeitsbedingungen, die für viele Studenten entmutigend sind. Die traditionell eingefrorenen Studiengänge sind oft unklar definiert, die Prüfungen mit antiquierten und stofforientierten Anforderungen belastet. Erst nach den Empfehlungen zur Neuordnung des Studiums, die der Wissenschaftsrat im Frühjahr 1966 vorgelegt hat, haben die Fakultäten, um weitergehenden Eingriffen vorzubeugen, den Lehrbetrieb gewissen Schönheitsoperationen unterzogen. Aber innerhalb eines starren finanziellen Spielraums und im Rahmen eines unangetasteten hierarchischen Aufbaus führten diese Anstrengungen unmittelbar nur zu einer stärkeren Reglementierung von Lehre und Studium sowie zu einer administrativ erzwungenen Verkürzung der Studiendauer. Zwei Berliner Fakultäten haben sich beeilt, die befristete Immatrikulation einzuführen, also die Studienzeit obligatorisch zu begrenzen. Nun besteht kein Zweifel, daß nicht schlechte Arbeitsmoral und falsche Auslese, sondern zunächst die katastrophalen Arbeitsbedingungen und die mangelhafte Organisation des Lehrbetriebs die Ursachen für hohe Abbrecherquoten und lange Studienzeiten sind. Die Studenten waren deshalb mit Recht empört. Sie haben sich im Sommer 1966 demonstrativ gegen die restriktive Anwendung der Wissenschaftsrats-Empfehlungen zur Wehr gesetzt; diese Konfrontation führte zum ersten großen Sit-in, an dem sich etwa 3000 Studenten beteiligten. Schließlich wurden gemeinsam besetzte Studienreformkommissionen eingerichtet. Deren Wirksamkeit blieb freilich begrenzt.

Das führt uns zum dritten Punkt: student power. Trotz einer weitläufigen Reformrhetorik sind die einzigen umfassenden Konzeptionen für Hochschulen in einer demokratisch verfaßten Industriegesellschaft von Studenten ausgearbeitet worden. Anfang der 60er Jahre haben der Verband Deutscher Studentenschaften und der Sozialistische Deutsche Studentenbund Denkschriften zur Hochschulreform vorgelegt; beide verfolgen das Ziel einer Demokratisierung der Hochschule.[5] Die Studenten erfahren die Hochschule aus der ernüchternden Perspektive von unten. Sie beobachten, wie die aufrechterhaltenen Autoritätsstrukturen des 19. Jahrhunderts unter den veränderten Bedingungen der Massenausbildung und eines breiten akademischen Mittelbaus die kreative Entfaltung ebenso wie die rationale Planung des Lehr- und Forschungsbetriebes empfindlich hemmen. Sie begreifen, daß vor allem sie die Kosten der versäumten Hochschulreform tragen; deshalb wollen sie Mitbestimmungskompetenzen in allen Selbstverwaltungsgremien durchsetzen. Die Ordinarienuniversität, die eine Gemeinschaft der Lehrenden und der Lernenden fingiert, soll ersetzt werden durch eine Korporation, an deren Verwaltung alle drei Parteien: die Studenten, der Mittelbau und die Professoren mit der Möglichkeit, ihre besonderen Interessen zu vertreten, beteiligt sind. Außerdem soll der Dualismus zwischen Lehrstuhlhierarchie und Institutsverwaltung überwunden werden, wobei wiederum Studenten und Nichtordinarien ihren Arbeitsplätzen entsprechend an der Verfügung über die institutsgebundenen Mittel beteiligt wären.

5 Vgl. W. Nitsch, U. Gerhardt, C. Offe, U. Preuß, Hochschule in der Demokratie, Neuwied 1965; VDS-Gutachten, Studenten und die Neue Universität, 1962.

Nun wird in Berlin seit Jahren ein neues Hochschulgesetz vorbereitet, der Entwurf ist im Sommer dem Abgeordnetenhaus zugeleitet worden. Im Hintergrund der politischen Auseinandersetzungen an der Freien Universität steht deshalb die Frage, ob das Berliner Modell, das den Studenten hier weitergehende Rechte sichert, als ihre Kommilitonen an irgendeiner westdeutschen Universität besitzen, abgeschafft oder wenigstens eingeschränkt – oder ob es zugunsten der Studenten noch erweitert werden soll. Als zu Beginn dieses Jahres die Haushaltsmittel der Studentenschaft um 50000 DM gekürzt wurden, hat der AStA auf diese Repressalie mit Vorschlägen zu einer Neuordnung der Freien Universität geantwortet, die eine Anwendung des Dreiparteienmodells der SDS-Denkschrift auf die Berliner Situation darstellen.[6] Vor fünf Jahren hat niemand von den Reformplänen der Studenten ernstlich Kenntnis genommen. Inzwischen haben die Berliner Studenten ihren Vorstellungen durch Protest so viel Nachdruck verliehen, daß vor wenigen Wochen über 50 Ordinarien der Freien Universität eine 12-Punkte-Erklärung abgegeben haben, deren hochschulpolitische Linie in der deutschen Universitätsgeschichte ohne Vorbild ist. Es heißt darin: »Wir setzen uns für einen Ausbau des Berliner Modells unter verstärkter Mitbestimmung des akademischen Mittelbaus und der Studenten in allen Gremien und Institutionen der Universität ein. Die konkreten Vorschläge zur Organisation der Hochschule in der Veröffentlichung *Was will der AStA der Freien Universität* von Anfang Mai 1967 sollten in die Diskussion einbezogen werden. Wir treten weiterhin ein für eine größere Differenzierung und Flexibilität der Studiengänge, für eine Verstärkung des Tutorensystems, für neue Formen der Lehrveranstaltungen, für eine Beschränkung des Disziplinarrechts und für eine Überprüfung der traditionellen Verfahren bei Habilitation und Berufung; wir halten eine befristete Immatrikulation für ein unzureichendes Mittel der Studienreform. Die Hochschulreform verlangt ihre Ergänzung durch eine Reform des gesamten Bildungswesens, die auch sozialen Benachteiligungen entgegenwirkt. Diese Reform ist Vorbedingung für die in einer Demokratie unerläßliche Erweiterung

6 Vgl. das Flugblatt: Was will der AStA der Freien Universität, hrsg. vom AStA der Freien Universität (Mai 1967).

des Sachverstandes und des politischen Urteilsvermögens aller Mitbürger.«

Noch im vergangenen Jahr wäre vermutlich die Mehrheit der engagierten Studenten befriedigt gewesen, zu sehen, daß der liberale Teil der Professorenschaft auf ihre Linie einschwenkt. Aber inzwischen hat der Konflikt die Grenzen der universitätsinternen Öffentlichkeit gesprengt. Die mobilsten Gruppen in der Studentenschaft verfolgen nicht mehr das Ziel einer Hochschulreform, sie wollen unmittelbar die Umwälzung gesellschaftlicher Strukturen. Radikale Studenten sind zum Kern einer außerparlamentarischen Opposition geworden, die in Klubs und losen Zentren neue Organisationsformen und eine breitere, über die Hochschule hinausreichende Basis sucht. Ihr nächstes Ziel ist die Veränderung des prekären Viermächtestatus Westberlins und die Etablierung einer Offenen Stadt. Kampagnen gegen den Springerkonzern, die heute nicht nur unter Studenten und Schülern populär sind, dienen als Mittel der Mobilisierung. Zum ersten Mal in der Geschichte der Bundesrepublik spielt die Studentenschaft eine ernst zu nehmende politische Rolle. Kurt Sontheimer stellt mit Recht fest: »Nach dem 2. Juni 1967 ist die Studentenschaft nicht nur der Berliner Universität, sondern dank der Berliner Studenten die der gesamten Bundesrepublik zu einem Faktor der deutschen Innenpolitik geworden. Die Parteien des Bundestages beeilten sich plötzlich, mit den Vorsitzenden der Studentenausschüsse zu diskutieren; Kiesinger ließ es sich ebensowenig nehmen wie Willy Brandt, zu den Studenten zu sprechen. [...] Da der Prozeß der Politisierung der akademischen Jugend zwar von Hochschulproblemen ausgegangen, aber inzwischen längst über diesen Rahmen hinausgedrungen ist, kann er durch eine Reform der Hochschule, falls sie angesichts der Lethargie dieser Institution überhaupt tiefgreifend genug sein könnte, nicht zurückgedämmt werden.«[7]

Das ist die neue Lage, die erst seit wenigen Monaten zu Bewußtsein gelangt ist. Um sie zu verstehen, müssen wir zwei Umstände berücksichtigen.

7 K. Sontheimer, Studenten auf Kollisionskurs, in: Merkur, H. 233, August 1967, S. 701 f.

Der hochschulinterne Streit ist seit Beginn des Jahres 1966 mit einem Konflikt zwischen den politisierten Teilen der Studentenschaft und der Bevölkerung sowie dem Senat der Stadt Berlin verzahnt. Insbesondere die Vietnamproteste haben diesen Konflikt offen ausbrechen lassen. Während die akademische Verwaltung mit den zivilen Mitteln wie Raumverboten, Etatkürzungen, Disziplinarverfahren reagiert hat, waren die Maßnahmen des Senats der Stadt Berlin weniger zimperlich und noch fragwürdiger. Alle Instanzen: die Polizei, die Justizverwaltung, das Abgeordnetenhaus und der Regierende Bürgermeister selbst haben sich durch Repression und törichtes Vorurteil gleichermaßen hervorgetan wie blamiert. Es gab widerrechtliche Demonstrationsverbote, dubiose Beschlagnahmeaktionen und problematische Verhaftungen, anfechtbare Gerichtsprozeduren, es gab offenen Polizeiterror und ein Stadtoberhaupt, das dieser Polizei noch dankte, nachdem der Student Ohnesorg erschossen worden war. Eine Woche später sind über 12000 Berliner Studenten dem Sarg ihres Kommilitonen gefolgt.

Ein jeweils kleiner Kreis engagierter Studenten hat über zwei Jahrzehnte in konventioneller Form Hochschulpolitik betrieben und keinen Hund hinter dem Ofen hervorgelockt. An den allgemeinen Wahlen zum AStA hat sich selten mehr als ein Drittel der Studenten beteiligt. An einer Urabstimmung im Mai dieses Jahres hingegen beteiligten sich mehr als zwei Drittel der Studenten. Nun konnte man sehen, wie leicht die Kommilitonen in Bewegung kommen, sobald provozierte Behörden und gekränkte Professoren mit administrativer Gewalt oder gereizter Autorität antworten. Ein harmloses Beispiel sind die Vorlesungsrezensionen, die vereinzelt, und übrigens anonym, in der Studentenzeitung der Freien Universität veröffentlicht wurden. Ein Politikum machten daraus erst die betroffenen Professoren, die sich mit dem ganzen, unserem Berufsstand eigentümlichen Narzißmus zur Wehr setzten, sei es durch unsägliche Pamphlete, sei es durch die Amtsgewalt des Rektors. Erst die Reaktionen machten Behauptungen über die autoritäre Verfassung unserer Universität in den Augen der Masse der Studenten glaubwürdig. Dieser Mechanismus erklärt den Erfolg der aus den USA übernommenen Taktiken der Regelverletzung und des zivilen Ungehorsams innerhalb wie außerhalb der Universität. Im Sommersemester 1966 fand das erste große Sit-in statt. Beim zweiten Sit-in, im April dieses Jahres, sah sich der Rektor veranlaßt, die Polizei zu rufen, die dann freilich, zur Blamage des Senats, nicht eingriff. Nach dem 2. Juni haben die Studenten durchgesetzt, daß der reguläre Lehrbetrieb eine Woche ausgesetzt wurde. Die Hochschulen gehören, wie sich auch hier in den USA zeigt, zu den verletzbarsten Institutionen; sie können durch Provokationismus verhältnismäßig leicht außer Betrieb gesetzt werden. Die aktivsten Gruppen unter den Studenten machen sich das zunutze[8]; sie scheinen heute den Campus nur noch als Übungsgelände für die Mobilmachung der Truppe interessant zu finden. Der Stoß richtet sich nicht länger gegen die Universität als solche; sie ist als Gegner inzwischen zu unbeträchtlich geworden. Das gilt nicht nur für Berlin, sondern auch für westdeutsche Hochschulen, deren Studentenvertretungen heute, um nur zwei Beispiele zu nennen, Castro zum Tode Che Guevaras kondolieren oder den vorgedruckten Kopf ihres Briefpapiers mit Leninparolen schmücken.

II

Um diese, nicht nur für Soziologen unerwartete Lage zu erklären, möchte ich auf einige Umstände hinweisen, die sich seit dem Ende des Krieges aus der inneruniversitären ebenso wie aus der allgemeinen politischen Entwicklung ergeben haben. Vorweg möchte ich einige für Berlin spezifische Ursachen nennen.

Die Freie Universität unterscheidet sich von westdeutschen Hochschulen in dreifacher Hinsicht. *Erstens* sichert die liberale Hochschulverfassung der Studentenschaft weitgehende Rechte und Kompetenzen. Diese bieten auch den taktischen Vorzug einer Legitimationsgrundlage für Ansprüche, die über den Status quo hinauszielen. *Zweitens* begünstigt die Zusammensetzung der Studentenschaft, wie empirische Untersuchungen zeigen, dank einem selektiven Zuzug aus Westdeutschland eine Politisierung. Zudem

8 B. Larsson, Demonstrationen. Ein Berliner Modell, Berlin 1967.

hat der Zustrom von Studenten aus der DDR, die eine antikommunistische Grundhaltung stabilisierten, seit dem Bau der Mauer aufgehört. Im Studienjahr 1956/57 stammte fast ein Drittel der Studenten aus dem Osten, im Jahre 1964/65 war ihr Anteil auf etwa 5 % gesunken. *Drittens* ist nach meiner Einschätzung der Anteil an politisch wachen und liberal denkenden Professoren in einigen Berliner Fakultäten erheblich größer als an Universitäten der Bundesrepublik. Deshalb haben die Studenten in Berlin stets auf die Solidarität einer Gruppe ihrer Professoren zählen können.

Auf der anderen Seite haben die Berliner Bevölkerung und die Behörden politische Stellungnahmen der Studenten nur so lange wohlwollend goutiert, als sie sich innerhalb der Konformitätsgrenzen herrschender Auffassungen hielten. Von 1958 an, seit einem gegen die atomare Aufrüstung der Bundeswehr gerichteten Studentenkongreß, mehren sich die Konflikte. In Berlin ist nämlich stärker als in der Bundesrepublik ein Verhaltenssyndrom, das aus Zeiten des Kalten Krieges stammt, konserviert worden. Drei Fakten kommen hinzu. Erstens monopolisieren die intellektuellenfeindlichen und ressentimentgeladenen Zeitungen des Springerkonzerns den Berliner Markt. Zweitens ist die Berliner Polizei, wegen der besonderen strategischen Lage der Stadt, als eine Bürgerkriegsmiliz geschult, sie ist jedenfalls nicht auf die politische Rolle nonkonformistischer Minderheiten vorbereitet. Schließlich wacht die Regierung mit einer gewissen Nervosität über den anfälligen Organismus einer Stadt, der nicht nur politisch abhängig, sondern mit einer schrumpfenden Industrieproduktion und einer überalterten Bevölkerung auch ökonomisch gefährdet ist.

Allein, diese doppelte Reihe berlinspezifischer Umstände kann die Konflikte, die sich seit Jahren um publizitätswirksame Anlässe kristallisiert haben, nicht völlig erklären; sie erklären allenfalls die Verstärkung und den explosiven Ausbruch von Konflikten, die sich auch an westdeutschen Hochschulen angebahnt haben. Wenn aber Berlin nur ein Modellfall ist, welches sind dann die Ursachen für eine Politisierung des Bewußtseins unserer Studenten?

Die Unzufriedenheit der Studenten hat Ursachen innerhalb und außerhalb der Universität. *Innerhalb der Universität* wächst die Malaise seit zwei Jahrzehnten, weil sich die Hochschulen zu der fälligen Reform an Haupt und Gliedern nicht aufraffen können. Die deutsche Universität ist aus dem Zusammenbruch des Naziregimes mit einer verstärkten Selbstverwaltungsautonomie hervorgegangen. Immobilismus ist jedoch der Preis für die Immunität von Zukunftsprivilegien. Deshalb vollzieht sich der Prozeß der Eingliederung der alten Universität in die neue Industriegesellschaft ohne Willen und Bewußtsein. Dieser naturwüchsige Strukturwandel unserer Hochschulen läßt sich soziologisch unter zwei Gesichtspunkten begreifen.[9] Humboldts Universität, die das 19. Jahrhundert beherrscht hat, war einerseits eine Eliteinstitution, zu der breitere Schichten auch nur des Kleinbürgertums, wie in den USA, nicht zugelassen waren. Andererseits war der Erziehungsprozeß nicht, wie zum Beispiel in Großbritannien, an definierten beruflichen und gesellschaftlichen Modellen ausgerichtet. Die Bildungsprozesse der Gelehrtenuniversität blieben wenigen vorbehalten und waren überwiegend an Desideraten der Forschung orientiert. Die Universität sollte bilden, aber sie bildete keine Massen und keine Experten aus. Beides ist inzwischen unvermeidbar geworden – auch wenn der Zugang zu den deutschen Universitäten immer noch stark privilegiert ist (der Anteil der Arbeiterkinder pendelt seit 10 Jahren um 5-6 %), auch wenn viele Studiengänge immer noch so aussehen, als sollten sie eher dem Gelehrtennachwuchs als der Vorbereitung auf einen akademischen Beruf dienen. Gemessen an den objektiven Bedürfnissen der Gesellschaft arbeitet das System der Hochschule nicht effizient: die Zahl der Absolventen ist zu niedrig, die Studiendauer zu lang, die erworbenen Qualifikationen sind vielfach unzureichend, und die Forschung stagniert auf vielen Gebieten. Daher hat sich der politische Druck von außen in den letzten Jahren verstärkt; die jüngsten Wissenschaftsrats-Empfehlungen und der baden-württembergische Hochschulgesamtplan spiegeln diesen Druck. Die Presse, Vertreter der Parteien, die Kultusverwaltungen, Interessenten der gewerblichen Wirtschaft drängen energisch auf Rationalisierungsmaßnahmen im bürokratischen Großbetrieb Hochschule; die Professoren alten Stils hingegen, vor allem die der philosophischen Fakultäten, stehen mit dem Rücken zur Wand und

9 J. Ben-David, R. Collins, Academic Freedom and Student Politics, in: S. M. Lipset, Student Politics, a.a.O., S. 148f.

versuchen, Positionen zu behaupten, die fast nur noch rhetorischen Wert haben. Der aktivere Teil der Studentenschaft und einige ihrer Lehrer, die als progressiv gelten, sehen die Gefahr eines Kompromisses zwischen beiden Lagern. Die Professoren werden, so fürchten sie, widerwillig geheiligte Grundsätze der Tradition opfern, Reglementierungen in Kauf nehmen und die Unantastbarkeit der eigenen Position retten, sie werden, so fürchten die Studenten, die Steigerung der Effizienz als das Ziel einer Reform annehmen, die eine entpolitisierte Hochschule in das System der gesellschaftlichen Arbeit fugenlos integriert *und* gleichzeitig die starke Stellung der Professoren in der Ordinarienuniversität rettet. Diese Studenten wollen weder die traditionelle Hochschule, elitär und bildungshumanistisch, noch wollen sie die Massenuniversität als bloße Schule für Experten – und erst recht nicht eine Kombination aus den schlechtesten Elementen beider. Die Ursachen *außerhalb der Universität* sind nicht so leicht auf einen Nenner zu bringen. In der ersten Nachkriegsperiode, bis etwa zur Mitte der 50er Jahre, waren Studentenproteste durch klare Ziele definiert: die Gefahr des Kommunismus, ein vereinigtes Europa, Wiederaufrüstung, Nazivergangenheit. Nur zwei dieser Protestbewegungen, die das politische Klima an den Hochschulen während der ersten Hälfte der 50er Jahre geprägt haben, sind für das Verständnis der gegenwärtigen Situation wichtig. Ich meine einerseits den Protest gegen die Wiederaufrüstungspolitik der Bundesregierung, der mit Vorstellungen einer neutralistischen Außenpolitik und mit der Furcht vor gesellschaftlich restaurativen Rückwirkungen einer reetablierten Wehrmacht im Inneren verknüpft war. Dieser Protest war Teil einer allgemeinen Opposition, die damals noch von der SPD geführt wurde. Stärker an den Hochschulen konzentriert, aber immer noch eingebettet in eine über die Hochschule hinausgreifende Opposition, war auf der anderen Seite der Protest gegen die verschleierte Kontinuität mit Überlieferungen der Naziperiode. Dieser überwiegend moralisch bestimmte Protest gegen eine auf fast allen Ebenen fehlende Radikalität der Auseinandersetzung mit Traditionen der jüngsten Vergangenheit fand beispielsweise in einer Demonstrationswelle gegen Veit-Harlan-Filme Ausdruck oder in dem erfolgreichen Widerstand von Studenten und Professoren der

Universität Göttingen gegen die Bestellung Schlüters, eines ehemaligen Nazis, zum Kultusminister in Niedersachsen. Beide Protestbewegungen wurden alsbald gegenstandslos. Mitte der 50er Jahre war die Aufrüstung eine entschiedene Sache, und entschieden war ebenso die langfristige Etablierung eines Regiments, das Globke und Seebohm als Ehrenmänner akzeptierte. Gewiß flackerte die alte Opposition 1957/58 noch einmal auf, als die atomare Ausrüstung der Bundeswehr debattiert wurde, und gewiß sind in den letzten Jahren Naziprozesse wieder aufgenommen worden; aber die linke Opposition, für deren Kette von Frustrationen die Frankfurter Paulskirche zum Symbol geworden ist, mußte damals vor dem siegreichen Kurs der CDU endgültig kapitulieren. Die Sozialdemokratische Partei hat daraus Ende der 50er Jahre die Konsequenz gezogen. Sie hat nach und nach auf die Rolle der Oppositionspartei verzichtet und die Strategie verfolgt, an der bestehenden Regierung teilzunehmen, statt sie abzulösen. Dieses Ziel hat sie vor einem Jahr erreicht.

Drei Tendenzen, meine ich, haben während des letzten Jahrzehnts in zunehmendem Maße die Stellung der übriggebliebenen intellektuellen Opposition in unserem Lande bestimmt, drei Tendenzen, die verständlich machen, warum sich die opponierenden Teile der Studentenschaft heute mit dieser Rolle von Opposition nicht mehr zufriedengeben wollen. Die intellektuelle Opposition ist zunehmend isoliert worden und hat ihren Zusammenhang mit politischen Organisationen, vor allem mit den Parteien, verloren. Auf der einen Seite ist der SDS, die stärkste der politischen Studentengruppen, aus der Sozialdemokratischen Partei ausgeschlossen worden; auf der anderen Seite haben sich Vereinigungen von Literaten, wie die Gruppe 47, immer stärker in tagespolitischen Fragen engagiert. Die intellektuelle Opposition hat zunehmend auf den Entwurf von Alternativen verzichtet und sich auf die resignative Behauptung der liberalen Bestände beschränkt. Dem diffus werdenden Gegner und dem konservativen Ziel entsprechen die defensiven Mittel. Die *Spiegel*-Affäre ist das Musterbeispiel für den Typ einer gefahrenabwehrenden Mobilisierung der Öffentlichkeit im Namen verletzter Grundrechte. Die Vertreter der intellektuellen Opposition sind im Kunst- und Literaturbetrieb, in Rundfunk- und Fernsehanstalten, in Universitäten und Forschungseinrichtungen avanciert und auf ihre Weise zu einem Teil des Establishments geworden. Das KPD-Verbot tut ein übriges, um den Spielraum des legitimierten Sprachgebrauchs einzuschränken, d. h. die Sprache und das Denken der Opposition von Bestandteilen illegalisierter linker Traditionen zu reinigen.

Der Ostermarsch der Atomwaffengegner, der im Bewußtsein der eigenen Folgenlosigkeit zelebriert wird, ist heute das einzige anerkannte Ritual massenhaften Protestes. Er bezeichnet die Lage, auf die unsere Studenten nun antworten. Die Protestwelle, die vom 2. Juni ausgelöst worden ist, hat den Schleier über neuen Reaktionsformen weggezogen. Wir Älteren haben auf dieses Ereignis, das Günter Grass den ersten politischen Mord der Bundesrepublik genannt hat, so reagiert, wie wir auf die Nacht-und-Nebel-Aktion gegen den *Spiegel* reagiert haben: ein weiteres Symptom für die Einschränkung demokratischer Rechte und ein Alarmzeichen für einen erneuten Versuch der Defensive. Für den aktiven Teil der Studentenschaft aber bedeutete der 2. Juni etwas anderes.

Diese Studenten gehören zur ersten Generation, deren Erinnerung nicht mehr durch die Naziperiode und deren unmittelbare Folgen bestimmt ist; zur ersten Generation, die ökonomische Unsicherheit und relative Armut nicht mehr kennt; zur ersten Generation, die den institutionellen Rahmen der Bundesrepublik nicht mehr hat entstehen sehen, sondern die sozialstaatliche Massendemokratie und die organisierten Formen des Kapitalismus einfach als die bestehende Ordnung kennt. Diese Studenten haben daher keine persönlichen Erfahrungen mit politischem Terror, keine Erfahrungen mit ökonomischen Krisen, keine Erfahrungen mit wirklichen politischen Alternativen zur bestehenden Ordnung und – mit organisierter Opposition. Andererseits gehören sie zur ersten Generation, die unbefangen das Mißverhältnis wahrnimmt, das zwischen dem potentiellen Reichtum, der potentiellen Befriedigung einer industriell entfalteten Gesellschaft und dem faktischen Leben besteht, das die Massen darin führen. Sie sind die erste Generation, die nicht mehr versteht, warum das Leben des einzelnen trotz des hohen Standes der technologischen Entwicklung nach wie vor durch die Ethik des Leistungswettbewerbs, durch den

Druck der Statuskonkurrenz, durch Werte der possessiven Verdinglichung und der angebotenen Surrogatbefriedigungen determiniert ist. Sie verstehen nicht, warum der institutionalisierte Kampf ums Dasein, die Disziplin der entfremdeten Arbeit, die Tilgung von Sinnlichkeit und ästhetischer Befriedigung aufrechterhalten werden, warum, mit einem Wort, die Lebensform einer Ökonomie der Armut unter Bedingungen einer möglich gewordenen Ökonomie des Überflusses konserviert wird. Auf der Grundlage eines *prinzipiellen* Unverständnisses für die sinnlose Reproduktion überflüssig gewordener Tugenden und Opfer hat die heranwachsende Generation eine besondere Sensibilität für die Unwahrhaftigkeit geltender Legitimationen entwickelt. Empörung gegen die doppelte Moral der Älteren wiederholt sich gewiß in jeder Generation; aber heute richtet sich der Protest gegen eine Gesellschaft, die den Emanzipationsidealen des 18. Jahrhunderts die Kraft von Verfassungsnormen verliehen und das Potential zu ihrer Verwirklichung aufgespeichert hat, aber gleichwohl den Hunger in der Welt des potentiellen Überflusses nicht abschafft, den Abstand zwischen Industrienationen und Entwicklungsländern vergrößert und zusammen mit der Bevölkerungshygiene Verelendung und militärische Gewalt exportiert – das ist die symbolische Bedeutung, die die amerikanische Intervention in den vietnamesischen Bürgerkrieg in den Augen nicht nur zahlreicher amerikanischer, sondern auch der allermeisten deutschen Studenten heute angenommen hat. Auf diesem Hintergrund wird das eigentlich Neue an den jüngsten Protestbewegungen besser verständlich: nämlich das, was man das »neoanarchistische Weltbild« nennen könnte, und die Vorliebe für direkte Aktionen. Ich spreche im folgenden von einer relativ kleinen, sehr mobilen Minderheit, deren Einstellung aber, wenn ich mich nicht irre, symptomatisch ist für einen Entwicklungstrend. Das Weltbild dieser Studenten ist von dem Eindruck geprägt, daß die gesellschaftlichen Institutionen zu einem relativ geschlossenen, konfliktfreien und selbstregulativen, dabei gewaltsamen Apparat geronnen sind. Aufklärung und Opposition kann nur noch von nicht korrumpierten einzelnen am Rande des Apparates betrieben werden; wer eine Funktion *in* ihm übernimmt, und sei sie noch so unwichtig, wird integriert und gelähmt. Daher gibt es keine definierten

Gegner innerhalb der Gesellschaft, es gibt keine Koalitionspartner und keine angebbaren sozialen Gruppen als Träger des Protestes. Unter diesen Umständen muß der Protest selbst die Form der Provokation, der Durchbrechung der legitimen Spielregeln annehmen; sein Ziel ist unmittelbar die Mobilisierung vieler einzelner um der Mobilisierung willen. Das erinnert an gewisse politische Lehren, die Sorel aus lebensphilosophischen Grundannahmen Bergsons gewonnen hat. Ich selbst habe diesen historischen Zusammenhang zunächst für plausibel gehalten; heute bin ich nicht mehr sicher, wie weit die Parallele trägt. Der neue Aktionismus und das Weltbild des neuen Anarchismus suchen Anlehnung an Mao und Castro, obwohl das Operationsfeld durch unsere Großstädte und keineswegs durch die Bedingungen unentwickelter Agrarländer bestimmt ist. Die neue Taktik hat den Vorzug, schnell Publizität zu erlangen, andererseits bringt sie Gefahren mit sich, die von den Studenten selbst gesehen werden, die Gefahr des Abgleitens, sei es in die Privatisierung einer leicht zu verschmerzenden Subkultur von Hippies, sei es in die folgenlosen Gewaltakte der Aktionisten.
Wir Älteren sind von den Protestspielen schockiert: unbekümmert um schlimme Parallelen, durchbrechen die Studenten Freiheit verbürgende Normen in der Absicht, sie als Ausdruck repressiver Toleranz zu entlarven.

III

Beim Versuch, dieses weiterreichende Engagement zu erklären, sind wir auf Umstände gestoßen, die nicht mehr nur spezifisch sind für Entwicklungen in der Bundesrepublik. Es könnte sein, daß unsere Studenten wohl auf eine spezifische Lage reagieren, aber dabei von Motiven bestimmt sind, die sich zum ersten Mal während der fünfziger Jahre unter den Lebensbedingungen der industriell fortgeschrittensten Gesellschaften generell herausbilden konnten. Ein grober Vergleich der Studentenproteste in der BRD und in den USA stützt diese Vermutung.
In der BRD und in den USA können die unmittelbaren Frustrationen und Belastungen des Studiums nicht die gleichen Ursachen

haben. Während sich in den Vereinigten Staaten, besonders auf der Ebene des Colleges, der Druck eines reglementierten Lehrbetriebs mit standardisierten Leistungsnormen und häufig wiederholten Leistungskontrollen bemerkbar macht, ist der Lehrbetrieb in den philosophischen Fakultäten der deutschen Hochschulen, den Zentren der Unruhe, eher diffus und unzureichend organisiert. Die deutschen Studenten müssen die spezifischen Zwänge einer gesellschaftlich angepaßten Expertenausbildung, die in den USA schon wirksam sind, erst antizipieren. Verschieden ist auch die politische Bühne außerhalb der Universitäten. Während in den USA die Unterprivilegierung der schwarzen Bevölkerung und der Krieg in Vietnam zwei akute, klar definierte und augenfällige Konflikte sind, die täglich neue Gewalt produzieren und deshalb Gegengewalt provozieren, fehlen in Deutschland manifeste Anlässe vergleichbarer Größenordnung. Natürlich bestehen in der BRD die Dauerkonflikte eines sozialstaatlich organisierten Kapitalismus und die besonderen Konflikte einer geteilten Nation. Aber wir haben keine Ghettos, die sich als Basis großstädtischer Guerillaaktionen eignen könnten, und keine Studenten, die zur Bekämpfung von Guerillas in Südostasien einberufen werden. In der BRD schwelen die Konflikte unter der Decke einer integrierten Gesellschaft mit einem geringeren Maß an offener Aggressivität. Die Versuche unserer Aktivisten, die Gewalt der Institutionen herauszufordern und manifest zu machen, sind daher, verglichen mit den Aktionen der *new left* in den Vereinigten Staaten, ein wenig artifiziell. Der einzige Konflikt außerhalb der Hochschulen, der sich, neben der technologischen Arbeitslosigkeit im Ruhrbergbau, von selber aufdrängt und nicht erst inszeniert werden muß, ist die Auseinandersetzung mit der geplanten Notstandsgesetzgebung; sie wird von einer Koalition aus Gewerkschaftlern und Intellektuellen geführt und nicht in erster Linie von den revoltierenden Studenten.

Schließlich fehlt in Deutschland vorerst die Hippieszene im Hintergrund der *new left*. Bis heute scheint es einen Gebrauch von Narkotika in nennenswerten Ausmaßen an deutschen Universitäten nicht zu geben. Auch andere Sedativa – ich meine Orientierungen, die den Außenseiterprotest in unpolitische Bahnen lenken, wie Yogi-Praktiken und Zen-Buddhismus – haben bis jetzt keinen erkennbaren Einfluß gewonnen. Das Potential des Unbehagens, das unter den Studenten offensichtlich im Wachsen begriffen ist, kann deshalb in Deutschland in größerem Maße, als es in den USA der Fall zu sein scheint, politisch aufgefangen werden. Zudem besteht in Europa, anders als in USA, eine fast ununterbrochene, von Hegel und Marx beeinflußte theoretische Überlieferung. Das mag erklären, daß die neuen Einstellungen unter den Studenten der BRD schneller artikuliert werden.

Trotz dieser Unterschiede ähneln sich die Studentenproteste in beiden Ländern. Ohnehin heben der Umfang der Proteste und der Grad der Intransigenz die neue Studentenbewegung aus den bisher üblichen Oppositionsströmungen heraus. In beiden Ländern beobachten wir die provokationistische Taktik, die absichtlich liberale Spielregeln verletzt, auf Koalitionen mit Gruppen innerhalb des Systems verzichtet und einen Spielraum nicht entfremdeter Existenz an den Rändern des Systems offenhalten möchte. Hier wie dort beobachten wir jene fundamentalen Einstellungen, die in Zügen eines neoanarchistischen Weltbildes ihren Ausdruck finden – sei es emotional auf der Ebene der Beatles und des Folk-songs, sei es politisch auf der Ebene des Castroismus und der Losungen des Vorsitzenden Mao, sei es reflektiert auf der Ebene einer Marx und Freud durch gewisse existentialistische Positionen vermittelnden Theorie, wie sie von Herbert Marcuse ausgearbeitet worden ist. Wenn aber die strukturellen Entwicklungen innerhalb und die politische Lage außerhalb der Universität nicht genug Gemeinsamkeiten aufweisen, um die Übereinstimmung der Protestaktionen, die wir in beiden Ländern gleichwohl feststellen, plausibel zu machen, dann müssen wir die wichtigen Ursachen auf einer anderen, tieferen Ebene suchen.

An den Studentenprotesten sind fast ausschließlich bürgerliche Jugendliche beteiligt – white middle class kids –, die nicht die Arbeiterschaft oder die Neger oder die Entwicklungsländer repräsentieren und für sie stellvertretend handeln wollen. Diese Studenten verstehen sich nicht, wenn ich recht sehe, als Intellektuelle, die sich von ihrer sozialen Klasse lossagen und als Avantgarde an die Spitze der Unterdrückten und der Ausgebeuteten setzen. Diese Studenten pochen nicht auf die in bürgerlichen Verfassungen institutionalisierten Rechte, denn sie bezweifeln nicht, daß das bestehende System am Ende auch die heute noch nicht integrierten Gruppen integrieren könnte – das ist es vielmehr, was sie fürchten. Die Errungenschaften von einst erscheinen diesen Studenten als Regeln der Integration, die nur zu effektiv die Aufsaugung aller oppositionellen Kräfte bewirkt haben. So haben wir es hier mit der ersten bürgerlichen Revolte gegen die Prinzipien einer nach ihren eigenen Maßstäben beinahe erfolgreich funktionierenden bürgerlichen Gesellschaft zu tun. In Frage gestellt wird nicht die Leistungsfähigkeit des Systems, sondern die Verselbständigung gerade der Leistungen dieses Systems gegenüber den Bedürfnissen der Menschen, die in ihm leben.

Der Protest dieser Jugendlichen aus bürgerlichen Elternhäusern scheint nicht mehr, wie seit Generationen üblich, in erster Linie ein Protest gegen die elterliche Autorität zu sein. Diese Generation ist wahrscheinlich mit mehr psychologischem Verständnis, mit einer liberaleren Erziehung und unter einer permissiveren Einstellung groß geworden als alle vorangegangenen. Amerikanische Untersuchungen zeigen überdies, daß die aktiven Mitglieder der linken Studentengruppen häufiger Eltern haben, die ihre kritische Einstellung teilen und fördern. Für die BRD fehlen vergleichbare Daten. Ich vermute, daß die bürgerliche Autoritätsproblematik noch ein stärkeres Gewicht hat; aber ähnliche Tendenzen wie in den USA zeichnen sich auch bei uns ab. Nehmen wir den Umstand hinzu, daß diese Generation als erste unter entlasteten ökonomischen Bedingungen aufgewachsen ist und daher psychologisch weniger stark unter dem disziplinierenden Zwang des Arbeitsmarktes steht; dann ergibt sich hypothetisch ein Zusammenhang, aus dem wir die eigentümliche Sensibilität der jungen Aktivisten erklären können. Sie sind sensibel geworden für die lebensgeschichtlichen Kosten einer von Statuskonkurrenz, Leistungswettbewerb und Bürokratisierung aller Lebensbereiche bestimmten Gesellschaft; diese Kosten erscheinen ihnen im Verhältnis zu dem technologischen Potential unverhältnismäßig hoch. Die Jungen sind sehr sensibel geworden für die Gefahren einer Ordnung, die die Aggression nicht bannt, sondern steigert – militärisch und ökonomisch, die nämlich strategische Risiken weltweiten Ausmaßes ebenso hervorbringt, wie den Pauperismus der Moderne in den Ländern der Dritten Welt.

Wir Soziologen haben nicht damit gerechnet, daß Studenten in den entwickelten Industriegesellschaften politisch eine Rolle spielen könnten. Die Werte der statusmobilen und aufstiegsbewußten Mittelschichtfamilien stimmen mit den universalistischen Werten der Hochschultradition überein; und kein drastischer Umbruch gesellschaftlicher Strukturen ist abzusehen, der mit Bildungsprozessen und Erfahrungen der Adoleszenz parallelisiert werden könnte. Oder stimmt etwa diese Annahme nicht? Ich hatte drei Bedingungen für eine Politisierung des Bewußtseins von Studenten erwähnt, die in typischen Entwicklungsländern erfüllt sind. Die dritte Bedingung ist eine gewisse Parallelität der persönlichen Entwicklungsprozesse mit Umwälzungen der Gesellschaftsstruktur (hier die Ablösung vom traditionalistischen Elternhaus, dort die Auflösung traditionalistischer Gesellschaftsformationen), die eine Verknüpfung des privaten Schicksals mit dem politischen begünstigt. Ich frage mich, ob nicht eine analoge Bedingung auch in jenen industriell entwickelten Gesellschaften erfüllt ist, die die Schwelle zum potentiellen Überfluß schon überschritten haben.

Es könnte sehr wohl sein, daß der Abbau der elterlichen Autorität und die Verbreitung von permissiven Erziehungstechniken bei den heranwachsenden Kindern Erfahrungen ermöglicht und Orientierungen fördert, die einerseits mit den Standards einer aufrechterhaltenen Leistungsideologie zusammenprallen müssen, die aber andererseits mit dem technologisch verfügbaren, obgleich von der Gesellschaft nicht entbundenen Potential an Freizeit und Freiheit, Befriedigung und Befriedung konvergieren. Es könnte sehr wohl sein, daß die Industriegesellschaft in den USA und in Europa einen Entwicklungsstand erreicht hat, auf dem Probleme des gesellschaftlichen Strukturwandels, wie einst an der Schwelle zur Modernisierung, *wiederum* in den Bildungsprozessen der heranwachsenden Generationen einen entwicklungspsychologisch gleichgestimmten Resonanzboden finden.

Wenn die Studentenproteste mehr sind als der generationsgebundene Ausdruck einer Mode, dann sollten wir dieser Frage nicht aus dem Weg gehen. Vielleicht ist ja der Prozeß der Versteinerung unseres administrierten Bewußtseins schon so weit fortgeschritten, daß die Insensibilität gegenüber dem, was in naiveren Zeiten die Philosophen schlicht das »gute Leben« nannten, nur noch unter den sozialpsychologischen Ausnahmebedingungen des Studiums durchbrochen werden kann.

12. Einleitung einer Podiumsdiskussion (1968)

Am 8. 2. 1968 habe ich eine Podiumsdiskussion eingeleitet, zu der der AStA der Universität Frankfurt auch Vertreter der Gewerkschaften und des SDS eingeladen hatte.

Die Studentenproteste haben die innenpolitische Lage der Bundesrepublik verändert. Sie haben *erstens* dazu beigetragen, Fragen zu politisieren, die bisher der Diskussion entzogen waren. Der Bereich öffentlich thematisierbarer Fragen ist entschränkt worden. Der politische Willensbildungsprozeß ist, in wie kleinen Gruppen auch immer, über die bisher tolerierten Grenzen hinausgelangt. Die Politisierung, deren Ansätze wir heute beobachten können, ist mit den verfassungsmäßigen Grundsätzen einer demokratischen Willensbildung nicht nur vereinbar, sie wird von diesen Prinzipien gefordert. Es handelt sich nämlich nicht um das Eindringen politischer Formen der Auseinandersetzung in Sphären, die entweder zum Schutz privater Freiheitsspielräume mit Recht öffentlicher Kontrolle entzogen oder, gemessen an Funktion und Sache, den an öffentliche Diskussion gebundenen Entscheidungsprozeduren unzugänglich sind. Ich spreche von Politisierung in diesem Zusammenhang nur, soweit Fragen, die an sich politische Fragen sind, uns auch als solche zu Bewußtsein kommen. Das möchte ich an sechs Beispielen belegen.

Zunächst (1) denke ich an eine Reihe von allgemein politischen Fragen, die sehr wohl diskutiert werden; sie sind aber so definiert, daß ihre Diskussion von vornherein entschärft und blockiert ist. Studentenproteste haben das Verdienst, solche Fragen in den richtigen Kontext zu rücken. Dafür ist Vietnam ein Beispiel.

Sodann gibt es (2) eine Reihe politischer Selbstverständlichkeiten, die anläßlich von Studentenprotesten mit Nachdruck problematisiert worden sind. Die verfassungskonforme Verläßlichkeit des Handelns staatlicher Institutionen und die Anwendung sanktionierter Spielregeln bewährt sich nicht am Normalfall. Das Beispiel der Ereignisse vor dem Berliner Opernhaus am 2. Juni 1967 und während der darauffolgenden Wochen und Monate haben die autoritären Grenzen der Belastbarkeit einer Polizei, einer Regierung und einer Justiz enthüllt, die gerade unter solchen Belastungsproben ihren demokratisch rechtsstaatlichen Charakter erweisen könnten und müßten.

Weiterhin (3) gibt es eine Reihe von speziellen Fragen, die zwar innerhalb zuständiger Institutionen nach anerkannten Routinen behandelt werden; dabei kommen aber die Entscheidungen auf der Grundlage eines stillschweigenden, thematisch nicht erörterten Konsensus zustande, so daß weitreichende Implikationen dieser Entscheidungen der rationalen Willensbildung tatsächlich entzogen bleiben. Ein Beispiel sind die privaten und die öffentlichen Investitionen für Forschung, Entwicklung und Wissenschaft im weiteren Sinne. Indem die Studentenproteste die Aufmerksamkeit auf die Organisation von Forschung und Lehre und auf die gesamtgesellschaftliche Funktion der Wissenschaft, der Wissenschaft als Produktivkraft wie als Kraft der Kritik, lenken, bringen sie den naturwüchsigen Charakter des wissenschaftlich technischen Fortschritts zu Bewußtsein.

Ferner (4) gibt es Fragen, die der Form nach privatautonom entschieden werden, obwohl ihr Gehalt durch und durch politisch ist. Studentenproteste haben am Beispiel des Springerkonzerns die politische Ausübung privater Macht, die keiner öffentlichen Kontrolle außerhalb des oligopolistisch beherrschten Marktes unterworfen ist, zu Bewußtsein gebracht.

Darüber hinaus (5) ist die Kritik der Studenten an Springer ein Beispiel dafür, daß Strukturfragen einer industriell entfalteten kapitalistischen Gesellschaft überhaupt wieder in das Spektrum öffentlicher Auseinandersetzung einbezogen werden. Die ziemlich unrealistische Forderung nach der Enteignung Springers erinnert gleichwohl daran, daß der institutionelle Rahmen unserer Gesellschaft Ergebnis eines Restaurationsprozesses von zwei Jahrzehnten ist, zu dem es auf der Grundlage, wenn nicht gar nach Maßgabe unserer Verfassung Alternativen gibt.

Schließlich (6) ist ein Bereich von Fragen zum Politikum geworden, der normalerweise dem politischen Bewußtsein wohltuend entzogen bleibt: ich meine jenen Bereich von rituellen Formen, Sprachgesten, Verhaltensstilen und traditionell eingelebten Regeln der Normalität, also des Umgangs und der Kommunikation, die unreflektiert die Grundlage der Legitimation bestehender Ordnungen bilden. Gerade die neuen, provokativen, die mißverständlichsten, aber publizistisch auffälligsten Protesttechniken richten sich gegen die Positivität solcher abgestorbener Legitimationsansprüche: sie durchstoßen die Kruste falscher Terminologien und rühren den Brei des offiziösen Sprachgebrauchs um, sie erweisen akademischen Ehrensenatoren die Ehre, die ihnen gebührt, sie begehen Sakrilege an Heiligtümern, die handfest profan sind, sie geben falsches Pathos der Lächerlichkeit preis und nennen Mief, was Mief ist.[1]

Auf allen diesen Ebenen, von politischen Tagesfragen angefangen, über die prinzipiellen Fragen der Gesellschaftsstruktur bis hin zu den Stilfragen der stillschweigend legitimierenden Alltagsformeln haben die Studentenproteste zu einer Entschränkung der öffentlichen Diskussion beigetragen, obgleich diese Impulse vorerst nur in einen sehr schmalen, den liberalen, Teil der Öffentlichkeit hineingewirkt haben.

Die aktiven Minderheiten der Studentenschaft haben aber nicht nur eine Politisierung bewirkt, sie machen *zweitens* den Versuch, außerhalb eines Parlaments, über dessen Ohnmacht die Große Koalition den Schleier gelüftet hat, eine Vetomacht aufzubauen. Dabei haben die Studenten vorerst mit den Gefahren der Diskriminierung, aber auch der Selbstisolierung zu kämpfen. Die einzige bemerkenswerte Opposition außerhalb des Parlaments ist seit Jahren die Kampagne für Abrüstung. Die Ostermarsch-Bewegung blieb freilich in ihrer Effektivität begrenzt, weil der diffusen Anhängerschaft, der sie ihre Stärke verdankt, sehr abstrakte und zugleich isolierte Zielvorstellungen entsprechen. Die andere, und im Augenblick wirksame, Oppositionsbewegung richtet sich gegen die geplante Notstandsgesetzgebung. Sie stützt sich auf eine Koalition gewichtiger Einzelgewerkschaften mit Intellektuellen. Der Erfolg der organisierten Notstandsproteste, der sich anzubahnen scheint, hängt von dieser soliden Grundlage ebenso ab wie vom Resonanzboden des liberalen Teils der Presse.

1 Vgl. K. H. Bohrer, Die mißverstandene Rebellion, in: Merkur, Februar 1968.

Der andere Punkt, um den sich außerparlamentarischer Widerstand konzentriert, ist die Vietnampolitik der USA-Regierung. Wenn ich recht sehe, geht diese Oppositionsbewegung wesentlich auf die Initiative von Studenten zurück. Der direkte Erfolg, gemessen an der Einflußnahme auf Parteien und Regierung im eigenen Lande, ist schmächtig. Das hängt damit zusammen, daß Vietnam für die Bundesrepublik, im Vergleich zu den Vereinigten Staaten, ein mittelbares Problem ist. Es hängt auch damit zusammen, daß die Proteste offenbar in erster Linie als Lernprozesse mit dem Ziel der Aufklärung der Studenten selber angelegt sind. Wenn die Studentenproteste jenseits der Hochschule zur Festigung einer Vetomacht außerhalb des Parlaments und gegenüber den Parteien beitragen sollen, wenn, mit anderen Worten, die aktiven Minderheiten der Studentenschaft eine Rolle in der außerparlamentarischen Opposition tatsächlich spielen wollen, dann müssen sie eine Bedingung einkalkulieren: daß Studenten ohne ein Zusammengehen mit den politisch bewußtesten Gewerkschaften und ohne den Resonanzboden des liberalen Teils der Presse, daß sie, um es simpel zu machen, ohne eine Koalition mit Brenner und Augstein langfristig nichts erreichen können.

Freilich gibt es *einen* Bereich, in dem die Studenten alleine den erfolgreichen Anlauf genommen haben, Institutionen zu verändern. Die Studentenproteste haben nicht nur die Politisierung vorangetrieben, sie haben nicht nur die außerparlamentarische Opposition verstärkt, sondern sie haben das Hochschulsystem der Bundesrepublik in Bewegung gebracht. Ich bin überzeugt, daß die begründete Aussicht auf strukturelle Veränderungen in der Organisation von Forschung und Lehre, daß also eine Hochschulreform, die diesen Namen nicht nur für ad-hoc-Anpassungen usurpiert, ausschließlich durch den politischen Widerstand der Studenten erkämpft worden ist.

Lassen Sie mich abschließend noch einen Punkt diskutieren. Mit den Studentenprotesten ist ein Anspruch angemeldet und eine Perspektive zugemutet worden, die für das etablierte Selbstverständnis industriell entwickelter Gesellschaften unerhört zu sein scheinen: ich meine das Sentiment und den Gesichtspunkt, von dem sich der antiinstitutionell gerichtete und der sich antiautoritär verstehende Protest leiten läßt. Damit wird an eine verschüttete Dimension gerührt: an die von Herrschaft und Unterdrückung. Repression hat freilich die handgreifliche Form manifesten Mangels, nackter Abhängigkeit und offenen Konfliktes nur in den pauperisierten Ländern der Dritten Welt behalten; bei uns ist sie, auf der Basis relativen Wohlstandes, in sozialpsychologisch wirksame Formen verwandelt; sie tritt eher in den sublimeren Zwängen rigider Einstellungen und eines präjudizierten Bewußtseins zu Tage.

Gleichwohl hat sich nun unter den Studenten eine eigentümliche Sensibilität, wie es scheint, gerade für diese Repressionen ausgebildet, eine Sensibilität, lassen Sie es mich so ausdrücken: für die lebensgeschichtlichen Kosten einer von Statuskonkurrenz, Leistungswettbewerb und Bürokratisierung beherrschten Gesellschaft. Diese Kosten erscheinen den Studenten im Verhältnis zum technologisch verfügbaren Potential gesellschaftlichen und gesellschaftlich freigesetzten Reichtums unverhältnismäßig hoch. Das trägt nun den Studenten den Vorwurf des Utopismus ein. Dieser Vorwurf wird überdies verknüpft mit dem weiteren Vorwurf, daß auf pragmatischer Ebene eine Konzeption nicht besteht oder Konzepte nicht ernst genommen werden. Und schließlich besteht der Vorwurf, daß die Methoden der Gegengewalt wahllos destruieren, nämlich falsche Legitimationen ebenso wie Freiheit verbürgende Normen zerstören. Der Komplex, der durch diese Vorwürfe bezeichnet wird, muß in der Tat schnell, konsequent und eindeutig geklärt werden, wenn sich die Intentionen des neuen Protestes nicht unter der Hand ins Ungewollte verkehren sollen. Ich kann Ihnen diese Klärung nicht abnehmen, aber ich kann zum Schluß meine Meinung in drei Thesen aussprechen:

1. Ich halte es nicht für sinnvoll, diejenigen Utopisten zu nennen, die den institutionellen Rahmen industriell entwickelter Gesellschaften demokratisch verändern möchten. Das Ziel läßt sich auch so formulieren: die Verwendung technologisch verfügbarer Potentiale für die Befriedigung zwanglos artikulierter Bedürfnisse soll so weit als pragmatisch möglich Maximen folgen, über die in öffentlicher Diskussion und herrschaftsfreier politischer Willensbildung ein Konsensus herbeigeführt werden kann.

2. Die persönliche Identifizierung mit den Hungernden, den Elenden und den Abhängigen in den Regionen der Dritten Welt spricht für die Kraft der moralischen Phantasie, sie ist zudem ein notwendiger Impuls für die Untersuchung kausaler Zusammenhänge zwischen Repressionen bei uns und Repressionen in unterentwickelten Ländern. Gleichzeitig bringt jene Identifikation aber auch die Gefahr mit sich, solche Zusammenhänge stereotyp zu unterstellen, suggestive, aber irreführende Parallelen zu ziehen und falsche Übertragungen zur Basis des Handelns zu machen.
3. Wir stehen nicht vor einer Revolution, weder heute noch morgen. Ich sehe keinen Grund, der einen leichtfertigen oder rücksichtslosen Umgang mit den elementaren Freiheit verbürgenden Prinzipien unserer Rechtsordnung, das sind nämlich die Resultate einer jahrhundertelangen Emanzipationsbewegung, rechtfertigen könnte. Ich sehe keine historische Rechtfertigung dafür, die Legitimationsgrundlage unserer Verfassung zu verlassen; die geltenden Institute können auch noch im Interesse und für den Schutz oppositioneller Minderheiten in Anspruch genommen werden. Warum sollte die Linke die nur zu sichtbaren Prozesse der Aushöhlung des Grundgesetzes durch eigene Aktionen beschleunigen, statt ihnen entgegenzuwirken? Die Transformation des bürgerlichen Klassenstaates in die sozial rechtsstaatliche Demokratie wäre ohne die europäische Arbeiterbewegung nicht möglich gewesen. Die Linke ist es, die diesen Transformationsprozeß weitertreibt und den drohenden Rückfall in ein autoritäres System verhindern will; sie ist es, die die Intentionen des Grundgesetzes realisieren will. Daher dürfen greifbare Reformen nicht zum Vorwand einer Aktion um des Agierens willen herabgesetzt werden.

13. Werden wir richtig informiert – Antwort auf vier Fragen
(1968)

Die Kampagne des SDS gegen den Springerkonzern hatte die »Zeit«-Redaktion im Mai 1968 zu einer Umfrage veranlaßt; die Fragen lauteten:
1. Haben wir eine Öffentlichkeit im demokratischen Sinn: werden also die Westdeutschen durch die Kommunikationsmedien richtig, ausreichend und so informiert, daß rationale politische Diskussionen und Entscheidungen möglich sind?
2. Wenn es eine Nachrichtenmanipulation gibt: wer manipuliert, auf welche Weise und mit welchen Zielen?
3. Wie könnte ein konkret-utopisches publizistisches Modell aussehen, das eine demokratische Öffentlichkeit gewährleistet?
4. Welche unmittelbaren Ziele können hier und heute sinnvollerweise verfolgt werden, wenn man davon ausgeht, daß der Zustand der Publizistik unbefriedigend ist?
Meine Antworten:

1. Eine politische Öffentlichkeit, die demokratische Willensbildungsprozesse im strengen Sinne zuläßt, existiert in der Bundesrepublik nicht. Wie in vergleichbaren sozialstaatlich organisierten Massendemokratien vollzieht sich die politische Willensbildung auf dem Boden einer entpolitisierten Öffentlichkeit.
Zwei grobe Kriterien können dazu dienen, den Grad der Entpolitisierung abzuschätzen. Je mehr der Mechanismus allgemeiner Wahlen nur noch für die Auswahl des Führungspersonals Bedeutung hat und je weniger er die Richtlinien der Politik beeinflußt, um so weiter ist die Entpolitisierung der Öffentlichkeit fortgeschritten. Je mehr die Massenmedien das Bewußtsein der Bevölkerung an private Vorgänge und an personalisierte Beziehungen binden und je mehr sie öffentliche Interessen in die Anteilnahme an den einfühlbaren Konflikten von stellvertretenden Figuren ableiten, um so geringer ist der Legitimationszwang, den eine kritikfähige Öffentlichkeit auf die Entscheidungsinstanzen ausüben kann.

Heute scheint Politik auf die fachmännische Erledigung technischer und administrativer Aufgaben zusammengeschrumpft zu sein. Tatsächlich beschränkt sich eine Stabilität und Wachstum sichernde Politik auf negative Züge der Risikovermeidung. Der technokratische Schein, der verselbständigte Bürokratien und eine entsprechende Entpolitisierung der breiten Bevölkerung rechtfertigt, entsteht aber nur dadurch, daß die Grundlagen des gesellschaftlichen Systems der öffentlichen Diskussion weithin entzogen sind: Es beruht auf der privaten Form der Kapitalverwertung und einer politisch beeinflußbaren Verteilung von sozialen Entschädigungen, die die Loyalität unpolitischer Bürger sichert. Die Interessen des einzelnen sind mit dem Staat auf der Ebene dieser sozialen Entschädigungen verknüpft, die in den abstrakten Einheiten von Geld und Zeit bemessen werden und als solche »unpraktisch« sind: Sie hängen nicht mit den eigentlich politischen Fragen der Normen des Zusammenlebens, nicht mit den praktischen Fragen dessen zusammen, was die Philosophen einmal das »gute Leben« genannt haben. Insofern beruht unser System darauf, daß die praktisch folgenreichen und einem demokratischen Willensbildungsprozeß allein zugänglichen Fragen öffentlich nicht thematisiert werden.

2. Die Auswahl der Informationen, die Wege der Informationen und die Darstellung der Informationen sind nicht geeignet, einer strukturellen Entpolitisierung der breiten Bevölkerung entgegenzuwirken. Das ist nicht Resultat einer absichtlichen Manipulation. Eine Strategie der Aufklärung und der Politisierung könnte unter den gegebenen Umständen nur gegen gut eingespielte psychische Widerstände der Verbraucher durchgesetzt werden; mit Rentabilitätsgesichtspunkten und einem rationalen Marktverhalten wäre sie, wenn überhaupt, nur auf sehr lange Fristen vereinbar. Das gilt in erster Linie für die Redaktionen, die die Bevölkerung mit Unterhaltung und privatisierender Berichterstattung versorgen. Freilich sind auch die impliziten Regeln, nach denen politische Redaktionen über Auswahl und Präsentation des Stoffes entscheiden, in vielen Fällen Ausdruck einer habitualisierten Selbstzensur. Anders wäre die Behandlung von Themen wie der Notstandsgesetzgebung und des Vietnamkrieges, über die erst sehr zögernd und später nicht

ohne Verzerrungseffekte berichtet worden ist, schwerlich zu erklären.

Im Rahmen dieser Selbstregulierung der Massenmedien spielt absichtliche Manipulation gewiß eine Rolle bei der Personalauswahl und bei der Bestimmung der redaktionellen Linie. Aber systematische Verschleierung, Auslassung und Verzerrung können in der Regel nicht auf ein Kalkül zurückgeführt werden. Praktiken der Springer-Presse rufen diesen Verdacht allerdings hervor.

Die verschiedenen Kampagnen der Bild-Zeitung, die Hans Dieter Müller und eine Arbeitsgruppe des Republikanischen Clubs in Berlin untersucht haben, Kampagnen, die in der Stimmungsmache gegen die Studenten ihren vorläufigen Höhepunkt gefunden haben, sind Beispiele für »Manipulationen«. Sie haben übrigens einen spezifischen Stellenwert, weil die Bild-Zeitung einerseits den Prototyp für eine entpolitisierte Leserschaft darstellt, weil sie aber andererseits die Affekte der an Bild fixierten Leserschichten kurzfristig auch mobil machen und politisch ausbeuten kann.

3. Eine demokratische Öffentlichkeit wäre erst dann gegeben, wenn alle politisch folgenreichen Entscheidungen an den Mechanismus allgemeiner und herrschaftsfreier Diskussion gebunden wären. Dieses »utopische Ziel« könnte nicht ohne eine vollständige und effektive Trennung von wirtschaftlicher und publizistischer Macht realisiert werden. Es ließe sich das Modell von Zeitungen vorstellen, die als öffentliche Einrichtungen organisiert sind und deren Benutzung an bestimmte Qualifikationen und auch an Erfolgskriterien gebunden wäre. Analog könnten öffentlich-rechtlich konstituierte Rundfunk- und Fernsehanstalten Programmzeiten an Publikumsgesellschaften vergeben, wenn diese entsprechende Voraussetzungen erfüllen.

4. Unter gegebenen Umständen sollte der pragmatische Versuch unternommen werden, die Chancen und die Auswirkungen vorsätzlicher Manipulation zu verringern. Das würde die Auflösung bestehender privatwirtschaftlicher Machtkonzentrationen im Bereich der Massenmedien (durch Entflechtung beziehungsweise Enteignung) bedeuten. Gegen künftige Machtkonzentrationen

müßten (durch Fusionsverbot, Auflagenbeschränkung und so weiter) rechtliche Garantien geschaffen werden. Bemerkenswert ist der Vorschlag des Republikanischen Clubs in Berlin, enteignete Teilunternehmen an sogenannte Publikumsgesellschaften zu übergeben. Ferner wären arbeitsrechtliche Kautelen zu erwägen, die den Journalistenstatus gegen wirtschaftliche Pressionen stärken. Für die wichtigeren Personalentscheidungen in Rundfunk- und Fernsehanstalten könnte ein öffentlicher Legitimationszwang eingeführt werden. Schließlich wäre daran zu denken, daß publizistische Unternehmen (in Analogie zu den Auflagen für politische Parteien nach Grundgesetzartikel 21) an einen Verfassungsauftrag effektiv gebunden würden, der zu politischer Aufklärung verpflichtet und mit der Diffamierung von Minderheitengruppen unvereinbar ist.

14. Die Scheinrevolution und ihre Kinder
(1968)

In der Woche vor Pfingsten fand die dritte Lesung der Notstandsgesetze im Bundestag statt. Nachdem in Frankfurt der Rektor einen Streikaufruf der Studenten mit der Schließung der Universität beantwortet hatte, wurde das Hauptgebäude der Universität von Studenten besetzt. Die Spielregeln für eine vom Rektor verkündete Politik der »aktiven Geduld« waren bekannt. Eine der drei Regeln wurde in der Nacht von Mittwoch auf Donnerstag vor Pfingsten verletzt: eine Gruppe von Studenten öffnete mit der kalkulierbaren Folge des Polizeieinsatzes (der in den Morgenstunden auch stattfand) Aktenschränke. Unter dem Eindruck der Pariser Ereignisse zielte die Taktik des SDS während dieser Notstandswoche dahin, nur noch Agitation vor den Fabriktoren und Revolutionsrhetorik zuzulassen. Unter diesen Umständen habe ich mich veranlaßt gesehen, das Vorgehen des SDS auf dem vom Verband Deutscher Studentenschaften *einberufenen Schüler- und Studentenkongreß am 2. Juni 1968 in der Frankfurter Mensa zu kritisieren.*

Durch Erfahrungen der vergangenen zwölf Monate, in der Bundesrepublik wie in den USA, bin ich zu der Überzeugung gelangt, daß die von Studenten und Schülern ausgehende Protestbewegung trotz ihres geringen Umfangs und ungeachtet der überhaupt fehlenden Mittel organisierter Gewalt eine neue und ernsthafte Perspektive für die Umwälzung tiefsitzender Gesellschaftsstrukturen eröffnet hat. Diese Perspektive gibt den Blick auf eine Transformation hochentwickelter Industriegesellschaften frei. Daraus könnte, wenn die Perspektive nicht täuscht, eine Gesellschaft hervorgehen, die eine sozialistische Produktionsweise zur Voraussetzung, aber eine Entbürokratisierung der Herrschaft, nämlich politische Freiheit im materialistischen Sinne, zu ihrem Inhalt hat.
Andererseits sind der restaurative Zwang und der Druck der Tradition auch auf der Linken so stark, daß falsche Interpretationen zu Handlungen geführt haben, die schon die Anfänge zu diskreditieren und die ohnehin geringen Chancen des Erfolges weiter zu

verringern drohen. Diese Befürchtung ist der Grund der folgenden Kritik. Ausgehend vom Verhalten der SDS in jüngster Zeit habe ich auf dem Studenten- und Schülerkongreß am Pfingstsamstag (1. Juni 1968) in Frankfurt fünf Thesen vorgetragen; die sechste These habe ich nachträglich aus Diskussionsbemerkungen zusammengestellt.

1. Das unmittelbare Ziel des Studenten- und Schülerprotestes ist die Politisierung der Öffentlichkeit

Das gesellschaftliche System des staatlich geregelten Kapitalismus ruht auf einer schwachen Legitimationsgrundlage. Es stützt sich auf eine Ersatzideologie, die auf Ablenkung und Privatisierung zielt. Eine Stabilität und wirtschaftliches Wachstum sichernde Politik kann heute nur darum den Schein der fachmännischen Erledigung administrativer und technischer Aufgaben wahren, weil die Öffentlichkeit entpolitisiert ist. Der technokratische Schein, der eine Entpolitisierung breiter Schichten als unvermeidlich rechtfertigen soll, wird durch diese Entpolitisierung selbst erst möglich. Die sozialen Entschädigungen, die die Loyalität unpolitischer Bürger sichern, stellen die Verbindung zwischen den Interessen des einzelnen und den verselbständigten staatlichen Bürokratien her. Diese Entschädigungen werden in den abstrakten Einheiten von Geld und Zeit zugemessen und sind als solche unpraktisch. Sie enthalten keine Orientierungen für befriedigende Formen und Normen des Zusammenlebens. Die praktisch folgenreichen Fragen sind der öffentlichen Diskussion weithin entzogen. Sie beginnen bei den Grundlagen des Systems, der privaten Form der Kapitalverwertung und dem politischen Schlüssel zur Verteilung des Sozialproduktzuwachses; sie betreffen die naturwüchsig vorentschiedenen Prioritäten bei der Festlegung staatlicher Haushalte; sie reichen über die folgenreichen Investitionen für Forschung und Entwicklung bis zur Regionalplanung oder beispielsweise zum Eherecht. Diese Fragen müßten ihren esoterischen Schein verlieren, sobald auch der Rahmen, innerhalb dessen sie definiert sind, zur Diskussion stünde. Wenn aber das Herrschaftssystem fast nur noch negativ, durch

Ablenkung der Interessen breiter Schichten auf den Privatbereich, und nicht mehr affirmativ durch Ziele praktischer Art gerechtfertigt ist, läßt sich der Angriffspunkt der Kritik eindeutig bezeichnen. Der Kampf richtet sich gegen die entpolitisierte Öffentlichkeit, auf deren Boden die Willensbildung eine demokratische Form nicht annehmen kann. Der Kampf richtet sich gegen die Apparate, die das Bewußtsein der Bevölkerung an private Vorgänge und personalisierte Beziehungen dauerhaft binden; er richtet sich vor allem gegen publizistische Großunternehmen, die eine privatisierte Leserschaft nicht nur hervorbringen, sondern deren Affekte auch noch für die gar nicht zufälligen politischen Vorurteile des Verlegers von Fall zu Fall mobil machen und ausbeuten. So entsteht eine Konfliktzone, die sich nicht mehr mit den vernarbten Frontlinien eines inzwischen latent gewordenen Klassengegensatzes deckt.

2. Die Studenten- und Schülerbewegung verdankt ihre Erfolge der phantasiereichen Erfindung neuer Demonstrationstechniken

Die neuen Techniken der begrenzten Regelverletzung stammen aus dem Repertoire des gewaltlosen Widerstandes, das während der letzten Jahre in der amerikanischen Bürgerrechtsbewegung erprobt und erweitert worden ist. Diese Techniken gewinnen gegenüber einem bürokratisierten Herrschaftsapparat und angesichts eines publizistischen Bereichs kommerzieller Massenbeeinflussung einen neuen Stellenwert; sie dringen in die Nischen eines frontal unangreifbaren Systems ein; sie erzielen mit relativ geringem Aufwand überproportionale Wirkungen, weil sie auf Störstellen komplexer und darum anfälliger Kommunikationsnetze gerichtet sind.

Diese Demonstrationstechniken sind zudem in ein neues Element getaucht worden. Aus der Pop-Kultur stammen jene lebenden Gegenbilder einer dehumanisierten Welt, welche die ins Halbbewußte abgeglittenen Alltagslegitimationen durch ironische Verdoppelung der Lächerlichkeit preisgeben. Sie führen zu heftigen Abwehrreaktionen, aber auch zu dem heilsamen Schock, der ein erstauntes Nachdenken über Routinen und über unsere routinierten Verdrängungen provoziert. So ist ein Arsenal von Waffen entstanden, die eines gemeinsam haben – den eigentümlich virtuellen Charakter eines Spiels, das als politisches Instrument ernsthaft nur eingesetzt werden kann, wenn der andere Partner zwar genötigt wird, aber mitspielt. Diese Waffen können nur darum verletzen, weil sie nicht töten können.

Dieser Zusammenhang läßt das dritte Moment erkennen, das die neuen Demonstrationstechniken auszeichnet. Psychologisch gesehen handelt es sich um ritualisierte Formen der Erpressung und des Trotzes von Heranwachsenden gegenüber unaufmerksamen, aber relativ nachsichtigen Eltern. Ihre Wirkung tun sie natürlich nur dann, wenn man sie gerade nicht infantil, sondern erwachsen, nämlich auf eine überlegte Weise anwendet. Auch die erwachsene Applikation macht freilich Regelverletzungen, die sich ihrer Erscheinungsform nach oft auf Pennälerniveau halten, für Leute über Dreißig kaum zugänglicher; insofern ist die mit dem Gestus des erfahrenen Kämpfers wiederholte Forderung der Jüngeren an die Älteren, an ihrer Praxis teilzunehmen, naiv. Die neuen Techniken sind nicht generationsneutral. Diejenigen, die das ignorieren und sich zu einer unvermittelten Partizipation entschließen, verkennen entweder den Charakter des Jugendprotests, oder ihre eigene Persönlichkeitsentwicklung zeigt tatsächlich Affinität zu einer anderen Altersstufe.

Wenn sich die neuen Techniken zureichend als im Prinzip gewaltlose, symbolisch gemeinte und altersspezifisch anwendbare Techniken des Widerstandes begreifen lassen, dann kann über ihre Funktion kein Zweifel sein. Sie sind vorzüglich geeignet (aber auch nur dazu), Publizitätsbarrieren zu beseitigen und Aufklärungsprozesse, massenhafte Aufklärungsprozesse, in Gang zu setzen. Die neuen Demonstrationstechniken treffen die einzige schwache Stelle des legitimationsbedürftigen Herrschaftssystems, nämlich die funktionsnotwendige Entpolitisierung breiter Bevölkerungsschichten.

3. Die Studenten- und Schülerbewegung geht aus einem Potential hervor, das keine ökonomische, sondern eine sozialpsychologische Erklärung verlangt

Die Protestgruppe der Studenten und Schüler ist privilegiert. Hier kann sich ein Konflikt nicht am Ausmaß der geforderten Disziplinierungen und Lasten, sondern nur an der Art der imponierten Versagungen entzünden. Nicht um einen höheren Anteil an sozialen Entschädigungen der verfügbaren Kategorien: Einkommen und arbeitsfreie Zeit, kämpfen Studenten und Schüler. Ihr Protest richtet sich vielmehr gegen die Kategorie der »Entschädigung« selber. Der Protest dieser Jugendlichen aus bürgerlichen Elternhäusern entzieht sich dem Muster des seit Generationen üblichen Autoritätskonflikts überhaupt. Ihre Sozialisation hat sich eher in den vom unmittelbaren ökonomischen Zwang freigesetzten Subkulturen vollzogen, in denen die Überlieferungen der bürgerlichen Moral und deren kleinbürgerlicher Ableitungen ihre Funktion verloren haben. Die eher liberalen Erziehungstechniken können Erfahrungen ermöglichen und Orientierungen begünstigen, die mit der konservierten Lebensform einer Ökonomie der Armut zusammenprallen.

So entsteht ein prinzipielles Unverständnis für die sinnlose Reproduktion überflüssig gewordener Tugenden und Opfer – ein Unverständnis dafür, warum das Leben des einzelnen trotz des hohen Standes der technologischen Entwicklung nach wie vor durch das Diktat der Berufsarbeit, durch die Ethik des Leistungswettbewerbs, durch den Druck der Statuskonkurrenz, durch Werte der possessiven Verdinglichung und der angebotenen Surrogatbefriedigungen bestimmt ist, warum, mit einem Wort, der »Kampf ums Dasein«, die Disziplin der entfremdeten Arbeit, die Tilgung von Sinnlichkeit und ästhetischer Befriedigung aufrechterhalten werden.

Für die neue Sensibilität muß die Ausschaltung praktischer Fragen aus einer entpolitisierten Öffentlichkeit immer unerträglicher werden. Eine politische Kraft wird sich freilich daraus nur ergeben, wenn jene Sensibilisierung an ein unlösbares Systemproblem rührt. Für die Zukunft sehe ich nur *ein* solches Problem. Das Maß des gesellschaftlichen Reichtums, den ein industriell entfalteter Kapitalismus hervorbringt, und die technischen und organisatorischen Bedingungen, unter denen dieser Reichtum produziert wird, machen es immer schwieriger, die Statuszuweisung an den Mechanismus der Bewertung individueller Leistung auch nur subjektiv überzeugend zu binden. Die Protestbewegung könnte diese brüchig werdende Leistungsideologie dauerhaft zerstören.

4. Die Studenten- und Schülerproteste folgen vielfach Interpretationen, die entweder ungewiß oder nachweislich falsch, in jedem Falle aber unbrauchbar sind, um Handlungsmaximen daraus abzuleiten

Unter den Parolen, die das Handeln der aktivsten Teile der Studentenschaft bestimmen, finden sich nach meiner Kenntnis drei Behauptungen, die sehr schwierige und unabgeschlossene Diskussionen aus dem Bereich der Marxschen Gesellschaftstheorie auf das handliche Format von Binsenwahrheiten bringen.

Zunächst spielt die Überzeugung eine Rolle, als sei bewiesen, daß der staatlich geregelte Kapitalismus vor grundsätzlich unlösbaren Problemen der Verwertung des Kapitals stehe. Marx hatte seine Krisentheorie aus Grundannahmen der Arbeitswerttheorie abgeleitet. Ich kenne keine empirische Untersuchung des gegenwärtigen Wirtschaftssystems, die auf einer Anwendung der Arbeitswerttheorie beruht. Deren Geltung müssen wir dahingestellt sein lassen. Wohl können wir plausibel machen, daß die mit der privaten Form der Kapitalverwertung gesetzten Interessen die wichtigsten Investitionsentscheidungen, vor allem auch die, die den wissenschaftlich-technischen Fortschritt bestimmen, in die Richtung, sagen wir vereinfacht: einer Militarisierung des wirtschaftlichen Wachstums lenken. Das ist bedenklich genug, aber die Stabilität des gesellschaftlichen Systems wird nicht allein dadurch schon bedroht.

Sodann spielt die Überzeugung eine Rolle, als sei bewiesen, daß der nach wie vor bestehende Gegensatz sozioökonomischer Klassen auch heute noch zu einem politischen Konflikt entfacht werden könne. Gegen die Richtigkeit dieser Behauptung spricht die gesamte Organisation eines Herrschaftssystems, das gleichzeitig zwei Zielen dient: einerseits der wirtschaftlichen Stabilisierung, andererseits der Sicherung der politischen Massenloyalität. Die Verteilung sozialer Entschädigungen kann, auf der Grundlage eines institutionalisierten wissenschaftlich-technischen Fortschritts, nach allen Erfahrungen so gesteuert werden, daß der systemgefährdende Klassenkonflikt derjenige ist, der mit größter Wahrscheinlichkeit latent bleibt. Gegen ihn sind alle Mittel der Gefahrenabwehr mobilisiert, während Randkonflikte, die sich aus Disparitäten der gesellschaftlichen Entwicklung ergeben, dadurch, daß sie auftreten können, selber schon ein Symptom ihrer geringeren Gefährlichkeit sind. Am Beispiel der nordamerikanischen Schwarzen, einer Gruppe, in der sich schwerwiegende Disparitätskonflikte aller Art kumulieren, läßt sich zeigen, daß Unterprivilegierung heute nicht mehr mit Ausbeutung zusammenfällt. Die Neger können nicht mehr, wie das Proletariat des späten 19. Jahrhunderts und die integrierte Arbeiterschaft in der Mitte des 20. Jahrhunderts, durch angedrohten Kooperationsentzug zwingende Gewalt ausüben. Umgekehrt sind die Gruppen, die das heute noch können, nicht mehr in einem loyalitätsgefährdenden Maße unterprivilegiert.

Schließlich spielt die Überzeugung eine Rolle, als sei bewiesen, daß ein kausaler Zusammenhang zwischen der wirtschaftlichen Stabilität der entwickelten kapitalistischen Länder und der katastrophalen wirtschaftlichen Situation in den Ländern der Dritten Welt besteht. Ich zweifle nicht daran, daß die sozialen und ökonomischen Ausgangsbedingungen für die industrielle Entwicklung in diesen Ländern durch den historisch gewordenen Imperialismus der heutigen Industrienationen geschaffen worden sind. Aber vieles spricht dafür, daß Beziehungen ökonomischer Ausbeutung zwischen Ländern der Ersten und der Dritten Welt in zunehmendem Maße abgelöst werden durch Verhältnisse strategischer Abhängigkeit und wachsender Disparität. Auch auf internationaler Ebene bezeichnet Unterprivilegierung die Form einer empörenden Entrechtung, die aber nicht mehr mit Ausbeutung identisch ist. Das erklärt auch eine gewisse Moralisierung der Ansprüche, die jene, eine vergangene Phase der Ausbeutung repräsentierenden Länder heute gegen die ehemaligen Kolonialmächte überzeugend anmelden.

Diese drei kritisierten Grundüberzeugungen bilden, soweit ich sehen kann, das im SDS zur Zeit herrschende Bezugssystem, innerhalb dessen die Rolle des Studenten- und Schülerprotestes begriffen wird. Das muß zu Mißverständnissen führen.

Das erste Mißverständnis besteht darin, daß unser Aktionsspielraum durch eine revolutionäre, jedenfalls durch eine in Revolutionierung zu überführende Situation bestimmt sei. Davon kann keine Rede sein. Jedes, aber auch jedes der bisher allgemein akzeptierten Anzeichen für eine revolutionäre Lage fehlt. Ganz gewiß fehlt aber die subjektiv drückende Gewalt einer als unerträglich allgemein ins Bewußtsein tretenden Situation. Wo das Unerträgliche auf Definitionen noch wartet, wo das Unrecht noch nicht manifest, die Empörung keine Reaktion von Massen ist, muß Aufklärung den Parolen erst vorangehen. Wer unter diesen Umständen eine revolutionäre Umwälzung taktisch ins Auge faßt und agitatorisch betreibt, verfällt schlicht einem Wahn.

Das zweite Mißverständnis besteht darin, daß unser Aktionsspielraum durch eine internationale Einheit des antikapitalistischen Protestes bestimmt sei. Davon kann keine Rede sein. Gewiß gehört die moralische Empörung über die im Namen der Freiheit geübte Barbarei der Amerikaner in Vietnam, gewiß gehört die politische Entlarvung dieser hygienischen Ausrottungsaktion, unternommen von einem Land, das sich von den rühmlichen Anfängen seiner Verfassungsprinzipien nicht weiter hätte entfernen können, zu unseren unmittelbaren Aufgaben. Aber die auf emotionaler Ebene hergestellte Identifizierung – mit der Rolle des Vietkong, die Identifizierung mit den Negern der großstädtischen Slums, mit den brasilianischen Guerillakämpfern, mit den chinesischen Kulturrevolutionären oder den Helden der kubanischen Revolution – hat keinen politischen Stellenwert. Die Situationen hier und dort sind so unvergleichbar wie die Probleme, die sie stellen, und die Methoden, mit denen wir sie angehen müssen.

5. Aus der falschen Einschätzung der Situation folgt eine verhängnisvolle Strategie, welche nicht nur Studenten und Schüler auf die Dauer isolieren, sondern alle auf Demokratisierung drängenden gesellschaftlichen und politischen Kräfte schwächen muß

Die Fehleinschätzung der Situation macht die aktivsten Teile der Studentenbewegung anscheinend unfähig, die Grenzen ihres Aktionsspielraums und den Charakter der verfügbaren Mittel zu erkennen.
Die neuen Demonstrationstechniken, die nur symbolische Handlungen einschließen können, verwandeln sich in den Köpfen altgedienter SDSler zu Mitteln des unmittelbar revolutionären Kampfes. Eine rote Fahne im richtigen Augenblick auf dem richtigen Dach kann eine aufklärende Wirkung haben; sie kann eine Tabuschranke durchbrechen, eine Barriere gegen Aufklärungsprozesse aus dem Wege räumen. Etwas anderes ist es aber, wenn ein solches Symbol diejenigen, die es setzen, darüber betrügt, daß es heute um einen Sturm auf die Bastille nicht gehen kann. Wie die Vorgänge in den Räumen der Frankfurter Universität während der Pfingstwoche in der Nacht von Mittwoch auf Donnerstag unmißverständlich zeigen, verwechseln einige führende Akteure den virtuellen Vorgang einer Universitätsbesetzung mit einer faktischen Machtübernahme. Eine so gravierende Verwechslung von Symbol und Wirklichkeit erfüllt im klinischen Bereich den Tatbestand der Wahnvorstellung. Derjenige, der sich der aus der Protestpsychologie von Jugendlichen stammenden Techniken nicht als Erwachsener, nämlich im Bewußtsein ihres virtuellen Charakters, bedient, wer sie vielmehr, wie das Kind selber, ernst nimmt, verfällt damit einem Infantilismus.
Die Verwechslung von Realität und Wunschphantasie hat ferner zur Folge, daß anstelle der allein gebotenen Strategie massenhafter Aufklärung die Taktik der Scheinrevolution tritt. Wie in den letzten Wochen deutlich zu beobachten war, nimmt Agitation den Platz der Diskussion ein. Die präjudizierte Erkenntnis verdrängt die Untersuchung. Unter permanentem Handlungszwang wird auf Analyse verzichtet. Anscheinend genügen jene Parolen, die ich genannt habe, um dem falschen Bewußtsein der Revolution ein

trügerisch gutes Gewissen zu machen. Die Konfrontationspolitik vollzieht sich in jenem sorgfältig gehüteten Zwielicht zwischen symbolischer Erpressung, die Aufmerksamkeit tatsächlich erzwingt, und faktischer Gewaltanwendung, mit der man Machtpositionen zu gewinnen sich einbildet. Dieses Zwielicht verhindert seit einem Jahr die klare Distinktion zwischen Gewaltanwendung und Provokation, obgleich in unserer Situation die Beschränkung auf Techniken des gewaltlosen Widerstandes selbstverständlich sein müßte.

Die Taktik der Scheinrevolution kommt schließlich in einem Verhalten zum Ausdruck, das die Polarisierung der Kräfte um jeden Preis sucht. Diese kurzfristige Perspektive schließt Bündnispolitik, schließt die präventive Vermeidung künftiger Risiken, schließt die Respektierung immer noch Freiheit und Recht garantierender Verfassungsinstitutionen aus. Sie führt zur illusionären Beschwörung der Einheit von Studenten und Arbeiterschaft. Sie führt dazu, die Grenzen des Aktionsspielraums zu verkennen, die auf der einen Seite durch Massenmedien und auf der anderen Seite durch den Gewerkschaftsapparat definiert sind.

In der vergangenen Woche hat das falsche Bewußtsein der Revolution von jenen Schwächen der Intellektuellen gelebt, die in ruhigeren Zeiten zu den *déformations professionelles* gehören, die in lebhafteren Zeiten aber, wenn sie aus dem Schattenreich der persönlichen Psychologie heraustreten und zur politischen Gewalt werden, wahrlich ein Skandal sind. Ich meine die Rolle des Agitators, der, weil er den Realitätskontakt verloren hat, nur noch die Realität der Massenreaktion kennt und anerkennt, der von kurzfristigen narzißtischen Befriedigungen lebt und die Aktion von einer Bestätigung zur nächsten treibt, um der Selbstbestätigung willen. Ich meine ferner die Rolle des Mentors, der, weil er gegen Erfahrungen immunisiert ist, eine Orthodoxie mit grauen Vokabeln allen Bewußtseinstrübungen aufprägt, um das zu rationalisieren, wozu den anderen die Worte fehlen. Ich meine schließlich die Rolle des zugereisten Harlekins am Hof der Scheinrevolutionäre, der, weil er so lange unglaubwürdige Metaphern aus dem Sprachgebrauch der zwanziger Jahre für seinerzeit folgenlose Poeme entlehnen mußte, nun flugs zum Dichter der Revolution sich aufschwingt

– aber immer noch in der Attitüde des Unverantwortlichen, der sich um die praktischen Folgen seiner auslösenden Reize nicht kümmert.

6. Die Taktik der Scheinrevolution muß einer langfristigen Strategie der massenhaften Aufklärung weichen

Weil die entschiedensten unter den Studenten nicht einsehen, daß der Erfolg ihrer Aktionen von den wirkungsvoll in Szene gesetzten Appellen an wie immer residuale, aber noch geltende Legitimationen abhängt, täuschen sie sich über zwei Fakten. Einmal verwechseln sie die Abwehrreaktionen eines Staates, der durch Normen noch gehalten ist, auf Protestspiele sich einzulassen, mit der nackten Repression einer faschistischen Gewalt – sie unterschätzen deshalb die potentielle Gewalt eines Staates, der eines Tages wirklich zur manifesten Unterdrückung wehrloser Gruppen übergehen könnte. Zum anderen wähnen diese Studenten, daß sie nicht indirekte Macht durch symbolische Handlungen, sondern faktische Macht ausüben – sie überschätzen deshalb ihre eigene Machtposition bis an die Grenze lächerlicher Potenzphantasien. Eine »Bewegung« ist nicht schon darum revolutionär, weil man sie so nennt.

In diesem Zusammenhang erhält das Klischee der Zweiten Internationale, die das festgehaltene Ziel der Revolution zugunsten einer Reformpraxis vertagt hatte, den Stellenwert eines abschreckenden Exempels. Allein, »vertagen« läßt sich nur die Revolution, die man auf die Tagesordnung setzen kann. Die Topik der alten Arbeiterbewegung führt heute in die Irre. Die neue Protestbewegung verdankt ihre Überlegenheit dem Umstand, daß sie auf dem gegenwärtigen Niveau der gesellschaftlichen Entwicklung unterscheiden kann: zwischen dem privatistischen Ziel des gesicherten Lebensstandards und dem eigentlich politischen Ziel der Emanzipation, das heißt der Durchsetzung eines im Ernst demokratischen Willensbildungsprozesses in allen gesellschaftlichen Bereichen.

Dieses Bewußtsein ist nicht zufällig unter Studenten und Schülern zuerst entstanden. Studenten und Schüler wissen, daß sie es unter Arbeitern und Angestellten verbreiten müssen, bevor es ein existierendes Bewußtsein werden kann. Aber der objektive Unterschied zwischen beiden Gruppen und der sozialpsychologische Abstand sind noch immens. Wenn die Protestbewegung ihr radikales Ziel einer Entbürokratisierung der Herrschaft, die mit den funktionellen Bedürfnissen eines entwickelten Industriesystems vereinbar ist, nicht nur zum Zwecke verbaler Selbstbefriedigung verfolgen will, muß sie ihre Taktik an der Wirklichkeit orientieren. Sie muß realistisch sein:

– realistisch im Hinblick auf den Zeitraum, der zu bedenken ist. Vor uns liegt keine Periode des Umsturzes, weder des manifesten noch des verschleierten;

– realistisch im Hinblick auf die informellen und die rechtlichen Positionen, auf die sich die demokratische Opposition heute noch stützen und die sie verlieren kann. Ein abstrakter Kampf gegen die Institutionen der Verfassung wäre sowohl unbegründet als auch selbstmörderisch;

– realistisch im Hinblick auf die punktuellen Fortschritte, die inmitten der massiv restaurativen Entwicklung der letzten zwanzig Jahre auch möglich gewesen sind. Diese isolierten Verbesserungen können als Bastionen genutzt werden; sie sollten nicht einem undifferenzierten Urteil und pauschaler Ablehnung anheimfallen;

– realistisch im Hinblick auf die Grenzen des Aktionsspielraums. Ohne Unterstützung durch Gruppen mit privilegierten Einflußchancen ist der Zugang zur breiten Öffentlichkeit, der von den Massenmedien kontrolliert wird, nicht zu gewinnen. Ohne Unterstützung des Gewerkschaftsapparates kann das Mittel des politischen Streiks, das die Verfassung gegen einen Notstand von oben allein garantiert, nicht angewendet werden;

– realistisch schließlich im Hinblick auf die theoretischen Voraussetzungen der Praxis. Generalisierungen, auch auf relativ hoher Stufe der Verallgemeinerung, sind nötig. Aber bei schwachen empirischen Anhaltspunkten sollte über deren Status kein Zweifel sein. Niemand darf sich präsumtiv mit einem in Zukunft hervorzubringenden Bewußtsein aufgeklärter Massen identifizieren, um heute schon stellvertretend für sie zu agieren.

15. Seminarthesen
(1968)

Anfang Dezember 1968 ist das Soziologische Seminar der Frankfurter Universität »besetzt« worden. Hauptziel war die Schaffung eines sogenannten autonomen Bereichs, der den Studenten gestatten sollte, die Vorbereitung politischer Aktionen zum Bestandteil des Seminarbetriebs zu machen. Daraufhin habe ich in einer Seminarveranstaltung Thesen zum Verhältnis von Aktionsvorbereitung und wissenschaftlicher Diskussion vorgetragen.

Für alle Wissenschaften besteht ein objektiver Zusammenhang der Forschungsprozesse mit der Lebenspraxis. Dieser Zusammenhang ergibt sich nicht nur aus externen Abhängigkeiten des Forschungsbetriebs von gesellschaftlichen Institutionen und Entscheidungen, noch allein aus dem Umstand, daß wissenschaftliche Informationen gesellschaftliche Verwendung finden. Die Beziehung zur Praxis ist den Wissenschaften immanent. Diese These kann unter zwei Gesichtspunkten entfaltet werden:

a) die methodologische Grundstruktur von Forschungen ist durch eines von drei konkurrierenden erkenntnisleitenden Interessen bestimmt. Diese quasi transzendentalen Interessen setzen sich in den Formen der Objektivation von Wirklichkeit durch und präjudizieren die möglichen Verwendungskategorien der wissenschaftlichen Informationen.[1]

b) Das Auftauchen bestimmter, für die Theoriebildung entscheidender Paradigmen, die aus der vorwissenschaftlichen Erfahrung stammen, hängt ebenso wie die Wahl von Objektbereichen und Fragestellungen und die spezielle Verwendung der erzeugten Informationen von geschichtlich wechselnden Interessenlagen ab.

Für kritische Wissenschaft gilt im besonderen,

– daß sie Aufklärungswissen hervorbringt, also Informationen, die, indem sie objektiven Schein auflösen, praktisch folgenreich sein können;

1 Vgl. J. Habermas, Erkenntnis und Interesse, Frankfurt am Main 1968.

– daß ein kategorialer Rahmen nicht konventionell festgelegt, sondern aus der Reflexion des Entstehungszusammenhanges der Theorie selber gerechtfertigt wird.

Aus der systematischen Einheit von Theorie und Praxis folgt aber nicht die Einheit von wissenschaftlicher Analyse und unmittelbarer Vorbereitung politischen Handelns. Deshalb kann die Berufung auf Einheit von Theorie und Praxis auch nicht die Forderung nach einer institutionellen Einheit von Wissenschaft und Aktionsvorbereitung begründen. Eine Trennung beider Bereiche ist notwendig. Diese These kann unter drei Gesichtspunkten diskutiert werden:

1. Der Zeithorizont

a) Die Aktionsvorbereitung ist durch Handlungszwänge terminiert. Bei der Bewertung von Analysen hat daher der externe Entscheidungsdruck Vorrang vor immanenten wissenschaftlichen Kriterien. Der Wissenschaftsprozeß hingegen bewegt sich innerhalb eines virtualisierten Zeithorizonts. Die immanent wissenschaftlichen Kriterien für Gelingen oder Scheitern von Problemlösungen haben bei der Bewertung von Forschungsergebnissen Vorrang vor extern gesetzten Terminierungen (Zielen des Auftraggebers, Aufwandsbeschränkungen usw.).

b) Die Aktionsvorbereitung richtet sich nach pragmatischen Zwecken, für die ad-hoc-Wissen mobilisiert wird. (Den Spielraum von Handlungskontrollen erweitert übrigens dieses Wissen nur in dem Maße, wie es gesetzmäßige Zusammenhänge erfaßt und d. h. autonom entwickelt worden ist.) »Autonom« ist der Wissenschaftsprozeß in der Hinsicht, daß auch die Zwecke, die forschungsrelevante Entscheidungen bestimmen, grundsätzlich der Revision durch wissenschaftliche Diskussion unterliegen.

2. Das Verhältnis von Erkenntnis und Interesse

a) Die Aktionsvorbereitung verlangt eine subjektiv interessierte Aneignung von Informationen, die vorweggenommene Ziele präzisieren und die Wahl von Mitteln zu deren Realisierung erleichtern. Der Wissenschaftsprozeß hingegen erfordert die Vermittlung von subjektiven Interessen mit der Einübung in die objektiv interessierte Einstellung einer methodologischen Grundstruktur. Dieses erkenntnisleitende Interesse ist nicht kontingent; es fällt nicht zusammen mit den empirischen Bedürfnissen politisch Handelnder.

b) Die Aktionsvorbereitung ist auf Agitation angewiesen. Agitation ist die Durchsetzung des eigenen Willens mit Mitteln »einseitiger Kommunikation«, d.h. unter Ausschaltung sachbezogener Informationsverarbeitung und eigener Lernprozesse. Der Wissenschaftsprozeß hingegen kann nur im Rahmen einer ungezwungenen Diskussion fortschreiten, die allseitige Lernprozesse herbeiführen und auch Relevanzstrukturen verändern kann.

3. Wissenschaftliche Standards und Handlungseffektivität

a) Der Erfolg der Aktionsvorbereitung bemißt sich allein an der Effektivität des Handelns, zu der sie führt. Der Erfolg des Wissenschaftsprozesses bemißt sich an Standards, die, wenn sie eingehalten werden, Erkenntnisfortschritte garantieren. Dazu gehören unter anderem:

allgemeine Regeln der Argumentation und der Erzielung von Konsensus,

Forderung nach Explikation,

Forderung der Legitimation der Geltung von Aussagen,

Klärung der Methode und Prüfung der Forschungstechniken.

b) Die Teilnahme an der Vorbereitung von Aktionen verlangt keine speziellen Qualifikationen, die über ein übliches Maß formaler Schulbildung hinausgehen. Die Beteiligung am Wissenschaftsprozeß hingegen verlangt spezielle Qualifikationen, die in fachlich orientierten Lernprozessen eingeübt werden müssen. Der Anschluß an den sogenannten Stand der Forschung (der Erwerb von Terminologien und Argumentationen, theoretischen Ansätzen und akkumuliertem Wissen, Techniken der Forschung usw.) macht bestimmte Disziplinierungen unerläßlich.

Mithin bestehen zwischen Wissenschaft und Aktionsvorbereitung strukturelle Unterschiede, die eine klare institutionelle Trennung beider Bereiche erfordern. Wird eine mit der anderen konfundiert, muß beides Schaden leiden: die Wissenschaft würde unter Handlungsdruck korrumpiert, und politisches Handeln müßte durch ein pseudowissenschaftliches Alibi in die Irre geführt werden.

16. Protestbewegung und Hochschulreform (1969)

Vorbemerkung und Einleitung charakterisieren die Situation an den Hochschulen, die mich Anfang 1969 veranlaßt hat, meine politischen Stellungnahmen zu Protestbewegung und Hochschulreform im Band 354 der edition suhrkamp gesammelt zu veröffentlichen.

a) Vorbemerkung

Dieser Band belegt in chronologischer Reihenfolge politische Stellungnahmen und Analysen, mit denen ich in den letzten Jahren auf die Protestbewegung der Studenten und auf eine unbewegliche Hochschulreform Einfluß zu nehmen versucht habe. Selbstverständlich habe auch ich mich durch Erfahrungen dieser Zeit belehren lassen.

Die konkreten Vorschläge für eine Hochschulgesetzgebung sind das Ergebnis einer intensiven Zusammenarbeit mit Kollegen, denen ich für die Erlaubnis danke, unsere gemeinsamen Überlegungen in diese Dokumentation aufzunehmen. Darüber hinaus verbindet mich eine stetige Diskussion mit Ludwig von Friedeburg.

In der gegenwärtigen Situation besteht die Gefahr, daß sich der produktive Zusammenhang von Studentenprotest und Hochschulreform ins Fatale verkehrt. Irrationalistische Impulse, die in der neuen Bewegung der Studenten von Anbeginn zu erkennen waren, drohen ebenso rasch zu wachsen wie auf der anderen Seite die Bereitschaft, Disziplinierungen zum einzigen Inhalt der Reform zu machen. Das ironische Zusammenspiel von Technokraten des verselbständigten Protestes mit jenen Kräften, die eine technokratische Hochschulreform gegen Humboldtschen Traditionalismus immer schon durchsetzen wollten, zeichnet sich ab. Dieser Teufelskreis muß durchbrochen werden.

Der Rückblick dient nicht der Rechtfertigung – natürlich nicht gegenüber denen, die unsereinen ohnehin unter die einfältigen

Kategorien der Staatsgefährdung subsumieren; aber auch nicht denen gegenüber, die mir, aufgrund ihrer illusionären Einschätzung der Protestbewegung, Attentismus und Mangel an Solidarität vorwerfen.

Einleitend versuche ich eine vorläufige Bestandsaufnahme. Die praktischen Folgerungen aus dieser Analyse richten sich gleichermaßen gegen linken Aktionismus wie gegen die drohenden Reaktionen, denen dieser willkommener Vorwand ist.

Im Februar 1969 J. H.

b) Einleitung

Die Forderung, die aktionistische Minderheit von anderen Gruppen des aktiven Protestes zu unterscheiden, ist vor allem von Gegnern oder von distanzierten Beobachtern erhoben worden; sie ist deshalb diskreditiert. Wer die Ziele der Protestbewegung für sinnvoll hält, hat sich bisher darauf nicht einlassen wollen.

Allein, das Verlangen nach Differenzierung kann in den Augen derer, die, wie ich, den Protest grundsätzlich unterstützen, nur so lange dubios sein, als die aktiven Gruppen, ungeachtet ihres von Anbeginn illusionären Bewußtseins und ihrer im Ansatz problematischen Praktiken, zu Recht den Anspruch erhoben haben, die Politisierung des Bewußtseins der Studenten und einiger Teile der Bevölkerung voranzubringen. Der SDS war der Motor einer »Bewegung«, die einen unvorhergesehenen politischen Spielraum eröffnet und damit Aufklärungschancen für Ziele eines radikalen Reformismus geschaffen hat. Inzwischen haben sich aber aktionistische Gruppen gebildet, die sich von der Protestbewegung isolieren. Sie haben die Ebene, auf der, bei allem Scheinrevolutionarismus, über grundsätzliche Intentionen eine Übereinstimmung zu bestehen schien, verlassen. Sie sind nicht länger willens, sich an den Rationalitätsanspruch von Diskussionen zu binden. Im vergangenen Semester ist in Berlin und Frankfurt eine dem Denken und der Wissenschaft feindliche Agitation betrieben worden, die die Frage nahelegt, ob solche Gruppen nicht schon die Prinzipien aufgeklärten Handelns zugunsten eines vorsätzlichen Irrationalismus verabschiedet haben. Seit Jahren werden Aktionen als Lernprozesse ausgegeben – mit der fatalen Folge einer selbstbetrügerischen Umstilisierung von Massenreaktionen in Aufklärungsprozesse. Neu aber ist der Handstreich einzelner, der durch die normative Kraft des Faktischen nachträglich Zustimmung herstellen soll, wo sie vorher plebiszitär nicht zu erreichen war.

Seit der Tegeler Steinwurfdemonstration im November vergangenen Jahres hat sich die Gewaltrhetorik der Ostertage in eine Taktik des begrenzten Vandalismus umgesetzt: in Berlin ist das Modell entwickelt, in Frankfurt ansatzweise übernommen worden. Mit dieser Verzweiflungstaktik haben die aktionistischen Gruppen einen immer drückender werdenden Legitimationszwang abgeschüttelt. Nun bedarf die einzelne Aktion einer bestimmten Rechtfertigung unterhalb der Ebene von Globaldenunziationen überhaupt nicht mehr. Diese Frustrationshandlungen sind ausgelöst durch das Scheitern des Aktionismus in der Hochschule selber.

In Deutschland hat die Protestbewegung bisher drei Phasen durchlaufen. Vom Frühjahr 1965 bis zum Juni 1967 war sie fast ganz auf die Freie Universität Berlin beschränkt. Obgleich Demonstrationen gegen den Vietnamkrieg eine wichtige Rolle für die Politisierung des Bewußtseins einer breiteren Schicht von Studenten gespielt haben, standen die Konflikte innerhalb der Hochschule im Vordergrund. Nach dem Tod Benno Ohnesorgs hat die Protestbewegung auf die Hochschulen der Bundesrepublik übergegriffen; hier ist die Berliner Entwicklung der vorangegangenen Jahre in beschleunigtem Tempo nachgeholt worden. Aber in dieser zweiten Phase hat sich, wiederum von Berlin ausgehend, der Protest nach außen gewendet, zunächst gegen die Springer-Presse, dann, im Zusammenhang mit den Notstandsgesetzen, gegen die Regierung der Großen Koalition sowie gegen die Partei- und Gewerkschaftsapparate. Die Ausdehnung des Protests über den Hochschulbereich hinaus stützte sich auf den in der ersten Phase errungenen Erfolg in den Hochschulen. Nach der Verabschiedung der Notstandsgesetze freilich mußte dieser Versuch einer Etablierung von Gegengewalt und einer Aktivierung insbesondere der Arbeiterschaft (ein Versuch, der zumal auf dem Hintergrund der Pariser Mai-Revolte mit ganz irrealen Erwartungen verknüpft worden war) als gescheitert aufgegeben werden. Der Rückschlag zwang zur Rückwendung auf die Hochschule. In dieser dritten und vorerst letzten Phase dienen außeruniversitäre Anstrengungen wie die Justizkampagne oder vereinzelte Störungen des Kulturbetriebs eher der Sammlung der teils gelähmten, teils dezentralisierten und verselbständigten Kräfte. Der zweite Anlauf zu einer Konzentration auf Hochschulkonflikte bedient sich, im Unterschied zum ersten, der Reformziele nur noch als Vorwand. In Berlin und Frankfurt ist das Ziel der aktionistischen Gruppen die Verhinderung von Reformen. Die bis dahin energisch geforderte Drittelparität ist zum Erkennungszeichen einer technokratischen Hochschulreform umgemünzt worden. Der außerhalb der Universität entmutigte Protest hat jetzt zum einzigen Inhalt die Dysfunktionalisierung der Hochschule im Zeichen einer zweideutig angestrebten Selbstorganisation des Studiums. Da aktionistische Gruppen diese Selbstorganisation nur im Zusammenhang mit Spielmodellen, die der Vorstellungswelt des Guerillakrieges entlehnt sind, ernst meinen, muß die »Politik der befreiten Gebiete« an ihren eigenen Illusionen scheitern.

Die politische Lage an den beiden Hochschulen, an denen die Protestbewegung am weitesten fortgeschritten ist, scheint mir zum gegenwärtigen Zeitpunkt (Februar 1969) durch folgende Konstellationen bestimmt zu sein.

Die Aktionisten versuchen trotz Mißerfolgen ihre führende Position zu behaupten. Ihre Taktik, die nur in der Phase der an klaren Zielen legitimierten und begrenzten Regelverletzungen politisch erfolgreich gewesen ist, hat in eine Sackgasse geführt. Sie können entweder ihr scheinrevolutionäres Selbstverständnis und die empirisch gehaltlosen Situationsdeutungen revidieren; das ist beim jetzigen Grad der Dogmatisierung nicht wahrscheinlich. Oder sie können resignieren, d.h. ihre Ziele auf eine unpolitische Ebene verschieben und den Zusammenhalt durch sektiererische Abkapselung wahren; das ist auf längere Sicht unvermeidlich. Der innere Kommunikationskreis ist heute schon gegen die Zufuhr dissonanter Erfahrungsgehalte abgedichtet. Ein großer Teil der Repräsentanten dieser Gruppe ist zudem aus dem Studium so weit herausgefallen, daß für sie eine politische Tätigkeit, die mit wissenschaftlicher Arbeit integriert wäre, keine lebensgeschichtliche Perspektive mehr darstellt. Weil die »Berufsrevolutionäre« ohne annehmbare Alternative unter einem selbst produzierten Handlungszwang stehen, führt der Weg in die Subkulturen jenseits der Hochschule möglicherweise über desperate Anstrengungen.

Unter aktiven Studenten hat sich eine weitere Gruppe gebildet, die den Aktionisten noch folgt, aber andere Interessen hat. Sie engagiert sich in den Arbeitsgruppen und braucht die Parole der Selbstorganisation des Studiums nicht nur als Vorwand. Diese Studenten verarbeiten zum Teil Motive, die sich aus Frustrationen des Massenstudiums wie aus Lernstörungen ergeben. Didaktisch legen diese Schwierigkeiten, entgegen dem anti-autoritären Selbstverständnis, eine sinnvolle, aber auch formal straffende Reorganisation des Grundstudiums nahe. Zum Teil bringt diese Gruppe jedoch Impulse zum Ausdruck, die auf eine begründete Kritik der Inhalte des Studiums abzielen und eine heilsame Selbstreflexion der Wissenschaft, nicht nur in geistes- und sozialwissenschaftlichen Disziplinen, einleiten könnten. Die unmittelbare Forderung geht auf eine stärkere Integration des angebotenen Stoffes mit den eigenen, im Rahmen der Protestbewegung selber erworbenen Erfahrungen und Interessen. Wenn es nicht gelingt, diese Impulse aufzunehmen, wird in Zukunft die Basis fehlen, auf der allein institutionelle Neuerungen in eine für Lehre und Forschung folgenreiche materiale Wissenschaftskritik umgesetzt werden können. Eine Reform freilich, die mit dem Ziel der Demokratisierung der Hochschule solche Initiativspielräume erst einmal schaffen und institutionell sichern muß, wird von den beiden aktivsten Gruppen der Studenten nicht mehr ernstlich gewollt, jedenfalls nicht mehr pragmatisch wirksam betrieben.

Die politischen Hochschulgruppen und die allgemeinen studentischen Vereinigungen (AStA und VDS) sind von den formlos agierenden Gruppen an der Basis entweder unterwandert und funktionslos gemacht oder aber für aktionistische Unternehmungen umfunktioniert worden. Kennzeichnend für die fatale Arbeitsteilung zwischen Protestbewegung und pragmatischer Hochschulpolitik, die in der ersten Phase noch durch radikaldemokratische SHB-Führer wie Nevermann oder die Kadritzkes vermittelt worden sind, ist der Umstand, daß heute fast nur noch die dem RCDS nahestehenden Mittelgruppen die Reformziele der SDS-Hochschuldenkschrift vertreten. Diese Gruppen stützen sich auf das Wählerreservoir der eher unpolitischen Studenten, die an individuellem Arbeiten und Berufsvorbereitung interessiert sind. Obgleich sich bisher ein eigentlich autoritäres Potential nicht gebildet zu haben scheint, ist ungewiß, ob nicht eine anhaltende Desorganisation des Lehrbetriebs handgreifliche Reaktionen auf den Plan rufen wird.

Im Augenblick schicken sich Regierungen und Parteien an, ihre zögernde und meist technokratisch gerichtete Reformpolitik mit einer bundeseinheitlichen Disziplinarordnung einzuläuten; und die wachsenden Affekte der Bevölkerung gegen Studenten erhitzen ein durch bevorstehende Bundestagswahlen bestimmtes Klima. So könnten sich die Revolutionsdefinitionen von links und rechts, obwohl gleichermaßen fiktiv, wechselseitig bestätigen. Die irreführende Totalperspektive der einen Seite und die perspektivelose Behauptung des status quo der anderen Seite könnten ineinandergreifen. Dann wäre auf dem Wege einer »self-fulfilling prophecy« erreicht, was immer schon beschworen worden ist: das Einsetzen nackter Repression.

Die Protestbewegung darf nicht in die vorhersehbare Niederlage ihrer aktionistischen Irrläufer hineingezogen werden. Andererseits sollten die Konservativen die Folgen einer kurzfristig gewiß durchsetzbaren repressiven Befriedigung der Universitäten nicht verkennen. Um beides zu vermeiden, bedarf es einer nüchternen Analyse dessen, was die Protestbewegung ist und vermag – und was sie nicht ist und nicht vermag. Das Phänomen ist undeutlich; die empirischen Anhaltspunkte für Erklärungen sind unsystematisch und schwach. Auch die Interpretation, die ich vorschlage, kann nicht mehr als eine gewisse Plausibilität beanspruchen.

Drei Intentionen

Wenn man sich an das hält, was die aktivsten Gruppen unter den Studenten zum Ausdruck bringen und wie sie sich verhalten, dann zeichnen sich drei Intentionen ab.

Die Parole der Großen Weigerung bezeichnet eine verbreitete Einstellung, die die Erfahrung der Unwirksamkeit politischer Opposition in den westlichen Massendemokratien widerspiegelt. Diese Erfahrung des absorbierten Widerspruchs ist Ausgangspunkt des Widerstandes. Er will sich nicht integrieren lassen; ein alles durchdringendes System der Massenmedien soll an ihm abprallen und sich seiner nicht als Alibi für Scheinliberalität bedienen können. Die neuen Techniken des Protestes richten sich gegen beliebige Symptome, weil jedes recht ist, um die Ablehnung eines abstrakt erfaßten und nur, wie es scheint, von außen denunzierbaren Ganzen auszudrücken. Die Demonstrationen haben die Form sinnfälliger Provokation angenommen, die sofort konsumierbare Kränkungen oder Gegenaggressionen erzeugt. Der eigentümliche Charakter der Selbstbefriedigung, die der Protest dadurch gewinnt, macht von Kriterien des Erfolges zweckrationalen Handelns unabhängig. Beide Momente verbinden sich auch in dem Bestreben, Gegenwelten zu schaffen: sie sollen gegen die Gefahr der Integration abschirmen und den Protest in eine Lebensform überführen, die davon dispensiert, sich der Wirksamkeit des Protestes zu vergewissern. Die dem antisemitischen Sprachgebrauch in aller historischen Unbefangenheit entlehnte Vokabel des »Mauschelns« richtet sich unmittelbar gegen den Stil nichtöffentlichen Verhandelns in repräsentativen Gremien; mittelbar trifft sie jedoch jede kalkulierte Durchsetzung von Interessen. Dabei ist unerheblich, ob es sich um Interessen der Erhaltung oder der Veränderung des Systems handelt.

Die Abwertung der politischen Sphäre als eines Bereichs zweckrationalen Handelns hängt mit einer weiteren Intention zusammen. Die anti-autoritäre Einstellung wehrt Leistungsimperative ab. Sie richtet sich nicht eigentlich gegen bestimmte Persönlichkeitsmerkmale und personale Abhängigkeiten, sondern gegen die objektivierten Zwänge einer, wie die Formel heißt, autoritären Leistungsgesellschaft. Auch darin ist eine Erfahrung aufgenommen. Denn die Disziplinierungen, die in den industriell fortgeschrittenen Gesellschaften dem einzelnen nach wie vor auferlegt werden, haben nicht mehr den Augenschein einer Ökonomie der Armut für sich; sie müssen sich vielmehr, zumal in den Elternhäusern unserer aktivsten Studenten, gegen die Evidenz von Überfluß und potentiellem Reichtum behaupten. Nachdem sich im prototypischen Bereich der Sexualität bürgerliche Tugenden als ein System überflüssig gewordener Opfer und dysfunktionaler Verdrängungen lautlos aufzulösen beginnen, geraten die Werte possessiver Verdinglichung allgemein in den Verdacht, historisch überfällig und damit »repressiv« zu sein. Die Ethik des Leistungswettbewerbs und das Diktat der Berufsarbeit, überhaupt die Antriebe einer auf Statuskonkurrenz gegründeten Gesellschaft werden zumal in einer sozialen Umgebung fragwürdig, in der die Heranwachsenden weitab von der Produktionssphäre leben und der Wirklichkeit nur durch die Filterschicht von Konsumentenorientierungen und Massenmedien begegnen.

Gegenüber Formen der bürokratisierten Herrschaft gewinnt das Modell rätedemokratischer Willensbildung an Überzeugungskraft, je mehr die Rechtfertigungen für bestehende Normen auf undurchsichtige Weise mit traditionell eingespielten und der Diskussion entzogenen Positionsvorteilen verbunden sind. An dieser Verfilzung von funktionalen Imperativen mit naturwüchsiger Herrschaft, für die die Organisation der Lehre und Forschung in Universitäten genügend Beispiele liefert, bilden und bestätigen sich der Begriff von Technokratie – und der Haß gegen sie. Freilich mischt sich das berechtigte Mißtrauen gegen technokratische Entwicklungen, die Herrschaftsnormen durch Hinweis auf sogenannte Sachzwänge rechtfertigen, mit übertriebenen Verallgemeinerungen, die in einen Affekt gegen Wissenschaft und Technik als solche umschlagen können. Gerade unter den aktivsten Studenten finden sich manche, die auf psychisch bedingte Lernschwierigkeiten mit einer fast zwanghaften Abwehr von Kompetenzforderungen und Leistungsorientierungen antworten und dann bisweilen die Grenze zur erklärten Theoriefeindschaft überschreiten.

Diese Abwertung von Theorie und die eilfertige Unterordnung

theoretischer Arbeit unter ad-hoc-Bedürfnisse der Praxis hängen mit einer dritten Intention zusammen. Die Parole der Neuen Unmittelbarkeit bezeichnet eine Einstellung, die die Bereitschaft, sich an verselbständigte Systeme anzupassen, radikal zugunsten unmittelbarer Befriedigung aufkündigt. Dem liegt die Erfahrung zugrunde, daß die komplexen Umwege in den Systemen zweckrationalen Handelns die Ziele immer weiter hinausschieben. Die Motive des Handelns werden heute immer mehr an die verallgemeinerten Medien der Verwirklichung beliebiger Ziele gebunden und durch abstrakte Anstrengungen für den Erwerb von Einkommen, freier Zeit, Ansehen, Einfluß usw. verbraucht – und das unter der Kruste einer spezifischen Langeweile. Darauf reagiert nun ein Teil der Studenten mit dem Anspruch, ästhetische Erfahrung, Triebbefriedigung und Expression hier und jetzt zur Geltung zu bringen.

Die Lebensform des Protestes ist durch sinnliche Qualitäten bestimmt; die hippiesken Züge haben sich alsbald von den Zentren der Hippiekultur abgelöst und verbreitet – sie sind nicht bloße Drapierung. Die Kerne der Protestbewegung – in den angelsächsischen Ländern vor allem, aber auch in der Bundesrepublik – sind Subkulturen, die die Vereinzelung der privaten Lernsituation zugunsten solidarischer Gruppenerfahrungen aufheben sollen. Damit erhalten Kategorien des geschwisterlichen Umgangs eine neue Bedeutung; zugleich tritt der bürgerliche Bildungsprozeß, der für den Jugendlichen die einsame Lektüre des gedruckten Wortes als Weg zur Individuierung gewiesen hat, in den Hintergrund. Natürlich machen die jugendbewegten Experimente mit Formen des »nichtentfremdeten« Zusammenlebens nicht nur sensibel für verkümmerte Erfahrungsbereiche der Interaktion, sie schaffen auch neue Konflikte. Zu ihrer Kehrseite gehören Aktionen, die kaum noch in einem politischen Kontext stehen und in der Tat einer unmittelbaren Triebbefriedigung ihrer Initiatoren, nämlich schlicht der ungehemmten Abfuhr von Aggression, dienen.

Die summarische Beschreibung der drei Intentionen kann zunächst nur ein Potential abgrenzen, mit dem niemand gerechnet hat, und das bis heute auch nicht befriedigend erklärt werden kann. Jenes Bündel von Grundorientierungen deckt sich freilich nicht mit den

Interpretationen, die das Selbstverständnis der Protestgruppen bestimmen. Diese Rechtfertigungen sitzen locker auf den ihnen zugrunde liegenden Einstellungen. Ich halte es nicht für ausgeschlossen, daß die heute herrschenden Deutungen von nachwachsenden Generationen unbekümmert abgestreift werden, sobald sich das Protestpotential in unpolitische Bereiche verlagert (wofür es Anzeichen gibt). Ich möchte drei Rechtfertigungen unterscheiden. Die erste stammt aus dem Marxismus, die zweite aus anarchistischen Traditionen, die dritte aus Zusammenhängen der Kulturrevolution.

Erste und zweite Rechtfertigung: Imperialismustheorie und Neoanarchismus

Aus der marxistischen Überlieferung, die der »diskutierende« SDS vor allem in der ersten Hälfte der 60er Jahre aufgearbeitet hat, ist für das Selbstverständnis der Rebellen hauptsächlich ein Komplex wichtig geworden: die Imperialismustheorie. Zwar hat man 1966/67 Rezessionserscheinungen zum Anlaß genommen, um für die Bundesrepublik »das Ende der Rekonstruktionsperiode« zu verkünden; das ist inzwischen vergessen. Auch zehrt die Agitation nach wie vor von der alten Klassentheorie und rückt Notstandsgesetzgebung, Pressekonzentration, Hochschulreform und die Verfolgung politischer Straftaten in einen suggestiven Zusammenhang. Aber der innenpolitische Gebrauch marxistischer Schlagworte (um mehr handelt es sich nicht) würde nicht einmal für den internen Verkehr glaubwürdig sein, wenn nicht die Emanzipationsbewegungen der Dritten Welt der Imperialismustheorie neuen Auftrieb gegeben hätten. Der Vietnamkrieg hat für die deutschen Studenten, wie seinerzeit der Algerienkrieg für die französischen, die politökonomischen Zusammenhänge des Dekolonisierungsprozesses zu Bewußtsein gebracht. Der politische Befreiungskampf in den ehemaligen Kolonialgebieten ist zugleich ein sozialer Befreiungskampf. Dessen erklärtes Ziel ist es, nach außen ökonomische Abhängigkeiten und im Innern eine die industrielle Entwicklung

hemmende Sozialstruktur zu beseitigen. Die Imperialismustheorie, die für eine vergangene Phase der Ausbeutung entwickelt worden ist, erklärt freilich nicht mehr zureichend die wachsenden Disparitäten in der Entwicklung der reichen und der armen Nationen heute. Die Unterprivilegierung der Entwicklungsländer wird sich in Zukunft immer weniger in Kategorien einer für die entwickelten Systeme notwendigen Ausbeutung fassen lassen. Aber alle Anzeichen sprechen dafür, daß die industriell fortgeschrittenen Gesellschaften, im Bereich des bürokratisierten Staatssozialismus nicht weniger als im Bereich des organisierten Kapitalismus, unfähig sind, aus sich selbst Motivationen zu schöpfen, die ausreichen, um eine wirksame, an den Interessen der Empfängerländer orientierte Entwicklungshilfe zu leisten. Eine überdimensionale Hungerkatastrophe ist abzusehen. Auch wenn die Imperialismustheorie keine triftigen Erklärungen mehr anbietet, bezeichnet sie doch sehr genau das erklärungsbedürftige Phänomen: daß die etablierten Gesellschaftssysteme außerstande sind, Probleme des Überlebens in anderen Teilen der Welt zu lösen. Eine internationale Klassenkampfsituation würde sich dann erneuern, wenn es China gelänge, ein für atomare Erpressungen hinreichendes industrielles Potential zu schaffen, ohne gleichzeitig die Form bürokratischer Herrschaft und jene Mentalität zu entwickeln, die bisher stets die Industrialisierung einer Gesellschaft begleitet haben.
Allerdings benutzen die militanten Studenten die Imperialismustheorie dazu, ihren eigenen Protest in einen falschen Globalzusammenhang einzuordnen. Sie fingieren eine welthistorische Einheit des Widerstandes gegen den Kapitalismus, der von den Guerillakämpfen in Südamerika und Asien über die Negerrevolten in den nordamerikanischen Städten und die Kulturrevolution in China bis zum Widerstand in den »Metropolen« reichen soll. In diesem Kontext verschwinden auch die klaren Unterschiede zwischen Motivation und Zielen der Studentenrevolten in reichen und in armen, in kapitalistischen und in sozialistischen Ländern. Die durch Diffusion zu erklärende Übereinstimmung der Parolen und Techniken täuscht darüber hinweg, daß die Studentenrevolten hier und dort so gut wie nichts miteinander zu tun haben. Dabei ist der Sonderfall Japan nicht einmal berücksichtigt.

Die anarchistische Überlieferung ist verwaschen. Sie ist von den Aktionisten zögernd und fragmentarisch angeeignet worden; denn die Konvergenzen sind erst nach und nach zu Bewußtsein gelangt. Ausgangspunkt der neoanarchistischen Überlegungen ist der Umstand, daß der in der europäischen Arbeiterbewegung organisierte Klassenkampf heute weitgehend stillgestellt ist. Die von kommunistischen Parteien betriebene Bündnispolitik, die eine Revolutionierung der Gesellschaft auf dem Wege parlamentarischer Machtübernahme anstrebt, hat sich als ebenso »systemstabilisierend« erwiesen wie der Reformismus linker Gewerkschaften und einer staatstragenden Sozialdemokratie. Erfahrungen dieser Art, die auf relativ hoher Stufe der Verallgemeinerung nicht falsch sind, verführen zu einer totalisierenden Betrachtungsweise. Das Institutionensystem der entwickelten Industriegesellschaften erscheint als ein fast statisches, jedenfalls gut integriertes Ganzes, innerhalb dessen jedes Element, soweit es überhaupt eine gesellschaftliche Funktion erfüllt, zwangsläufig auch der Systemerhaltung dient. Wer diese Perspektive annimmt, muß systemveränderndes Konfliktpotential grundsätzlich unterhalb der Ebene der »Apparate« suchen. Daraus ergeben sich zwei unorthodoxe Folgerungen. Die »Basis«, von der allein Veränderung ausgehen kann, ist nicht mehr der Produktionsprozeß, es sind vielmehr unmittelbar die Menschen, die den Handlungszwängen großer Organisationen unterworfen sind. Zudem fehlen die Zielgruppen, die durch ihre Stellung im Produktionsprozeß für mögliche Aufklärung designiert wären; revolutionäres Bewußtsein kann, an den Rändern des Systems, überall geweckt werden.

Der rationale Kern des neuen Anarchismus ist die Einsicht, daß die Latenz des Klassenkonfliktes eine Verlagerung der Konfliktzonen zur Folge hat.[1] Der Kampf um den Anteil an sozialen Entschädigungen führt zu Konflikten nur in solchen Bereichen, die nicht hinreichend durch den verbandspolitischen Druck gegen Entwicklungsdisparitäten (und damit gegen eine relative Depravierung)

1 Vgl. dazu C. Offe, Politische Herrschaft und Klassenstrukturen, Manuskript, und meine Abhandlung Technik und Wissenschaft als ›Ideologie‹, Frankfurt/Main 1968.

abgeschirmt sind. Aber solche Konflikte können grundsätzlich das System nicht gefährden. Unübersehbar sind hingegen Konflikte, die innerhalb des staatlich regulierten Markt- und Verteilerbereichs durch soziale Entschädigungen wie Einkommen, arbeitsfreie Zeit und Sicherheit nicht befriedet werden können. Diese Konflikte entzünden sich an Bedürfnissen, die von der sozialstaatlichen Verwaltung nicht »erfaßt« werden. Dabei handelt es sich erstens um die sozialen Voraussetzungen humanen Zusammenlebens; die »Gemeinschaftsaufgaben« (wie Bildung, Gesundheit, Verkehr, Wohnung, Freizeit usw.) werden vernachlässigt, weil der Sektor öffentlicher Dienstleistungen gegenüber dem Bereich privatwirtschaftlicher Tätigkeit im institutionellen Rahmen des Spätkapitalismus nicht in dem heute nötigen Ausmaß erweitert wird. Und zweitens handelt es sich um die Möglichkeit der Willensbildung über Formen, Ziele und Inhalte humanen Zusammenlebens; auch dieses Bedürfnis nach Selbstbestimmung wird strukturell vernachlässigt, wei die Legitimationsschwäche des Spätkapitalismus auf der Grundlage einer entpolitisierten Öffentlichkeit ausgeglichen wird. Beide Kategorien von Bedürfnissen bilden sich im Erfahrungsbereich der Interaktion; hier entstehen deshalb Konflikte, die in autoritären Wohlfahrtsstaaten keine Lösung finden. Sie sind nicht unmittelbar politisch, sondern haben psychologischen Charakter.

Diese Überlegung spricht für die Annahme, daß das politische System nicht mehr durch gezielte Angriffe im Rahmen organisierter Gruppenkonflikte, sondern nur noch durch die Demoralisierung der Folgebereitschaft vieler einzelner beunruhigt werden kann. Dazu bedarf es eines Potentials an Unzufriedenheit, das aus psychisch bedingten Konflikten hervorgeht und nicht durch materielle Entschädigungen beseitigt werden kann. Nicht materielles Elend, sondern ökonomische Entlastung vom statusorientierten Erwerbsdruck ist die Grundlage, auf der sich die kleinbürgerliche Struktur der Bedürfnisse auflösen kann. Doch diese Hypothese, die neoanarchistische Erwartungen allein plausibel machen könnte, schränkt zugleich den Bereich der Erwartungen drastisch ein. Die Struktur der Bedürfnisse, die sich unter marktwirtschaftlichem Konkurrenzzwang in Jahrhunderten herausgebildet hat, ist längst auch auf eine integrierte Arbeiterschaft übertragen worden. Wenn aber erst eine Psychologie des Überflusses für jene administrierten Arbeits- und Lebensformen empfindlich macht, innerhalb deren historisch der gesellschaftliche Reichtum akkumuliert worden ist; wenn erst, um zuzuspitzen, eine Psychologie des Überdrusses an erreichbarem Wohlstand für den vernachlässigten Bereich der praktischen Fragen »guten Lebens« (die heute nicht mehr traditionalistisch vorentschieden sind) sensibel macht – dann würde eine Revolutionierung der fortgeschrittensten Gesellschaften die Abschaffung der Armut nicht herbeiführen, sondern ihrerseits voraussetzen müssen. Vorerst könnte eine gegen sozialstaatlich verfügbare Kompensationsangebote immune Unzufriedenheit nur in kleinen privilegierten Gruppen entstehen. Auch während der Pariser Mai-Revolte hat sich die Resistenz der Arbeiterschaft, die auf konventionelle Fehler der kapitalistischen Planung zurückgeht, mit dem Aufstand der Studenten nicht eigentlich vereinigt; die Motivationen beider Seiten waren offensichtlich verschieden. Unter diesen Umständen bleibt der Anspruch auf Revolution, auch wenn er im Sinne des diffus dauerrevolutionären Lernprozesses einer wachsenden Menge psychologisch verunsicherter Individuen abgewandelt wird, eine Phrase. Die Revolutionsrhetorik bietet sich nur zu leicht für Projektionen an, die verhindern, daß die wirklichen Ursachen der Protestbewegung geklärt werden.

Die dritte Rechtfertigung: Kulturrevolution

»Kulturrevolution« ist das Stichwort für den dritten Interpretationszusammenhang. Es nimmt für die vielen ungenauen Anstrengungen, die auf »Abschaffung der Kultur« gerichtet sind, noch einmal revolutionären Ernst in Anspruch, obgleich eine gealterte Moderne das Denkmodell der »Abschaffung« längst um seine Glaubwürdigkeit gebracht hat. Die Mobilmachung der Jugend in China hat auf Befehl von oben ein Ende gefunden. Was diese fernöstliche Kulturrevolution tatsächlich bedeutet, ist schwer zu sagen. Um aber bei uns den Mao-Knöpfen und der Roten Fibel eine gewisse Aura zu geben, genügt die Vermutung, daß die chinesische Kulturrevolution dazu gedient hat, in der nachwachsenden Generation das Bewußtsein der revolutionären Ausgangssituation wieder wachzurufen. Wie dem auch sei, der Studentenprotest legt eine Deutung in Begriffen der Kulturrevolution ohnehin nahe – für die Beteiligten, denn der primäre Erfahrungsbereich von Schülern und Studenten ist eben der Umgang mit kulturellen Erzeugnissen und Institutionen, ebenso wie für die Beobachter, denn Folgen hatte die Protestbewegung bisher ausschließlich in der Sphäre des »Überbaus«.

Die kulturrevolutionäre Phraseologie, die übrigens nicht in den Reihen der Aktiven entstanden ist, sondern aus Anleihen bei der literarischen Nachhut des SDS bestritten wird, trifft zudem ein wirkliches Problem. Weil das Potential der Unzufriedenheit nicht aus ökonomischer Entfremdung, sondern aus einem psychologisch bedingten Unbehagen an der Kultur hervorgeht, verdanken sich die Definitionen des gegenwärtigen Zustandes nicht einem evidenten Pauperismus, sondern einer eher esoterischen Kulturkritik. Auch in der an Marx theoretisch anknüpfenden Überlieferung ist Kritik der Kultur nicht zufällig an die Stelle einer Kritik der Politischen Ökonomie getreten. Vor allem Adorno, Benjamin und Marcuse haben den affirmativen Charakter einer bürgerlichen Kultur, die die Sorge für den Glücksanspruch der Individuen zugleich übernimmt und abnimmt, unnachgiebig kritisiert. Im schönen Schein der Fiktionen, die als das Höhere von der Sphäre der Bedürftigkeit abgetrennt sind und doch Erfüllung prätendieren, sind die über die materielle Produktion des Daseins hinausschießenden Bedürfnisse aufgehoben, nämlich ausgesprochen und zugleich virtualisiert. Diese Ambivalenz, die der Überlieferung ein sprengendes Potential trotz allem sicherte, ist mit der kulturindustriellen Verallgemeinerung der bürgerlichen Kultur getilgt worden. Die Affirmation des Bestehenden durch dessen tendenziöse Verdoppelung vollendet sich in der Massenkultur.

Die Momente einer wie immer irreführenden Transzendenz, die auch im Gegensatz zwischen hoher und niederer Kultur noch festgehalten waren, sind eingezogen. Das bis dahin Unversöhnliche, Kultur und Unterhaltung, ist fusioniert; und was zur Individuierung angehalten hatte, ist zur Ware der Pseudoindividualität geworden. Die vorgespiegelte Erfüllung ist nicht länger ästhetisch gebrochen, sondern unmittelbar affirmativ. Aber während Adorno in den rücksichtslosesten Gebilden moderner Kunst eine Kultur jenseits der Affirmation entdeckt, nämlich Werke, die im Modus der Kritik das Bestehende in seiner Negativität entblößen, hat Marcuse schon 1937 die Aufhebung des affirmativen Charakters der Kultur nur als Aufhebung der Kultur selber denken können. Heute meint er, in Graffitis und blumengeschmückten Barrikaden, im Reizkonsum einer demonstrativen Untergrundkultur, in der Unmittelbarkeit psychedelischer Erfahrungen den Anfang einer Kunst zu erkennen, die der Illusion entsagt und ins Leben übertritt. Was im schönen Schein der bürgerlichen Kultur verheißen und vorenthalten war, wird, so scheint es, entsublimiert und in der revolutionierten Gesellschaft selber verkörpert.[2]

Diese These ist vielstimmig aufgenommen und variiert worden. Freilich ist bei den Epigonen der Ausgangspunkt ein anderer als bei Marcuse selbst. Die, die das Ende der Kunst proklamieren, Künstler selber oder Literaten oder solche, die von der Verwertung der Kultur leben und die nun den Chor bilden für eine als Schein auftretende Revolution – sie gehen eher von einer resignierten Erfahrung aus. Der Zweifel an der Glaubwürdigkeit der ästhetischen Mittel, nicht Hoffnung auf die Einlösung symbolischer Gehalte motiviert die wortreichen Todeserklärungen. Die Radikaleren behaupten, daß man den Pinsel und die Feder aus der Hand legen müsse, weil die Kategorien des Schönen aus der Welt des Scheins in die der politischen Aktion übergegangen sind. Die Liberaleren, die wissen, daß man nach vollbrachten Erklärungen ins Atelier und an den Schreibtisch zurückkehrt, lassen Schlupflöcher: man darf, aber nur noch auf eigenes Risiko. Und die Konventionelleren schließlich glauben, daß der Kulturrevolution mit einer Überführung von Kunst in Agitation Genüge geschieht:

2 H. Marcuse, An Essay on Liberation, Boston 1968; deutsch: Versuch über die Befreiung, Frankfurt/M. 1969.

statt Romane Reportagen. Analoge Erklärungen, weniger gut formuliert, gibt es an den Universitäten. Hier geht es um die Abschaffung der Wissenschaft – während Kunst Ideologie ist, immerhin, ist Wissenschaft unmittelbar Repression. Die Neue Wissenschaft soll sich aus politischer Praxis, dem unvordenklichen Lebensstrom, gleichsam spontan ergeben.

Freilich erweitert auch die zum politischen Protest gewordene Kunst nur das kommerzielle Angebot und den Bestand der Museen. Die Kommerzialisierung erweckt noch die toterklärte Kunst von den Toten und liefert Nachschub für die Musealisierung der wiederbelebten. Konsequenter als die große Gebärde der Verabschiedung von Kultur ist darum die vorsätzliche Fusion von Kunst und Konsumgüterproduktion. Pop Art löst die bezeichneten Gegenstände aus ihren funktionalen Zusammenhängen: die trivialen Bestandteile einer technischen Zivilisation gewinnen als künstlicher Schutt sinnliche Qualität und unerwartete Prominenz. Das ist noch Kritik, wenn auch auf ihrer untersten Stufe. Eine affirmative Kultur, die auch das unterbietet, ist erst erreicht, wenn die abgeschaffte Kunst unvermittelt der Beschleunigung der Warenzirkulation dient – wenn sie den Verschleiß von Kleidern und Möbeln und Bettpfannen so weit mobilisiert, daß die ausgeliehenen Identitäten der Schnell- und Dauerkonsumenten zerfließen. Dieser schlechten Utopie der Unmittelbarkeit liegt eine von den militanten Studenten auch sonst in Anspruch genommene Psychologie der Regression zugrunde: mit der Rückkehr der Kultur zur zweiten Natur sind auch die Ichstrukturen abgeschafft. Bazon Brock vertritt die ehrlichste Version einer Abschaffung der Kultur, entwaffnend und selbstentlarvend in einem. Sie bringt nämlich die Kulturrevolution auf den Begriff (den es für die jungen Adepten auch nicht mehr geben darf). Der Protest gegen die Massenkultur, Kunst- und Wissenschaftsstürmerei machen aus den vermeintlichen Anhängern einer negativen Dialektik die treuesten Schüler McLuhans. Für sich selbst lösen sie das Problem der Abschaffung von Kultur, indem sie einen ungekränkten Konsumentenstatus einnehmen; das kulturrevolutionäre Bewußtsein verschafft ihnen nämlich die zweite Unschuld, mit der sie an der affirmativen Subkultur teilhaben.

Mir ist unverständlich, wie Intellektuelle, die in Hegelscher Tradition groß geworden sind und darum den Prozeß der »Aufhebung von Philosophie« kennen, Aufhebung von Kunst und Literatur, als hätten sie an jenem Modell nichts lernen können, naiv auffassen. Es ist wahr, daß seit einem halben Jahrhundert der explizite Zweifel an der Möglichkeit von Kunst das Medium gewesen ist, in dem künstlerische Produktivität sich Glaubwürdigkeit bewahrt hat. Vom Experimentieren mit den Mitteln der Darstellung (die Form als Inhalt) bis zur Herausstellung von Objekten des täglichen Gebrauchs (das Vorzeigen von Vorgeformtem statt Form) hat die bildende Kunst diesen Zweifel praktiziert. Auf anderen Wegen, aber nach der gleichen Logik eines sich methodisch überbietenden Zweifels am eigenen Medium, haben Musik und Literatur (zumal in Reaktion auf die Künste der Reproduktion) eine Entwicklung genommen, die eine Konstellation noch kaum überschaubar verändert hat: die Konstellation zwischen ästhetischen Gebilden und imaginativ gestanzten Prototypen einerseits, der Zirkulationssphäre und dem Massenkonsum andererseits. Aber damit schließt sich nicht die Dimension, in der sich bisher ästhetische Erfahrung bewegt hat. Wie Aufhebung der Philosophie nicht deren Abschaffung bedeutet hat, sondern eine Umsetzung ihrer Intentionen aus dem unglaubwürdig gewordenen ontologischen Bezugsrahmen in den der Kritik, so ist auch die Krise der Kunst nicht als Kunst at face value zu nehmen.[3]

Die kulturrevolutionären Abschaffungsparolen mögen hinreichen, Klaviere zu zerstückeln und Aggressionsphantasien zu enthemmen. Aber das Sprachsystem der Kunst verändert sich nur immanent, und zwar so, daß die Intentionen der alten Sprache in die neue eingehen können. Der Kulturstürmerei liegt die gleiche Verdinglichung zugrunde wie dem Fetischismus mancher Studenten, die dadurch, daß sie Seminareinrichtungen beschlagnahmen, die Produktivkraft Wissenschaft in Besitz zu nehmen glauben. Ich halte die Illusion für gefährlich: daß es nicht nur *bestimmte* Traditionen sind, die immer wieder aufgesprengt werden müssen, sondern die Konti-

3 Vgl. K. H. Bohrer, Unsere Kritiker üben Salto mortale, in: Merkur, H. 250, Febr. 1969, S. 170ff.

nuität der Geschichte als solche; daß es nicht nur epochale Stellungen der Subjekte zu den Symbolsystemen ihrer Welt- und Selbstdeutung sind, die *immer wieder* preisgegeben werden müssen, sondern die symbolische Vermittlung als solche. Wer diesen Illusionen folgt, betreibt Ausbreitung des Irrationalismus. Heute kann abstrakte Aufhebung von Kultur nur bedeuten, daß die subjektiv freigesetzten »Glaubensmächte« und Expressionen der Übersetzung in revolutionierte, wieder mitteilungsfähig gemachte Sprachsysteme, wir können auch sagen: der kritischen Aneignung entzogen und damit in dämonische Gewalten verkehrt werden.

Die tatsächlichen Erfolge

Die drei Interpretationen, die das Selbstverständnis der Protestbewegung, soweit sie sich militant versteht, bestimmen, haben rationale Elemente; aber insgesamt decken sie sich mit empirisch gestützten Realitätseinschätzungen so wenig, daß einige ihrer Verbindungen zu fixen Ideen werden. In aktionistischen Gruppen zumal haben sich Syndrome dieser Art schon terminologisch verfestigt. Gegenüber den eingebildeten Erfolgen der Protestbewegung nehmen sich die tatsächlichen bescheiden aus. Sie sind gleichwohl erstaunlich. Die Protestbewegung hat das politische Bewußtsein der an Hochschulen der Bundesrepublik Studierenden entscheidend verändert. Die Umfragedaten, die vorliegen, lassen den Schluß zu, daß die Studenten in einem unerwartet hohen Ausmaß politisiert worden sind, ohne daß bisher eine Polarisierung in zwei Lager eingetreten wäre. Gemessen an den üblichen Kriterien der Einstellung zu politischen Fragen, ist das demokratische Potential an den Hochschulen stärker als je seit dem Ende des Krieges. Ja, die empirischen Anhaltspunkte sprechen für die Richtigkeit der Behauptung, daß heute zum ersten Mal seit den Tagen des Vormärz wieder eine »linke« Studentengeneration an deutschen Universitäten vorherrscht.

Die aktivsten Gruppen unter den Studenten haben mit Hilfe eines phantasiereichen Provokationismus den Handlungsspielraum getestet. Entgegen den resignierten Voraussagen und den einengenden Antizipationen (die auch ich vertreten habe), waren Vorstöße in die unbetretenen Zonen brüchig gewordener Legitimationen erfolgreich. Die unbekümmerten Appelle an geltende Legitimationen haben dort einen folgenreichen Legitimationszwang geschaffen, wo sich Institutionen noch rühren lassen durch eine Konfrontation von Idee und Wirklichkeit. Das ist, trotz allem, in der Hochschule der Fall: Reformchancen, die über Rhetorik und Anpassungspragmatismus hinausweisen, haben sich nun, nach fast zweieinhalb Jahrzehnten, durch den Druck des Protestes ergeben.
Anstöße zu einer Demokratisierung empfangen unmittelbar die Kirchen auf der einen, der Kulturbetrieb auf der anderen Seite. Mittelbare Folgen sind Reformbestrebungen in Justiz und Presse. Die Impulse scheinen sich sogar auf die Mitbestimmungspolitik der Gewerkschaften und, an einzelnen Punkten, auf die innere Struktur der Parteien, wenn es um Fragen der Bildungspolitik geht, ausgewirkt zu haben. Eine politische Fernwirkung des Studentenprotestes könnte sich, wenn man in mittleren Fristen denkt, gerade dort einstellen, wo es die Aktionisten weder erwarten noch wollen: in Parteien, Gewerkschaften und anderen Massenorganisationen.
Diese Erfolge des Protestes, gewollte und nicht gewollte, sind ironisch. Denn die, die mit den neuen Techniken der Demonstration Erfolg hatten, wähnen sich als revolutionäre Kämpfer gegen faschistische Unterdrückung, während sie tatsächlich nichts anderes tun, als unvermutete liberale Spielräume polemisch auszunutzen. Weil die militanten Gruppen die Realitätsebenen von faktischer Macht und solchen Handlungen, die die Legitimation der Macht angreifen können, durcheinanderbringen, überschreiten sie unbedenklich den Wirkungsbereich der neuen Demonstrationsformen und setzen den provokativ erzielten Erfolg wieder aufs Spiel.
Eine kritische Leistung sehe ich darin, daß der Protest den Unterschied zwischen technischen und praktischen Fragen zu Bewußtsein gebracht hat. Der Angriff auf die Ideologie der Leistungsgesell-

schaft hat klargemacht, daß heute Bedürfnisse der Bürger nur innerhalb gewisser Definitionen anerkannt werden. Einmal sind bloß diejenigen Gruppen in der Lage, ihre Interessen mit Aussicht auf Erfolg zu vertreten, die kollektive Leistungen mit systemgefährdenden Folgen verweigern können; im gegebenen politischen Rahmen können deshalb Bürger ihre Bedürfnisse nur im Maße ihrer Teilnahme an systemrelevanten Leistungen wirksam anmelden. Zum anderen sind diese Bedürfnisse selbst immer schon in Kategorien der wirtschaftlich und administrativ verfügbaren Entschädigungen operationalisiert. Die öffentlich zugelassenen Definitionen erstrecken sich darauf, was wir zum Leben brauchen (Einkommen, freie Zeit und Sicherheit), aber nicht darauf: wie wir leben möchten, wenn wir im Hinblick auf erreichbare Potentiale herausfänden, wie wir leben könnten. Das Bewußtsein, daß über solche praktischen Fragen überhaupt diskutiert werden kann, hat sich erst im Zusammenhang mit der Protestbewegung gebildet. So haben beispielsweise Experimente mit neuen Formen großfamilialen Zusammenlebens wieder an Aktualität gewonnen. Ein weiteres Beispiel sind die anti-autoritären Kindergärten, wobei ich nicht verschweigen möchte, daß mich die experimentelle Unbekümmertheit in Ansehung der fragwürdigen psychologischen Annahmen und vor allem der ungewissen Folgen für die Kinder irritiert.

Für einen eigentümlichen Erfolg der Protestbewegung halte ich schließlich die Politisierung von Privatkonflikten. Das Medium, in dem sich Auseinandersetzungen von politischer Tragweite abspielen, hat sich durch Psychologisierung verändert. Das ist ein neues Faktum. Bisher haben Revolutionen und erst recht pseudorevolutionäre Jugendbewegungen stets Motive abweichenden Verhaltens, also auch klinisches Potential, in sich aufgenommen. Die politische Rolle von Neurotikern ist nicht neu. Ebensowenig geht es darum, daß im politischen Kampf eine Seite klinische Begriffe einführt, um die andere zu diskreditieren. Auch das gibt es seit eh und je. Charakteristisch ist vielmehr, daß der Gebrauch psychopathologischer Begriffe heute für die Identifizierung und Erklärung eines politischen Sachverhalts nötig geworden ist. Nicht die politische Wirksamkeit psychischer Konflikte, noch die psychologische Umdeutung politischer Konflikte begründet die Eigentümlichkeit der Situation. Eigentümlich ist die kurzfristige Verschiebung der kulurell verbindlichen Grenze zwischen privaten und öffentlichen Konflikten. Heute können Schwierigkeiten auf politische Bedeutung Anspruch erheben und in politischen Begriffen gerechtfertigt werden, die noch vor zwei oder drei Jahren als Privatsache, als Konflikte zwischen Schüler und Lehrer, zwischen Mitarbeiter und Chef, zwischen Eheleuten, eben als ein Konflikt zwischen einzelnen Personen gegolten hätten. Psychologie scheint sich in Politik zu verwandeln – eine Reaktion darauf, daß Politik, soweit sie die Massen betrifft, längst in Psychologie umgesetzt worden ist?

Jene sanfte, durch Massenmedien ausgeübte soziale Kontrolle bedient sich der Ausstattungsstücke einer ausgehöhlten Privatsphäre, um politische Vorgänge als solche unkenntlich zu machen. Die entpolitisierte Öffentlichkeit wird vom aufgesetzten Privatismus der Massenkultur beherrscht. Personalisierung des Öffentlichen ist deshalb der Kitt in den Fugen einer relativ gut integrierten Gesellschaft, die die stillgestellten Konflikte abdrängt in Bereiche der Sozialpsychologie; dort werden sie in Kategorien abweichenden Verhaltens aufgefangen: als private Konflikte, als Krankheit und als Kriminalität. Diese Behälter scheinen nun überzulaufen. Die politische Aufwertung der Privatkonflikte mittlerer Reichweite bringt den kryptopolitischen Gehalt der abgeleiteten psychischen Störungen ans Licht. Diese neue Beleuchtung von Regressionsphänomenen (die ja die Handlungsfähigkeit der Protestbewegung nicht eben stärkt) nehmen allerdings einige zum Anlaß, um Lehren vom »neuen Menschen« zu konstruieren. Solche Versuche, für die der Analytiker Reich Pate stehen muß, halte ich selber für ein Symptom und nicht für den Begriff des neuen Sachverhalts.

Aus den tatsächlichen Erfolgen der Protestbewegung, die in Mißverhältnis zu den Vorstellungen der Akteure selber stehen und gleichwohl erstaunlich sind, ist eine Prognose für künftige Erfolgschancen nicht geradewegs abzuleiten. Chancen hat diese Bewegung nur dann, wenn sich die autonomen Kräfte gegenüber den impulsiv getriebenen durchsetzen. Ein Indiz dafür wird sein, ob die falschen Realitätseinschätzungen an der Erfahrung noch kontrolliert werden können oder ob sie immer neue Projektionen aufsaugen. Diejenigen Züge des Aktionismus, die kaum anders als auf der Ebene von Persönlichkeitsstrukturen und in Begriffen der Psychopathologie untersucht werden können, gestatten leider nicht, *eine* Alternative von vornherein auszuschließen: nämlich die entpolitisierte Einkapselung des Protestes. Die Einstellungen, die ihn primär tragen, sind gegenüber den heute herrschenden politischen Deutungen indifferent. Der durchgescheuerte Baldachin der Globaldeutungen kann bald einstürzen. Vielleicht wird das Protestpotential dann in die unpolitische Arbeitsteilung einbezogen, die sich zwischen den beiden Statthaltern des antihistorischen Bewußtseins einspielt: zwischen wissenschaftlichem Positivismus und den jüngsten Richtungen der experimentellen Kunst, soweit sie sich als »underground« verstehen.

Auf der Flucht vor der Zirkulationssphäre, von der sie doch abhängen, ziehen sich die Anwälte eines neuen Subjektivismus in Randkulturen zurück, die gleichwohl durch Publizität abgestützt sind und daher mit den jugendlichen Konsumentenschichten stark kommunizieren. Die leicht zu kopierenden oder schon als Reproduktionen hergestellten Werke verbreiten sich schnell und bleiben doch dem Kontext einer bestimmten Lebensform verhaftet: eher Stimulantien als Werke im konventionellen Sinn. Sie können gelegentlich Museen sogar in altersspezifische Freizeitbasare verwandeln und sind dann Anlässe für passiv genossene Reizduschen, für gemeinsame Probierhandlungen, für eine Art reaktiver Spontaneität. Diese Reizkulturen verhalten sich gegenüber Weltbildern, erst recht gegenüber politischen Deutungen, die globale Sinnzusammenhänge herstellen, resistent; am ehesten gehen sie noch mit religiösen Lehren zusammen, die mit autosuggestiven Übungen oder mit gymnastischen Praktiken verbunden sind. In den Vereinigten Staaten haben die Gurus gerade an der Westküste, in Zentren des Studentenprotestes, den stärksten Anhang gefunden.

Wenn man nur dieses Ende des Spektrums vor Augen hätte, ergäbe sich für die Zukunft des Protestes eine bedrückende Perspektive. Man könnte sich vorstellen, daß gerade autoritäre Wohlfahrtsstaaten, die sich durch geplanten technischen Fortschritt und mit Hilfe des Akklamationsmechanismus einer entpolitisierten Öffentlichkeit erhalten, in Zukunft ein Zusammenspiel zwischen dem Funktionalismus des gesellschaftlichen Apparats und dem neuen Subjektivismus der Freizeitkulturen hervorbringen werden. Diese Fiktion rechnet freilich mit Menschen, die vom einen Handlungssystem auf das andere zwanglos umschalten können – die Vermutung liegt nahe, daß die zahlreichen Wochenendhippies im East Village von New York Persönlichkeitsstrukturen haben, die zu einer solchen Arbeitsteilung disponieren.

Die Herkunft des Potentials

Das sind spekulative Überlegungen. Wir könnten den Bereich denkbarer Prognosen stärker einschränken, wenn wir kausale Hypothesen über die Entstehung des Protestpotentials zuverlässig geprüft hätten. Sie fehlen. Wohl gibt es genügend Erklärungsversuche; aber Erklärungen, die auf einen weltweiten Zusammenhang des antikapitalistischen Protestes zielen, scheinen mir ebenso unzureichend zu sein wie die, die die Diffusion von ansteckenden Protestmodellen für die Sache selbst ausgeben. Beide Erklärungsversuche differenzieren nicht zwischen den heterogenen Motiven in den verschiedenen Gesellschaftssystemen. Das erklärungsbedürftige Phänomen ist allein der Studentenprotest in den fortgeschrittenen kapitalistischen Ländern. Es läßt sich um so leichter isolieren, je weniger das nationale System durch tiefgreifende Krisen belastet ist: also beispielsweise in skandinavischen Ländern eher als in den USA, wo der Rassenkonflikt auch unabhängig von der neuen Protestbewegung erhebliche Probleme stellt. Aber nur hier liegen empirische Untersuchungen vor, die kausale Hypothesen stützen. Für die Bundesrepublik gibt es Umfragen, die jedoch deskriptive Ziele verfolgen.

Das Protestpotential wird offensichtlich in bürgerlichen Elternhäusern erzeugt, auch wenn es in Bildungssystemen und später in Berufssituationen erst aktualisiert wird, die unabhängiges Konfliktpotential enthalten. Ich möchte, in gebotener Vereinfachung, zwei

Erklärungsversuche diskutieren. Der erste führt zu einer Interpretation, die den neuen Aktivismus als Ausdruck einer »befreiten Generation« (Richard W. Flacks) begreift; die andere Erklärung legt eine Interpretation nahe, die die jungen Aktivisten eher als Vertreter einer »vaterlosen Generation« (Alexander Mitscherlich) erscheinen läßt.[4]

Die These der »befreiten Generation«. Amerikanische Untersuchungen stimmen darin überein, daß die aktiven Studenten aus Elternhäusern stammen, die einen privilegierten Status haben. Die Familien- und Berufsorientierung der Kinder ist schwächer ausgeprägt. Ihre akademischen Leistungen liegen gemeinhin über dem Durchschnitt, die Dropout-Rate ist gering. Unter den Eltern befinden sich überproportional viele Angehörige der oberen Mittelschicht, insbesondere akademischer Berufsgruppen. Verglichen mit den Eltern konservativ eingestellter Aktivisten sind für sie höheres Einkommen, bessere formale Schulbildung, städtische Herkunft und ein geringeres Maß an Statusangst und -ehrgeiz charakteristisch. Außerdem besteht in diesen Familien eine akademische Tradition oft über mehrere Generationen. Auch die Mütter haben relativ häufig eine höhere Schule oder die Universität besucht und sind berufstätig.

Die Familienstruktur ist durch liberale und egalitäre Wertorientierungen der Eltern bestimmt. Der typische Mittelschichtenstil scheint in diesen Familien extrem ausgebildet zu sein. Zwischen den Eltern besteht ein balanciertes Verhältnis. Sie gehen auf die Intentionen des Kindes ein und prämieren dessen Selbständigkeit; sie verbalisieren und begründen ihre Erwartungen; sie strafen eher durch Liebesentzug als durch äußere Sanktionen. Der Protest der Jugendlichen, die aus solchen »progressiven« Elternhäusern stammen, entspringt nicht mehr dem seit Generationen eingeschliffenen Muster des bürgerlichen Autoritätskonfliktes mit einer starken Vaterfigur. Die Kinder identifizieren sich eher mit einer

4 Vgl. die Literatur bei: K. Keniston, The Sources of Student Dissent, in: Social Issues, Vol. 23, No. 3, S. 108ff., und W. A. Watts, D. Wittaker, Profile of a Non-Conformist Youth Culture, in: Sociology of Education, Vol. 41, No. 2, 1968, S. 178ff.

Mutter, die Rücksichtnahme auf andere vorlebt und den Sinn für die Unerträglichkeit von Repressionen schärft. Ein Ergebnis der individuierenden Erziehung ist jedenfalls Sensibilität für Verletzungen und expressive Qualitäten in zwischenmenschlichen Beziehungen.

Der Aufstand ist daher nicht eine Rebellion gegen die Eltern; es spricht vieles dafür, daß sich die aktiven Jugendlichen gerade für die Intentionen, die ihre Eltern freilich mehr verbal ausgedrückt als praktisch vertreten haben, mit Nachdruck engagieren (»living out expressed but unimplemented parental values«).

Die These der »vaterlosen Generation«. Das Bild der befreiten Generation ist auch dann, wenn wir uns der idealtypischen Vereinfachung bewußt sind, unbefriedigend. Offensichtlich deckt es nicht den Teil der Studenten (und vor allem die am Rande der Hochschulen angesiedelten Nicht- und Nichtmehr-Studenten), die von Anbeginn zur Protestbewegung gehört haben. Kenneth Keniston hat für diesen Teil den Ausdruck »kulturell Entfremdete« eingeführt. Dieser Typus scheint, je mehr sich die Protestbewegung radikalisiert hat, wachsenden Einfluß auf die Aktionen selber gewonnen zu haben. Gewisse Züge (wie informationsarme Situationsdeutungen und projektive Handlungsorientierungen, starke narzißtische Besetzungen und mangelnde Affektkontrolle), die inzwischen gerade das Verhalten der aktionistischen Gruppen bestimmen, sind kaum zu erklären, wenn man nicht den dargestellten Sozialisationstypus als Grenzfall einer Typologie von Erziehungsmustern relativiert.

Der Gegentypus bezieht sich auf Studenten vergleichbarer sozialer Herkunft, deren Resistenz gegen die Belastungen des Massenstudiums jedoch geringer ist, was in der Regel zu höheren Dropout-Raten und schwächeren Leistungen führt.

Die Wertorientierungen der Eltern sind ebenfalls liberaler als bei den Vergleichsgruppen, drücken aber Unentschiedenheit angesichts eines verselbständigten Pluralismus unvereinbarer Werte aus. In gleicher Richtung verschieben sich die Erziehungstechniken, die zwar permissiv sind, aber Momente der Vernachlässigung enthalten und die für ein Autonomietraining unerläßlichen Einstellungen nicht einschließen. Die Balance in der Elternbeziehung ist so weit gestört, daß bei Koalitionsbildungen zwischen Kindern und einem Elternteil die Mutter bevorzugt ist; sie kann eine betont fürsorgliche Kontrolle übernehmen. Das Identifikationsmodell des Vaters bleibt unscharf, die Internalisierung von Vorbildern und Normen ist eher schwach, und die Ausbildung von Über-Ich-Strukturen wird gehemmt. Trotz dem Schein von Liberalität fördert ein solches Erziehungsmuster nicht die Autonomie der Ich-Organisation. Anstelle der Neuen Sensibilität tritt vielmehr eine neue Insensibilität, die sich gerade in der Unfähigkeit ausdrückt, von den Intentionen des anderen her zu handeln. Ein gewisser Narzißmus geht Hand in Hand mit der unbekümmerten Instrumentalisierung der empfindlichsten Zonen zwischenmenschlichen Umgangs und einer Verletzung kulturell tiefsitzender Tabuierungen – wie etwa der der Integrität des menschlichen Leibes.

Die beiden umrissenen Sozialisationstypen sind Grenzfälle, die das Grundmuster der Familienstruktur und des Erziehungsstils bestimmter Mittelschichtgruppen nur variieren. Wahrscheinlich ergibt sich dieses Grundmuster aus jenem langfristigen Rationalisierungsprozeß, den Max Weber einst analysiert hat: das Protestpotential scheint sich am ehesten in den Subkulturen zu bilden, für die die privatisierten »Glaubensmächte« (und damit der in der bürgerlichen Gesellschaft herrschende Geltungsmodus von Überlieferung überhaupt) am nachhaltigsten erschüttert worden sind.[5] Wenn künftige Untersuchungen die angedeuteten sozialpsychologischen Konstruktionen bestätigen sollten, könnten jene beiden Typen der befreiten und der vaterlosen Generation helfen, das Janusgesicht des Jugendprotestes zu erklären. In der Protestbewegung haben sich von Anbeginn emanzipatorische Kräfte mit regressiven verbunden. Das hat auch die Diagnose für diejenigen erschwert, die in dem Protest die Aufnahme ihrer eigenen, inzwischen von Resignation bestimmten Kritik sehen mußten. Der Studentenprotest fand in der Bundesrepublik Unterstützung, mindestens Sympathien bei der Linken, wobei das Spektrum dieser Linken von den altsozialistischen Splittergruppen bis zu den eta-

5 Vgl. P. L. Berger, The Sacred Canopy, N. Y. 1967, und meine Abhandlung Technik und Wissenschaft als ›Ideologie‹, Frankfurt/M. 1968.

blierten Liberalen reicht. Die Technokraten des verselbständigten Protestes haben in dieser Linken einen Zersetzungsprozeß ausgelöst, der weniger auf konsequente Strategie als vielmehr auf die Ambivalenz des Protestpotentials selber zurückzuführen ist.

Reaktionen

Radikalität hält die wechselnden Inhalte des Protestes zusammen. Diejenige Taktik hat die bessere Chance, sich durchzusetzen, die kompromißlose Gesinnung in abstrakter Reinheit verkörpert – radikal ist, was nach dem Anspruch dieser Moral nicht überboten werden kann. Jugendbewegungen haben diesen Charakter stets. Darin liegt ein Grund für die Konflikte innerhalb der Linken. Der andere Grund ist darin zu sehen, daß die Aktionisten, je enger ihr Handlungsspielraum wird, um so eher auf Aktionsbereiche größter Toleranz und geringster Reaktionsbereitschaft angewiesen sind. Dort, wo relativ große Freiheitsgarantien bestehen, ist einerseits die Konkurrenz eines erfolgreichen Reformismus am gefährlichsten und umgekehrt die Basis für eine gefahrlose Anwendung von Techniken der Regelverletzung am breitesten. Zudem läßt sich in diesem weichen Gelände die Illusion eines Machtkampfes zwischen revolutionären Kräften und blinder Reaktion am leichtesten wahren: denn wie weit muß die »Faschisierung« fortgeschritten sein, wenn schon etablierte Linke, wie es scheint, dem politischen Gegner in die Arme getrieben werden. Darüber geht das Bewußtsein verloren, daß die Organe dieses Staates, und zwar in der Nachkriegsperiode deutlicher denn je in der deutschen Geschichte, auch freiheitssichernde Funktionen ausüben. Man kann nicht ernsthaft die autoritären Gefahren des bestehenden politischen Systems erkennen und bekämpfen, wenn das Klischee des faschistischen Staatsapparates nicht einmal mehr erlaubt, Unfreiheit von Freiheit zu unterscheiden und *die* Freiheiten zu erkennen, von denen der eigene Protest seit Jahren, und mit Aussicht auf Erfolge, lebt.

Die Konstellationen der Linken haben sich unter dem Druck des Aktionismus verändert. Die Traditionalisten, die eine kaum modifizierte Klassentheorie auch auf spätkapitalistische Gesellschaften anwenden, haben mit der Neugründung der Kommunistischen Partei ihre Zersplitterung überwunden und sogleich die alte Bündnispolitik wieder aufgenommen. Damit hat sich eine Gruppe formiert, die Parteien und Parlament als Rahmen für die politische Durchsetzung langfristig revolutionärer Ziele anerkennt. Der neue Impuls trägt freilich nicht weit; denn die DKP ist nicht unabhängig genug, um sich der Linie des italienischen Reformkommunismus anzuschließen: die Tschechoslowakei blieb tabu.

Anders hat sich die alte Garde der Neuen Linken verhalten; das sind diejenigen, die im SDS während der ersten Hälfte der 60er Jahre, als vorwiegend theoretisch gearbeitet wurde, aufgewachsen sind. Einige von ihnen, die als Assistenten an der Hochschule geblieben sind, haben für die Neueste Linke wichtige Funktionen übernommen. Zunächst haben sie die überraschende und unartikulierte Bewegung, die von aktivistischen Randgruppen des SDS ausging, kanalisiert. Alsbald sind jedoch die Interpreten selber ins Schlepptau genommen worden: sie mußten ad hoc für die Aktionen und Erfindungen der jungen Genossen Legitimationen finden. Die alte Neue Linke hat das Geschäft der nachträglichen Legitimationshilfe für Aktionen, auf deren Planung und Verlauf sie immer weniger Einfluß hatte, gelegentlich bis an die Grenze einer von Skrupeln nicht freien Preisgabe besserer Einsichten betrieben – und sich dabei verbraucht. Heute ist sie ohnehin überflüssig geworden für den verzweifelten Aktionismus derer, die sich auf Handstreiche spezialisieren und neuer Begründungen nicht mehr bedürfen.

Für die publizistische Verstärkerwirkung des Protestes und die Fortpflanzung kulturrevolutionärer Anstöße ist eine Gruppe von Journalisten, Künstlern, Literaten, Verlegern und Lektoren wichtig geworden. Hier haben virulente Einstellungen und Meinungen durch die Protestbewegung einen neuen Focus erhalten, hier hat die Ambivalenz des zugrunde liegenden Protestpotentials zu teilweise merkwürdigen Einschätzungen und Fehleinschätzungen geführt. Die relative Entfernung vom Ort des Geschehens, die primäre

Erfahrungen mit den Akteuren erspart, mag die meist abstrakte Bewunderung und eine zuweilen aufgeregte Solidarisierung erleichtert haben. Es hat neue Konvertiten und viele neue Begründungen für alte Konflikte gegeben. Aufgeklärte Geister waren unkontrolliert übereifrig, so wenn Karl Markus Michel Sätze von Ernst Jünger schreibt und Walter Boehlich mit revolutionärem Anspruch Vorgestriges verkündet. Und mancher linke Liberale hat aus freien Stücken die Rolle des nützlichen Idioten übernommen, die andere ihm zugedacht haben. Auf diese Sphäre mag noch am ehesten die ansonsten fragwürdige Diagnose zutreffen, daß der Protest die wissenschaftsferne, romantische Abwehrgebärde einer in ihren Funktionen sich bedroht fühlenden humanistischen Intelligenz sei.

Für die Protestbewegung in der Bundesrepublik ist schließlich auch die »Kritische Theorie« von Einfluß gewesen. Pauschale Zurechnungen halte ich freilich für naiv; die Vorstellung, daß eine Handvoll Autoren eine Welle des Jugendprotestes von San Francisco bis Tokio, von New York bis London, Rom und Paris hervorgebracht haben könnte, hätte Ähnlichkeit mit Omnipotenzphantasien. Ebenso unsinnig wäre es andererseits, einen Zusammenhang der Kritischen Theorie mit Auffassungen zumal der älteren und der durch ein Studium in Frankfurt oder Berlin geprägten Mitglieder des SDS in Abrede zu stellen. Aber ich möchte falschen Konstruktionen entgegentreten. Der einen Seite stellt es sich so dar, daß jene Theorie von den jungen Aktivisten nur beim Wort genommen und dadurch als haltloses intellektuelles Spiel entlarvt worden sei. Das ist die komplementäre Version zu dem Vorwurf der anderen Seite, die Lehrer zögerten, aus ihren Analysen die fälligen praktischen Konsequenzen zu ziehen. Eine Legende stützt so die andere.

An den Arbeiten des alten Instituts für Sozialforschung läßt sich ablesen, daß die kritische Anknüpfung an marxistische Ökonomie, die zur Zeit der Weltwirtschaftskrise und des heraufziehenden Faschismus wesentliche Konflikte noch zu erklären schien, in den Hintergrund getreten ist. Seit dem Ende der dreißiger Jahre sind es nicht die Antagonismen des Spätkapitalismus, sondern die Integrationsleistungen eines veränderten Systems, auf die sich in erster

Linie die analytische Kraft richtet. In dem 1944 fertiggestellten Buch *Dialektik der Aufklärung* haben Horkheimer und Adorno die für Marcuse bedeutsam gewordene These entfaltet, daß technische Rationalität heute mit der Rationalität der Herrschaft selber verschmilzt. Diese Kritik der instrumentellen Vernunft verbinden sie mit einer Untersuchung der Massenmedien, welche im Scheine subjektiver Freiheit autoritäres Potential binden und zugleich stabilisieren: »In der Tat ist es der Zirkel von Manipulation und rückwirkendem Bedürfnis, in dem die Einheit des Systems immer dichter zusammenschießt.« Der charakteristische Vorgriff auf die Totalität des Lebenszusammenhanges hat den Vorzug, die Mechanismen der zwanghaften Integration eines hochgradig interdependenten Gesellschaftssystems freizulegen. Die totalisierende Perspektive erlaubt andererseits nicht, partielle Vorgänge so weit zu isolieren, daß sie in die Reichweite eines verändernden Zugriffs rücken. Forschungsstrategisch hat sie deshalb einen unbeabsichtigten Entmutigungseffekt, der das ganze Unwahre gegen praktische Veränderungen unterhalb des Niveaus der Veränderung des Ganzen immunisiert. Insofern war die Kritische Theorie, wenn man auf die indirekten Folgen achtet, eher von einem gewissen Attentismus begleitet; in dieser Weise ist sie auch in Deutschland nach dem Kriege rezipiert worden. Sie hat, wenn diese autobiographische Nebenbemerkung gestattet ist, unter uns Jüngeren eine politische Resignation bekräftigt, die sich mit der durch die Bundestagswahlen von 1953 besiegelten Niederlage der Opposition ausgebreitet hatte.

Die Mitglieder des alten Frankfurter Instituts haben auf den neuen Protest verschieden reagiert. Für Marcuse hat die Jugendrevolte von Anbeginn einen anderen Stellenwert gehabt als für Adorno. In den USA hatte diese sich im Kontext der Bürgerrechtsbewegung entwickelt. Sie hatte an Konflikte angeknüpft, die das politische System der Vereinigten Staaten herausfordern. Das mag dazu beigetragen haben, daß gerade der Theoretiker, der die Gewalt der zwanghaften Integration jedes irgend abweichenden Motivs ohne Einschränkung betont und mit tiefem Pessimismus untersucht hat, nun plötzlich revolutionäre Hoffnungen auf die nichtintegrierten Randgruppen, vor allem auf die revoltierende Jugend, setzte.

Marcuse muß freilich auf anthropologische Kategorien zurückgreifen und eine »biologische Grundlage für den Sozialismus« suchen, um solche Hoffnungen zu stützen.
Adorno hingegen hat seine Theorie streng gegen jeden Versuch abgeriegelt, der in seinen Augen Praktizismus darstellt. Die Tendenz, der sein beharrliches Denken stets gefolgt ist, hat sich nur versteift: er spürt den Repressionen des gesellschaftlichen Zwangszusammenhangs entlang den Entstellungen des objektiven Geistes gleichsam inwendig nach. Die Bezwingung des Labyrinths ist eher das Ziel dieser hermetischen Anstrengung als ein handfestes Praktischwerden der Philosophie. Dabei leitet den Hoffnungslosen das fast idealistische Vertrauen in die analytische, ja sprengende Kraft der enträtselnden Erkenntnis. Adornos Stellung zur Protestbewegung deckt sich mit der, die Horkheimer jüngst im Vorwort zur Neupublikation seiner Arbeiten aus den dreißiger Jahren formuliert hat: »Der Unterschied betrifft das Verhältnis zur Gewalt, die in ihrer Ohnmacht den Gegnern gelegen kommt. Offen zu sagen, die fragwürdige Demokratie sei bei allen Mängeln immer noch besser als die Diktatur, die ein Umsturz heute bewirken müßte, scheint mir um der Wahrheit willen notwendig zu sein.« Wenn Horkheimer und Adorno ein Versäumnis vorzuhalten wäre, dann allein die Ungewißheit, in der sie andere darüber gelassen haben, ob sie jene defensive Pragmatik genauso triftig aus theoretischen Einsichten wie aus nur zu gut fundierten lebensgeschichtlichen Erfahrungen gewonnen haben.[6]

6 Zwei Thesen, die ich von Anbeginn vertreten habe, zeigen, daß mein offen ausgetragener Konflikt mit einem frühzeitig erkannten Aktionismus in meinen Untersuchungen selber begründet ist. Wer nicht vorsätzlichem Analphabetismus anhängt, kann leicht feststellen, daß nicht eine Zeile und nicht ein Satz die diffamierende Konstruktion stützen, ich hätte die Scheinrevolution erst nahegelegt und dann »verraten«. – In soziologischen Untersuchungen und sozialphilosophischen Studien habe ich die Verfassung sozialstaatlicher Massendemokratien im Zusammenhang mit der Geschichte der bürgerlichen Gesellschaft analysiert. Daraus habe ich eine politische Folgerung ausdrücklich gezogen: die Tendenzen zur Aushöhlung der formal rechtsstaatlichen Demokratie, die dem autoritären Wohlfahrtsstaat innewohnen, sind nur aufzufangen, wenn die geschichtliche Transformation des liberalen Rechtsstaates in eine sozialstaatliche Demokratie auf der Grund-

lage und unter Ausschöpfung geltender Verfassungsnormen mit Willen und Bewußtsein fortgesetzt wird. Diesem Ziel dienen Anstrengungen, die einer strukturell gestützten Entpolitisierung der Öffentlichkeit entgegenwirken. Vor allem kann eine Verselbständigung zentraler Verwaltungsapparate nur dann vermieden werden, wenn sich eine demokratisierte Willensbildung auf die für die Gewichtung des wissenschaftlich-technischen Fortschritts maßgebenden Investitionsentscheidungen erstreckt. Ich war der konventionellen Auffassung, daß dieser Prozeß in den verbands- und parteiinternen Öffentlichkeiten einsetzen müsse. Die Protestbewegung hat zunächst andere, realistische Ausgangspunkte gefunden. Haltlos aber ist das revolutionäre Bewußtsein, mit dem die aktionistischen Gruppen ein Institutionensystem glauben überspringen zu sollen und zu können, das sie nicht mehr aus dem historischen Zusammenhang mit vergangenen Emanzipationsprozessen aufzufassen und zu differenzieren imstande sind. – In Untersuchungen zur Methodologie und Erkenntnistheorie habe ich andererseits versucht, den Status der von Marx einst intendierten und in verschiedenen Ansätzen fortgeführten Gesellschaftstheorie zu klären. Die für heutige Verhältnisse nötige Revision der Klassentheorie hat auch zur Folge, daß die etablierten Geistes- und Sozialwissenschaften nicht mehr schlicht als ›bürgerliche Ideologie‹ abgetan werden können. Die Kehrseite der Positivismuskritik ist nämlich die Einsicht, daß sich eine jede Theorie der Gesellschaft am Forschungsstand der empirischen Wissenschaften und vor dem Forum der zeitgenössischen Wissenschaftstheorie rechtfertigen muß. Kritik kann nicht den Anspruch auf Überschwenglichkeit stellen; sie muß sich dem Zwang zu immanent kritischer Anknüpfung gerade dort unterwerfen, wo sie strikte Erfahrungswissenschaft transzendiert. Das paßt denen nicht, die Wissenschaftskritik nur noch mit den Händen betreiben und mit Sprengkapseln an den Wissenschaftsprozeß von außen herantreten, als sei er ein Gebäude aus Stein. – Wichtig für die Umsetzung theoretischer Einsichten in Praxis ist darüber hinaus eine erkenntnistheoretische Folgerung, die ich seit den Anfängen meiner Beschäftigung mit Marx explizit gezogen habe. Eine Geschichtsphilosophie in praktischer Absicht muß dem ontologischen Gewißheitsanspruch entsagen. Sie folgt nämlich einer Logik von Versuch und Irrtum, die ich zuletzt im Zusammenhang mit Freuds Kulturtheorie so bezeichnet habe: »Die Ideen der Aufklärung stammen aus dem Fundus der geschichtlich überlieferten Illusionen. Die Aktionen der Aufklärung müssen wir deshalb als den Versuch begreifen, die Grenze der Realisierbarkeit des utopischen Gehalts der kulturellen Überlieferung unter gegebenen Umständen zu testen. Freilich verlangt die Logik von Versuch und Irrtum auf der Ebene praktischer Vernunft Einschränkungen, denen die Logik der erfahrungswissenschaftlichen Kontrolle entraten kann: bei einem Test, der die Bedingung einer möglichen ›Einschränkung des Leidens‹ erproben soll, darf das Risiko erhöhten Leidens nicht zum Bestandteil der Versuchsanordnung selber gemacht werden. Aus dieser Überlegung resultierte Freuds vorsichtig angedeuteter Vorbehalt gegenüber dem ›großen Kulturexperiment, das gegenwärtig in dem weiten Land zwischen Europa und Asien angestellt wird‹. Der Erkenntnisfortschritt in der Dimension der Wissenschaften wie der Kritik begründet die Hoffnung, ›daß es wissenschaftlicher Arbeit möglich ist, etwas über die Realität der Welt zu erfahren,

Was tun?

Die Frage: was tun? kann heute nicht eindeutig beantwortet werden. Es bedarf gewaltsamer Interpretationen, um die Lage so eindeutig zu machen, daß sich eine affirmative Antwort umstandslos ergibt. Diesen zweifelhaften Vorzug bietet der Aktionismus: er erzeugt den Schein einer definierten Situation, in der nur noch taktische Fragen zur Diskussion stehen. Aber der Triumph, daß die verschüttete Ebene der »Organisationsfrage« wieder freigelegt ist, ist Bluff. Denn die vorgängigen theoretischen Fragen sind nicht nur nicht geklärt, sie sind nicht einmal analytisch klar gestellt.

Die Protestbewegung geht von den Hochschulen aus; die Reform der Hochschulen sollte ihr nächstes und realistisches Ziel sein. Die Dysfunktionalisierung des Lehrbetriebs ist keine irgend politisch vertretbare Taktik. Der SDS-Bundesvorstand hat nach dem mehr oder weniger metaphorisch gemeinten Vorbild der Partisanenstrategie aufgefordert, die Hochschule für den politischen Kampf

wodurch wir unsere Macht steigern und wonach wir unser Leben einrichten können‹. Diese rationale Hoffnung ist es, welche die Intention der Aufkärung grundsätzlich von dogmatischen Überlieferungen scheidet, freilich auch nicht mehr: ›Meine Illusionen sind nicht unkorrigierbar wie die religiösen, haben nicht den wahnhaften Charakter. Wenn die Erfahrung zeigen sollte, daß wir uns geirrt haben, so werden wir auf unsere Erwartungen verzichten. Nehmen Sie doch meinen Versuch für das, was er ist ...‹ – eben als einen, der praktisch widerlegt werden kann. Diese Vorsicht hemmt nicht die kritisch-revolutionäre Tätigkeit, wohl aber die totalitäre Gewißheit, daß die Idee, von der sie sich mit guten Gründen leiten läßt, unter allen Umständen realisierbar ist. Freud setzt Herrschaft und Ideologie zu tief an, als daß er anstelle einer Logik der begründeten Hoffnung und des kontrollierten Versuches Zuversicht hätte verheißen können.« – Nicht minder gefährlich als das objektivistische Mißverständnis einer hypothetischen Geschichtsinterpretation ist andererseits ein Subjektivismus, dem es auf geschichtliche Zusammenhänge überhaupt nicht mehr ankommt und der auf der Ebene von Interaktionen ungeachtet der unkontrollierten Folgen und Nebenfolgen experimentiert, als wäre zwischen Menschen und Ratten nicht mehr zu unterscheiden. Ich fürchte, daß die Taktik der Regelverletzung bei ihren Urhebern einem dieser beiden komplementären Irrtümer entspringt: dem Utopismus entweder des letzten oder des ersten Menschen.

umzufunktionieren.[7] Aber die Hochschule darf nicht für scheinrevolutionäre Abenteuer, selbst wenn sie weniger abenteuerlich wären, instrumentalisiert werden. Statt dessen sollte für die Hochschule ein institutioneller Rahmen geschaffen werden, der die Verfilzung von Lehre und Forschung mit Positionsinteressen innerhalb und partikularen Interessen außerhalb der Hochschule aufzulösen erlaubt. Dem dient eine Demokratisierung der Hochschule, wenn darunter verstanden wird: a) daß die Entscheidungsgremien für die am Lehr- und Forschungsprozeß beteiligten Gruppen auf allen Ebenen geöffnet werden; b) daß die Entscheidung aller praktisch folgenreichen Fragen an öffentliche Diskussion und zwanglose Willensbildung in diesen Gremien gebunden wird. Damit würden auch Studenten und wissenschaftliche Mitarbeiter die Chance erhalten, eine begründete materiale Wissenschaftskritik zu üben. Diese Wissenschaftskritik hat die Aufgabe, Lehre und Forschung unter dem Gesichtspunkt didaktischer bzw. methodologischer Voraussetzung zu reflektieren und sie im Hinblick auf die sozialen Verwendungszusammenhänge von wissenschaftlichen

7 »Die sozialistische Politik an der Hochschule kann [...] nicht von der Notwendigkeit der Reform des bürgerlichen Studiums ausgehen, sondern trägt die Bedürfnisse der Revolte nach grundsätzlicher Veränderung der Gesellschaft, die ihr eigentliches Feld nach wie vor außerhalb der Universität hat, in die Universität hinein.

Sie benutzt die Universität, genauer, sie gebraucht die Wissenschaft, um ihren Kampf zu stabilisieren und zu organisieren. Diese Politik an der Hochschule ist gekennzeichnet durch:

– das systematische Stören des Lehrbetriebs als beständiges Problematisieren der Verwertungszusammenhänge von Wissenschaft;

– den Kampf um den Abbau der irrationalen Herrschaftsansprüche der Ordinarien und die Aufhebung der autoritären Arbeitsweise in den Seminaren und bei Forschungsprojekten;

– die Initiierung von Satzungsdiskussionen mit dem Ziel, effektive Mitbestimmungsformen der Studenten (mindestens Halbparität) zu erkämpfen und gleichzeitig ›befreite Gebiete‹ in den Universitäten zu schaffen, in denen eigene Lehr- und Forschungsvorhaben durchgeführt werden können, die sowohl den Kampf außerhalb der Universität intensivieren, als auch innerhalb der Universität die Revolte stabilisieren;

– die Organisation von aktiven Streiks und die Aussperrung sich der Reform entziehender Professoren als Kampfmaßnahmen zur Durchsetzung der studentischen Forderungen.« Neue Kritik, Heft 51/52, Februar 1969.

Qualifikationen und Informationen einem Rechtfertigungszwang auszusetzen.

Aus einer solchen Reorganisation der Hochschule könnten sich praktische Folgen für Lehre (1) und Forschung (2) sowie für die Stellung des Bildungssystems in der Gesellschaft (3) ergeben.

1. Zunächst müßte sich die Vorbereitung auf akademische Berufe von traditionellen Mustern lösen und der Einübung in eine kritische Berufspraxis weichen. Kritisch heißt hier die Verbindung von Kompetenz und Lernfähigkeit, die beides gestattet: den skrupulösen Umgang mit einem tentativen Fachwissen einerseits, und eine kontextempfindliche, gut informierte Bereitschaft zum politischen Widerstand gegen fragwürdige Funktionszusammenhänge des praktizierten Wissens andererseits. Die Perspektive erweitert sich, wenn man nicht nur an künftige Absolventen, sondern an das Echo denkt, das der Protest heute bereits in einzelnen akademischen Berufsgruppen ausgelöst hat. In diesen professionellen Erfahrungsbereichen sind am ehesten die Probleme greifbar, auf die die Vermeidungsstrategien und Entschädigungen des autoritären Wohlfahrtsstaates nicht reagieren. Hier müssen Organisationsformen für die Durchsetzung der praktischen Bedürfnisse gefunden werden, die bis jetzt durch die Maschen der organisierten Gruppeninteressen hindurchgefallen sind.

2. Eine Hochschule, die ihr unpolitisches Selbstverständnis abstreift, könnte ferner darauf Einfluß nehmen: a) daß eine graue Abwanderung der zukunftsrelevanten Forschung in außeruniversitäre Bereiche verhindert wird; b) daß die außerhalb der Hochschulen bereits etablierte und sehr schnell wachsende Großforschung in eine politische Gesamtwillensbildung einbezogen wird. Eine wissenschaftspolitisch aufgeklärte und handlungsfähige Hochschule könnte sich zum Anwalt dafür machen, daß zwischen alternativen Gewichtungen des wissenschaftlich-technischen Fortschritts nicht naturwüchsig unter industriell-militärischen Gesichtspunkten, sondern, in Abwägung der praktischen Folgen, politisch entschieden wird.

3. Von einer ihrer politischen Verantwortung bewußten Wissenschaft könnten schließlich Impulse auf die Bildungspolitik ausgehen. Die zunächst von Bedürfnissen der Produktion getragene

Erweiterung des Bildungssystems stößt heute an Grenzen. Hier steht ein Interesse auf dem Spiel, das von keiner der vorhandenen organisierten Großgruppen mit Nachdruck vertreten werden kann. Die jüngsten Stellungnahmen von Wissenschafts- und Bildungsrat zeigen vielmehr, daß die Expansion des Bildungssystems nach Maßgabe des »Bedarfs« aufgefangen und kanalisiert werden soll. Zur Diskussion steht aber, ob nicht der materialistische Zwang, der an dieser Stelle auch für die Masse der Bevölkerung transparent gemacht werden kann, gebrochen werden soll. Das Bildungssystem müßte sich auch über die mit den Bedürfnissen des Systems gesellschaftlicher Arbeit gesetzte Schranke hinaus ausdehnen können, wenn nicht der »Gebrauchswert Bildung« Gesetzen der Produktion von Tauschwerten unterworfen bleiben soll. Freilich würde sich dann die enge Relation zwischen dem Grad formaler Schulbildung und gesellschaftlichem Status lockern; die Leistungsideologie, die heute noch Grundlage für die Legitimation der Statuszuweisung ist, würde ausgehöhlt. Deshalb müßte aller Voraussicht nach eine konsequent betriebene Bildungspolitik zu systemgefährdenden Konflikten führen.

Es ist schwierig, die Größenordnung des Protestes richtig einzuschätzen. Mir will einerseits die Selbsteinschätzung der Protagonisten bodenlos erscheinen: die Studenten sind keine Klasse, sie sind in unseren Breiten auch nicht die Avantgarde einer Klasse, und erst recht führen sie keinen revolutionären Kampf. In Ansehung der Folgen des Aktionismus halte ich die in großem Stil betriebene Selbsttäuschung für verderblich. Andererseits würde ich eine historisch ausgreifende Perspektive nicht scheuen. Einige Anzeichen sprechen dafür, daß sich die Basis, auf der die Neue Sensibilität und der Eifer praktischer Vernunft (samt ihren erschreckenden Deformationen) erzeugt werden, verbreitert und daß das Potential der Jugendbewegung wächst. Wenn dieses Potential sich nicht selbstzerstörerisch im Wege steht und wir Älteren nicht vollends ohne Verstand reagieren, kann es vielleicht zur Antriebskraft eines langfristigen Transformationsprozesses werden, der international die vorhersehbaren Katastrophen noch verhindert und im Inneren einen Schritt Emanzipation ermöglicht. Das kann niemand wissen, aber wir können es mit Vorsicht wollen.

Wir Älteren: damit meine ich genaugenommen die, die sich ohne Verdienst, allein ihres Jahrgangs wegen, während der Naziperiode nicht durch Teilnahme oder Stillhalten diskreditieren konnten und doch durch die deutliche Erinnerung an den Faschismus, der Folgen hatte für die Biographie jedes einzelnen, geprägt sind. Wir sollten weder kopfüber unsere Identität preisgeben – sei es durch den Loyalitätszwang des alten Parteigängers genötigt, sei es durch das Autodafé des späten Überläufers verführt. Noch sollten wir zwanghaft an den Formeln haften, die wir einer lehrreichen »reeducation« verdanken – das heißt Regeln fetischisieren, von denen wir doch prinzipiell nicht lassen dürfen.

Das Kategorienpaar »Revolution« und »Reform« war unter anderen historischen Bedingungen trennscharf; in industriell fortgeschrittenen Gesellschaften diskriminiert es nicht mehr zwischen möglichen alternativen Strategien der Veränderung. Der einzige Weg zur bewußten strukturellen Veränderung eines autoritär wohlfahrtsstaatlich organisierten Gesellschaftssystems, den ich sehe, ist radikaler Reformismus. Das, was Marx kritisch-revolutionäre Tätigkeit nannte, muß heute diesen Weg gehen. Das heißt: wir müssen Reformen um klarer und öffentlich diskutierter Ziele willen betreiben, auch und erst recht, wenn deren Nebenfolgen mit der Produktionsweise des bestehenden Systems unvereinbar sind. Die Überlegenheit einer Produktionsweise über die andere kann unter den gegebenen militärtechnischen und strategischen Rahmenbedingungen so lange nicht sichtbar werden, als ökonomisches Wachstum, Güterversorgung und Reduktion der durchschnittlichen Arbeitszeit, also technischer Fortschritt und privater Wohlstand, die einzigen Kriterien des Vergleichs zwischen konkurrierenden Gesellschaftssystemen sind. Wenn wir aber Ziele, Formen und Inhalte des humanen Zusammenlebens nicht für nichts erachten, dann kann sich in den industriell fortgeschrittenen Gesellschaften die Überlegenheit einer Produktionsweise nur an dem Spielraum bemessen, den sie für eine Demokratisierung der Entscheidungsprozesse in allen gesellschaftlichen Bereichen eröffnet.

Bloßer Reformismus ist sich seiner als Selbstzweck gewiß und gibt heute schon das Versprechen für die Erhaltung des Status quo von morgen – ohne ihn zu kennen. Die vorweggenommene Affirmation schlägt auf das Beginnen zurück und verdirbt die notwendige Radikalität des unbeirrten Untersuchens wie des vernünftigen Wollens. Der traditionsreiche Vorwurf des »Sozialdemokratismus« trifft daran das Moment vorwärtsgewandter Rückversicherung zu Recht. Gegen diesen Opportunismus behalten die wichtigeren Argumente der Rosa Luxemburg nach wie vor ihr Recht, nicht aber tragen sie das alerte Schaugeschäft der Revolutionsdarsteller. Noch deren Pose erhält freilich einen Sinn, wenn wir sie als Geste ernst nehmen. Politische Veränderungen ändern nämlich nichts, wenn nicht mit den Kategorien des greifbaren Unheils, dem sie wehren sollen, auch die subtileren Befreiungen, Beglückungen, Befriedungen auf dem Spiel stehen. Dieses Wissen nicht preiszugeben und dennoch politisch zu handeln versuchen – das mag uns Älteren in der Defensive vorgeschwebt haben. Wäre es dieses paradoxe Bewußtsein, das die Protestbewegung nun ins Offensive wendet, so bliebe die an ihr geübte Kritik nicht vergebens.

17. Ein wahrhaftiger Sozialist
(1980)

Der Tod Rudi Dutschkes Weihnachten 1979 hatte auch eine symbolische Bedeutung; er brachte deutlicher zu Bewußtsein, daß die Themen der Zeit inzwischen nicht mehr durch den Protest der neuen Jugendbewegung, auch nicht durch die Reaktionen auf sie, bestimmt werden.

Zuerst hörte man, daß Rudi Dutschke am Heiligen Abend in Dänemark ums Leben gekommen sei; dann Andeutungen über rätselhafte Umstände des Todes in der Wohnung eines Freundes; schließlich Polizeimeldungen, die den Hergang vordergründig aufklären. Noch der Tod hinter jener Tür mit dem Namensschild Gretchen Klotz, seiner amerikanischen Frau, und einem Zettel, auf dem handschriftlich »Dutschke« hinzugefügt ist, scheint die Züge eines Lebens festzuhalten, das an vergangene Biographien, an die von Berufsrevolutionären, von deutschen Emigranten des 19. Jahrhunderts erinnert.
Der aktive Protestant verweigert den Wehrdienst, kann in der DDR nicht studieren und geht nach Westberlin; im SDS (dem Sozialistischen Deutschen Studentenbund) setzt er sich mit einer antiautoritären Politik durch, avanciert zum einflußreichsten Wortführer der Protestbewegung in der Bundesrepublik, wird im verhetzten Berliner Klima Opfer eines Attentats; der Schwerverletzte erholt sich in England, wird dann aber aus dem klassischen Land der politischen Emigration wegen subversiver Tätigkeit ausgewiesen; er lehrt seitdem als Gastdozent in Aarhus, pendelt zwischen Dänemark und der Bundesrepublik – stets auch auf der Hut vor einer nächsten Aggression.

Eine moralische Instanz

Die Nachricht vom Tod Rudi Dutschkes trifft uns in besonderer Weise; die Betroffenheit hat eine doppelte Wurzel. Da ist nicht nur einer, dessen Leben mit 39 Jahren eines blinden Zufalls wegen abbricht; da fragt man sich auch, ob es nicht einer von jenen blinden Zufällen ist, die in ein Muster passen. Hat die Kugel des Attentäters ihn doch noch erreicht? Damals, 1969, war Dutschke aus einem Leben der Kreativität, aus der Mitte des Enthusiasmus herausgerissen worden. »Weitermachen«, hatte Marcuse ihm am Krankenbett zugerufen, und weitergemacht hatte er dann, mit großer Energie die Sprache, Wort für Wort, wiedererlernt – seine Vitalität wiedergewonnen. Und nun dies.

Beim letzten Zusammensein, nach Marcuses Tod in Starnberg, erzählte Dutschke noch in ungebrochenem Optimismus von seinen Wahlkampfeinsätzen für die »Grünen« in Tübingen, in Bremen. Wie immer die Zukunft dieser Bewegung aussehen mag, Dutschkes Name gehört nun allein jener Phase an, der er, wie kaum ein anderer, ein Gesicht, sein Gesicht gegeben hat – einer jener Phasen des Aufbruchs, die in wenigen Augenblicken, noch bevor sie Gestalt annehmen, zerfallen, um auf Jahre hinaus die Phantasie zu beschäftigen.

Mit Recht holen die sozialistischen Freunde Dutschke an den Ort zurück, mit dem ihn sein politischer Kampf verbindet: er wird auf dem St.-Annen-Friedhof in Berlin-Dahlem beerdigt. Hier war Dutschke der Charismatiker einer Intellektuellenbewegung, der unermüdliche Inspirator, ein hinreißender Rhetor, der mit der Kraft zum Visionären durchaus den Sinn fürs Konkrete, für das, was eine Situation hergab, verbunden hat. Aber das politisch-taktische Gespür hat ihn niemals dazu verführt, sich, sei es auch in der härtesten politischen Auseinandersetzung, bloß instrumentell zu verhalten. Gerade dann konnte Dutschke auf eine bewundernswürdige Weise zuhören. Daß damals eine solche politische Rolle Dutschke zufiel, erklärt sich aus der moralischen Substanz seiner Person.

Nach dem Begräbnis von Benno Ohnesorg in Hannover habe ich die heisere, suggestiv-surrende Stimme zum erstenmal gehört. Trotz der förmlichen Anrede – wie wir alle sagte er »meine Damen und Herren« – war Dutschke in seinem Element. Er hatte nur ein Ziel: das, was man damals die Zustände an der Freien Universität nannte, den Studenten aus Westdeutschland als Modell, als ihre eigene unmittelbare Zukunft vor Augen zu führen. Der Text der

Rede war durchaus nicht leichtflüssig, war theoretisch ausholend, terminologisch durchsetzt, steinig, manchmal in die Breite fließend. Es waren eher die expressiven Gesten des Redners, der rhythmisch-skandierende Tonfall, die den Gedanken beschleunigten, im Grunde einen einzigen Gedanken: Spontan sollten sich an allen Universitätsorten »Aktionszentren« bilden, »die Bewegung« sollte die festen Organisationen der Studentenschaft unterlaufen. Die Formeln, die Funken schlugen, waren alle schon da: Politisierung und Bewußtseinsschärfung, die Durchbrechung etablierter Spielregeln, Opposition gegen die Entdemokratisierung der Gesellschaft, die kritisch-praktische Entfaltung der bewußtesten Teile der Studentenschaft, die Aktionseinheit des antiautoritären Lagers, und so weiter. Eine Vokabel kehrte immer wieder: aktiv, aktivistisch, Aktion. Und eine Parole ließ mir, inmitten dieser ersten überregionalen *Massen*versammlung der universitären Linken, den Atem stocken: Keine Aufklärung ohne Aktion! Dutschke nannte gar »Aufklärung und *direkte* Aktion« in einem Atemzug. Aber Dutschke selbst hat die Gefahr eines Abgleitens in puren Aktionismus gesehen und später immer wieder davor gewarnt.

Für eine andere Politik

Hannah Arendt hat einmal bewundernd von den rebellierenden Studenten gesagt, die seien entzündet von einer Leidenschaft für Praxis – für ein Handeln, das einem kommunikativ gebildeten, gemeinsamen Willen entspringt. Tatsächlich hat diese Idee die leidenschaftliche Existenz des wahren, des wahrhaftigen Sozialisten Rudi Dutschke inspiriert seit jenen Tagen, da er mit Mitgliedern der »Subversiven Aktion« – einem sehr späten Ausläufer der Dadaisten – in Berührung kam, bis zuletzt, als er sich den grünen Basisdemokraten zugesellte. Inspiriert hat ihn der Gedanke einer radikaldemokratischen, nicht-instrumentellen, einer auf kommunikativ verflüssigte Formen der Organisation angewiesenen Politik. Diese Idee ist einerseits zu einfach, um einer weitläufigen Theorie zu bedürfen, und doch angesichts einer undurchsichtigen Komplexität zu überschwenglich fast, um noch Überzeugungskraft zu gewinnen

– es sei denn durch die Verkörperung in einer integren, ausstrahlungskräftigen Person: »Die Parteien lassen sich nur noch als Instrumente der Exekutive benutzen. Wie steht es um die innerparteiliche Demokratie bei CDU und SPD? Wo ist da noch Selbständigkeit der Parteimitglieder? Worin drückt sich die aus? Was geschieht auf den Parteitagen? Die Parteitage...: keine Selbständigkeit von unten, nur noch Manipulation von oben; Führer, die keinen Dialog mit der Basis führen; verselbständigte Führungselite, die es gar nicht mehr will, daß eine Diskussion stattfindet – da nämlich die praktisch-kritische Fragestellung das Ende der bürokratischen Institutionen wäre. Und das will man nicht.« Dieser Satz von Rudi Dutschke ist ein gutes Dutzend Jahre älter als der Berliner Parteitag der SPD. Was Dutschke meint, ist trivial und überschwenglich zugleich: eine Politik, die bedeutet, daß sich eine Lebensform ändert.

Wer Dutschke je in Diskussionen mit Bloch oder Marcuse erlebt hat, konnte sehen, wie eng sich die Intuitionen der alten und der neuen Jugendbewegung berührten – eine Kontinuität über ein halbes Jahrhundert hinweg. Sollte der Dutschke der späten siebziger Jahre der geblieben sein, der er in den späten sechziger Jahren gewesen ist, würde noch eine Kontinuität sichtbar – über zehn Jahre hinweg. Vielleicht hat sich dieses letzte, dumpfe Jahrzehnt von den Antrieben der Protestgeneration nur scheinbar entfernt; vielleicht ist es dasselbe Unbehagen, das sich inzwischen nur unter anderen und keineswegs erhellenderen Definitionen ausgebreitet hat.

III. Tendenzwende

»Die Strafe für die 27 Jahre alte Terroristin Angelika Speitel – zweimal lebenslange Haft – ist hart, aber keineswegs unverhältnismäßig, wenn man sich die Verbrechen vergegenwärtigt, deren die Richter sie für schuldig befunden haben: Mord an einem Polizeibeamten, 25 Jahre alt, Mordversuch an einem nicht älteren anderen Polizisten, der schwer verletzt wurde... Wenn das Urteil dennoch ein ungutes Gefühl zurückläßt, so deshalb, weil der Vorgang nach der Regel abzulaufen scheint: den letzten beißen die Hunde. Die Schuldigen an dem revolutionären Fanatismus, der Angelika Speitel zum Terrorismus brachte, die klugen Theoretiker, die ein Bild dieser Gesellschaft zeichneten, das anderen eine Rechtfertigung des Widerstands, auch des gewaltsamen, bedeuten konnte, die geistigen Urheber des Terrorismus kommen davon. Sie werden uns das in Büchern erklären.«
(Ein Kommentar von Jürgen Busche unter dem Titel »Wir werden es lesen«, FAZ 30. Nov. 1979.)

18. Machtkampf und Humanität
(1970)

Der folgende Brief ist die Antwort auf einen Beitrag von Ernst Topitsch in der FAZ vom 18. Nov. 1970. Darin hatte dieser, gestützt auf seine Heidelberger Erfahrungen, eine Kritik geübt, die alsbald zum rhetorischen Repertoire des »Bundes Freiheit der Wissenschaft« gehören sollte.

Lieber Herr Topitsch,
... Sie behaupten, daß das Verhältnis der auf die bürgerliche Aufklärungsphilosophie zurückgehenden »Humanitätsideologien« zur Machtpolitik seit 1945 bei uns nicht mehr diskutiert worden sei. Ihnen wird nicht entgangen sein, daß es sich dabei um das zentrale Thema der Lebensarbeit von Carl Schmitt handelt. Wie sollte dieses Thema in unserem Lande vernachlässigt worden sein? Ich denke nicht nur an publizistisch einflußreiche Geister wie Armin Mohler oder Rüdiger Altmann, sondern auch an intelligente und vorzügliche Arbeiten von Sozialwissenschaftlern und Philosophen wie Kesting, Koselleck, Lübbe, Schnur und anderen. Ich kann mir kaum vorstellen, daß man nicht jedes Ihrer Argumente, gewiß in anderen Kontexten, sei es bei Autoren dieser Herkunft oder eben bei Carl Schmitt selber oder bei dem ganz zu Recht zitierten Arnold Gehlen wiederfindet. Mich beschäftigt eher die Frage, was Sie, verehrter Herr Topitsch, einen unerschrockenen liberalen Denker, bewegt haben kann, in einen Argumentationszusammenhang einzutreten, der in unseren gegenaufklärerischen Traditionen stattlich ausgebildet ist.

Mich hat das denunziatorische Wort »Scheißliberaler« stets, auch bevor es auf mich selber angewandt wurde, irritiert. Es war verräterisch für diejenigen, die es im Munde geführt haben. Denn damit wurde das historische Erbe bürgerlicher Emanzipationsbewegungen verleugnet, ohne welches auch ein Sozialismus in entwickelten Gesellschaften von Anbeginn verstümmelt wäre. Andererseits muß ich gestehen, daß mir der Terminus wieder in den Sinn kommt, wenn ich in unserer akademischen Umgebung die traurige

Dekomposition des liberalen Geistes beobachte: auf der einen Seite die Neigung zu einem moralisierenden »Linksradikalismus«, der sich gerade unter politisch ahnungslosen und anpassungsbereiten Liberalen findet; auf der anderen Seite das Ressentiment der umgefallenen, in Militanz und Verschwörungstheorien flüchtenden Liberalen, für die überraschenderweise auch Sie ein Beispiel zu geben sich anschicken. Es entsteht jetzt ein eigentümlicher Typus auf deutschen Hochschulen: der Renegat der Mitte.
Sie befürchten »die Zerstörung von Freiheit und Demokratie im Namen von Freiheit und Demokratie«; Sie beschwören einen Zerstörungsprozeß, der zunächst an den Hochschulen eingesetzt habe und nun zu einer »Staatskrise« sich ausweiten soll. Sie beanspruchen für sich (und bestreiten unter anderem mir) den existenziell getönten Mut, »in die dunklen Fluten des Acheron zu blicken«. Im Ernst, Herr Topitsch, was sollen die acherontischen Tiefen? Ich bin kein mutiger Mann, aber es bedurfte auch keiner heroischen Tugenden, um, wenn es sein mußte (davon können Sie sich in »Protestbewegung und Hochschulreform« überzeugen), studentischen Pressionen entgegenzutreten. Wie die Untersuchungen von Joachim Hirsch über *Wissenschaftlich-technischen Fortschritt und politisches System* (Suhrkamp 1970) in Erinnerung bringen, entstehen ja den Grundfreiheiten von Lehre und Forschung keineswegs in erster Linie von seiten der Studenten Gefahren. Das wiederum sollte uns gewiß nicht blind machen gegen einzelne studentische Versuche, Wissenschaft für politische Zwecke zu instrumentalisieren, bestimmte theoretische Ansätze zu dogmatisieren und den freiheitsverbürgenden Charakter förmlicher Verfahren durch Methoden der Einschüchterung zu unterlaufen. Das alles gibt es, wenn auch nicht mit der Systematik und nicht in dem Umfang, die eine einseitig selektive Berichterstattung suggeriert. Vor allem aber sollten wir einen Punkt nicht vernebeln: im Rahmen der bestehenden Universitätsgesetze kann nicht einer von jenen Versuchen erfolgreich sein, wenn die Hochschullehrer das unabdingbare Interesse an den Grundfreiheiten von Lehre und Forschung mit guten Argumenten vertreten und entschieden verteidigen. Statt dessen entwerfen Sie nun das Panorama eines Großangriffs subversiver Kräfte auf die verfassungsmäßige Ordnung der

Bundesrepublik. Sie lassen Bataillone einer Bürgerkriegsarmee aufziehen, die mit heimtückischen Strategien ihre Gegner paralysieren und rücksichtslos totalitäre Herrschaftsansprüche durchsetzen. Sie bemühen gar die historische Parallele zum Gesinnungsdruck auf braunen Universitäten, die beim Vergleich des etablierten Naziregimes mit einer Handvoll roter Zellen schlicht lächerlich ist. Ich kann mir nicht helfen: Sie verstricken sich in ein projektives Weltbild, das mit Fakten nur noch locker verknüpft ist.

Eine andere Sache als jene Praktiken ist die neue Orthodoxie der Auffassungen, die sich während der letzten Monate in Reaktion auf den Anarchismus an einigen Orten herausgebildet haben; gegen sie ist Argumentation ohnehin das einzige Mittel.

Sie wiederholen die inzwischen standardisierten Hinweise auf Gefahren des machtverharmlosenden Illusionismus und der Schwärmerei, die den sogenannten Humanitätsideologien innewohnen sollen. Gewiß haben alle Parteien des europäischen Bürgerkrieges ihre spezifischen Blindheiten. Konservative aller Spielarten täuschen sich nur zu gern über den wahren Charakter nachgeahmter Ursprünglichkeit; Liberale sträuben sich nur zu oft, die ideologische Rechtfertigung von den tatsächlichen Funktionen eines rechtlichen Formalismus zu unterscheiden; und in der sozialistischen Bewegung haben revolutionäre Ungeduld oder orthodoxe Geschichtsgläubigkeit immer wieder unempfindlich gemacht gegenüber den realen Gewichten einer Situation und gegenüber den Nebenfolgen ihrer gewaltsamen Veränderung. Auf dieser Ebene des praktisch folgenreichen Irrtums hat keine Seite der anderen etwas voraus. Immerhin sind von sozialistischen Theoretikern die Folgen utopistisch verzerrter Wahrnehmungen hartnäckig analysiert worden; davon nehmen Sie, Herr Topitsch, keine Notiz. Sie bewegen sich ohnehin auf den leichtfüßigen Pfaden geistesgeschichtlicher Zurechnungen. Sie führen »das humanitäre Gedankengut«, bürokratischer läßt es sich kaum sagen, auf erlösungsmythische Bestandteile des Alten Testaments zurück und bringen mit einem Streich hochdifferenzierte Bereiche der philosophischen Überlieferung auf das handliche Format von Versuchen, das Reich Gottes auf Erden zu errichten. Voreilig indizierte Zusammenhänge dieser Art können sachliche Argumentationen nicht ersetzen.

Es gibt Anhaltspunkte dafür, daß die Eliminierung des Krieges als eines legitimen Mittels der Konfliktlösung, daß die Beseitigung von Massenarmut und von Disparitäten der wirtschaftlichen Entwicklung zu den internationalen Überlebensimperativen fortgeschrittener Gesellschaftssysteme entweder schon gehören oder alsbald gehören werden. Auch wenn diese Systeme vorerst keine hinreichenden Motive für die Lösung solcher globalen Probleme hervorbringen, ist doch zu sehen, daß eine Problemlösung kaum möglich sein wird, ohne die Durchsetzung bisher nur privat angesonnener universalistischer Normen in öffentlichen Bereichen. Das mag man, wenn man sich an die gewohnten Kategorien hält, eine Moralisierung der Politik nennen; aber Überlegungen dieser Art sind nicht deshalb schon als naive Schwarmgeisterei abzutun. Mir scheint viel eher der Erklärung zu bedürfen, warum Sie sich, Herr Topitsch, auf sachliche Überlegungen, die den Protest der Studenten auch bestimmt haben, gar nicht einlassen, und warum Sie überdies denselben realitätsfernen Situationseinschätzungen erliegen, die Sie den »Humanitätsideologien« ankreiden. Realitätsfern, um das mindeste zu sagen, ist die ungenierte Gleichsetzung der Farbbeutel unserer Studenten mit den Nervengasen einer chemischen Kriegsführung. Realitätsfern ist auch die Projektion von Gefahren, die, wie Kurt Sontheimer mit Recht betont, in Deutschland der Demokratie nach wie vor alleine von rechts drohen, auf die versprengten Haufen Roter Zellen. Gewiß teilen Sie diese illusionäre Einschätzung, und auch die Panikmache – »was heute in der kleinen Welt der Hochschulen geschieht, kann sich sehr wohl morgen in der großen Welt des Staates ereignen« – mit vielen unserer Kollegen, die sich nun im Bund »Freiheit der Wissenschaft« sammeln. Aber wie ist dieser Illusionismus zu erklären?

An der Universität, an der wir einmal gemeinsam Philosophie gelehrt haben, erzählt man sich die schöne Geschichte von Kuno Fischer, der während seines Kollegs durch den Lärm von Bauarbeiten gestört wurde, das Fenster öffnete und den Arbeitern zurief: Wenn Sie weiterhin meine Vorlesung stören, nehme ich den Ruf nach Berlin an! Vielleicht ist diese Anekdote »für die kleine Welt der Hochschulen« so untypisch nicht. Sie ist mir wieder eingefallen bei den politischen Deklamationen, mit denen heute viele Hochschullehrer ihrer durchaus privat motivierten Entscheidung, die Berufung an eine andere Universität anzunehmen, eine gewisse Aura verleihen. Charakteristisch aber ist jene Geschichte vor allem für die Irritierbarkeit und den Narzißmus eines Berufsstandes, von dem man Sensibilität und geistige Produktivität jedenfalls erwartet. Ich habe den Eindruck, daß sich die entmachteten Ordinarien, bei dem hohen, professionell bedingten Grad an Kränkbarkeit, durch die nun mit Verspätung einsetzende Umstellung der Universität auf eine Massenbasis, und das heißt, auf die Bedürfnisse der Ausbildung großer Zahlen, besonders hart betroffen fühlen. Die neue, funktional notwendige Personalstruktur bedeutet für sie eine Einbuße wenn nicht an Rechten, so doch an Vorrechten, also eine Statusminderung. Die stärkere Orientierung an Bedürfnissen der Lehre kommt für viele von uns einer stillschweigenden Redefinition der Berufsrolle gleich. Die Professoren sind ja bisher nach anderen Qualifikationen ausgewählt worden als denen, über die sie nun in erster Linie verfügen müßten. Und schließlich prallt die immer noch weit verbreitete geisteselitäre Hintergrundideologie des Bildungshumanismus mit den gesetzlich vorgeschriebenen Kooperations- und Legitimationszwängen eines öffentlich gewordenen und demokratisierten Entscheidungsprozesses zusammen. Das Bild, das der Godesberger Kongreß für die Freiheit der Wissenschaft geboten hat, spricht für die Annahme, daß diese kumulierten Kränkungen personalisiert und denen zugerechnet werden, die professorale Eitelkeit face to face auf die Probe gestellt haben – eben den protestierenden Studenten.

Beim Versuch der Erklärung sehe ich mich auf diesen gar nicht originellen Bereich der Hypothesenbildung verwiesen, wenn ich mir die Argumente vergegenwärtige, mit denen Sie das Gespenst von der bevorstehenden »Staatskrise« ausstatten. Sie stellen die erstaunliche Diagnose, daß das politische Herrschaftssystem in der Bundesrepublik der Perfidie der unter dem Schlagwort der »Demokratisierung« vorgetragenen Lähmungs- und Entwaffnungskampagnen nicht gewachsen, ihr gegenüber »psychologisch wehrlos« sei. Dafür nennen Sie drei Gründe. Erstens »die Zerschlagung der meisten historisch gewordenen Länder«. Wenn ich mich recht erinnere, ist das bereits durch den Reichsdeputations-Hauptschluß

(1803) und den Wiener Kongreß (1815) geschehen. Zweitens nennen Sie den »zum Teil selbst verschuldeten Verlust des Nationalstaates«. Vieles spricht dafür, daß die Bundesrepublik nach 1945 auf der Basis eines staatlich geregelten Kapitalismus die Verzögerungen der nationalen Entwicklung wettgemacht hat, so daß heute ein deutscher Staat zum erstenmal Zeitgenosse seiner westlichen Nachbarn geworden ist. Die Ostpolitik der gegenwärtigen Regierung bringt es an den Tag: trotz der Teilung der Nation gibt es weniger »nationale Probleme« als in den letzten anderthalb Jahrhunderten. Als dritten Grund erwähnen Sie den durch die Umerziehungspolitik der Alliierten befestigten Schuldkomplex gegenüber der Gewaltherrschaft der Nazis. Dadurch sei eine labile geistige Verfassung entstanden, die in der Ära Adenauer durch Antikommunismus glücklicherweise, aber leider nur vorübergehend stabilisiert worden ist. (Obgleich sich dieser Antikommunismus in der Hauptsache gegen Leute wie den amtierenden Bundespräsidenten oder etwa Herbert Wehner gerichtet hat, nennen Sie ihn nur »mitunter borniert«.) Nun scheinen die Intellektuellen, die Sie, Herr Topitsch, den »Humanitätsideologen« zurechnen, in der Tat das Verdienst zu haben, das Sie in schöner Eintracht mit Gehlen beklagen. Gegen die massiv-restaurative Entwicklung der fünfziger Jahre haben diese Intellektuellen, wie sich heute zu deren eigener Überraschung zeigt, durch den unermüdlichen Rekurs auf die jüngste Vergangenheit eine offizielle Meinung etabliert, die uns vor dem schlimmsten teutonischen Ethnozentrismus bewahrt. Ohne die publizistisch wirksame Belebung vollends verschütteter Aufklärungstraditionen wäre die innenpolitische Entwicklung gegen die Kräfte der ökonomischen und der sozialen Restauration bis zum gegenwärtigen Zustand wohl nicht gediehen. Dieser Zustand ist so prekär, daß man es gar nicht laut zu denken wagt: wir leben im Augenblick (noch) in einem der sechs oder sieben liberalsten Länder der Welt. Und Ihnen ist das schon zuviel? Sie rufen bereits nach dem Büttel?

Unmittelbar nach dem Kriege hat Alfred Weber, ein Sozialist eher liberaler Prägung, an Diskussionen der zwanziger Jahre angeknüpft und den Begriff der »Demokratisierung«, indem er ihn auf alle gesellschaftlich relevanten Entscheidungsprozesse ausgedehnt sehen wollte, aus staatstheoretischen Verengungen gelöst. Damals hat das niemanden aufgeregt. Heute aber hängen Sie, und ja nicht nur Sie, diesem legitimen Sprachgebrauch die Schelle um und reden von »magischem Wortnebel«. Die Eisenhower- und Dulles-Periode hat Verkrustungen auch in der deutschen Sozialwissenschaft hinterlassen. Ich möchte die Vorschläge, was man sinnvollerweise unter Demokratisierung der Hochschule verstehen sollte, hier nicht noch einmal vortragen. Das haben viele getan, und ich habe es das letzte Mal vor der Westdeutschen Rektorenkonferenz getan.[1]

Auf dieser Ebene ist das, was uns trennt, kaum zu klären. Lassen Sie mich den Bereich, in dem man den Gegensatz vielleicht lokalisieren könnte, zum Schluß wenigstens mit einer Empfindung charakterisieren. Ich verfolge Ihre Schriften, Herr Topitsch, seit fünfzehn Jahren, und meistens lerne ich etwas daraus. Wenn ich nun sehe, daß Sie den neuen Konfliktpotentialen, die uns gerade ihrer Ambivalenz wegen irritieren und herausfordern, ohne einen Moment, wie es scheint, des Zögerns die sattsam bekannten Denkschablonen überstülpen, dann habe ich das Gefühl, einem Schattenboxen beizuwohnen. Nach der Lektüre Ihres Aufsatzes kostet es meine Phantasie eine gewisse Anstrengung, mir vorzustellen, daß Sie auch nur mit einem Ihrer protestierenden Heidelberger Studenten, denen Sie doch begegnet sein müssen, gesprochen haben sollten.

1 Theorie und Praxis, Neuausgabe Frankfurt 1971, S. 376ff.

19. Die Utopie des guten Herrschers
(1972)

Der folgende Brief ist die Erwiderung einer politiktheoretischen Analyse von Robert Spaemann im Augustheft des Merkur 1972. Auf meine Replik hat Spaemann noch einmal geantwortet.[1]

Lieber Herr Spaemann,
in unaufdringlicher Weise souverän und ohne den betulichen Traditionalismus, der den modernen Anwälten des klassischen Naturrechts häufig eigen ist, lenken Sie die politische Philosophie zu ihren Ursprüngen zurück: zur Idee der vernünftigen Herrschaft. Sie bringen die Überlegenheit der Tradition gegenüber der mit Hobbes entfalteten empiristischen Sozialphilosophie ans Licht; jene leugnet nicht, wie diese, die Wahrheitsfähigkeit praktischer Fragen, sondern begreift, daß zwischen Legitimität und Wahrheit, also zwischen der Bestandsfähigkeit legitimer Herrschaft und dem Anspruch auf die Begründbarkeit der faktisch geltenden Normen ein nicht bloß subjektiver Zusammenhang besteht.

Freilich erwähnen Sie nicht die Schwierigkeiten, die dazu geführt haben, daß die auf Plato und Aristoteles sich stützende Lehre von der Politik fallen gelassen worden ist – und heute nicht ohne Gewaltsamkeit rehabilitiert werden kann. Die beiden wichtigsten Einwände ergeben sich, wenn ich recht sehe, einmal aus der Erfahrung, daß legitime Herrschaft in der Regel kontrafaktisch, gegen den Augenschein von Ausbeutung und Unterdrückung stabilisiert wird; und zum anderen aus dem problematischen Status einer Wesenserkenntnis, also eines intuitiven Zugangs zur Wahrheit, der durch Ideenlehre oder Metaphysik, trotz Leo Strauss, heute nicht mehr plausibel gemacht werden kann.

Zufällig nahm ich das Merkurheft mit Ihrem Artikel in die Hand, als ich dabei war, Aufsätze über *Imperialismus und strukturelle Gewalt* (edition suhrkamp 563) zu lesen. In diesem Zusammenhang

1 Alle drei Beiträge sind wieder abgedruckt in: Robert Spaemann, Zur Kritik der politischen Utopie, Stuttgart 1977, 127-141.

verliert das Zitat von Fanon, das ich dem Motto eines dieser Aufsätze entleihe, jede Sentimentalität:
»Die Stadt des Kolonialherrn ist eine stabile Stadt, ganz aus Stein und Eisen. Es ist eine erleuchtete, asphaltierte Stadt, in der die Mülleimer immer von unbekannten, nie gesehenen, nicht einmal erträumten Resten überquellen. Die Füße des Kolonialherrn sind niemals sichtbar, außer vielleicht am Meer, aber man kommt niemals nah genug an sie heran. Von soliden Schuhen geschützte Füße, während die Straßen ihrer Städte sauber, glatt, ohne Löcher, ohne Steine sind. Die Stadt des Kolonialherrn ist eine gemästete, faule Stadt, ihr Bauch ist ständig voll von guten Dingen. Die Stadt des Kolonialherrn ist eine Stadt von Weißen, von Ausländern. Die Stadt des Kolonisierten, oder zumindest die Eingeborenenstadt, das Negerdorf, die Medina, das Reservat, ist ein schlechtberufener Ort, von schlechtberufenen Menschen bevölkert. Man wird dort irgendwo, irgendwie geboren. Man stirbt dort irgendwo, an irgendwas. Es ist eine Welt ohne Zwischenräume, die Menschen sitzen hier einer auf dem andern, die Hütten eine auf der andern. Die Stadt des Kolonisierten ist eine ausgehungerte Stadt, ausgehungert nach Brot, Fleisch, Schuhen, Kohle, Licht. Die Stadt des Kolonisierten ist eine niedergekauerte Stadt, eine Stadt auf Knien, eine hingelümmelte Stadt. Eine Stadt von Negern, eine Stadt von Bicots. Der Blick, den der Kolonisierte auf die Stadt des Kolonialherrn wirft, ist ein Blick geilen Neides.« (Frantz Fanon, *Die Verdammten dieser Erde*, Frankfurt 1966.)
Der extreme Fall der sogenannten Peripherie beleuchtet den Normalfall unserer Metropolen. Fanon macht anschaulich, wie sehr legitime Herrschaft in der Regel auch die Rechtfertigung eines Institutionensystems bedeutet, das Belastungen und soziale Entschädigungen, Chancen der Bedürfnisbefriedigung und Risiken ungleich verteilt. Wenn die von ihr Betroffenen an diskursiver Willensbildung beteiligt würden, machen wir das Gedankenexperiment, dürfte die »legitime« Herrschaft einen zwanglosen Konsensus kaum finden. Diese Kategorie Herrschaft ist auch nach Ihrem Maßstab unvernünftig – aber eben sie erhält sich kraft Legitimation. Das erklärungsbedürftige Phänomen besteht mithin in der wirksamen Etablierung eines Scheins von Rechtfertigung, der den faktisch

bestehenden Institutionen gewaltlose Anerkennung sichert. Ich versuche, diese strukturelle Gewalt mit der systematischen Einschränkung willensbildender Diskurse zu erklären.

Sie, Herr Spaemann, beeilen sich hingegen, die Notwendigkeit eines weisen Herrschers darzutun. Weil die Vielen nicht fähig sind, an einem Diskurs teilzunehmen und ihr wahres Interesse zu erkennen, sollen sie den bestimmen, »der imstande ist, aufgrund seiner eigenen uneigennützigen Weisheit, den vernünftigen Konsens aller zu antizipieren« (S. 740). Das ist eine neue, Tocqueville überraschend mit Plato stützende Version der in den letzten Jahrzehnten in den USA und auch hierzulande herrschenden politischen Theorie, die Peter Bachrach in seinem Buch über die Theorie demokratischer Elitenherrschaft (Europäische Verlagsanstalt, Frankfurt 1970) einer, wie ich finde, überzeugenden Kritik unterzogen hat.

Was veranlaßt Sie, anzunehmen, daß sich Inhaber von Herrschaftspositionen, die in der Regel nicht nur durch Machtbesitz privilegiert sind, eher von partiellen Interessen frei machen als die Masse der nicht- oder unterprivilegierten Bevölkerung? Das ist keine Sache des anthropologischen Pessimismus oder Optimismus. Ich meine, daß wir die Frage, wie weit diskursive Willensbildung als Organisationsprinzip der Gesellschaft durchgesetzt werden kann, ohne an Kapazitätsgrenzen des Persönlichkeitssystems zu stoßen, eine anthropologische Antwort überhaupt nicht geben können: Wir wissen es nicht und haben darum keine theoretische Berechtigung, Versuche, auf einem wie immer pessimistischen Erwartungsniveau wir sie beginnen mögen, zu unterlassen, zu diskriminieren oder zu unterbinden. Denn auf der anderen Seite steht die historisch gut gestützte Evidenz, daß hinter »allgemeinen« Interessen, an denen sich Herrschaft legitimiert, partielle Interessen herrschender Gruppen stehen.

Übrigens gehen Sie auf die naheliegende Frage, nach welchen Kriterien der Herrscher sollte gewählt werden können, nicht ein. Wenn es einen privilegierten Zugang zur Wahrheit gäbe – woran wäre der Privilegierte zu erkennen? Diese Frage führt uns zu dem anderen Komplex von Schwierigkeiten, denen sich ein wiederbelebter Platonismus gegenübersieht. Die neuere Philosophie, keineswegs nur die nominalistische, hat die Brücken zur Metaphysik so gründlich abgebrochen, daß die praktische Philosophie nicht einfach mit Berufung auf die klassische Tradition erneuert werden kann. In diesem Zusammenhang steht eine Konsensustheorie der Wahrheit, die sich auf Geltungsansprüche von Behauptungen wie von Normen bezieht. Dieser Theorie zufolge besteht der Sinn der Geltung einer Norm in dem Anspruch, daß alle Betroffenen einer entsprechenden Empfehlung zustimmen müßten, wenn sie an einem praktischen Diskurs teilnehmen würden. Diese nicht-klassische Wahrheitstheorie soll den Schwierigkeiten (unter anderem auch) ontologischer Wahrheitstheorien entgehen. Unvereinbar ist sie auch mit Ihrer These, daß die Konsensfähigkeit einer Norm von ihrer (privilegiert erkennbaren) Richtigkeit (oder »Wahrheit«) abhängt. Die Konsensustheorie der Wahrheit beharrt vielmehr darauf, daß der Sinn praktischer Geltungsansprüche in der diskursiven Einlösbarkeit selber besteht.[2]

Die Konsensustheorie der Wahrheit begründet zwar die Wahrheitsfähigkeit praktischer Fragen; sie ist aber zugleich fallibilistisch, weil sie ein externes Kriterium der Wahrheit ausschließt: wir können niemals Gewißheit haben, daß eine empirische Rede, die wir in der Absicht eines Diskurses führen, den Bedingungen der idealen Sprechsituation tatsächlich genügt. Wir können allenfalls rückblikkend feststellen, daß und warum wir uns in diesem oder jenem Fall getäuscht haben. Freilich haben wir keine andere Wahl, jedesmal wenn wir einen Diskurs führen möchten, einander wechselseitig zu supponieren, daß unsere Rede die formalen Eigenschaften einer unverzerrten Kommunikation aufweist, die einzig den eigentümlich zwanglosen Zwang des besseren Argumentes zuläßt und mit keinem Motiv außer dem kooperativer Wahrheitssuche verträglich ist. In diesem Zusammenhang habe ich davon gesprochen, daß das normative Fundament vernünftiger Verständigung den Charakter einer unvermeidlichen Antizipation hat und als antizipierte Grundlage auch wirksam ist (*Theorie der Gesellschaft oder Sozialtechnologie*, Suhrkamp 1971, S. 140).

Nun ist es nicht sinnvoll, den normativen Begriff des Diskurses, mit

2 Vgl. »Wahrheitstheorien«, in: Festschrift für F. W. Schulz, Pfullingen 1973.

dem ich im Rahmen einer Theorie der Wahrheit die Struktur vernünftiger Rede auszeichnen möchte, unmittelbar als einen Begriff der praktischen Philosophie zu behandeln; obgleich eine kommunikative Ethik auf die Grundnormen vernünftiger Rede wird rekurrieren müssen, wenn sie nicht sowohl Prinzipien des Handelns als vielmehr die formalen Bedingungen der Möglichkeit, solche Prinzipien zu rechtfertigen, angeben soll. Gewiß erzielt die unversehens vorgenommene Transposition eines Begriffs von einer Ebene auf eine andere einen unerwarteten Effekt – in der Regel einen komischen, wie der witzige Beitrag von Harald Weinrich zeigt (»System, Diskurs oder die Diktatur des Sitzfleisches«, in: *Merkur* 1972, S. 801 ff.). Aber es empfiehlt sich, Fragen der konsensustheoretischen Einführung des Diskursbegriffs und Fragen der Institutionalisierung von Diskursen auseinanderzuhalten: aus dem normativen Begriff Diskurs ist erst dann ein Stück gesellschaftliche Realität geworden, wenn die generalisierte und obligatorische Erwartung besteht, daß unter bestimmten Bedingungen ein Diskurs geführt werden kann. Ich möchte trennen zwischen der *historischen* Frage: wie praktische Diskurse für bestimmte Bereiche institutionalisiert worden sind; der *prinzipiellen* Frage: wie Diskurse unter empirischen Bedingungen überhaupt sich realisieren lassen; und schließlich der *politischen* Frage: wie Diskurse in einer gegebenen Lage als Organisationsprinzip der Willensbildung durchgesetzt werden können.

Sie verbinden, Herr Spaemann, mit jedem der drei Komplexe Einwände gegen das, was Ihnen als »Utopie der Herrschaftsfreiheit« erscheint. Dazu folgendes:

a) Ich kann mir eine Universalgeschichte vorstellen, die unter dem Gesichtspunkt evolutionärer Schübe geschrieben wird; in dieser Geschichte müßten Institutionalisierungen von bereichsspezifischen Teildiskursen als folgenreiche innovatorische Errungenschaften eingetragen werden. Ein dramatisches Beispiel ist die Institutionalisierung von Diskursen, in denen erstmals die Geltungsansprüche mythischer und religiöser Weltdeutungen systematisch in Frage gestellt und überprüft werden konnten: wir verstehen das als Beginn der Philosophie und in gewisser Weise auch als den Anfang akademischer Lehre und Forschung. Ein anderer Schub ist die

Institutionalisierung der Erfahrungswissenschaften mit Diskursen, in denen Geltungsansprüche berufsethisch überlieferten, technisch verwertbaren Profanwissens systematisch in Frage gestellt und überprüft werden konnten. In dieser Reihe steht auch die Ausdehnung des diskursiven Lernmechanismus auf den Bereich politischer Entscheidungen. Die bürgerliche Demokratie sollte alle politisch folgenreichen Entscheidungsprozesse an die rechtlich verbürgte diskursive Willensbildung des Staatsbürgerpublikums zurückbinden.

Dieses Beispiel zeigt, daß die institutionelle Verknüpfung politischer Herrschaft mit Diskursen, in denen ein begründeter Konsens erzielt werden *soll*, die Form der Demokratisierung hat. Deshalb verstehe ich Ihre Bedenken nicht, daß ich das Interesse an einer vernünftigen Regelung praktischer Fragen mit Demokratisierung verwechsele.

Allerdings ist der Anspruch der bürgerlichen Demokratie eine, wenn auch wirksame Fiktion geblieben; und heute stehen sich gegenüber diejenigen, die, ob nun eher neo-liberal im Namen einer Elitetheorie oder eher technokratisch im Namen der Systemtheorie, die bürgerlichen Ideale unverhohlen widerrufen, und diejenigen, die nicht so eilfertig zu wissen vorgeben, daß die menschliche Natur oder Imperative komplexer Systeme einer Ausdehnung des schöpferischen diskursiven Lernmechanismus auf Bereiche der politischen Willensbildung einen Riegel vorschieben. Mit dem traditionsreichen Vorwurf des Utopismus übernehmen Sie die Beweislast.

b) Ihr prinzipieller Einwand ist, daß sich eine politisch folgenreiche diskursive Willensbildung empirisch überhaupt nicht vorstellen läßt. Zunächst machen Sie geltend, daß bei knappen Ressourcen einige Interessen nur auf Kosten anderer Interessen befriedigt werden können – nicht alle Interessen, die einer politischen Entscheidung unterliegen, sind verallgemeinerungsfähig. Das ist nicht zu leugnen, aber ich sehe nicht, wie aus diesem Umstand ein Argument gegen die Möglichkeit diskursiver Willensbildung gewonnen werden könnte. Nach der Logik des Diskurses kann ein begründeter Konsensus zwanglos nur über Interessen herbeigeführt werden, die den Beteiligten (und Betroffenen) gemeinsam sind; ein Ausgleich zwischen partiellen Interessen verlangt Kompromisse, mithin Machtpositionen, die sich aneinander abarbeiten. Aber wie sollten wir die Verallgemeinerungs*fähigkeit* von Interessen prüfen können, wenn nicht im Diskurs? Was könnte die Staatsbürger veranlassen, einer herrschenden Elite zu *glauben*, daß, wie sie stets behaupten wird, ihre besonderen Interessen mit den allgemeinen sich decken? Ich vernachlässige den Umstand, daß der handlungstheoretische Rahmen, in dem wir beide argumentieren, der Verfassung politischer Systeme in entwickelten Gesellschaften nicht angemessen ist. Die Bereiche, in denen praktische Fragen diskursiv entschieden werden können, in denen sie durch Kompromiß entschieden werden müssen oder in denen sie (wie das Beispiel negatorischer Freiheitsrechte zeigt) der privatautonomen Wahrnehmung von Interessen überlassen werden sollen, können voneinander nicht ohne Rücksicht auf den Entwicklungsstand des sozialen Systems abgegrenzt werden – diese Abgrenzung muß selbst Gegenstand praktischer Diskurse sein dürfen.

Sodann erinnern Sie an den Entscheidungszwang, dem politische Willensbildungsprozesse im Unterschied zum wissenschaftlichen Diskurs unterworfen sind. Nun unterliegen alle Diskurse, weil sie empirische Vorgänge sind, den Restriktionen von Zeit und Raum, ferner psychologischen und sozialen Beschränkungen, dem kontingenten Gefälle der Information, des persönlichen Einflusses usw. Auch das Wissenschaftssystem ist von Lebensprozessen nicht ganz abgekoppelt: Diskurse sind immer Inseln im Meer der Praxis. Freilich bestehen Unterschiede: für politische Entscheidungen ist die Zeit knapper als für die Entscheidung theoretischer Fragen. Aber Ihrer Konsequenz vermag ich wiederum nicht zu folgen. Sie sagen: »Politische Entscheidungen treffen heißt ›Schluß der Debatte‹, also ›Herrschaft ausüben‹« (S. 750). Gewiß hängen Aufnahme und Abbruch eines Diskurses von Entscheidungen ab. Soweit Diskurse in bestimmten Bereichen institutionalisiert sind, kann man wissen, unter welchen Bedingungen das Handeln unterbrochen und ein Diskurs aufgenommen wird (bzw. aufgenommen werden kann). Aber, ob die Teilnehmer über den Abbruch eines Diskurses in Ansehung der Alternative, Entscheidungen zu fällen oder aufzuschieben, selber mit Gründen befinden oder ob darüber mit Autorität entschieden wird, macht einen essentiellen Unterschied. Warum sollte nur die zweite Möglichkeit gegeben sein? Warum sollte durch die Hintertür der Dezisionismus wieder eingeführt werden?

Weinrich weist auf das Phänomen hin, daß eine Sache zerredet werden kann; jeder hat Erfahrung mit Gesprächssituationen, in denen keine neuen Argumente mehr auftreten, oder in denen entschieden werden muß, bevor eine Sache »ausdiskutiert« ist – die Zeit ist eine Ressource, die wie andere Restriktionen Regelungen erzwingt. Luhmann nennt andere Restriktionen, etwa die Notwendigkeit, eine Diskussion, wie wir sagen, zu organisieren, also den Zufluß von Informationen zu sichern und zu begrenzen, Themen und Beiträge zu trennen, ihre Reihenfolge festzulegen usw. Natürlich ist Hierarchisierung im Sinne schrittweiser Problemvereinfachung ein Zwang, unter dem jeder Diskurs steht. Eine deliberierende Versammlung, die solche Regeln formalisiert, gibt sich eine Geschäftsordnung. Hierher gehören Beschlußmodalitäten wie Mehrheitsprinzip, Minderheitenschutz, Vertagungsklauseln oder Vertretungsrechte; hierher gehören ebenso Organisationsfragen wie die Bildung von Ausschüssen, die Erzwingung oder Absetzung von Themen, die Wiederholung von Diskussionen usw.; in diesem Zusammenhang steht auch die Immunisierung der Teilnehmer gegen äußere Sanktionen, rechtliche wie soziale. Alle Regelungen dieser Art haben einen pragmatischen, aber ganz unverächtlichen Status; sie sollen unter gegebenen empirischen Einschränkungen einen praktischen Diskurs ermöglichen. Sie können nicht ein für allemal formuliert werden, weil sie die allgemeine Struktur vernünftiger Rede – die ich in der Gleichverteilung der Chancen für alle Teilnehmer, bestimmte Klassen von Sprechakten zu wählen, sehe – unter wechselnden konkreten Umständen sichern müssen. Das ist fast immer schwierig und oft faktisch unerreichbar, aber nicht aus prinzipiellen Gründen unmöglich.

Ich sehe nicht, warum Fragen der Repräsentation, der Delegation und Rotation, die heute unter dem Gesichtspunkt Parlamentarismus versus Räteverfassung oder partizipatorische Demokratie wiederum eine gewisse Aktualität gewonnen haben, nicht angemessen auf dieser Ebene von Organisationsfragen sollten behandelt werden können. Sie haben, meine ich, weniger mit Elitebildung als mit der Komplexität der regelungsbedürftigen Materie, also mit erhöhten Selektionszwängen, mit Arbeitsteilung und struktureller Differenzierung zu tun. Ob und wie in komplexen Gesellschaften Partizipation bis zur Schwelle politisch folgenreicher diskursiver Willensbildungsprozesse erweitert werden kann, ob und wie demokratische Planung möglich ist, das sind Fragen, die beispielsweise in den *policy sciences* seit einigen Jahren die Auseinandersetzung über »Komplexität und Demokratie« beherrschen. Sie haben bei vielen Autoren (Renate Mayntz, Frieder Naschold, Claus Offe) eine weniger skeptische Antwort gefunden als bei Luhmann.

c) Was schließlich die Politik des Übergangs, die auf Demokratisierung abzielt, angeht, so erheben Sie, Herr Spaemann, gegen mich einen Einwand, der gegen dogmatische Geschichtsphilosophien immer wieder erhoben worden ist: das utopische Ziel der Abschaffung von Herrschaft diene gerade der unkontrollierten Herrschaft selbsternannter Aufklärer zur Legitimation. Dieser Vorwurf trifft, was Sie zugeben, nicht meine Intention, aber ebensowenig trifft er eine Konsequenz meines Denkansatzes – wie Sie behaupten (S. 752). In unser Institutionensystem ist, wie bisher in jedes andere, eine strukturelle Gewalt eingebaut, die Versuchen der Erweiterung partizipatorischer Demokratie entgegensteht. Diese latente Gewalt stützt sich auf die stille Wirksamkeit von Legitimationen, auf eine systematische, aber unauffällige Einschränkung willensbildender Kommunikation, wodurch bestimmte Themen öffentlicher Behandlung und bestimmte Materien überhaupt der Entscheidung entzogen werden. Ich halte es für aussichtsreich, das Funktionieren eingeschränkter Kommunikation und die selbstreflexive Durchbrechung solcher Kommunikationsschranken anhand des Modells zu untersuchen, das die Psychoanalyse bietet. Gelingende Aufklärungsprozesse, die nach diesem Muster organisiert sind, emanzipieren von einer Gewalt, die ihre Kraft aus Selbsttäuschung, die Alten sagten: aus Verblendung, zieht. Der Analytiker benützt allein Techniken des Diskurses, um die Anfangsbedingungen für mögliche Diskurse erst einmal herzustellen; denn darin besteht der therapeutische Erfolg und die eigentümliche Leistung der Selbstreflexion. In Herrschaft wird sich dieser Prozeß, der auf Ablösung von Abhängigkeiten zielt, nur verkehren können, wenn er die eigene Logik verletzt und Interpretationen *aufdrängt* – die Adressaten müssen die unzweideutige Chance haben, angebotene Interpretationen unter geeigneten Umständen, d.h. zwanglos anzuerkennen oder abzuweisen. Aufklärung, die nicht in Einsicht, d.h. in zwanglos akzeptierten Deutungen terminiert, ist keine.

Im Hinblick auf eine Politik des Übergangs darf dieses Modell nur begrenzt Anwendung finden. Analytische Gespräche und Ideologiekritik haben gemeinsame Strukturen – beide, so können wir sagen, organisieren Aufklärung. Aber die politische Praxis kann dem Muster der Therapie schon deshalb nicht folgen, weil Organisation der Aufkärung und strategisches Handeln zweierlei sind und niemals *uno actu* vollzogen werden können. Weil in der Tradition der europäischen Arbeiterbewegung, insbesondere in der Leninschen Theorie und der Stalinschen Praxis, beide Aufgaben ungeschieden einer einzigen Organisation, nämlich der Partei, aufgebürdet worden sind, konnten spezifische Differenzen verhängnisvoll verwischt werden. In meiner Einleitung zur Neuausgabe von *Theorie und Praxis* bin ich den Kategorienfehlern nachgegangen, zu denen die objektivierende Anwendung reflexiver Theorien führen muß – Fehler, die in der Praxis bitter bezahlt werden. Dabei handelt es sich um genau die Inkonsequenzen, die Sie, Herr Spaemann, in Konsequenzen umdeuten möchten.

Mit freundlichen Grüßen J. H.

20. Berufsverbote

Der als »Radikalenerlaß« bekannte Beschluß der Konferenz der Ministerpräsidenten aus dem Jahre 1972 hat zu einer Praxis der Gesinnungsüberprüfung bei Anwärtern und Angehörigen des öffentlichen Dienstes geführt, die international Aufsehen erregt hat. Das folgende Gutachten, um das mich ein Münchener Rechtsanwalt gebeten hat, bezieht sich auf den Fall einer Lehramtskandidatin, deren Verfahren auch nach sieben Jahren noch nicht abgeschlossen ist. Der darauffolgende Brief ist eine Reaktion auf einen Leitartikel in der »Zeit« vom 7. April 1978, in dem Gräfin Dönhoff die Meinung vertreten hatte, daß das seinerzeit in der Nähe von Frankfurt/Main zur Frage der Berufsverbotspraxis durchgeführte Russell-Tribunal ein unnötiger »Mummenschanz« sei. Frau W., auf deren Fall ich dort eingehe, ist inzwischen als Angestellte im öffentlichen Dienst tätig.

a) Ein Gutachten
(1976)

Ich habe mir die Stellungnahme von Frau B. vom 1. 10. 1973 und die Begründung des entsprechenden Beschlusses des Bayerischen Verwaltungsgerichts durchgelesen. Gerne teile ich Ihnen meine Eindrücke nach der Lektüre mit:

Ich stütze mich dabei vor allem auf den Abs. II und III in der Stellungnahme von Frau B. und auf die Passagen der richterlichen Begründung, die darauf Bezug nehmen.

1. Frau B. entwickelt eine Auslegung wichtiger Bestandteile des Grundgesetzes, die nicht in der Begrifflichkeit, aber im Tenor mit Auffassungen liberaler, sozialdemokratischer und undogmatisch marxistischer Staatsrechtler und Politologen übereinstimmt. Die Linie der Argumentation erinnert mich vielfach an Wolfgang Abendroths bekannten Beitrag zur Bergsträsser-Festschrift aus den frühen 50er Jahren, ohne daß ich diese Erinnerungen jetzt kontrol-

liert hätte (damals war übrigens Abendroth Mitglied der SPD). Im einzelnen geht Frau B. auf die Institute ein, die als Grundbestandteile der freiheitlich demokratischen Grundordnung gelten: Volkssouveränität, demokratische Wahlen, Gewaltenteilung, Unabhängigkeit der Gerichte, Mehrparteiensystem. Ich selbst könnte mir die Substanz dieser Interpretation zu eigen machen (obwohl mich dasselbe Verfassungsverständnis nicht zur Unterstützung der DKP, sondern des linken Flügels der SPD motiviert. Aus solchen Unterschieden wird man der Antragstellerin keinen Strick drehen können, denn die individuell verschiedene Anwendung von Prinzipien auf die politische Alltagserfahrung kann ja wohl nur Gegenstand eines politisch-historischen, nicht eines gerichtlichen Urteils sein).

2. Das Gericht geht davon aus, daß die Mitgliedschaft in DKP und Spartakus kein hinreichender Grund für die Ablehnung des Antrags von Frau B. ist. Das Gericht hält ferner eine am Sozialstaatsgebot orientierte Auslegung des Grundgesetzes im Sinne der Applikation von Verfassungsgrundsätzen auf veränderte soziale Tatbestände für legitim. Es ist sich darüber hinaus bewußt, daß die Grenzziehung zwischen einer solchen offensiven Grundgesetzinterpretation und einer verfassungsfeindlichen Uminterpretation schwierig ist; diese wird dadurch erschwert, daß ein klarer geschichtlicher Zusammenhang zwischen der politischen Theorie der Aufklärung und des Sozialismus einerseits, dem Grundgesetz und seinen republikanischen Traditionen andererseits besteht. Bei soviel Einsicht finde ich es verwunderlich, daß das Gericht zu einem ablehnenden Beschluß gelangt.

3. Noch verwunderlicher finde ich die angeführten Gründe:

a) Das Gericht moniert, daß die Antragstellerin ausschließlich Kritik an gesellschaftlichen Verhältnissen übe und nicht versuche, Begriffe im positiven Sinne zu definieren. Diese Forderung entspringt einer Denkweise, die der Sache unangemessen ist. Verfassungsgrundsätze sind keine wohldefinierten Straftatbestände; ihr Sinn muß daher exemplarisch, d.h. auch durch die kritische Beleuchtung von Gegenbeispielen deutlich gemacht werden.

b) Das Gericht hat ferner auszusetzen, daß sich die Antragstellerin in ideologisierender Weise mit imaginären Gesprächspartnern auseinandersetze. Ich verstehe die Hinweise auf zugelassene konservative und reaktionäre Grundgesetzinterpretationen hingegen so, daß Frau B. vor einer einäugigen Praktizierung des »Radikalenerlasses« warnen und auf Gleichbehandlung dringen möchte. Als »ideologisch« scheinen die Richter das einzustufen, was ihrer Denkweise nicht konform ist.

c) Das Gericht sieht in Frau B.'s Interpretation des Art. 131 der Bayerischen Verfassung ein Beispiel für die Methode einer Uminterpretation, die dem Gesetzestext fremde Bedeutungen unterstellt. Erstens handelt es sich bei der (für einen laizistischen Staat höchst fragwürdigen und in der bundesrepublikanischen Landschaft doch etwas exotischen) Festschreibung von theologischen Bildungszielen nicht um einen Bestandteil der sogenannten F.d.G.O. Zweitens bewegt sich Frau B. mit ihrer Interpretation auf dem Boden der gegenwärtigen protestantisch-theologischen Diskussion (s. Bahr, Cornelius, Moltmann, Sölle). Drittens kann Frau B., solange sie sich, wie sie sagt, an A. Schweitzer hält, nicht gut einen »atheistischen Unterricht« erteilen. Und schließlich: selbst wenn das der Fall sein würde, frage ich mich als Soziologe, wieviele Lehrer aus dem bayerischen Schuldienst entfernt werden müßten, wenn man den Maßstab, den das Gericht hier anlegt, ernst nehmen würde.

d) Ich kann nicht beurteilen, wie weit die Darstellung von Frau B. auf ihre eigene geistige Urheberschaft zurückgeht; ich würde aber gerne die Gründe kennenlernen, die das Gericht an ihrer Urheberschaft zweifeln läßt. Wenn jemand ohne hinreichende Begründung meine geistige Urheberschaft an einem meiner Texte anzweifeln würde, empfände ich das als üble Nachrede.

e) Mit keinem Wort würdigt das Gericht den mehrfach erwähnten tagespolitischen Hintergrund, vor dem eine moralisch empfindliche und engagierte Frau ihre Stellungnahme im Oktober 1973 abgefaßt hat: der Putsch in Chile und das Schicksal Allendes sind ein historischer Vorgang, der vom Zentralkomitee der SED zu Lehrzwecken geradezu hätte erfunden werden können.

4. Mir ist nicht bekannt, wie weit deutsche Richter in ihrem Ausbildungsgang mit politischer Theorie vertraut gemacht worden sind. Angesichts der dürftigen Begründung kommen mir Zweifel, ob die Richter der F.d.G.O.-Interpretation der Antragstellerin

gewachsen sind. Eines scheint mir sicher zu sein: *diese* Interpretation darf der Freistaat Bayern nicht als Grund dafür anführen, daß Frau B. die durch Art. 9 Abs. 1, Ziff. 2 BVerfG geforderte Gewähr *nicht* bietet. Trotzdem hat das Gericht den Antrag abgelehnt. Entweder will es nicht ausschließen, daß das in der Hauptsache entscheidende Gericht den Willen haben könnte, das Spektrum zulässiger Verfassungsinterpretationen de facto einzuschränken. Oder es hält die Antragstellerin der Unehrlichkeit für hinreichend verdächtig. Für diesen Fall müßten stärkere Indizien ins Feld geführt werden als die, die das Gericht fälschlich an Frau B.'s Interpretation des Art. 131 der Bayerischen Verfassung abliest.

5. Der Boden, auf dem das Gericht seine Schadensabwägung vorgenommen hat, war also hauchdünn. Wenn man sich nun die Pauschalurteile über die Existenzsicherung des Staates anschaut und zugleich sieht, wie das Gericht leichtfertig die biographisch verheerenden Folgen in Kauf nimmt, die die Ablehnung des Antrags für das berufliche Schicksal einer jungen Lehrerin haben müssen (und inzwischen wohl gehabt haben), kann man über die zugrunde liegenden Wertorientierungen nur finstere Vermutungen anstellen.

Abschließend erlaube ich mir, eine politische Meinung zu äußern. In einem Rechtsstaat sind alle Gesetze vom Übel, deren Anwendung den geistigen Zuschnitt von Richtern, wie sie nun einmal ausgebildet sind, überfordert. Lieber sollte man allen Lehrern und Hochschullehrern die Beamteneigenschaft nehmen, als daß auch nur ein einziger richterlichen Gesinnungsprüfungen unterworfen würde, die für alle Beteiligten ebenso lächerlich wie unwürdig sind.

b) Brief an Gräfin Dönhoff
(1978)

Sehr verehrte Gräfin Dönhoff,

Sie sind an die Reaktionen enttäuschter Leser gewöhnt. Gestatten Sie mir, meine Enttäuschung über Ihren Leitartikel zum Russell-Tribunal etwas genauer zu erklären. Sie halten sich auf Ihre

Liberalität viel zugute. Dieser Artikel gibt Anlaß zu der Frage: Was ist ein deutscher Liberaler im April 1978 noch wert?
Sie gehen davon aus, daß wir in der Bundesrepublik für ein richtiges Problem die falsche Methode gewählt haben. Die Art und Weise, wie wir Extremisten vom öffentlichen Dienst fernhalten, führe »zu fortgesetzter Schnüffelei« und schütze nicht »vor Denunziation«. Ich finde diese Beschreibung irreführend. Das Russell-Tribunal hat präzise die Frage gestellt, um die es geht: »Ob Bürgern der Bundesrepublik aufgrund ihrer politischen Gesinnung unter Verletzung der Grundrechte das Recht verwehrt wird, ihren Beruf auszuüben.«
Auch unter politischen Aspekten ist die Berufsverbotspraxis nicht darum suspekt, weil sie zu Schnüffelei und Denunziation führt, sondern weil die systematische Gesinnungskontrolle *aller* Anwärter des öffentlichen Dienstes einen Streubombeneffekt hat: Sie löst in einer ganzen Generation Angst aus, bringt Mutlosigkeit hervor und verhindert Bindungen an das, wofür unsere weithin zynisch gewordene Republik einmal stehen sollte. Enttäuscht bin ich freilich nicht so sehr über Ihre verharmlosenden Definitionen, sondern über Ihre politische Stellungnahme zum »Mummenschanz von Harheim«.
Der Tenor Ihres Artikels lautet: »Weder wir noch die anderen Kritiker werden ruhen, ehe da nicht Abhilfe geschaffen wird. Ein Russell-Tribunal aber brauchen wir dafür nicht. Das können wir auch allein.« Dieser Satz ist in anderen Organen mit Befriedigung nachgebetet worden; er ist ein trauriges Resümee dessen, was deutschen Liberalen zu Harheim eingefallen ist.
Ich hatte, verehrte Frau Dönhoff, erwartet, daß Sie sich und uns fragen: Warum *haben* wir ein Russell-Tribunal nötig; warum sind die Liberalen im Lande nicht selber Manns genug, die Prinzipien zu schützen, für die sie angetreten sind? Das eigentlich Irritierende an einer so schief angelegten Inszenierung ist doch der Umstand, daß sie nicht durch andere Initiativen längst überflüssig geworden ist. Mir ist nicht bekannt, daß sich liberale Publizisten, Staatsrechtler, Politiker, Schriftsteller, Philosophen für die Verteidigung bürgerlicher Freiheiten eine Woche Zeit genommen hätten, um zwölf gut dokumentierte Berufsverbotsfälle öffentlich zu analysieren.

Ich selbst habe eine Mitarbeit am Russell-Tribunal abgelehnt, weil ich, wie viele andere, der Meinung bin, daß ein falscher Rahmen die richtige Sache politisch entwertet. Diese Institution bietet zu viele Angriffspunkte: als selbsternanntes Tribunal; als Gericht über den Teil Deutschlands, in dem es um so vieles liberaler zugeht als in dem anderen Teil, und als Veranstaltung in einer Reihe von Tribunalen, die sich zuvor mit Vietnam und Südamerika befaßt hatten. Aber wie soll man reagieren, wenn Linke eine richtige Sache falsch anpacken? So wie der »Spiegel«, der den Vorgang höhnisch unter Gesellschaftsnachrichten ablegt? So wie Sie, die Sie an nationale Empfindlichkeiten rühren und eine Erinnerung an die Zeiten des Nürnberger Gerichtshof zum besten geben? Haben uns seinerzeit die Alliierten daran gehindert, den Widerstand so erfolgreich zu organisieren, daß sich jeder Gedanke an ein Nürnberger Gericht erübrigt hätte?

Ich will keine falschen Parallelen suggerieren, aber Sie selbst legen die Frage nahe: Wer hat uns in den letzten Jahren an derjenigen Intransigenz gehindert, die ein Russell-Tribunal überflüssig gemacht hätte?

Warum also haben wir eine schiefe Inszenierung wie das Russell-Tribunal nötig? Das hat, vermute ich, mit der eigentümlichen Rechtsverschiebung unseres politischen Spektrums zu tun, mit jenen nationalen und obrigkeitsstaatlichen Hypotheken, die eine im Kaiserreich wurzelnde politische Kultur insbesondere unseren Liberalen auf die Schulter legt. Was hierzulande die Regel ist, merkt man an den Ausnahmen. Ein Radikalliberaler wie Dahrendorf, Mitarbeiter der ZEIT, ist beinahe schon eine exotische Erscheinung. Im Umkreis der Universitäten ist das Wort »liberal« inzwischen ein Pseudonym für die neue Militanz alter Rechtsintellektueller geworden. Anscheinend muß man in diesem Lande Sozialist sein, um für liberale Prinzipien zu kämpfen. Das soll ja in den letzten hundert Jahren schon öfter vorgekommen sein.

Sie erinnern, verehrte Frau Dönhoff, an den letzten Herbst, an den Herbst in Deutschland, und Sie betonen die Verdienste liberalen Denkens: »Allzu heftig war die Reaktion der erregten Öffentlichkeit, und es war gut, daß damals viele Liberale, Schriftsteller und Intellektuelle warnend ihre Stimme erhoben.« Ich habe Sie damals mit Vergnügen unter denen entdeckt, die »Briefe zur Verteidigung der Republik« schrieben. Sie haben viele gute und wohlmeinende Worte an den Wissenschaftsminister Pestel gerichtet. Sie haben das Mescalero-Flugblatt erwähnt. Mit keinem Wort aber haben Sie die pikante Neuerung erwähnt, die Herr Pestel in diesem Zusammenhang gerade eingeführt hatte: den *loyalty oath*, den er zwölf seiner Professoren schwören ließ. Diese Praxis ist aus den Zeiten McCarthys Ihnen wie mir bekannt. Eine Kritik daran haben Sie anderen überlassen.

»Kritik ist unentbehrlich, aber das Russell-Tribunal brauchen wir nicht« – so überschreiben Sie Ihren Artikel. Ich meine, das ernstlich Fatale an diesem Tribunal ist, *daß* wir es brauchen, daß nicht wir die schonungslose Kritik geübt haben, die es überflüssig gemacht hätte. Ein solches Tribunal werden wir erst dann nicht mehr nötig haben, wenn Bund und Länder damit rechnen müssen, daß zum Beispiel die ZEIT innerhalb eines Jahres das tut, was im Bürgerhaus von Harheim innerhalb einer Woche getan worden ist: daß sie zwölf Fälle, jeden Monat einen, in extenso vorführen und analysieren wird.

Sie werden mich auf die Lokomotivführer und die Kriegsdienstverweigerer hinweisen, über deren Fälle auch in der ZEIT berichtet worden ist. Wie man sieht, bleibt *diese* Berichterstattung folgenlos. Vielleicht haben Regierungsbürokratien und Justiz das Gefühl bekommen, daß sie sich auf eine gewisse Kulanz der Presse verlassen können? Könnte man ihnen nicht die Gewißheit verschaffen, daß die ZEIT jeden Monat einen weiteren Fall so auseinandernimmt, daß der Skandal bis ins letzte Dorf dringt?

Ich stelle mir das (und bitte dabei um Nachsicht für die Unbeholfenheit eines sowohl journalistischen wie juristischen Laien) ungefähr so vor:

Hildegard W., heute 30 Jahre, sollte nach Abschluß ihrer Ausbildung zum 1. 9. 1977 in den Schuldienst eingestellt werden, da in Nordrhein-Westfalen ein Bedarf an Sonderschullehrern besteht. Ihre fachlichen Qualifikationen wurden ausgezeichnet beurteilt; aber sie ist seit Jahren DKP-Mitglied und hat früher auch einmal Parteiversammlungen besucht; seit längerer Zeit hat sie freilich diese Aktivitäten eingestellt. Aufgrund und *nur* aufgrund dieser

Tatsache ist der Frau W., nach zwei Anhörungen beim Regierungspräsidenten in Arnsberg, die Einstellung als Lehrerin verweigert worden – zum Erstaunen ihrer Ausbilder. Frau W. legte am 28. 10. 1977 Widerspruch ein. Der Regierungspräsident lehnte diesen Widerspruch am 15. 11. 1977 ab. Die Ablehnung traf übrigens Frau W. in einer mißlichen Lage. Sie lebte getrennt von ihrem geschiedenen Mann. Dieser ist inzwischen tödlich verunglückt. Nun möchte Frau W. die bis dahin bei ihrem Ehemann lebende gemeinsame Tochter zu sich zurücknehmen. Das ist aber ohne ein festes Einkommen schwierig.

Die rechtliche Problematik dieses Falls besteht kurz darin, daß die Einstellungsbehörde ihren Zweifel an der Verfassungstreue der Bewerberin ausschließlich damit begründen kann, daß diese der DKP angehört – weitere »Erkenntnisse« liegen nicht vor. Nun hat das Bundesverfassungsgericht in seinem maßgebenden Beschluß vom 22. 5. 1975 festgestellt, daß die Zugehörigkeit zu einer Partei, die verfassungsfeindliche Ziele verfolge, »ein Stück« des Verhaltens sein könne, das für die Beurteilung der persönlichen Eignung des Bewerbers erheblich ist, daß diese Bedingung aber nicht *zureicht*, um den Bewerber vom öffentlichen Dienst auszuschließen. Dem entsprechen die Richtlinien, die die sozial-liberale Regierung in Düsseldorf für die Behandlung dieser Fälle (in Übereinstimmung mit verschiedenen Parteitagsbeschlüssen) festgelegt hat.

Wie verhält sich eine Behörde, die eine Lehrerin als politisch unzuverlässig ablehnt und dennoch keinen anderen Grund anführen kann als eben den, der nach den Beschlüssen des BVerfG und den Richtlinien der eigenen Regierung für eine Ablehnung nicht ausreicht? Sie führt einen Eiertanz vor.

Das Ablehnungsschreiben des Regierungspräsidenten beginnt mit dem Satz: »Ihre Mandantin geht zu Unrecht davon aus, daß sie pauschal wegen ihrer Mitgliedschaft in der DKP der persönlichen Eignung entbehre, ohne daß eine Einzelprüfung stattgefunden hätte.« Also erwartet man Angaben, die Frau W. *persönlich* belasten, irgendwelche Äußerungen, Handlungen – Teilnahme an Demonstrationen vielleicht oder doch wenigstens ein Seminarreferat über Marx oder Adorno. Nichts dergleichen. Statt dessen gibt der Regierungspräsident zwei Gründe an: a) der erwähnte Beschluß des Bundesverfassungsgerichts beziehe sich auf die Bewerbung eines juristischen Referendars; hinsichtlich der politischen Treuepflicht seien aber an Lehrer höhere Anforderungen zu stellen als an Juristen; b) der »Indizwert« der DKP-Mitgliedschaft sei bei dem Bildungsstand eines Lehrers höher zu veranschlagen; hier bedeute die Mitgliedschaft per se eine weitgehende Identifizierung mit den Zielen der Partei. Dabei beruft sich der Regierungspräsident auf Urteile nachgeordneter Gerichte mit dem Kernsatz: »Die Mitgliedschaft in der DKP ist als fortdauerndes Dienstvergehen zu werten.«

Einige Verwaltungsgerichte sind offenbar unglücklich über den Beschluß des Bundesverfassungsgerichtes. Wie sie den Behörden Luft verschaffen, zeigt die folgende Stelle; sie stammt aus dem Schriftsatz vom 1. 3. 1978, mit dem der Regierungspräsident zur (inzwischen eingereichten) Klage von Frau W. vor dem Verwaltungsgericht Gelsenkirchen Stellung nimmt: »Nach dem Urteil des VHG Mannheim vom 19. 4. 1977 (ZBR S. 325) ist die Aussage des Bundesverfassungsgerichts (Parteizugehörigkeit als ›ein Stück‹ des einstellungsrelevanten Verhaltens) nicht so zu verstehen, als ob die Parteimitgliedschaft stets nur ein Beurteilungskriterium unter vielen sein könne. Mit dieser Feststellung habe das Bundesverfassungsgericht nur verdeutlichen wollen, was es an anderer Stelle des Urteils so formulierte, daß sich nämlich das Urteil der Einstellungsbehörde ›auf eine von Fall zu Fall wechselnde Vielzahl von Elementen und deren Bewertung‹ zu gründen habe. Dies schließe ein (!), daß die Mitgliedschaft in einer verfassungsfeindlichen Partei *und deren Bewertung* bei Fehlen oder mangelnder Relevanz weiterer Umstände zur alleinigen Beurteilungsgrundlage gemacht werden könne. Zwar bedeute der Beitritt zu einer Partei, der im allgemeinen ganz unterschiedlich motiviert sein könne, keineswegs immer, daß das Mitglied mit den Zielen dieser Partei voll übereinstimme. Jedoch bedeute die freiwillige Mitgliedschaft in der *DKP* in Kenntnis ihres Programms und ihres Statuts nichts anderes als eine Identifikation mit den wesentlichen – verfassungsfeindlichen – Zielen dieser Partei.«

»Was ein starker Denker nicht alles vermag« – pflegte Adorno bei Gedankenakrobatik dieser Art zu sagen. Das Bundesverfassungs-

gericht legt nämlich in dem zitierten Urteil eindeutig fest: »Es handelt sich um ein prognostisches Urteil über die Persönlichkeit des Bewerbers, nicht lediglich um die Feststellung *einzelner* Beurteilungselemente«, wobei Parteimitgliedschaft als ein solches Element ausdrücklich genannt wird. Ein Gesetz, welches die politische Eignung eines Bewerbers aufgrund einer solchen »einzelnen konkreten Verhaltensweise« ausschließt, hält das Gericht für »verfassungsrechtlich bedenklich«.
Der Referent, der im Auftrage des Regierungspräsidenten an Frau W. schreibt, macht sich indessen die interessante Auffassung des VGH Mannheim zu eigen, man dürfe aus Programm und Statuten einer Vereinigung auf die Persönlichkeitsstruktur ihrer Mitglieder sichere Schlüsse ziehen. Walter Bonhoeffer nennt das die faktische Kraft des Normativen. Freilich bemüht sich der Referent um eigene Ergänzungen.

Es klingt auch wenig überzeugend, wenn die Klägerin vortragen läßt, sie sei nicht für alle parteipolitischen Ziele der DKP (für welche nicht?). Nach Nr. 1 des Statuts der DKP vom 12./13. 4. 1969 kann, wie gesagt, Mitglied nur sein, wer die Grundsätze und Ziele der Partei und ihr Statut anerkennt; von gespaltener Anerkennung ist dort nicht die Rede.

Auch hier die gleiche fetischistische Vorstellung von Organisationsmitgliedschaft: zwar darf für die Beurteilung der Persönlichkeit die Parteizugehörigkeit allein nicht den Ausschlag geben; wenn sich aber eine Bewerberin von Zielen ihrer Partei distanziert, darf aus ihrer Parteizugehörigkeit gefolgert werden, daß sie das gar nicht so meinen kann. Und an anderer Stelle:

Auch der Hinweis darauf, daß die Klägerin zu keiner Zeit versucht habe, während ihrer Seminarausbildung Schüler zu indoktrinieren, fällt nicht entscheidend ins Gewicht, denn dazu war sie bereits aufgrund ihrer Beamteneigenschaft ausdrücklich verpflichtet (§§ 55, Abs. 2 LBG), wollte sie anders nicht ein Disziplinarverfahren riskieren.

Man fragt sich: Würde Frau W. als beamtete Lehrerin nicht erst recht ein Disziplinarverfahren riskieren?
Wenn man sich vom diskreten Charme und der beispielhaften Gehorsamsbereitschaft beamteter Juristen nicht zu sehr beeindruk-

ken läßt und der eigenen Laienintelligenz vertraut, stellt sich der Fall der Frau W. ziemlich simpel dar. Das Bundesverfassungsgericht will, daß ein fachlich qualifizierter Bewerber nicht allein aufgrund seiner Mitgliedschaft zur DKP vom öffentlichen Dienst ferngehalten werden darf. Die Landesregierung NRW nimmt sich das zu Herzen und regelt die Einstellungspraxis in entsprechender Weise. Diese Richtlinien werden aber tatsächlich so praktiziert, daß der Beschluß des Bundesverfassungsgerichts verletzt wird. Und diese Praxis wiederum scheint durch die Rechtsprechung einiger Verwaltungsgerichte gedeckt zu werden.

Lassen wir die Prinzipien bürgerlicher Freiheit beiseite, lassen Sie mich schlicht bürgerlich, nämlich unter Gesichtspunkten der Rechtssicherheit, argumentieren. In einem rechtlich geordneten Gemeinwesen möchte man gern wissen, was nun gilt. Wer darf nicht in den öffentlichen Dienst? Bewerber, denen, über bloße Parteizugehörigkeit hinaus, Handlungen der Art nachgewiesen werden können, daß die Behörde ihren Zweifel an der Verfassungstreue im Einzelfall begründen kann? So war's doch wohl gemeint. Oder alle Mitglieder von extremistischen Parteien, also auch der NPD? Die Praxis, jedenfalls in Baden-Württemberg, sieht nicht danach aus. Oder nur Mitglieder der DKP? Einige Verwaltungsgerichte scheinen diese Auffassung zu vertreten. Oder solche DKP-Mitglieder, die in sicherheitsempfindlichen Bereichen tätig werden wollen? Das grenzte ja fast an politische Klugheit. Oder doch vielleicht lieber alle Lehrer, die der DKP angehören?

Im Falle von Frau W. hat das Regierungspräsidium seine Entscheidung so begründet, als *gäbe* es eine Norm, derzufolge Lehrer nicht gleichzeitig der DKP angehören und in der Schule tätig sein dürfen. Von dieser Norm ist mir nichts bekannt. So unsinnig sie auch wäre, ich fände es besser, eine solche Norm käme wenigstens legal zustande. Dann könnte man über Sinn und Unsinn diskutieren und gegebenenfalls eine Klage auf Normenkontrolle anstrengen. Auch wären die Lokomotivführer, die Bundeswehrköche, die Postangestellten und Aushilfsmuseumsaufseher aus dem Schneider. So aber verbreiten unsere Gesinnungsschutzbehörden und die dafür zuständigen Gerichte Nebel; sie wollen die Nacht, in der alle Katzen grau sind. Niemand weiß, wer wer ist und wer wie

behandelt wird; ist *das* der politische Sinn der Berufsverbotspraxis?
Verehrte Frau Dönhoff, lange Zitate verderben die schönste Geschichte. Aber ohne Zitate glaubt man's einfach nicht. Ich habe übrigens nicht recherchieren müssen, um den Fall der Frau W. zu finden. Ich bin in meiner Familie darauf gestoßen; Hildegard W. ist eine Schwägerin meiner Frau. Und ich hätte den Fall nicht präsentiert, wenn ich nicht überzeugt wäre, daß ich in beliebigen deutschen Großstädten binnen kurzem eine Handvoll ähnlicher Fälle identifizieren könnte. Ein Anruf bei einem der Anwälte, die mit diesen Dingen befaßt sind, genügt.
Ihr Artikel hat mich enttäuscht, weil ich mich in den liberalen Grundsätzen mit Ihnen einig weiß. Und ich habe mir diese Enttäuschung vom Herzen geredet, weil ich meinen eigenen Vorbehalten gegen das Russell-Tribunal mißtraue.
Mit besten Empfehlungen bin ich Ihr Jürgen Habermas

21. Umgangssprache, Bildungssprache, Wissenschaftssprache
(1977)

Prominente Anwälte der Tendenzwende haben sich in ihrer Agitation bevorzugt des Mittels der Sprachkritik bedient. Deshalb bin ich gerne der Anregung des Sekretärs der Deutschen Akademie für Sprache und Dichtung gefolgt, in meiner Dankrede aus Anlaß der Verleihung des Sigmund-Freud-Preises[1] *1976 das Thema des Einsikkerns sozialwissenschaftlicher Terminologien in die Umgangssprache zu behandeln. In ausführlicher Form habe ich dieses Thema wieder aufgenommen in dem folgenden Text, der einem am 15. März 1977 in Bielefeld gehaltenen öffentlichen Vortrag zugrundegelegen hat. Zu diesem Vortrag hatte die Max-Planck-Gesellschaft eingeladen.*

»Die Deutschen besitzen die Gabe, die Wissenschaften unzugänglich zu machen.« Ich zitiere Goethe nicht aus Artigkeit; dieses Wort hat vielmehr für die Sozialwissenschaften eine peinliche Aktualität gewonnen. Soziologen, Psychologen, Politologen, Anthropologen, auch Philosophen, allen voran Pädagogen, stehen heute in dem Ruf, sich unnötig abstrakt und überkompliziert auszudrücken. In dem Buch eines Intellektuellen über »Das Elend unserer Intellektuellen« findet sich ein Kapitel über die »Sprache der Theorie«. Darin heißt es: »Die vulgärwissenschaftliche Sprache hat einen allenthalben sichtbaren theoriebedingten Abstraktions- und Komplikationsprozeß durchgemacht. Obwohl Hunderte von jungen Sozialwissenschaftlern mit dem Großmeister der modernen Systemtheorie, Niklas Luhmann, von der Notwendigkeit der ›Reduktion von Komplexität‹ sprechen, sind die wenigsten von ihnen imstande, in ihrem eigenen Sprachgehaben Komplexität zu reduzieren; es ist bis zur Unverständlichkeit komplex. Doch kaum besser geht es den Jüngern linker Theorie, die sich in die Begrifflichkeit des Marxismus einarbeiten ...«[2] Wenn es sich nur darum handelte, daß sich

1 In: Deutsche Akademie für Sprache und Dichtung, Jahrbuch 1976, Heidelberg 1977, 83ff.

2 K. Sontheimer, Das Elend unserer Intellektuellen, Hbg. 1976, S. 243.

Studenten eines Fachjargons bedienen, der die wissenschaftliche Analyse nicht fördert, sogar behindert, dann würde das zwar die sozialwissenschaftlichen Disziplinen, mindestens unseren Lehrbetrieb, in ein merkwürdiges Licht rücken, aber ein öffentliches, gar ein politisches Ärgernis könnte daraus nicht entstehen. Die Kritiker zielen auch gar nicht auf eine sprachlich verwahrloste Lehr- und Forschungspraxis, sondern auf den Umstand, daß sozialwissenschaftliches Vokabular über die fachspezifischen Öffentlichkeiten hinaus auf allgemeine Sprachbereiche übergreift, in denen es Beunruhigungseffekte auslöst: »Aus dem neuen Theoriebewußtsein dringen die von ihm geprägten Wörter in die tägliche Sprechweise ein, verunsichern oft die hergebrachten Bedeutungsgehalte und verweisen, wenn sie einmal etabliert sind, auf das umfassendere theoretische Gebäude, dem sie entlehnt sind.«[3] Während Sontheimer noch neutral davon spricht, daß der Einbruch theoretisch vermittelter Inhalte die politische Sprache »verändert«, spricht Stegmüller bereits von einer »semantischen Verschmutzung der geistigen Umwelt«.[4] Ganze Tagungen befassen sich mit dem Thema: »Sprache und Politik – Können Begriffe die Gesellschaft verändern?«[5] Und für den Politologen Hans Maier, den Philosophen Hermann Lübbe, den Soziologen Helmut Schelsky ist es keine Frage mehr, daß die neue terminologische Mobilität der Bildungssprache kein naturwüchsiger, sondern ein politisch gesteuerter Vorgang ist: eine sogenannte Reflexionselite übt ihre Herrschaft im Modus der Sprachpolitik aus.[6] »Souverän ist, wer den Sachverhalt definiert« – mit dieser Abwandlung der Carl-Schmittschen Notstandsformel begründet Schelsky seine These von der »Herrschaft durch Sprache«: »Die Beherrschung durch Sprache scheint uns die vorläufig letzte Form der Versklavung von Men-

3 Ebd., S. 242f.

4 W. Stegmüller, Hauptströmungen der Gegenwartsphilosophie Bd. II, Stuttg. 1975, S. X.

5 Bergedorfer Gespräche, Protokoll Nr. 41, 1972.

6 H. Maier, Die Sprache der Neuen Linken verhindert den Dialog, FAZ vom 13.7. 1972; H. Lübbe, Der Streit um Worte, in: ders., Bewußtsein in Geschichten, Frbg. 1972, S. 132ff.; ders., Sein und Heißen, in: ders., Fortschritt als Orientierungsproblem, Frbg. 1975, S. 134ff.; H. Schelsky, Die Arbeit tun die anderen, Opladen 1975, S. 233-255.

schen zu sein, die als soziale Wesen auf den Verkehr durch Sprache genauso angewiesen sind, wie jeder lebende Organismus auf die Zufuhr von Nahrung und Sauerstoff. In der Herrschaft durch Sprache ist ein Herrschaftsgrad von Menschen über Menschen erreicht, demgegenüber physische Gewalt geradezu ... veraltet ist.«[7] Dieser Satz ist nicht falsch; freilich müßte sich Schelsky die Theorie, die dem Satz einen präzisen Sinn geben könnte, bei seinen unter Sprachherrschaftsverdacht stehenden Kollegen ausleihen; dann würde auch klar, daß Veränderungen der Bildungssprache, soweit sie überhaupt unter dem Einfluß der Sozialwissenschaften zustande kommen, weder das Resultat einer gezielten Wortgebrauchspolitik sind noch eine Herrschaft von Intellektuellen anzeigen.

Als mich Herr Lüst bat, vor einem allgemeinen Publikum über Arbeiten aus unserem Institut zu berichten, habe ich mich gefragt, ob ich mich vor dem eben charakterisierten Hintergrund naiv verhalten dürfte oder ob ich nicht den Prozeß der Verbreitung sozialwissenschaftlicher Ergebnisse selber zum Thema machen sollte – wenigstens unter einem, nämlich dem sprachlichen Aspekt. Ich habe mich für diese Möglichkeit entschieden, deshalb werde ich eines unserer Projekte nur im Vorbeigehen behandeln.

I

Lassen Sie mich zunächst die Ausdrücke Umgangssprache, Fachsprache, Wissenschaftssprache und Bildungssprache erläutern. Unter *Umgangssprache* verstehen wir die Sprache, die der Angehörige einer Sprachgemeinschaft »im Alltag«, eben im täglichen Umgang mit seinen Sprachgenossen benutzt. Mindestens *eine* natürliche Sprache bildet die Umgebung, in der das Kind sprechen lernt. Die Umgangssprache wird »naturwüchsig« gelernt. In dieser Hinsicht unterscheidet sie sich von Fachsprachen. Eine *Fachsprache* erwirbt man, indem man sich spezielle Kenntnisse aneignet, z. B. Berufskenntnisse: so haben die Bergleute, Jäger und Fischer,

7 H. Schelsky, Der selbständige und der betreute Mensch, Stuttg. 1976, S. 116.

überhaupt Seeleute, natürlich auch Bauern und Handwerker einen Schatz von Fachworten angesammelt, für den sich die Sprachwissenschaft seit langem interessiert.[8] Fachsprachen erlauben für spezielle Lebensbereiche eine größere Präzision der Rede; diese beruht aber nicht immer darauf, daß die Verwendung fachsprachlicher Ausdrücke explizit geregelt wird. In dieser Hinsicht unterscheidet sich die *Wissenschaftssprache* von den übrigen Fachsprachen. Eine Wissenschaftssprache muß sich für die Funktion der tatsachenfeststellenden Rede und speziell für die Prüfung von Aussagen eignen. Daraus erklärt sich ein hoher Grad der Normierung und ein entsprechend kontextfreier Gebrauch der sprachlichen Ausdrücke sowie deren Einbettung in einen theoretischen Zusammenhang. Wissenschaftliche Termini belasten denjenigen, der sie verwendet, mit stärkeren Verteidigungspflichten; wer sie verwendet, erweckt beim Hörer bestimmte Begründungserwartungen: »Zu behaupten, daß Eisen ein Element sei, Wasser aber nicht, schließt andere Verteidigungspflichten ein als die Behauptung, daß die Elemente auch im Zeitalter der Technik ihre Gefährlichkeit für den Menschen nicht verloren hätten.«[9]

Für die Wissenschaftstheorie ist das Verhältnis der Wissenschafts- zur Umgangssprache von großem Interesse. Ich kann auf diese Diskussion nicht im einzelnen eingehen[10], erwähnen möchte ich aber einen Aspekt.[11] Einerseits ist die Wissenschaftssprache von der Umgangssprache abhängig. Wir müssen mindestens eine Umgangssprache beherrschen, bevor wir uns eine Wissenschaftssprache aneignen; denn kein Ausdruck einer Wissenschaftssprache wäre sinnvoll, wenn er nicht in *einigen* Kontexten durch umgangssprachliche Ausdrücke ersetzt werden könnte. Der methodische Aufbau einer mehr oder weniger streng normierten Sprache erfordert eine andere Sprache, in der wir diese expliziten Regelungen vornehmen;

8 H. Bausinger, Deutsch für Deutsche, Ffm. 1972, S. 66ff.

9 P. Janich, Die methodische Abhängigkeit der Fachsprachen von der Umgangssprache, in: J. S. Petöfi, A. Podlech, E. v. Savigny (Hrsg.), Fachsprache – Umgangssprache, Kronberg 1975, S. 36.

10 W. Stegmüller, Probleme und Resultate der Wissenschaftstheorie, Bd. II, Berlin 1970, Kap. III, IV, V.

11 E. v. Savigny, Inwiefern ist die Umgangssprache grundlegend für die Fachsprachen? in: Fachsprache – Umgangssprache, a.a.O., S. 1-32.

wenn dieses wiederum eine normierte Sprache ist, ergibt sich hier dieselbe Forderung. Aber am Ende stoßen wir auf eine Sprache, die in ihren definierenden Teilen nicht explizit geregelt ist – eben auf die Umgangssprache. In einer anderen Hinsicht hängt freilich die Umgangssprache ihrerseits von Fach- und Wissenschaftssprachen ab. Denn Wissensfortschritte setzen sich im alltäglichen Bewußtsein dadurch fest, daß Termini (und in selteneren Fällen auch syntaktische Formen) aus einer Wissenschaftssprache in den natürlichen Sprachgebrauch übernommen werden. So weiß man heute in der Regel, daß Walfische keine Fische sind: sie leben zwar im Wasser, atmen aber nicht mit Kiemen. Die Verwendungsregeln des Ausdrucks »Fisch« sind zunächst in der biologischen Fachsprache präzisiert und dann, trotz des Wortrelikts »Walfisch«, auch in die Umgangssprache übernommen worden.[12]

Indem theoretische Begriffe in die Umgangssprache einwandern, tritt zwar ein Gewöhnungseffekt ein: die exakten Verwendungsregeln und der präzise begriffliche Kontext gehen zum Teil wieder verloren; aber auch dann hinterläßt die wissenschaftssprachliche Reformation der Umgangssprache ihre Spuren. Einige Philosophen haben deshalb die Vorstellung entwickelt, daß nach und nach *alle* Bestandteile der Umgangssprache durch Elemente einer Wissenschaftssprache ersetzt werden könnten. Mit dieser Revolutionierung der Umgangssprache würde am Ende auch der Alltag durch

12 W. E. Essler, Wissenschaftstheorie I, Frbg. 1970, S. 39-62. »Daß die Sprache des Alltags ein merkwürdiges Konglomerat aus Fossilien vergangener und toter *Theorien* ist, kann man besonders gut auch am Begriff der Kraft sehen. Dieser aus der Physik des Aristoteles stammende Begriff hat erst im Hochmittelalter langsam Eingang in die Sprache der gebildeten Welt gefunden, zu einer Zeit also, als sich bereits die ersten Ansätze zur Revision des Aristotelischen Weltbildes zeigten. Der Newtonsche Kraftbegriff hat erst Ende des vergangenen Jahrhunderts Eingang in die Umgangssprache gefunden, als man auf den höheren Schulen begann, in größerem Umfang Physik zu lehren; zu dieser Zeit wurde die Newtonsche Mechanik jedoch unter Physikern bereits einer Revision unterzogen. Der Kraftbegriff unserer heutigen Alltagssprache ist eine undefinierbare Mischung aus aristotelischem Weltverständnis und Newtonscher Exaktheit, enthält jedoch (noch) keine Spur von den durch die Relativitätstheorie und Quantenmechanik beschriebenen Zusammenhängen.« Vgl. auch H. Rieser, Umgangssprache, Fachsprache und das Problem der Interpretation fachsprachlicher Texte, in: Fachsprache – Umgangssprache a. a. O., S. 117-141.

die theoretische Begrifflichkeit der Wissenschaften strukturiert – der Lebenswelt würden alle Naivitäten abgestreift. Diese Utopie hat für Wissenschaftstheoretiker einen gewissen Reiz, aber es besteht auf lange Sicht keine Aussicht, daß sie für das tägliche Leben aktuell werden könnte.

Uns interessiert, wie die Umgangssprache tatsächlich Elemente von Wissenschaftssprachen absorbiert. Neben der Berufspraxis ist die Öffentlichkeit das andere große Einfallstor, durch das wissenschaftliches Vokabular in das allgemeine Bewußtsein eindringt; und darauf will ich mich konzentrieren.

In der Öffentlichkeit verständigt sich ein Publikum über Angelegenheiten allgemeinen Interesses. Dabei bedient es sich weitgehend der *Bildungssprache*. Die Bildungssprache ist die Sprache, die überwiegend in den Massenmedien, in Fernsehen, Rundfunk, Tages- und Wochenzeitungen benutzt wird. Sie unterscheidet sich von der Umgangssprache durch die Disziplin des schriftlichen Ausdrucks und durch einen differenzierteren, Fachliches einbeziehenden Wortschatz; andererseits unterscheidet sie sich von Fachsprachen dadurch, daß sie grundsätzlich für alle offensteht, die sich mit den Mitteln der allgemeinen Schulbildung ein Orientierungswissen verschaffen können. Dieses Orientierungswissen kann in sehr verschiedenen Tiefenschärfen ausgebildet werden; in diesem Sinne »orientiert« die millionenstarke Bild-Zeitung ebenso wie die kulturell-politische Monatsschrift mit einer Auflage von weniger als 5000 Exemplaren. Das Orientierungswissen stützt sich auf die Kenntnis spezieller Sachverhalte, aber es ordnet diese Kenntnisse in relevante Zusammenhänge einer Lebenswelt ein. So entstehen beispielsweise »Arsenschlämme« als Abfallprodukt bei der Verhüttung von sulfidischen Erzen wie Eisen, Nickel, Blei, Zink, Kupfer; dieser Vorgang läßt sich im einzelnen chemisch erklären; aber lebensweltlich relevant wird dieses Wissen unter anderem dann, wenn die Ablagerung von Arsenschlämmen die Trinkwasserversorgung gefährdet, weil es bisher technisch noch nicht gelungen ist, das Abfallprodukt unschädlich oder gar für eine industrielle Weiterverarbeitung nutzbar zu machen. Das Orientierungswissen ermöglicht es uns, auf sehr verschiedenen Ebenen der Artikulation »die Verbindungslinien des Faches mit dem Ganzen der Welt und der

Lebensaufgaben wahrzunehmen.«[13] Mit dieser Formulierung hat Max Scheler das, was er Bildungswissen nannte, charakterisiert. Und diesem Bildungs- oder Orientierungswissen hat er die *Bildungssprache* zugeordnet.[14] Sie wird durch die Funktion, Fachwissen in die einheitsstiftenden Alltagsdeutungen einzubringen, definiert. Die Bildungssprache ist ein Medium, durch das Bestandteile der Wissenschaftssprache von der Umgangssprache assimiliert werden.[15]

Das Beispiel des Arsenschlamms habe ich dem »Aktuellen Lexikon« der Süddeutschen Zeitung entnommen. Seit Januar 1974 erklärt diese Zeitung täglich einen Begriff, der häufiger auftritt, aber so ungewohnt ist, daß er noch der Erläuterung bedarf. »Bei der Auswahl der Stichworte«, so heißt es im Vorwort des ersten der drei bisher erschienenen Bände, »bemüht sich die Redaktion, vielseitigen Interessen Rechnung zu tragen. Die Erläuterungen erstrecken sich also nicht nur auf politische und wirtschaftliche Aktualitäten; in knapper Form werden die Leser auch mit Begriffen aus Geographie, Wissenschaft, Technik, Kirche und Sport vertraut gemacht.« Wenn wir davon ausgehen, daß der Redaktion keine systematischen Fehler unterlaufen sind, müßte sich hier die besondere Sprachosmose abzeichnen, die unsere Sprachkritiker den Sozialwissenschaften zur Last legen. Wie sieht die Struktur des Stichwortschatzes aus?

Die stärkste Gruppe der Stichworte bezieht sich auf neue oder weniger bekannte Institutionen, vor allem im Bereich der Politik, der Wirtschaft, des Rechts und des Militärs: die Erläuterungen reichen von »Europarat« und »Bafög« über den »Internationalen Währungsfond« und die »Opec«, die »Menschenrechtskonvention« und den »Generalbundesanwalt« bis zur »Nuklearen Planungsgruppe«. Für den Bereich Politik und Wirtschaft werden

13 M. Scheler, Die Wissensformen und die Gesellschaft, Bern 1960, S. 394.

14 Ebd., S. 32 und S. 63.

15 Ich habe diese Frage kurz behandelt in einer Rede aus Anlaß der Verleihung des Sigmund-Freud-Preises, in: Jahrbuch der Deutschen Akademie für Sprache und Dichtung 1976, Heidelberg 1977, S. 34-39. Vgl. dazu auch den Essay von Andreas Flitner, dem ich Anregungen verdanke: Sprache und literarischer Stil in den Sozialwissenschaften und in der Pädagogik, Z. F. Päd., Jg. 23, 1977, S. 1-8.

ferner eine große Zahl von juristischen und ökonomischen Begriffen geklärt: zum Beispiel Arrestanspruch, Durchgriffshaftung, Zurechnungsfähigkeit, höhere Gewalt, Mietkauf, Schutzhaft, Vorkaufsrecht; Devisenausgleich, Kapitalverkehrskontrolle, Konjunkturrücklage, Lombardkredit, Währungsschlange usw. Viele Stichworte stammen sodann aus dem Bereich der Technik, wobei die Auswahl durch die alltäglichen Interessen an Sicherheit, Gesundheit, Umweltschutz und Kommunikation bestimmt ist: C-Waffen, MIRV, Schleudersitz, Atommüll, Schweres Wasser, Strontium, Bleitetraäthyl, Raumsonden, Breitbandkommunikation, Bildplatte, Flugzeugtelephon usw. Es folgen Stichworte aus der Medizin und verschiedenen technischen Disziplinen. Einige Naturwissenschaften werden mit ihren Namen vorgestellt: es gibt die Stichworte »Festkörperforschung«, »Erdbebenforschung«, »Plasmaphysik« und »Ökologie«. Aus dem Bereich der Sozialwissenschaften wird *eine* Theorie erwähnt: der Malthusianismus, ferner eine Reihe von Phänomenen, die sich mit sozialwissenschaftlichen Mitteln beschreiben lassen: Psychokinese, Hospitalismus, Exorzismus, Feminismus, Streß, Deprivation. Erstaunlicherweise findet sich aber unter den annähernd neunhundert Stichworten nur ein einziger sozialwissenschaftlicher Grundbegriff, nämlich »Sozialisation«, nur ein einziges Beispiel also für jenes sozialwissenschaftliche Vokabular, mit dessen Hilfe die linke Intelligenz angeblich ihre Sprachherrschaft ausübt. Sollten sich die Generalstäbler an der semantischen Bürgerkriegsfront, die der Bildungssprache ihre sozialwissenschaftliche Unschuld zurückgeben möchten, so geirrt haben?

Lassen Sie mich in drei Schritten vorgehen. Ich möchte das Phänomen, um das es hier geht, etwas genauer bestimmen (II); sodann einen Vorschlag machen, wie dieses Phänomen erklärt werden kann (III) und schließlich die Erklärung an einem etwas ausführlicheren Beispiel plausibel machen (IV).

II

Die neue Sprachkritik ist sparsam mit Beispielen. Deshalb wird nicht so recht klar, daß sie sich auf mindestens drei verschiedene Vorgänge bezieht. *Erstens* auf die Ablösung eines akademisch inspirierten Jargons durch einen anderen: Jargonworte wie »reflektieren«, »hinterfragen«, »artikulieren«, »umfunktionieren« usw. kennzeichnen (neben syntaktischen Eigenheiten) eine intellektuelle Mode; ihr Gebrauch erfüllt unter anderem die Funktion, die Zugehörigkeit zu Subkulturen zu regeln. Dieses Phänomen ist teils ärgerlich, teils komisch, jedenfalls kurzlebig; es hat mit dem Eindringen sozialwissenschaftlichen Vokabulars in die Bildungssprache nichts zu tun. *Zweitens* richtet sich die Sprachkritik gegen eine Bedeutungsverschiebung von Begriffen, die in der Bildungssprache bereits vorhanden sind. Das gilt für Begriffe des politischen Alltags wie progressiv und konservativ, aber auch für Begriffe wie Demokratisierung, Gesellschaft, Legitimation, die in entsprechenden theoretischen Zusammenhängen eine präzise Bedeutung haben. Ein weiteres Beispiel ist das Wort »Emanzipation«. Auf jener Münchner Tagung, die die »Tendenzwende« publik gemacht und zugleich die Bildungssprache um diesen Ausdruck bereichert hat, ist Robert Spaemann von der Beobachtung ausgegangen, daß seit einigen Jahren, insbesondere unter Pädagogen, das Wort »emanzipiert« fast nie, stattdessen »emanzipatorisch« häufig vorkommt; er bemängelt dann, daß der Begriff Emanzipation nicht mehr im Sinne der Erlangung eines Status, sondern im Sinne eines Prozesses der Loslösung aus Abhängigkeit verwendet wird. Der Ausdruck bedeute geradezu ein Ideal, der einem unendlichen Prozeß vorschwebe.[16] Spaemann selbst zitiert allerdings einen Lexikonartikel aus dem Jahre 1840, wo »Emanzipation« bereits in dem inkriminierten Sinne, der ja offensichtlich auf Kant zurückgeht, definiert wird. Natürlich hat sich in den konservativen Staatstheorien ein Teil jener statusorientierten Begriffswelt, die seit 1789 auch politisch in Frage gestellt worden ist, erhalten. Aber nach zweihundert Jahren liegt wohl die Beweislast für die Konservierung

16 R. Spaemann, Emanzipation – ein Bildungsziel? in: Tendenzwende, Stuttg. 1975, S. 75-93.

einer alteuropäischen Bedeutungsschicht eher auf Spaemanns Seite. Mit dieser Glosse möchte ich nur folgendes sagen: es ist ein normaler, für die Wissenschaftstheorie übrigens recht interessanter Vorgang, daß sich im Verlauf der Wissenschaftsentwicklung der Bedeutungsgehalt theoretischer Ausdrücke verändert. Dieser Sprachwandel läßt sich freilich nur durch Argumentation, nicht durch eine mit sprachpolitischen Mitteln betriebene Ideologieplanung beeinflussen.
Allein das *dritte* Phänomen, auf das sich die Sprachkritik bezieht, ist für unser Problem wichtig: das Eindringen von sozialwissenschaftlichen Ausdrücken, deren Verwendung in einem theoretischen Zusammenhang festgelegt worden ist, in die Bildungssprache. Schelsky nennt »strukturelle Gewalt« als Beispiel.[17] Dieser Ausdruck ist 1969 von dem norwegischen Politikwissenschaftler Johann Galtung eingeführt worden, um zum Beispiel diejenigen Abhängigkeiten der Entwicklungsländer zu charakterisieren, die nicht durch den unmittelbar politischen Einfluß der Industriestaaten, sondern durch Strukturen des Weltmarktes zustande kommen.[18] Der Ausdruck kennzeichnet, kurz gesagt, sozialstrukturell verankerte Abhängigkeitsverhältnisse, die eine anonyme und latente Ausübung von Gewalt ermöglichen und als die Unterdrükkung von Personen durch Personen gar nicht in Erscheinung treten müssen. Nun lassen sich nicht nur internationale Austauschbeziehungen unter diesem Aspekt betrachten, sondern beispielsweise auch die Beziehungen innerhalb einer Familie. Empirische Untersuchungen über pathogene, d.h. krankmachende Familien haben gezeigt, daß ein unausgetragener Familienkonflikt häufig zu Lasten des schwächsten Familienmitgliedes stillgestellt wird: in solchen Fällen darf das Familiensystem mit Hilfe des Ausdrucks »strukturelle Gewalt« beschrieben werden. Sobald ein solcher Begriff über die Bildungssprache in das Alltagsbewußtsein von sozialwissenschaftlichen Laien eindringt, kann er zu einer Umorientierung in der Wahrnehmung und der Interpretation eines wichtigen Aus-

17 Die Arbeit tun die anderen, a.a.O., S. 243ff.

18 J. Galtung, Violence, Peace and Peace Research, Journ. Peace Res. 6, 1969, S. 167-191, deutsch in: D. Senghaas, Kritische Friedensforschung, Ffm. 1971, S. 55-104.

schnittes ihrer Lebenswelt führen. Es kann zu einem *Kippeffekt* kommen, der das Bild von einer heilen Familie in sein Gegenteil verkehrt. Indem wir einen Ausdruck, der auf theoretische Zusammenhänge verweist, auf bisher naiv verstandene Lebensverhältnisse anwenden, gewöhnen wir uns daran, diesen Teil unserer Umwelt anders zu interpretieren, mit anderen Augen zu sehen.

Wir können uns das auch an dem Ausdruck »Sozialisation« klarmachen. Er wird in dem erwähnten Lexikon folgendermaßen erklärt: »Als *Sozialisation* gilt in der Soziologie ganz allgemein jener Lernprozeß, innerhalb dessen sich ein Kind im Lauf der Zeit die in der Gesellschaft geltenden ›Spielregeln‹, Wertorientierungen und Verhaltensgewohnheiten aneignet, um später an seiner sozialen Umgebung verständig und kooperativ teilnehmen zu können ... Anders als der Begriff der *Erziehung*, der lediglich die bewußten, gezielten Einflüsse umfaßt, schließt Sozialisation auch jene Einflüsse mit ein, die sich unbemerkt und ungewollt, gleichsam automatisch vollziehen.«[19] Mit dem Ausdruck Sozialisation wird dem Laien für einen relevanten und naheliegenden Erfahrungsbereich eine Deutungsperspektive angeboten, die geeignet ist, ein naives Vorverständnis »umkippen« zu lassen: er sieht plötzlich, daß der Heranwachsende die Fähigkeiten, die er erwirbt, und die Schwierigkeiten, in die er gerät, nicht in erster Linie einem natürlichen Reifungsvorgang oder dem bewußten Erziehungsverhalten seiner Eltern und Lehrer verdankt, sondern den Beziehungsmustern, die den Verkehr in der Familie bestimmen, den Wertvorstellungen, denen die Eltern folgen, den Einstellungen und Sprachgewohnheiten der gesellschaftlichen Umgebung usw. In dieser Perspektive erscheinen plötzlich Einrichtungen wie Familie, Schule, Betrieb, Funkanstalten als Agenturen, über die die Gesellschaft die Motive und Fähigkeiten ihrer Mitglieder formt.[20]

Nun könnte man einwenden, daß *jeder* Sprachwandel Effekte der Umorientierung hervorbringt, daß solche Effekte für das Eindringen theoretischer Ausdrücke in die Umgangssprache nicht spezi-

19 Aktuelles Lexikon der Süddeutschen Zeitung Bd. 1, 1975, S. 251.

20 Vgl. die Erläuterungen bei E. K. Scheuch, Th. Kutsch, Grundbegriffe der Soziologie, Bd. 1, Stuttg. 1972, S. 98-156.

fisch sind. In jeder Generation schreiben ja Historiker unsere Geschichte neu, und sie tun das mit Hilfe neuer Interpretationen und neuer Worte. Sehen wir uns aber an, wie zwei zeitgenössische Historiker das deutsche Kaiserreich zur Zeit seiner Gründung beschreiben. Der eine vermittelt mit seiner Schilderung einen komplexen Gesamteindruck: »Es war ja kein hochfliegendes, geistig produktives Zeitalter, dies späte 19. Jahrhundert, auch anderswo nicht. Immerhin, aus Frankreich kamen nun die impressionistischen Maler, die Dichtung Verlaines, der soziale Roman, aus Rußland die gewaltigsten Romanwerke des Jahrhunderts. Aus Deutschland kamen industrieller Fortschritt, militärische Trompetenstöße und Politik. Läßt man das Gesamtbild wie von ferne auf sich wirken, ohne noch die einzelnen Figuren zu betrachten, so bleibt ein fatal gemischter Eindruck: hartgesottene ›Realpolitik‹ und schwüle Religiosität, prunkende Theatralik, selbstgerechter Nationalismus, bei allem inneren Zank, Materialismus, überwältigt von den Erfolgen der Naturwissenschaft und doch bereit, in billigen Mystizismus umzuschlagen.«[21] Es fehlt nicht an Fremdwörtern und an Begriffen, aber sie werden wie Pinselstriche für ein Gemälde verwendet. Der andere Historiker bedient sich seiner Begriffe, um eine Fragestellung zu präzisieren: »Als einziger von allen okzidentalen Nationalstaaten ist das Deutsche Kaiserreich von 1871 nicht nur im Zuge der preußischen militärischen ›Revolution von oben‹ aus drei Kriegen innerhalb von sechs Jahren hervorgegangen, sondern auch in einer Zeit begründet worden, die zugleich mit dem Abschluß der deutschen Agrarrevolution den Durchbruch der deutschen Industriellen Revolution erlebte ... In eine 1867/71 nur zum Teil institutionell umgebaute, weithin noch traditionale, jedenfalls von vorindustriellen Eliten beherrschte Gesellschaft drang mit damals beispielsloser Geschwindigkeit die fortgeschrittenste Technologie des Westens ein und beschleunigte die soziale Veränderung. Wie die Repräsentanten der traditionalen Gesellschaft auf diesen sozial-ökonomisch-politischen Strukturwandel in den folgenden fünfzig Jahren reagiert und wie ihre Gegenspieler

21 G. Mann, Deutsche Geschichte des 19. und 20. Jahrhunderts, Ffm. 1958, S. 461.

gehandelt haben, das stellt ein Zentralthema der Reichsgeschichte dar.«[22]

Ich möchte diese beiden willkürlich herausgegriffenen Zitate nicht zur Grundlage einer Bewertung machen; aber sie illustrieren den Unterschied zwischen einer Darstellung, die sich der sprachlichen Mittel der im 19. Jahrhundert wurzelnden erzählenden Geschichtsschreibung bedient, und einer anderen Darstellung, deren Sprache bereits durch die sozialwissenschaftliche Terminologie geprägt ist. Ausdrücke wie traditional, Gesellschaft, Revolution von oben, Agrarrevolution, verspätete Nation, vorindustrielle Elite sind vielleicht abstrakter als die schwüle Religiosität, die prunkende Theatralik, der selbstgerechte Nationalismus und der billige Mystizismus; was sie auszeichnet ist aber nicht ihre Abstraktionsebene, sondern der Umstand, daß sie jeweils auf einen bestimmten theoretischen Zusammenhang verweisen. Sie haben schärfere und anspruchsvollere Konnotationen; sie haben eine größere Erklärungskraft und sie erlegen demjenigen, der sie verwendet, strengere Argumentationspflichten auf. Mit dem Einwandern des sozialwissenschaftlichen Vokabulars verändert sich, wie ich glaube, die Struktur der Bildungssprache. Diese Behauptung möchte ich nun meinerseits mit einem Blick auf das späte 19. Jahrhundert erläutern.

Grob vereinfacht, war damals eine Bildungssprache zusammen mit einer sozial eng umschriebenen Gymnasialbildung gut institutionalisiert. Sie war in Syntax und Semantik durch Formen der klassischen Literatur und durch Grundbegriffe der idealistischen Philosophie geprägt. Die Wissenschaften, die über die Bildungssprache mit dem öffentlichen Bewußtsein kommunizierten, waren in erster Linie die hermeneutisch verfahrenden, die traditionsfortbildenden Geisteswissenschaften; großen Einfluß hatte die Historische Schule.

Dieses Monopol ging mit der breitenwirksamen Rezeption zunächst von Darwin, später von Freud verloren. Weder Evolu-

22 H. U. Wehler, Das Deutsche Kaiserreich 1871-1918, Göttingen 1973, S. 19. Dieses Buch hat Golo Mann wohl vor Augen bei seinem Angriff auf die »Neue Historie«: G. Mann, Die alte und die neue Historie, in: Tendenzwende a.a.O., S. 41-58, beispielsweise S. 51.

tionstheorie noch Psychoanalyse fügten sich in den bekannten bildungssprachlichen Horizont ein; dennoch veränderten sie radikal das Selbstverständnis eines größeren Publikums. Mit ihnen drang ein neuer Typus von Wissen ins Alltagsbewußtsein ein, nicht mehr das historisch-philologisch vermittelte Wissen, das Überlieferungen interpretiert und uminterpretiert, sondern ein empirisch-theoretisches Wissen, das die Autorität der Naturwissenschaften, ob nun zu Recht oder nicht, im Rücken hatte und gleichzeitig starke Effekte der Umorientierung hervorbrachte. Die Begriffe der Metapsychologie, das Unbewußte, der Aggressionstrieb und die Libido, Ich, Es und Über-Ich sind terminologische Kunstworte, die in die Bildungssprache eingedrungen sind, obwohl sie dem bildungshumanistischen Wortschatz weder entlehnt noch angeglichen waren, obwohl sie nicht dazu dienten, Traditionen fortzuführen oder in ein neues Licht zu rücken, sondern dazu, theoretische Annahmen über die Psychopathologie des Alltagslebens zum kritischen Bestandteil des Alltagsbewußtseins selbst zu machen. Freilich hat die Psychoanalyse, jedenfals in unserem Lande, erst spät öffentliche Wirksamkeit erlangt, erst seit den 50er Jahren. Auf die Psychoanalyse sind seit dem Ende der 50er Jahre neue Begriffsschübe gefolgt: die Lernpsychologie, die Tierverhaltensforschung, vor allem die Sozialwissenschaften, sogar die theoretische Linguistik haben die Bildungssprache mit ihren Terminologien durchsetzt. Dieser Vorgang ist durch die Protestbewegung Ende der 60er Jahre beschleunigt und darum überprägnant wahrgenommen worden. Wie wir gesehen haben, ist der Prozeß keineswegs so weit fortgeschritten, wie die eingangs erwähnten kulturkämpferischen Gebärden vermuten lassen. Davon unberührt bleibt aber der Kern des Phänomens: die hohe Reizqualität dieser Bedeutungsfelder.

III

Lassen Sie mich nun versuchen, dieses Phänomen zu erklären. Zunächst müßte man die langfristigen Veränderungen in der Konstellation von Wissenschafts- und Umgangssprache genauer kennen und mit gesellschaftlichen Trends in Zusammenhang bringen. Dabei würden vermutlich eine Rolle spielen:

- die Öffnung der weiterführenden Schulen für breitere Schichten und eine soziale Entdifferenzierung des früheren »Standes« der akademisch Gebildeten;
- eine Verlagerung der Gewichte innerhalb des Wissenschaftssystems zugunsten der Natur- und der Sozialwissenschaften;
- die Pädagogisierung der Wissensvermittlung auch auf den Hochschulen und die Akademisierung vieler Berufe;
- die Ausbreitung der Massenmedien und die Entstehung einer Massenkultur.

Man müßte sodann die wichtigsten Kanäle untersuchen, durch die theoretische Entwicklungen und terminologische Neuerungen der Sozial- und Verhaltenswissenschaften heute in die Bildungssprache einfließen. Dafür sind aussichtsreiche Kandidaten:
- die Massenmedien;
- Pädagogik und Lehrerbildung[23];
- die wissenschaftliche Politikberatung[24];
- das Versorgungsnetz der psychologischen Lebenshilfen.

Unsere spezielle Frage würde damit freilich noch nicht beantwortet, die Frage, warum es nicht die große Masse der terminologischen Neuerungen, das durch technische Entwicklung, Medizin, Recht und Politik eingeschleuste Vokabular ist, das Beunruhigung auslöst. Das hängt gewiß damit zusammen, daß die speziellen Theorien, die mit diesen Ausdrücken assoziiert sind, nicht unmittelbar auf das Selbstverständnis von Gruppen und Individuen durchschlagen; daß nicht sie das Orientierungswissen transportieren, welches einst von den Geisteswissenschaften angeboten worden ist. Aber der Umstand, daß die Bildungssprache verstärkt sozialwissenschaftliche Inhalte in sich aufnimmt und spezifisch geisteswissenschaftliche Inhalte verdrängt, erklärt noch nicht, warum gerade diese Bedeutungsfelder aufregend sind. Das dürfte nur dadurch zu

23 So findet man zwischen »abweichendes Verhalten« und »Zukunftsforschung« alle einschlägigen Ausdrücke wie: Demokratisierung, Emanzipation, Gruppendynamik, Kommunikation, Konflikt, Ideologie, System, Politische Ökonomie, Rolle usw. in einem Wörterbuch der Erziehung, hrsg. von Chr. Wulf, München 1974.

24 H. Wagner, Die deutsche Verwaltungssprache der Gegenwart, Ddf. 1970.

erklären sein, daß die Verschiebung von den Geistes- zu den Sozialwissenschaften nicht nur einen Wechsel der Perspektiven und der *Inhalte*, sondern eine Veränderung in der *Struktur* des Wissens bedeutet. Zwar haben die Sozial- und Verhaltenswissenschaften keineswegs eindrucksvolle Theorien vorzuweisen, aber sie treten mit dem methodischen Anspruch auf, theoretisches Wissen zu gewinnen. Die Kenntnis von Gesetzmäßigkeiten soll uns instandsetzen, Phänomene nicht nur narrativ, in Form von Erzählungen oder Erläuterungen, sondern mit Hilfe von theoretisch abgeleiteten Hypothesen zu erklären. Die Leistungsfähigkeit der Sozialwissenschaften mag noch so gering sein, ihre Begriffe und Hypothesen sind dazu gemacht, Theorien zu bilden. Soweit sie in die Bildungssprache einfließen, verändern sich darum nicht nur die *Inhalte* des handlungsorientierenden Wissens, sondern die Art und Weise, *wie* etwas gewußt wird.

Eine Rede, in der viele theoretische Ausdrücke auftreten, empfinden wir als schwer oder als überfrachtet. Worin besteht diese Fracht? Da ein theoretischer Ausdruck auf andere theoretische Ausdrücke verweist, müssen erstens Sprecher und Hörer den wissenschaftlichen Kontext des einzelnen Ausdrucks kennen; und da ein theoretischer Ausdruck demjenigen, der ihn gebraucht, besondere Verteidigungspflichten auferlegt, muß zweitens der Sprecher aufkommenden Zweifeln mit Argumenten begegnen können. Wenn theoretische Ausdrücke in die Bildungssprache Eingang finden, werden diese beiden Voraussetzungen eines korrekten Gebrauchs wohl entschärft, aber in abgeschwächter Form müssen sie bestehen bleiben, wenn der Bedeutungsgehalt nicht verschwimmen soll. So würde ein Leser die beiden angeführten historischen Textstellen nicht richtig verstehen, wenn man nicht bemerkte, daß der eine Text aufgrund der Gebrauchsregeln der darin verwendeten Ausdrücke weitergehende Kenntnisse und Pflichten voraussetzt als der andere Text. Ein naiver Umgang mit sozialwissenschaftlichem Vokabular kommt freilich nicht von ungefähr. In den Sozialwissenschaften fehlt ein Bestand an unumstrittenen Theorien; die vorhandenen Theorien sind wenig formalisiert, und die Theoriebildung muß an das vortheoretische Wissen der sozialwissenschaftlichen Laien, also an ihre Umgangssprache, methodisch anknüpfen. Meist sind die Übergänge zwischen Wissenschafts- und Bildungssprache fließend.

Peinlicher sind die Fehler des Sozialwissenschaftlers selber. Im unangenehmsten Fall verwendet er theoretische Ausdrücke in Unkenntnis des genauen theoretischen Zusammenhangs falsch. Auch in Kenntnis ihres Kontextes kann er theoretische Ausdrücke immer noch leichtfertig gebrauchen, wenn er sich die Argumentationspflichten, die er eingeht, nicht klar macht. Und selbst wenn der Sprecher beide Voraussetzungen erfüllt, kann er sich über die mangelnden Kontextkenntnisse seines Publikums entweder täuschen oder hinwegsetzen. D. Hohenadel berichtet von dem nicht ganz gewöhnlichen Fall, »daß nach einem Vortrag eines universitär vorgebildeten Erziehungswissenschaftlers über die Orientierungsstufe an einer neu einzurichtenden Gesamtschule die zu diesem Vortrag geladenen Eltern nicht optimistisch und erwartungsvoll, sondern ratlos, verängstigt und skeptisch nach Hause gehen. Diese Ratlosigkeit steigert sich noch, wenn die schon verunsicherten Eltern erfahren, daß auch die anwesenden Lehrer nicht viel mit dem Wasserfall sozialwissenschaftlicher Terminologie anzufangen wußten. Wer die zeitweilig hysterische Reaktion auf die hessischen Rahmenrichtlinien bei Teilen der betroffenen Elternschaft analysieren will, kommt an dem Phänomen nicht vorbei, daß prinzipielle Gegner der Reform sich die Unverständlichkeit des überzogenen Jargons in der erkennbaren Absicht zunutze gemacht haben, latent vorhandene Unsicherheiten durch ›Erläuterungen‹ der Texte in Aggressionen gegen die Reform schlechthin zu kanalisieren.«[25]

Die Unsicherheit des Publikums im Umgang mit einer theoretisierten Bildungssprache hat freilich nicht nur diese Ursachen. Sobald das Orientierungswissen über eine solche Sprache mit dem Wissenschaftssystem rückgekoppelt wird, verliert es nämlich seine traditionsfeste, naturwüchsige Verläßlichkeit. Theoretisches Wissen besteht aus Hypothesen, die *veralten* können. Deshalb wirkt sich die in den Alltag eingewanderte Begrifflichkeit der Sozial- und Verhaltenswissenschaften als ein Element der Verunsicherung aus, etwa in der elterlichen Erziehungspraxis, in Fragen der Lebensfüh-

25 D. Hohenadel, Die Sprache der Erziehungswissenschaftler. Erfahrungen aus einem Curriculumentwicklungsprojekt, in: Z. f. Pädagogik 3, 1976, S. 335-342.

rung, in der politischen Willensbildung, in Grundsatzkonflikten, in allen Lebensbereichen, die nicht dem Expertenwissen vorbehalten sind. Das gilt sogar für das Expertenwissen selbst; soweit es nämlich wissenschaftlichen Charakter angenommen hat, ist es einem sichtbaren Prozeß des Veraltens ausgesetzt. Das Bewußtsein der Fragwürdigkeit spiegelt sich in der wachsenden Kritikbereitschaft des Patienten gegenüber dem Arzt, des Klienten gegenüber dem Anwalt und Richter, der Eltern gegenüber dem Lehrer ihrer Kinder usw. Nicht nur die Alltagsgewißheiten, auch die professionellen Gewißheiten sind angegriffen; denn im Umgang mit »verwissenschaftlichten« Problemen unterstellen wir, daß sie grundsätzlich theoretisch gelöst werden können, daß wir aber nicht sicher sein können, ob die heute akzeptierten Lösungen schon durch die Argumentation von morgen entwertet sein werden. Wo das theoretische Wissen nicht mit technischen Erfolgskontrollen rückgekoppelt ist, sondern über die Bildungssprache in das moralisch-praktische Bewußtsein orientierungsbefürftiger Menschen eingeht, wächst eine eigentümliche Spannung zwischen theoretischen Ungewißheiten und dem immer weniger befriedigten Bedürfnis nach praktischen Gewißheiten.

Diese Entwicklung ist nicht selbstverständlich. Der erste Einbruch des theoretischen Wissens in das moderne Bildungsbewußtsein hat nämlich zunächst den Eindruck gefördert, als könnten die religiös und philosophisch verankerten praktischen Gewißheiten durch wissenschaftliche ersetzt werden. Dafür ist etwa die materialistisch-naturwissenschaftliche Popularphilosophie kennzeichnend, die sich gegen Ende des 19. Jahrhunderts in weit verbreiteten Werken, wie Büchners »Kraft und Stoff« oder Haeckels »Welträtseln«, ausgedrückt hat. Aber das Mißverständnis, als könnten Wissenschaften weltanschauliche Fundamente legen, ist nur Anzeichen dafür, daß das öffentliche Bewußtsein damals noch vom Wahrheitsbegriff der Theologie und vom Wissenschaftsverständnis der philosophischen Tradition geprägt war. Inzwischen haben wir uns auf dem schwankenden Boden der Sozial- und Verhaltenswissenschaften an den höchst ambivalenten Umgang mit hypothetischem Wissen gewöhnt – an den Umgang mit allgemeinen Sätzen, für deren Geltung gute Gründe angeführt werden können, ohne daß wir die Gewißheit haben dürften, daß der mit ihnen verbundene Wahrheitsanspruch definitiv ist. Diese Einsicht setzt Wahrheiten nicht auf den Status des Wahrscheinlichen oder bloß Wahrheitsähnlichen herab, aber sie verlangt ein zögerndes Verhältnis zu Wahrheitsansprüchen, was praktisch bedeutet: sie erfordert eine im Umgang mit Ungewißheiten bewährte Autonomie des Ichs.

IV

Eine Theoretisierung der Bildungssprache untergräbt das Bewußtsein praktischer Gewißheiten – diese These möchte ich abschließend an einem kontrafaktisch gewählten Beispiel erläutern, nämlich am Konzept der Entwicklungsstufen des moralischen Bewußtseins, das in mehreren Projekten unseres Instituts eine Rolle spielt.

Ich beziehe mich auf Untersuchungen aus dem Bereich der »politischen Sozialisation«. So nennt man die Bildungsprozesse, durch die Jugendliche die Grundbegriffe und die Grundwerte einer politischen Kultur erlernen, entsprechende Fähigkeiten und Einstellungen entwickeln und in ein politisches System hineinwachsen. Man stellt sich den Prozeß so vor, daß Begriffe und Werte, also Inhalte, die auch in den politischen Institutionen verkörpert sind, in den Persönlichkeitssystemen der jungen Leute soweit verankert werden, daß sie später mehr oder weniger gute Bürger ihres Staates sein können. Dieses hier übervereinfacht dargestellte Modell ist in den vergangenen Jahren in Frage gestellt worden. Wir sind heute der Auffassung, daß sich die politische Sozialisation nicht als eine Übertragung von Wissensinhalten verstehen läßt, sondern als Entwicklung von kognitiven Strukturen, in denen dann Inhalte ganz verschiedener Art verarbeitet werden können. Die klassische Längsschnittuntersuchung, die das belegt, hat J. Adelson, ein amerikanischer Politikwissenschaftler, mit 450 Jugendlichen aus allen sozialen Schichten und aus drei Nationen durchgeführt; er hat die Gruppen der 13jährigen und der 15jährigen zwei Jahre nach den ersten Interviews noch einmal befragt. Das Interview begann mit der Aufforderung: »Stell Dir vor, 1000 Menschen wagten sich auf eine Insel im Pazifik, um eine neue Gesellschaft zu gründen; wenn

sie einmal dort sind, müssen sie eine politische Ordnung schaffen, ein Rechtssystem entwerfen und ganz allgemein den ungezählten Problemen des Regierens ins Auge schauen.«[26] Es war aus vielen früheren Untersuchungen bekannt, daß 12-13jährige im allgemeinen zu politischen Einstellungen neigen, die autoritärer sind als die Einstellungen der 15-16jährigen. Adelson hat nun gezeigt, daß dieser Trend nicht etwa auf das Erlernen neuer Inhalte zurückgeht, sondern auf eine radikale Veränderung des Denkstils. Die Jugendlichen erweitern ihren Zeithorizont, sie lösen sich aus ihrer eigenen Perspektive, ihr Urteil wird objektiver, sie lernen, hypothetisch zu denken usw. Dazu nur zwei Beispiele: Ein 13jähriger gibt auf die Frage nach dem Zweck von Gesetzen die Antwort: »Sie machen sie, wie in der Schule, damit den Leuten nichts passiert«, dagegen ein 15jähriger: »Um einzuschränken, was die Leute tun dürfen.« Ähnlich unterscheiden sich die Reaktionen auf die Frage, ob die Regierung von Männern über 45 eine jährliche ärztliche Pflichtuntersuchung erzwingen sollte. »Die meisten jüngeren VPn halten dies für eine glänzende Idee; erst in der späten Adoleszenz verstehen die Jugendlichen (auch dann nur eine Minderheit), daß hier ein Prinzip auf dem Spiele stehen könnte, daß das Recht des Bürgers auf die private Sphäre und auf Selbstbestimmung wichtiger sein könnte, als der greifbare Nutzen der ärztlichen Untersuchung.«[27]
Diese und ähnliche Ergebnisse haben dazu angeregt, nach den Strukturen zu suchen, die solchen Denkstilen zugrunde liegen. So lag es nahe, ein Konzept aufzugreifen, das sich in der Entwicklungspsychologie schon bewährt hatte. L. Kohlberg hat im Anschluß an J. Piaget die Idee entwickelt, daß sich das moralische Bewußtsein stufenweise entwickelt. Jede Stufe ist durch einen präzise abgrenzbaren Denkstil ausgezeichnet; Moralbegriffe wie Gut und Böse, Person, Handlung, Norm, Strafe usw. bilden einen Begriffsrahmen, der auf mehreren Niveaus verschieden ausgeprägt wird. Die Stufen sind hierarchisch geordnet: die Fähigkeiten, moralische Probleme zu lösen, nehmen mit jeder Stufe zu. Und

26 J. Adelson, Die politischen Vorstellungen des Jugendlichen in der Frühadoleszenz, in: R. Döbert, J. Habermas, G. Nunner-Winkler (Hrsg.), Ich-Entwicklung, Köln 1977, S. 248-269.
27 Ebd., S. 259.

schließlich bilden die Stufen eine nicht umkehrbare Sequenz: der Heranwachsende erreicht eine nach der anderen, aber nicht notwendigerweise alle. Im Vorschulalter bildet sich ein moralisches Bewußtsein, das noch egozentrisch ist: Recht ist, was man tun kann, ohne erwischt zu werden. Hier werden nur die äußeren Konsequenzen einer Handlung bewertet: Recht ist auch, was einen angerichteten Schaden wieder gut macht. Erst auf der nächsten Stufe richtet sich das moralische Urteil nach den sozialen Erwartungen der Umgebung, später nach den Normen der Gemeinschaft. Nun kommt es auch auf die Absichten des Täters an. Aber oberste Richtschnur sind die bestehenden Konventionen. Deshalb nennt Kohlberg dies die *konventionelle* Stufe des moralischen Bewußtseins; die vorangehende ist dann die *präkonventionelle*, die darauf folgende die *postkonventionelle* Stufe des moralischen Bewußtseins. Hier nun werden die bestehenden Normen nicht einfach hingenommen, sondern im strengen Sinne *als* Konventionen verstanden, die grundsätzlich kritisiert werden können und der Rechtfertigung bedürfen. Wenn sich im konkreten Fall Normen widerstreiten, kann man auf Prinzipien zurückgehen, und auch diese sind der Argumentation zugänglich.[28]

Das Konzept der Entwicklungsstufen des moralischen Bewußtseins hat sich auch im Bereich der politischen Sozialisation bewährt. Einerseits bestehen Zusammenhänge zwischen den Stufen des moralischen Bewußtseins, Wertorientierungen und politischen Grundeinstellungen.[29] Andererseits hat der sozialisatorische Hintergrund, haben die Persönlichkeitsmerkmale und das Verhalten der Eltern, die Konflikte und Beziehungen in der Familie, Erziehungstechniken usw. Einfluß darauf, welche Stufe des moralischen Bewußtseins der Heranwachsende jeweils erreicht. Eine Studie mit Drogenabhängigen, Offiziersanwärtern und Zivildienstleistenden, die wir durchgeführt haben, hat das bestätigt. Wir haben beispielsweise herausgefunden, daß eine heftige Adoleszenzkrise eine hinreichende, wenn auch keine notwendige Bedingung für den Erwerb

28 Vgl. z. B. die Diskussion von drei Prinzipien distributiver Gerechtigkeit bei M. Deutsch: Equity, Equality, Need, in: Social Issues, Vol. 31, 1975, S. 137-150.

29 J. Fishkin, K. Keniston, C. McKinnon, Moral Reasoning and Political Ideology, in: J. Pers. Soc. Psych. Vol. 27, 1973, S. 109-119.

eines prinzipiengeleiteten moralischen Urteils ist und daß Befragte mit einem solchen postkonventionellen Bewußtsein radikaler eingestellt, d.h. eher bereit sind, die sozial- und rechtsstaatliche Programmatik unserer Gesellschaftsordnung »einzuklagen«.[30] Diese Studie wird inzwischen mit arbeitslosen Jugendlichen fortgesetzt.

Ich bin auf den theoretischen Kontext, in dem eines unserer Projekte steht, kurz eingegangen, um Sie mit dem Konzept der Entwicklungsstufen des moralischen Bewußtseins oberflächlich bekanntzumachen. Stellen wir uns vor, daß dieses Konzept in die Bildungssprache eindringt. Dann hätte zum Beispiel ein interessierter Zeitungsleser in den letzten Wochen die Reaktionen auf den Fall Traube mit etwas anderen Augen sehen können. Er hätte die Argumente, die in diesem Zusammenhang aufgetaucht sind, einstufen können. Es gab viele Stellungnahmen, darunter solche, die unmittelbar auf konkrete Konsequenzen gerichtet sind. Einige Kommentatoren betrachten die Konsequenzen, die sich aus einem Zusammenspiel von Traube mit Terroristen hätten ergeben können, als hinreichenden Grund für einen Einbruch in sein Privathaus und für das Anbringen einer Wanze; andere verurteilen dieses Vorgehen wegen der Konsequenzen, die sich für Traube tatsächlich ergeben haben: der Verlust der beruflichen Position, die Schädigung seines Rufes usw. Wer sich mit solchen Argumenten *begnügt*, urteilt, gleichviel ob pro oder con, auf einer präkonventionellen Stufe. Auf konventioneller Stufe liegen Stellungnahmen, die der Verletzung von Geheimhaltungsvorschriften durch den »Spiegel«, einen Kommunikationsfehler im Verkehr zwischen dem Ministerium und der nachgeordneten Behörde des Verfassungsschutzes oder gar dem angeblich auffälligen Privatleben Traubes entscheidendes Gewicht beimessen oder die einfach davon ausgehen, daß die bekanntermaßen liberale Grundeinstellung des Strafrechtsprofessors Maihofer eine korrekte Güterabwägung verbürgt, daß die Autorität des Staates und die Sicherheit der Bürger angesichts des internationalen Terrorismus schutzwürdiger sind als subjektiv-

30 R. Döbert, G. Nunner-Winkler, Adoleszenzkrise und Identitätsentwicklung, Ffm. 1975; ferner N. Haan, B. Smith, J. Block, Moralische Argumentationsstrukturen junger Erwachsener, in: Ich-Entwicklung, a.a.O., S. 283-313.

öffentliche Rechte usw. Als postkonventionell wären hingegen Stellungnahmen einzustufen, die, ob nun pro oder con, von dem rechtsstaatlichen Dilemma des vorbeugenden Verfassungsschutzes ausgehen und den Fall von der prinzipiellen Seite aufrollen: »Wenn jemand einen Menschen auf noch so grausame Weise umbringt..., steht er unter dem vollen Schutz aller rechtsstaatlichen Garantien ... Benimmt sich jemand unmittelbar gefährlich, ohne schon Strafvorschriften zu verletzen, so kann ihn die Polizei innerhalb relativ enger Normen an seinem Tun vorbeugend hindern; dem Betroffenen steht der Rechtsweg offen. Verhält sich aber jemand in jenem Bereich, in dem der Verfassungsschutz operiert, keineswegs etwa schon strafverdächtig, sondern nur im Vorfeld merkwürdig, so verlieren seine Grundrechte rapide an Kurswert« (S. Z. vom 8. 3. 1977). So beginnt eine postkonventionelle Argumentation.

Der Ausdruck »moralisches Bewußtsein« darf, soweit er in theoretischen Zusammenhängen eine präzise Bedeutung hat, nur sehr vorsichtig auf tagespolitische Vorgänge angewendet werden. Die Gefahr einer falschen oder einer leichtfertigen Verwendung liegt auf der Hand, erst recht dann, wenn der Ausdruck eines Tages zu einem selbstverständlichen Bestandteil der Bildungssprache werden sollte. Auf Befürchtungen dieser Art haben sich innerhalb wie außerhalb der Sozialwissenschaften starke Reaktionen gebildet. Dort wird die Empfehlung ausgegeben, die Sozialwissenschaften möchten doch vom öffentlichkeitswirksamen Orientierungswissen abgekoppelt und auf sozialtechnisch verwertbares Wissen ausgerichtet werden.[31] Hier wird die Parole verbreitet, man möge die Bildungssprache von terminologischen Fremdkörpern reinigen.

Ich glaube, daß beide Seiten von falschen Annahmen ausgehen.[32] Jede Kur, die die theoretische Unschuld des Alltagswissens wieder herstellen soll, muß fehlschlagen. Dabei ist die Basisaufklärung, die sich auch darin niederschlägt, daß die Bildungssprache für sozial- und verhaltenswissenschaftliche Terminologien und Begründungspotentiale immer poröser wird, kein unzweideutiger Segen. Niemand behauptet das. Sie bedeutet eine Erosion von Alltagsgewiß-

31 Verhandlungen des 17. Deutschen Soziologentages, Stuttgart 1976.

32 A. W. Gouldner, The Dialectic of Ideology and Technology, N. York 1976, Part One.

heiten. Sie weckt daher das Bedürfnis nach Regression, nach Rückkehr in künstliche Naivitäten. Dieses Bedürfnis kann im schlichten Aberglauben religiös verkleideter Subkulturen seine Befriedigung finden, aber auch in den Regungen des neuen Populismus einer nicht mehr schweigenden Mehrheit.

22. Deutscher Herbst

Die Entführung des Arbeitgeberpräsidenten Schleyer Anfang September 1977 hat eine Welle natürlicher Empörung ausgelöst. Einige Politiker und Professoren haben allerdings versucht, die unerträglich angespannte Situation zu nutzen, um in der Bevölkerung eine pogromähnliche Stimmung hervorzurufen. Diese richtete sich gegen namentlich dingfest gemachte Intellektuelle als die geistigen Urheber des Terrorismus. Ich habe mich im »Spiegel« gegen diese auf breiter Front, von der »Frankfurter Allgemeinen Zeitung« bis zum Bayerischen Fernsehen, betriebene Hetze zur Wehr gesetzt. Der Brief an Kurt Sontheimer geht auf Initiativen von Freimut Duve und Klaus Staeck zurück, die spontan »Briefe zur Verteidigung der Republik« gesammelt haben. Beides ist vor der Ermordung Schleyers geschrieben worden. Das gilt nicht für den Beitrag, mit dem ich in der »Süddeutschen Zeitung« auf eine in der gleichen Ausgabe enthaltene Erwiderung von Sontheimer geantwortet habe.

a) Volksjustiz
(1977)

Nun ist also die »Frankfurter Schule« dran. Noch am ersten Oktober-Sonntag wollte der CDU-Oberbürgermeister der Stadt Frankfurt, bei der Verleihung des Adorno-Preises an Norbert Elias, nicht nur den Preisträger, sondern Adorno selber geehrt sehen. Mittwoch abend strahlte die ARD eine Propagandasendung des Bayerischen Rundfunks aus, in der Herr Mühlfenzl die von Strauß empfohlene Volksjustiz schon einmal geprobt hat. Dort trat auch Herr Dregger auf und erklärte die »Frankfurter Schule« schlicht zu einer Ursache des Terrorismus. Ich könnte seitenweise Adorno über »Studentischen Aktionismus« zitieren – das Wort stammt übrigens von ihm; oder ich könnte dem Impuls nachgeben, mich selber zu rechtfertigen – mit den zwischen 1961 und 1969 penetrant wiederholten, immer wieder variierten (und übrigens gut dokumentierten) Stellungnahmen gegen *jede Art* von Gewaltanwendung in unserem Lande.

Aber nötiger als das ist die Erklärung von zwei spezifisch deutschen Phänomenen. Erstens: warum waren in der Bundesrepublik linke Intellektuelle schon gegenüber den ersten Regungen von Gewaltrhetorik und Gewaltanwendung empfindlicher, skrupulöser, gereizter als ihre Freunde in anderen Ländern? Und zweitens: warum wird diese Tatsache heute so hartnäckig ignoriert? Auf die erste Frage möchte ich eine persönliche Antwort geben, auf die zweite eine etwas allgemeinere.

1. Ich war 1967, in Hannover, über die Rhetorik der Regelverletzung, die von Bürgerrechtlern im Süden der USA erfolgreich praktiziert worden war, erschreckt. Ich habe gefragt, warum man eine voluntaristische Ideologie nötig zu haben glaubt, »die man unter heutigen Umständen ›linken Faschismus‹ nennen muß«. Heute meine ich, meine damalige Äußerung war eine »Überreaktion«. Diese Haltung war und ist für Linke meines Alters typisch, und in welchen biographischen Erfahrungen sie wurzelt, kann ich sagen.

Ich bin während meiner Studienzeit darauf gestoßen, daß so eminente, für die Nachkriegsgeneration prägende Figuren wie Martin Heidegger oder Carl Schmitt erstaunliche politische Äußerungen getan und fatale Lehren vertreten hatten: der eine hat als Rektor die Machtergreifung der Nazis begrüßt und ihre Bedeutung metaphysisch verklärt, der andere hat den Führerstaat theoretisch gerechtfertigt. Keiner von beiden hat nachher eine unzweideutige politische Erklärung, eine öffentliche Revision für nötig gehalten.

Diese schockierenden Beispiele, und es sind nur Beispiele, haben mein, haben unser Bewußtsein dafür geschärft, daß die theoretischen Dinge, die man lehrt und schreibt, nicht nur als Argumente in den Wissenschaftsprozeß eingehen und dort überleben oder zerrieben werden, daß sie vielmehr als gesprochene und publizierte Worte im Augenblick der Rezeption eine Wirkung auf die Mentalität von Hörern und Lesern haben, die der Autor nicht rückgängig machen, nicht wie ein Argument zurückziehen kann. Nun ist es, wie man an Nietzsche und dem sogenannten Gedankengut der

Nazis zeigen kann, töricht, einem Autor oder einem Lehrer die nichtintendierten Folgen seiner Äußerungen umstandslos zuzurechnen; und ebenso töricht ist es, so zu tun, als ob die ideologische Wirkungsgeschichte einem Werke ganz äußerlich wäre. Aus diesem Dilemma gibt es nur einen pragmatischen, wenn auch nicht einfach zu praktizierenden Ausweg. Man muß sich beim Lehren und Schreiben vom Bewußtsein jenes Dilemmas hinreichend hemmen lassen; man darf sich nicht der Stimmung objektiver Unverantwortlichkeit überlassen, aber auch nicht die eigene Verantwortung moralisierend so überdehnen, daß man aus Angst vor dem Unbestimmten und Ungewissen erstarrt. Dann bliebe nur noch das Schweigen.

2. Offenbar wollen Strauß und Dregger uns so einschüchtern, daß wir zu dieser Alternative Zuflucht nehmen. Beide vernebeln die Tatsache, daß in den sechziger Jahren gerade linke Professoren ein besonders deutliches Bewußtsein von geistigen Kausalitäten hatten. Statt dessen konstruieren Strauß und Dregger Linien objektiver Verantwortlichkeit in einer Manier, die sonst nur noch im Einflußbereich stalinistischer Bürokratien Anklang findet. Auch für die Selbstkritik, die Strauß in der Gebärde eines Staatsanwalts fordert und von der er behauptet, wir seien ihrer nicht fähig, finde ich historische Beispiele nur im Stalinismus. Denn *die* Selbstkritik kann er nicht meinen, von der die Linke lebt und die im übrigen ein trivialer Bestandteil der Berufsrolle eines jeden Professors ist.

»Kritische Geister«, so meinte Strauß im Bundestag, »sind wir, die wir uns nicht von den Phrasen haben benebeln lassen, die mit Lebensqualität und mit Gerechtigkeit und Glückseligkeit und Menschlichkeit usw. in die Welt gesetzt worden sind.« Strauß spricht hier, wenn ich mich nicht irre, von jenen bürgerlichen Idealen, die in einer breiten humanistischen Tradition verankert sind. Dieser Humanismus ist in Deutschland nur ein einziges Mal auf den Index gesetzt worden, und zwar mit der Art von Emotionen, die Strauß heute anheizt. Strauß setzt aufs Ganze: Der Terrorismus bietet den Vorwand für eine Diffamierung, die mit 200 Jahren kritischen bürgerlichen Denkens aufräumen soll – auch Marx war schließlich ein Sohn der bürgerlichen Gesellschaft.

Die barbarische Geistfeindschaft der jüngsten Kampagnen wird der lustlosen Passivität, in der wir Intellektuelle seit gut fünf Jahren verharren, auf die Beine helfen. Gewiß, wer will schon noch im Feuilleton eines Herrn Fest schreiben, wer für die deutsche Kulturpolitik ins Ausland reisen? Aber, in Zukunft könnten wir beide Arten von Tätigkeiten auf interessante Weise kombinieren und in »Le Monde« oder im »Corriere della Sera« ein bißchen beschreiben, wie es sich in einem Lande lebt, wo sich der physische Terror der einen im verbalen Terror der anderen spiegelt. Dann könnte die Schwarzweißmalerei, die Croissant draußen und die deutschen Saubermänner drinnen arbeitsteilig betreiben, einem realistischeren Deutschlandbild weichen. Als ob die Kappler-Freunde, die Hiag, das obszöne Interesse an Hakenkreuzen und Hitlerfilmen, als ob der fringe unser Problem wäre! Keine Sorge, wir werden Herrn Strauß nicht einen Faschisten nennen. Wir werden seine Reden studieren, sein Verhalten beobachten und der Vermutung nachgehen, daß Strauß, nachdem Spanien endlich eines Franco ledig ist, die Bundesrepublik francoisieren will.

b) Briefwechsel mit Kurt Sontheimer (1977)

Starnberg, 19. 9. 1977

Lieber Herr Sontheimer,
mich hat das denunziatorische Wort »Scheißliberaler« stets, auch bevor es auf mich selber angewandt wurde, irritiert. Es war verräterisch für diejenigen, die es im Munde geführt haben. Denn damit wurde das historische Erbe bürgerlicher Emanzipationsbewegungen verleugnet, ohne welches auch ein Sozialismus in entwickelten Gesellschaften von Anbeginn verstümmelt wäre. Andererseits muß ich gestehen, daß mir der Terminus wieder in den Sinn kommt, wenn ich in unserer akademischen Umgebung die traurige Dekomposition des liberalen Geistes beobachte: auf der einen Seite die Neigung zu einem moralisierenden »Linksradikalismus«, der sich gerade unter politisch ahnungslosen und anpassungsbereiten Liberalen findet; auf der anderen Seite das Ressentiment der umgefallenen, in Militanz und Verschwörungstheorien flüchtenden

Liberalen, für die überraschenderweise auch Sie ein Beispiel zu geben sich anschicken. Es entsteht jetzt ein eigentümlicher Typus auf deutschen Hochschulen: der Renegat der Mitte.

Das sind die Worte, mit denen ich 1970 die Antwort auf einen FAZ-Artikel unseres Kollegen Topitsch begonnen habe. Damals konnte ich mich noch auf Sie berufen. Sie hatten kurz zuvor die Diagnose gestellt, daß unserer Demokratie Gefahren eher aus einem wiedererstarkenden Nationalismus erwachsen würden. Inzwischen haben Sie Ihre Einschätzung revidiert; Sie haben eine größere Gefahrenquelle entdeckt – die linke Theorie. Wie behende Sie Ihre Arbeit auf die Tendenzwende umgepolt haben, hat mich zwar überrascht; aber das war Ihr gutes Recht. Und mein gutes Recht war es, diese Tendenzliteratur, die sich da ausgebreitet hat, als ein intellektuell unerhebliches Reaktionsphänomen beiseite zu lassen. Wenn mir von diesen vielfältigen Produktionen nichts Wesentliches entgangen ist, gibt es darin keine neuen Argumente, sondern nur die alten in etwas schrillerer Tonlage, und unterhalb des Niveaus, auf dem in unseren Breiten solche Diskussionen noch vor ein, zwei Generationen (zwischen Leo Strauss, Carl Schmitt, Eric Voegelin, Arnold Gehlen, T. W. Adorno, Georg Lukács, Helmuth Plessner, Ernst Bloch usw.) ausgetragen worden sind. Ich klage nicht über die Ärmlichkeit der heutigen Pamphlete, nicht über Sterilität und Lustlosigkeit eines geistigen Klimas, an dem wir alle teilhaben; es ist nur nützlich, gewisse Proportionen im Blick zu halten.

Nun hat sich aber die Szene, die so wenig dazu reizt, sich einzumischen, durch den Schock der jüngsten Terroranschläge verwandelt. Ein Aspekt dieser Veränderung, nicht der wichtigste, ist der, daß Leute wie Sie, Herr Sontheimer, nicht mehr nur Tendenzliteratur schreiben, sondern ihr eine praktische Wendung ins Gesinnungsstrafrecht geben. Erstens erklären Sie, daß Bürgerkrieg herrsche, zweitens bringen Sie die »linke Theorie« in einen kausalen Zusammenhang mit dem Terrorismus; und drittens legen Sie durch den Kontext, in dem Sie diese Äußerungen tun, die Interpretation nahe, daß Sie nicht länger davor zurückschrecken würden, gegen linke Theoretiker den Artikel 18 des Grundgesetzes anzuwenden. Herr Wenger hat Ihre Anregungen gestern in Höfers Frühschoppenrunde aufgegriffen und dahingehend operationalisiert, daß man auf dieser Rechtsgrundlage jene Professoren, die den ungekürzten Text des umstrittenen Buback-Nachrufes einer breiteren Öffentlichkeit erst zugänglich gemacht haben, aus ihrem Amte entfernen solle. Er vermisse seit acht Jahren, daß man von Artikel 18 in dieser Weise Gebrauch mache.

Bevor ich Ihr Interview, das Sie am 11. 9. dem Zweiten Deutschen Fernsehen gegeben haben, im einzelnen zitiere, möchte ich Ihre Äußerungen ein wenig in die Perspektive der innenpolitischen Entwicklung einrücken. Sie erinnern sich an die Rede, mit der Herr Dregger im Februar 1974 die Verfassungsdebatte aus Anlaß der 25. Wiederkehr des Inkrafttretens unseres Grundgesetzes eröffnet hat. Die einäugige Situationsdefinition, die Dregger damals gegeben hat, ist heute fast allgemein akzeptiert. Dregger geht von einer richtigen Feststellung aus: Die Bundesrepublik ist zwar nach Maßstäben der Liberalität, des Wohlstandes und der sozialen Sicherheit der beste Staat, den es auf deutschem Boden je gab, aber in der Bevölkerung mehren sich die Anzeichen für einen politischen Vertrauensschwund. Dregger gibt eine einfache Erklärung: Das habe nicht in erster Linie ökonomische Gründe, sondern »geistig-politische«. Die Linke habe den bisher bestehenden Grundkonsens der Verfassungsparteien aufgekündigt: »Verunsichert werden (die Menschen draußen im Lande) durch den Wortradikalismus der Systemveränderer, der hier und da in Gewalt umschlägt, durch die revolutionäre Situation an einigen Universitäten, durch die Umfunktionierung mancher Schulen, durch den Abbau bisher für sicher gehaltener Wertvorstellungen und Institutionen ... Die Folge ist ein breiter Vertrauensschwund ...«

Noch simpler ist Herrn Dreggers Vorschlag zur Therapie. Am besten würde jedermann auf das, was er und seine nationalkonservativen Freunde für den Grundkonsens halten, eingeschworen. In diesem Sinne hatten die Unionsparteien die Verfassungsdebatte als eine Verfassungsschutzdebatte angelegt. Fairerweise muß man hervorheben, daß Herr Dregger damals die Grenze klar gezogen hat, die Sie, Herr Sontheimer, heute verwischen: »Die geistig-politische Auseinandersetzung, auf die das Hauptgewicht zu legen ist, und der Einsatz rechtsstaatlicher Mittel gegen diejenigen, die die Spielregeln nicht akzeptieren, sind *nebeneinander* notwendig.«

Nun hatte Dreggers Situationsdefinition noch eine taktische Schwäche: den Gegner der geistig-politischen Auseinandersetzung konnte er nicht so recht identifizieren. Natürlich war da im allgemeinen von Professoren, Lehrern, Juso-Führern die Rede, von marxistischer Indoktrinierung, vom »Zangengriff auf die deutsche Jugend«, der »von den Hochschulen über die Lehrerakademien in die Schulen wirkt und sich als zweiten Hebels der Erwachsenenbildung bedient«. Aber das waren Nadelstiche gegen die sozialdemokratische Kulturpolitik. Die Gegenposition blieb inhaltlich diffus. Dregger hatte nichts anderes in Händen als den Hinweis auf eine Bildunterschrift aus dem Historischen Museum in Frankfurt, wo die Novemberereignisse 1918 mit dem Satz kommentiert würden: »Das Rätesystem hätte in Deutschland als Mittel wirken können, die an Autorität und Unterwerfung gewöhnte Bevölkerung zur Selbstbestimmung zu bringen.« Kurzum: Dregger war auf intellektuelle Erfüllungsgehilfen angewiesen, die ihm das Bild des Gegners präzisierten. Das haben Lübbe und Nipperdey in Sachen Hessische Rahmenrichtlinien besorgt; fürs Generelle haben Sie diese Rolle übernommen – in Ihrem zwei Jahre später erschienenen Buch *»Das Elend unserer Intellektuellen«*.[1]

Was tun Sie in diesem Buch? Sie konstruieren so etwas wie »die linke Theorie« und scheinen beides zu mißbilligen: sozialwissenschaftliche Theorien im allgemeinen, linke im besonderen. Ich finde es nicht schlimm, Herr Sontheimer, wenn man sich primär für geistesgeschichtliche Zusammenhänge interessiert, und wenn man sich dabei historisch-narrativer Darstellungsformen bedient; Sie reagieren auf Leute mit theoretischen Interessen etwas idiosynkratisch. Aber kommen wir zur Hauptsache. Wenn schon Theorie – was macht sie zur linken? Ich hatte erwartet, daß Sie ein breites Spektrum hochdifferenzierter Gedankengänge vorführen würden. Aber Ihr Buch läßt nicht einmal ahnen, daß der westliche Marxismus Anregungen aus fast allen sozialwissenschaftlichen Traditionen in sich aufgenommen und miteinander konkurrierende Ansätze ausgebildet hat, je nachdem ob er mehr von Kant oder Hegel, mehr von Ricardo oder moderner Ökonomie, mehr von Freud oder Max

1 1976 bei Hoffmann & Campe.

Weber, mehr von Margret Mead oder Durkheim, mehr von Lévi-Strauss oder Piaget gelernt hat. Linke Theorie, diesen Eindruck erweckt Ihr Buch, muß das besonders konfuse Erzeugnis einiger besonders törichter Personen sein.

Nun braucht man mich nicht davon zu überzeugen, daß es linke Idiotien gibt – leider viel zu viele –; aber das kann's doch nicht gewesen sein? Gewiß, Sie brauchen diese erstaunlichen Einebnungen, um zu Ihren lapidaren Zusammenfassungen vorzudringen. Ich zitiere aus dem letzten Kapitel: linke Theorie muß Politik verachten; linke Theorie ist eine Theorie für abstrakte Menschen und eine abstrakte Gesellschaft; linke Theorie bezieht ihren Impetus aus der Unsicherheit, in der wir uns vorfinden; linke Theorie artikuliert das Unbehagen; linke Theorie arbeitet am Abbruch der gesellschaftlichen Wertvorstellungen usw. Nachdem Sie diese linke Theorie so feinsinnig zu einer Größe aufgebaut haben, von der man wie von mythischen Ursprungsgewalten ohne Verwendung des Artikels spricht, machen Sie, wenn ich recht sehe, drei Aussagen.

Sie behaupten erstens, daß diese Theorie falsch sei – ich vermute, daß sie in der Form, in der Sie sie präsentieren, nicht einmal wahr oder falsch sein könnte. Zweitens behaupten Sie, daß zwischen der Bundesrepublik, wie sie ist, und dem Bild, das die linke Theorie von ihr zeichnet, ein Unterschied bestehe wie Tag und Nacht – sie schwärze einen im wesentlichen intakten Gesellschaftszustand bloß an. Um diese These zu prüfen, müßten wir uns über die Theorie streiten können, mit der Sie selbst, mindestens implizit, unsere Zustände beschreiben. Das können wir nicht, weil Sie meinen, die Wirklichkeit unbewaffneten Auges so zu schildern, wie sie ist. Und drittens bringen Sie Ihre Untersuchungen auf Dreggers Interpretationslinie, indem Sie sagen, daß linke Theoretiker zwar keine Herrschaft, aber Einfluß ausüben, und »daß der vor zehn Jahren begonnene Aufstand der linken Intellektuellen gegen unsere Gesellschaft zwar die realen Strukturen dieser Gesellschaft nicht zu Bruch hat kritisieren können, aber dessenungeachtet auch bei denen, die in diesen Strukturen praktisch und verantwortlich handeln müssen, die notwendige Überzeugung von der Legitimität und Sinnhaftigkeit ihres Tuns dem nagenden Zweifel stärker ausgesetzt hat. Die Folge ist eine Verunsicherung der Institutionen.« An anderer Stelle

sprechen Sie allgemein von der Gefährdung des politischen Grundkonsenses, der die Bundesrepublik bisher getragen hat.
Hier scheinen mir zwei Dinge durcheinander zu gehen. Aufgrund von Umfragen scheint es Anzeichen dafür zu geben, daß das stabile Vertrauen der Bevölkerung in unser Parteiensystem abnimmt und daß die für unser Wirtschaftssystem erforderlichen Karriere- und Leistungsorientierungen schwächer werden. Das sind erklärungsbedürftige Phänomene. Freilich ist es nicht weniger albern, denjenigen, die Legitimations- und Motivationsprobleme zu erklären suchen, vorzuhalten, diese Probleme selbst zu verursachen, als den Boten für die Nachricht zu bestrafen. Anders verhält es sich mit den politischen Grundbegriffen, die Sie erwähnen. Begriffe wie Sozialstaat, Rechtsstaat, pluralistische Demokratie, Gewalt, Chancengleichheit werden heute unter Sozialwissenschaftlern tatsächlich nicht mehr nur nach den Definitionsregeln gebraucht, die eine bestimmte politische Theorie in Zeiten des kalten Krieges festgelegt hatte. Damit haben sich unbefangenere Sichtweisen durchgesetzt. Es ist empirisch schwer abzuschätzen, wie weit diese vom Wissenschaftsbetrieb auf die politische Kultur übergegriffen haben. Ich fürchte, daß Sie diesen *trade off* überschätzen. Sonst könnte in der gegenwärtigen Situation mit der Art von Rezepten, die auch Sie vorschlagen, nicht gehandelt werden.
Ihr eigenes Rezept haben sie im ZDF bekanntgemacht. Sie haben es so präsentiert, daß die sogenannte geistige Auseinandersetzung und die Anwendung gesetzlicher Mittel kurzgeschlossen werden. Damit verwischen Sie eine Grenze, ohne die es einen Rechtsstaat nicht geben kann. Wer auch nur im Ansatz Gesinnungen mit rechtlichen Sanktionen belegt sehen möchte, der will hinter Hobbes, und das bedeutet institutionell: hinter eine der fundamentalen, in bürgerlichen Emanzipationsbewegungen errungenen Garantien des Verfassungsstaates zurück. Natürlich fordern Sie nicht klipp und klar einen Entzug von Grundrechten für alles, was linke Theorie im Munde führt. Aber Sie legen einem Millionenpublikum von Fernsehzuschauern genau diesen Schluß nahe.
Zunächst behaupten Sie, daß wir uns in bürgerkriegsähnlichen Zuständen befinden: »Golo Mann hat nicht zu Unrecht von einer Art neuem Bürgerkrieg gesprochen, und in der Tat sind hier

Bürger, die den Krieg erklärt haben der großen Masse der übrigen Bürger dieser Gesellschaft...« Sodann bezeichnen Sie die linke Theorie als eine Ursache des Terrorismus: »Ich bin der Meinung, daß der Terrorismus seinen Nährboden in linken revolutionären Theorien hat, auch wenn solche Theorien nicht unbedingt die Gewalt predigen. Aber daher kommt das Ganze.« Dann folgt eine Charakterisierung dieser linken Theorien, die keinen Zweifel erlaubt, daß es eben die sind, die Sie in Ihrem Buch identifiziert und behandelt haben. Dann kommt das, wovor Sie »nicht zurückschrecken« würden: Grundgesetzänderungen und Grundrechtseinschränkungen. Schließlich: »Ich stelle mir so etwas vor wie ein Gesetz zur Bekämpfung des Terrorismus, in dem zusammengefaßt wird, was geschehen könnte, unter Umständen auch an Einschränkungen von Freiheitsrechten für Personen, die dieser Richtung zuneigen.«

Wer sind das, die Personen, die dieser Richtung zuneigen? In derselben Sendung hatte Ihr Kollege Klaus Stern vorsorglich den Art. 18 GG anhand von Beispielen konkretisiert: »Der Artikel 18 wirkt natürlich nicht gegen die Terroristen selbst, deren muß man ja habhaft werden, und wenn man ihrer habhaft wird, dann sind sie in den Strafanstalten, und hier ist der Artikel 18 sowieso nicht einschlägig... Aber der Art. 18 hat eine Funktion im Bereich des Umfelds der Terroristen. Und hier wäre beispielsweise die Lehrfreiheit Art. 5 Abs. 3 des Grundgesetzes. Hier wäre beispielsweise daran zu denken, ob man diese Vorschrift nicht anwendet gegen solche Hochschullehrer, die, in welcher Form auch immer, die Anwendung von Gewalt unterstützen.«

Nun, ich kenne keinen unter unseren Kollegen, der sich zu den Terroristen bekennt oder deren Verhalten rechtfertigt. Herr Stern spricht ja auch weitherzig von »Unterstützung in welcher Form auch immer«, und Sie übersetzen das Wort Sympathisant keineswegs enger mit »Person, die dieser Richtung zuneigt«. Dabei haben Ihre Fernsehzuschauer noch im Ohr, daß es Ihre linken Theoretiker sind, die fleißig den Nährboden des Terrorismus bestellen. Was liegt da näher, bei Sontheimer im Personenregister nachzuschauen und eine Liste von Abendroth über Habermas bis Jochen Steffen oder von Agnoli über Dieter Narr und Claus Offe bis Johanno

Strasser zusammenzustellen, damit man endlich weiß, gegen wen Art. 18 GG im Sinne eines politischen Gesinnungsstrafrechts angewendet werden sollte. Vielleicht hatte Herr Wenger Ihr vorzügliches Buch nur noch nicht gelesen?

Sie irren, Herr Sontheimer, wenn Sie einen kausalen Zusammenhang zwischen linken Theorien und den Terrorakten, die heute in der Bundesrepublik verübt werden, herstellen (1). Sie haben zudem ein fatales Verständnis unserer Verfassung, wenn Sie pauschal unterstellen, daß linke Theorien zum Kampf gegen die »freiheitliche demokratische Grundordnung« im Sinne des Art. 18 GG verwendet werden können (2). Ferner muß Ihre politische Wahrnehmungsfähigkeit und Sensibilität getrübt sein, wenn Sie diejenigen Politiker unserer Allparteienkoalition, die ohnehin Amok laufen, auch noch ermuntern, so zu tun, als herrsche Bürgerkrieg (3). Und schließlich täuschen Sie sich, wenn Sie das Elend der Intellektuellen darin sehen, daß sie linke Theorien in die Welt setzen; ich sehe es in einer traditionsreichen obrigkeitlichen Mentalität, die den Rechtsstaat, wenn es ernst wird, unter die Fittiche des Polizeistaates retten möchte (4). Lassen Sie mich diese vier Punkte erläutern.

1) Sie wissen so gut wie ich, daß in der auf Marx zurückgehenden politischen Tradition und in der Arbeiterbewegung der Terrorismus, der immer das Werk einzelner ist, von Anfang an kritisiert worden ist. Ob es sich um den Blanquismus, um die russischen Anarchisten, um die Ultras in den eigenen Reihen handelte, stets ist in den sozialistischen Arbeiterparteien das Bewußtsein wachgehalten worden, daß sich der politische Kampf aus dem Zusammenhang sozialer Bewegungen nicht lösen, gegen die lebendigen Interessen der Massen nicht verselbständigen darf. Die Idee der Revolution selbst wäre ihrer sittlichen Substanz und damit ihrer Kraft beraubt worden, wenn nicht immer wieder ein besonders sorgfältiger und ein besonders scharfer Schnitt zwischen revolutionärem Kampf und Terrorismus gelegt worden wäre.
Nun können der Studentenprotest der 60er Jahre und die Neue Linke dieser Tradition nicht ganz umstandslos zugeordnet werden,

weder unter Gesichtspunkten der sozialen Herkunft der Beteiligten, noch unter Gesichtspunkten der Organisation, und erst recht nicht im Hinblick auf eine Situation, die sich den geläufigen Interpretationen entzieht. Dennoch haben gerade die symbolischen Techniken der Regelverletzung und das antiautoritäre Syndrom, von der ersten Minute an, eine Gewaltdebatte ausgelöst, die sich an jenen Vorbildern orientiert hat. Auch die Neue Linke war reflektiert genug, die schonungsloseste Kritik an ihren Verirrungen und Verwirrungen aus sich selber hervorzubringen. In der Bundesrepublik habe ich diese Diskussion 1967 eher beiläufig mit einer Bemerkung über Demonstration und Provokation eröffnet: »Demonstrative Gewalt ist eine Gewalt, mit der wir Aufmerksamkeit für Argumente erzwingen. Das hat man bisher nicht Provokation genannt. Durch Provokation wird die in den Institutionen selbst verankerte Gewalt zu Aktionen herausgefordert, die diese sublime Gewalt zu einer manifesten Gewalt machen und als solche deklarieren sollen. Wenn ich Provokation in diesem Sinne verstehen darf, dann heißt systematisch betriebene Provokation von Studenten ein Spiel mit dem Terror (mit faschistischen Implikationen)...«

Damals ging es nicht um Maschinenpistolen und Menschenleben, auch nicht, wie zwei Jahre später, um Steine und Fensterscheiben, sondern um Tomaten. Ich erinnere an diese Situation, kurz nach dem Tode Ohnesorgs, weil damals ein nicht mehr unterbrochener Prozeß der Selbstaufklärung eingesetzt hat, den Oskar Negt im Sommer 1972 auf einer Massenversammlung vor der alten Frankfurter Oper mit einer scharfen und definitiven Absage an jede Form von Terror zum Abschluß gebracht hat. Zu diesem Zeitpunkt mußte auch dem letzten ein Licht aufgehen, daß von den politischen Theorien der Neuen Linken keine Brücke zur politischen Psychologie der RAF führt. Mit dem Terrorismus hat sich das aktionistische Element auch noch gegenüber dem Bedürfnis nach argumentativer Rechtfertigung verselbständigt; und eine Linke ohne Argumente gibt es nicht. Was bleibt, sind Fragen der Organisation, der Technik, der Motivation, der Psychologie.

Die These, die der Buchtitel *»Hitler's Children«* signalisiert, halte ich für falsch. Die historischen Wurzeln von Technik und Psychologie der direkten Aktion findet man wohl eher in Traditionen, auf die ein bemerkenswerter Leserbrief von J. v. Alten (in der Süddeutschen Zeitung Nr. 214 vom 17./18. September) hinweist: »... In der Tat hatte die Lehre von der ›direkten Aktion‹ einen besonders erfolgreichen Schüler in Mussolini. In der Ahnenreihe des italienischen Faschismus stecken Sorel und der ganze revolutionäre Syndikalismus, dazu passend Pareto und ein gutes Stück (ich wage kaum zu sagen: mißverstandener) Nietzsche. Das ist in jedem Lexikon nachzulesen, selbst wenn uns die sozioökonomische oder eine psychologische Betrachungsweise den Blick dafür trübt und uns Erscheinungsformen als ›faschistisch‹ bezeichnen läßt, die allenfalls reaktionär oder borniert sind. Im Nationalsozialismus sind diese Grundlagen nur wegen des geringeren intellektuellen Niveaus und der obskurantistischen Zutaten wie der Rassenlehre weniger deutlich ... Die Verselbständigung der ›direkten Aktion‹, nämlich die Ersetzung der Moral oder irgendwelcher annehmbaren Inhalte durch eine Art Ästhetik, einen Kult, der Gewalt in ihrer Schönheit und ihrem Schrecken, erscheint mir als ein geradezu archetypisches faschistisches Wesensmerkmal, das in unseren Tagen wiedergekehrt ist...«

2) In Art. 18 GG heißt es: »Wer die Freiheit der Meinungsäußerung, insbesondere ... die Lehrfreiheit ... zum Kampfe gegen die freiheitliche demokratische Grundordnung mißbraucht, verwirkt diese Grundrechte.« Diesen Artikel kann man, wie beispielsweise Herr Wenger es fordert, auf linke Professoren nicht anwenden, wenn diese nicht mindestens zwei Bedingungen erfüllen: sie müßten Lehrmeinungen vertreten, die sich gegen die Substanz unserer Verfassung richten, und sie müßten aufgrund dieser Lehrmeinungen so handeln, daß ihre Praxis als Kampf gegen die fdGO verstanden werden kann. Der Weg zur Kriminalisierung linker Kritik führt also über den Nachweis, daß solche linken Theorien mit unserem Verfassungsverständnis unvereinbar sind. Dabei wird das »Verfassungsverständnis« durch den Spielraum legitimer Verfassungsinterpretationen umschrieben. Je enger dieser Spielraum wird, um so größer die Chance, daß linke Theorien aus ihm herausfallen.

Tatsächlich ist dieser Prozeß der Einengung im Gange. Dafür bietet wiederum jene Verfassungsdebatte des Bundestages ein Beispiel, in der Ehmke der Opposition entgegenhielt: »Sie tun immer wieder so, als ob das Grundgesetz eine bestimmte Wirtschaftsordnung garantiere.« Am Tage zuvor hatte Filbinger, von Haus aus Jurist, ausgerufen: »Ich sage mit großer Betonung: Wir reagieren empfindlich auf alles, was nach Systemveränderung aussieht. Wir haben einen langen und dornenvollen Weg bis zu diesem sozialen Rechtsstaat zurücklegen müssen, und wir wollen diesen Weg nicht noch einmal gehen. Das würde aber unweigerlich dann geschehen, wenn wir diesen Staat, den Rechtsstaat, das Eigentum, die Marktwirtschaft zur Disposition stellten. Wer *Teile der Verfassung* tangiert oder gar preisgibt, der gibt das Ganze preis; denn die Freiheit, so wie wir sie verstehen, hat nur Bestand, wenn sie ganz und ohne Abstriche erhalten wird.« Herr Filbinger stilisierte damit die legitimen Ziele seiner Partei zum Verfassungsgebot. Dazu hat der Abgeordnete Dürr in derselben Debatte das Nötige gesagt. Er meint, das Grundgesetz lasse »einen weiten Raum für politische Gestaltungen, für unterschiedliche Sozialstaatsmodelle..., für den demokratischen Sozialismus des Godesberger Programms wie für sozialistische Vorstellungen, die nicht in die SPD passen«. Auch diese Auffassung gehörte bisher zum Grundkonsens der Bundesrepublik. Man sieht, wer diesen Konsens in Frage stellt.

Man fragt sich auch, wie weit inzwischen die Praxis der Rechtsprechung Herrn Filbingers Bemühungen gefolgt ist. Sie kennen, Herr Sontheimer, den Fall Ihrer Schülerin Inge Bierlein, die vom Bayerischen Kultusministerium zum Referendardienst an höheren Schulen nicht zugelassen worden ist, woraufhin es zu einem Prozeß kam. Im November 1973 hat das Bayerische Verwaltungsgericht München (trotz eines entlastenden Gutachtens von Ihnen) die Entscheidung des Kultusministeriums für rechtens erklärt. Ich weiß nicht, wie die Sache im Hauptverfahren weitergegangen ist. Ich kann auch nicht beurteilen, ob die Argumentation, mit der die Richter Frau Bierlein damals abgewiesen haben, besonders atypisch war. Wenn sie es nicht ist, nähern wir uns einem Zustand, in dem die Regelungen für »Radikale im Öffentlichen Dienst« von der Rechtsprechung zum Anlaß genommen werden, um den Spielraum

legitimer Verfassungsinterpretationen einzuschränken. Denn Frau Bierlein hatte ein zwar offensives, aber am Sozialstaatsgebot orientiertes Verfassungsverständnis dokumentiert.
Wenn diese Praxis Schule macht, könnte in Zukunft ein Verfassungsverständnis, das nicht an der Parole »Freiheit oder Sozialismus« ausgerichtet ist, hinreichen, um den Verdacht auf Verfassungsfeindlichkeit zu begründen. Das träfe alle die linken Theorien, die Sie so schön zusammengestellt haben. Diese Theorien sind ja in der einen oder anderen Weise mit dem Ziel einer sozialistischen Organisation der Gesellschaft verbunden; aber für die ernstzunehmenden Varianten ist doch auch klar, daß keine entwickelte Gesellschaft die Kennzeichnung »sozialistisch« verdient, die nicht die Substanz unserer Verfassung: Grundrechte, Volkssouveränität, Recht auf Opposition, Unabhängigkeit der Gerichte und Gesetzmäßigkeit der Verwaltung garantierte. Auch das Godesberger Programm enthält die Formel, daß der Sozialismus die Demokratie »erfülle«. In welchem Zustand befindet sich die regierende Sozialdemokratie, wenn sie sich von der Opposition und sogar von ihren eigenen Mitgliedern in eine Ecke drängen läßt, von wo aus wir solche Trivialitäten, sei's auch nur zu präventiven Zwecken, wieder auftischen müssen?

3) An diesem Wochenende habe ich den einleuchtenden Satz gelesen: dies sei die Stunde der Konter-Taktiker, nicht die Zeit der Philosophen. Ich richte diesen Brief an Sie vor allem deshalb, weil einige »Philosophen«, je mehr sie über Bürgerkrieg, über Todesstrafe, Einschränkung von Grundrechten usw. reden, ein taktisches Problem, an dem allerdings Leben und Tod hängen, und an dem heute, wie man mit Erschütterung und Empörung von Stunde zu Stunde verfolgt, das Leben von Herrn Schleyer hängt, auf eine Ebene verschieben, auf der es ganz und gar unlösbar wird. Ich meine die schiefe Ebene, auf der wir in eine Militarisierung unserer Gesinnung und in eine Paramilitarisierung unserer Gesellschaft hineingleiten. Ich äußere den folgenden Gedanken nur mit Zögern, denn das Gefühl sträubt sich gegen das Unzumutbare. Gleichwohl sprechen alle Anzeichen dafür: Wenn es nicht gelingt, den Terror zu entdramatisieren, wenn es nicht gelingt, mit dem Terror so zu

leben, *als sei* es ein gewöhnliches Verbrechen, dann wird die Bekämpfung des Terrorismus selbst an der Bühne zimmern, auf der dieser sich erst entfalten und erhalten kann.

Wenn die großen physischen und moralischen Belastungen, der heute eine ganze Kategorie von Personen ausgesetzt ist, dahingehend interpretiert würden, daß der Staat diese Personen nicht mehr wie Bürger schützen, sondern nur noch zum soldatischen Einsatz rüsten könne; wenn die beschwörende Erwartung, daß die Bevölkerung die Polizei bei ihren Fahndungsarbeiten unterstützt, die Nuance annähme, daß jedermann als Freizeitpolizist und nebenamtlicher Kadi zur Hatz auf den verdächtigen Nachbarn blasen darf; wenn die öffentlichen Demonstrationen des Entsetzens und die spontanen Bekundungen gemeinsamer Trauer soweit zeremonialisiert würden, daß Gefühle und Gesinnungen einer politischen Dauerkontrolle unterliegen – dann hätte sich allerdings der Aggregatzustand unseres rechtlich geordneten Zusammenlebens tiefgreifend und in einer Weise verändert, die in Deutschland nicht unbekannt ist. Wenn heroische Tugenden und Massenmobilisierung – Kohl kündigt schon »Versammlungswellen zur inneren Sicherheit« an – in die kapitalistisch verankerten Strukturen einer unpolitischen, einer durch und durch privatistischen Lebensform einbrechen, dann schliddern wir in den faschistischen Zerfall unserer politischen Kultur, vor dem unsere europäischen Nachbarn und amerikanischen Freunde zittern. Daß sie nicht grundlos zittern, zeigt sich in diesen Tagen. Wir hätten dann die Zustände, von denen Sie leichtfertig daherreden. Sie wissen es doch: Das aufgelöste Paradox eines bürgerkriegsähnlichen Zustandes ohne Bürgerkriegsparteien ist der Faschismus.

Glücklicherweise hat sich der Bundeskanzler in seiner Erklärung zur Schleyer-Entführung vor dem Bundestag, glücklicherweise haben sich die Gewerkschaftsführer und die Spitzen der Sozialdemokratie weder von den Mobilisierern und Scharfmachern, noch von aufgeregten Intellektuellen dazu drängen lassen, den ersten Schritt in die Richtung zu tun, in die uns die Terroristen treiben wollen – und aus der uns nichts als der blanke Schrecken erwartet. Ich teile die Gefühle von Heinrich Böll und Martin Walser: bei *diesem* Auftritt des Bundeskanzlers habe ich aufgeatmet.

Dieter Schröder warnt davor, den Kreis der »Systembedroher« undefiniert immer größer zu ziehen: »Hier liegt auch eine Verantwortung der Opposition und ihrer geistigen Wasserträger. Wer von ›Mordsozialisten‹ schreibt, wer gegen ›überflüssige Skrupel‹ wettert, wer ›Sonderkommandos‹ verlangt, der erweckt den Eindruck, daß der Rechtsstaat zunächst gegen die ›Reaktion‹ geschützt werden müsse, der verhindert ›geistige Auseinandersetzung‹, der behindert den Kampf gegen den Terrorismus, der zerstört den Konsens ...« (Süddeutsche Zeitung, 17./18. September). Zu diesen geistigen Wasserträgern, die sich ja vornehmlich aus SPD-Intellektuellen rekrutieren, gehören nun also auch Sie? Bei Ihnen frage ich mich noch; schon nicht mehr bei Ihrem Kollegen Scheuch, wenn er sein Rezept, man solle gegenüber Geiselnehmern israelischen Maximen folgen, mit der dunklen Drohung versieht: »Es gibt dann übrigens noch weitere Mittel – aber so weit sind wir erfreulicherweise noch lange nicht« (Deutsche Zeitung, 9. September). Wenn dieser Satz irgendeinen klaren Sinn hat, dann den, den man allenfalls von wildgewordenen Kleinbürgern erwartet.

4) Das bringt mich auf das *»Elend der Intellektuellen«*. Ich habe eigentlich nie das Bedürfnis verspürt, den Selbsthaß der Intellektuellen zu schüren; aber wenn Sie nun schon in die Fußstapfen dieser Tradition treten, wenn Sie sich ohne Zögern (und ganz ohne Erinnerung an Ihre eigenen Analysen der entsprechenden Strömungen der Weimarer Republik) von den Angstvorstellungen und Projektionen unserer Rechtsintellektuellen (Kronzeuge: Arnold Gehlen) ins Schlepptau nehmen lassen, darf ich doch einmal die Frage stellen: ob nicht unseren weit verbreiteten professionellen Deformationen etwas anderes zugrundeliegt als gerade »linke Theorie«? Wenn es für alles Eitle, Läppische, ja Gefährliche, das sich auf den Nenner des »Elends der Intellektuellen« zusammenziehen ließe, eine pauschale Erklärung gäbe, dann am ehesten die: daß wir die Forderung Max Webers, Leidenschaft mit Objektivität und Standhaftigkeit (Marx sagte: Parteilichkeit und Objektivität) zu verbinden, oft nicht gewachsen sind. Dabei läßt sich nicht einmal sagen, was schlimmer ist: die Korruption der Erkenntnis oder die der Sensibilität, die uns Partei nehmen läßt. Aber solche allgemei-

nen Sätze haben den Nachteil, daß man sich zu leicht auf sie einigen kann.

Ich sehe, konkret, das Elend der Intellektuellen hier und heute vor allem dokumentiert in jener Art von Reaktionsliteratur, mit der einige Ordinarien ihr Mütchen und die Wunden kühlen, die ihrem Narzißmus in den Jahren des Studentenprotestes geschlagen worden sind. Damit beschönige ich nichts von dem, was ich selber stets kritisiert habe; aber ich vermisse in dieser Literatur, daß die Aufgabe, die uns Intellektuellen gestellt ist, ernsthaft angepackt wird: die Analyse einer neuen und weithin unbegriffenen Lage. Ich möchte es bei diesem vagen Hinweis nicht bewenden lassen, sondern zum Schluß diese Aufgabe mit ein paar Stichworten spezifizieren. Diese sind, wie mir bewußt ist, so locker und hypothetisch-spekulierend, daß ich sie nur in Briefform zu äußern wage – und nur zu dem Zweck, anzugeben, was nach meiner Meinung die wichtigen erklärungsbedürftigen Phänomene sind, an denen wir uns lieber die Zähne ausbeißen sollten, anstatt stumpfgewordene Waffen aus dem Arsenal der Gegenaufklärung abzustauben.

Auch Ihrem Buche, Herr Sontheimer, liegt ja eine systematische Fragestellung zugrunde, eine Frage, die sich uns in der Alltagserfahrung der Bundesrepublik vielleicht deshalb deutlicher aufdrängt, weil in unserem Lande die sozialen und politischen Konflikte weniger scharf aufbrechen als in den meisten anderen Ländern. Wie ist unser hoch ambivalenter Zustand der sozialen Integration zu verstehen? Er scheint einerseits stabil zu sein, weil das ökonomische System, wenn man internationale Vergleiche anstellt, verhältnismäßig gut funktioniert; weil die Nebenfolgen einer relativ hohen Arbeitslosigkeit sozialpolitisch abgefangen werden und weil das politische System trotz Scheinpolarisierungen von einem Allparteienregime so gesteuert wird, daß es zu extremen Ausschlägen nicht kommt. Auf der anderen Seite scheinen unter der Oberfläche Konflikte zu schwelen, wie man an der Unzufriedenheit mit den politischen Parteien als solchen, an der beängstigenden Anfälligkeit unserer politischen Kultur, an einer schwer greifbaren Reizbarkeit im sozialen und politischen Umgang, an Lähmungserscheinungen in kulturellen Bereichen, vor allem an einem Anwachsen psychisch bedingter oder ins Private abgedrängter Konfliktpotentiale ablesen kann. Dazu dann das alarmierende Symptom, das der Anlaß dieses Briefes ist: terroristische Gewaltakte. Wie geht das zusammen? Ähnelt nicht diese Form der sozialen Integration immer mehr jener pathologischen Stabilität, die wir aus Untersuchungen kranker Familien kennen? Diese Frage läßt mich einen analytischen Ansatz bevorzugen, der davon ausgeht, daß in Gesellschaften unseres Typs der Klassenkonflikt zwar tief in den Strukturen verankert, aber wirksam neutralisiert ist und in Randzonen verschoben wird. Darüber kann man natürlich streiten. Ich möchte nur auf ein Bündel von Phänomenen aufmerksam machen. Lassen Sie mich das in drei Schritten versuchen:

1) Wir können seit einigen Jahren in entwickelten kapitalistischen Gesellschaften Anzeichen eines *neuen Populismus* entdecken. Bei uns ist das vor wenigen Wochen einer breiteren Öffentlichkeit durch Wildenmanns Umfragedaten zu Bewußtsein gebracht worden. Daraus geht hervor, daß ungefähr ein Viertel der Wahlberechtigten eine Steuerprotestpartei nach dänischem Muster bevorzugen würde. Man kann vermuten, daß ähnliche Strömungen in Norwegen von den Linkssozialisten für die Ablehnung des EG-Eintritts, in Schweden von den Bürgerlichen Parteien für den Sturz der Regierung Palme, in den USA von Carter während der Vorwahlen für seine Nominierung zum Präsidentschaftskandidaten genutzt worden sind. Im letzten Bundestagswahlkampf scheint es dem provinziellen und biederen Sympathiewerber Kohl etwas besser als seinem Kontrahenten gelungen zu sein, dieses Potential für sich zu mobilisieren. Einzelne populistische Bewegungen bieten eine Möglichkeit, das ohnehin diffuse Einstellungssyndrom, das sich in nationalen Wahlen nur undeutlich zu erkennen gibt, etwas besser einzukreisen. Offenbar konzentrieren sich diese Strömungen in jenen Protesten und Bürgerinitiativen, die sich an Gefahren der Kernkraftentwicklung, an Problemen der Umweltzerstörung und an der Manipulation durch Planungen kommunaler Verwaltungen entzünden. Auch die von der CDU kanalisierten Schülerelternproteste scheinen ihre Triebkraft in erster Linie aus dem Widerstand

gegen die administrative Form der Durchsetzung von Schulreformen zu beziehen, während der Streit um die Reform*inhalte* die Rhetorik speist.

Wenn man diese Szenerie um die außerhalb unserer Grenzen wichtigen regionalistischen Bewegungen erweitert, um Bewegungen, die sich an Konfessions- und Sprachgrenzen, um landsmannschaftliche Kulturen, um alle möglichen autonomistischen Ansprüche kristalllisieren, werden die Umrisse dieses Syndroms etwas schärfer. Wir haben es anscheinend mit verschiedenen Manifestationen von Widerstandshandlungen zu tun, die zunächst defensiven Charakter haben. Der Widerstand richtet sich nicht unmittelbar gegen klassenspezifisch zurechenbare Phänomene der sozialen Entrechtung und der Unterprivilegierung, sondern gegen die Zerstörung meist traditionell eingewöhnter Lebensformen. Die Konflikte entstehen an den Reibungsflächen zwischen den funktionalen Imperativen planender Verwaltungen, des ökonomischen Wachstums und des technischen Fortschritts einerseits, humanen Formen des Zusammenlebens andererseits. In diesem Lichte erscheint als human vor allem die Expressivität, Selbsttätigkeit und Solidarität, die in den konkurrenzbestimmten, gleichzeitig instrumentalistischen und privatistischen Lebensformen des Bürgertums und seiner kleinbürgerlichen Varianten keinen Unterschlupf gefunden haben, und die nun durch eine alles penetrierende Verwaltung aus ihren letzten Reservaten vertrieben werden. Zu diesem Bild passen die Allensbacher Nachrichten über den Gemütszustand der Nation.

Wenn man einen Schritt zurücktritt und die herkunfts- und altersspezifischen Merkmale abzieht, vor allem das Fehlen ökonomischer Ängste berücksichtigt, entdeckt man ähnliche Reaktionsformen auch in dem Jugendprotest der 60er Jahre. Der einzige überlebenskräftige Sproß dieser Revolte, die Frauenbewegung, ist zwar gegen die Versuchungen des Traditionalismus, man möchte sagen: naturgemäß gefeit; aber auch ihr Aktivismus trifft sich mit den neopopulistischen Bewegungen darin, daß er die (meist sozialdemokratischen) Vollstrecker der bürgerlichen Revolution an den blinden Fleck erinnert: neben Freiheit und Gleichheit blieb das dritte Element des Wertekatalogs ausgeblendet, die Brüderlichkeit oder besser: die Werte eines geschwisterlichen Umgangs. Im übrigen glaube ich, daß auch die konservativ getönte Wachstumskritik, die sich von Eppler bis Gruhl und von Garaudy bis Harich an die Fersen des *Clubs of Rome* geheftet hat, in diesen Zusammenhang gehört. Und natürlich macht sich dieses Syndrom auch in anderen Bereichen geltend: beispielsweise als Rückkehr zum Historismus, in der Architektur ebenso wie in der Philosophie.

2) Ich versuche mir manchmal klarzumachen, wie gleichsam im Augenblick des Beginns einer terroristischen Karriere die vollkommen wahnhaften Situationsdeutungen mit den Evidenzen der eigenen Alltagserfahrungen zusammenhängen könnten (und nicht nur mit den durch Interpretation vermittelten Evidenzen jener Zerstörungen, die die kapitalistische Wachstumsdynamik über den Weltmarkt und über direkte politische Interventionen der Großmächte in Ländern der Dritten Welt anrichtet). Solche Deutungen müssen ja biographisch verwurzelt sein. Könnte es nicht so sein, daß Empörung, Protest, Widerstand auch hier durch Lebenserfahrungen gestützt sind, die zwar durch eine persönlichkeits- und altersspezifisch verschärfte Optik überdeutlich wahrgenommen werden, die aber gar nicht so verschieden sind von jenen Erfahrungen, auf die auch neopopulistische Bewegungen reagieren? Und es könnte sein, daß diese subjektiv erlittenen und intuitiv überzeugenden Defizienzen einer bestimmten (vielleicht sogar modellhaft vorgeführten) Lebensform dann, ohne den geduldigen Weg einer marxistisch informierten und sorgfältigen Analyse ins Schattenreich imaginärer Klassenkämpfe projiziert werden. Diesen tentativen Gedanken muß man mit Vorsicht behandeln; wenn etwas daran ist, könnte man sich auch einige der merkwürdigeren Reaktionen erklären. Wer kann schon die einschlägigen Tiraden, z. B. die abgefackten Leitartikel der FAZ lesen, ohne auf den Gedanken zu kommen, daß hier ein Affekt im Spiel ist, der Eltern überkommen mag, wenn die Kinder nicht diese und jene Ungerechtigkeit kritisieren, sondern *ihre* Form des Lebens in Frage stellen.
Wie dem auch sei, es will mir nicht von vornherein absurd erscheinen, zu untersuchen, ob nicht der Terrorismus, zumindest in der Bundesrepublik, in den historischen Zusammenhang einer bürgerlichen Radikalisierung bürgerlicher Revolutionen gehört.

Die modernen Gesellschaften haben ihre unbestreitbaren Erfolge bei der Entwicklung von Produktivkräften und bei der Durchsetzung legaler Herrschaft damit bezahlt, daß sie nach und nach alle Lebensbereiche in Formen ökonomischer und administrativer Rationalität pressen und Formen praktischer Rationalität unterdrücken. Marx und Max Weber haben diese Tendenzen verschieden interpretiert. An die Rationalisierungsthese Max Webers könnten wir anschließen, um herauszufinden, wie sich unter dem Zugriff von Rationalitätsformen, die für die kapitalistische Wirtschaft und die moderne Verwaltung spezifisch sind, *andere* Lebensbereiche deformieren.

In diese Perspektive müßte man Veränderungen einbeziehen, die sich in säkularen Schrumpfungsprozessen abzeichnen: die Politik wird entstaatlicht, schrumpft immer mehr zusammen auf Administration und auf die Beschaffung von Akklamation; die bereits entzauberte Religion wird entheiligt, schrumpft zusammen auf profane Sittlichkeit; das, was Adorno die Entkunstung der autonomen Kunst genannt hat, vollzieht sich in einem Kranz von surrealistischen Begleitphänomenen: wir beobachten eine Entsublimierung der Kunst zur Massenkultur einerseits, zur Gegenkultur andererseits, ferner eine Entpathologisierung von Geisteskrankheiten, eine Entkriminalisierung von Verbrechen, eine Entmoralisierung von Angriffen auf die Integrität des Leibes und der Seele bei gleichzeitiger Ästhetisierung von Gewalt. Ich kann mir auf alles dies noch keinen Reim machen. Aber wenn man den Verbindungslinien, die der Surrealismus zieht, folgt, scheint *ein* Schlüssel für die Technik der direkten Aktion und für die Psychologie des Terrors in der Entdifferenzierung der zunächst streng geschiedenen Bereiche von Politik und Kultur zu liegen.

3) Regierung und Opposition halten sich gleichermaßen an die Maxime, daß die unerwünschten Nebenfolgen des kapitalistischen Wachstums durch beschleunigtes Wachstum kompensiert werden sollen. So wachsen die Reibungsflächen, an denen sich neopopulistische Regungen entzünden. Das ideologische Klima der siebziger Jahre spiegelt dieses Dilemma. Es wird von einer Mixtur aus neu- und altkonservativen Strömungen beherrscht. Einerseits werden

die Werte der protestantischen Ethik beschworen, um die brüchig gewordenen Motivationsgrundlagen für ein konkurrenzbestimmtes Beschäftigungssystem (und ein daran anzukoppelndes Bildungssystem) zu kitten; andererseits staffiert man private Welten, die als Stoßdämpfer gedacht sind, mit Assoziationen an vorbürgerliche Traditionen aus (hier findet auch ein verwaschener Begriff von Solidarität seinen Platz).

Die Ideologieplaner und ihre intellektuellen Helfer befinden sich freilich bei ihrem Versuch, konservatives Gedankengut zu reaktivieren, in einer mißlichen Situation. Die Nazis haben diese Traditionen so gründlich diskreditiert, daß es in der Bundesrepublik, ich gebrauche hier ein Wort von Hans Paeschke, einen »authentischen Konservativismus« nicht mehr geben konnte. Stattdessen sind die ersten zweieinhalb Nachkriegsjahrzehnte eine Periode gewesen, in der es in Deutschland zum ersten Mal gelungen ist, die ohnehin verstümmelte und immer wieder verdrängte Tradition der Aufklärung von Lessing bis Marx in ganzer Breite zur Geltung zu bringen, d.h. zum Medium geistiger Produktivität und zum Anknüpfungspunkt des politischen Selbstverständnisses zu machen. Ein Augenblick Jugendrevolte war dann genug, um Jahre der Reaktion einzuleiten, einer Reaktion, die anscheinend jetzt die Stunde gekommen sieht, zwei Fliegen mit einer Klappe zu schlagen: den Konservativismus vom Makel seiner Verfilzung mit dem bürokratischen Terror reinzuwaschen und radikale Aufklärung durch eine denunziatorische Verbindung mit dem individuellen Terror der RAF in eben die moralische Diskreditierung hineinzupeitschen, der das jungkonservative Erbe allzudeutscher Traditionen mit Recht verfallen ist. Könnte Strauß heute den Terrorismus der Neuen Linken, dabei der Linken überhaupt, pauschal in die Schuhe schieben, könnte Kohl die Behauptung aufstellen, daß dieser Terror »ohne Verharmlosung und intellektuellen Zuspruch« unmöglich gewesen wäre, wenn nicht von den Tendenzschriftstellern zuvor eine Sympathisanten-Szene geschaffen worden wäre, die auf solche Diskreditierungsversuche anspringt?

Diese Briefsammlung steht unter dem Titel *»Verteidigung der Republik«*.[2] Das soll heißen: wir werden für die Positionen der

2 Sie ist bei Rowohlt zur Buchmesse 1977 erschienen.

Aufklärung in unserem Lande kämpfen. Wir haben in den letzten Tagen den Vorgeschmack einer Diskreditierungskampagne bekommen, die sich des Mittels substanzloser Schuldzurechnungen bedient. Die Geister werden sich daran scheiden, wer hier der Sympathisant ist.

Freundliche Grüße Ihres J. H.

Kurt Sontheimer

Lieber Herr Habermas,

Sie haben mich als Adressaten für einen offenen Brief »zur Verteidigung der Republik« erkoren, der dieser Tage in einem schnell auf den Markt geworfenen Taschenbuch dieses Titels (bei Rowohlt) erschien. Den flüchtigen Gedanken, mir sei damit eine besondere Ehre widerfahren, da Sie doch in vieler – auch in meinen – Augen als der fruchtbarste und einflußreichste deutsche Philosoph und Sozialtheoretiker der Gegenwart gelten, habe ich bei genauerer Lektüre freilich verwerfen müssen. Sie sagen zwar in Ihrem Begleitschreiben, ich sei von den »Opponenten« derjenige, mit dem Sie noch einiges gemeinsam zu haben glaubten, aber es ist mir nicht geglückt, in Ihrem offenen Brief Stellen zu entdecken, die ein Interesse erkennen ließen, den Rest an Gemeinsamkeit zu bewahren. Als Produzent von geistig unerheblicher »Tendenz-« bzw. »Reaktionsliteratur«, als Befürworter eines »Gesinnungsstrafrechts«, der mit seinen Ideen noch hinter Thomas Hobbes zurückgeht, als »geistiger Wasserträger« der Opposition, als einer, dem es Lust macht, den Selbsthaß der Intellektuellen zu schüren – mit solchen Worten charakterisieren Sie meine jetzige Rolle –, bin ich natürlich auch kaum würdig, »die Werte eines geschwisterlichen Umgangs« auf mich angewandt zu sehen, deren Ausblendung aus unserer Politik Sie so beklagen.

Sie verstehen unter der Verteidigung der Republik den »Kampf für die Positionen der Aufklärung in unserem Lande«. Da Sie mich als einen Vertreter der Gegenaufklärung charakterisieren, dessen Waffen stumpf geworden seien, frage ich mich, ob wir noch die gleiche Republik verteidigen. Wenn dies nicht so wäre, so wäre dies sicherlich Grund zur Besorgnis. Wenn ich mir von diesem Briefwechsel etwas erhoffe, so dies, daß wir einander zubilligen können, es mit der Verteidigung der Demokratie ernst zu meinen und, wenn schon nicht in unseren Analysen und Meinungen, so doch wenigstens in diesem Willen solidarisch zu sein und zu bleiben. Vielleicht kann diese Antwort ein wenig dazu beitragen, die so schmal gewordene Basis der Gemeinsamkeit zu verbreitern.

Was Sie und viele andere linke Intellektuelle in diesen Wochen so erregt, ist die mehr oder weniger subtil oder plump vorgebrachte These, der Terrorismus, unter dem die Bundesrepublik so schwer zu leiden hat, stehe in einem ursächlichen Zusammenhang mit den geistigen Umbrüchen und Veränderungen, die sich seit der Studentenrevolte bei uns ergeben haben. Ich selbst habe in einem improvisierten, nicht durchgängig subtilen Fernsehstatement gesagt, der Terrorismus habe seinen geistigen Nährboden in linken, revolutionären Theorien. Dazu stehe ich nach wie vor.

Eine derartige Behauptung ist für Sie Teil einer Diskreditierungskampagne gegen linke Intellektuelle, von der Sie befürchten, daß sie noch schlimmer werden wird; darum geben Sie sich auch alle Mühe, mich als eine Art intellektueller Über-Dregger zu stilisieren. Nun, unabhängig von Dregger oder Strauß: Ich glaube in der Tat, daß ein Zusammenhang besteht zwischen dem massiven Eindringen linker revolutionärer Theorien in das politische Bewußtsein der Bundesrepublik seit der Studentenrevolte ud dem terroristischen Aktionismus, dem wir seit 1972 in sich immer stärker brutalisierender Form ausgesetzt sind. Ich sage nicht, daß linke Theorien, wie sie seitdem in der Bundesrepublik propagiert werden, zum Terrorismus führen; ich behaupte auch nicht, daß eine *direkte*, also kausale Verantwortung linker Intellektueller für terroristische Akte besteht – wie könnte ich? –, aber ich habe die Überzeugung gewonnen, daß der politische Terrorismus, den wir seit der Studentenrevolte in Deutschland kennengelernt haben, ohne die radikale Politisierung in der Studentenbewegung, ohne den von linken Theorien ausstaffierten geistigen Hintergrund der Akteure, ohne das durch ein neues kritisches Bewußtsein bis zum Überdruß geschürte Unbehagen an unseren politischen Verhältnissen nicht *zureichend* erklärt werden kann.

Ich will mich nicht auf die wenig hilfreiche Debatte einlassen, wessen Kinder die Terroristen sind, die Hitlers, oder wie Sie zu bedenken geben, die Mussolinis oder Sorels oder gar Nietzsches, wofür empirisch, nämlich was die Biographien von Terroristen angeht, überhaupt nichts spricht. Ich möchte nur daran erinnern, daß die Sprache der Terroristen, ihr Milieu, auch ihre »Sympathisanten« allesamt der radikalen linken Szene zuzurechnen sind, wie sie sich bei uns entwickelt hat. »Es ist Augenwischerei, die linken Wurzeln des Terrors zu leugnen; es ist eine Zwecklüge zu behaupten, daß aus linken Wurzeln zwangsläufig Terror erwachse.« (Dieter E. Zimmer in *Die Zeit*, 21. 10. 1977.)
Doch auch diese klare Aussage, die sich mit meiner eigenen Auffassung völlig deckt, geht Ihnen, lieber Herr Habermas, offensichtlich viel zu weit. Der Grund ist leicht zu erschließen. Sie verstehen sich selbst als ein Linker; Sie müssen es deshalb als eine ungeheuerliche Zumutung empfinden, wenn »die Linke« in einen Zusammenhang mit dem Terrorismus gerückt wird. Sie selbst haben bei einer Reihe von Gelegenheiten, und zwar schon sehr früh, unmißverständlich klargemacht, daß Gewalt oder die »systematisch betriebene Provokation« niemals Mittel linker Politiker sein können. Sie verweisen jetzt auf eine Anti-Terror-Rede Oskar Negts, durch die im Sommer 1972 ein ununterbrochener Prozeß der Selbstaufklärung innerhalb der Linken zu seinem definitiven Abschluß gebracht worden sei. Weil Sie und einige andere so unmißverständlich gesprochen haben, nehmen Sie für die gesamte neue Linke in Anspruch, daß von deren Theorien und Einstellungen keine Brücke zu den Terroristen der RAF führe. Darin kann ich Ihnen nicht ganz folgen, denn das klingt so, als ob Sie oder Oskar Negt, dem Papst vergleichbar, eine geistige Kommandogewalt über die gesamte neue Linke hätten. Sie erledigen das komplexe Problem der möglichen Verbindungslinien zwischen Terrorismus und der heutigen Linken mit dem lapidaren Satz: »Eine Linke ohne Argumente gibt es nicht.« Da die Terroristen nicht (mehr) argumentieren, sind sie eben keine Linken. Hier machen Sie es sich zu einfach: Darf ich Ihnen in Erinnerung rufen, daß es die *neue Linke* (in einigen ihrer vielen Varianten) war, die im Zuge der Studentenrevolte alsbald der Argumente überdrüssig wurde und zu anderen

Mitteln der Auseinandersetzung griff? Daß es die *neue Linke* war, in der erstmals nach 1945 das Thema Gewalt aufkam und seither immer wieder eine wichtige Rolle sowohl in der Theorie wie auch in der Praxis des politischen Kampfes gespielt hat? Daß es Linke wie Sie waren und sind, die andere Linke stets von neuem davon zu überzeugen suchen müssen, daß die Gewalt, insbesondere die terroristische Gewalt, in der Bundesrepublik kein Mittel der Politik sein dürfe? Daß es linke Professoren waren, die meinten, sie sollten durch die Veröffentlichung des Buback-Nachrufes eine neuerliche Gewalt-Diskussion in unseren Universitäten einleiten, ohne daß sie selbst durchblicken ließen, warum sie diesen schmählichen Nachruf für diskussionswürdig hielten? Waren es nicht ebenfalls linke Professoren, die, konfrontiert mit den Einzelheiten dieses Buback-Nachrufes, kein vernünftig zu nennendes Argument zu seiner Veröffentlichung vorzubringen wußten? Folge ich Ihren anspruchsvollen Kriterien, Herr Habermas, so handelt es sich bei all diesen Fällen wohl nur um »Verirrungen und Verwirrungen« in der linken Szene, doch wenn deren Urheber alle keine echten Linken sind, bitte, was sind sie dann?

Nun ist »linke Theorie« gewiß ein pauschaler Begriff für eine kaum zu ordnende Vielfalt von kritischen geistigen Strömungen, die seit der Studentenrevolte in massiver Form auf unser politisches Bewußtsein einwirken. In einem Buch »Das Elend unserer Intellektuellen«, das Sie so scharf kritisieren, habe ich den Versuch gemacht, einige Denkformen und Argumente der linken Theorie vorzustellen und ihre Wirkung auf das politische Bewußtsein der Bundesrepublik zu untersuchen. Ich war von der Haltlosigkeit, der theoretischen Überspanntheit, der empirischen Unzuverlässigkeit vieler Veröffentlichungen des linken Lagers so überzeugt, daß ich mich vielfach damit begnügt habe, linke Argumentationen bloß vorzuführen, anstatt sie einzeln zu widerlegen, weil ich der Auffassung war, daß sich solche Thesen und Theorien selbst ad absurdum führen. Dies führt sie zu der Feststellung, mein Buch erwecke den Eindruck, linke Theorie müsse das »besonders konfuse Erzeugnis einiger besonders törichter Personen« sein. Nun habe ich weder Zitate gefälscht, noch mich auf den ebenso reichhaltigen wie obskuren Markt linker Druckschriften begeben, noch glaube ich,

die Aussagen linker Theorie, die ich im Rahmen meiner Untersuchung für relevant hielt, völlig mißverstanden zu haben, so daß ich aus Ihrer Beurteilung dieses Buches nur den Schluß ziehen kann, ich hätte es mit lauter linken »Idioten« zu tun gehabt.
Das mag sein, denn ich habe bei den zahlreichen linken Schriften, die ich studiert habe, in der Tat wenig von jenen sozialwissenschaftlichen Traditionen entdecken können, von denen Sie sagen, daß der westliche Marxismus sie in sich aufgenommen habe. Ich erkenne zwar, daß Sie damit Ihre eigene Position umschreiben, aber sie werden doch kaum bestreiten wollen, daß es auch zahlreiche andere Positionen gibt, die sich bei uns links nennen und die dafür gute Gründe vorbringen. Wenn Sie die linken Theorien, die ich vor allem im Visier hatte, für linke Idiotien halten, von denen es auch nach Ihrer Auffassung leider viel zu viele gibt, nun, dann kann ich nicht umhin festzustellen, daß die politische und akademische Diskussion der letzten Jahre zeitweilig zu einem Tummelplatz von »Idioten« geworden sein muß, daß manche dieser linken »Idioten« unsere Kollegen als Professoren sind, daß selbst angesehene deutsche Verlage sich eine Zeitlang darum rissen, derlei »Idioten« zu drucken, kurz, daß das Ganze offenbar nur ein groteskes oder böswilliges Mißverständnis der wahren, seriösen linken Theorie war.
Schon zu Zeiten der Studentenrevolte hielt »die Linke«, zu deren pauschalem Verteidiger Sie sich heute machen, es für angezeigt, Ihnen zu antworten (»Die Linke antwortet Habermas«), weil Sie anscheinend nicht auf dem richtigen Wege waren, insbesondere, weil Sie das Wort vom »linken Faschismus« in die Debatte geworfen hatten, das Sie heute als eine »Überreaktion« Ihrerseits bedauern. Daß aber jene Linke, der Sie sich selbst gar nicht zurechnen, etwas zu tun hat mit dem Phänomen der »Verwilderung der Argumente« (Buschbeck), mit der maßlosen Diffamierung unserer Demokratie, ja, daß auch der Terrorismus als eine wahnwitzige politische Option einzelner nur begreifbar wird vor dem Hintergrund einer böswilligen Verteufelung unserer demokratischen Lebensordnung, in der angeblich alle möglichen Formen von Repression, Ausbeutung und Terror bereits praktiziert werden (Konsumterror, Leistungsterror, Meinungsterror etc.), können Sie dies so einfach ignorieren und negieren?

Walter Jens bedient sich übrigens des gleichen Denkmodells, wenn er rundheraus erklärt, die linken Intellektuellen in der Bundesrepublik hätten nicht den geringsten Anlaß zur Selbstbezichtigung. Sie seien seit eh und je für Toleranz und friedlichen Austrag der Gegensätze, für den Pluralismus von Wissenschaft und Kunst, für Freiheit, für Radikalität im Denken und für die Absage an die Gewalt eingetreten. Schön, wenn's so wäre! Ich empfehle Walter Jens unter anderem das »Kursbuch« zur gewissenhaften Lektüre, etwa den Satz von Peter Weiß: »Er (Che Guevara) zeigte: Das einzig Richtige ist, ein Gewehr zu nehmen und zu kämpfen.« (*Kursbuch* Nr. 11)

Selbstbezichtigungen sind natürlich nicht zu erwarten, ich weiß es, sie werden auch nicht verlangt, aber es wäre vielleicht doch gut, wenn manche Intellektuelle, die sich heute so über jeden Tadel erhaben fühlen, und die jene anderen, die nach den geistigen Ursachen des Terrorismus fragen, sogleich der Hexenjagd beschuldigen, etwas mehr von jener Haltung verinnerlicht hätten, die Sie, Herr Habermas, in Ihrem Beitrag im *Spiegel* vom 10. 10. 1977 (Zu den Anklagen gegen die Intellektuellen) so eindrucksvoll beschrieben haben.

Meine eigene intellektuelle Biographie war übrigens von der gleichen Erfahrung bestimmt, die Sie schildern, der Entdeckung nämlich, daß führende Vertreter des deutschen Geistes, wenn ich mich so pauschal fassen darf, Pate gestanden hatten bei der Zerstörung der Weimarer Republik und sogar bei der Machtorgie des Nationalsozialismus. Dies war das Erkenntnis-Motiv für meine frühe Untersuchung über »Antidemokratisches Denken in der Weimarer Republik«; dies ist auch das Motiv, das mich im Blick auf die Verhältnisse in unserer Gegenwart zu einer analogen Untersuchung über die linke Theorie in der Bundesrepublik bewogen hat. Was wir seit einem Dutzend Jahren bei uns erleben, das ist in meinen Augen gegenüber dem System der Bundesrepublik nichts weniger als die Aufkündigung der Loyalität (auch der kritischen) von seiten eines Teils der deutschen Intelligenz. In dieser Hinsicht, nur in dieser, erleben wir heute die Wiederkehr von Weimar, wenngleich es damals eher die rechte Intelligenz war, welche der Republik die Unterstützung versagt hat. Doch ist für die konkrete Verteidigung dieser unserer Republik »links« doch wohl eo ipso nicht besser als »rechts«, wenn es um die entscheidende Frage geht, wodurch ein demokratisches System seinen Grundkonsensus zu verlieren droht, d.h. jene breite Übereinstimmung über die Wertgrundlagen des Gemeinwesens, ohne die es auf die Dauer nicht gedeihlich und in Frieden leben kann.

Die heutige Linke sollte durch die historische Erfahrung mit sozialistischen Systemen im 20. Jahrhundert gewitzt genug sein, von der von ihr so eifrig betriebenen Überwindung der bürgerlichen Gesellschaft unseres Zuschnitts zugunsten einer sozialistischen Ordnung nicht schon die Erfüllung ihrer Menschheitsvisionen zu erwarten. Sie täte darum besser, die Ideale des »kritischen bürgerlichen Denkens«, die ihr so unverzichtbar sind, im Rahmen dieser Verfassungsordnung und ihrer Spielregeln zur Geltung zu bringen, anstatt, wie viele es tun, zur radikalen Opposition gegen das bürgerlich-demokratische System zu ermuntern. Kaum besser erscheint es mir, wie Sie es tun, zu suggerieren, der Terrorismus diene gewissen Politikern nur als Vorwand für eine geistfeindliche Kampagne, die mit 200 Jahren kritischen bürgerlichen Denkens aufräumen wolle. Von solchen Aussagen ist es nicht weit zu jenen absurden Theorien, die uns weismachen wollen, die »Reaktionäre« (auch dies ein neues, an Weimar erinnerndes Wort in der politischen Diskussion der Bundesrepublik) freuten sich insgeheim über den Terror, weil er ihnen Gelegenheit gäbe, die Linke auszuschalten. Ich stimme Ihnen zu, wenn Sie feststellen, es sei in den ersten zweieinhalb Jahrzehnten nach 1945 zum erstenmal gelungen, die verdrängte Tradition der Aufklärung von Lessing bis Marx in ganzer Breite zur Geltung zu bringen, aber nicht mehr, wenn Sie anschließen, ein Augenblick Jugendrevolte habe dann genügt, um Jahre der Reaktion einzuleiten. Das klingt so, als hätten wir ein Vierteljahrhundert geistig gute Zeiten gehabt und befänden uns seit sieben Jahren auf dem Marsch in die Reaktion. Ist es nicht einigermaßen merkwürdig, daß die Zeit in der Bundesrepublik ausgerechnet mit dem Zeitraum zusammenfallen soll, in dem erstmals eine sozial-liberale Koalition die Bundesrepublik regiert?

Andererseits erwähnen Sie in Ihrem Brief an mich, daß entscheidende sozialwissenschaftliche Begriffe wie Sozialstaat, Demokratie, Rechtsstaat usw. heute, d. h. nach der Jugendrevolte, tatsächlich nicht mehr nur nach den Definitionsregeln gebraucht würden, die eine bestimmte politische Theorie in Zeiten des Kalten Krieges festgelegt habe. Damit hätten sich in den Sozialwissenschaften »unbefangenere Sichtweisen« durchgesetzt.
Beide Aussagen lassen sich für mich schlecht vereinbaren. Wenn es in der Tat so ist, daß die Tradition der Aufklärung in Deutschland erstmals nach dem Zweiten Weltkrieg ungehindert zum Zuge kommen konnte, wieso war sie dann, zumindest in den Sozialwissenschaften, noch bis zur Studentenrevolte unterdrückt und hat sich erst mit ihr vom ideologischen Druck des Kalten Krieges befreien können? Aber wie immer man diese Ungereimtheiten interpretieren will, die entscheidende Frage bleibt, ob nach Ihrer Auffassung erst die Studentenrevolte den vollen Durchbruch der aufklärerischen Tradition geschafft und dann eine entsprechende Gegenreaktion ausgelöst hat (Tendenzwende), oder ob es nicht vielmehr – wie ich meine – gerade die Studentenrevolte und ihre intellektuellen Folgeerscheinungen waren, durch die aufklärerische Positionen über den mit der Idee der Humanität und Toleranz vereinbarten kritischen Punkt hinaus getrieben worden sind, so daß sie in der liberalen Demokratie nicht mehr konsens- und kompromißfähig sein konnten.

Ende der Koexistenz?

Lassen Sie mich dazu einige Anmerkungen vorbringen. In der Bundesrepublik haben aufklärerische, liberale und konservative Positionen bis in die Mitte der sechziger Jahre hinein ohne allzu gravierende Friktionen koexistieren können. Dann kam die Studentenrevolte und mit ihr die Aufkündigung dieser Koexistenz durch einen Teil der linken Intelligenz, das Ergreifen des Fehdehandschuhs gegenüber der Bundesrepublik als System, die Wahl neuer politischer Mittel bis hin zur Gewalt, und schließlich auch der individuelle Terror. Ich hatte übrigens nie den Eindruck, daß die neuen Sichtweisen, die unsere linken Kollegen in den Sozialwissenschaften kolportierten, so viel unbefangener, toleranter, aufgeschlossener sind als die alten!

Das, was Sie unbefangenere Sichtweisen nennen, Herr Habermas, ist in meiner Sicht nicht so unschuldig und vom hehren Geiste reiner Erkenntnis durchdrungen, wie das Wort unbefangen nahelegt. Die linke Theorie, die in unseren Universitäten gelehrt wurde und wird, ist nicht frei von jenen fatalen Wirkungen, deretwegen Sie aufgrund Ihrer Erfahrungen mit Heidegger und Carl Schmitt einst so besorgt waren. Terroristen, die mit linkem Vokabular um sich werfen, welche die Symbolfigur der linken Kapitalismus- und Staatskritik »hinrichten«, tragen für ihre mörderischen Taten gewiß allein die direkte Verantwortung, aber die »klammheimliche Freude«, die sie in den Gemütern mancher Studenten auszulösen vermögen, was ist sie anderes als das Ergebnis von Sichtweisen bzw. Theorien, in denen diese unsere Demokratie als so undemokratisch, so repressiv, so ausbeuterisch, so autoritär, so polizeistaatlich hingestellt wird, daß einem, der dies alles für bare Münze nimmt, schließlich auch nichtdemokratische Mittel gerechtfertigt erscheinen mögen, diesen korrupten kapitalistischen Staat zu bekämpfen?

Ich meine, Sie verkehren die Situation ganz und gar, wenn Sie nun gar uns, die angeblichen Tendenzschriftsteller, dafür verantwortlich machen, daß heute führende Politiker der Opposition die Linke mit dem Terrorismus in Verbindung bringen können. Das hat der, verzeihen Sie die Wiederholung, idiotische Teil der Linken selbst besorgt; dazu haben beispielsweise die über vierzig Kollegen, die den Buback-Nachruf unterschrieben haben, ihr professorales Scherflein beigetragen. Solange die seriöse, die redlich argumentierende Linke in der Bundesrepublik sich nicht deutlicher zu distanzieren bereit ist von den »Idioten« unter den Linken, solange sie lieber die Liberalen wie mich aufs Korn nimmt, solange werden sie sich den substanzlosen Schuldzurechnungen ausgesetzt sehen, die Sie heute mit Recht so beklagen.

Als eine Art Mittel gegen den Terrorismus schlagen Sie schließlich vor, ihn zu entdramatisieren, mit ihm so zu leben, als sei er ein gewöhnliches Verbrechen, weil wir sonst in eine Militarisierung unserer Gesinnung und eine Paramilitarisierung unserer Gesell-

schaft hineingleiten. Haben Sie während der dramatischen letzten Wochen einmal überlegt, wie das überhaupt gehen könnte? Was Sie aus guten Gründen wünschen, geht es nicht so sehr an der Wirklichkeit des politischen Terrors vorbei, daß Ihr Vorschlag geradezu naiv anmutet? Da ich mit Ihnen der Meinung bin, daß der Terrorismus eine extreme Herausforderung an diese unsere Demokratie ist, weil sie Gefahr läuft, sich autoritär zu verhärten und unfähig wird, das notwendige Selbstbewußtsein zur Abwehr dieser Gefährdung zu entwickeln, habe ich seinerzeit für gesetzgeberische Überlegungen plädiert, die einen anderen, wirksameren Weg zur Bekämpfung des Terrors in den Blick fassen als die Entdramatisierung, an die ich nicht glauben kann.
Über Vorschläge mag, ja muß man streiten, um diejenigen Lösungen zu finden, die ein Höchstmaß an Wirksamkeit im Rahmen der rechtsstaatlichen Ordnung versprechen, aber genausowenig, wie ich von Ihnen sage, Sie plädierten dafür, daß der Terror zu etwas Alltäglichem werden solle, sollten Sie mir unterstellen, ich wollte Sie und alle linken Intellektuellen wegen Ihrer Gesinnung mit dem Entzug der Meinungs- und Wissenschaftsfreiheit bestrafen. Müssen wir Intellektuellen so miteinander umgehen?
Ich war mir bisher nicht bewußt, mit Waffen aus dem Arsenal der Gegenaufklärung zu hantieren. Wer etwas gegen die Linke sagt (verzeihen Sie den schwer vermeidbaren Pauschalbegriff), wer nicht alle Überspanntheiten, Einseitigkeiten und auch Dummheiten, die linke Intellektuelle produzieren, billigt oder wohlwollend zudeckt, ist der darum schon ein Gegenaufklärer? Sie haben dankenswerter Weise auch davon gesprochen, worin Sie die heutige Aufgabe der Intellektuellen erblicken: Sie sollten zusammenwirken, um eine neue und weithin unbegriffene Lage zu analysieren. Sie geben dafür selbst einige tentative Hinweise, denen nachzugehen sich lohnt. Das macht Ihren Beitrag, über die Polemik gegen mich hinaus, lesens- und nachdenkenswert. Indessen wäre es unredlich, bei dieser Bemühung um ein besseres Verständnis unserer Lage, zu der auch das Terroristenphänomen gehört, die Hypothese für tabu zu erklären, daß der politische Terrorismus in der Bundesrepublik mit der radikalen Linken, mit linken Theorien, mit politischer Sozialisation in linken Zirkeln etc., etwas zu tun haben könnte. Ich meine,

daß einige Anhaltspunkte dafür sprechen, und lasse mir nicht nehmen, diese Prüfung auch für ein Stück Aufklärung zu halten.
Sie wollen die Republik verteidigen, Herr Habermas, ich will es auch, und ich habe mein publizistisches und sonstiges wissenschaftliches Wirken immer so verstanden. Vielleich ist heute der Augenblick gekommen, in dem es mehr als je zuvor darum geht, daß wir diese Verteidigung der Republik – und zwar nicht ihrer abstrakten Idee, sondern ihrer unvollkommenen und entwicklungsfähigen Wirklichkeit – als unsere gemeinsame Aufgabe erkennen und praktizieren. Dazu möchte ich Ihnen gerne die Hand reichen.
Mit freundlichen Grüßen

Ihr Kurt Sontheimer

Jürgen Habermas

Lieber Herr Sontheimer,
Sie werden nicht erwarten, daß mich der Tenor Ihrer Antwort beruhigt hat. Sie nehmen mich von dem Vorwurf, die Linke habe den Terrorismus vorbereitet und nun auch zu verantworten, aus; aber Sie üben in meinem Falle nur Großmut, um den Vorwurf als solchen zu bekräftigen. Sie sagen, daß ich mich den wie immer substanzlosen Schuldzurechnungen so lange aussetzen werde, wie ich mich von den »Idioten« unter den Linken nicht deutlicher distanziere. Wenn das eine Voraussage ist, mögen Sie wohl recht haben, wenn Sie mir damit einen Rat geben wollen, bedaure ich, ihn nicht befolgen zu können.
Dem Zwang zu einer Solidarisierung gegen besseres Wissen habe ich mich stets widersetzt; in der Absicht einer Kritik um gemeinsamer Ziele willen, habe ich Distanzierungen vollzogen zu einer Zeit, als das noch unbequem war. Aber von wem sollte ich mich heute distanzieren? Von denen, die den Terror üben? Mit ihnen hat niemals eine Gemeinsamkeit bestanden. Von denen, die den Terror rechtfertigen? Wo gibt es die? Und wenn es sie gäbe – ich wäre der letzte, der sie mit Worten erreichen könnte. Oder schließlich von den Sozialisten, die heute verleumderisch mit dem Terror in Verbindung gebracht werden? Nein, von dieser Linken distanziere

ich mich nicht. Differenzen sind während der letzten Jahre fast gleichgültig geworden im Anblick der Gefahren, die Sie, Herr Sontheimer, so wenig zu sehen scheinen, daß Sie ihnen publizistisch sogar Vorschub leisten. Lassen Sie mich die drei wichtigsten Gefahren erläutern.

1. Es besteht heute die Gefahr, daß in Rechtsprechung, Politik, Verwaltung und Publizistik, in Schulen, Universitäten und Betrieben Carl Schmitts Theorie der »innerstaatlichen Feinderklärung« zur Routine wird. Nach dieser Theorie beweist der Staat seine Autorität in Gefahrensituationen dadurch, daß er »den inneren Feind« bestimmt. Nun könnte man meinen, daß sich die Terroristen selbst als Feinde des Staates definieren. Aber ihnen gegenüber beweist, wie wir wissen, der Rechtsstaat seine Autorität gerade dadurch, daß er sie nicht als Feinde, sondern als Kriminelle behandelt, die unter dem Gesetz stehen. Nur ein Staat, der sich das faschistische Selbstverständnis Carl Schmitts zu eigen machen würde, brauchte innere Feinde, die er, wie im Kriegsfall die äußeren Feinde, bekämpfen darf.

Vor diesem Hintergrund erhält die systematische Suche nach Sympathisanten einen makabren Sinn. Die »geistig-politische Auseinandersetzung« verwandelt sich in dem Maße, wie sie zur Intellektuellenhetze ausartet, zum Versuch, den inneren Feind zu definieren. Demgegenüber erscheint die polizeiliche Fahndung nach den Tätern beinahe als Nebensache. So macht beispielsweise Karl Friedrich Fromme seinen Lesern klar, wer die eigentlichen Täter sind: »Die Sympathisanten, die nie einem Terroristen Nachtlager und Reisegeld gegeben haben, sind die wirklich Gefährlichen. Sie haben zwar ›nichts getan‹, sie haben nur ihre Meinung gesagt, sie haben nur nachgedacht.« (FAZ vom 2. 8. 77). Nach den geistigen Wurzeln von Herrn Fromme brauchen wir wenigstens nicht zu suchen.

Strauß hat in der Bundestagssitzung vom 5. Oktober seine Rede mit der Bemerkung beendet, er habe Respekt vor den demokratischen Linken, aber unter »demokratischem Sozialismus« könne er sich nichts mehr vorstellen: »Was wir als Bürger und als die Erbauer dieses Staates gemeinsam verlangen müssen, sind endlich die geistige Klärung und die politische Schlußfolgerung aus dieser Klärung.« Da möchte man denn doch gerne wissen, welche Schlußfolgerungen Strauß aus der Tatsache ziehen will, daß der »demokratische Sozialismus« seine, für den Staat offenbar repräsentative Vorstellungskraft übersteigt. Soll vielleicht die Bandbreite der politischen Auffassungen, die noch als legitim gelten dürfen, bei den Befürwortern des gezielten Todesschusses, also irgendwo in der Nähe des Bundesjustizministers enden? Egon Bahr jedenfalls sah Grund genug, um auf dem Hamburger Parteitag seinen Genossen nahezulegen, »vor dem Wort demokratischer Sozialismus keine verbale Fahnenflucht anzutreten«.

Nicht nur Entgleisungen

Sie werden denken, ich dramatisiere Entgleisungen. Nur deshalb erwähne ich einen Artikel der *New York Times* vom 13. November, der mir in diesem Augenblick, wo ich an Sie schreibe, mit dem Brief eines Freundes auf den Tisch kommt. Diesem Bericht zufolge hat Graf Stauffenberg die Meinung vertreten, daß nicht die Terroristen die Sympathisanten, sondern die Sympathisanten die Terroristen erzeugt hätten, um dann in bekannter Manier Roß und Reiter zu nennen: »Die Frankfurter Schule hat gelehrt, daß Gewalt gegen Sachen gerechtfertigt ist, und natürlich hat das zum nächsten Schritt der Gewalt gegen Personen geführt.« So trägt der Starnberger Bundestagsabgeordnete zur internationalen Verbreitung von Lügen bei, von deren Unwahrheit er sich nicht erst durch mühsame Archivarbeit, sondern in der nächstbesten Buchhandlung hätte überzeugen können.

Ich stoße in einem soeben erschienenen Buch auf eine hübsche Sammlung von Zitaten über linke Intellektuelle, über »Schreibtischtäter«, die »ihr Gift mit Druckerschwärze verschießen«, über die »intellektuellen Steinwerfer«, deren »mit sauberen Fingern auf unschuldigem Papier niedergelegte Theorien die Baaders zu mörderischen Konsequenzen getrieben haben«, so geht das weiter in einem Stil, den wir inzwischen alle kennen. Erstaunt haben mich nur die Belege. Die Zitate stammen aus den Jahren 1972 bis 1975. Der Sympathisantenbegriff ist in der Bundesrepublik seit dem Jahre

1971 im Umlauf. Als ein Schatten des Terrors ist er aufgetaucht; für die Nutznießer des Terrors ist er längst zu dessen eigentlicher Substanz geworden. Ihnen bietet der Terrorismus endlich die Gelegenheit, den inneren Feind zu definieren. Und in dieses Geschäft lassen Sie sich, Herr Sontheimer, ein erklärter Liberaler, hereinziehen?

2. Eine zweite Gefahr sehe ich darin, daß die über öffentliche Bürokratien gezielt ausgeübte Demoralisierung der Linken tatsächlich Erfolg haben könnte. Die ersten Anzeichen sind nicht mehr zu übersehen. Sie brauchen sich, wie ich annehme, nicht erst von dem Präsidenten der Westdeutschen Rektorenkonferenz, dem Forstwissenschaftler Steinlin, über die »erschreckend unkritische Haltung der Studenten« aufklären zu lassen. Selbst in Fragen, wo dies wissenschaftlich geboten sei, wage es niemand mehr, sich zu exponieren. Wie sollte das auch anders sein, nach fünf Jahren lückenloser bürokratischer Gesinnungskontrolle für Anwärter des Öffentlichen Dienstes? Ich will die Mittel politischer Einschüchterung nicht noch einmal inspizieren. Sie reichen von den harten Bandagen eines zum Einschüchterungsinstrument umfunktionierten Beamtenrechts bis zu einfallsreichen Finessen wie dem Verbot des bayerischen Kultusministers für Kriegsdienstverweigerer, ihren Ersatzdienst in Institutionen abzuleisten, wo sie einen schlechten politischen Einfluß auf Jugendliche haben könnten! Was mich mehr bedrückt als diese Praxis selbst, ist deren Wirkung: die Linke wird demoralisiert.

Ein Beispiel aus jüngerer Zeit bietet die Erklärung, die der niedersächsische Kultusminister elf Hochschullehrern seines Landes im Zusammenhang mit der umstrittenen Mescalero-Dokumentation abverlangt hat. Mit ihrer Unterschrift unter die ministeriell vorformulierte Erklärung mußten die Hochschullehrer Behauptungen dementieren, die sie nie aufgestellt haben (die Rechtfertigung des Terrorismus), und erneut eine Loyalität bekräftigen, die sie nie aufgekündigt haben (die Treuepflicht des Beamten). Der psychologische Kern institutioneller Selbstentwürdigung ist aus den geschichtlichen Beispielen ritueller Selbstkritik wohl bekannt. Schlimm genug, daß ein Minister Hochschullehrer zu Kreaturen machen möchte; aber schlimmer ist doch wohl, daß die Betroffenen

das unsägliche Dokument (das sich auch noch hinter dem Wortlaut eines höchstrichterlichen Urteils verschanzt) tatsächlich unterzeichnet haben.
Sie finden es merkwürdig, daß die Zeit der Reaktion in der Bundesrepublik ausgerechnet mit der Regierungszeit der sozialliberalen Koalition zusammenfallen soll. Da müssen wir schon etwas genauer periodisieren (wobei mir klar ist, daß jede geschichtliche Periodisierung eine grobe Vereinfachung verlangt). Während der Adenauer-Erhard-Ära ist die innenpolitische Entwicklung der Bundesrepublik durch eine auffällige Arbeitsteilung bestimmt worden: die Regierung hat für eine (alles in allem erfolgreiche) ökonomisch-gesellschaftliche Restauration gesorgt, während die Intellektuellen, im Gegenzug zur Mentalität des Kalten Krieges und des kapitalistischen Wiederaufbaus, die verdrängte Tradition der Aufklärung von Lessing bis Marx in ihrer ganzen Breite zur Geltung gebracht haben. Der Augenblick der Jugendrevolte deckte sich ziemlich genau mit den drei Jahren der Großen Koalition. Und wenn es bei uns überhaupt je eine Konvergenz zwischen den Antrieben der Regierungsprogrammatik und den Grundüberzeugungen der meisten Intellektuellen gegeben hat, dann in den Jahren, die auf die Wahl Heinemanns zum Bundespräsidenten gefolgt sind, also während der ersten sozial-liberalen Regierung. Diese kurze Periode wird heute belächelt, im vornehmen Ton des CSU-Vorsitzenden als eine Periode der Spinner, Traumtänzer und Wolkenschieber. Wir haben dann ja auch mit dem Radikalenerlaß alsbald zu einer Realpolitik zurückgefunden, die sich nun, weil sie auf eine Revolte von links reagieren konnte, der Hemmungen ledig fühlen durfte, die der Diskreditierungseffekt der Naziperiode den gesunden deutschen Traditionen bis dahin auferlegt hatte. Diese Enthemmung ist auch ein Verdienst der Schriftsteller, die die Tendenzwende propagiert haben. Der Weg der Reaktion hat über das Hochschulrahmengesetz, über das Bundesgerichtsurteil zum § 218, über die Art. 88a und 130a des Strafgesetzbuches, über den Verfassungsbruch der Traubeaffäre, der den ehemals liberalen Verfassungsminister *nicht* zum Rücktritt bewogen hat, und über diverse Basteleien am Strafprozeßrecht vorerst bis zu jener erschreckenden Minute geführt, als Wehner im Bundestag die Rede

des Abgeordneten Coppik, die, hätten wir eins, ins republikanische Lesebuch gehörte, unterbrach.

Verstehen Sie mich nicht falsch, die überragende politische Bedeutung Wehners steht auf einem anderen Blatt. Aber man fragt sich doch, was es bedeutet, wenn der Fraktionsvorsitzende jenen Abgeordneten schlicht die Ehre abschneidet, die einen klaren Kopf bewahren und wissen, was einigen anderen erst nachher dämmerte: daß das Kontaktsperregesetz nicht nur hastig zusammengeflickt ist, sondern an die rechtsstaatliche Substanz geht. Der Sozialdemokratische Parteitag hat einen Schweizer Schriftsteller, unseren verehrten Max Frisch, eingeladen, um sich von draußen Mut machen zu lassen: »Kampf gegen die Hysterie, die einspurt auf Kristallnacht-Mentalität, und Kampf für mehr Demokratie.« Kann die SPD eine solche Aufforderung schon nicht mehr akzeptieren, wenn sie aus den eigenen Reihen kommt? Kann diese Partei den Augenblick noch erkennen, wenn sie, gegebenenfalls, wählen muß zwischen Regierungsmacht und ihrer eigenen Identität? Sie zerstört diese Identität, wenn sie das Existenzrecht der Linken in der Bundesrepublik preisgibt, *auch* derjenigen Linken, die den Demokratischen Sozialismus nicht gerade auf der Linie der gegenwärtigen Regierungspolitik anstreben. Wir können nur hoffen, daß die Schweizer Schwalbe einen bundesrepublikanischen Sommer macht.

3. Aus den ersten beiden Gefahren ergibt sich eine dritte. Wenn diesmal die linken Intellektuellen zum innerstaatlichen Feind erklärt und wenn sie durch breitenwirksame Verleumdung moralisch entwaffnet würden, wäre dann nicht die Front derer empfindlich geschwächt, die rechtzeitig einer Aushöhlung der republikanischen Identität unseres Gemeinwesens entgegentreten? Die Wiederbelebung historistischer Denkweisen auf vielen Gebieten, die Abkehr vom abstrakten Universalismus der Aufklärung, die Diskreditierung von Fortschrittsperspektiven, die Aufwertung traditionaler Lebensformen, die subkulturelle Aneignung fernöstlicher Traditionen, der Sinn fürs Partikulare – wie immer wir die neukonservativen Stimmungslagen der 70er Jahre umschreiben wollen, sie begeistern mich nicht, aber sie haben auch ein Gutes. Sie erinnern uns daran, daß die geschichtliche Identität eines Gemeinwesens eine konkrete Gestalt hat und von Prinzipien allein nicht leben kann.

Bei uns läuft freilich diese Besinnung sogleich auf Positivitätshuberei hinaus. Erwünscht sind die konkreten Ordnungsdenker, unerwünscht die Kritiker, die unsere heile Welt verteufeln. Auch Sie, Herr Sontheimer, rufen die linken Intellektuellen zur Ordnung; wir sollen alle wieder etwas positiver werden. Herr Dregger führt neuerdings den Terrorismus in unserem Lande darauf zurück, daß unsere nationale Identität durch den verlorenen Krieg erschüttert worden ist, und daß die Linke nach dem Kriege alles daran gesetzt hat, mit dem Rest an geschichtlichen Kontinuitäten aufzuräumen. Ich halte nicht alles, was Herr Dregger sagt (und nur weil er es sagt) für falsch. Aber wenn es darum geht, die Identität unseres Gemeinwesens, und zwar eine dezidiert republikanische, zu sichern, wie sollten Dregger und seine nationalkonservativen Freunde das zustande bringen? Eine Anknüpfung an die Nazizeit kann (trotz der Sympathien für Südafrika) nicht gemeint sein; eine Anknüpfung an die Weimarer Republik, die vor den Nazis kapituliert hat, nicht so ohne weiteres. Herrn Dreggers Perspektiven können eigentlich nur ins Kaiserreich zurückweisen. Und wenn man will, entdeckt man unter den Stichworten Realpolitik, Kulturkampf und Sozialistengesetz schon entfernte Parallelen. Auch die Sozialdemokraten laufen Gefahr, daß ihre Mentalität unter dem massiven Druck der Neuen Rechten so verformt wird wie seinerzeit, und folgenreich genug, die der Liberalen unter dem Druck Bismarcks.

Wider Einfühlung in den Sieger

Diese simple Überlegung soll zeigen, daß in einem Volke, von dem Marx sagen konnte, daß es nur die Restaurationen der modernen Völker geteilt hat, ohne ihre Revolutionen zu teilen, eine republikanische Identität allein von Leuten wachgehalten werden kann, die nicht zu positiv denken, d.h.: die sich nicht, wie Benjamin der Geschichtsschreibung des Historismus vorgehalten hat, in den Sieger einfühlen. Die wenigen Freiheitskämpfe, die die deutsche Geschichte von den Bauernkriegen über die badischen Aufstände des Vormärz bis zur Rätebewegung und die vereinzelten Widerstandshandlungen gegen das Naziregime aufzuweisen hat, bilden, wenn nicht in der Geschichte der Ideen, so doch der Taten, den hauchdünnen Traditionsfaden einer deutschen Republik.

Ich habe, Herr Sontheimer, drei akute Gefahren benannt, die mich wünschen lassen, daß sich die Linke in der Bundesrepublik nicht weiter entmutigen läßt durch den Versuch, sie mit der historisch-politischen Verantwortung für die Terroranschläge zu belasten. Auch Sie können diese fatale Assoziation nur herstellen, weil Sie sich über wesentliche Asymmetrien hinwegsetzen.

Eric Hobsbawm hat zur Protestbewegung der 60er Jahre angemerkt: »Wohl keine andere Bewegung umfaßte je eine größere Zahl von Bücher schreibenden oder lesenden Menschen.« Deshalb nimmt es nicht wunder, daß diese soziale Bewegung ihre Agitation besonders reichlich in Pamphlete umgesetzt hat, die man heute nachlesen kann. Es ist aber ein Kategorienfehler, wenn man erstens die Aktionen einer sozialen Bewegung mit den Routinen eines gut institutionalisierten politischen Alltags gleichsetzt, und wenn man zweitens die agitatorische Polemik dieser Bewegung heute so zitiert, als handele es sich um Texte der dingfest zu machenden geistigen Väter von Terroristen. Selbstverständlich haben Ausdrücke wie Konsumterror, Leistungsterror, Meinungsterror (die Sie anführen) in theoretischen Zusammenhängen nichts zu suchen. Aber ich finde es weitaus verheerender für unsere politische Kultur, wenn der Führer einer Partei, die fast zwei Drittel der Wähler auf sich vereinigt, auf niederbayerischen Parteitagen oder vor Frankfurter Industriellen in schöner stereotyper Allgemeinheit von »akademischen Spinnern« spricht, als wenn Studenten, die eine soziale Bewegung in Gang setzen, nach dem Tode Ohnesorgs gegen die monopolistische Berliner Springerpresse den Vorwurf des »Meinungsterrors« erheben. Und nebenbei: war es nicht Meinungsterror?

Nun aber zu den theoretischen Äußerungen der akademischen Lehrer, zu den literarischen Texten der Schriftsteller.

Gibt es unter den Erzeugnissen der Professoren und Schriftsteller, die heute von CDU und CSU herumgereicht werden, irgend etwas, was verglichen werden kann mit Ernst Jüngers antisemitischen Parolen *vor* der Nazizeit, und als es soweit war: mit Heideggers Rektoratsrede, mit Benns Brief an Klaus Mann, mit Arnold Gehlens Kapitel über Führungssysteme, mit Carl Schmitts Publikationen aus den dreißiger Jahren?

Ungewollte Konsequenzen

Sie werden vielleicht sagen, daß es Texte gibt, aus denen eine Rechtfertigung des Terrors wenigstens als unbeabsichtigte Konsequenz herausgelesen werden könnte. Unter seriösen Gegenspielern kann sich aber auf diesem weichen Gelände allenfalls so etwas ergeben wie die Diskussion zwischen Herrn Spaemann und mir – eine wissenschaftliche Kontroverse, die von Außenstehenden (die sich mit Kant, Hegel und Marx nicht beschäftigt haben) sowieso nicht beurteilt werden kann – und deren zerbrechliche Glieder moralische Schuldzurechnungen in keinem Falle tragen können.
Nehmen wir aber, um des Argumentes willen, einmal an, solche Texte ließen sich identifizieren. Dann müßten doch zwei weitere Dinge geprüft werden: ob der Autor die unbeabsichtigten, aber implizit angelegten Konsequenzen fahrlässigerweise ignoriert hat; oder ob er versäumt hat, naheliegenden Fehlinterpretationen vorzubeugen oder entgegenzutreten. Es müßte mindestens eine dieser beiden Bedingungen erfüllt sein, damit man, in der Absicht der Schuldzurechnung, überhaupt die Frage stellen kann, ob und wie eine Äußerung

- einen schwer analysierbaren Beitrag zum geistigen Klima, oder
- einen ebenso schwer analysierbaren Beitrag zur Mentalität und Bildungsgeschichte einzelner Personen geleistet hat.

Diese einfache Überlegung stellt die Unverfrorenheit derer bloß, die sich über die Komplexität der Wirkungsgeschichte von Ideen hinwegsetzen. Im Klima der Bundesrepublik war es kaum möglich, die Vergangenheit des bürokratischen Terrors zu bewältigen, obwohl diese geistigen und moralischen Zusammenhänge ziemlich transparent sind. Heute, wo die Nutznießer eines desperaten Terrorismus von Einzelgängern glauben, Linke ins Visier nehmen zu können, werden unhaltbare geistig-moralische Zurechnungen mit großem publizistischem Aufwand vorgenommen. Wirft das nicht ein merkwürdiges Licht auf unsere politische Kultur? Und diese politische Kultur sollen wir nur noch preisen dürfen?

Sie stellen falsche Symmetrien her zwischen einer sozialen Bewegung und dem politischen Alltag; zwischen dem Denken der intellektuellen Vorreiter des Naziregimes und der linken Theorie heute.

Wie wenig das Weimarer Modell für unseren Zusammenhang hergibt, zeigt Richard Schmid in seinem, des Nachdenkens werten Brief an Matthias Erzberger. Schmid, heute achtundsiebzigjährig, lange Zeit Richter am Oberlandesgericht Stuttgart, stets ein streitbarer Verteidiger der Republik, beider Republiken, erinnert an politische Morde der Weimarer Zeit. Die Morde an Eisner, Erzberger, Garais, die Attentate auf Scheidemann und Maximilian Harden spielten sich vor einer anderen Szene ab als heute. Die Gerichte reagierten halbherzig. Den Begriff des Sympathisanten gab es nicht. Aber der Jubel der Sympathisantenszene war öffentlich und ungehemmt. Der Brief schließt mit dem Satz: »Die Jubler von damals sind nach politischer Tendenz, nach Geistesart und Wortschatz vollkommen identisch mit denen, die heute die hysterische und rechtsstaatswidrige Hetze gegen die sogenannten Sympathisanten betreiben.«

Lieber Herr Sontheimer, ich gestehe, daß die Distanz zu manchem Altersgenossen unter unseren Kollegen fast schon unüberbrückbar geworden ist. Ich habe auch in diesem Brief kein Blatt vor den Mund genommen, die Zeiten sind nicht danach. Aber diese Schroffheit sollte, was uns betrifft, keinen falschen Eindruck hinterlassen. An Sie habe ich geschrieben, und nicht an einen Entfernteren, weil, wenn nicht einmal mehr zwischen uns die Distanzen zu überbrükken wären, der Riß, der heute durch die Universität geht, noch tiefer klaffen würde, als ich im Augenblick anzunehmen bereit bin.

Ich wünsche uns beiden, daß er sich nicht vertieft, und bin
mit freundlichen Grüßen

Ihr J. H.

23. Mut zur Erziehung – Brief an R. Spaemann (1978)

Im Frühjahr 1978 hat jene Gruppe von Professoren, die vier Jahre zuvor in München die »Tendenzwende« ausgerufen hatte, in Bonn einen Kongreß zu Erziehungsfragen veranstaltet. Dort wurden unter dem Titel »Mut zur Erziehung« neun von Hermann Lübbe unterbreitete Thesen verabschiedet, die auf eine Verherrlichung sekundärer Tugenden wie Fleiß und Opferbereitschaft hinauslaufen. Unterzeichnet wurde dieses pädagogische Glaubensbekenntnis unter anderem von Robert Spaemann, Nikolaus Lobkowicz, Golo Mann und dem ehemaligen Kultusminister Wilhelm Hahn. Im Juni 1978 hat Ernst Tugendhat in »Die Zeit« Lübbes Thesen unnachsichtig kritisiert; dafür ist er von Robert Spaemann seinerseits attackiert worden. An diesen Disput knüpft meine Replik an.

Ernst Tugendhat hat an der Plattform der pädagogischen Gegenaufklärung, den neun Thesen über »Mut zur Erziehung«, scharfsinnige und scharfe Kritik geübt; Robert Spaemann, einst sein Heidelberger Kollege, verteidigt sich nicht mit Argumenten, sondern mit Entrüstung. Dabei gerate ich unverhofft in ein positives Licht als einer, der sich auf Diskurse einläßt, während Tugendhat als jemand dasteht, der sich durch Inkompetenz und »Mangel an elementarem Anstand« disqualifiziert. Weil ich Spaemann in der Tat als fairen Diskussionspartner kenne, möchte ich ihm gerne vor Augen führen, wie er sich vergreift.

Ich will vorweg versichern, daß ich Vater von drei Kindern bin; denn Spaemann meint, daß Tugendhat im Umgang mit Kindern nicht hinreichend geübt sei. Auf so schmaler Erfahrungsbasis unterschätze er den empirischen Gehalt der Lübbe-Thesen und unterstelle dem ehrenwerten Kreis ihrer Förderer, was sie gar nicht haben meinen können: die Zuneigung zu einem autoritären Erziehungsprogramm. Überraschenderweise kommt Albert v. Schirnding, dem man nicht nachsagen kann, bloß ein einziges Jahr an einem Gymnasium unterrichtet zu haben und in Unkenntnis der pädagogischen Literatur der letzten 15 Jahre zu leben, in seiner temperierten Analyse der Lübbe-Thesen zu genau dem gleichen Ergebnis wie Tugendhat. »In dieser These« – es handelt sich um die vierte, die Tugendhat als Kernthese aufs Korn genommen hatte – »kommt der gegenaufklärerische Impuls des ganzen Konzepts am unverhohlensten zum Ausdruck. Wer Kinder zur Kritik erzieht, ist ein ideologischer Besserwisser und Verführer – gegen die absurde Logik solchen Besserwissertums läßt sich allerdings nicht mehr argumentieren, weil der Boden des gemeinsamen Logos, auf dem ein Dialog stattfinden könnte, schon verlassen ist. Der Vorwurf ist allerdings mindestens so alt wie die Anklage der athenischen Reaktion gegen Sokrates... ›Vorgegebenheiten unbefragt gelten lassen‹: Kürzer kann man die Frage, was das Gegenteil von Aufklärung ist, nicht beantworten. Der Mut, sich seines eigenen Verstandes zu bedienen, wird dem Mut der Erzieher geopfert, die Kinder am Selbstdenken zu hindern. Kritik erscheint hier, unseligen Angedenkens, gleichbedeutend mit Zersetzung, gegen die Überzeugungen als tabu geschützt werden müssen.« (Zeitschrift Merkur, H. 361, Juni 1978, S. 539f.)

Spaemanns Entrüstung verdunkelt den einfachen Gedanken, den Tugendhat, unter den deutschen Philosophen der Gegenwart einer der wenigen mit internationaler Reputation, entwickelt. Dabei unterläuft ihm der Umkehrschluß, den Spaemann ihm ankreidet, keineswegs. Die Lübbe-Thesen drücken Erziehungsvorstellungen aus, welche die Kinder davor bewahren sollen, die Grenzen einer traditionsgebundenen Moral zu überschreiten. Das bedeutet, philosophisch gesehen, den Versuch, die Pädagogik hinter die Linie eines prinzipiengeleiteten moralischen Denkens zurückzurufen, eines Denkens also, das in den universalistischen Ethiken von Kant bis Rawls formuliert worden ist. Wenn man sich in der praktischen Philosophie ein bißchen auskennt, verschlägt einem dieser abenteuerliche Obskurantismus die Sprache. Thesen, die wie diese jeder Vernunfttradition hohnsprechen, würden, wie Tugendhat mit Recht feststellt, in keinem westlichen Land außerhalb der Bundesrepublik überhaupt Beachtung finden. Bei uns werden sie von gesinnungsfreundlichen Kultusministern in den Stand eines administrativen Credo gehoben.

In einem Punkt muß ich freilich Herrn Spaemann gegen meinen

Freund Tugendhat recht geben: Er hätte nicht auf Eichmann hinweisen sollen. Dieser Name zeigt eine Dimension des Grauens an, die jede Argumentation ersticken muß. Die Gefahren der neuen Pädagogik, die ja die alte ist, kann man sich besser an dem Typus Filbinger klarmachen: die Erziehung zur konventionellen Moral muß in Kauf nehmen, daß Individuen, die sich an »Vorgegebenheiten« halten, auch dann noch der jeweils bestehenden Ordnung gehorchen, wenn diese sich, ohne daß es ihrer Normalität an die Stirn geschrieben wäre, ins Inhumane verkehrt hat. Hoffentlich bleibt uns, als weithin sichtbares Beispiel, Filbinger noch lange im Amte erhalten, dank der Persilscheine, die ihm Spaemanns Kollegen neuerdings ausstellen. Die Banalität des Bösen ist der Schatten, der den guten Taten einer traditionsgebundenen Moral in einer nicht mehr traditionalen Gesellschaft auf dem Fuße folgt.

Nun zieht Spaemann, der ja über elementaren Anstand gut Bescheid weiß, nicht nur Tugendhats »menschliche« Moral in Zweifel, sondern auch seine wissenschaftliche, weil dieser sich nur auf Lübbes Thesen, nicht aber auf Herrn Spaemanns Kongreßvortrag beziehe. Die Thesen hält nämlich Spaemann selbst gar nicht »für so gut«. Eine merkwürdige Vorstellung. Man kann doch nicht in aller Unschuld *beides* haben wollen: die agitatorische Wirkung von Kollektivthesen und das Recht, sich bei Bedarf auf differenziertes Eigenes zurückzuziehen. Spaemann scheint nicht zu sehen, was er tut, wenn er sich per Unterschrift einer Gesinnungsgemeinschaft anschließt. Es ist ja in der Tat ein erstaunliches Schauspiel, wie sich da differenziert denkende Gelehrte durch ihre Unterschrift nicht etwa einer politischen Forderung anschließen, sondern auf die Kurzfassung einer kollektiv vertretenen Lehre verpflichten. Mir ist eine solche Mentalität fremd, aber wenn man ihr anhängt, sollte man wenigstens zu ihren Konsequenzen stehen. Spaemann ist als Mitglied einer Gesinnungsgemeinschaft attackiert worden, und darüber ist er empört.

Ich halte diese moralisierende Entrüstung für unangebracht, erst recht, wenn man sich das zweifelhafte Gewerbe vor Augen führt, das dieses Kartell rechtsdenkender Professoren seit Jahren betreibt. Der Kongreß »Mut zur Erziehung« verstand sich ja als Fortsetzung der im Herbst 1974 durchgeführten Tagung »Tendenzwende«.

Beide firmierten als wissenschaftliche Tagungen und waren doch in Stil und Ausrichtung von sogenannten Fachkongressen der CDU/CSU kaum zu unterscheiden. Auf dem Wege von München nach Bonn hat sich die Assimilation des wissenschaftlichen Elementes an das Ziel der Ideologieplanung noch verstärkt. Ich finde den Gedanken nicht abwegig, daß Lübbe seine Thesen eher auf Wirksamkeit als auf Wahrheit angelegt hat.

Tugendhat hat die Botschaft herausgearbeitet: die Erziehung soll auf eine konventionelle, »herkunftbedingte« Moral ausgerichtet werden. Diese Tendenz erinnert an den Traditionalismus der Landstände des Königreichs Württemberg, denen Hegel seinerzeit mit wuchtigen Sätzen entgegenhielt, daß sie den rationalen Anspruch des abstrakten bürgerlichen Rechts, der mit der Französischen Revolution und dem Code Napoléon auch politisch zur Geltung gelangt war, nicht begriffen hätten. Der politische Kontext der Hegelschen Streitschrift war problematisch, aber von der Kraft der philosophischen Argumente haben sich Lübbe und Spaemann in den Seminaren ihres Lehrers Joachim Ritter gewiß überzeugen lassen. Ich kann mir nicht vorstellen, daß sie ernsthaft zu dem intellektuellen Opfer bereit wären, das ein Frontwechsel auf die Seite des württembergischen Traditionalismus von ihnen fordern würde. Da sie diesen aber heute für eine Pädagogik der Gegenaufklärung reklamieren, fragt man sich, ob denn Wahrheitsfragen überhaupt noch im Spiel sind. Public relations gewinnen die Oberhand.

Wenn Spaemann eine solche Plattform betritt, muß er politische Kritik in Kauf nehmen, statt nach Ordinarienart zu reagieren.

24. Einleitung zum Band 1000 der edition suhrkamp (1979)

Unter dem Titel »Stichworte zur geistigen Situation der Zeit« habe ich zweiunddreißig Beiträge gesammelt. Der Charakter des Unternehmens wird in der folgenden Einleitung erläutert.

Im Einvernehmen mit Siegfried Unseld und Günther Busch habe ich Mitte vergangenen Jahres an etwa fünfzig Kritiker, Schriftsteller und Sozialwissenschaftler einen Brief gerichtet, der folgenden Wortlaut hatte:

Liebe Freunde, liebe Kollegen,
sehr geehrte Damen und Herren!
Der Band 1000 der Sammlung Göschen erschien 1931 und trug den Titel *Die geistige Situation der Zeit*; er hatte *einen* Autor: Karl Jaspers. Im Herbst nächsten Jahres wird der Band 1000 der *edition suhrkamp* (e.s.) erscheinen. Er soll denselben Titel tragen, freilich in Anführungszeichen – denn wer wollte noch in der Schlüsselattitüde des großen Philosophen auftreten? Und er soll viele Autoren haben – wer traute sich noch eine Theorie des gegenwärtigen Zeitalters zu?
Keine Sorge, auch ich vermag nicht die Faszination, die für den Verleger von runden Zahlen ausgeht, zu teilen. Wohl fühle ich mich als Autor der e.s. (und ihrem Herausgeber Günther Busch) verbunden; dieses lebhafte Gefühl wäre aber kein hinreichendes Motiv, um mich aus Anlaß des Erscheinens eines tausendsten Bandes einem festlichen Ritual vorspannen zu lassen. Beschäftigt hat mich aber die historische Assoziation – die Erinnerung an jene zwei Jahre vor Hitlers Machtergreifung erschienene, publizistisch breitenwirksame Zeitdiagnose von Jaspers. Kurz gefaßt sind es die folgenden Überlegungen, die mich veranlassen, Ihnen ein Unternehmen vorzuschlagen, für das der Jaspersche Band als (ironisches?) Zitat dienen soll.
Die ersten tausend Bände der (seit den späten 60er Jahren häufig imitierten, heute in den politischen Windschatten geratenen) *edition suhrkamp* werden, ohne alle Sprüchemacherei, ein Dokument von zeitgeschichtlicher Bedeutung bilden. Sie erinnern sich: die e.s. beginnt Anfang der 60er Jahre als literarische Reihe mit philosophischem Einschlag. Adorno, Beckett, Benjamin, Bloch, Brecht, Enzensberger, Frisch, Grass, Hesse, Szondi, Walser, Weiss, Wittgenstein sind unter den Autoren der ersten fünfzig

Bände. Später kommen Namen wie Abendroth, Barthes, Chomsky, Foucault, Hobsbawm, Kirchheimer, Laing, Lévi-Strauss, Marcuse, Mitscherlich, B. Moore, Sohn-Rethel, Sweezy hinzu, und die vielen jüngeren Sozialwissenschaftler, die sich in diese Tradition einreihen. Die e.s. repräsentiert mit einer gewissen Überprägnanz einen Zug der intellektuellen Entwicklung, von dem man sagen kann, daß er im Nachkriegsdeutschland dominiert hat: ich meine den dezidierten Anschluß an Aufklärung, Humanismus, bürgerlich radikales Denken, an die Avantgarden des 19. Jahrhunderts – die ästhetischen wie die politischen. Wenn an der Parole, der Geist stehe links, je etwas daran gewesen ist, ich meine in Deutschland, dann während der Jahre, als trotz der massiven gesellschaftlichen Restauration die Erinnerung an den Nazismus und an die Traditionen, mit denen dieser gebrochen hatte, wachgehalten wurde – von einer intellektuellen Linken, die das kulturelle Milieu mit einer gewissen Selbstverständlichkeit prägen konnte. Damit ist es nun vorbei.

Das, womit wir uns, wenn ich das so pauschal sagen darf, identifiziert haben und noch identifizieren können, wird seit einem halben Jahrzehnt militant in Frage gestellt. Die Linke reagiert, alles in allem, kleinlaut auf eine Neue Rechte, die sich eher in Pädagogik und Lehrerbildung, eher in den Sozialwissenschaften und der Philosophie, eher in der Kulturpolitik und den Massenmedien als in Literatur und Kunst formiert. Und ihre Manifestationen sind eher dazu angetan, eine Mentalität zur Schau zu stellen als eine Argumentationslage zu verändern. Gleichwohl scheint es mir sinnvoll zu sein, unsere Reaktionsfähigkeit auf eine nicht ganz triviale Weise zu testen, also zu prüfen, wie es denn mit der intellektuellen Linken, die bis in die siebziger Jahre hinein die Kultur in Deutschland, so sagt man, »gemacht« hat, *heute* steht. Deshalb schreibe ich an eine Gruppe von Intellektuellen, um sie zu bitten, sich von dem Jasperschen Traktat zu einer Stellungnahme auf unsere eigene Situation reizen zu lassen.

Was den Kreis der Adressaten angeht, so bin ich für Anregungen offen. Meine Auswahl beruht auf informierter Willkür; es wäre angenehm zu hören, wie informiert und wie willkürlich sie ist. Ich wende mich mit diesem Brief an deutsche Schriftsteller, Kritiker, Künstler, Sozialwissenschaftler und Philosophen, die drei Merkmale kombinieren, die nämlich

- ihre Identität erst nach Kriegsende ausgebildet haben;
- auf die intellektuelle Entwicklung in der Bundesrepublik einen gewissen Einfluß hatten; und
- für jene Traditionen einstehen, gegen die 1933 ein deutsches Regime angetreten ist.

Wenn der letzte Punkt unklar sein sollte, biete ich eine Operationalisierung an: die e. s. kann als Testinstrument dienen. Ihre kurze Wirkungsgeschichte hat sie bereits zu einer Institution gemacht, an der sich die Geister scheiden. Man muß die *edition* nicht bewundern, nicht einmal gutfinden, um die Auffassung, sie hätte politisch mehr Schaden als Nutzen gestiftet, *nicht* zu teilen.

Nach dieser Vorrede wird es etwas weniger komisch wirken, wenn ich Sie umstandslos um einen Beitrag zum Thema: »Die geistige Situation der Zeit« bitte. Der Beitrag sollte 50 Maschinenseiten nicht überschreiten. Ich rechne mit einem durchschnittlichen Umfang von 20-25 Seiten. Der Bezug zu dem Jaspers-Band kann so eng oder so locker sein, wie Sie wünschen. Wenn Sie darin lesen, werden Sie bemerken, wie groß inzwischen der Abstand geworden ist. Hier äußert sich einer der großen deutschen Mandarine. Jaspers spricht die Sprache der bürgerlichen Kulturkritik, mit dem Pathos eines Lehrers der Nation. Er wagt, unbeirrt von Fallen, welche die Sozialwissenschaften stellen können, den direkten Zugriff aufs Ganze. Das alles ist obsolet geworden. Nicht obsolet geworden ist die Aufgabe von Intellektuellen, auf Sprünge, Entwicklungstendenzen, Gefahren, auf kritische Augenblicke mit Parteinahme und Sachlichkeit, mit Sensibilität und Unbestechlichkeit zu reagieren. Es ist das Geschäft von Intellektuellen, die dumpfe Aktualität bewußt zu machen. Wir sollten das nicht Leuten überlassen, für die ›Intellektueller‹ ein Schimpfwort ist.

Der Jaspers-Band ist nur als Stimulus gedacht. Einige verspüren vielleicht Lust, sich mit dem Inhalt auseinanderzusetzen, philosophisch mit dem Entwurf, ideologiekritisch mit dem geistigen Duktus, der Begrifflichkeit, gesellschaftstheoretisch mit den Grundzügen der Analyse. Andere werden vielleicht auf einen einzigen Satz reagieren wollen – oder einfach den Titel als Reizwort auf sich wirken lassen. Ich kann mir vorstellen: zeitdiagnostische Rückblicke auf politische, gesellschaftliche, intellektuelle Nachkriegsentwicklungen, Analysen der Rechtsprechung des Bundesverfassungsgerichts, der Hintergründe des Terrorismus, Kommentare zum Herbst in Deutschland, zum ›Mut zur Erziehung‹, zur Bedeutung neopopulistischer Strömungen, Thesen zum ›Ende‹ der avantgardistischen Kunst, zum Russell-Tribunal usw. Mich beispielsweise beschäftigt, wenn ich mich in meiner Generation umschaue, das eigentümliche Mißverhältnis zwischen einer produktiven, jedenfalls bewegten, die Geister erregenden Literaturszene auf der einen und einer weitgehend sterilen, auf Rezeption angewiesenen, an angelsächsischen Vorbildern sich abarbeitenden Diskussion in Sozialwissenschaften und Philosophie auf der anderen Seite. Vielleicht ist es auch nur ein einzelnes Phänomen, eine Beobachtung, eine symptomatische Äußerung, die das Stichwort geben, z. B. eine Ausstellung

zum Historismus in der zeitgenössischen Architektur. Mir ist in den letzten Tagen ein Buch in die Hände gefallen, *Kritische Theorie und ihre Folgen*, im Seewaldverlag erschienen, im Wirtschaftsteil der *FAZ* angekündigt; dieser Denunziantenstreich reizt mich, der Nachwelt die Erinnerung an ein Sittendokument unserer Tage zu erhalten.
Ich will mit diesen Bemerkungen nur den Spielraum möglicher Reaktionen andeuten, der mir vorschwebt; aber das Unternehmen lohnte nicht der Mühe, wenn meine Phantasie ausreichte, Ihre Reaktionen vorwegzunehmen. Sie haben viel Zeit, das Thema mit sich herumzutragen. Bis Anfang Februar 1979 müßten die Manuskripte bei mir eintreffen. Bitte lassen Sie mich wissen, ob Sie sich beteiligen wollen.
Freundliche Grüße

Ihres J. H.

Die zweiunddreißig Beiträge, die dieser Band enthält, sind Antworten auf meine Anfrage. Die Absagen hatten in der Regel triviale Gründe. Einer freilich wollte sich das Etikett des linken Intellektuellen nicht (mehr) anheften lassen; andere fanden das Spektrum von Jaeggi bis Johnson zu verwaschen; wiederum andere empfanden das ganze Unternehmen als unpassend: in diesen Breiten verursacht der Zeitgeist nur noch vegetative Reaktionen. Nun war schon die Auswahl, die ich zunächst getroffen hatte, subjektiv, von Zufälligkeiten meines Bekanntenkreises bestimmt; nach dem Filterprozeß von Einladung, Zusage, Zögern und Ablehnung präsentiert sich erst recht eine bunte Reihe einzelner Autoren, die sich zu einer »Gruppe« nicht stilisieren lassen, die allenfalls darin einig sind, daß sie sich auf Thesen über Mut oder Unmut zu diesem oder jenem nicht einigen würden. Im übrigen habe ich mich, trotz vielfachen Drängens, nicht dazu bewegen lassen, »Vorgaben« zu machen, also Stichworte zu *verteilen*. Keiner wußte vom anderen. Meine Regie war darauf beschränkt, die Artikel, wie sie kamen, durchzusehen und unter einigen ironischen Zwischentiteln zu ordnen. Für diese Zurückhaltung hatte ich zwei Gründe.
Der Versuch, kooperativ zu wiederholen, was sich Jaspers damals noch zugetraut hat, hätte einen Anspruch bedeutet, der heute nicht mehr seriös eingelöst werden kann. Die Zeitdiagnose ist kein Geschäft, das sich noch ungestraft intentione recta betreiben ließe; Freyers ohnmächtige *Theorie des gegenwärtigen Zeitalters* (1955)

bezeugt das. Natürlich haben Romane wie *Die Blechtrommel* und *Halbzeit*, Stücke wie der *Marat* oder Filme wie *Kaspar Hauser* oder *Messer im Kopf* einen hohen seismographischen Wert für zeitdiagnostische Überlegungen. Gewiß ist in Wittgensteins *Philosophischen Untersuchungen*, erst recht in die *Dialektik der Aufklärung* eine zeitdiagnostische Deutungsperspektive eingebaut, haben historische Darstellungen, theoretische Ansätze in den Sozial- und Verhaltenswissenschaften einen zeitdiagnostischen Kern. Solche Werke sind symptomatisch für den Zeitgeist, bestimmen die Optik für Zeitdiagnosen. Sobald sie hingegen *als* Zeitdiagnose angelegt werden, tritt peinlich die Subjektivität der Geste zutage, mit der der Autor das faltenreiche Gewand der Aktualitäten zusammenraffen, eine mehr als nur subjektive Einheit in deren Mannigfaltigkeit herstellen möchte.

In Deutschland hatte sich das intentional betriebene Geschäft der Zeitdiagnose bis 1933 in zwei, allerdings sehr verschiedenen Varianten gehalten. Für die erste Variante ist Jaspers ein gutes Beispiel. Weil er der Philosophie den Rang wenn schon nicht mehr einer Fundamentalwissenschaft, so doch einer vom Gang der Wissenschaften unabhängigen, existenzerhellenden Erkenntnis zuschrieb, konnte er sich eigenhändig daran machen, seine Zeit philosophisch in Gedanken zu fassen. Dieser *Zusammenhang zwischen Zeitdiagnose und Ursprungsphilosophie* wird durch das Nachwort beleuchtet, das Jaspers nach dem Zweiten Weltkrieg dem im Jahre 1930 geschriebenen, ein Jahr später veröffentlichten Buche beigibt:

> Das Manuskript blieb ein Jahr liegen, da ich es nicht an die Öffentlichkeit lassen wollte ohne meine »Philosophie«, die 1931 in drei Bänden einige Wochen nach dieser Schrift erschien. Zur Erhellung des Zeitalters werden in diesem Buch Tatsachen benutzt, die jenen vergangenen Jahren angehören. Es ist auf manchen Seiten auch in der Stimmung an seine Jahre gebunden. Im ganzen der philosophischen Haltung und der Weltperspektive aber scheint mir das Buch heute wie damals gültig trotz der Ereignisse, die zwischen seinem ersten Erscheinen und dem gegenwärtigen Neudruck liegen.[1]

1 Karl Jaspers, Die geistige Situation der Zeit (1931), Berlin 1971, S. 194.

Eine ganz andere Variante von zeitdiagnostischer Arbeit war, wie das Beispiel Lukács zeigt, im Kontext der Arbeiterbewegung entstanden. Soweit sich Gewerkschaften und Parteien der marxistischen Tradition verpflichtet fühlten, standen sie vor der Aufgabe einer kontinuierlichen *Vermittlung von Theorie und Praxis*. Ihr Verständnis von Politik wurzelte in der Marxschen Hegelkritik und erforderte den systematischen Zusammenhang von kritischer Gesellschaftstheorie, Bewußtseinsbildung und Organisation des Klassenkampfes. Wo taktische Fragen unter strategischen Gesichtspunkten, Strategie wiederum im Lichte theoretisch analysierter Entwicklungen beurteilt werden sollten, mußte Politik durch den Filter einer zeitdiagnostischen Dauerreflexion hindurch.
Keine dieser beiden Varianten konnte sich im Nachkriegsdeutschland regenerieren. Die individuellen Zeitdiagnosen selbstsicherer Philosophen sind durch die Popularsynthesen flinker Physiker, Verhaltensforscher und Sozialwissenschaftler ersetzt worden; an die Stelle einer organisationsgebundenen, theoretisch informierten Deutungsarbeit von Parteiintellektuellen sind kurzfristige Prognosen oder mittelfristige Projektionen für planende Verwaltungen getreten. Ob nun wissenschaftliche Popularsynthesen über die Todsünden der Menschheit, ob Projektionen für 1984 oder das Jahr 2000, diese mediengerechten Surrogate haben den Vorzug der Unschädlichkeit, weil sie innerhalb kurzer Zeit, oft schon nach Monaten *veralten*.
Der andere Grund für meinen Verzicht auf genauere Vorstrukturierung ist einfach, und zwar eher methodischer als sachlicher Art. Der Autor, der auf einen unspezifischen Reiz wie die »geistige Situation der Zeit« reagieren muß, wird, indem er etwas zum Thema sagt, durch die Art und Weise, wie er dieses spezifiziert und durchführt, auch etwas über sich selbst verraten – und die Autoren insgesamt etwas über den Zustand der Linken in diesem Lande. In diesem Band, so ist mein Eindruck, präsentiert sich eine nachdenkliche Linke, ohne Militanz, aber auch ohne Wehleidigkeit oder Resignation, gleich weit entfernt von Gewißheit wie von Unsicherheit. In diesen Jahrgängen ist das Bewußtsein, daß unsere Republik auch im dreißigsten Jahre ihres Bestehens noch auf tönernen Füßen

steht, und daß sie gegen die, die sich heute nicht mehr genieren, ein Zuviel an Demokratie offen zu beklagen, verteidigt werden muß, in beinahe konventioneller Klarheit ausgebildet. Was diesen Punkt betrifft, entbehren die Aufsätze jeder überraschenden Pointe. Ebenso klar ist freilich das Bewußtsein ausgeprägt, daß sich die Situation der 70er Jahre den Interpretationen, die auf die ersten Nachkriegsjahrzehnte zugeschnitten waren, nicht mehr fügt. Übrigens geht keiner der Autoren ausführlich auf die beiden Dramatisierungsversuche ein, die die Öffentlichkeit in den 70er Jahren beschäftigt haben: auf Tendenzwende und ökologisches Krisenbewußtsein. Die eine wird mehr oder weniger ignoriert, das andere unter Abzug seines epochalen Anspruchs respektiert. Kurzum, der Leser wird mit unpolemischen Versuchen konfrontiert, mit redlichen Erwägungen, Unpoliertem, Ungeschütztem. So geht man nicht in eine Arena, so trifft man sich allenfalls, um sich untereinander zu beraten.

Ich breche hier ab, denn ich möchte keine Rezension schreiben. Einige Bemerkungen, aus der »Metaperspektive« eines Herausgebers, möchte ich jedoch hinzufügen. Die ersten beiden beziehen sich auf den politisch-intellektuellen Kontext, in dem wir uns hier und heute äußern; die anderen betreffen ein Thema, das sich durch viele Beiträge hindurchzieht: die neue Prominenz, zu der die »Lebenswelt«, also der Bereich der kommunikativen Alltagspraxis, gelangt ist, und der Bedeutungszuwachs der »Kultur«, d.h. der Vergewisserung von Erfahrungsbereichen und Lebensformen, die von der Dynamik des Wirtschaftswachstums und der Bürokratisierung unterspült, ausgehöhlt und weggeschwemmt zu werden drohen.

1. Selbstverständlich sprechen die Autoren dieses Bandes jeder für sich selber; nicht ebenso selbstverständlich ist aber der Umstand, daß sie ohne Bezugnahme auf einen *gemeinsamen* Kontext sprechen. Das gilt sogar für diejenigen, die als aktive Politiker in einem gut definierten Handlungskontext stehen, als Intellektuelle aber nicht weniger »frei schweben« als ihre Kollegen. Vor zehn Jahren hatte die Protestbewegung ein Bezugssystem von Zielsetzungen, Themen und Einstellungen geschaffen, an dem sich die Geister schieden. Nicht als wären, trotz des Polarisierungssogs, differen-

zierte Stellungnahmen unmöglich gewesen; nicht als hätte man sich den rhetorisch aufgedrängten Definitionen, den Freund-Feind-Schemata, den eilfertigen Alternativen unterwerfen müssen. Aber es war klar, mit welchen Situationsdefinitionen man sich damals auseinandersetzen mußte. In dem intellektuell-politischen Spannungsfeld, in dem sich die Autoren dieses Bandes heute bewegen, muß sich jeder seine eigene Situationsdefinition zurechtlegen.

Dieser Zwang ergibt sich nicht aus einer mangelhaften Strukturierung des Feldes, sondern aus einer nur zu klaren Struktur. Diese hat sich in einem zirkulären Prozeß von Ein- und Ausgrenzung gebildet, und sie verfestigt sich im fatalen Zusammenspiel von Kontrahenten, die sich ihre Projektionen gegenseitig bestätigen. Ich meine die Selbsteingrenzung derer, die sich in dogmatische oder in lebensreformerische Gettos zurückziehen, und ihre aktiv betriebene Ausgrenzung aus der politischen Öffentlichkeit durch selbsternannte Türhüter einer eher militarisierten denn wehrhaften Demokratie. Die Grenze, die so entstanden ist, wird nicht durch monströse Bauwerke markiert und zerteilt doch Städte wie Frankfurt und Hamburg ebenso real wie die Mauer Berlin. Darum schweben *wir*, nämlich die Linken, die, aus der Perspektive der Gettos, gewiß nicht »drinnen« sind, aber ganz nach »draußen« sich auch nicht abschieben lassen wollen, noch ein wenig freier als ohnehin üblich. Gewiß, es gibt Ausbruchsversuche aus dem Getto, wie die beiden Projekte einer linken Tageszeitung; es gibt Ereignisse, die übers Getto hinauswirken, wie die Hölderlin-Ausgabe des Roten Stern; es gibt Grenzgänger wie das *Kursbuch*, den Wagenbach-Verlag usw. Aber an der Geschichte der *edition suhrkamp* selbst kann man ablesen, wie sich die Linke, die sich vom Kommunikationszusammenhang der allgemeinen literarischen, wissenschaftlichen und politischen Öffentlichkeit nicht abschneiden ließ, eines Morgens extra muros, bestenfalls inter muros wiederfand.

Die Jahrgänge, aus denen sich die Autoren dieses Bandes rekrutieren, sind nach oben durch die Definition des Unternehmens begrenzt: sie sollten geistig in der Bundesrepublik großgeworden sein. Aber die Grenze nach unten, die Beschränkung auf die Vierzig- bis Fünfzigjährigen war nicht geplant. Nachdem Peter

Schneider in letzter Minute abgesagt hat, gehört niemand zu der Generation, aus deren Mitte der Protest hervorgegangen ist. Gewiß hat der eine oder andere in der Protestbewegung eine Rolle gespielt, aber wir alle haben damals auf Motive, die uns anfänglich fremd waren, zunächst einmal *re*agieren müssen. Die Altersverteilung ergibt sich wohl auch aus dem Umstand, daß sich die aktivsten Gruppen aufgesplittert, segmentiert, in die trügerische Autarkie ihrer eigenen, vom allgemeinen Literatur- und Wissenschaftsbetrieb, von der Medienöffentlichkeit abgekoppelten Milieus zurückgezogen haben.

Einigeln von der einen, Abriegeln von der anderen Seite – wie es zu dieser Situation gekommen ist, läßt sich nicht aus der Hand erklären. Ein Teil der Erklärung ist das evidente Scheitern jener Linken, die sich nach dem »Durchdrehen« der Protestbewegung[2] eine offene Mentalität erhalten hatten. Sie haben entweder, wie die Jungsozialisten, in den bestehenden Parteien eine vorübergehend einflußreiche Opposition gebildet, oder sie haben, wie mit dem Sozialistischen Büro, neue Organisationsformen erprobt, um sich den Zwängen »instrumenteller Politik« zu entziehen – auf dieser Linie lagen die Versuche einer Anlehnung an den Eurokommunismus, der Gründung einer linkssozialistischen Partei usw. Während diese *organisatorisch orientierten* Fortsetzungen antiautoritärer Politik ohne Erfolg blieben, ist um den Fokus des Umweltschutzes ein neues Protestpotential entstanden, das dem alten in gewisser

2 »Fast schien es so, als hätte eine Bewegung aus dem historischen Nichts heraus zum Sprung angesetzt; sich umgeschaut, die eigene Schwäche gesehen und wäre prompt wieder in sich zusammengefallen. Aus Angst vor diesem Sturz ins Bodenlose versuchte man fast instinktiv nach etwas zu greifen, was politisch Halt zu geben versprach. Das hatte noch vor dem Ende der antiautoritären Bewegung damit begonnen, daß man sich selbst zu kopieren versuchte. Nach dem Scheitern der Springer-Kampagne, der Kritischen Universitäten und vor allem der Antinotstandsbewegung, als sich der politisch brisante Gehalt der Demonstrationen schon längst verflüchtigt hatte, begann man Aktionen um der Aktionen willen zu machen. Man lieferte sich Schlachten mit der Staatsgewalt, um noch zu retten, was zu retten war: das reine Formprinzip der direkten Aktion. Bildlich gesprochen drehte die Bewegung regelrecht durch: ihre Taten hakten nicht mehr ein, ihre Gruppen griffen nicht mehr auf und ihre Parolen gingen ins Leere.« W. Kraushaar, Autonomie oder Getto, Frankfurt/Main 1978, S. 57.

Hinsicht sogar ähnlich ist: kaum organisationsfähig, erfüllt es Drohfunktionen im vorparlamentarischen Bereich. Aber die heterogene Zusammensetzung und die diffuse Zielsetzung der ökologichen Bewegung machen sie zu einer zweideutigen Größe, die sozialistischen Orientierungen bisher unzugänglich ist. Ich denke, daß man vor diesem Hintergrund die Lagermentalität sehen muß, die die Reste der Protestbewegung ergriffen und auf komplementären Wegen ins Abseits geführt hat, sei es auf dem Weg in Parteikommunismus und Neostalinismus, sei es auf dem in die Alternativkultur – beide haben gleichermaßen in die Isolation geführt. W. Kraushaar begreift die neoorthodoxen Gruppen und die Spontis als »Entmischungsprodukte der APO«.

Nach der kurzen Phase des Aktionismus folgten nun lange Jahre des Traditionalismus. Die verschiedenen Identitätshülsen wurden regelrecht »ausgemendelt«: Hier Leninismus, dort Maoismus; hier Stalinismus, dort Trotzkismus; hier Anarchismus, dort Castroismus. Eine falsche Rolle gab der anderen die Hand, die eine löste die andere ab, und es gab nicht wenige, die im Wechsel der Rollen über die ganze historische Bühne marschiert sind. Und selbst heute – zehn Jahre danach – weigern sich einige immer noch beharrlich, die falschen Kleider dorthin zu bringen, wo sie hingehören: ins Museum. Überall war man zuhause, ob in China oder Albanien, ob in Kuba oder der Sowjetunion; nur hier – zwischen Hamburg und München, Köln und Berlin – da war kaum noch jemand anzutreffen.[3]

Aber die Immunisierung gegen Erfahrungen ist auf der anderen Seite nicht etwa geringer:

Die Tatsache allein, daß im Schatten des universitären Gettos, aus dem die studentische Linke seit einem Jahrzehnt auszubrechen versucht, nun ein *alternatives* aufgebaut wird, verändert nichts und läuft lediglich auf eine Umdeklarierung der totalen politischen Isolation hinaus. Daß Getto damit Getto bleibt und daran auch keine noch so laut vorgetragene Propaganda etwas ändern kann, beweisen die Strukturen, die sich dort im Laufe der letzten Jahre herausgebildet haben. Im fast bruchlosen Übergang von einem ständig abrufbereiten Reservoir mobilisierungsbereiter Spontis zur eigenökonomisch fundamentierten Alternativbewegung werden sowohl Charakterformen als auch Autoritätsstrukturen zementiert, die, je weiter

3 Kraushaar, a.a.O., S. 57f.

der Wirkungskreis der sich eigendynamisch verselbständigenden Gegenökonomie reicht, desto anonymer und damit unangreifbarer werden.[4]

Und im Hinblick auf die Frankfurter Szene heißt es weiter:

Abzulesen ist dies auch am augenblicklichen Zustand der Projekte, und zwar in aller Deutlichkeit. Die Sozialzentren, die errichtet wurden, um eine kontinuierliche Zusammenarbeit mit den Arbeitsemigranten zu ermöglichen, haben sich zu eigenen Treffpunkten verselbständigt; die Druckereien erledigen, anstatt Flugblätter zu produzieren, fast ausschließlich Auftragsarbeiten; die Werkstätten begründen eine zum Aussterben verurteilte Handwerkergilde wieder neu, und die Verlage produzieren Bücher, die kaum mehr als Eigendarstellungen sind. Von einem sozialen Zusammenhang mit *anderen* gesellschaftlichen Schichten und Klassen, der auch vordem nur sehr sporadisch existiert hat, kann beim besten Willen keine Rede mehr sein; auch die letzten strukturierenden Kontakte zur Außenwelt sind abgebrochen. Eine Zweck-Mittel-Relation im sozialrevolutionären Sinne hat sich aufgelöst. Die Mittel sind unmittelbar geworden, der Zweck ist entschwunden. An seine Stelle ist der Selbstzweck getreten. So fügt sich die soziale Beziehungslosigkeit figurativ zur Scheinidentität desjenigen zusammen, der sich Sponti nennt.[5]

Kraushaars Thesen zum Rückzug in die Fluchtburgen des Dogmatismus und der Lebensform sind überpointiert und haben Widerspruch gefunden; vor allem bedürfen sie der Ergänzung im Hinblick auf ihre Komplementärerscheinungen. Die *Eingrenzung* der Gettos spiegelt ja nur den Prozeß einer *Ausgrenzung* – eine Dialektik, in der Alexander Kluge und Oskar Negt ein sehr deutsches Motiv entdecken.

2. Bisher fehlen überzeugende Analysen der kurzen Reformphase vor 1972 und der dann einsetzenden Restaurationsphase, der sogenannten Tendenzwende. Diese hat sich handfest auf der Ebene von Administration und Gesetzgebung, in einer faktischen Veränderung des Verfassungszustandes unserer Republik durchgesetzt.[6] Die Tendenzwende sollte nicht mit der rhetorischen Begleitmusik

4 Kraushaar, a.a.O., S. 22.

5 Kraushaar, a.a.O., S. 28f.

6 Vgl. dazu G. Frankenberg, Th. Krämer-Badoni, S. Meuschel, U. Rödel, Politische Tendenzwende, in: M. Tohidipur (Hrsg.), Der bürgerliche Rechtsstaat, 2. Band, Frankfurt/Main 1978, S. 136ff.

derer verwechselt werden, die sie ausgerufen haben. Aber als Symptom eines Gesinnungswandels, der die Mentalität des Kalten Krieges von der Fixierung auf den äußeren Feind löst und für die Ausgrenzung des inneren Feindes mobilisiert, verdient die Ordinarienpamphletistik der Neuen Rechten – trotz der inzwischen erkennbaren Verschleißerscheinungen – Aufmerksamkeit. Diese *Tendenzliteratur* gibt denen Feuerschutz, die den Rückzug der Linken in ihre Gettos politisch und administrativ festschreiben. Ich will nicht auf einzelne Aspekte eingehen, möchte aber drei allgemeinere Beobachtungen mitteilen.

a) Die Situationsdeutungen, die die Tendenzliteratur entwirft, beruhen auf der Prämisse, daß in der Bundesrepublik alles mit rechten Dingen zugeht. Sie suggerieren einen Begriff von Normalität, der darauf angelegt ist, die Wahrnehmung für abweichende Phänomene, für alles, was sich den Mechanismen der sozialen und der psychischen Integration entzieht, abzustumpfen: sie dienen einem Desensibilisierungstraining. Tatsächlich steht ja die Bundesrepublik nicht schlecht da: historisch im Vergleich mit anderen politischen Systemen auf deutschem Boden, international im Vergleich mit anderen industriell fortgeschrittenen Gesellschaften. Ein erfolgreiches Krisenmanagement und befriedigende Parameter der Wirtschaftsentwicklung; ein Netz der sozialen Sicherung, das eine relativ hohe Arbeitslosigkeit »abfedert«; keine nennenswerten Konflikte mit Gewerkschaften, die ihre Basis einigermaßen unter Kontrolle haben; ein Parteiensystem, das die große Mehrheit der Wahlbevölkerung immer noch an sich bindet; ein, nehmt alles nur in allem, halbwegs funktionierender Rechtsstaat; nun auch noch ein Präsident, der für deutsche Kontinuitäten einsteht – was will man mehr? Aus einem statischen und *auf die institutionell geordnete Realität eingeschränkten* Blickwinkel bietet sich zwar kein beschauliches, aber ein durch Scheinpolarisierungen doch nur aufgelockertes Bild, eben das Sonntagsgemälde[7] einer bei allen Vibrationen hinreichend integrierten Gesellschaft.

Wenn sich dann die Vibrationen in einigen gesellschaftlichen Sektoren, insbesondere in den Bereichen der kulturellen Reproduk-

7 K. Sontheimer, Die verunsicherte Republik, München 1979.

tion, gleichwohl zu Geräuschen verstärken, werden diese auf die subjektiv verzerrte Wahrnehmung linker Intellektueller zurückgeführt, die dank ihres angeblich überragenden Einflusses die eigene Bewußtseinskrise nach außen stülpen und die Bevölkerung mit ihren krankhaften Vorstelllungen infizieren können. Ideologien, so hat man es bisher gesehen, dienten dazu, konflikthaltige Interessengegensätze zu verdecken; heute wird, wenn wir Schelsky glauben, die Ideologie der Sinnproduzenten selbst zur eigentlichen, wenn nicht einzigen Quelle gesellschaftlicher Konflikte.[8]

An dieser Optik ist neu nicht der Idealismus, der die Dinge auf den Kopf stellt, nicht das Verfahren, den Boten für die üble Botschaft zu strafen; neu ist die implizit mitgeführte Normalitätsdefinition, der zufolge Krisen des Bewußtseins und der Motivation keine Krisen, Störungen der Sozialisation keine Störungen, privatisierte, d. h. ins Psychische verlagerte Konflikte keine Konflikte, Anfälligkeiten der politischen Kultur keine Anfälligkeiten, die Erosionen von Wertorientierungen und Lebensformen keine Erosionen, Verfassungsbrüche nicht Verfassungsbrüche, sondern lediglich linke Hirngespinste mit medienverstärkten Effekten sind. So kann man sich gegenüber den Problemen, mit denen sich die Beiträge dieses Bandes vornehmlich beschäftigen, desensibilisieren – Probleme, die ich lieber auf die Kolonialisierung der Lebenswelt durch ein verselbständigtes ökonomisches und administratives System zurückführe als auf subjektive Befindlichkeiten.

b) Die Tendenzliteratur hat *keine neuen Argumente* hervorgebracht, aber sie reaktiviert ein vorhandenes, in der Nachkriegszeit zunächst ausgeschöpftes Argumentationspotential, indem sie es aus politisch diskreditierten Zusammenhängen herauslöst. Das Rearrangement dient einer Umrüstung der ins neukonservative Lager abgedrifteten Liberalen. Hauptsächlich handelt es sich um drei Komplexe, die ich hier nicht diskutieren, für die ich nur den geistesgeschichtlichen Ort angeben will.

Eine prominente Rolle spielt *erstens* Carl Schmitts Kritik an den unerwünschten Folgen einer Moralisierung der Politik. Auf dieser Linie bewegten sich beispielsweise Johannes Gross und Joachim

8 H. Schelsky, Die Arbeit tun die anderen, Opladen 1975.

Fest, als sie den Bundeskanzler aus Anlaß des 40. Jahrestages der Kristallnacht vor Fernsehzuschauern drängten, doch die ärgerlichen moralischen Hypotheken der Nazizeit, die die realpolitische Bewegungsfreiheit einer ökonomisch führenden Macht wie der Bundesrepublik einschränkten, abzuschütteln oder mindestens unauffällig beiseite zu schieben – übrigens vergeblich. Zum gleichen Diskussionsstrang gehört die viel herumgereichte These, daß nicht nur ein dogmatisch geschichtsphilosophisches Denken, sondern schon der ethische Universalismus der Aufklärung den Terrorismus intellektueller Eliten zur Folge haben müsse.

Ein *zweiter* Komplex ist durch Gehlens Institutionalismus bezeichnet. Je mehr die archaischen Institutionen die Kraft automatischer Handlungssteuerung einbüßen, so ist die These, je mehr ihr autoritärer Kern durch Reflexion aufgelöst wird und den einzelnen die Last der Entscheidung aufbürdet, um so eher drängt die freigesetzte individuelle Spontaneität in die Richtung von Anarchie, hemmungslosem Subjektivismus usw. Die verunsicherten Subjekte würden durch abstrakte Erwartungen an ihre Autonomie, Glücksfähigkeit, Kritikbereitschaft überfordert. Diese Polemik gegen den Humanitarismus wird heute auf breiter Front, vor allem gegenüber einer »Emanzipationspädagogik« erneuert, die sich nicht damit begnügen möchte, Kindern sekundäre Tugenden wie Fleiß und Ordnungsliebe anzudressieren.

Drittens wird der Neuhegelianismus von Hans Freyer (und Joachim Ritter) zu einer Theorie der Nachaufklärung oder des posthistoire zurechtgemacht, die sich dazu eignet, auch die szientistischen Strömungen ins Sammelbecken eines diffusen Traditionalismus umzulenken. Dieser Idee zufolge verbinden sich Ökonomie und Staatsverwaltung, Technik und Wissenschaft im stählernen Gehäuse der Moderne zu unbeeinflußbaren, formale Rationalität erheischenden Sachgesetzlichkeiten, welche vom Bereich kultureller Werte, von naturwüchsigen Traditionen gleichzeitig abgekoppelt sind und komplementär auf sie verweisen. Damit wird der Aufklärung, welche die Anerkennung von Traditionen an gute Gründe binden wollte, der kritische Stachel gezogen. Auf dieser Grundlage lassen sich dann, wie jüngst in Bayern und in Baden-Württemberg, öffentliche Bibliotheken und Schulbücher trefflich von allen Elementen reinigen, die sich der schiedlichen Arbeitsteilung von Positivismus und Obskurantismus nicht fügen.

Als sich Anfang der 70er Jahre in linken Studentenzirkeln ein neuer Dogmatismus breitmachte, habe ich zunächst nicht glauben können, daß die ausgedehnte Kritik am Stalinismus, die uns in den 50er Jahren nicht besonders schwergefallen war, vergeblich gewesen sein sollte. Ähnliche Gefühle hatte ich, als dann, wenig später, von der anderen Seite alle jene Argumente wieder aufgetischt wurden, die wir etwa zur gleichen Zeit in der kritischen Auseinandersetzung mit Carl Schmitt, mit Gehlen, mit den Technokratietheoretikern usw. hin- und hergewendet hatten. Verblüffend war nicht einmal so sehr, daß all das überhaupt wiederkehrte, sondern vor allem der Umstand, daß Argumente, deren Fährte zu den intellektuellen Wurzeln des Naziregimes zurückführte und damals, nach dem Kriege, nur aus der Distanz zum geistigen Milieu der Bundesrepublik wiederaufgenommen werden konnte, heute zur Alimentierung der schlechthin staatstragenden politischen Theorie verwendet werden können. Sollten wir eine *andere* Republik doch schon bekommen haben?

c) Bemerkenswert ist schließlich das literarische Genre des Pamphlets, das in Deutschland nie recht kultiviert worden ist und nun überraschenderweise von rechts Auftrieb erhalten hat. Die Tendenzliteratur bemüht sich eifrig, einer Forderung nachzukommen, die Lübbe so formuliert:

> Die professionelle Seminarphilosophie kann sich als relevanter Faktor in den nach Gesetzen der Ideenpolitik und des Literaturbetriebs ablaufenden, exoterischen Bewußtseins- und Ideologiebildungsprozessen nur dann behaupten, wenn sie ihr sie immer noch weiterhin charakterisierendes zunft- und schulmäßiges Sprachverhalten wo immer möglich abbaut und auf literarisch-rhetorische Potenzen Prämien aussetzt.[9]

Die verdienstvolle Intellektualisierung der Darstellung dürfte freilich kaum dem konservativen Selbstverständnis dieser Autoren entsprungen sein. Im neuen Sprachgestus äußert sich vielmehr ein eigentümlich instrumentelles Verhältnis zur exotischen Darstellung politisch-intellektueller Positionen. Lübbe, Scheuch,

9 H. Lübbe, Unsere Stille Kulturrevolution, Zürich 1976, S. 94f.

Schelsky, H. Maier, Sontheimer und andere Gefolgsleute eines »Bundes Freiheit der Wissenschaft« betrachten die »geistige Auseinandersetzung« als so etwas wie einen paramilitärischen Einsatz an der semantischen Bürgerkriegsfront. Sie erklären ihr Interesse an der Besetzung von Wortfeldern, an Benennungsstrategien, an der Rückeroberung von Definitionsgewalten, kurz, an Ideologieplanung mit Mitteln der Sprachpolitik. Nun ist es wahr, daß sich im Verlaufe der Protestbewegung das politische Begriffsregister verschoben hat. Aber ich habe nie verstanden, wie man im Ernst glauben kann, daß sich politisch-theoretische Grundbegriffe langfristig anders als dadurch verändern, daß sie komplexe Argumentationen aufsaugen, daß sich in ihnen Innovationen und Lernprozesse niederschlagen. Der objektive Geist läßt sich schwerlich über sprachpolitische Werbeagenturen auf links oder rechts trimmen. Immerhin erklärt der rhetorisch-sprachmanipulative Zug der Tendenzschriftsteller, die sich damit pfiffig einem, wie sie meinen, durchtriebenen Gegner assimilieren möchten, *zwei spezifisch deutsche Phänomene*. Ich meine einmal die semantische Enthemmung von Affekten, die bis dahin unter der Decke eines dezidiert liberalen Meinungsklimas wohltätig geschlummert hatten: die Ressentiments eines Herrn Ziesel waren seinerzeit das, was sie waren; heute zieselt's an allen Ecken.[10] Zum anderen meine ich das Phänomen,

10 Da die »Kritische Theorie« in diesem Zusammenhang als ein besonders wirksamer Auslösereiz funktioniert, habe ich einschlägige Erfahrungen sammeln können. Ich meine nicht die Sonntagsreden von Politikern, auch nicht die Ausfälle einer Presse rechts unterhalb der FAZ. Ich meine vielmehr die Affektenthemmung bei Leuten, die es besser wissen müßten. Die Enthemmung, die den bekannten Staatsrechtler dazu verleitet, Stammtischgeschwätz in den juristisch einflußreichsten Kommentar zum Grundgesetz einzuarbeiten. Die Enthemmung, die den intellektuell beschlagenen Journalisten dazu verleitet, seinen »Bericht« über einen Vortrag, dem der in diesem Bande abgedruckte Text von Albrecht Wellmer zugrunde lag, in platte Denunziation zu verwandeln. Die Enthemmung, die den renommierten Philosophieprofessor dazu verleitet, die 500-Jahrfeier einer Universität zum Anlaß zu nehmen, um einem blind in die Menge schießenden Terroristen die Worte eines Fachkollegen in den Mund zu legen. Vgl. G. Dürig, Kommentierung zu Art. 3 III, Rand-Nr. 116ff., 122 Anm. 2 (1973), in: Maunz-Dürig-Herzog-Scholz, Grundgesetz Kommentar, München 1958ff.; J. Busche, Ist Gewalt-Romantik links? in: FAZ, 17. Mai 1978, S. 3; H. Lübbe, Freiheit und Terror, in: Merkur, Sept. 1977, S. 823.

auf das Klaus von Beyme hinweist: die große Koalition der Ordnungsphilosophen, die das Unvereinbare auf der Ebene eines gemeinsamen liberalkonservativen Idioms zusammenfügt und die Kritischen Rationalisten mit den Aristotelikern, die Skeptiker mit den Dogmatikern, die Empiristen mit den Rationalisten und sie alle mit den Hegelianern, den rechten natürlich, versöhnt.[10a]

3. Wenn man das Interesse hat, den Zirkel von Ein- und Ausgrenzung zu durchbrechen, stellen sich vornehmlich *zwei Aufgaben.* Erstens die konsequente Verteidigung, radikale Auslegung und offensive Erneuerung der Prinzipien und der Überlieferungen, aus deren Geist allein eine deutsche Republik gegen die »Last der Vergangenheit«, wie Hans Mommsen sagt, am Leben erhalten werden kann. In dieser Hinsicht bewegen sich die Beiträge dieses Bandes auf Wegen, die die liberale Intelligenz während der Adenauerschen Restaurationsphase schon gebahnt hatte. Inzwischen haben sich freilich die Konstellationen verändert. Der Zynismus des bürgerlichen Bewußtseins ist so weit fortgeschritten, daß die neukonservativen Erben der bürgerlichen Emanzipation den eigenen Errungenschaften mißtrauen und uns beschwören, die anerkannten Ideale doch bitte nicht zu wörtlich zu nehmen. Die Diskussion über Unregierbarkeit ist, wie Claus Offe zeigt, ein einziges Dokument des Erschreckens vor einem Zuviel an sozialer Wohlfahrt, an Autonomie, an Massendemokratie. Mit der Tendenzliteratur haben sich in der Auseinandersetzung über normative Orientierungen die Fronten verschoben. Die Neue Rechte warnt vor der diskursiven Verflüssigung der Werte, vor der Erosion naturwüchsiger Traditionen, vor der Entmächtigung automatisch geltender Institutionen, vor Überlastungen des Subjekts und überzogener Individuierung; sie möchte die Modernisierung gern aufs kapitalistische Wachstum und den technischen Fortschritt begrenzt sehen und gleichzeitig den kulturellen Wandel, die Identitätsbildung, den Motiv- und Einstellungswechsel anhalten, den Traditionsbestand einfrieren. Demgegenüber müssen wir den Begriff

10a Eine hübsche Illustration bot der von H. Lübbe in die Wege geleitete Kongreß zur Wissenschaftsforschung, der im März 1976 in München stattfand. Vgl. W. Raub, Berichte der Projektgruppe Wissenschaftsforschung an der Universität Essen, 11/76.

und die Würde der Moderne, das heißt: die Dimensionen einer *unverkürzten* Rationalität, wieder zu Bewußtsein bringen. Wir müssen klarmachen, daß sich in den posttraditionalen Rechts- und Moralvorstellungen, in der Entbindung von Subjektivität, in der Freisetzung von Spontaneität, in dem, was die Soziologie seit Durkheim »institutionellen Individualismus« nennt, ein verletzbarer Eigensinn moralisch-praktischer und ästhetisch-expressiver Rationalität, Max Weber sagte: die innere Logik ausdifferenzierter Wertsphären, durchsetzt. Wer diesen Eigensinn einer Kombination aus vereinseitigter kognitiv-instrumenteller Rationalität einerseits, verwaschenem Traditionalismus andererseits aufopfern möchte, riskiert den Preis kostspieliger Regressionen: auf deutschem (Blut- und) Boden haben wir schon einmal das Experiment einer auf Wirtschaftswachstum und technischen Fortschritt *eingeschränkten* Modernisierung gemacht.
Freilich beschränken sich die Autoren dieses Bandes nicht darauf, das kritische Geschäft der Nachkriegsgeneration bloß fortzuführen. Ihre *zweite*, wichtigere und schwierigere Aufgabe sehen sie darin, jene unübersichtliche Zone vieldeutiger Zeitsymptome zu erkunden, für die plausible Interpretationen bisher fehlen. Das gilt vor allem für die Reaktionsweisen und die tastenden Innovationen, die um den Abbau nicht-regenerierbarer Bestände sowohl natürlicher wie kulturell überlieferter Reserven kreisen.
Albrecht Wellmer erinnert an die emphatische Stelle des *Kommunistischen Manifests*, wo Marx die kapitalistische Mobilisierung der Lebensverhältnisse als »Verdampfen alles Ständischen und Stehenden« begrüßt, und zwar ganz ohne die Ambivalenzen, die uns heute angesichts einer vielfach beschleunigten Mobilisierung befallen. Der Kapitalismus zehrt seit Jahrhunderten vom Polster vorbürgerlicher Traditionen. Das hatte gewiß auch die von Marx anvisierte Wirkung, die sich im Universalismus der Aufklärung, in den utopischen Gehalten einer autonom gewordenen Kunst, in den bürgerlichen Idealen überhaupt spiegelt – nämlich die Entbindung des Rationalitätspotentials verständigungsorientierten Handelns. Aber unter Bedingungen einer weitgehend rationalisierten Lebenswelt lassen sich die aufgezehrten Bestände *als* Traditionsbestände nicht mehr regenerieren. Deshalb nähern sich diese, in den kapitali-

stisch entwickeltsten Regionen, dem Punkt der Erschöpfung; und die Imperative eines verselbständigten Wirtschaftswachstums, die administrativen Kontrollen hoffnungslos überforderter Bürokratien greifen durch den Schutt aufgebrochener traditionaler Lebensformen hindurch und treffen auf die bloßgelegten Grundlagen kommunikativ strukturierter Lebensformen selber. Aus dieser Perspektive sieht man die Gefahr einer systemisch induzierten Zerstörung nicht nur traditional gesättigter Lebensformen, sondern der kommunikativen Infrastruktur jeder Form humanen Zusammenlebens. Wenn das stimmt, sind zwei Reaktionen mit Sicherheit falsch – das Weginterpretieren der Zeitsymptomatik und die Flucht in den Traditionalismus.

Beide Themen, die Verteidigung der Republik und die Erkundung zeitsymptomatischer Erscheinungen, ziehen sich durch fast alle Beiträge hindurch, auch wenn das eine Thema im ersten Halbband, das andere im zweiten ein stärkeres Gewicht erhält. Beide Themen fließen zusammen in der praktischen Hypothese, die Wellmer im Hinblick auf den Abbau nicht regenerierbarer Bestände formuliert: »Kompensiert werden könnte der durch den Reproduktionsprozeß industrieller Systeme erzeugte ›Verlust der Sittlichkeit‹ nur durch demokratische Organisationsformen, die die gesamtgesellschaftlichen Prozesse mit der Alltagswirklichkeit und den Bedürfnissen der Individuen in einen einsichtigen Zusammenhang brächten.«

4. Zeitsymptomatische Erscheinungen sind Konflikte und Umschwünge, die eine Veränderung tiefsitzender Strukturen anzeigen. Auf der Ebene sozialer Interaktionen sind solche Symptome am leichtesten an *sozialen Bewegungen* abzulesen. In der Bundesrepublik beobachten wir heute neopopulistische Strömungen, die Herbert Marcuse veranlassen, vom »Volk« zu sprechen, von den »Individuen aus allen Schichten«, die eine inzwischen integrierte Arbeiterschaft als Träger sozialen Widerstands abgelöst haben.[11] Wichtige Bestandteile bilden erstens die *ökologische Bewegung*, nicht koordinierte Bürgerinitiativen und jene Potentiale, die nun durch eine Steuerprotestpartei auf die Mühlen der CSU geleitet werden sollen; ferner die aus der Protestbewegung hervorgegan-

11 H. Marcuse, Postsozialismus und Spätkapitalismus, in: Kritik Nr. 19, 1978, S. 18.

gene *Alternativbewegung*, die sich ja nicht nur auf großstädtischen »Szenen« abspielt, sondern regional und funktional breit gestreute Alternativprojekte, vor allem die Landkommunen[12] umfaßt; schließlich die *feministische Bewegung*, die über den Rahmen der Alternativkultur hinausgreift und an historische Emanzipationsbewegungen anknüpft.

Autonomistische Bewegungen, die sich an ethnischen, konfessionellen, regionalistischen Konflikten entzünden und die in beinahe allen europäischen Ländern, besonders in Nordirland, im Baskenland, in Belgien und in der Schweiz auftreten, haben sich in der Bundesrepublik nicht bilden können. Ich vermute allerdings, daß bei uns die nationale Frage ein Äquivalent für Orientierungen, die sich gegen den Zentralstaat richten, bilden könnte. Bei uns wird, wie Horst Ehmke zeigt, die Nation nicht mit der Staatsnation gleichgesetzt. Der Begriff der Nation wahrt vor dem Hintergrund der deutschen Geschichte stärker den Zusammenhang mit den regional verwurzelten Volkskulturen als in den älteren Nationalstaaten, als selbst in Italien. Während sich Pasolini[13], in seinem Kampf gegen eine nationale Gleichschaltung durch Konsumkultur, auf die bäuerlichen und subproletarischen Lebensformen der italienischen Regionen beruft, kann Martin Walser ähnliche Stimmungslagen unmittelbar mit dem Erbe der nationalen Kultur verknüpfen – seine alemannische und seine nationale Heimat sind gleich weit von Bonn entfernt.

Undeutlicher als die aktiven Formen des Protests sind die ins Private und Psychische verschobenen Konflikte: die wachsende Zahl der Fälle, die psychiatrischer Behandlung bedürfen, epidemisch um sich greifende Verhaltensstörungen, Alkoholismus, Suchtphänomene überhaupt, steigende Raten von Selbstmord und Jugendkriminalität sind Anzeichen für mißlungene Integrations-, für fehlgeschlagene Sozialisationsprozesse. Vor allem die sozialbürokratisch verwalteten, sozialtherapeutisch aufgefangenen, psychologisch umdefinierten, mal in Reformen, mal in Elternproteste

12 B. Leineweber, K. L. Schibel, Die Alternativbewegung, in: Kraushaar, a.a.O., S. 95ff.

13 P. P. Pasolini, Freibeuterschriften, Berlin 1978.

abgeleiteten Familien-, Schul- und Erziehungsprobleme sind, wie immer auch schwer wägbare, Indikatoren für eine abnehmende Fähigkeit der Gesellschaft, nachwachsende Generationen an die in ihr institutionalisierten Wertorientierungen anzuschließen.

Weniger auffällig als *Protest-* und *Anomiepotentiale* sind schließlich Umorientierungen und *Einstellungsknicks*, die sich *im normalen Verhaltensbereich* einer Population abzeichnen. Auf ein solches Phänomen sind in den letzten Jahren Soziologen und Meinungsforscher, die politische Kultur und Wahlverhalten untersuchen, gestoßen. Inglehart spricht von der »Silent Revolution«.[14] Die »materialistischen« Werte des Wohlstandes, der wirtschaftlichen Stabilität und der Sicherheit, im Innern und nach außen, ebenfalls die klassischen bürgerlichen Tugenden der Karriere- und Wettbewerbsorientierung, des Leistungsstrebens, der Disziplin, des Fleißes usw., werden zurückgedrängt von den »postmaterialistischen« Werten der Selbstverwirklichung, Solidarität, Meinungsfreiheit, Partizipation, der Erhaltung der kulturellen und der natürlichen Substanz, ersetzt durch »nachbürgerliche«, nicht mehr von Instrumentalismus und Privatismus geprägte Tugenden. Inglehart sieht die Konfliktlinien und die Themen der »alten«, im wesentlichen ökonomisch bestimmten Politik durch Spannungen und Interessen einer »neuen« Politik überlagert. Seine Theorie des »Wertewandels« stützt sich allerdings auf eine schmale theoretische Grundlage, nämlich auf Maslows psychologische Annahme einer Hierarchie nach und nach aktualisierter Bedürfnisse. Mir scheint, daß wir den latenten Einstellungswandel, der sich in der Gesamtbevölkerung anbahnt, eher mit den manifesten Erscheinungen von Protest und Anomie zusammen sehen sollten. Diese wiederum können wir auf Erfahrungen mit und auf Widerstände gegen Verletzungen eigensinnig kommunikativ strukturierter Lebensformen zurückführen. Eine solche Deutung legen jedenfalls die Essays von Urs Jaeggi und Wolf-Dieter Narr nahe.

14 R. Inglehart, The Silent Revolution in Europe, in: Am. Pol. Sc. Rev. Vol LXV, 1971; für die Bundesrepublik: K. Hildebrandt, R. J. Dalton, Die Neue Politik, in: Pol. Vjschr., 1977, H. 2/3. Einen Überblick geben M. und S. Greiffenhagen, Ein schwieriges Vaterland, München 1979, S. 236ff.

Das unübersichtliche Bild wird klarer, wenn man nicht von den Verhaltenssyndromen ausgeht, sondern von ihren Anlässen, von den Erscheinungen beispielsweise, die heute das Protestverhalten auslösen. So machen die Zerstörung der urbanen Umwelt, die Zersiedelung, Industrialisierung und Vergiftung der Landschaft Maßstäbe der Bewohnbarkeit sichtbar, Grenzen der Deprivation sinnlich-ästhetischer Dauerbedürfnisse, die gewiß historisch entwickelt worden sind, aber offenbar tief sitzen. In der Furcht vor Kernkraftwerken, Atomabfall oder Genmanipulation steckt gewiß ein gutes Stück Realangst, in ihr spiegelt sich aber auch das Erschrecken vor einer neuen Kategorie buchstäblich unsichtbarer, schwer kontrollierbarer Langzeitrisiken, die die biologisch programmierten Schwellen der Sinneswahrnehmung und die Grenzen unseres historisch entwickelten Fassungsvermögens, beispielsweise für antizipierte Zeit, für persönliche Identität, für das Ausmaß moralisch verantwortbarer Handlungsfolgen usw. überschreiten. Beides sind Beispiele für die *Überforderung von sinnlich zentrierten zeitlichen und räumlichen Kapazitäten der Lebenswelt*, die offenbar den Abstraktionen einer erweiterten technischen Verfügung über die äußere und die eigene Natur nicht automatisch nachwachsen.

Noch aufreizender sind Phänomene einer *Verödung der kommunikativen Kapazitäten der Lebenswelt*. Die Instrumentalisierung der Berufsarbeit, die Mobilisierung am Arbeitsplatz, die Verlängerung von Konkurrenz- und Leistungsdruck bis in die Grundschule, die Monetarisierung von Diensten, Beziehungen und Lebenszeiten, die konsumistische Umdefinition des persönlichen Lebensbereichs, die Dorothee Sölle eindrucksvoll beschreibt, die Bürokratisierung und Verrechtlichung von privaten, informellen Handlungsbereichen, vor allem die politisch-administrative Erfassung von Schule, Familie, Erziehung, kultureller Reproduktion überhaupt – diese Entwicklungen bringen eine neue Problemzone zu Bewußtsein, die an den Grenzen zwischen »System« und »Lebenswelt« entstanden ist.

Marx hatte am historischen Beispiel der Entstehung des Industriearbeiterproletariats gezeigt, was sich hinter der Kategorie der Lohnarbeit, der monetarisierten Arbeitskraft verbirgt: die Umstellung eines bis dahin sozial integrierten Lebensbereichs auf Imperative des verrechtlichten, über das Medium Tauschwert gesteuerten, formal organisierten Wirtschaftssystems, das sich über funktionale Zusammenhänge stabilisiert und daher durch die normativ integrierten Handlungsorientierungen der beteiligten Subjekte *hindurchgreifen* kann. Heute haben sich weitere Handlungsbereiche über die Medien Geld, Organisationsmacht und administrative Entscheidung in ähnlicher Weise systemisch verselbständigt; sie absorbieren Lebenszusammenhänge, setzen sie von altmodischen und kostspieligen Formen der sozialen Integration frei – einer Integration über Werte, Normen oder kommunikativ erzieltes Einverständnis. Viele »modernistische« Reformen führen zu einer zweideutigen Verrechtlichung von Lebensverhältnissen. Die Zweideutigkeit des reformerischen Eingriffs in die Beziehungen zwischen Eltern und Kindern, Lehrern und Schülern, zwischen Arbeitskollegen, Nachbarn usw. liegt darin, daß sie gleichzeitig eine Abkoppelung von traditional eingelebten Normen, aber eben auch von Wertorientierungen überhaupt bedeutet. Die Abkoppelung soll und kann eine Emanzipation aus verkrusteten Gewaltverhältnissen fördern, aber auf der anderen Seite bringt sie die Gefahr einer bürokratischen Austrocknung kommunikativer Beziehungen, die Gefahr einer keineswegs befreienden, sondern ertötenden Formalisierung im Kern nicht formalisierbarer Beziehungen mit sich. Um dieses Problem geht es beispielsweise in diesen Tagen bei der Diskussion über die Neuregelung des elterlichen Fürsorgerechts.

Wenn man den Anlässen nachforscht, die ein zeitsymptomatisches Unbehagen hervorrufen, stößt man auf eine Problemzone, auf die man sich den Blick mit den bekannten kulturkritischen Klischees nur zu leicht verstellt. Das Übergreifen von Formen der ökonomischen und der administrativen Rationalität auf Lebensbereiche, die dem Eigensinn moralisch- und ästhetisch-praktischer Rationalität gehorchen, führt zu einer Art *Kolonialisierung der Lebenswelt*. Damit meine ich die Verarmung an Ausdrucks- und Kommunikationsmöglichkeiten, die, soweit wir sehen können, auch in komplexen Gesellschaften nötig bleiben, damit die Individuen lernen können, sich selbst zu finden, mit ihren eigenen Konflikten umzugehen und gemeinsame Konflikte gemeinsam, also auf dem Wege kollektiver Willensbildung zu lösen.[15]

5. Wenn der Abbau nicht regenerierbarer Bestände, die Kolonialisierung der Lebenswelt Reizzonen eines Unbehagens an den Aporien der Moderne bezeichnen, wie wird dieses Unbehagen kulturell artikuliert, wie wird es in Kunst, Literatur und Wissenschaft verarbeitet?

In dem autobiographischen Bericht eines jüngeren Germanisten, der sein »Leben in Heidelberg«[16] schildert, heißt es rückblickend auf den Beginn der Studentenrevolte: »Ab 1967 scheint alles von Orientierungssystemen und Interpretationen zugestellt. Die Erfahrungen sind bereits begrifflich. Sie legen sich über die Erscheinungen. Fast unmöglich, die literarischen Entsprechungen herauszugraben, imaginative Sätze, Bilder, die neben den großen Ereignissen liegen und noch nicht Klischee geworden sind.«[17] Ein Schriftsteller,

15 Die Schwierigkeiten der Identitätsbildung verschärfen sich in Milieus, die in ihrer kommunikativen Innenausstattung gleichzeitig anspruchsvoll, weil ausdifferenziert, und verarmt sind. Ein Ausdruck für solche Schwierigkeiten ist das Zurückfallen der Identitätssuche in einen eigentümlichen Konkretismus, das Festkrallen an natürlichen, askriptiven Merkmalen wie der Hautfarbe oder des Geschlechts. Weil die beiden großen Emanzipationsbewegungen der Gegenwart, die amerikanische Bürgerrechts- und die internationale Frauenbewegung, an Naturkategorien, an rassischen und sexuellen Merkmalen ansetzen, bieten sie einen Kontext, in dem zumindest die Versuchung für konkretistische Lösungsformen einer auf Emanzipation angelegten Identitätsproblematik besteht. An literarischen Zeugnissen sieht man, daß einige der schwarzen und der feministischen Wortführer auf ihrer Suche nach den Wurzeln tatsächlich in die biologistische Verherrlichung der Rasse oder der Weiblichkeit abgeschweift sind. Stephan Reinhardt schließt seinen Aufsatz Nach innen führt der geheimnisvolle Weg, aber er führt auch wieder heraus (in: W. M. Lüdke [Hrsg.], Nach dem Protest, Literatur im Umbruch, Frankfurt/Main 1979, S. 158 ff.) mit der Bemerkung: »Daß der neue Irrationalismus, der hier als narzißtischer Innerlichkeitskult und als Biologismus in Teilen der Frauenliteratur dargestellt worden ist, jenen willkommen ist, die Entwürfen einer menschlichen Gesellschaft, ja selbst intellektueller Abstraktion mit Mißtrauen und Feindschaft begegnen, darf nicht unterschlagen werden ... Teile der Frauenbewegung verbünden sich dieser Ideologie dort, wo sie Vernunft und Verstand verketzern und sich als Anwältinnen der wahren Natur ausgeben, ja, sie lassen in einigen Fällen sogar chauvinistische und faschistische Mythologien wiederaufleben.« (S. 182)

16 W. M. Lüdke, a.a.O., S. 42 ff.

17 A.a.O., S. 84.

Urs Widmer, bringt in einem ähnlichen Zusammenhang dieselbe Erfahrung zum Ausdruck: »Überhaupt die Phantasie: zwar sollte irgendwann irgendwo der Phantasie an die Macht geholfen werden, aber bei uns jedenfalls herrschte nach 1968 eine deutliche Phantasiefeindlichkeit zugunsten der Forderung einer möglichst restlosen begrifflichen Erkenntnis der gesellschaftlichen Wirklichkeit.«[18]
Ich weiß nicht, wie genau diese Äußerungen die Situation Ende der 60er Jahre wiedergeben – ich erinnere nicht, daß sich damals allzu viele von Enzensbergers These erleuchtet fühlten, Literatur sei nun kein gesellschaftlich legitimiertes Unternehmen mehr; doch sicher spiegeln sie die Stimmungsszene der ausgehenden 70er Jahre. Zu den Klischees, die heute Karriere machen, gehört die abstrakte Entgegensetzung einer literarischen Erfahrung, die das Nicht-Identische rettet, die auf das den Begriffen Entzogene, das Konkrete, Augenblickliche, Spontane, Einmalige zielt, einerseits und den gleichmacherischen Abstraktionen der Wissenschaft andererseits. Über diesen Betrachtungen liegt noch ein Hauch von Adorno. Aber die Tendenz geht weiter:

Wenn die individuellen Mythen abgeschafft sind (und nach ihnen vielleicht auch die Literatur), dann herrscht die Wissenschaft, wie es das Ziel der Aufklärung ist. Daß sie dazu imstande ist, steht außer Zweifel. Dann wird die Gesellschaft endgültig nach Gesetzen der Soziologie geregelt, und die Psychologie sagt den Menschen, was und wie sie sind; das lernen sie in therapeutischen Gruppen, und wer's nicht glaubt, kommt in die psychiatrische Klinik. [...] Das hier angedeutete Bild der »Brave New World« von Huxley unterscheidet sich nicht so sehr von der Utopie Blochs, weil auch den Menschen dort, sofern sie ihre Triebe befriedigen, der Gedanke der Unfreiheit nicht kommt.[19]

Bloch, der Meisterdenker, und seine limonadeblaß verfärbte Utopie werden mit Skinner und der Verhaltenstherapie auf einen Nenner gebracht, Aufklärung wird auf instrumentelle Vernunft reduziert, damit ungehindert die Literatur als der Sachwalter individueller Mythologien gleichzeitig der Wissenschaft *und* dem Utopischen gegenüberstehen kann. Die Dialektik der Aufklärung

18 Urs Widmer, 1968, in: Lüdke, a.a.O., S. 21.
19 Karl Hielscher, Über den Gegensatz von Kunst und Utopie, in: W. M. Lüdke, a.a.O., S. 238f.

schlägt um ins manichäische Weltbild der Neuen Philosophen, das inzwischen sogar in die *edition suhrkamp* eingedrungen ist.

In den Beiträgen zu diesem Bande werden die Konjunkturen des Kulturbetriebs sorgfältig registriert: der Zweifel an den Avantgardebewegungen der Moderne, der Abschied von Funktionalismus und Neuer Sachlichkeit, die Abwertung der großen Theorien, die Abkehr vom Universalismus der Aufklärung. Dagegen nun die Wendung zu traditionellen Formen und zum Subjektiven in Erzählung und Roman, die Wendung zum Historismus in Städtebau und Architektur, zum Alltag in der Soziologie, zum Spätexpressionismus im Film, zu neuer Frömmigkeit und Pietismus in der Kirche, zum Narrativen in der Geschichtswissenschaft und zu existentiellen Themen in der Philosophie. Kult der Unmittelbarkeit, Deflationierung der Hochformen, Seelenanarchismus, Feier des Konkreten auf ganzer Linie, Relativismus sogar in der Wissenschaftstheorie und ein Wechsel der Symbolfiguren von Ödipus zu Narziß in der Kulturkritik. Ich maße mir nicht an, zu unterscheiden zwischen Äußerungen, die neue Erfahrungen bloß zum Ausdruck, und solchen, die sie nicht notwendig auf den Begriff, aber wenigstens zur Sprache bringen. Aber eins meine ich zu sehen: man macht es sich zu einfach, wenn man nur dem Impuls nachgibt, die Züge eines sich irrationalistisch verdunkelnden Zeitgeistes *anzuprangern*.

In den gleichen Zügen spiegelt sich ja auch das Bedürfnis nach Konkretion, der Wunsch nach Verbindlichkeit, der Versuch, den kritischen Gehalt von Ideen hier und jetzt zu erproben, Ideen lebensgeschichtlich ernst zu nehmen, Humanität bei Lebzeiten zu verwirklichen. Das Hegelsche Erbe im Marxismus, das ihn vom utopischen Sozialismus immer getrennt hat, bestand auch in der Einsicht, an die Wellmer erinnert: »daß die Theorie einen angemessenen Begriff der historisch bereits *existierenden* Formen der Freiheit haben muß, wenn sie Emanzipation nicht als bloße Negation, sondern als ›Aufhebung‹ dieser Freiheit antizipieren will«. Vielleicht dient »der Weg nach innen«, auf den sich Kunst, Literatur, Wissenschaft und Philosophie in den 70er Jahren begeben haben, auch dazu, den Sinn und die Sinne für die bereits existierenden Formen der Freiheit zu schärfen. In diesem Licht wächst sogar der »Provinz aus dem Kopf«, wächst der Alternativbewegung eine Bedeutung zu, die einer auf kürzere Fristen eingestellten politischen Beurteilung entgeht. Die Alternativbewegung hat die lebensreformerischen Ansätze immerhin schon aus dem großbürgerlichen Elitismus und der Enge des Monte Verità herausgeführt.[20]

Im Bereich der *sozialwissenschaftlichen Theorie* sind Ansätze da, um die zeitsymptomatischen Erscheinungen zu verarbeiten. Dahrendorf operiert neuerdings mit dem Begriffspaar »Optionen vs. Ligaturen«[21], und Offe kommt auf das Begriffspaar »Sozial- vs. Systemintegration« zurück, um die unscharfen Phänomene zu erfassen, die ins Raster marxistischer, weberianischer und funktionalistischer Entwicklungstheorien nicht ohne weiteres hineinpassen. Die Systemtheorie befindet sich in der Verlegenheit, die Kolonialisierung der Lebenswelt dahin umzudeuten, daß überkomplexe Gesellschaftssysteme sozusagen externe Kosten für die überlasteten Persönlichkeitssysteme erzeugen. Innerhalb der marxistischen Tradition findet, ähnlich wie bei Modernisierungstheoretikern, eine entschlossene Kehrtwendung zur historischen Kulturtheorie statt. Unter dem Einfluß von E. P. Thompson richtet sich das Interesse nun auf »Kapitalismus als Kultur«. Den Horizont der Fragestellungen charakterisiert beispielsweise E. Knödler-Bunte folgendermaßen:

Man kann sagen, daß sämtliche revolutionären Bewegungen der letzten 150 Jahre sich speisten aus einem Potential, das aus Resten vorkapitalistischer Lebens- und Produktionsformen bestand. Steht diese Auffassung konträr zu dem Marxschen Konzept, das ja bekanntlich die Revolution subjektiv wie objektiv verband mit der Herausbildung entwickelter Kapitalverhältnisse? Hatten die erfolgreichen revolutionären Bewegungen in Wirklichkeit eine ganz andere soziale Klasse als Träger, nämlich die Bauernklasse? Handelte es sich gar nicht um sozialistische Revolutionen, sondern um Agrarrevolten gegen den Kapitalismus? Und waren nicht die revolutionären Bewegungen in den westeuropäischen industrialisierten Ländern eher antikapitalistische Abwehrkämpfe gegen das industrielle Fabriksystem, charakteristisch eben nur für den entbehrungsreichen und leidvollen

20 Vgl. den Katalog zu der bemerkenswerten Ausstellung in der Akademie der Künste Berlin, 25. 3. bis 26. 5. 1979, Electa Editrice, Milano.
21 R. Dahrendorf, Lebenschancen, Frankfurt/Main 1979.

Übergang von einer überwiegend agrarischen zu einer industriellen Gesellschaft? Entstanden revolutionäre Potentiale nur an den Übergängen von vorindustriellen zu industriell-kapitalistischen Gesellschaften?[22]

Diese Fragen legen die schon erwähnte Perspektive nahe, aus der die kapitalistische Entwicklung als parasitäres Eindringen in und als Aufzehren von traditionalen Lebensformen erscheint – die bürgerliche Gesellschaft erscheint als Parasit vorbürgerlicher Kulturen. Dieses Bild darf freilich nicht darüber hinwegtäuschen, daß diese Gesellschaft a) kulturell nicht etwa unproduktiv war, sondern der eigensinnigen Entwicklung kultureller Wertsphären erst den Weg geöffnet hat; und daß sie b) mit dem kapitalistischen Wirtschaftssystem nicht nur eine unpolitische Form der Klassenherrschaft etabliert, sondern auch ein neues, evolutionär folgenreiches Niveau der gesellschaftlichen Differenzierung erreicht hat.
Im Bereich der *ästhetischen Theorie* hat Peter Bürger mit seiner These über das Scheitern der Selbstkritik der bürgerlichen Kunst eine fruchtbare Kontroverse ausgelöst. Er behauptet,

> daß die historischen Avantgardebewegungen die für die autonome Kunst wesentlichen Bestimmungen negieren: die Abgehobenheit der Kunst von der Lebenspraxis, die individuelle Produktion und die davon getrennte individuelle Rezeption. Die Avantgarde intendierte die Aufhebung der autonomen Kunst im Sinne einer Überführung der Kunst in Lebenspraxis. Diese hat nicht stattgefunden und kann wohl auch innerhalb der bürgerlichen Gesellschaft nicht stattfinden, es sei denn in der Form der falschen Aufhebung der autonomen Kunst.[23]

Der Angriff der klassischen Avantgarde richtete sich nicht gegen bestimmte Kunstrichtungen, sondern gegen die Institution der Kunst selber. Da diese den Angriff überlebt hat, bewegt sich die Neoavantgarde heute innerhalb eines mehr oder weniger unverbindlichen Pluralismus von Kunstmitteln und Stilrichtungen, ohne nun noch aus der Verletzung von etablierten Normen, aus dem Schock des Verpönten und der Frivolität, aus dem unbezähmbar Subjektiven die Kraft einer erleuchtenden Originalität ziehen zu können. Dieser Skepsis haftet Trauer an, sie ist nämlich aus Bürgers

22 Unveröffentlichtes Manuskript (1977).
23 Peter Bürger, Theorie der Avantgarde, Frankfurt/Main 1974, S. 72f.

Identifikation mit der Moderne erwachsen; in dieser Hinsicht berührt sie sich mit den Reserven, die in diesem Band Hans Platschek hegt.

Bürgers These ist auf heftige Kritik gestoßen[24]; aber alle Versuche, zwischen klassischer und neuer Avantgarde eine *ungebrochene* Kontinuität herzustellen, haben es schwer. Da ist es schon aussichtsreicher, mit Karl Heinz Bohrer die dadaistische Geste noch einmal zu wiederholen, das Ganze als interne Auseinandersetzung innerhalb der Neuen Kultur abzutun und diese an einer Popularkultur zu relativieren, die aus der Mitte einer trivialen Massenkultur heraus die Schockerlebnisse brutal erneuert. Der Punk-Anarchismus schlägt so tief unter die Gürtellinie, daß Funken sprühen aus einer aggressiven Entsublimierung, die man gar nicht mehr für möglich gehalten hätte. Allerdings steigen aus diesen Funken schwerlich jene profanen Erleuchtungen, die Benjamin einst den surrealistischen Versprechungen geglaubt hatte.

Die geistige Situation ist, worauf Johann Baptist Metz insistiert, durch Ungleichzeitigkeiten geprägt. Und an sozialen Verwerfungen, kulturellen Ungleichzeitigkeiten hat sich einmal der spezifisch deutsche Blick der Jungkonservativen, der Jünger, Benn, Heidegger, C. Schmitt geschult. Diese Geister haben damals in der Spannung zwischen den Überresten aufgerollter Traditionen, der unschöpferischen Hektik einer raubbauenden Gegenwart und ihren eigenen phantasiereichen Vorgriffen auf eine dunkel imaginierte Vergangenheit gelebt. Ihre zeitdiagnostische Sinnlichkeit hätte zu den unklaren Phänomenen gepaßt, die sich heute in den Vordergrund schieben. Ein bißchen muß man es *auch* bedauern, daß der intellektuelle Strang dieser von Nietzsche nicht nur bezauberten, sondern instruierten Generation abgerissen ist. Heute ist das so: Die alten Jungkonservativen, Armin Mohler oder Rüdiger Altmann, streuen trotzige Worte[25] in einen gut geölten Kulturbe-

24 W. M. Lüdke (Hrsg.), Theorie der Avantgarde. Antworten auf P. Bürgers Bestimmung von Kunst und bürgerlicher Gesellschaft, Frankfurt/Main 1976.

25 »Allerdings sollte auch der eigene Beitrag des konservativen Lagers zur Tendenzwende nicht übersehen werden. Unter der Führung einiger weiser alter Männer – es seien hier nur die Namen von Arnold Gehlen und, verborgener, Carl Schmitt genannt – wuchs eine intellektuelle Rechte ganz neuen Stils heran: nicht mehr nach

trieb; aus dem Scheitern der Protestbewegung hätten junge Jungkonservative hervorgehen können; aber hierzulande hat es, anders als in Paris, kaum bekennende Renegaten gegeben – Günter Maschke repetiert nur, was sich die Schmitt- und Gehlenschüler schon Anfang der 50er Jahre zuraunten. Es fehlen die Pasolinis. Der einzige, der sich heute, politisch unbefangen und souverän, etwas von der Radikalität und der neuromantischen Intelligenz eines Jungkonservativen bewahrt hat, ist Karl Heinz Bohrer. In einem Aufsatz *Deutschland – eine geistige Möglichkeit* legt Bohrer Syberberg das eigene Bekenntnis in den Mund: »Wenn wir nicht zurückkehren zu dem uns angeborenen großen Stil der Imagination, der Metaphysik, ja dem Stil des schlechthin Vebotenen, dann bleiben wir weiter geistig und seelisch kolonisiert.«[26] Und dann zieht er zu Felde gegen die Tabuisierung des sogenannten ›Irrationalen‹ im Namen der Vernunft, der Moral, der Logik, der Soziologie: »Nietzsches ›alltägliche Vernünftigkeit‹ – das ist heute die funktionalistische Soziologie, der technokratische Europagedanke, das ist Statistik statt Ästhetik, Sozialpartner statt Politik. Das ist Rechtes wie Linkes, vieles und doch eines, es ist das Verbot des Konflikts.« Niemand wird vermuten, daß ich diese Sätze schlicht affirmativ zitiere, dafür fühle ich mich zu sehr als Teil der »westdeutschen Intelligenz«, der Bohrer hier den Prozeß macht. Aber dies ist der einzige *offizielle* Kontext, in dem Sätze aus der Alternativkultur auftreten wie der folgende, der ja nur zu wahr ist: »Nur wenn man Ich zu sagen wagt, anstatt auf Statistik zu verweisen, wird vielleicht jener gewisse Grauschleier westdeutscher Langeweile weichen.« Bohrer beschwört das unbezähmbar Subjektive, das schockierend Entdeckerische, »die Rebellion gegen das Normative«, also Grunderfahrungen der ästhetischen Moderne. Seine Inkonsequenz

rückwärts gewandt, sich um ›Werte‹ wenig kümmernd, von kalt zupackender Intelligenz, mit geringem Respekt für die um sie herum aufgehäuften Soll-Vorstellungen. Sie zeigt, was der Mensch in Wirklichkeit ist, wie eine Institution entsteht, und sie wagte auch wieder von Vererbung zu sprechen und davon, daß eine Nation doch mehr ist als eine Erfindung von Dichtern. Und vor allem: sie läßt einen Gedanken nicht gleich wie eine heiße Kartoffel fallen, wenn er von der Gegenseite als ›faschistisch‹, als ›autoritär‹ oder sonstwas deklariert wird.« Armin Mohler, Symposium, in: Der Monat 1/1978, S. 20.

26 K. H. Bohrer, Deutschland – eine geistige Möglichkeit, in: FAZ, 28. 4. 1979.

beginnt dort, wo er aus dem falschen Umschlagen des Surrealismus in die Wirklichkeit (und zwei Spielarten des Terrorismus gehören in diesen Umkreis) den Stirnerschen Schluß zieht: »Dynamisierung von Kultur ist kein politisches Programm. [...] Nein, man kann eine solche Kultur nur ahnen, nur im Kopfe aushalten.« Sicher, *nur* auf der Ebene der Symbolsysteme konnte sich, darin besteht die Würde der Moderne, der jeweilige Eigensinn des Theoretischen, des Moralischen und des Ästhetischen so unabhängig und radikal entfalten, daß Bohrer heute den »Chauvinismus des imaginativen Ich«, die Sphäre der von allen theoretischen und moralischen Beimischungen *gereinigten* Grunderfahrungen ästhetischer Innovation beschwören kann. Gewiß, alle Versuche, die eigensinnig auseinander getretenen Sphären *auf dieser Ebene des kulturellen Symbolismus selber* zu versöhnen, müssen in verblasenem Idealismus enden. Aber was sich *unterhalb* der Schwelle der wohlinstitutionalisierten Lebensordnungen von Wissenschaft und Technik, Recht und Moral, Kunst und Literatur, *unterhalb* einer aufs Administrative geschrumpften Politik und *an den Rändern* eines hochmobilen Wirtschaftssystems anbahnt, sind Entdifferenzierungsvorgänge in der Praxis selber, sind neue symbiotische Formen im Alltag, in denen sich das Kognitiv-Instrumentelle mit dem Moralisch-Praktischen und dem Ästhetisch-Expressiven wieder berührt, ist ein Kranz surrealistischer Erscheinungen, die vielleicht doch nicht nur Regressionen anzeigen, sondern Suchbewegungen.

25. Der Fall Brückner ist ein Fall Albrecht
(1980)

Der folgende Text ist ein Beitrag zu einem im Januar 1981 erschienenen Sammelband, der sich mit dem »Fall« des von seinem Amt als Hochschullehrer suspendierten Peter Brückner beschäftigt.

Inzwischen sind alle Anklagen gegen die sog. Buback-Professoren fallengelassen worden. Inzwischen hat ein Oberverwaltungsgericht die Kürzung von Brückners Gehalt für unzulässig erklärt. Inzwischen wird die Vorwegverurteilung dieses Professors durch seinen Dienstherrn auch in der Presse scharf gerügt. Und klar ist inzwischen, daß die vorläufige, nun bald drei Jahre währende Suspendierung vom Dienst, daß das Verbot für Brückner, seine Universität auch nur zu betreten, disziplinarische Maßnahmen darstellen, die nach den jüngsten Gerichtsurteilen unhaltbar geworden sind. Man kann nur hoffen, daß Herr Albrecht das Disziplinarverfahren unverzüglich einstellen und am Ende dieser blamablen Affäre nicht noch Versuche machen wird, sein Gesicht zu wahren.
Diese Auffassung wird heute, von den liberaleren Geistern im Lande, allgemein geteilt. Wir könnten uns damit zufriedengeben, wenn die Sache nicht zwei andere Aspekte hätte, die der Erwähnung wert sind und eine Retrospektive, wie sie in diesem Buch unternommen wird, rechtfertigen. Was jeden, der sich mit der Republik, vor allem auch mit den Perspektiven, die diese für unser Land verkörpert, identifiziert, am Fall Albrecht erschrecken muß, läßt sich mit wenigen Sätzen sagen.
Der *erste Aspekt* betrifft das Persönliche. Peter Brückner hat die beste Analyse des Göttinger Mescalero-Artikels vorgelegt, die ich kenne. Er hat an diesem Beispiel im Detail den geistigen Zustand eines Teils der jüngeren Generation aufzuklären versucht, ohne zu denunzieren, aber auch ohne zu verharmlosen. Er hat sich dieser Aufgabe mit der Disziplin und Sachlichkeit entledigt, die Max Weber vom Sozialwissenschaftler fordert. Spätestens bei der Lektüre dieser Untersuchung hätten (oder haben?) Albrecht und seine

Berater bemerken müssen, daß sie es hier mit einem nachdenklichen, vielleicht auch nachdenklich gewordenen Mann zu tun haben. Gleichwohl haben sie alles darangesetzt, Brückners moralische und wissenschaftliche Existenz zu vernichten – und dies, wie man annehmen muß, aus Gründen schierer Opportunität.

Der *andere* Aspekt ist allgemeinerer Art. Jeder von uns fragt sich, wie sich Bürokratie und Rechtsprechung verhalten, wie sich Presse und öffentliche Meinung entwickelt haben würden, wenn sich der innere Zustand, der die Republik in jenem Herbst gepeinigt hat, nicht nach wenigen Monaten entspannt hätte, wenn die terroristischen Aktivitäten einen ähnlichen Verlauf genommen hätten wie beispielsweise im Nachbarland Italien. Unsere neokonservativen Kollegen bemühen sich seit einem Jahrzehnt, das Stereotyp des Intellektuellen, das im Frankreich der Dreyfus-Affäre ausgebildet worden ist, wiederzubeleben und auf einen klar definierten Kreis von Personen anwendbar zu machen. Am Fall Brückner läßt sich studieren, wie sich diese Intellektuellenhetze in unserem Lande auswirken muß, sobald es einer der großen politischen Parteien nützlich erscheint, auf einen solchen Trend zu setzen.
Was also bedeutet der Fall Albrecht? Der Fall Brückner macht Albrecht, den pseudoliberalen Beinahe-Kandidaten, zur traurigen Symbolfigur für die Gebrechlichkeit der politischen Kultur in diesem Lande.

26. Die Moderne – ein unvollendetes Projekt (1980)

Der folgende Text hat der Rede zugrundegelegen, die ich am 11. September 1980 aus Anlaß der Verleihung des Adorno-Preises der Stadt Frankfurt in der Paulskirche gehalten habe.

Nach den Malern und Filmemachern sind nun auch die Architekten zur Biennale in Venedig zugelassen worden. Das Echo auf diese erste Architekturbiennale war Enttäuschung. Die Aussteller in Venedig bilden eine Avantgarde mit verkehrten Fronten. Unter dem Motto »Die Gegenwart der Vergangenheit« opferten sie die Tradition der Moderne, die einem neuen Historismus Platz macht: »Daß die gesamte Moderne sich aus der Auseinandersetzung mit der Vergangenheit gespeist hat, daß Frank Lloyd Wright nicht ohne Japan, Le Corbusier nicht ohne Antike und mediterranes Bauen, Mies van der Rohe nicht ohne Schinkel und Behrens denkbar gewesen wären, wird mit Stillschweigen übergangen.« Mit diesem Kommentar begründet der Kritiker der FAZ[1] seine These, die über den Anlaß hinaus zeitdiagnostische Bedeutung hat: »Die Postmoderne gibt sich entschieden als eine Antimoderne.«

Dieser Satz gilt für eine affektive Strömung, die in die Poren aller intellektuellen Bereiche eingedrungen ist und Theorien der Nachaufklärung, der Postmoderne, der Nachgeschichte usw., kurz einen neuen Konservativismus auf den Plan gerufen hat. Damit kontrastieren Adorno und sein Werk.

Adorno hat sich dem Geist der Moderne so vorbehaltlos verschrieben, daß er schon in dem Versuch, die authentische Moderne von bloßem Modernismus zu unterscheiden, jene Affekte wittert, die auf den Affront der Moderne antworten. So mag es nicht ganz unangemessen sein, den Dank für einen Adorno-Preis in der Form abzustatten, daß ich der Frage nachgehe, wie es sich mit der Bewußtseinsstellung der Moderne heute verhält. Ist die Moderne so passé, wie die Postmodernen behaupten? Oder ist die vielstimmig

1 W. Pehnt, Die Postmoderne als Lunapark, FAZ vom 18. 8. 1980, S. 17.

ausgerufene Postmoderne ihrerseits nur phony? Ist ›postmodern‹ ein Schlagwort, unter dem sich unauffällig jene Stimmungen beerben lassen, die die kulturelle Moderne seit der Mitte des 19. Jahrhunderts gegen sich aufgebracht hat?

Die Alten und die Neuen

Wer, wie Adorno, »die Moderne« um 1850 beginnen läßt, sieht sie mit den Augen Baudelaires und der avantgardistischen Kunst. Lassen Sie mich diesen Begriff der kulturellen Moderne mit einem kurzen Blick auf die lange, von Hans Robert Jauss beleuchtete Vorgeschichte[2] erläutern. Das Wort »modern« ist zuerst im späten 5. Jahrhundert verwendet worden, um die soeben offiziell gewordene christliche Gegenwart von der heidnisch-römischen Vergangenheit abzugrenzen. Mit wechselnden Inhalten drückt »Modernität« immer wieder das Bewußtsein einer Epoche aus, die sich zur Vergangenheit der Antike in Beziehung setzt, um sich selbst als Resultat eines Übergangs vom Alten zum Neuen zu begreifen. Das gilt nicht nur für die Renaissance, mit der *für uns* die Neuzeit beginnt. Als »modern« verstand man sich auch in der Zeit Karls des Großen, im 12. Jahrhundert und zur Zeit der Aufklärung – also immer dann, wenn sich in Europa das Bewußtsein einer neuen Epoche durch ein erneuertes Verhältnis zur Antike gebildet hat. Dabei hat die antiquitas bis zum berühmten Streit der Modernen mit den Alten, und das hieß mit den Anhängern des klassizistischen Zeitgeschmacks im Frankreich des späten 17. Jahrhunderts, als normatives und zur Nachahmung empfohlenes Vorbild gegolten. Erst mit den Perfektionsidealen der französischen Aufklärung, mit der durch die moderne Wissenschaft inspirierten Vorstellung vom unendlichen Fortschritt der Erkenntnis und eines Fortschreitens zum gesellschaftlich und moralisch Besseren, löst sich allmählich der Blick aus dem Bann, den die klassischen Werke der antiken Welt auf den Geist der *jeweils* Modernen ausgeübt hatten. Schließlich sucht sich die Moderne, indem sie dem Klassischen das Romanti-

2 Literarische Tradition und gegenwärtiges Bewußtsein der Moderne, in: H. R. Jauss, Literaturgeschichte als Provokation, Ffm. 1970, 11ff.

sche entgegensetzt, ihre eigene Vergangenheit in einem idealisierten Mittelalter. Im Laufe des 19. Jahrhunderts entläßt *diese* Romantik aus sich jenes radikalisierte Bewußtsein von Modernität, das sich aus allen historischen Bezügen löst und nur noch die abstrakte Entgegensetzung zur Tradition, zur Geschichte insgesamt zurückbehält.

Als modern gilt nun, was einer spontan sich erneuernden Aktualität des Zeitgeistes zu objektivem Ausdruck verhilft. Die Signatur solcher Werke ist das Neue, das von der Neuerung des nächsten Stils überholt und entwertet wird. Aber während das bloß Modische, in die Vergangenheit versetzt, altmodisch wird, behält das Moderne einen geheimen Bezug zum Klassischen. Seit je galt als klassisch, was die Zeiten überdauert; diese Kraft entlehnt das im emphatischen Sinne moderne Zeugnis freilich nicht mehr der Autorität einer vergangenen Epoche, sondern einzig der Authentizität einer vergangenen Aktualität. Dieses Umschlagen der heutigen Aktualität in die von gestern ist verzehrend und produktiv zugleich; es ist, wie Jauss beobachtet, die Moderne selbst, die sich ihre Klassizität schafft – wie selbstverständlich sprechen wir inzwischen von klassischer Moderne. Adorno wehrt sich gegen jene Unterscheidung zwischen Moderne und Modernismus, »weil ohne die subjektive Gesinnung, die vom Neuen angereizt wird, auch keine objektive Moderne sich kristallisiert.« (Ästhetische Theorie, 45.)

Die Gesinnung der ästhetischen Moderne

Diese Gesinnung der ästhetischen Moderne nimmt mit Baudelaire, auch mit seiner von E. A. Poe beeinflußten Kunsttheorie, deutlichere Konturen an. Sie entfaltet sich in den avantgardistischen Strömungen und exaltiert schließlich im Café Voltaire der Dadaisten und im Surrealismus. Kennzeichnen läßt sie sich durch Einstellungen, die sich um den Fokus eines veränderten Zeitbewußtseins bilden. Dieses spricht sich aus in der räumlichen Metapher der Vorhut, einer Avantgarde also, die als Kundschafter in unbekanntes Gebiet vorstößt, die sich den Risiken plötzlicher, schockierender

Begegnungen aussetzt, die eine noch nicht besetzte Zukunft erobert, die sich orientieren, also eine Richtung finden muß in einem noch nicht vermessenen Gelände. Aber die Orientierung nach vorne, die Antizipation einer unbestimmten, kontingenten Zukunft, der Kult des Neuen bedeuten in Wahrheit die Verherrlichung einer Aktualität, die immer von neuem subjektiv gesetzte Vergangenheiten gebiert. Das neue Zeitbewußtsein, das mit Bergson auch in die Philosophie eindringt, bringt nicht nur die Erfahrung einer mobilisierten Gesellschaft, einer akzelerierten Geschichte, eines diskontinuierten Alltages zum Ausdruck. In der Aufwertung des Transitorischen, des Flüchtigen, des Ephemeren, in der Feier des Dynamismus spricht sich eben die Sehnsucht nach einer unbefleckten, innehaltenden Gegenwart aus. Als eine sich selbst negierende Bewegung ist der Modernismus »Sehnsucht nach der wahren Präsenz«. Dies, meint Octavio Paz, »ist das geheime Thema der besten modernistischen Dichter«.[3]

Das erklärt auch die abstrakte Opposition zur Geschichte, welche damit die Struktur eines gegliederten, Kontinuität verbürgenden Überlieferungsgeschehens einbüßt. Die einzelnen Epochen verlieren ihr Gesicht zugunsten der heroischen Affinität der Gegenwart mit dem Fernsten und dem Nächsten: das Dekadente erkennt sich unvermittelt im Barbarischen, Wilden, Primitiven. Die anarchistische Absicht, das Kontinuum der Geschichte aufzusprengen, erklärt die subversive Kraft eines ästhetischen Bewußtseins, das sich gegen die Normalisierungsleistungen von Tradition auflehnt, das aus der Erfahrung der Rebellion gegen alles Normative lebt und sowohl das moralisch Gute wie das praktisch Nützliche neutralisiert, die Dialektik von Geheimnis und Skandal fortgesetzt inszeniert, süchtig nach der Faszination jenes Erschreckens, das vom Akt der Profanierung ausgeht – und zugleich auf der Flucht vor deren trivialen Ergebnissen. So sind nach Adorno »die Male der Zerrüttung das Echtheitssiegel von Moderne; das, wodurch sie die Geschlossenheit des Immergleichen verzweifelt negiert; Explosion ist eine ihrer Invarianten. Antitraditionalistische Energie wird zum verschlingenden Wirbel. Insofern ist Moderne Mythos, gegen sich

3 Essays, Bd. 2, 159.

selbst gewendet; dessen Zeitlosigkeit wird zur Katastrophe des die zeitliche Kontinuität zerbrechenden Augenblicks«. (Ästhetische Theorie, 41.)

Freilich ist das Zeitbewußtsein, das sich in der avantgardistischen Kunst artikuliert, nicht schlechthin antihistorisch; es richtet sich nur gegen die falsche Normativität eines aus der Nachahmung von Vorbildern geschöpften Geschichtsverständnisses, dessen Spuren selbst in der philosophischen Hermeneutik Gadamers nicht getilgt sind. Es bedient sich der historistisch verfügbar gemachten, objektivierten Vergangenheiten, aber rebelliert gleichzeitig gegen die Neutralisierung der Maßstäbe, die der Historismus betreibt, wenn er die Geschichte ins Museum sperrt. Aus diesem Geist konstruiert Walter Benjamin das Verhältnis der Moderne zur Geschichte *posthistoristisch*. Er erinnert an das Selbstverständnis der Französischen Revolution: »Sie zitierte das vergangene Rom genauso, wie die Mode eine vergangene Tracht zitiert. Die Mode hat die Witterung für das Aktuelle, wo immer es sich im Dickicht des Einst bewegt.« Und wie für Robespierre das antike Rom eine mit Jetztzeit geladene Vergangenheit war, so soll der Historiker die Konstellation erfassen, »in die seine eigene Epoche mit einer ganz bestimmten früheren getreten ist«. Er begründet so einen Begriff »der Gegenwart als der ›Jetztzeit‹, in welcher Splitter der messianischen eingesprengt sind«. (Ges. Schr. Bd. I.2, 701 f.)

Diese Gesinnung der ästhetischen Moderne ist inzwischen gealtert. Zwar ist sie in den 60er Jahren noch einmal rezitiert worden. Die 70er Jahre im Rücken, müssen wir uns aber eingestehen, daß der Modernismus heute kaum noch Resonanz findet. Damals notiert sich Octavio Paz, ein Parteigänger der Moderne, nicht ohne Melancholie: »Die Avantgarde von 1967 wiederholt die Taten und Gesten derjenigen von 1917. Wir erleben das Ende der Idee der modernen Kunst.«[4] Im Anschluß an die Untersuchungen von Peter Bürger sprechen wir inzwischen von der postavantgardistischen Kunst, die das Scheitern der surrealistischen Revolte nicht länger verhehlt. Aber was bedeutet dieses Scheitern? Signalisiert es den Abschied von der Moderne? Bedeutet die Postavantgarde bereits den Übergang zur Postmoderne?

4 Essays, Bd. 2, 329.

So, in der Tat, versteht es Daniel Bell, der bekannte Gesellschaftstheoretiker und der brillanteste unter den amerikanischen Neokonservativen. In einem interessanten Buch[5] entwickelt Bell die These, daß die Krisenerscheinungen in den entwickelten Gesellschaften des Westens auf einen Bruch zwischen Kultur und Gesellschaft, zwischen der kulturellen Moderne und den Anforderungen des ökonomischen wie des administrativen Systems zurückgeführt werden können. Die avantgardistische Kunst dringt in die Wertorientierungen des Alltagslebens ein und infiziert die Lebenswelt mit der Gesinnung des Modernismus. Dieser ist der große Verführer, der das Prinzip der schrankenlosen Selbstverwirklichung, die Forderung nach authentischer Selbsterfahrung, den Subjektivismus einer überreizten Sensibilität zur Herrschaft bringt und damit hedonistische Motive freisetzt, die mit der Disziplin des Berufslebens, überhaupt mit den moralischen Grundlagen einer zweckrationalen Lebensführung unvereinbar sind. So schiebt Bell, ähnlich wie hierzulande Arnold Gehlen, die Auflösung der protestantischen Ethik, die Max Weber beunruhigt hatte, der »adversary culture«, also einer Kultur in die Schuhe, deren Modernismus die Feindseligkeit gegen die Konventionen und Tugenden eines von Wirtschaft und Verwaltung rationalisierten Alltags schürt.
Andererseits soll, nach dieser Lesart, der Impuls der Moderne endgültig erschöpft, die Avantgarde am Ende sein: immer noch in Ausbreitung begriffen, sei sie doch nicht mehr kreativ. Für den Neokonservativismus stellt sich damit die Frage, wie denn Normen zur Geltung gebracht werden können, die der Libertinage Grenzen ziehen, Disziplin und Arbeitsethik wiederherstellen, die der sozialstaatlichen Nivellierung die Tugenden individueller Leistungskonkurrenz entgegensetzen. Als einzige Lösung sieht Bell eine religiöse Erneuerung, jedenfalls den Anschluß an naturwüchsige Traditionen, die gegen Kritik immun sind, die klar geschnittene Identitäten ermöglichen und dem einzelnen existentielle Sicherheiten verschaffen.

5 The Cultural Contradictions of Capitalism, N. Y. 1976.

Autorität gebietende Glaubensmächte kann man freilich nicht aus dem Boden stampfen. Deshalb ergibt sich aus solchen Analysen als einzige Handlungsanweisung ein Postulat, das auch bei uns Schule gemacht hat: die geistige und politische Auseinandersetzung mit den intellektuellen Trägern der kulturellen Moderne. Ich zitiere einen besonnenen Beobachter des neuen Stils, den die Neokonservativen in den 70er Jahren der intellektuellen Szene aufgeprägt haben: »Die Auseinandersetzung nimmt die Form an, alles, was als Ausdruck einer oppositionellen Mentalität verstanden werden kann, so hinzustellen, daß es in seinen Konsequenzen mit dieser oder jener Art von Extremismus verknüpft werden kann: so etwa stellt man eine Verbindung her zwischen Modernität und Nihilismus, zwischen Wohlfahrtsprogrammen und Plünderungen, zwischen staatlichen Eingriffen und Totalitarismus, zwischen der Kritik an Rüstungsausgaben und Komplizenschaft mit dem Kommunismus, zwischen Feminismus, dem Kampf für die Rechte der Homosexuellen einerseits, der Zerstörung der Familie andererseits, zwischen der Linken überhaupt und Terrorismus, Antisemitismus oder gar Faschismus.« Mit dieser Bemerkung bezieht sich Peter Steinfels[6] allein auf Amerika, aber die Parallelen liegen auf der Hand. Dabei sind die Personalisierung und die Bitterkeit der auch hierzulande von den gegenaufklärerischen Intellektuellen entfachten Intellektuellenschelte weniger psychologisch zu erklären, als vielmehr in der analytischen Schwäche der neukonservativen Lehren selbst begründet.

Der Neokonservativismus verschiebt nämlich die unbequemen Folgelasten einer mehr oder weniger erfolgreichen kapitalistischen Modernisierung von Wirtschaft und Gesellschaft auf die kulturelle Moderne. Weil er die Zusammenhänge zwischen den willkommenen Prozessen der gesellschaftlichen Modernisierung einerseits, der catonisch beklagten Motivationskrise andererseits ausblendet; weil er die sozialstrukturellen Ursachen für veränderte Arbeitseinstellungen, Konsumgewohnheiten, Anspruchsniveaus und Freizeit-

6 The Neokonservatives 1979, 65.

orientierungen nicht aufdeckt, kann er, was nun als Hedonismus, mangelnde Identifikations- und Folgebereitschaft, als Narzißmus, Rückzug von Status- und Leistungskonkurrenz erscheint, unmittelbar einer Kultur zuschieben, die in diese Prozesse doch nur auf eine höchst vermittelte Weise eingreift. Die Stelle der nichtanalysierten Ursachen müssen dann jene Intellektuellen einnehmen, die sich dem Projekt der Moderne immer noch verpflichtet fühlen. Gewiß, Daniel Bell sieht noch einen Zusammenhang zwischen der Erosion bürgerlicher Werte und dem Konsumismus einer auf Massenproduktion umgestellten Gesellschaft. Auch er ist jedoch von dem eigenen Argument wenig beeindruckt und führt die neue Permissivität in erster Linie auf die Ausbreitung eines Lebensstils zurück, der sich zunächst in den elitären Gegenkulturen der künstlerischen Bohème ausgebildet hatte. Damit variiert er freilich nur ein Mißverständnis, dem schon die Avantgarde selbst zum Opfer gefallen war – als sei es die Mission der Kunst, ihr indirekt gegebenes Glücksversprechen durch eine Sozialisierung der zum Gegenbild stilisierten Künstlerexistenzen einzulösen.

Rückblickend auf die Entstehungszeit der ästhetischen Moderne bemerkt Bell: »Radikal in Fragen der Wirtschaft, wurde der Bourgeois konservativ in Fragen der Moral und des Geschmacks« (S. 17). Wenn das stimmte, könnte man den Neokonservatismus als Rückkehr zu einem bewährten *pattern* bürgerlicher Gesinnung verstehen. Aber das ist zu einfach. Denn die Stimmungslage, auf die der Neokonservativismus sich *heute* stützen kann, entspringt keineswegs einem Unbehagen an den antinomistischen Folgen einer überbordenden, aus den Museen ins Leben ausbrechenden Kultur. Dieses Unbehagen ist nicht von modernistischen Intellektuellen hervorgerufen worden, sondern wurzelt in den tiefer liegenden Reaktionen auf eine gesellschaftliche Modernisierung, die unter dem Druck der Imperative von Wirtschaftswachstum und staatlichen Organisationsleistungen immer weiter in die Ökologie gewachsener Lebensformen, in die kommunikative Binnenstruktur geschichtlicher Lebenswelten eingreift. So bringen die neopopulistischen Proteste weitverbreitete Ängste vor einer Zerstörung von urbanen und natürlichen Milieus, der Zerstörung von Formen des humanen Zusammenlebens nur pointiert zum Ausdruck. Die vielfältigen Anlässe des Unbehagens und des Protestes entstehen überall dort, wo eine einseitige, an Maßstäben der ökonomischen und der administrativen Rationalität ausgerichtete Modernisierung in Lebensbereiche eindringt, die um Aufgaben der kulturellen Überlieferung, der sozialen Integration und der Erziehung zentriert und daher auf *andere* Maßstäbe, nämlich auf die einer kommunikativen Rationalität angelegt sind. Gerade von diesen gesellschaftlichen Prozessen ziehen die neukonservativen Lehren aber die Aufmerksamkeit ab; sie projizieren die Ursachen, die sie nicht ans Licht bringen, auf die Ebene einer eigensinnig subversiven Kultur und ihrer Anwälte.

Allerdings bringt die kulturelle Moderne auch ihre *eigenen* Aporien aus sich hervor. Und auf diese berufen sich die intellektuellen Positionen, die entweder eine Nachmoderne ausrufen oder die Rückkehr zur Vormoderne empfehlen oder die Moderne radikal verwerfen. Auch unabhängig von den Folgeproblemen der *gesellschaftlichen* Modernisierung, *auch* aus der *Innenansicht* der kulturellen Entwicklung ergeben sich Motive für den Zweifel und die Verzweiflung am Projekt der Moderne.

Das Projekt der Aufklärung

Die Idee der Moderne ist mit der Entwicklung der europäischen Kunst eng verschwistert; aber das, was ich das Projekt der Moderne genannt habe, kommt erst in den Blick, wenn wir die bisher geübte Beschränkung auf Kunst aufgeben. Max Weber hat die kulturelle Moderne dadurch charakterisiert, daß die in religiösen und metaphysischen Weltbildern ausgedrückte substantielle Vernunft in drei Momente auseinandertritt, die nur noch formal (durch die Form argumentativer Begründung) zusammengehalten werden. Indem die Weltbilder zerfallen und die überlieferten Probleme unter den spezifischen Gesichtspunkten der Wahrheit, der normativen Richtigkeit, der Authentizität oder Schönheit aufgespalten, jeweils *als* Erkenntnis-, *als* Gerechtigkeits-, *als* Geschmacksfragen behandelt werden können, kommt es in der Neuzeit zu einer Ausdifferenzierung der Wertsphären Wissenschaft, Moral und Kunst. In den entsprechenden kulturellen Handlungssystemen werden wissenschaftliche Diskurse, moral- und rechtstheoretische Untersuchungen, werden Kunstproduktion und Kunstkritik als Angelegenheit von Fachleuten institutionalisiert. Die professionalisierte Bearbeitung der kulturellen Überlieferung unter jeweils einem abstrakten Geltungsaspekt läßt die Eigengesetzlichkeiten des kognitiv-instrumentellen, des moralisch-praktischen und des ästhetisch-expressiven Wissenskomplexes hervortreten. Von nun an gibt es auch eine *interne* Geschichte der Wissenschaften, der Moral- und Rechtstheorie, der Kunst – gewiß keine linearen Entwicklungen, aber doch Lernprozesse. Das ist die eine Seite.

Auf der anderen Seite wächst der Abstand zwischen den Expertenkulturen und dem breiten Publikum. Was der Kultur durch spezialistische Bearbeitung und Reflexion zuwächst, gelangt nicht *ohne weiteres* in den Besitz der Alltagspraxis. Mit der kulturellen Rationalisierung droht vielmehr die in ihrer Traditionssubstanz entwertete Lebenswelt zu *verarmen*. Das Projekt der Moderne, das im 18. Jahrhundert von den Philosophen der Aufklärung formuliert worden ist, besteht nun darin, die objektivierenden Wissenschaften, die universalistischen Grundlagen von Moral und Recht und die autonome Kunst unbeirrt in ihrem jeweiligen Eigensinn zu entwickeln, aber gleichzeitig auch die kognitiven Potentiale, die sich so ansammeln, aus ihren esoterischen Hochformen zu entbinden und für die Praxis, d.h. für eine vernünftige Gestaltung der Lebensverhältnisse zu nützen. Aufklärer vom Schlage eines Condorcet hatten noch die überschwengliche Erwartung, daß Künste und Wissenschaften nicht nur die Kontrolle der Naturkräfte, sondern auch die Welt- und Selbstdeutung, den moralischen Fortschritt, die Gerechtigkeit der gesellschaftlichen Institutionen, sogar das Glück der Menschen befördern würden.

Von diesem Optimismus hat das 20. Jahrhundert nicht viel übriggelassen. Aber das Problem ist geblieben, und nach wie vor scheiden sich die Geister daran, ob sie an den Intentionen der Aufklärung, wie gebrochen auch immer, festhalten, oder ob sie das Projekt der Moderne verloren geben, ob sie zum Beispiel die kognitiven Potentiale, soweit sie nicht in technischen Fortschritt, ökonomisches Wachstum und rationale Verwaltung einfließen, so einge-

dämmt sehen wollen, daß eine auf erblindete Traditionen verwiesene Lebenspraxis davon nur ja unberührt bleibt.
Selbst unter den Philosophen, die heute so etwas wie eine *Nachhut der Aufklärung* bilden, ist das Projekt der Moderne eigentümlich zersplittert. Sie setzen ihr Vertrauen nur noch in jeweils eines der Momente, in die sich die Vernunft ausdifferenziert hat. Popper, und ich meine den Theoretiker der offenen Gesellschaft, der sich von den Neukonservativen noch nicht hat vereinnahmen lassen, hält an der aufklärenden, in den politischen Bereich hineinwirkenden Kraft der wissenschaftlichen Kritik fest; dafür entrichtet er den Preis eines moralischen Skeptizismus und einer weitgehenden Indifferenz gegenüber dem Ästhetischen. Paul Lorenzen rechnet mit der lebensreformerischen Wirksamkeit des methodischen Aufbaus einer Kunstsprache, in der sich die praktische Vernunft zur Geltung bringt; dabei kanalisiert er aber die Wissenschaften in den engen Bahnen moralanaloger, praktischer Rechtfertigungen und vernachlässigt ebenfalls das Ästhetische. Umgekehrt hat sich bei Adorno der emphatische Vernunftanspruch in die anklagende Geste des esoterischen Kunstwerkes zurückgezogen, während die Moral einer Begründung nicht mehr fähig ist, und der Philosophie nur noch die Aufgabe verbleibt, in indirekter Rede auf die in der Kunst vermummten kritischen Gehalte zu verweisen.
Die Ausdifferenzierung von Wissenschaft, Moral und Kunst, durch die Max Weber den Rationalismus der westlichen Kultur kennzeichnet, bedeutet *gleichzeitig* das Autonomwerden von spezialistisch bearbeiteten Sektoren *und* deren Abspaltung von einem Traditionsstrom, der sich in der Hermeneutik der Alltagspraxis naturwüchsig fortbildet. Diese Abspaltung ist das Problem, das sich aus der Eigengesetzlichkeit der ausdifferenzierten Wertsphären ergibt; sie hat auch die fehlschlagenden Versuche, die Expertenkulturen »aufzuheben«, hervorgerufen. Das läßt sich am besten an der Kunst ablesen.

Kant und der Eigensinn des Ästhetischen

Aus der Entwicklung der modernen Kunst kann man, grob vereinfacht, eine Linie fortschreitender Autonomisierung herauspräparieren. Zunächst konstituierte sich, in der Renaissance, jener Gegenstandsbereich, der ausschließlich unter Kategorien des Schönen fällt. Im Laufe des 18. Jahrhunderts wurden Literatur, bildende Kunst und Musik dann als ein Handlungsbereich, der sich vom sakralen und höfischen Leben trennt, institutionalisiert. Schließlich entstand um die Mitte des 19. Jahrhunderts auch eine ästhetizistische Auffassung der Kunst, die den Künstler anhält, seine Werke schon im Bewußtsein des l'art pour l'art zu produzieren. Damit kann der Eigensinn des Ästhetischen zum Vorsatz werden.

In der ersten Phase dieses Vorgangs treten also die kognitiven Strukturen eines neuen, vom Komplex der Wissenschaft und der Moral sich abhebenden Bereichs hervor. Später wird es zur Sache der philosophischen Ästhetik, diese Strukturen zu klären. Energisch arbeitet Kant die Eigenart des ästhetischen Gegenstandsbereichs heraus. Er geht von der Analyse des Geschmacksurteils aus, das zwar auf Subjektives, auf das freie Spiel der Einbildungskraft gerichtet ist und doch nicht bloß Vorlieben manifestiert, sondern auf intersubjektive Zustimmung rechnet.

Obwohl die ästhetischen Gegenstände weder zur Sphäre jener Erscheinungen gehören, die mit Hilfe der Verstandeskategorien erkannt werden können, noch zur Sphäre freier Handlungen, die der Gesetzgebung der praktischen Vernunft unterliegen, sind die Werke der Kunst (und der Naturschönheit) einer *objektiven Beurteilung* zugänglich. Neben der Sphäre der Wahrheitsgeltung und des Sollens konstituiert das Schöne einen weiteren Geltungsbereich, der den *Zusammenhang von Kunst und Kunstkritik* begründet. Man »spricht alsdann von der Schönheit, als wäre sie eine Eigenschaft der Dinge« (KdU §7).

Freilich haftet Schönheit nur an der *Vorstellung* von einem Ding, so wie sich das Geschmacksurteil auch nur auf das Verhältnis der Vorstellung eines Gegenstandes zum Gefühl der Lust oder der Unlust bezieht. Nur im *Medium des Scheins* kann ein Gegenstand *als* ästhetischer wahrgenommen werden; einzig als fiktiver kann er die Sinnlichkeit so affizieren, daß zur Darstellung gelangt, was sich der Begrifflichkeit objektivierenden Denkens und moralischer Beurteilung entzieht. Den Gemütszustand, der durch das ästhetisch in Bewegung gesetzte Spiel der Vorstellungskräfte hervorgerufen wird, charakterisiert Kant zudem als *interesseloses* Wohlgefallen. Die Qualität eines *Werkes* bestimmt sich also unabhängig von seinen praktischen Lebensbezügen.

Während die erwähnten Grundbegriffe der klassischen Ästhetik, also Geschmack und Kritik, schöner Schein, Interesselosigkeit und Transzendenz des Werkes, vornehmlich zur Abgrenzung des Ästhetischen gegenüber den anderen Wertsphären und der Lebenspraxis dienen, enthält der Begriff des *Genies*, das zur Hervorbringung eines Kunstwerks erforderlich ist, positive Bestimmungen. Genie nennt Kant »die musterhafte Originalität der Naturgabe eines Subjekts im freien Gebrauch seiner Erkenntnisvermögen« (KdU § 49). Wenn wir den Geniebegriff von seinen romantischen Ursprüngen lösen, können wir in freier Umschreibung sagen: der begabte Künstler vermag jenen Erfahrungen authentischen Ausdruck zu verleihen, die er im konzentrierten Umgang mit einer dezentrierten, von den Zwängen des Erkennens und Handelns losgesprochenen Subjektivität macht.

Dieser Eigensinn des Ästhetischen, also das Objektivwerden der dezentrierten, sich selbst erfahrenden Subjektivität, das Ausscheren aus den Zeit- und Raumstrukturen des Alltags, der Bruch mit den Konventionen der Wahrnehmung und der Zwecktätigkeit, die Dialektik von Enthüllung und Schock, konnte erst mit der Geste des Modernismus als Bewußtsein der Moderne hervortreten, nachdem zwei weitere Bedingungen erfüllt waren. Das ist einmal die Institutionalisierung einer vom Markt abhängigen Kunstproduktion und eines durch Kritik vermittelten, zweckfreien Kunstgenusses; und zum anderen ein ästhetizistisches Selbstverständnis der Künstler, auch der Kritiker, die sich weniger als Anwalt des Publikums verstehen, sondern als Interpreten, die zum Prozeß der Kunstproduktion selbst gehören. Jetzt kann in Malerei und Literatur eine Bewegung einsetzen, die einige bereits in den Kunstkritiken Baudelaires vorweggenommen sehen: Farben, Linien, Laute, Bewegungen hören auf, primär der Darstellung zu dienen; die

Medien der Darstellung und die Techniken der Herstellung avancieren selber zum ästhetischen Gegenstand. Und Adorno kann seine »Ästhetische Theorie« mit dem Satz beginnen: »Zur Selbstverständlichkeit wurde, daß nichts, was die Kunst betrifft, mehr selbstverständlich ist, weder in ihr, noch im Verhältnis zum Ganzen, nicht einmal ihr Existenzrecht.«

Die falsche Aufhebung der Kultur

Freilich, das Existenzrecht der Kunst wäre vom Surrealismus nicht in Frage gestellt worden, wenn nicht auch und gerade die moderne Kunst ein Glücksversprechen mit sich führte, das ihr »Verhältnis zum Ganzen« betrifft. Bei Schiller hat das Versprechen, welches die ästhetische Anschauung zwar gibt, aber nicht einlöst, noch die explizite Gestalt einer über Kunst hinausweisenden Utopie. Diese Linie der ästhetischen Utopie reicht bis zu Marcuses ideologiekritisch gewendeter Klage über den affirmativen Charakter der Kultur. Aber schon bei Baudelaire, der die promesse de bonheur wiederholt, hatte sich die Utopie der Versöhnung zur kritischen Widerspiegelung der Unversöhntheit der sozialen Welt verkehrt. Diese wird um so schmerzlicher bewußt, je weiter sich die Kunst vom Leben entfernt, in die Unberührbarkeit einer vollendeten Autonomie zurückzieht. Dieser Schmerz spiegelt sich im grenzenlosen ennui eines Ausgestoßenen, der sich mit den Lumpensammlern von Paris identifiziert.

Auf solchen Gefühlsbahnen sammeln sich die explosiven Energien, die sich schließlich in der Revolte, in dem gewaltsamen Versuch entladen, eine nur zum Scheine autarke Sphäre der Kunst aufzusprengen und mit diesem Opfer die Versöhnung zu erzwingen. Adorno sieht sehr genau, warum das surrealistische Programm »der Kunst absagt, ohne sie doch abschütteln zu können« (Ästhetische Theorie, 52). Alle Versuche, die Fallhöhe zwischen Kunst und Leben, Fiktion und Praxis, Schein und Wirklichkeit einzuebnen; den Unterschied zwischen Artefakt und Gebrauchsgegenstand, zwischen Produziertem und Vorgefundenem, zwischen Gestaltung und spontaner Regung zu beseitigen; die Versuche, alles als Kunst und jeden zum Künstler zu deklarieren; alle Maßstäbe einzuziehen, ästhetische Urteile an die Äußerung subjektiver Erlebnisse anzugleichen – diese inzwischen gut analysierten Unternehmungen lassen sich heute als Nonsense-Experimente verstehen, die wider Willen genau die Strukturen der Kunst, die verletzt werden sollten, nur um so greller beleuchten: das Medium des Scheins, die Transzendenz des Werkes, den konzentrierten und planmäßigen Charakter der künstlerischen Produktion sowie den kognitiven Status des Geschmacksurteils.[7] Der radikale Versuch der Aufhebung der Kunst setzt ironisch jene Kategorien ins Recht, mit denen die klassische Ästhetik ihren Gegenstandsbereich eingekreist hatte; freilich haben sich diese Kategorien dabei auch selber verändert.

Das Scheitern der surrealistischen Revolte besiegelt den doppelten Irrtum einer falschen Aufhebung. Zum einen: wenn man die Gefäße einer eigensinnig entfalteten kulturellen Sphäre zerbricht, zerfließen die Gehalte; vom entsublimierten Sinn und der entstrukturierten Form bleibt nichts übrig, geht eine befreiende Wirkung nicht aus. Folgenreicher ist aber der andere Irrtum. In der kommunikativen Alltagspraxis müssen kognitive Deutungen, moralische Erwartungen, Expressionen und Bewertungen einander durchdringen. Die Verständigungsprozesse der Lebenswelt bedürfen einer kulturellen Überlieferung *auf ganzer Breite*. Deshalb könnte ein rationalisierter Alltag aus der Starre kultureller Verarmung gar nicht dadurch erlöst werden, daß *ein* kultureller Bereich, hier also die Kunst, gewaltam geöffnet und ein Anschluß zu *einem* der spezialisierten Wissenskomplexe hergestellt wird. Auf diesem Wege könnte *eine* Einseitigkeit und *eine* Abstraktion allenfalls durch eine *andere* ersetzt werden.

Zum Programm und der mißlingenden Praxis falscher Aufhebung gibt es Parallelen auch in den Bereichen der theoretischen Erkenntnis und der Moral. Sie sind freilich weniger klar ausgeprägt. Wohl sind die Wissenschaften einerseits, Moral- und Rechtstheorie andererseits in ähnlicher Weise autonom geworden wie die Kunst. Aber beide Sphären bleiben in Verbindung mit spezialisierten Formen der Praxis: mit der verwissenschaftlichten Technik die eine, mit

7 D. Wellershoff, Die Auflösung des Kunstbegriffs, Frankfurt 1976.

einer rechtsförmig organisierten, in ihren Grundlagen auf moralische Rechtfertigung angewiesenen Verwaltungspraxis die andere. Und doch haben sich die institutionalisierte Wissenschaft und die im Rechtssystem abgespaltene moralisch-praktische Erörterung so weit von der Lebenspraxis entfernt, daß auch hier das Programm der *Aufklärung* in das der *Aufhebung* umschlagen konnte.

Seit den Tagen der Junghegelianer kursiert die Parole von der Aufhebung der Philosophie, seit Marx ist die Frage nach dem Verhältnis von Theorie und Praxis gestellt. Hier haben sich die Intellektuellen freilich mit der Arbeiterbewegung verbunden. Nur an den Rändern dieser sozialen Bewegung haben sektiererische Gruppen den Spielraum für ihre Versuche gefunden, das Programm der Aufhebung der Philosophie ähnlich durchzuspielen wie die Surrealisten die Melodie der Aufhebung der Kunst. An den Folgen des Dogmatismus und des moralischen Rigorismus offenbart sich hier derselbe Fehler wie dort: eine verdinglichte Alltagspraxis, die auf ein zwangloses Zusammenspiel des Kognitiven mit dem Moralisch-Praktischen und dem Ästhetisch-Expressiven angelegt ist, läßt sich nicht durch den Anschluß an jeweils *einen* der gewaltsam geöffneten kulturellen Bereiche kurieren. Außerdem darf die praktische Entbindung und institutionelle Verkörperung des in Wissenschaft, Moral und Kunst angesammelten Wissens nicht verwechselt werden mit einer Kopie der Lebensführung von außeralltäglichen Repräsentanten dieser Wertsphären – mit der Verallgemeinerung der subversiven Kräfte, die Nietzsche, Bakunin, Baudelaire in ihrer Existenz ausgedrückt haben.

Gewiß, in bestimmten Situationen können terroristische Aktivitäten mit der Überdehnung jeweils eines der kulturellen Momente zusammenhängen, also mit der Neigung, die Politik zu ästhetisieren, sie durch moralischen Rigorismus zu ersetzen oder unter den Dogmatismus einer Lehre zu beugen.

Diese schwer greifbaren Zusammenhänge sollten aber nicht dazu verleiten, bereits die Intentionen der unnachgiebigen Aufklärung als Ausgeburt einer »terroristischen Vernunft« zu diffamieren. Wer das Projekt der Moderne mit der Bewußtseinslage und den öffentlich-spektakulären Handlungen individueller Terroristen zusammenbringt, verhält sich nicht weniger kurzschlüssig als einer, der den unvergleichlich stetigeren und umfangreicheren bürokratischen Terror, der im Dunkeln, in den Kellern der Militär- und Geheimpolizei, in Lagern und psychiatrischen Anstalten ausgeübt wird, zur raison d'être des modernen Staates (und seiner positivistisch ausgehöhlten legalen Herrschaft) erklären würde, nur weil dieser Terror sich der Mittel des staatlichen Zwangsapparates bedient.

Alternativen zur falschen Aufhebung der Kultur

Ich meine, daß wir eher aus den Verirrungen, die das Projekt der Moderne begleitet haben, aus den Fehlern der verstiegenen Aufhebungsprogramme lernen, statt die Moderne und ihr Projekt selbst verloren geben sollten. Vielleicht läßt sich am Beispiel der Kunstrezeption ein Ausweg aus den Aporien der kulturellen Moderne wenigstens *andeuten*. Seit der in der Romantik entwickelten Kunstkritik hat es gegenläufige Tendenzen gegeben, die sich mit dem Auftreten avantgardistischer Strömungen stärker polarisieren: die Kunstkritik beansprucht einmal die Rolle der produktiven Ergänzung zum Kunstwerk, ein anderes Mal die des Anwalts für den Interpretationsbedarf des breiten Publikums. Die bürgerliche Kunst hat an ihre Adressaten *beide* Erwartungen gerichtet: mal sollte sich der kunstgenießende Laie zum Experten heranbilden, mal durfte er sich als Kenner verhalten, der ästhetische Erfahrungen auf eigene Lebensprobleme bezieht. Vielleicht verlor diese zweite, scheinbar harmlosere Rezeptionsweise gerade dadurch, daß sie unklar mit der ersten verkettet blieb, ihre Radikalität.

Gewiß, die künstlerische Produktion muß semantisch verkümmern, wenn sie nicht als spezialisierte Bearbeitung von eigensinnigen Problemen, als Angelegenheit der Experten ohne Rücksicht auf exoterische Bedürfnisse betrieben wird. Dabei lassen sich alle (auch der Kritiker als der fachlich geschulte Rezipient) darauf ein, daß die bearbeiteten Probleme unter genau einem abstrakten Geltungsaspekt aussortiert werden. Diese scharfe Abgrenzung, diese Konzentration ausschließlich auf eine Dimension bricht aber zusammen, sobald die ästhetische Erfahrung in eine individuelle Lebensgeschichte eingeholt oder einer kollektiven Lebensform inkorporiert wird. Die Rezeption durch den Laien, oder vielmehr durch den Experten des Alltags, gewinnt eine *andere Richtung* als die des professionellen, auf die kunstinterne Entwicklung blickenden Kritikers. Albrecht Wellmer hat mich darauf aufmerksam gemacht, wie eine ästhetische Erfahrung, die nicht primär in Geschmacksurteile umgesetzt wird, ihren Stellenwert ändert. Sobald sie explorativ für die Aufhellung einer lebensgeschichtlichen Situation genutzt, auf Lebensprobleme bezogen wird, tritt sie in ein Sprachspiel ein, das nicht mehr das der ästhetischen Kritik ist. Die ästhetische Erfahrung erneuert dann nicht nur die Interpretationen der Bedürfnisse, in deren Licht wir die Welt wahrnehmen; sie greift gleichzeitig in die kognitiven Deutungen und die normativen Erwartungen ein und verändert die Art, wie alle diese Momente auf einander *verweisen*.

Ein Beispiel für diese explorative, lebensorientierende Kraft, die von der Begegnung mit einem großen Gemälde zu einem Zeitpunkt, da sich eine Biographie zum Knoten schürzt, ausgehen kann, schildert Peter Weiss, als er seinen Helden, nach der verzweifelten Rückkehr aus dem spanischen Bürgerkrieg durch Paris irren und in der Imagination jene Begegnung vorwegnehmen läßt, die wenig später, im Louvre, vor Géricaults Gemälde der Schiffbrüchigen, stattfinden wird. Die Rezeptionsweise, die ich meine, wird in einer bestimmten Variante noch genauer getroffen durch den heroischen Aneignungsprozeß, den derselbe Autor im ersten Band seiner »Ästhetik des Widerstandes« an einer Gruppe politisch motivierter, lernbegieriger Arbeiter, im Berlin des Jahres 1937, darstellt, an jungen Leuten, die auf einem Abendgymnasium die Mittel erwerben, um in die Geschichte, auch die Sozialgeschichte der europäischen Malerei einzudringen. Sie hauen aus dem zähen Gestein dieses objektiven Geistes die Splitter heraus, die sie assimilieren, in den Erfahrungshorizont ihres von der Bildungstradition wie vom bestehenden Regime gleichweit entfernten Milieu einholen und so lange hin und her wenden, bis sie zu leuchten beginnen: »Unsere Auffassung einer Kultur stimmte nur selten überein mit dem, was sich als ein riesiges Reservoir von Gütern, von aufgestauten Erfindungen und Erleuchtungen darstellte. Als Eigentumslose näherten wir uns dem Angesammelten zuerst beängstigt, voller Ehrfurcht, bis es uns klar wurde, daß wir dies alles mit unsern eigenen Bewertungen zu füllen hatten, daß der Gesamtbegriff erst nutzbar werden konnte, wenn er etwas über unsre Lebensbedingungen sowie die Schwierigkeiten und Eigentümlichkeiten unsrer Denkprozesse aussagte.«[8]

In solchen Beispielen einer *Aneignung der Expertenkultur aus dem Blickwinkel der Lebenswelt* wird etwas von der Intention der aussichtslosen surrealistischen Revolte, mehr noch von Brechts, selbst von Benjamins experimentellen Überlegungen zur Rezeption nicht-auratischer Kunstwerke gerettet. Ähnliche Überlegungen lassen sich für die Sphären von Wissenschaft und Moral anstellen, wenn man bedenkt, daß die Geistes-, Sozial- und Verhaltenswissenschaften von der Struktur des handlungsorientierenden Wissens noch keineswegs *ganz* abgekoppelt sind, und daß die Zuspitzung universalistischer Ethiken auf Fragen der Gerechtigkeit durch eine Abstraktion erkauft ist, die nach einer Anknüpfung an die zunächst ausgeschiedenen Probleme des guten Lebens verlangt.

Eine differenzierte Rückkoppelung der modernen Kultur mit einer auf vitale Überlieferungen angewiesenen, durch bloßen Traditionalismus aber verarmten Alltagspraxis wird freilich nur gelingen, wenn *auch* die gesellschaftliche Modernisierung in *andere* nichtkapitalistische Bahnen gelenkt werden kann, wenn die Lebenswelt aus sich Institutionen entwickeln kann, die die systemische Eigendynamik des wirtschaftlichen und des administrativen Handlungssystems begrenzt.

Drei Konservativismen

Dafür sind, wenn ich mich nicht täusche, die Aussichten nicht gut. So ist ein Klima entstanden, mehr oder weniger in der gesamten westlichen Welt, das modernismus-kritische Strömungen fördert. Dabei dient die Ernüchterung, die die gescheiterten Programme der falschen Aufhebung von Kunst und Philosophie hinterlassen

8 Ästhetik des Widerstandes, Bd. I, 54.

haben, dienen die sichtbar gewordenen Aporien der kulturellen Moderne als Vorwand für die konservativen Positionen. Lassen Sie mich den Antimodernismus der Jungkonservativen vom Prämodernismus der Altkonservativen und dem Postmodernismus der Neukonservativen kurz unterscheiden.

Die *Jungkonservativen* machen sich die Grunderfahrung der ästhetischen Moderne, die Enthüllung der dezentrierten, von allen Beschränkungen der Kognition und der Zwecktätigkeit, allen Imperativen der Arbeit und der Nützlichkeit befreiten Subjektivität zu eigen – und brechen mit ihr aus der modernen Welt aus. Mit modernistischer Attitüde begründen sie einen unversöhnlichen Antimodernismus. Sie verlegen die spontanen Kräfte der Imagination, der Selbsterfahrung, der Affektivität ins Ferne und Archaische, und setzen der instrumentellen Vernunft manichäisch ein nur noch der Evokation zugängliches Prinzip entgegen, ob nun den Willen zur Macht oder die Souveränität, das Sein oder eine dionysische Kraft des Poetischen. In Frankreich führt diese Linie von George Bataille über Foucault zu Derrida. Über allen schwebt natürlich der Geist des in den 70er Jahren wiedererweckten Nietzsche.

Die *Altkonservativen* lassen sich von der kulturellen Moderne gar nicht erst anstecken. Sie verfolgen den Zerfall der substantiellen Vernunft, die Ausdifferenzierung von Wissenschaft, Moral und Kunst, das moderne Weltverständnis und deren nur noch prozedurale Rationalität mit Mißtrauen und empfehlen (worin Max Weber den Rückfall in materiale Rationalität gesehen hatte) eine Rückkehr zu Positionen *vor* der Moderne. Einen gewissen Erfolg hat vor allem der Neuaristotelismus, der sich heute durch die ökologische Problematik zur Erneuerung einer kosmologischen Ethik anregen läßt. Auf dieser Linie, die von Leo Strauss ausgeht, liegen beispielsweise interessante Arbeiten von Hans Jonas und Robert Spaemann.

Die *Neukonservativen* verhalten sich zu den Errungenschaften der Moderne noch am ehesten affirmativ. Sie begrüßen die Entwicklung der modernen Wissenschaft, soweit diese ihre eigene Sphäre nur überschreitet, um den technischen Fortschritt, das kapitalistische Wachstum und eine rationale Verwaltung voranzutreiben. Im übrigen empfehlen sie eine Politik der Entschärfung der explosiven Gehalte der kulturellen Moderne. Eine These lautet, daß die Wissenschaft, wenn man sie recht versteht, für die Orientierung in der Lebenswelt ohnehin bedeutungslos geworden ist. Eine weitere These ist, daß die Politik tunlichst von Forderungen moralisch-praktischer Rechtfertigung freizuhalten ist. Und eine dritte These behauptet die reine Immanenz der Kunst, bestreitet ihr den utopischen Gehalt, beruft sich auf ihren Scheincharakter, um die ästhetische Erfahrung im Privaten einzukapseln. Man könnte den frühen Wittgenstein, den mittleren Carl Schmitt und den späten Gottfried Benn als Zeugen anführen. Mit der definitiven Eingrenzung von Wissenschaft, Moral und Kunst in den autonomen, von der Lebenswelt abgespaltenen, spezialistisch verwalteten Sphären bleibt von der kulturellen Moderne nur noch zurück, was von ihr unter Verzicht auf das Projekt der Moderne zu haben ist. Für den freigewordenen Platz sind Traditionen vorgesehen, die nun von Begründungsforderungen verschont bleiben; freilich ist nicht recht zu sehen, wie diese in der modernen Welt anders denn durch die Rückendeckung von Kultusministerien überdauern sollten.

Diese Typologie ist wie jede eine Vereinfachung; aber für die Analyse der geistig-politischen Auseinandersetzungen heute mag sie nicht ganz unbrauchbar sein. Wie ich fürchte, gewinnen die Ideen des Antimodernismus, mit dem Zusatz einer Prise von Prämodernismus, im Umkreis der grünen und der alternativen Gruppen an Boden. Im Bewußtseinswandel der politischen Parteien zeichnet sich hingegen ein Erfolg der Tendenzwende, und das heißt des Bündnisses der Postmodernen mit den Prämodernen ab. Auf Intellektuellenschelte und Neukonservativismus, so scheint mir, hat keine der Parteien ein Monopol. Ich habe deshalb, und erst recht nach den klärenden Feststellungen, die Sie, Herr Oberbürgermeister Wallmann, in Ihrer Einleitung getroffen haben, guten Grund, für den liberalen Geist dankbar zu sein, in dem mir die Stadt Frankfurt einen Preis verleiht, der mit dem Namen Adornos verbunden ist, mit dem Namen eines Sohnes dieser Stadt, der als Philosoph und Schriftsteller, wie kaum ein zweiter in der Bundesrepublik, das Bild des Intellektuellen geprägt hat, für Intellektuelle zum Vorbild geworden ist.

IV. Interviews

»Das Habermassche Theorieprogramm ... krankt an nachfaschistischem Defaitismus und kann darum als die repräsentative europäische Philosophie der Nachkriegszeit gelten ... Sie ist die Nachkriegsphilosophie der Ratlosigkeit und des großen Palavers, die, wie seinerzeit die sophistische Theorie, in einer Krisensituation den Anspruch normpraktischer Orientierung erhebt, ohne ihn einlösen zu können.«
(Aus R. K. Maurer, Jürgen Habermas' Aufhebung der Philosophie, Beiheft 8 der Philosophischen Rundschau, Tübingen 1977.)

27. Interview mit Gad Freudenthal (1977)

Das Interview basiert auf einem Gespräch im Gästehaus der Stadt Jerusalem am 16. 12. 1977.

Freudenthal: Ich möchte zunächst das Generalthema behandeln, dem unser Sonderheft gewidmet ist: »Dreißig Jahre danach«. Das bedeutet für uns dreißig Jahre seit der Gründung des israelischen Staates. Was bedeutet dieses Datum für Sie? Welche Hoffnungen gab es 1948, welche Erwartungen sind 30 Jahre später erfüllt, welche enttäuscht worden?

Habermas: Wenn Erwartungen erfüllt worden sind, dann nicht die, die wir damals, wir waren noch Schüler, gehabt haben. Nach einem Interregnum von wenigen Jahren haben mit der Währungsreform im Jahre 1948 der Wiederaufbau der kapitalistischen Wirtschaft und eine gesellschaftliche Restauration eingesetzt, von deren Dynamik ich mir nach Kriegsende nichts habe träumen lassen. Die Erwartungen, die meine Freunde und ich tatsächlich hatten, waren ziemlich idealistisch. Wir lebten unter dem Schock der Nazigreuel, die vor dem Nürnberger Tribunal und bald darauf in Dokumentarfilmen enthüllt wurden. Wir haben eine geistig-moralische Erneuerung für notwendig, für selbstverständlich gehalten. Daraus ist nicht viel geworden. Das sah man allerdings nicht erst nach dreißig Jahren. Ich erinnere mich, daß ich 1949 aus einer schwarz-weiß-rot dekorierten Wahlversammlung des Vorsitzenden der nationalkonservativen Deutschen Partei spontan herausgelaufen bin, als die erste Strophe des Deutschlandliedes abgesungen wurde; Monate später wurde dieser Herr Seebohm Minister der ersten Bundesregierung unter Adenauer. Kurzum, die Hoffnungen, die ich damals hatte, waren so unrealistisch, daß ich sie auf die Gegenwart nicht beziehen kann.

Freudenthal: Dann lassen Sie mich der Frage eine Wendung ins Persönliche geben. Wie sahen Sie die Welt als 15/16jähriger, der fünf Jahre Krieg erlebt und seine Jugend unter dem Hitlerismus verbracht hatte? Welchen Einfluß hatte das auf Ihre intellektuelle

Entwicklung? Und haben diese Zusammenhänge eine allgemeine Bedeutung?

Habermas: Obwohl die Kleinstadt, in der ich im Herbst 1945 wieder zur Schule ging, nicht sehr zerstört war, empfanden wir unsere Welt schon so, wie sie im Spiegel der kargen Prosa von Andersch, Richter, später Böll, in den sogenannten Trümmerfilmen, in der antifaschistischen Memoirenliteratur – ich erinnere mich an Kogons »SS-Staat« und an Weisenborns »Memorial« – erschien, und wie sie in den Dramen von Sartre, in den »Fliegen«, in der »Geschlossenen Gesellschaft« usw. interpretiert wurde. Die materielle Armut (am Anfang Hungern und Frieren), die Entdifferenzierung der Wirtschaft, der Partikularismus der Behörden, das Nebeneinander von staatlichen und militärischen Verwaltungen, dann die Dominanz der Kleingruppen und der Primärbeziehungen nach dem Zusammenbruch der zentralen Einrichtungen und Organisationen, bildeten für uns damals den Horizont, durch den wir unsoziologisch hindurchgeblickt haben. Unsere Probleme waren in erster Linie moralisch-existentieller Natur. Was wir uns in großen anthropologischen Begriffen zurechtlegten, stand natürlich in einem ridikülen Mißverhältnis zu den ökonomischen und gesellschaftlichen Problemen eines Wiederaufbaus, für den die kapitalistischen Weichen, wie sich bald zeigte, irreversibel gestellt wurden – dies übrigens, so habe ich das erlebt, vor dem Hintergrund kriegssozialistischer Stimmungslagen und einer alle Parteien übergreifenden Programmatik des »Dritten Weges«.

Wir Jüngeren waren vor allem ausgefüllt von einer schrittweise nachvollzogenen Rezeption der unterdrückten Moderne, d.h. zunächst der Jahre nach dem Ersten Weltkrieg: die Sammlung Haubrich öffnete uns den Blick für die expressionistische Malerei, wir lasen Gedichte von Trakl bis Benn, machten Bekanntschaft mit Bauhaus und Funktionalismus; von Sartres Romanen und O. F. Bollnows Darstellung des Existentialismus führte der Weg zu Kafka und Rilke zurück. Den zeitgenössischen Kulturbetrieb beherrschten Romane wie der »Dr. Faustus« und das »Glasperlenspiel«; Filme wie der »Dritte Mann« wurden zum Generationserlebnis.

Rückblickend stelle ich mit einem gewissen Erstaunen fest, wie

provinziell, wie deutsch diese Perspektiven, die für uns eine neue Welt bedeuteten, gewesen sind. Noch während meiner Bonner Studienzeit, also bis 1954, habe ich mich in einer Universität bewegt, für die, in den Geisteswissenschaften, die dreißiger und vierziger Jahre keinen Kontinuitätsbruch bedeutet haben, in der Traditionslinien der zwanziger Jahre geräuschlos wieder aufgenommen wurden. Gewiß, neben Gehlen las man jetzt wieder Plessner, wenn man sich mit philosophischer Anthropologie, neben Oskar Becker wieder Eugen Fink und Ludwig Landgrebe, wenn man sich mit Phänomenologie beschäftigte; auch Löwiths in der Emigration entstandene Bücher wurden benutzt; aber von Marx war ebensowenig die Rede wie von analytischer Philosophie, von Freud, von Soziologie und Gesellschaftstheorie. Ich hatte als Schüler die Ostberliner Broschüren von Marx und Engels gelesen, die 1945 von der kommunistischen Buchhandlung in Gummersbach verteilt worden waren, als es außer Rowohlts Zeitungsdrukken noch nicht viel anderes zu lesen gab. Auf den frühen Lukacs bin ich während des Studiums eher zufällig gestoßen.
Diese Szene änderte sich freilich im Laufe der fünfziger Jahre gründlich. Mit der Rückkehr von René König nach Köln, von Plessner nach Göttingen, von Francis nach München, von Horkheimer nach Frankfurt wurde Soziologie wiederum als Fach etabliert. Auch ins öffentliche Bewußtsein drangen soziologische Denkansätze ein. Durch die Schriften von Bloch und Adorno nahmen wir mit einem gewissen Erstaunen wahr, daß Marx kein toter Hund war, daß die marxistische Denktradition nicht nur ein historisch-philologisches Interesse verdiente, sondern systematische Fragen relevant sein konnte. Dasselbe galt für die Psychoanalyse. Ich hatte zwar Psychologie studiert und auch etwas von »Tiefenpsychologie« gehört; aber erst durch die Freud-Vorlesungen, die 1956 auf Initiative von Max Horkheimer und Alexander Mitscherlich zustandegekommen sind, habe ich begriffen, daß Freud eine ernstzunehmende wissenschaftliche Theorie geschaffen und eine folgenreiche psychoanalytische Forschung begründet hatte. Schließlich lernten wir auch über Carnaps, Wittgensteins und Poppers Schriften die in der angelsächsischen Welt herrschende Philosophie kennen; wir sahen, daß mit Wissenschaftstheorie und

Sprachanalyse Maßstäbe für methodische Disziplin gesetzt worden waren, denen die kontinentale Philosophie nicht mehr genügte. Auch in Literatur, Musik und Kunst, in Kunstkritik und Kunsttheorie begann eine breitere Rezeption der eigentlichen, von einem radikal avantgardistischen Bewußtsein getragenen Moderne, wenn ich recht erinnere, erst in der zweiten Hälfte der 50er Jahre; als Interpreten dieser Moderne spielten Adorno und, durch ihn vermittelt, Benjamin eine wichtige Rolle.

Sie fragen nach dem Einfluß des Hitlerismus auf meine intellektuelle Entwicklung und danach, was möglicherweise an Allgemeinem darin steckt. Nun, allen autobiographischen Hinweisen haftet etwas Idiosynkratisches an. Vielleicht kann man allgemein sagen, daß die kulturelle und geistige Provinzialisierung, in die uns die Nazis gestürzt hatten, keineswegs mit einem Ruck, sondern relativ langsam überwunden worden ist. Die Traditionen der Aufklärung und der radikalen Moderne sind in ganzer Breite doch erst bis zum Ende der 50er Jahre rezipiert worden, dann allerdings vorbehaltloser als je in der deutschen Geschichte. Übrigens ist dieser Durchbruch kaum vorstellbar ohne die Initiative, ohne die in der Emigrationszeit gestaute und nun um so lebhafter sprudelnde Produktivität, ohne den überragenden intellektuellen Einfluß einer letzten Generation deutsch-jüdischer Gelehrter, Philosophen, Künstler, die, nachdem alles vorüber war, zurückgekehrt sind, sei es in persona oder durch ihre Schriften und Werke. Mir persönlich ist der Anteil, den Intellektuelle jüdischer Herkunft an der kulturellen Entwicklung der Bundesrepublik hatten, freilich erst bewußt geworden, als ich 1959 im Rahmen einer Sendereihe über Porträts der deutsch-jüdischen Geistesgeschichte eine Arbeit über den Deutschen Idealismus jüdischer Philosophen vorbereitet habe.

Freudenthal: Warum betonen Sie das? In welcher Hinsicht haben Juden in der deutschen Geistesgeschichte, und insbesondere nach 1945 *als Juden* einen Einfluß gehabt?

Habermas: Über den Preis, den Juden für ihre Assimilation an die deutsche Kultur durch das 19. und 20. Jahrhundert hindurch entrichten mußten, hat Scholem das Nötige gesagt. Auf der anderen Seite bestreitet auch Scholem nicht, daß die deutsche Kultur zu eben der Zeit, als sich die Gettos öffneten und die Assimilation der Juden begann, eine ihrer glücklichsten Stunden hatte. Das erklärt den Enthusiasmus der jüdischen Intellektuellen für diese klassische Periode, und ist ein Grund für die unvergleichliche Produktivität, die Juden fortan im Kontext gerade der deutschen Kultur entfaltet haben. Trotz dieser reichen Früchte, die die Assimilation für die deutsche Kultur getragen hat, ist nicht einmal den jüdischen Intellektuellen, den »Bildungsjuden«, wie es verächtlich hieß, eine vollständige Assimilation ermöglicht worden, und den übrigen Juden erst recht nicht. So hat inmitten der fruchtbarsten Assimilation das Exil fortbestanden. Aus dieser Lage haben die Zionisten dann ja ihre Konsequenzen gezogen.

Wenn man sich diese Ambivalenz der deutsch-jüdischen Geistesgeschichte vergegenwärtigt, sieht man die einzigartige Chance, die (eine bare Ironie der Geschichte) jene letzte Generation jüdischer Intellektueller hatte, nachdem die Nazis samt ihren intellektuellen Schleppenträgern auch unsere besten Überlieferungen korrumpiert oder ins Zwielicht gerückt hatten. Wir Jungen, die wir nicht durch Verdienst, sondern durch den Jahrgang allein privilegiert waren, konnten von den aus der Emigration zurückgekehrten Lehrern vor allem eine bestimmte Optik lernen. H. Plessner hat diese Optik einmal auf die Formel gebracht: ohne Befremdung kein Verständnis. Wir haben also von denen, die schon lange dazugehörten, ohne dazuzugehören, gelernt, wie man sich mit eigenen, mit deutschen Überlieferungen identifiziert und doch in ihnen stehend, eine Distanz zu ihnen hält, die hinreicht, um diese Traditionen nur noch mit dem Argwohn und der Hellsicht des einmal Verführten, selbstkritisch also fortzusetzen.

Freudenthal: Ich möchte auf die Ausgangsfrage zurückkommen. Sie haben die Hoffnungen, die Sie unmittelbar nach dem Kriege hatten, unrealistisch genannt und als Maßstab für die Beurteilung der Gegenwart disqualifiziert. Wie verhält es sich aber mit dem Auf und Ab der Hoffnungen während der letzten dreißig Jahre? Welches waren die Ereignisse, die den größten Einfluß auf Sie hatten?

Habermas: Gleichviel wie man heute den politischen Gehalt der Stalinschen Note vom März 1952 einschätzt, dieses Datum hat in meiner politischen Biographie eine große Rolle gespielt, weil die Bundesregierung mit der Ablehnung dieses Angebots die militärische Integration der Bundesrepublik in die westliche Hemisphäre besiegelt hat. Damit mußten wir die Hoffnungen auf neutralistische Lösungen, welche die beiden Gesellschaftssysteme auf deutschem Boden nicht vollständig gegeneinander abgeriegelt hätten, aufgeben. Die von Willy Brandt herbeigeführte Wende in der Ostpolitik, anderthalb Jahrzehnte später, hat nur eine konsequente Ergänzung dieser ersten (und einzigen) *außenpolitischen* Grundentscheidung der Bundesrepublik nachgeholt.

Was die internationalen Beziehungen im allgemeinen betrifft, so verkenne ich nicht die Bedeutung des strategischen Verhältnisses zwischen den Supermächten; aber ich konnte nicht sagen, daß ich mich für Ost-West-Beziehungen je mit Haut und Haaren interessiert hätte. Die Konflikte, denen eine Entwicklungsdynamik innewohnt, liegen eher auf der Nord-Süd-Achse. Das konnte man schon früh, schon in den Tagen der Konferenz von Bandung bemerken. Aber auf der innenpolitischen Bühne wurde diese Problematik erst später dramatisiert und ernstgenommen. Dabei haben die Intervention der USA in den vietnamesischen Bürgerkrieg, die chinesische Kulturrevolution und die Ölkrise einen stärkeren Beleuchtungseffekt gehabt als die nationalen Befreiungsbewegungen selber.

Innenpolitisch war das Adenauer-Ehrhard-Regime nach dem (mit absoluter Mehrheit errungenen) Wahlsieg von 1953 dauerhaft etabliert, auch wenn es dann noch einmal scharfe Konflikte um die atomare Ausrüstung der Bundeswehr gegeben hat. Vor diesem Hintergrund einer lang anhaltenden politischen Flaute waren die Wahl Heinemanns zum Bundespräsidenten und die Bildung der ersten Regierung Brandt 1969 Ereignisse, die mich bewegt haben.

Ich war auch deshalb erleichtert, weil ich sah, daß die Studentenbewegung nicht unmittelbar den befürchteten back-lash ausgelöst, sondern eher zur Auflockerung der politischen Fronten, zur Liberalisierung des geistigen Klimas, sogar zur Verbreitung einer radikal-demokratischen Programmatik beigetragen hatte. Diese Periode auch tiefergreifender Einstellungsänderungen war kurz. Seit etwa 1972 schlugen die Reaktionen durch. Wirtschaftliche Krisenerscheinungen kamen hinzu. Sie dauern bis heute an und werden von einem wirkungsvoll in Szene gesetzten Krisenmanagement geradezu als Sanktionsmittel benützt, um ein dosiertes Gefahrenbewußtsein wachzuhalten und einen »Realismus« wiederzubeleben, hinter dem sich vor allem die ökonomistischen Wertorientierungen der (in Helmut Schmidt verkörperten) Wiederaufbaugeneration verbergen. Auf der Grundlage ökonomisch geweckter Ängste greifen heute neokonservative Stimmungslagen um sich: eine Abkehr vom abstrakten Universalismus der Aufklärung, die Diskreditierung von Fortschrittsperspektiven, die Aufwertung traditionaler Lebensformen, historistische Denkweisen, eine subkulturelle Aneignung fernöstlicher Traditionen usw.

In diesem Kontext finde ich die Anfälligkeit unserer politischen Kultur beunruhigend. Sie wird um so deutlicher, je nahtloser die Anschläge eines schwer zu erklärenden Terrorismus mit den im Schatten der Terroristenabwehr wuchernden bürokratischen Gesinnungskontrollen ineinandergreifen. Ich erwähne die Terroranschläge mit der Praxis der Überprüfung von Anwärtern (und neuerdings auch Angehörigen) des Öffentlichen Dienstes in einem Atemzug, weil beide, die Terroristen und die Nutznießer des Terrorismus, ein Bewußtsein fördern, das für die eigentümlich deutsche Fetischisierung rechtsstaatlicher Sicherheit typisch ist. Dieser Rechtsstaatsfetischismus hat uns vor dem Legalismus Hitlers nicht bewahrt, aber immer wieder die Fähigkeit getrübt, zwischen einem autoritären und einem demokratischen Rechtsstaat zu unterscheiden.

Freudenthal: Wenn Sie einmal die entwickelten Gesellschaftssysteme in West und Ost, die Sie die »spätkapitalistischen« und die »staatssozialistischen« Gesellschaften nennen, vergleichen: wie beurteilen Sie das, was über drei Jahrzehnte erreicht worden ist, welche Hoffnungen sind erfüllt worden, welche nicht?

Habermas: Eine globale und ziemlich schwierige Frage. Wer nach dem Kriege in Westdeutschland, also vis à vis der DDR, groß geworden ist, hatte keine Chance, sich über die repressiven Zustände im Machtbereich der UdSSR Illusionen zu machen. Diejenigen von uns, die unter dem intellektuellen Einfluß eines unorthodoxen westlichen Marxismus zu Sozialisten geworden sind, bekennen sich dazu nicht wegen, sondern trotz des »realen Sozialismus«. Ich kann mich nicht davon überzeugen, daß der

Staatssozialismus unter Gesichtspunkten der sozialen Evolution »reifer« oder »fortgeschrittener« sei als der Spätkapitalismus. Beide Gesellschaftsformationen stellen wohl eher Varianten derselben Entwicklungsstufe dar, wobei, wie die wachsende Abhängigkeit der »Staatshandelsländer« vom kapitalistischen Weltmarkt zeigt, die USA, die EWG und Japan nach wie vor die Schrittmacher sind. Wenn man überhaupt Perspektiven der gesellschaftlichen Evolution zulassen will, muß man die weltweit wirksame Entwicklungsdynamik wohl eher in den inneren Konflikten der fortgeschrittenen kapitalistischen Gesellschaften und in jenen Konflikten suchen, die sich aus der internationalen Arbeitsteilung, d. h. den Antagonismen in Nord-Süd-Richtung ergeben.

Weder kann ich, auf unseren Hochschulen, die Studenten verstehen, die nach dem Abflauen der Protestbewegung zu einer Partei des sowjetischen Typs übergegangen sind, noch, in Paris, jene angeblich »neuen« Philosophen, die sich erst von Solschenyzin über die wahre Natur des bürokratischen Sozialismus aufklären lassen mußten – und nun das Kind mit dem Bade ausschütten. Das sind zwei Seiten derselben Medaille. Und so sehr ich in den Parteien des Westens die Wendung zum Eurokommunismus begrüße – spät genug kommt sie ja. Ich schicke das nur voraus, um zu erklären, warum für mich der Sowjetmarxismus nie ein bevorzugtes Objekt weitreichender Hoffnungen und tiefer Enttäuschungen gewesen ist, warum er für mich nie etwas Aufregendes hatte.

Freudenthal: Wie charakterisieren Sie heute die beiden Gesellschaftssysteme? Inwieweit teilen sie gemeinsame Probleme, ähnliche Krisen? Wohin steuern sie, was sind die Analogien und Unterschiede?

Habermas: Wenn man so große Fragen im Rahmen eines Interviews, d. h. leichtfertig beantworten will, dann entschließt man sich zu Simplifikationen. Wir haben in Ost und West moderne, d. h. in Staat und Wirtschaft ausdifferenzierte Klassengesellschaften. Lassen Sie mich das Wort »Klasse« im Marxschen Sinne gebrauchen. Klassenstrukturen bestehen solange, wie die Produktionsmittel und die gesellschaftlich nutzbare Arbeitskraft nach Präferenzen eingesetzt werden, die gesellschaftliche Teilinteressen spiegeln, jedenfalls nicht die verallgemeinerbaren und kompromißfähigen

Interessen der Gesamtbevölkerung zum Ausdruck bringen. In staatssozialistischen Gesellschaften bilden die bürokratischen Eliten, die über die Produktionsmittel verfügen, ein kompliziertes und undurchsichtiges System; dieses System ist aber im Kern autoritär und bisher für eine demokratische Willensbildung über gesamtgesellschaftliche Prioritäten undurchlässig. In spätkapitalistischen Gesellschaften sind die Machtstrukturen noch weniger transparent. In dem Maße, wie sich die gesamtgesellschaftlichen Prioritäten naturwüchsig, nämlich als Nebenfolgen privater Unternehmensstrategien herausbilden, erhalten sich auch hier Klassenstrukturen. Die politisch elitäre und die privilegierte private Verfügung über die Produktionsmittel sind verschiedene Varianten von Klassenverhältnissen auf der Entwicklungsstufe moderner Gesellschaften. Dabei ist die westliche Gesellschaftsformation offensichtlich erfolgreicher in *beiden* Dimensionen: in der Entfaltung der Produktivkräfte und in der Durchsetzung dessen, was Max Weber »legale Herrschaft« genannt hat. Carters Politik der »Menschenrechte« hat ideologische Komponenten, die auf der Hand liegen, aber sie kann sich eben auch darauf stützen, daß die prekären, und gewiß immer wieder bedrohten Errungenschaften der bürgerlichen Emanzipationsbewegung und der Arbeiterbewegung nur in den entwickelten westlichen Gesellschaften in nennenswertem Umfang gesichert sind. Übrigens gilt das, trotz der beunruhigenden Anfälligkeiten unserer historisch nicht hinreichend verwurzelten politischen Kultur, auch für die Bundesrepublik. Und wir wissen, was die bürgerlichen Freiheitsrechte bedeuten. Denn die Linken sind, wenn es schief geht, die ersten Opfer.

Freudenthal: Worin sehen Sie nun die Krisentendenzen auf beiden Seiten?

Habermas: Das läßt sich nicht mit wenigen Worten beantworten. Beide Gesellschaftssysteme haben je auf ihre Weise mit ähnlichen Problemen zu tun. Wenn ich einmal von den strategischen Beziehungen zwischen den Supermächten absehe, ergeben sich erstens im Gefolge der Bürokratisierung, überhaupt der Herausbildung überkomplexer Formen der Organisation, Steuerungsprobleme der staatlichen Administration und der Wirtschaft; sie machen das Krisenmanagement auf allen Ebenen zu einem Dauerproblem, das in das öffentliche Bewußtsein immer stärker eindringt und das, wie gesagt, mit der diffusen Angstbereitschaft auch Einschüchterungsmöglichkeiten entstehen läßt. Die Krisenangst begünstigt Kräfte, die sich als Ordnungsgaranten anbieten. Manchmal mag es eine PCI sein, die diese Rolle übernimmt; aber die bonapartistische, vielleicht eher francoistische Gefahr besteht darin, daß überhaupt eine solche Leerstelle auftritt.

Die zweite Gruppe von Problemen, die sich aus den weltwirtschaftlichen Dominanzbeziehungen und der internationalen Arbeitsteilung ergeben, habe ich schon erwähnt. Drittens werden sich die ökologischen Probleme verschärfen, aber wohl innerhalb eines Zeithorizontes, der weiter gespannt ist, als es die dramatisierenden Voraussagen der frühen siebziger Jahre vermuten ließen. Für die Beurteilung aller dieser Dinge fühle ich mich jedoch nicht besonders kompetent.

Was nun die speziellen Entwicklungstendenzen in den westlichen Gesellschaften angeht, so habe ich in die Voraussagekraft der verschiedenen ökonomischen Krisentheorien kein rechtes Vertrauen. Ich glaube allerdings auch, daß sich aus dem nach wie vor vitalen Wachstum der kapitalistischen Weltökonomie eine Reihe von Folgeproblemen ergeben, die die Fortsetzung des Akkumulationsprozesses behindern könnten. Und wie dann kapitalistische Gesellschaften, wenn nicht auf Nullwachstum, so doch auf gebremste und qualitativ gesteuerte Wachstumsprozesse umgestellt werden könnten, ohne daß die kapitalistischen Grundlagen berührt würden, vermag ich nicht zu sehen.

Vielleicht ist es eine Idiosynkrasie, oder eher ein Erbteil der Frankfurter Schule, daß mich unter den Folgeproblemen besonders diejenigen interessieren, die die soziale und kulturelle Integration gefährden – also die Krisenpotentiale, die zunächst in sozialpsychologischer Form in Erscheinung treten. Im Hinblick auf diese neuartigen Motivations- und Legitimationsprobleme spricht Dan Bell von den cultural contradictions of capitalism. Diese Dinge sind ja wohl unter den besonderen Verhältnissen Israels nicht aktuell; aber der Friede, für den nun eine reale Aussicht besteht, ein Arrangement mit den arabischen Nachbarn und eine ökonomische Entwicklung, aus der Israel als eine Art Bundesrepublik des

Vorderen Orients hervorgehen würde, könnten das auch in Ihrem Land schnell ändern.

Freudenthal: Bleiben wir noch einen Augenblick bei dem Systemvergleich. Welches sind die jeweiligen Träger der Transformation? Welche Rolle spielen in diesem Zusammenhang Bewegungen wie die der Studenten auf der einen, der Dissidenten auf der anderen Seite?

Habermas: Beide Bewegungen lassen sich nicht so ohne weiteres vergleichen, es sind keine funktionalen Äquivalente. In Ländern, in denen die soziale Integration über eine staatlich lizensierte Weltanschauung gesichert werden muß, stellt die Kritik von Intellektuellen eine unmittelbare politische Gefahr dar. Diese Vetogewalt können sich Dissidenten, die zu persönlichen Risiken entschlossen sind, zunutze machen. Zudem klagen die Dissidenten Ansprüche ein, die teils durch geltendes Recht gedeckt sind, teils zu den integralen Bestandteilen der offiziellen Weltanschauung gehören; in jedem Fall können sie an die humanistischen Gehalte des Sozialismus appellieren. Sie werden für die Parteibürokratie um so gefährlicher werden, je mehr sie als sozialistische Opposition auftreten und eine radikale, aber grundsätzlich immanente Kritik üben. Ihr Einfluß dürfte um so geringer sein, je mehr die Dissidenten dazu neigen, den Sozialismus von außen zu kritisieren und mit den konservativen Kräften des Westens Bündnisse zu schließen. Ihre Erfolgsaussichten hängen natürlich auch davon ab, wie schnell einerseits strukturelle Zwänge der Modernisierung die veralteten ideologischen Integrationsmechanismen außer Kraft setzen, und wie wirksam andererseits die innere sozialistische Opposition mit den eurokommunistischen Fraktionen im westlichen Ausland rückgekoppelt werden kann. Hier sehe ich Tendenzen, die vorsichtig optimistische Voraussagen stützen. Diese Opposition liegt jedenfalls auf der Traditionslinie der europäischen Aufklärung, der bürgerlichen Emanzipationsbewegungen und der klassischen Arbeiterbewegung.

Die Jugendrevolte der 60er Jahre ist ein komplexes Phänomen, das einen *anderen* historischen Stellenwert hat. Hierzu habe ich nur Vermutungen. Als soziale Bewegung betrachtet, haben die Studenten allenfalls ein Störpotential dargestellt, das unter Umständen zur Dysfunktionalisierung von gesellschaftlichen Lebensbereichen ausreicht, aber nicht zu einer zweckrational betriebenen Transformation tiefsitzender gesellschaftlicher Strukturen – worin die Dissidentenbewegung eines Tages immerhin einmünden könnte. Rückblickend sehe ich die von den Hochschulen ausgehende Protestbewegung in den westlichen Ländern als einen schichtspezifisch begünstigten und durch wirtschaftliche Hochkonjunktur geprägten Sonderfall jener neopopulistischen Strömungen, die von den politischen Parteien nicht recht absorbiert werden können. Diese Strömungen reagieren auf die Formen ökonomischer und administrativer Zweckrationalität, die im Zuge des kapitalistischen Wachstums alle Lebensbereiche durchdringen, die in die Kreisläufe der sich selbst regenerierenden Natur immer tiefer eindringen, die die geschichtliche Substanz vorbürgerlicher, traditional geprägter Lebensformen aufzehren, aber aus sich heraus keine neuen Formen der Solidarität, keine neuen Möglichkeiten eines nicht-instrumentellen Umgangs mit der Natur, der äußeren Natur oder der des eigenen Leibes hervorbringen. Die Studentenbewegung war ein vorübergehendes Phänomen, aber es bestehen Ähnlichkeiten mit anderen, von der Basis ausgehenden, teils progressiven, teils rückwärtsgewandten, in ihrem Potential meistens ambivalenten Bewegungen. In der Frauenbewegung, in den ökologischen Protestgruppen, in Bürgerinitiativen, im Widerstand von Kernkraftgegnern, in regionalistischen Bewegungen, in wilden Streikaktionen und Betriebsbesetzungen artikulieren sich ähnliche Bedürfnisse. Die Studentenbewegung hat in spektakulärer Weise die Aufmerksamkeit auf diese neuen Konfliktpotentiale gelenkt.

Freudenthal: Können Sie diese Fragen noch einmal unter dem Aspekt der Entfremdung aufnehmen? Wie weit wird eine objektiv bestehende Entfremdung überhaupt bewußt? Sind die anarchistische Linke, die ökologische Bewegung, die antipsychiatrische Bewegung auch Ausdruck einer, sagen wir: falsch objektivierten Entfremdung? Gehen diese Bewegungen vielleicht deshalb am Kern vorbei, weil sie sich nur gegen Symptome wenden, weil ihre Träger selbst die normative Struktur des Kapitalismus noch zu sehr verinnerlicht haben? Gibt es so etwas wie einen unbewußt bleibenden Klassenkampf – und Wege, um ihn bewußt zu machen?

Habermas: Den Begriff ›Entfremdung‹ gebrauche ich nicht gerne, weil er zu verwaschen ist. In der bürgerlichen Kulturkritik bedeutet ›Entfremdung‹ eine Art anthropologisches, wenn nicht gar metaphysisches Unheil. In der amerikanischen Sozialpsychologie deckt ›alienation‹ beinahe alle Formen abweichenden, gar unangepaßten Verhaltens. Beim jungen Marx selbst hatte der Begriff einen klaren Bezug zur Struktur der entfremdeten Arbeit, des Arbeitsprozesses unter Bedingungen der Warenproduktion. Gerade wenn man einen solchen gesellschaftstheoretischen Begriff von Entfremdung oder Verdinglichung beibehalten möchte, muß man sehen, daß der Bezug auf den Produktionsprozeß zu eng geworden ist. Wir müssen die Argumente der Systemtheoretiker ernst nehmen. Alle modernen Wirtschaftssysteme sind so komplex, daß eine totale Umstellung auf partizipatorische Entscheidungsverfahren, d.h. eine demokratische Umstrukturierung auf *allen* Ebenen, empfindliche Imperative der Organisationsrealität verletzen müßte. Wenn man das gegenwärtige Organisationsniveau beibehalten will, kann die Idee des Sozialismus vermutlich nicht mehr (und braucht auch nicht mehr) auf dem Wege der Emanzipation von entfremdeter Arbeit eingelöst werden. Vielleicht können demokratische Entscheidungsprämissen für die gesamtwirtschaftlichen Prioritäten und für humanisierte Arbeitsbedingungen nur noch von außen eingegeben werden, ich meine in dem Sinne, daß eine *durchgängige innere* Reorganisation der Wirtschaft nach Prinzipien der Selbstverwaltung weder nötig noch möglich ist. Eine solche, sagen wir einmal überspitzt, externe Ankoppelung der Wirtschaft an eine demokratiche Willensbildung ist dann keine hinreichende, aber eine notwendige Bedingung für kommunalistische Formen des Zusammenlebens, für Lebensformen, die nicht länger durch Imperative eines naturwüchsigen Akkumulationsprozesses gesteuert und durch Formen ökonomischer und administrativer Rationalität geprägt sind. Ohne diese Reorganisation der Lebensverhältnisse fehlt umgekehrt auch die Basis für eine folgenreiche demokratische Willensbildung. Das habe ich jetzt sehr grob und mißverständlich formuliert, um eine bestimmte, etwas gefährliche These zu begründen: ein gesellschaftstheoretischer Begriff der Entfremdung müßte heute im Sinne einer Kritik der instrumentellen und der funktionalistischen Vernunft auf abstrakterer Ebene reformuliert, d. h. von der Ebene der Analyse der Warenform weggeführt werden.

Freudenthal: Was bedeutet das für die Bewegungen, von denen wir sprachen?

Habermas: Sie erwähnen die Wiederbelebung anarchistischer Deutungsmuster auf der Linken. Sie könnten auch an die Wiederentdeckung des Surrealismus in den sechziger Jahren denken, an intellektuelle Ausläufer der Studentenbewegung, z. B. die Kritik Foucaults an den Formen und Normen der bürgerlichen Rationalität in Medizin, Rechtsprechung, Sexualität (die schon in der »Dialektik der Aufklärung« vorweggenommen worden ist), oder an die eher praktischen Ausläufer der Protestbewegung wie Antipsychiatrie, Kritische Justiz, Medienkritik (im Sinne von Enzensbergers Medientheorie), wie die Versuche zur antiautoritären Erziehung, »Demokratisierung der Kunst«, zu einem professionellen Radikalismus unter Ärzten, Architekten, Rechtsanwälten, Wissenschaftlern, Pfarrern usw. Das alles sind Phänomene, die sicher nicht mit dem klassischen Begriff der entfremdeten Arbeit entschlüsselt werden können, weil sich in ihnen ausnahmslos Erfahrungen außerhalb der Sphäre des Produktionsprozesses niederschlagen. Sie haben ganz recht, daß sich in diesen Erscheinungen ein Potential ausdrückt, das wir in seinen Ambivalenzen zunächst sehr viel genauer beschreiben müssen, bevor wir es theoretisch erklären können. Es handelt sich offenbar weder um einen politisch klar organisierten Widerstand, noch handelt es sich, wie Ihre Frage nahezulegen scheint, um eine neue Variante falschen Bewußtseins. Es handelt sich wohl eher um hoch selektive, schichtspezifische Empfindlichkeiten und Revolten gegen Verdinglichungstendenzen in vorwiegend kulturellen Sektoren, auf die die Formen der ökonomischen und administrativen Rationalität übergreifen. Es sind, meine ich, zugleich Reaktionen gegen die Abdrängung gesellschaftlicher Konflikte in Bereiche, die bisher unter die Definitionen des Privaten, des nur Psychologischen gefallen sind, also Reaktionen gegen die Abwälzung sozialer Kosten auf den isolierten einzelnen. Dieser Konfliktlösungsmechanismus gewinnt in Ländern wie der Bundesrepublik an Bedeutung, wo die soziale Integration auf der Ebene der Institutionen, der Gewerkschaften, politischen Parteien,

Gerichte, Massenmedien usw. noch reibungslos funktioniert. Wir werden in den nächsten Jahrzehnten sehen können, ob sich das Potential abweichenden Verhaltens, der Konfliktstoff, der heute dem Privaten und Kulturellen zugeschoben wird, von rasch wachsenden Sozialbürokratien aufgefangen wird. Kann sich der Konfliktstoff, der sich in Kriminalität, Schulproblemen, psychosomatischen Krankheiten, Alkoholismus, im Wildwuchs gruppentherapeutischer Aktivitäten, im Rückzug auf Landkommunen, in der Faszination durch Gurus, in der Wiederbelebung meditativer Techniken (sogar von seiten der Kirchen) auch in neuer Religiosität äußert, und der vorerst in subkulturellen Bereichen segmentiert ist, administrativ, also innerhalb der zugelassenen Formen der Rationalität bearbeitet werden? Dann wird ein riesiger, mit Motivationskontrolle befaßter, im Kern sozialtherapeutischer Verwaltungsapparat entstehen, der sich vom Verfassungsschutz und den gesinnungskontrollierenden Behörden über einen psychologisierten Strafvollzug, über sozialpsychiatrische Anstalten, psychotherapeutische Betreuungssysteme für Eltern, Jugendliche und Alte bis ins öffentliche Bildungssystem hinein erstreckt. Eine der großen Leistungen der Studentenbewegung und ihrer Ausläufer sehe ich darin, daß Ansätze gemacht worden sind, solche Konfliktstoffe zu entprivatisieren und für Formen praktischer Rationalität zu öffnen. Von einem unbewußten Klassenkampf würde ich nicht sprechen. Aber für die Analyse dieser neuen Konfliktpotentiale eignet sich ein theoretischer Ansatz, der davon ausgeht, daß der strukturell angelegte Klassenkonflikt in den politisch sensiblen Kernbereichen des Gesellschaftssystems eingefroren und in Randzonen verschoben worden ist.

Freudenthal: Können Sie etwas näher auf die Rolle des Intellektuellen in der heutigen Gesellschaft eingehen? Zunächst die Frage: welches waren die bedeutendsten Ideologien in Europa zwischen 1948 und 1978? Wie stehen Sie zu ihnen, besonders zum Existentialismus?

Habermas: Wenn Sie unter »Ideologie« die wichtigsten intellektuellen Strömungen, die breitenwirksamen, philosophisch inspirierten Denkstile verstehen, würde ich, für die Zeit nach dem Zweiten Weltkrieg, in der Tat den Existentialismus, vor allem in seiner

Sartreschen Spielart, nennen; sodann den Positivismus, der technokratische Vorstellungen im Gefolge hatte; und schließlich den Marxismus westeuropäischer Prägung, der in Frankreich stärker phänomenologische und später strukturalistische, in Deutschland, auf der Linie Lukács, Korsch, Kritische Theorie, stärker hegelianische Züge angenommen hat. Wie mein Freund K. O. Apel habe ich die existentialistischen und die im weiteren Sinne positivistischen Denkrichtungen stets als komplementäre Erscheinungen gesehen; sie ergänzen sich arbeitsteilig. Der Positivismus, und in dieser Hinsicht würde ich den Popperschen Kritizismus noch dazu rechnen, sieht seine Aufgabe darin, die Wissenschaften objektivistisch zu deuten und als einzige legitime Form des Wissens und des methodischen Erkenntnisfortschritts auszuzeichnen. Es war der theoriepolitische Impuls des »Wiener Kreises«, eine Demarkationslinie zwischen Wissenschaft und »Metaphysik«, also allen übrigen, als bloß expressiv abgewerteten Wissensformen zu ziehen, um endlich die Scharlatane aus dem Tempel einer (um den Preis der *Einebnung* niet- und nagelfest gemachten) Aufklärung zu vertreiben. Die Suche nach Abgrenzungskriterien ist schon lange eingestellt worden, aber jener Impuls hat in den Grundströmungen der analytischen Philosophie lange fortgewirkt. Eine komplementäre Abgrenzungspolitik hat der Existentialismus betrieben. Vom frühen Jaspers bis zum späten Kolakowski sind sich die Protagonisten dieser Richtung darin einig, daß ein objektivistischer Begriff der Wissenschaft dem philosophischen Glauben, dem intuitiven Denken, dem Mythos, überhaupt den nicht-objektivierbaren Erfahrungen der geschichtlichen Existenz eine Sphäre eigenen Rechts *jenseits verbindlicher Argumente* sichert. Beide Richtungen verwerfen als »gnostisch«, was sich der Dichotomie zwischen einer empiristisch verstandenen Wissenschaft und der Evokation von Glaubensmächten entzieht: prototypisch die marxistische Gesellschaftstheorie und die Psychoanalyse, die das Element der Selbstreflexion in die wissenschaftliche Theoriebildung einholen wollen. Beispielsweise hält die Kritische Theorie an einem Begriff der Vernunft fest, der sich gleichzeitig gegen szientistische Verstümmelung und existentialistische Abwertung behauptet und doch kritisch gegen sich selber gewendet wird, so daß rationalistische Vertrauensseligkeit gar nicht erst aufkommt und geschichtsphilosophisches Denken nicht zur Mystifikation wird. Die »Dialektik der Aufklärung« versucht, den normativen Gehalt von Begriffen wie Autonomie des Ichs und Emanzipation der Gesellschaft zu retten, indem sie den ideologischen Mißbrauch dieser Begriffe ebenso unnachsichtig kritisiert wie auch die positivistische Säuberung unseres Bewußtseins von transzendierenden Perspektiven überhaupt.

Freudenthal: Sie beziehen sich auf die »Dialektik der Aufklärung«. Dieses Buch ist vor dreißig Jahren erschienen. Ist es repräsentativ für die Kritische Theorie, die Sie heute vertreten?

Habermas: Die Frankfurter sind überhaupt erst in den späten 60er Jahren, aus der Sicht der politischen Studenten und der Öffentlichkeit, zu einer Schule stilisiert worden. Tatsächlich hat eine schulbildende Kohärenz der Auffassungen nur zu jener Zeit bestanden, in der die alten Mitglieder des Instituts für Sozialforschung, Pollock, Marcuse, Löwenthal, Adorno, Kirchheimer, Neumann während ihrer New Yorker Emigrationszeit, also bis 1940, mit Horkheimer als dem Spiritus rector, eng und produktiv zusammengearbeitet haben. Nach dem Kriege haben Horkheimer und Adorno in der Bundesrepublik Einfluß gehabt, später auch Marcuse. Breitenwirkung hat die Kritische Theorie erst in dieser Spätphase erlangt; und gewirkt hat sie nicht in erster Linie durch philosophische Werke wie Adornos »Negative Dialektik« oder »Ästhetische Theorie« als vielmehr im Sinne einer pessimistisch getönten Kulturkritik. Diese Tatsache decouvriert auch wirkliche Schwächen. Adorno hat den theoretischen Gedanken aufs Aphoristische zugespitzt, er hat das Denken in Fragmenten geradezu zum Programm erhoben und dem Wissenschaftsbetrieb gegenüber eine große Distanz gewahrt, eine zu große, wie ich finde. Daraus resultierten vor allem drei Schwächen. Die Kritische Theorie hat die in den Sozialwissenschaften und in der analytischen Philosophie entwickelten theoretischen Ansätze nicht ernst genommen, sie hat nicht, wie es ihren Intentionen eigentlich entsprochen hätte, systematisch an sie angeknüpft. Darum hat sie sich, zweitens, in Form einer Kritik der instrumentellen Vernunft auf einer abstrakten Ebene eingeigelt, und hat zur empirisch gehaltvollen Analyse einer überkomplexen gesellschaftlichen Realität nicht viel beigetragen. Schließlich hat sie sich über ihre normativen Grundlagen, über ihren eigenen Status nicht unzweideutig Rechenschaft gegeben; Adorno hat die Möglichkeit der systematischen Begründung eines Vernunftbegriffs, den er doch implizit stets in Anspruch genommen hat, geleugnet. Diese Aporie ist übrigens für mich ein Grund für die Ausarbeitung einer Theorie des kommunikativen, d.h. an Geltungsansprüchen orientierten Handelns.

Freudenthal: Man verkündet schon seit längerem das Ende der Frankfurter Schule.

Habermas: Ich habe jene drei Schwächen genannt, weil sie negativ in die Richtung weisen, in die wir, meine Mitarbeiter und ich, unsere theoretischen Arbeiten heute voranzutreiben versuchen. Aber ein Schulzusammenhang besteht nicht mehr, und das ist sicher gut so. Außerdem herrschen in der Bundesrepublik der 70er Jahre geistige Strömungen, die schon auf das reagieren, was manche Leute als die »Kulturelle Hegemonie« der Linken wahrnehmen. Die nationalen Ausprägungen dieser »Tendenzwende« unterscheiden sich. Der Kritik der Neuen Philosophen in Paris und der konservativ geprägten Gesellschaftstheorie an der amerikanischen Ostküste, die um Zeitschriften wie »Commentary« und »Social Policy« herum konzentriert ist, entspricht bei uns eine bunte Koalition, die mit einem zugleich liberal-konservativen und szientistischen Tenor an die ideologischen Positionen der Gegenaufklärung anschließen: an ein breit gestreutes Erbe, das von C. Schmitt über Gehlen und Heidegger bis zu bestimmten Varianten des Neuaristotelismus reicht. Diese diffusen Strömungen gewinnen vorerst nur durch die Stoßrichtung gegen den gemeinsamen Gegner einen gewissen politisch-ideologischen Zusammenhang.

Freudenthal: Welche Rolle spielen nun die Intellektuellen in der Gesellschaft? Mich interessiert diese Frage weniger unter soziologischen als unter wissenschaftsphilosophischen Gesichtspunkten. Wie sehen Sie in diesem Zusammenhang den Unterschied zwischen Ihrem Wissenschaftsbegriff und dem Karl Poppers? Könnten Sie hier Ihren Dezisionsvorwurf gegen Popper erläutern?

Habermas: Poppers Modellvorstellung von empirisch-analytischer Wissenschaft wird den fruchtbarsten theoretischen Ansätzen in den Sozialwissenschaften von Durkheim, Freud, Mead und Piaget bis

Chomsky, Luhmann, Kohlberg und anderen nicht gerecht. Ich muß nicht betonen, daß ich von Popper außerordentlich viel gelernt habe. Er ist eine der großen Figuren in jenem bewundernswerten Prozeß der Selbstkritik, in dem sich die analytische Wissenschaftstheorie entfaltet und ihren eigenen Dogmatismus abgearbeitet hat – bis hin zu der in der Kontroverse mit Kuhn gewonnenen Einsicht, daß die rationale Rekonstruktion der Wissenschaftsgeschichte ein hermeneutisches Unternehmen par excellence ist. Ich finde freilich, daß Popper in seiner berechtigten Kritik an der Verkürzung der Wissenschaftstheorie auf die Untersuchung der Syntax und Semantik von Wissenschaftssprachen, salopp geredet, nicht weit genug gegangen ist. Schon Ch. S. Peirce hat die pragmatische Dimension der Forschungslogik, hat die systematische Bedeutung des context of discovery (und des context of application) radikaler aufgefaßt als Popper, der für meine Begriffe zu rigide zwischen der Logik der Forschung einerseits, der Psychologie und Soziologie der Forschung andererseits unterscheidet. Damit hängt auch die Differenz zusammen, die Sie im Auge haben.

Popper blendet sowohl den Entstehungs- wie den Verwendungskontext, aus dem sozialwissenschaftliche Theorien hervorgehen und in dem sie wirksam werden, aus einer rekonstruktiv verfahrenden Analyse aus. Deshalb haben aus seiner Sicht nur solche sozialwissenschaftlichen Ansätze einen legitimen Status, die ihrer theoretischen Form nach sozialtechnisch verwertbare Informationen erzeugen und die ihren praktischen Bezugspunkt in einem piecemeal social engineering finden. Demgegenüber möchte ich die Tradition der gesellschaftstheoretischen Forschung und der Psychoanalyse, auch die der kognitivistischen Entwicklungspsychologie verteidigen, die einen anderen praktischen Bezugspunkt haben: sie zielen auf Prozesse der Aufklärung orientierungsbedürftiger Subjekte und Gruppen über sich selbst, d.h. der Aufklärung über die gesellschaftliche Lage, über die Interessenzusammenhänge und die Bildungsprozesse, die ihr Handeln ermöglichen, kontrollieren, und, gegebenenfalls, pathologisch einschränken.

Der Dezisionismusvorwurf hat mit einer anderen Sache zu tun, mit der Begründungsproblematik. Indem Popper ähnlich wie Adorno (und übrigens in Übereinstimmung mit den radikalen jüdischen

Traditionen, deren Wurzeln Scholem aufgedeckt hat) die methodische Kraft des Negativen, nämlich seinen Falsifikationismus, überdehnt und die kritische Methode der Widerlegung verselbständigt, beraubt er sich der Möglichkeit, die Kritik selber als ein vernünftiges Unternehmen zu rechtfertigen. Für Popper ist Kritik am Ende *eine* Option unter anderen. Popper muß sich auf eine Entscheidung für Rationalität, auf eine kritische Haltung, eine Bereitschaft zur Kritik, auf Überlieferungen, die solche Dispositionen erzeugen, verlassen. Ich meine zeigen zu können, daß eine Gattung, die ihr Leben in den Strukturen von sprachlicher Verständigung und kooperativem zweckrationalem Handeln erhalten muß, *wesentlich* auf Vernunft angewiesen ist. In den Geltungsansprüchen, an denen wir uns im kommunikativen Handeln, wie implizit auch immer, orientieren *müssen*, ist ein hartnäckiger, wenn auch immer wieder unterdrückter Vernunftanspruch angelegt.

Für die historische Wirksamkeit und die institutionelle Verkörperung dieses Vernunftanspruchs gibt es freilich keinerlei metaphysische Garantien. Ich meine aber, daß die Parteilichkeit für Vernunft einen anderen Status hat als alle übrigen Parteinahmen.

Freudenthal: Wie verstehen Sie die Tatsache, daß in der angelsächsischen Welt die Rollen des Soziologen und des Philosophen streng getrennt sind, während Ihre Arbeiten soziologisch und philosophisch zugleich sind?

Habermas: Darauf gibt es eine triviale Antwort: Fächer wie Psychologie und Soziologie sind im deutschen Wissenschaftssystem später ausdifferenziert worden, die Professionalisierung hat später eingesetzt als in den USA. So gab es bis in die 50er Jahre hinein Philosophen, die auch noch in einem fachlich ernstzunehmenden Sinne Psychologie (Rothacker), Anthropologie (Gehlen) oder Soziologie (Plessner) betrieben und Kombinationen fortgeführt haben, für die in den 20er Jahren etwa Max Scheler repräsentativ gewesen ist. Im Falle der alten Frankfurter kommt hinzu, daß in der marxistischen Tradition eine Arbeitsteilung zwischen Philosophie einerseits, Ökonomie, Psychologie, überhaupt den Sozialwissenschaften andererseits, immer nur in der Perspektive integrierender theoretischer Fragestellungen für sinnvoll gehalten worden ist. Die forschungsprogrammatischen Erklärungen des alten Instituts

für Sozialforschung, insbesondere Horkheimers Antrittsrede als Direktor, drücken die Überzeugung aus, daß sich die Philosophie nur in Verbindung mit den Sozialwissenschaften als eine gehaltvolle, mit substantiellen Fragen befaßte Disziplin behaupten und so dem Schicksal entgehen kann, zu einer formalwissenschaftlichen Disziplin zu verkümmern; während umgekehrt auch die sozialwissenschaftlichen Disziplinen nur im Rahmen einer philosophisch angelegten Gesellschaftstheorie vor dem Abgleiten in unfruchtbaren Positivismus bewahrt werden können. Im übrigen hatte Horkheimer, und das berührt unmittelbar Ihre Frage, die Kritische Theorie von der »traditionellen« gerade dadurch unterscheiden wollen, daß sie sich ihres Zusammenhangs mit der Lebenspraxis bewußt bleibt. Wie sollte der Philosoph die Rollentrennungen des akademischen Wissenschaftsbetriebs wenn nicht aufheben, so doch reflexiv unterlaufen können, wenn er sich von allen substantiellen Fragen, und damit auch von theoretisch informierten Stellungnahmen zur politischen Aktualität abschneiden ließe?
Was mich betrifft, ich bin so etwas wie ein letzter Mohikaner. Ich habe im wesentlichen bei Rothacker Philosophie und Psychologie studiert, habe als Assistent von Adorno Soziologie gelernt, habe mich in Politischer Wissenschaft bei Abendroth habilitiert und später Horkheimers Lehrstuhl für Philosophie und Soziologie innegehabt. Als Doppellehrstuhl ist er 1971, nachdem ich Frankfurt verlassen habe, aufgelöst worden. Auf dieser institutionellen Ebene ist damit auch in der Bundesrepublik die erwähnte Arbeitsteilung säuberlich durchgeführt worden – gewiß zur Befriedigung unserer strammen Soziologen-Soziologen.
Sie haben aber mit Ihrer Frage weniger die institutionelle Seite gemeint. Darf es und soll es Philosophen geben, die ihren Beruf, ohne Beeinträchtigung der wissenschaftlichen Standards und gerade mit Hilfe ihrer wissenschaftlichen Kompetenz als eine öffentliche, eine politisch wirksame Rolle begreifen? Ich meine, ja; wie das Beispiel eines Charles Taylor zeigt, gibt es diesen Typus auch im angelsächsischen Bereich, sogar in Oxford.
Und weiter: darf es und soll es eine Philosophie geben, die nicht nur auf metatheoretischer Ebene, sondern substantiell mit den Einzelwissenschaften kommuniziert? Wenn man das Konzept der Ein-

heitswissenschaften vertritt, in irgendeiner Version vertritt, muß die Antwort auf beide Fragen natürlich negativ sein. Ich glaube hingegen, daß sich die Humanwissenschaften in dem Maße, wie sie philosophische Fragestellungen in wissenschaftlich bearbeitbare Probleme umsetzen, von diesem empiristischen Wissenschaftsmodell immer weiter entfernen werden und daß der Philosophie in diesem Zusammenhang die Aufgabe zufällt, jeweils die starken Theoriestrategien gegenüber dem Induktionismus und Elementarismus zu fördern. Ich betrachte die Philosophie als den bis heute unersetzlichen Statthalter eines Anspruchs auf Einheit und Verallgemeinerung, der freilich entweder *in* den Humanwissenschaften oder überhaupt nicht auf seriöse Weise eingelöst werden wird.
Freudenthal: Eine letzte Frage: an wen wenden Sie sich mit Ihren Schriften – an denjenigen, der von außen an sein Objekt herantretend erkennen will, oder an den einzelnen, der sich in seiner Lebenswelt orientieren will, an den einzelnen in seiner »Lebensnot«?
Habermas: Wenn wir die »Lebensnot« einen Augenblick zurückstellen, so sehe ich zwischen soziologischer Erkenntnis, die auf Objektivität Anspruch erhebt, und dem praktischen Erkenntnisinteresse, das auf die Umsetzung von Informationen in, sagen wir Situationsdeutungen und Lebensorientierungen abzielt, keine Alternative. Freilich nur dann nicht, wenn die sozialwissenschaftlichen Theorien nicht objektivistisch angelegt sind, wenn sie nicht schon, wie die behavioristische Lerntheorie, durch die Wahl der Grundbegriffe jeden Bezug zu und jede Möglichkeit der Übersetzung in die traditionsabhängigen Begriffe der Alltagspraxis ausschließen.
Freudenthal: Welche Relevanz hat aber eine Gesellschaftstheorie für den einzelnen?
Habermas: Sie meinen, daß Theorien, die in der Tradition von Marx und Hegel stehen, die Lücke nicht ausfüllen können, die der Existentialismus zurückgelassen hat? Eine Theorie der Gesellschaft bietet vielleicht eine Perspektive, sagen wir vorsichtig: Hoffnungen und Ansatzpunkte für die Überwindung von Leid und Unglück, das aus Strukturen des gesellschaftlichen Lebenszusammenhanges hervorgeht, aber nicht für die Bewältigung von Grundrisiken der

menschlichen Existenz – wie Schuld, Vereinsamung, Krankheit und Tod. Sie könnten sagen, daß sich die Gesellschaftstheorie gegenüber den individuellen Heilsbedürfnissen trostlos verhält. Die marxistischen Hoffnungen richten sich ja auf ein kollektives Projekt und überlassen den einzelnen der vagen Aussicht, daß solidarische Lebensformen den Anteil, den gesellschaftliche Repressionen an Schuldgefühlen, an Vereinzelung, an Angst vor Krankheit und Tod tragen, tilgen, wenigstens verringern können. Und das ist nicht einmal ein Substitut für Trost. Man kann sogar sagen, daß Theorien, die über gesellschaftliche Stufen der Entwicklung, über reifere Organisationsformen, gar über die geburtshelferische Praxis für die Entbindung einer neuen Gesellschaftsformation informieren sollen und dabei zugleich den religiösen Gesichtspunkt der Erlösung dementieren, das Bewußtsein radikaler Trostlosigkeit erst schaffen. Wie soll universale Solidarität mit den Opfern eines unbarmherzigen historischen Fortschreitens möglich sein, wenn vergangenes Unrecht, wenn der Schmerz, die Erniedrigung, das Unglück vergangener Generationen, aus einem profanen Blickwinkel betrachtet, irreversibel, einer Wiedergutmachung nicht fähig sind? Benjamin hat auf dieses Erschrecken tastend mit der Idee einer anamnetischen, einer allein durch die Kraft der Erinnerung sühnenden Solidarität geantwortet. Vielleicht können wir überhaupt in Benjamins zuweilen kryptotheologischen Überlegungen die Umrisse eines Denkens erkennen, das Ihre Frage ernst nimmt, jedenfalls eher, meine ich, als in der Philosophie des frühen, existentialistischen Sartre. Worum es geht, ist ja ein Problem, mit dem alle modernen Gesellschaften konfrontiert sind, nachdem die religiösen, über das bloß Menschliche hinausweisenden Überlieferungen ihre Autorität weitgehend eingebüßt haben. Ich sehe handgreifliche Regressionen in neue Formen des Heidentums, die die über Hochreligionen errungene Ich-Identität unterbieten. Wenn das stimmt, wie kann dann, nicht zwar die Substanz, aber doch die humanisierende Kraft von Überlieferungen, die uns vor solchen Regressionen bewahren, wie kann das Erbe der Religion in die Profanität eingebracht werden? Vorerst wissen wir nur: nicht *als* religiöses Erbe.

Freudenthal: Nun gut, wir wollen die Gesellschaftstheorie auch nicht überfordern. Aber inwieweit kann sie überhaupt einen praktischen Einfluß auf den einzelnen ausüben? Und falls Sie einen solchen Einfluß anstreben, wie soll das Engagement aussehen?

Habermas: Der praktische, handlungsorientierende Einfluß auf Individuen und auf Gruppen kann nicht besser sein als die Interpretationen und Erklärungen, die die theoretischen Annahmen in Anwendung auf jeweils bestimmte Situationen erlauben. Im übrigen kann ich nur eine streng prozedurale Antwort geben: wenn ein Engagement aus freien Stücken übernommen werden soll, muß es sich auf gute Gründe stützen können. Auch Theorien können gute Gründe liefern. Aber theoretisch vermittelte Gründe gewinnen willensbildende Kraft nur in politischen und in moralisch-praktischen Diskursen. Und da jedes Engagement konkret ist, lassen sich hier keine Standard-Diskurse, keine Diskurse ein für allemal führen. Mit anderen Worten: auch eine Theorie in praktischer Absicht bietet nicht mehr und nichts anderes als, im besten Fall, plausible Hypothesen; sie ist, nicht nur im Wissenschaftssystem, auf *Fortsetzungen* angewiesen: auf Fortsetzungen in der diskursiven Willensbildung und der Selbstreflexion derer, die sich im Handeln orientieren. Dafür gibt es keine Stellvertretung.

28. Interview von Angelo Bolaffi mit Jürgen Habermas für die italienische Wochenzeitung Rinascita (1978)

Bolaffi: Es wird viel diskutiert über die Natur und die Ursachen der Krise, die heute alle fortgeschrittenen kapitalistischen Länder erschüttert. Wir wollen sehen, ob es möglich ist, ihre Strukturmerkmale zu definieren und eine vorläufige Bilanz zu ziehen.
Habermas: Generell kann man sagen, daß die ökonomische Krise sich verschlimmert hat, daß heute allen bewußt ist, daß wir es nicht bloß mit einer kurzfristigen Rezession zu tun haben und daß die Arbeitslosigkeit bis weit in die achtziger Jahre ein Problem bleiben wird. Was in diesem Zusammenhang interessant ist, ist die Reaktion auf dieses Phänomen von seiten der Arbeiter: in der Bundesrepublik hat die Krise einen Disziplinierungseffekt. Im Rahmen, oder besser auf der Basis der gesetzlich garantierten sozialen Sicherheit ist es der Regierung offensichtlich gelungen, jeden Protest im Keim zu ersticken. Dieses Faktum erklärt sich nicht einfach von selbst, auch wenn es nicht ganz unerwartet ist. Ich glaube, die unmittelbare Folge dieses Disziplinierungseffekts ist nicht nur die, daß es keine extreme Gegenreaktion bei politischen Wahlen geben wird, sondern noch eine weit umfassendere: er ruft in der Bevölkerung ein konservatives Grundgefühl wach, das bei Intellektuellen und in der Parteienrhetorik ein kulturelles Echo findet. Diese neokonservative Strömung, die schon Anfang der siebziger Jahre zum ersten Mal auftauchte, ist durch den ökonomischen Hintergrund enorm verstärkt worden.
Bolaffi: 1973 hielten Sie im Goethe-Institut in Rom einen Vortrag unter dem Titel »Was heißt heute Krise?«. Heute, fünf Jahre später, frage ich Sie, was bedeutet »Krise«?
Habermas: In den letzten Jahren ist klargeworden, daß der Krisenmechanismus seinen Ursprung zwar immer noch im ökonomischen System hat, daß aber der Wohlfahrtsstaat oder zumindest der am Wohlfahrtsstaat orientierte Kapitalismus es nicht mehr zuläßt, daß die Krise in einer *unmittelbar* ökonomischen Form zutage tritt. In Zeiten der Rezession und der hohen Arbeitslosigkeit sind es

vielmehr die Versuche der kulturellen und sozialen Integration, in denen sich die Krisenphänomene manifestieren können. Die letzten Jahre haben mich eher in der Überzeugung bestärkt, daß eine Umsetzung der ökonomischen Krisentendenzen in politische Reaktionen weder auf seiten der organisierten Arbeiterschichten, die rational und zweckorientiert handeln, noch auf seiten der Gewerkschaften, oder hier bei uns auf seiten der sozialdemokratischen Partei, zu erwarten ist. Ich glaube vielmehr, daß diese Krisentendenzen sich heute in sehr vermittelter Form durchsetzen, und zwar so, daß sie die sozialen und kulturellen Integrationsmechanismen überfordern. Das bedeutet, daß heute ein größerer »ideologischer Aufwand« notwendig ist als in Zeiten der kapitalistischen Entwicklung mit niedriger Arbeitslosigkeit. Dieser ideologische Aufwand wird heute in zwei Richtungen betrieben: auf der einen Seite wird die Arbeitsethik in unglaublicher Weise betont, d.h. wir erleben heute die Rehabilitation des Konkurrenzverhaltens und des Leistungskampfs sowie die Betonung von Tugenden, die für ein stagnierendes Realeinkommen und eine hohe Mobilität auf dem Arbeitsmarkt funktional sind. Das bedeutet, daß man den Leuten beibringen muß, Arbeitsplätze zu akzeptieren, die sie sonst nicht ohne weiteres akzeptieren würden oder für die sie nicht die notwendige Vorbereitung haben. Der Akzent verschiebt sich somit auf die Leistungsethik und auf die instrumentellen Tugenden, und diese Orientierung wirkt sich bis in die ersten Schuljahre hinein aus.

Die andere Richtung des ideologischen Aufwands ist die einer Wiederbelebung traditioneller Werte und Tugenden, in erster Linie Tugenden, die im Familien- und Privatleben zentriert sind. Das findet seinen literarischen Niederschlag in einem neuen Subjektivismus, in einer sicherlich auch erfreulichen Wiedergeburt der Lyrik und des Romans, anstelle von kritisch-analytischen soziologischen oder politologischen Untersuchungen. Es ist eine rhetorische Weise der Reaktion auf die Bürokratisierung und die negativen Effekte des kapitalistischen Wachstums. Ich glaube, daß man diesen Teil der Propaganda von rechts, der auf tatsächliche Bedürfnisse trifft und eine konservative Interpretation wirklicher Probleme anbietet, ernst nehmen muß. Im Fall der Bürokratiekritik wie bei der

Beschwörung traditioneller Lebensformen, und das heißt in den spontanen Reaktionen auf die Umweltzerstörung, auf Gefahren im Zusammenhang mit der Atomindustrie, sogar auf administrativ eingeführte Bildungsreformen, manifestiert sich ein Grundproblem, das sowohl bei Marx wie bei Max Weber eine große Rolle gespielt hat. Das Problem besteht darin, daß im Gefolge der kapitalistischen Entwicklung und eines politisch unkontrollierten Akkumulationsprozesses die beschränkte Form der ökonomischen Rationalität ebenso wie die der administrativen Rationalität, die für dieses ökonomische System funktional ist, allmählich in immer weitere Lebensbereiche eindringen und zur Umstrukturierung zwingen, obwohl diese sich in Richtung einer ganz anderen Rationalität entwickeln müßten, nämlich auf praktisch-moralische Formen der Willensbildung und auf ästhetisch-expressive der Selbstdarstellung –; notwendig wären in diesen Bereichen Beziehungsformen, in denen sich mehr Subjektivität, mehr Gefühle ausdrücken könnten.

Abschließend kann man sagen, daß der größere Teil des »ideologischen Aufwands«, von dem ich gesprochen habe, auf eine konservative Interpretation von Problemen zielt, die im Grunde dysfunktionale Nebenwirkungen eines politisch unkontrollierten kapitalistischen Wachstums sind.

Bolaffi: Mir scheint, daß in diesen Zusammenhang auch die scheinbar unpolitischen Protestphänomene gehören, die die gegenwärtige Phase des politischen Lebens in den westlichen Ländern zu charakterisieren scheinen.

Habermas: Neu ist das, was man inzwischen als »neopopulistische Protestpotentiale« bezeichnet. Das Neue bei uns – in Italien ist es vielleicht anders – liegt darin, daß das Protestpotential, das die Szene zwischen dem Ende der sechziger Jahre und dem Anfang der siebziger Jahre beherrscht hat, das sich aus den Universitäten heraus entwickelt und Schichten von jungen Arbeitern und Lehrlingen erreicht hat, verstummt ist. Auch dies muß zu den Disziplinierungseffekten der Krise gerechnet werden. An seiner Stelle haben wir einerseits die Erscheinungen des Terrorismus und andererseits weniger dramatische, die eher emotionalen Strömungen eines neopopulistischen Protests. Diese bringen vermutlich die Tatsache zum Ausdruck, daß die traditionellen Parteien und die Gewerkschaftsbürokratien nicht in der Lage sind, die relevanten Konflikte und Themen zu kanalisieren und in angemessener Weise auf spezielle Problemstellungen zu reduzieren. Ich sehe in diesen Protesten das Anzeichen einer Unzufriedenheit, die sich als Entfremdung vom Parteiensystem als solchem manifestiert. In dieser Richtung gibt es auch andere Indikatoren: wir kennen zum Beispiel Meinungsumfragen, die zeigen, daß jedenfalls ein wichtiger Teil der Bevölkerung mit dem Parteiensystem insgesamt unzufrieden ist, nicht nur mit dieser oder jener Partei oder mit der einen oder anderen politischen Linie. In der Bundesrepublik zeigt sich dies in der Nachkriegszeit zum ersten Mal. Sicherlich ist es in anderen Ländern bereits vorgekommen, daß solche Protestpotentiale in, sagen wir einmal »kleinbürgerlichem« Sinne kanalisiert wurden; man braucht nur an den Poujadismus oder an die Steuerprotestparteien vom Typ Glistrup zu denken. Bis heute gibt es bei uns diese Kanalisierung nicht, und wir sind immer noch bei den ersten Versuchen zur Gründung von ökologischen Parteien, den »Grünen«. Dennoch bin ich überzeugt, daß solche Protestpotentiale sich gerade nicht in dieser Form organisieren lassen. Sie sind ja gerade dadurch charakterisiert, daß sie sich *nicht* in Form eines von Parteien kanalisierten und interpretierten parlamentarischen Protests ausdrücken lassen, ohne daß an der Basis das Gefühl der Enttäuschung entstehen müßte.

Bolaffi: Sie denken also, daß der Plan einer Organisierung oder »Parlamentarisierung« dieser Proteste unmöglich oder unrealisierbar ist?

Habermas: Es handelt sich um heterogene Protestpotentiale, die schwer zu analysieren sind: Anti-AKW-Bewegung, Bürgerinitiativen, die sich aus den verschiedensten Anlässen bilden – etwa auf kommunaler Ebene, um zu verhindern, daß ein Wohnviertel durch eine Autobahn zerschnitten wird, die Alternativbewegung usw. Wenn wir nach den Motiven fragen, würde ich sagen, daß sich darin in erster Linie die Reaktion auf das Vorgehen mit administrativen Mitteln und Methoden niederschlägt. Nehmen wir als Beispiel die Reaktion auf Schulreformen: hier reagieren die Eltern auf die Enteignung dessen, was sie stets als einen Bereich ansahen, der ihnen gehört und der ihnen nun durch die Ausdehnung administrativer Eingriffe in die Kultur weggenommen wird. Aus diesem Grund bin ich auch nicht so sicher, ob es nicht auch eine ähnliche Reaktion gegen Reformen »von rechts« geben würde: was Reaktionen hervorruft, sind nicht so sehr die spezifischen Gehalte als vielmehr die administrative Form des Eingriffs.

Wenn wir uns fragen, ob diesen Protestbewegungen etwas gemeinsam sei, so würde ich sagen, daß offensichtlich in den letzten Jahren die Sensibilität zugenommen hat und damit auch die Bereitschaft zum Protest gegen das, was ich als dysfunktionale Nebenwirkungen des kapitalistischen Wachstums bezeichnet habe. Das bedeutet, daß das Bewußtsein von der »kapitalistischen Infiltration« in Lebensbereiche, die bis heute von der Tradition gesichert wurden und in denen die Werte der kapitalistischen Gesellschaft (Statuswettbewerb, Leistungszwang, Instrumentalismus usw.) nicht dominierten, gewachsen ist. Es handelt sich also um Strömungen, die nicht das klassische, vom Marxismus umrissene Protestpotential repräsentieren, obwohl natürlich auch Arbeiter, vor allem junge, daran beteiligt sind. Die gesellschaftliche Zusammensetzung ist jedoch heterogen. Beim Kampf gegen Atomkraftwerke zum Beispiel vermischen sich bäuerlich-konservative Bevölkerungsschichten, aber auch Teile des ländlichen Establishments, wie Apotheker, Lehrer, Ärzte und Rechtsanwälte, mit Jugendlichen, Lehrlingen, usw. Daneben gibt es eine linke Komponente aus Studenten und jungen Arbeitern, den Erben von 1968.

Bolaffi: Ich glaube aber nicht, daß dies auch auf die Frauenbewegung zutrifft, die doch heute ein weltweites Phänomen ist.

Habermas: In mancher Hinsicht unterscheidet sich die Frauenbewegung strukturell von diesem Prozeß. Zunächst einmal repräsentiert sie natürlich ein sehr viel größeres Potential. Sie lebt nicht von zufälligen Motivationen, sondern geht von einem zentralen Problem aus: von der Gleichheit der Rechte. Zweitens gehört sie ebensosehr zur bürgerlichen wie zur sozialistischen Tradition der Emanzipationsbewegungen. Aus ideologischer Sicht läßt sie sich in die großen Bewegungen einordnen, die sich universalistisch am Gleichheitsprinzip orientieren. Für die anderen Bewegungen gilt dies dagegen nicht.

Bolaffi: Aber die Frauen gehen doch über die Forderung nach Gleichheit hinaus (und darin trifft sich ihre Bewegung mit Kritiken am Marxismus als einer einfachen Theorie der sozialen Gleichheit) und sprechen von Befreiung.

Habermas: Das ist ganz richtig; aber es gibt auch deutliche Ähnlichkeiten mit den Prozessen, die ich oben beschrieben habe. Der gesellschaftliche Konflikt, der hinter der Frauenbewegung steht, hängt damit zusammen, daß der kapitalistische Wirtschaftsprozeß ein Reservat verletzt, das in der westlichen Gesellschaft in gewisser Weise immer noch von der bürgerlichen Familie geschützt worden ist, besonders in den Mittelschichten. Es ist klar, daß die Frauen heute allmählich zum Bestandteil der Reservearmee des Arbeitsmarktes werden, was bis heute nur für die Arbeiterklasse galt und nunmehr immer stärker auch die bürgerlichen Schichten erfaßt. Es handelt sich also um einen Parallelkonflikt, der jedoch nicht in traditionalistischer Weise erklärt werden kann. In dieser Hinsicht besteht eine radikale Differenz zu manchen der anderen Bewegungen. Letztere können sozusagen nur im Lichte der Erhaltung oder der Restauration von Lebensformen interpretiert werden, die historisch überliefert und nun von Zerstörung bedroht sind. Für die Frauen hingegen gibt es in dieser Richtung keine Chance, es gibt keine Rückkehr, keinen status quo ante, der wünschbar wäre oder wiederhergestellt werden sollte: deshalb besteht in der Frauenbewegung sozusagen »a priori« ein kritisches Potential.

Bolaffi: Aber auch wenn solche Konflikte nicht unmittelbar das klassische Marxsche Bild des Klassenkonflikts reproduzieren, gehen sie doch auf strukturelle Ursachen zurück, die mit der kapitalistischen Entwicklung zusammenhängen. Daraus folgt, daß die politische Aufgabe der Verknüpfung von Ursache und Wirkung in der Praxis und im Bewußtsein größer geworden ist.

Habermas: Für uns als Marxisten stellt sich das Problem, wie die Erfahrungen, die sich in solchen Bewegungen artikulieren, möglichst so angemessen interpretiert werden können, daß unsere Lesart von den unmittelbar betroffenen Schichten akzeptiert werden kann, wie unsere Hypothese, daß diese Bewegungen von der politisch unkontrollierten kapitalistischen Entwicklung verursacht wurden, glaubhaft gemacht werden kann. Wenn dies nämlich nicht gelingt, dann können diese Protestpotentiale sehr leicht im Rahmen einer konservativen Ordnungspartei kanalisiert werden. So verwenden in der Bundesrepublik zum Beispiel die Christdemokraten und sogar die bayerische CSU den Ausdruck »humane Verwaltung«, um das Krisenpotential der Reaktion auf die Bürokratie in einem konservativen Sinn auszunützen. Diese Gefahr steht zwar nicht unmittelbar ins Haus, sie könnte aber um so eher Wirklichkeit werden, als diese neuen Protestbewegungen nicht besonders gut in der Lage sind, sich selbst zu organisieren. Ich glaube auch nicht, daß sie ihrer Natur nach so beschaffen sind, um von sich aus Organisationen bilden zu können, die eine gewisse Zweckrationalität des Handelns sichern könnten. Das was sie von sich aus vielleicht beurteilen könnten, ist ein Bruch, d.h. je nach den Umständen ein Bruch im System der organisierten Parteien. Sollte ein solcher Punkt erreicht werden, an dem sich die Tendenz zum Bruch verstärkt, dann wird es darauf ankommen, wer wie reagiert. Prinzipiell gibt es zwei mögliche Reaktionen: eine in Richtung auf eine starke Dezentralisierung der politischen Willensbildung und zur Einbeziehung von Lebensbereichen, die bisher einfach als privat und unpolitisch angesehen wurden.

Die andere mögliche Reaktion geht in Richtung auf eine konservative Ordnungspartei, die alle diese Probleme auf administrativem Weg zu lösen vermag und die die Potentiale einfach als Legitimation zur Ausdünnung demokratischer Rechte, unter Umständen sogar der Aushöhlung rechtsstaatlicher Grundsätze nützt.

Bolaffi: Mir scheint, daß sich hier auch ein »extremistischer« Weg abzeichnet, der zwischen Autonomie und Korporativismus schwankt, zwischen der Verteidigung der eigenen radikalen Andersheit als Form und Inhalt einer politischen Strategie und zugleich als Benutzung und Erweiterung des wohlfahrtsstaatlichen Modells: zwischen der Ablehnung der Politik als absoluter Form der Vermittlung/Integration und der korporativistischen Benutzung bestimmter Errungenschaften und politischer Räume.

Habermas: Die Herausforderung der zentralen Instanzen, auch der Parteibürokratien, ist ein höchst ambivalenter Prozeß: er kann sich ebenso in Richtung eines neofaschistischen Korporativismus entwickeln wie in der einer Verstärkung anarchistischer Tendenzen in solchem Maße, daß Reaktionen hervorgerufen werden, die niemand wünschen oder wollen kann. Ich möchte damit nur wiederholen, daß es sich hier nicht um einen harmlosen Vorgang handelt, den man *blind* unterstützen sollte. Ich sehe dabei ein Problem, bei dessen Lösung die Parteien der Linken vernünftig reagieren müssen. *Wie* sie reagieren müssen, ist freilich nicht einfach zu sagen. Einerseits müssen sie eine Aufklärungspraxis in Gang setzen, damit die Potentiale nicht korporativistisch verkommen. Zweitens müßten sie in dem Maße, wie es ihnen im Wettbewerb mit den anderen Parteien und innerhalb der Grenzen eines zentralistischen Staatsapparats möglich ist, die eigenen Organisationsformen dezentralisieren und flexibel machen, so daß sie auch wirklich in der Lage sind, diese autonomen Krisenpotentiale *aufzunehmen und vernünftig zu nutzen*. Je früher dies geschieht, desto eher wird man verhindern können, daß sich die selbstüberlassenen Krisenpotentiale nur noch zerstörerisch auswirken. Das ist bloß eine vage Überlegung, ich habe keine fertigen Rezepte. Wenn ich von Dingen sprechen darf, die ich nur aus der Ferne kenne, so denke ich, daß auch für die KPI eine Situation eintreten kann, in der die Gefahr besteht, daß sie zum funktionalen Äquivalent einer autoritären Ordnungspartei werden könnte. Ähnliche geschichtlich-politische Konstellationen nehmen in der Tat rasch und in unerwarteter Weise Gestalt an. Dies würde um so eher vermieden werden können, wie die KPI in der Lage wäre, ihre eigene Organisation zu dezentralisieren, selbst wenn klar ist, daß dies zunächst einmal ihre Entscheidungs- und Bewegungsfreiheit einschränken müßte. Natürlich weiß ich, daß jede Bürokratie auch ihren eigenen Gesetzmäßigkeiten gehorcht und sehr wohl auch rationale Auswirkungen hat. Es gibt also keine einfachen Lösungen, und ich kann nur hoffen, daß die KPI in der Lage sein wird, ein positives Beispiel dafür zu geben, wie auf diese Potentiale reagiert werden muß.

Bolaffi: Gegenüber diesen Krisenpotentialen gibt es aber auch die Entstehung einer neoliberalen Ideologie, die theoretisch vorschlägt, einfach die Uhr der Geschichte bis etwa hinter Keynes zurückzustellen, und die praktisch versucht, die Krise des Wohlfahrtsstaates zu instrumentalisieren, um eine bestimmte Linie der Wirtschaftspolitik durchzusetzen.

Habermas: Der Konflikt liegt zwischen dem Keynesianismus und einem neuen Monetarismus im Sinne Friedmanns. Dies hat natürlich eine politische Ergänzung in Ideen, die auf einen Abbau des Sozialstaates und die Schwächung der Gewerkschaftsbürokratie abzielen. Sollte sich diese Linie durchsetzen, dann hätten die Gewerkschaften auch in der Bundesrepublik keine andere Alternative als die, eine offensive Strategie zu entwickeln: dann würde der Konflikt klassischen Typs zutage treten, der sich in der Nachkriegszeit hinter dem, was Dahrendorf den »sozialdemokratischen Kompromiß« genannt hat, verbirgt. Tatsächlich ist keine Demontage des Wohlfahrtsstaates denkbar, die nicht Reaktionen seitens der klassischen Arbeiterorganisationen hervorrufen würde. Gerade deshalb halte ich dies nicht für wahrscheinlich oder naheliegend. Vielmehr ist wahrscheinlich, daß man, so gut es geht, vermutlich eher schlecht als recht, mit Formen eines gemäßigten Keynesianismus weitermachen wird. Eine Regierung, die anders vorgehen wollte, müßte in der Lage sein, sehr starke konservative Potentiale zu mobilisieren, und dann befänden wir uns in einer ganz anderen Situation als der gegenwärtigen, d. h. viel weiter in Richtung einer Mobilisierung faschistoider Potentiale.
Man kann, glaube ich, sagen, daß das ökonomische System mit dieser Schwierigkeit mittelfristig sehr gut fertig werden wird. Aller Wahrscheinlichkeit nach wird es einfach gelingen, etwas zu »normalisieren«, d. h. im öffentlichen Bewußtsein als normal darzustellen, was bis vor einigen Jahren noch als ein explosives Faktum angesehen wurde. Allerdings nur unter einer Bedingung: daß das System der sozialen Sicherheit standhalten wird. Gegenwärtig steht es unter Druck, und es ist gewiß nicht leicht, es auf dem gegenwärtigen Niveau aufrechtzuerhalten. Gleichwohl ist es gerade die Verschuldung, das heißt die Verschiebung des Konflikts in die Zukunft, die die Erhaltung des sozialen Friedens ermöglicht. Die Anpassungsfähigkeit des Kapitalismus ist sehr groß: er ist unglaublich flexibel, und bis heute konnte er sich Reserven zunutze machen, die er gerade in kulturellen und motivationalen Dimensionen besitzt. Es ist überraschend, wie er immer wieder neue Formen der sozialen Integration zustandegebracht hat. Es handelt sich dabei übrigens um die alte Idee der Frankfurter Theoretiker aus den

dreißiger Jahren. Als sie nach Amerika kamen, erkannten sie, daß nicht so sehr die Krisenphänomene erklärungsbedürftig waren als vielmehr die Integrationsfähigkeiten des Kapitalismus, besonders die Mechanismen der kulturellen Integration. Ich halte diesen theoretischen Ansatz auch heute noch für äußerst wichtig. Die Konflikte werden von ökonomischen Mechanismen hervorgerufen, die heute hinreichend analysiert sind. Die wahre Unbekannte ist die, *wie* sie gemildert und unter Kontrolle gebracht oder in Randzonen des Systems verlagert werden können, welcher Preis dafür zu zahlen ist und welche Konflikte anstelle des sozialstaatlich eingegrenzten Klassenkonflikts ins Spiel kommen.

Die eigentliche, und vielleicht einzig interessante, Frage ist die, ob die ökonomischen Probleme einen solchen Umfang annehmen, daß dieses Modell, das von »kleinen Krisen« lebt, nicht mehr funktionieren kann und somit eine Krise von klassischen Dimensionen eintreten wird. Der Ausgang bleibt abzuwarten, aber angesichts der hohen Wahrscheinlichkeit eines fatalen Endes denke ich, daß wir nicht leichtsinnig eine »große Krise« herbeiwünschen oder erhoffen dürfen.

Bolaffi: Vielleicht muß man eine andere Analyse für Italien und vermutlich auch für andere Mittelmeerländer entwickeln, in denen die Rolle, das Gewicht und die Strategie der Arbeiterbewegung und auch der Handlungsspielraum der Wirtschaftspolitik anders sind. Was Sie gesagt haben, stützt jedenfalls die These – die übrigens Gramsci schon formuliert hat – von der enormen Ausdehnung der Dimension des *Politischen* seit dem Ende der zwanziger Jahre und der Möglichkeit einer politischen Nutzbarmachung der Krise durch die Bourgeoisie. Dies führte zum endgültigen Scheitern aller ökonomistischen Lesarten von Marxens Werk, auch wenn diese in »orthodoxen« Positionen, gegen die sie explizit polemisiert haben, wieder aufzutauchen scheinen.

Habermas: Der Punkt, in dem ich mich von der traditionellen marxistischen Analyse unterscheide, ist der, daß wir heute, wenn wir die Mittel der Kritik der Politischen Ökonomie benützen, keine klaren Voraussagen mehr treffen können: dazu müßte man weiterhin die Autonomie eines sich selbst reproduzierenden Wirtschaftssystems voraussetzen. Daran glaube ich nicht. Gerade deshalb sind die Gesetze des Wirtschaftssystems nicht mehr identisch mit jenen, die Marx analysierte. Natürlich heißt das nicht, daß die Analyse des Antriebsmechanismus des Wirtschaftswachstums falsch ist; aber die orthodoxe Version könnte nur so lange Gültigkeit beanspruchen, wie die Einwirkung des politischen Systems außer acht bliebe oder wie dieses seinerseits von ökonomischen Mechanismen gelenkt würde. Aus diesem Grund bin ich zum Beispiel mit den Analysen von Altvater nicht einverstanden. Ich halte das Problem der Einwirkung des Staates auf die Ökonomie vielmehr für eine empirische Frage, auf die man zwar global antworten kann, für die wir aber noch keine hinreichenden Analysen entwickelt haben. Bei der Interaktion von Ökonomie mit Politik und übrigens auch Kultur handelt es sich um ein sehr komplexes System, das im einzelnen noch untersucht werden muß. Eine rein ökonomische Analyse kann keine Prognosen mehr liefern. Was die *internen* Mechanismen des ökonomischen Systems betrifft, liegen die Dinge wohl eher so, daß sie heute vergleichsweise transparent sind, sogar so transparent, daß es keiner großartigen politischen Ökonomie oder Ideologiekritik bedarf, um beispielsweise den Verteilungsmechanismus zu verstehen.

Man braucht nur die Tagesschau anzusehen, dann begreift jeder, daß zum Beispiel in der Bundesrepublik eine Wirtschaftspolitik betrieben wird, die den Regeln und Prinzipien der globalen Planung folgt, und daß nur mit indirekten Mitteln versucht wird, die Unternehmer zu Investitionen zu bewegen. Dementsprechend werden für die arbeitende Bevölkerung nachteilige Beschlüsse durchgesetzt, um die Akkumulation wieder in Gang zu bringen. Es ist einigermaßen klar, daß die Unternehmer die gegenwärtige schlechte Lage zu ihrem Vorteil auszunützen versuchen.

Bolaffi: Ich glaube gerade nicht, daß dies allen so klar ist: sogar in Italien, wo Klassenbewußtsein und Klassenkampf sicherlich weiter entwickelt sind als bei den deutschen Arbeitern, ist zumindest aus einer streng ökonomischen Sicht die Falschheit der These, die von gewissen Unternehmerkreisen vertreten wird, nicht offensichtlich: daß nämlich mit Sicherheit die Investitionen erhöht und die Arbeitsplätze vermehrt würden, wenn die Arbeiter sich mit niedrigeren Löhnen zufriedengeben würden.

Habermas: Ja, sicher, es gibt eine ganze Reihe von ökonomischen Fakten, Behauptungen und Phrasen, die man kritisieren muß. Ich wollte nur sagen, daß allen einsichtig ist, daß es auf indirektem Weg sicherlich nicht gelingen wird, das Verhalten der Unternehmer im Sinne einer prononciert an Zielen des Wohlfahrtsstaates orientierten Wirtschaftspolitik zu »steuern«. Aus dieser Sicht ist das System transparenter geworden. Wenn wir hingegen die Verflechtung der ökonomischen Mechanismen mit den politisch-kulturellen betrachten, müssen wir sagen, daß sie komplexer und undurchdringlicher geworden sind, auch für die Augen der Wissenschaftler.
Bolaffi: Wir sind uns einig, daß es eine Parallele gibt zwischen der ökonomischen Krise und dem Auftreten von Phänomenen einer Identitätskrise. Wir befinden uns inmitten einer Rationalitätskrise. Das eigentliche Problem, das uns interessieren muß, ist, weshalb solche Prozesse nicht einfach in eine klare und eindeutige Legitimationskrise übergehen.
Habermas: Ich würde vorläufig von klaren Krisen*tendenzen* sprechen. Allen sind die Schwierigkeiten bewußt, auf die Versuche stoßen, die ökonomischen Krisentendenzen auf wie immer indirektem Wege administrativ zu lösen. Daraus folgt aber noch kein starker legitimationsschwächender Effekt. Zumindest bei uns in der Bundesrepublik ist das Management der Wirtschaftspolitik sehr wirksam öffentlich inszeniert worden. Die unmittelbaren Folgen dieser Inszenierung sind einerseits die Vorgänge der Einschüchterung und Disziplinierung, von denen wir gesprochen haben, und andererseits die Verstärkung eines Zynismus oder einer zynischen Einstellung zur Funktionsweise und Kostenverteilung des Systems. Mit anderen Worten, es zeigt sich eine gewisse Entfremdung vom politischen System, eine Staatsverdrossenheit, deren Indikatoren wir oben analysiert haben. Andererseits kann man aber gar nicht von einer echten Legitimationskrise sprechen: die Leute gehen ja tatsächlich weiterhin zur Wahl, und sie wählen in der großen Mehrheit die traditionellen Parteien. Im Gegenteil, wenn wir das Phänomen des Terrorismus und die durch ihn hervorgerufene gemäßigt-reaktionäre Stabilisierung außer acht lassen, so denke ich, daß eine Legitimationskrise eine stärkere Polarisierung innerhalb

des traditionellen Parteiensystems oder gar die Herausbildung einer Partei mit solchen Zielen bedeuten würde, die zumindest das ökonomische System transzendieren. Und dies wird zumindest so lange nicht geschehen, als die neopopulistischen Strömungen nicht so stark werden, bis sie eine ganz andere Konsistenz haben und eine wirkliche Herausforderung darstellen. Oder zumindest so lange nicht, als die Situation, von der wir eben gesprochen haben, eintritt und die Regierung auf eine Wirtschaftspolitik umschwenkt, die die Gewerkschaften offen herausfordert.

Bolaffi: Als Sie eben von der »Legitimationskrise« sprachen, haben Sie behauptet, die Erweiterung demokratischer Handlungsmöglichkeiten der Bürger würde dazu dienen, einen möglichen Zerfall der Gesellschaft zu verhindern. Ist aber eine demokratische Antwort auf die Krise komplexer Gesellschaften überhaupt möglich, oder zwingt nicht gerade diese Komplexität dazu, daß sie von Spezialisten und Dezisionen bewältigt wird, die den Bürgern gegenüber heteronom sind? Ist es möglich, daß die »Unregierbarkeit« der westlichen Demokratien eine reale Demokratisierung begünstigt, sagen wir eine Vergesellschaftung des Politischen, oder ist der Sieg der Experten und der Technokratie, der Komplexität über die Gesellschaft, unvermeidlich?

Habermas: Ich bin der Auffassung, daß eine größere Demokratisierung im Sinne einer Dezentralisierung der heutigen Entscheidungsmechanismen, daß eine diskursivere Form der Willensbildung über Fragen, die bis heute privatim oder administrativ entschieden werden, abstrakt gesehen, Folgen in zwei Richtungen hätten. Einerseits müßte dies vielleicht mit einem Effizienzverlust bezahlt werden, was nicht unbedingt so sein *muß*, aber so sein *kann*. Dieser Einwand wird heute von den Systemtheoretikern vorgebracht. Sie behaupten, komplexe Systeme könnten zwar ihre Funktionsweise ändern und auf partizipatorische Entscheidungsprogramme umgestellt werden, aber nur auf Kosten ihrer Effizienz und Rationalität. An diesem Einwand ist so vieles richtig, daß sich die Dikussion auf marxistischer Seite mit der Frage befassen muß, ob unter den gegenwärtigen Bedingungen so etwas wie Sozialismus wirklich noch eine *totale* demokratische Umstrukturierung des Wirtschaftssystems von oben nach unten bedeuten kann, d. h. eine Transformation der kapitalistischen Wirtschaft nach Modellen der Selbstverwaltung oder der Rätedemokratie. Ich glaube nicht mehr so recht daran. Wenn man über diese Dinge überhaupt spekulieren will, hielte ich es schon für ausreichend, *oben* ins ökonomische System die Basisentscheidungen sozusagen als politische Prämissen einzuführen und *unten*, d. h. in der Produktion selbst, die Entscheidungen so weit zu demokratisieren, daß alle die Imperative durchgesetzt werden, die man schon heute im Namen einer Humanisierung der Arbeitswelt in die Praxis umsetzen will.

Ich frage mich, und das ist natürlich eine empirische Frage, die nicht abstrakt gelöst werden kann, sondern nur aufgrund einer experimentellen Praxis, ob man nicht innerhalb des ökonomischen Systems einen großen Teil der bestehenden Komplexität mit Hilfe der Steuerungsmedien Geld und Macht erhalten muß, während die Formen diskursiver Willensbildung vor allem auf die zentralen Strukturen der politischen Herrschaft ausgedehnt werden. Das würde im Wirtschaftssystem, abgesehen von der eigentlichen Arbeitsorganisation, nur wenige kontinuierlich zu fällende Grundentscheidungen über die Produktions- und natürlich auch über die Verteilungsstruktur berühren.

Andererseits bin ich überzeugt, daß man eine Demokratisierung überhaupt nicht mit dem Ziel einer Effizienzsteigerung des Systems anstreben sollte, sondern erstens mit dem Ziel, die *Strukturen* der Herrschaft zu ändern, und zweitens, um Prozesse der Definition von Zielen in Gang zu setzen, die unter den Prämissen marktgesteuerter, administrativer oder herrschaftsorientierter Entscheidungen entweder in die falsche Richtung gehen oder gar nicht funktionieren. Man kann zeigen, daß bestimmte kollektive Bedürfnisse nicht befriedigt werden können, solange die Entscheidungsprozesse marktgesteuert oder administrativ erfolgen. Das ist der Grund, warum demokratisiert werden sollte und weshalb sich die Bedürfnisse, die in Form von autonomen Bewegungen zum Ausdruck kommen, in nichtorganisierter Form artikulieren: weil die traditionellen Entscheidungsmechanismen in diesen Bereichen nicht funktionieren.

Gewiß werden bestimmte Ideen eines menschenwürdigen Zusammenlebens nicht allein darum auch schon realisiert werden können, weil die Grundentscheidungen von denselben Menschen getroffen werden, die davon am Ende auch betroffen sind. Aber selbst wenn wir davon absehen, daß Demokratie ein Wert an sich ist, produziert das heutige System genügend Beweismaterial für die Ziele der Demokratisierung, größerer Partizipation und Dezentralisierung der Willensbildungsprozesse, weil deutlich wird, daß Markt und Administration allein eine ganze Reihe von kollektiven Bedürfnissen nicht befriedigen können.

Bolaffi: Der Ausgang der Krise in den dreißiger Jahren war bestimmt durch eine erweiterte Macht der Regierung und der Administration über die demokratischen Organe der politischen Willensbildung: sowohl im Osten wie im Westen, und in offensichtlich radikal verschiedenen Formen im New Deal und im Faschismus oder Nazismus. Wir müssen sehen, ob es heute dagegen möglich ist, in einem entgegengesetzten Sinne aus der Krise hervorzugehen, nämlich mit einer Erweiterung der Demokratie. Gerade der Eurokommunismus ist eine Reflexion über die geschichtlichen Fehler der Arbeiterbewegung, die den Stalinismus hervorbrachten, aber auch die Suche nach einem demokratischen Weg zum Sozialismus, nach Formen eines Übergangs, der als Prozeß verstanden wird und nicht als plötzlicher und absoluter Bruch und der zugleich mehr Partizipation und mehr demokratische Herrschaft garantiert.

Habermas: Wir müssen davon ausgehen, daß so komplexe Systeme wie die hochentwickelten kapitalistischen Gesellschaften sehr rasch in ein Chaos stürzen würden, wenn man versuchen würde, ihre Grundstrukturen von heute auf morgen zu ändern. Deshalb haben Sie völlig recht: ich kann mir heute die Revolution nur als langfristigen Prozeß vorstellen, der folgendes ermöglicht: a) eine experimentelle Transformation, d.h. eine schrittweise an die Erfolge und Mißerfolge der zentralen Entscheidungsprozesse gebundene Transformation, und b) – und das muß sofort geschehen, wenn es nicht sogar vorausgesetzt werden muß – eine »Akklimatisierung« an demokratische Lebensformen; eine allmähliche Erweiterung der Entscheidungsspielräume des demokratischen, partizipatorischen und diskursiven Handelns. Auf diese Weise könnte man wenigstens hoffen, der Gefahr zu entgehen, daß in kritischen Situationen

erfolgreich an Gefühle appelliert wird, woraus der Faschismus stets neue Kräfte gezogen hat. Gerade in Zeiten der Transformation komplexer Sozialsysteme besteht eine besonders große Gefahr, daß irgendeine Partei sich auf die Angst, die Unsicherheit und die latente Vorurteilsbereitschaft in jedem von uns stützt, daß auf diese Weise irgendwelche »Losungen« Zustimmung und Unterstützung finden und sich eine faschistische oder zumindest eine autoritär-administrative Alternative abzeichnen könnten.
Das sind die beiden Minimalbedingungen, die eingehalten werden müßten, wenn man einen vorsichtigen und langfristigen Transformationsprozeß realisieren will. Es geht um eine sehr schwierige Sache, für die man auch eine unglaublich intelligente Partei braucht – oder besser intelligente Parteien.
Bolaffi: Ich würde dazu sagen: eine mobile, nicht bürokratisierte Partei.
Habermas: Eine Partei, die sich selbst mit allen Konsequenzen diesem Demokratisierungsprozeß aussetzt: d.h. mit dem Risiko, daß ihre Fähigkeit zu bürokratischem Handeln beeinträchtigt wird und schließlich verlorengehen kann. Freilich handelt es sich dabei immer um empirische Fragen, bei denen die Aufgabe der Theorie bestenfalls darin bestehen kann, die Alternativen sichtbar zu machen, vor denen wir stehen.
Bolaffi: Und auch auf mögliche Lösungen hinzuweisen, indem sie die Zusammenhänge zwischen Wissen und Macht analysiert und eine Physik und Mikrophysik der Macht betreibt. Nur so kann ich mir das große Interesse erklären, das die Arbeiten von Foucault heute auch in Italien finden.
Habermas: Foucault meint, daß sich im 18. Jahrhundert eine bürgerliche Rationalität in allen Lebensbereichen durchsetzte und daß sie in abstrakter Weise beseitigt werden müsse. Was mich nicht überzeugt, ist die undialektische Negation, während wir doch darauf hinweisen müssen, daß das, was Weber als »Rationalisierung« definierte und was Foucault heute in ganz anderer Weise, d.h. im Bereich kultureller und sexueller Beziehungen, im Strafvollzug und in der Psychiatrie, glänzend analysiert hat, doch nur eine partielle und unvollständige Rationalisierung ist und deshalb auch eine gefährliche. Vor allem, weil sie dadurch charakterisiert

ist, daß sie bloß *eine* fundamentale Form universalisiert, nämlich die der instrumentellen Wirtschafts- oder Verwaltungsrationalität. Wir dürfen aber das Kind nicht mit dem Bad ausschütten und in einen neuen Irrationalismus flüchten: bei Foucault sehe ich eine gewisse Gefahr ...

Bolaffi: Aber er hat doch auch wichtige Dinge gesagt: der traditionelle Marxismus hat doch bis heute unterschätzt, was »Macht« im Alltagsleben bedeutet. Für ihn fielen Staat und Macht zusammen, auch wenn schon Engels auf seine Weise die Familie mit einbezogen hat ...

Habermas: Ich halte die Arbeiten von Foucault für einen wichtigen Beitrag zur Analyse der bürgerlichen Herrschaft.

Im übrigen handelt es sich hier um eine Thematik, die sich unmittelbar mit meinen eigenen Forschungsinteressen berührt. Auch ich glaube in der Tat, daß in der weniger auffälligen Form der Kommunikation Machtverhältnisse verkörpert sind und daß man mit Hilfe der Analyse systematisch verzerrter Kommunikation etwas Ähnliches durchführen kann wie Foucault in seiner Diskursanalyse. Das sind Fragen, die bereits in der Reform- und Studentenbewegung artikuliert wurden und die in den neopopulistischen Bewegungen wieder auftauchen. Das Grundproblem liegt darin, zu verstehen, was sich hinter bestimmten Intuitionen etwa der Ökologieanhänger verbirgt. Nach meiner Auffassung handelt es sich im Grund um die Einsicht, daß etwas angegriffen wird, das mehr oder weniger immer noch der Ort einer unbeschädigten Intersubjektivität und einer freien Interaktion war. Außerdem existieren in Bereichen traditionaler Lebensformen, die vom Kapitalismus noch nicht völlig durchdrungen waren, vermutlich noch stärker symmetrische und stärker expressive, weniger einseitig aufs Kognitiv-Instrumentelle zugeschnittene Interaktionsformen.

Es geht also darum, die Kritik der Machtverhältnisse nicht nur aufs Institutionelle zu beschränken, sie vielmehr auch auf jene Lebensbereiche auszudehnen, wo die Macht sich hinter dem freundlichen Gesicht kultureller Objektivität verbirgt. Das sind Fragen, die bereits von den »alten Frankfurtern« formuliert und untersucht wurden, besonders in der *Dialektik der Aufklärung* oder von Marcuse in seinen Thesen über die Frauenbewegung.

Bolaffi: Wenn ich zusammenfasse, so scheint mir, daß Sie eine Erweiterung des kritischen Horizonts vorschlagen, eine Ausdehnung von Forschungsbereichen, die sicherlich über einen bestimmten Marxismus hinausgehen, die aber weder bedeuten, Marx aufzugeben, noch ihn auf den letzten, wenn nicht gar den wahren Geschichtsphilosophen zu reduzieren, den Feind der offenen Gesellschaft und Theoretiker des Totalitarismus.

Habermas: Das ist natürlich reiner Unsinn: vermutlich sind die »Neuen Philosophen« bloß Ausdruck einer Generationserfahrung. So wie sie 1968 ahistorisch dachten, denken sie auch heute ahistorisch und glauben einen alten Fehler zu korrigieren, indem sie einen neuen begehen. Sie sind unfähig, in einer Theorietradition, nämlich der von Marx, und in einer praktisch-politischen Tradition, jener der Arbeiterbewegung, etwas zu erkennen, an das man in der aktuellen Situation mit historischem Bewußtsein anknüpfen muß.

Was sie heute als Neuheit ausgeben, daß es nämlich keinen Sozialismus geben könne ohne eine radikale und konsequente Aneignung dessen, was die bürgerlichen Emanzipationsbewegungen hervorgebracht haben, im wesentlichen das emanzipatorische Potential der Bürgerrechte, das ist etwas, das der westliche Marxismus immer gewußt hat, wonach er allerdings nicht immer gehandelt hat – einschließlich der KPI. Die »Neuen Philosophen« begnügen sich damit, einen Antimarxismus zu konstruieren, während sie doch von Lukács, Korsch, Gramsci und den »alten Frankfurtern« die Explikation der Verwandtschaftsverhältnisse zwischen Freiheit und Sozialismus hätten lernen können.

Bolaffi: Im übrigen ist die Geschichte des Marxismus, des besseren Marxismus, immer eine Geschichte seiner Revision und Kritik gewesen.

Habermas: Ich halte die sogenannte *nouvelle philosophie* bloß für ein literarisches und generationsspezifisches Phänomen. Zumindest hätte man wissen müssen, daß die Stalinismuskritik nicht erst mit ihr begonnen hat.

Bolaffi: Ich will versuchen, eine Bilanz zu ziehen, indem ich die während unseres ganzen Gesprächs in der Schwebe gebliebene Frage angehe, die vielleicht heute am dringlichsten ist. Ich denke an das Phänomen des Terrorismus. Darin kommen alle Elemente jener strukturellen, geistigen und institutionellen Krise zusammen, von der wir gesprochen haben, und unter bestimmten Aspekten fügt es dem Problem der Intellektuellen und damit auch der neuen Generationen erschreckend neue Merkmale hinzu.

Habermas: Man müßte versuchen, den Terrorismus neben den neopopulistischen Strömungen als ein Phänomen der Reaktion auf die Zerstörung der Politik durch Administration, und das heißt auf das Einschrumpfen der Politik auf Administration einerseits und bloße Akklamation andererseits zu analysieren. Es ist interessant, nach den beiden Richtungen zu fragen, in denen man auf einen solchen Einschrumpfungsprozeß reagieren kann. Die eine besteht im Versuch, ästhetisch-expressive Elemente in die Politik einzuführen, die andere in der entschiedeneren Einführung moralischer Elemente. Bei beiden gibt es eine autoritäre und eine antiautoritäre Variante. Das klassische Beispiel des autoritären Versuchs zur Ästhetisierung der Politik ist der Faschismus. Das Beispiel einer antiautoritären Ästhetisierung sind bestimmte Formen des Anarchismus. Nicht unähnlich ist der Fall der Moralisierung. Die autoritäre Version des Moralisierungsversuchs in der Politik führt zu despotisch-autoritären Formen einer gegen den Wohlfahrtsstaat gerichteten Politik. Der antiautoritäre Versuch einer *Remoralisierung* der Politik zielt dagegen auf die Demokratisierung, die Dezentralisierung und auf sozialistische Positionen. Wenn man dieses Schema akzeptiert, muß man sich fragen, wo die terroristischen Aktionen einzuordnen sind.

Hier in Deutschland ist es Mode geworden, zu behaupten, die Terroristen seien die Nachkommen eines fehlgeleiteten Moralismus. Das glaube ich nicht. Ich spreche ausdrücklich nur von Deutschland, wo die Terrorakte in einer unglaublichen Weise den Charakter einer Show annehmen, den Charakter der Selbstdarstellung und Selbstgratifikation. In Wirklichkeit sind es also keine Verhaltensweisen, die zweckdienlich sind. Wenn dies zutrifft und wenn man an den außerordentlichen Grad der Militarisierung, Disziplinierung und Gehorsamsbereitschaft der Terrororganisationen denkt, dann meine ich, daß dieses »terroristische Spiel«, das in der Bundesrepublik abläuft, eher als Gegenstück zum Faschismus zu interpretieren ist. Das heißt, er müßte interpretiert werden als autoritäre Version eines Versuchs, ästhetisch-expressive Elemente in die Politik einzuführen, im Sinne einer Miniaturuntergrundbewegung. Der Terrorismus fällt nicht vom Himmel: er ist ein strukturelles Phänomen, und die Tatsache, daß er, zumindest als Terrorismus eines bestimmten Typs, in ernsthaften Formen sich in Ländern wie Deutschland, Italien und Japan manifestiert, läßt sich teilweise damit erklären, daß die politische Kultur in diesen Ländern weniger stabil ist als extremere Reaktionen anderswo, historisch schlechter verankert, und deshalb zeigen sie auf die gleichen kulturellen Erscheinungen, vor denen auch andere Länder stehen.

Auch wenn diese Behauptung sehr unpopulär ist, so müssen wir doch sagen, daß der Terrorismus kein irrationales Phänomen ist, sondern eines, das zu den Versuchen gezählt werden muß, auf das gleiche strukturelle Problem zu reagieren: auf seine Weise ist auch der Terrorismus ein Versuch, das politische Moment gegenüber der bloßen Administration erneut zu behaupten.

Aus dem Italienischen übersetzt von Max Looser.

29. Interview mit Detlef Horster und Willem van Reijen*
(1979)

Horster/van Reijen: Herr Habermas, zu Kriegsende waren Sie 16 Jahre, bei der Machtergreifung durch die Nationalsozialisten knapp vier Jahre. Ihre Sozialisation verlief im wesentlichen während der faschistischen Herrschaft. Welchen Einfluß hat das auf Ihre politische Entwicklung gehabt?
Habermas: Ich möchte nicht so schrecklich viel über meine Jugend sagen. So eine richtige Retrospektive macht man erst mit 70, nicht mit 50. Ich bin in Gummersbach, also in einem kleinstädtischen Milieu, aufgewachsen. Mein Vater war dort Leiter der Industrie- und Handelskammer. Mein Großvater war dort Seminardirektor und Pfarrer. Das politische Klima in meinem Elternhaus war wahrscheinlich unauffällig für die damalige Zeit, nämlich geprägt durch eine bürgerliche Anpassung an eine politische Umgebung, mit der man sich nicht voll identifizierte, die man aber auch nicht ernsthaft kritisierte. Was meine politischen Motive bestimmt hat, das war eher das Jahr 1945. Damals sind persönlicher Lebensrhythmus und historische Großereignisse zusammengetroffen. Ich war 15 Jahre alt. Im Radio wurde über die Nürnberger Verhandlungen berichtet, im Kino wurden die ersten Dokumentarfilme gezeigt, die Filme über die Konzentrationslager, die wir heute wieder zu sehen bekommen. Bei diesen Erlebnissen haben sich sicher Motive herausgebildet, die dann mein Denken weiter bestimmt haben.
Horster/van Reijen: Waren denn Ihre Eltern damals nicht geschockt? Heute wirkt ein Film wie ›Holocaust‹ gleichermaßen auf Jüngere und Ältere. Wie ist es zu erklären, daß die früheren Filme, von denen Sie sprachen, überhaupt nichts ausgelöst haben, denn die meisten haben ihre Erfahrungen aus jener Zeit offenkundig nicht verarbeitet?

* Dieses Interview ist der deutsche Originaltext des in der Zeitschrift Intermediair am 29. Juni 1979 erschienenen Interviews. Der Abdruck erfolgt mit freundlicher Genehmigung von Intermediair (Amsterdam).

Habermas: Die Reaktion auf die früheren Filme und auf ›Holocaust‹ sind zweierlei. Ich kann nur vermuten, daß die ungeheure Wirkung von ›Holocaust‹ zum Teil darauf beruht, daß hier im Familienkreis, wo der Fernseher steht, die Jüngeren ihre Eltern nach den damaligen Ereignissen gefragt haben. Das haben wir nicht getan. Ich glaube, daß wir damals nicht die Unbefangenheit hatten, unsere eigenen Erschütterungen umzusetzen in eine frontale innerfamiliäre Auseinandersetzung. Ich war noch in der ›Hitler-Jugend‹, war mit 15 Jahren am Westwall. Unsere Situation war eine ganz andere als die der Jugend heute. Unsere eigene Geschichte wurde plötzlich in ein Licht getaucht, das alle wesentlichen Aspekte schlagartig anders erscheinen ließ. Man sah plötzlich, daß das ein politisch kriminelles System war, in dem man gelebt hatte. Das hatte ich mir nie vorgestellt.
Horster/van Reijen: Heißt das, daß Sie nicht wahrgenommen haben, was mit den Juden damals geschehen ist, daß Sie die Propaganda nicht beim Wort genommen haben?
Habermas: Ich war 1939 zehn Jahre alt und hatte also keine Chance, ein besonders positives Bild zu bekommen. Aber natürlich bestand damals der Eindruck einer Normalität, die sich hinterher als Schein herausstellte. Daß man plötzlich sah, das waren Verbrecher: Das hat schon eine andere Qualität.
Horster/van Reijen: Haben Sie auf dem Hintergrund dieser moralischen Erschütterung dann von Anfang an ein positives Bild gehabt von der Gesellschaft, die sich dann etablierte und zur Bundesrepublik entwickelte?
Habermas: Zunächst mal war 1945 eine Befreiung, historisch und persönlich. Es war, in meiner Erinnerung, übrigens sehr schönes Wetter. Ich habe das alles naiv, intuitiv als schön empfunden. Dann stürmten viele Eindrücke auf mich ein. Die ersten Bücher im Rororo-Zeitungsdruck und die aus der Marxismus-Leninismus-Bücherei, die in der kommunistischen Buchhandlung zu haben waren, habe ich verschlungen. Die ersten großen politischen Enttäuschungen kamen mit der Regierungsbildung 1949.
Horster/van Reijen: Wieso waren das Enttäuschungen?
Habermas: Ich habe damals angefangen zu studieren, in Göttingen. Meine erste politische Enttäuschung waren die Wahlversammlun-

gen in Göttingen, zum 1. Bundestag. Ich habe alle möglichen Leute gehört, u. a. Herrn Seebohm, der gehörte zur DVP. Dieser Mann wurde dann Verkehrsminister. Ich dachte, das ist gar nicht möglich, daß jemand, der diese Kontinuität verkörpert, im ersten Kabinett sitzt. Aber das eigentliche politische Problem war die Wiederaufrüstung. Heinemann (auch Minister im 1. Kabinett) war dagegen. Ich selbst hatte damals sehr neutralistische Auffassungen. Das Kriegserlebnis hatte mich zum Pazifisten gemacht. Der Rücktritt Heinemanns hat mich damals sehr beeindruckt.

Horster/van Reijen: War die Situation für Sie damals zwiespältig, einerseits das nationalsozialistische Element, andererseits Hoffnung auf die Verwirklichung bürgerlicher Freiheitsrechte? Für manche – z. B. für Abendroth – war die Sache eindeutig: Restauration des Kapitalismus.

Habermas: Nein, da war überhaupt nichts eindeutig. Ich war 19, da ist man doch noch sehr unfertig. Während meines Studiums, also zwischen 1949-1954, war das politisch Beherrschende für mich zum einen die moralisch stark besetzte Reaktion auf die Nazizeit, und zum anderen die Befürchtung, daß ein wirklicher Bruch nicht stattgefunden hatte. Ich habe damals gedacht, was man heute nicht ohne Kritik sagen kann: Wenn doch wenigstens ein spontanes Aufräumen stattgefunden hätte, irgendein explosiver Akt, der dann auch für die Bildung einer politischen Identität ein Anfang hätte sein können. Nach einer solchen Eruption hätte man wenigstens gewußt, wohinter man nicht mehr zurückfallen kann. Es hat eben keinen Kampf gegeben. Ich meine, daß es einen Unterschied macht, ob man das nun retrospektiv oder prospektiv sagt.

Horster/van Reijen: Woran lag das nun, daß das deutsche Volk keine Möglichkeit hatte, sich eine politische Identität zu bilden?

Habermas: Was ich konkret meine ist: Es hat vor und während des Einmarsches der Alliierten keinen spontanen Widerstand und keine Kampfhandlungen gegeben. Es ist niemand ein Risiko eingegangen, damit der Schlamassel endlich aufhört. Ich selbst bin ein Produkt der ›reeducation‹, und ich hoffe, kein allzu negatives. Ich möchte damit sagen, daß wir damals gelernt haben, daß der bürgerliche Verfassungsstaat in seiner französischen oder amerikanischen oder englischen Ausprägung eine historische Errungenschaft ist. Das ist ein wichtiger biographischer Unterschied zwischen denen, die miterlebt haben, wozu eine halbherzige bürgerliche Republik, wie die Weimarer Republik, führen kann und denjenigen, die ihr politisches Bewußtsein erst später gebildet haben.

Horster/van Reijen: Und die Republik nach 1949 erschien Ihnen stabiler?

Habermas: Natürlich, für mich war dieser Staat eine wirkliche Chance.

Horster/van Reijen: Aber Sie waren doch in vielen Hinsichten negativ besetzt, wie Sie gerade sagten?

Habermas: Ich hatte kein ungebrochenes Verhältnis zu irgendeiner Partei. Zur CDU ohnehin nicht. Unmittelbar nach 1945 haben noch Antifaschisten diese Partei gegründet. Aber dann sah man, wer hineinging; in einer Kleinstadt weiß man sofort, was los ist. Und die Sozialdemokratie: Erstens war das für einen Bürgersohn schwierig. Es ist heute unvorstellbar, für die bürgerlichen Schichten war das die Sozialdemokratie der Weimarer Zeit, die dort wieder entstand. Und zweitens hatte sie die Schumacher-Linie. Der kam aus dem KZ mit dem Komplex: Wir haben 1933 die nationale Frage den Nazis überlassen. Damit traf er auf eine vollkommen dissonante Stimmungslage. Die Vorstellung, nun müßte man national sein, erschien uns absurd. Mir war vollkommen egal, ob die Saar deutsch ist oder nicht. Sie müssen diese beschränkte Perspektive berücksichtigen, die man hatte, erzogen auf einer Universität, die im wesentlichen ungebrochen war in ihrer Kontinuität seit den zwanziger Jahren. Alle Professoren, die irgendeine Bedeutung für mich bekommen haben, waren bereits Professor vor 1933 und sind es auch anschließend – mit einer Ausnahme, nämlich Litt – geblieben. Das war in mehreren Fächern (in Philosophie, in Geschichte, in Germanistik und Psychologie) eine unpolitische und fast schon ethnozentrisch deutsche Universität, mit einem Bewußtsein, das 1910 legitim war, als große wissenschaftliche Leistungen an deutschen Universitäten entstanden sind. In der Philosophie z. B. waren damals in Bonn angelsächsische Strömungen, ferner die analytische Philosophie, die von deutschen Emigranten gemacht worden ist, zu schweigen von so etwas wie kritischer Theorie, inexistent.

Horster/van Reijen: Aber Sie haben doch 1954 auch noch eine Dissertation in diesem traditionellen Sinn geschrieben. Haben Sie sich von dieser Tradition sehr schnell freimachen können?
Habermas: Bis zum Erscheinen der Heideggerschen Einführung in die Metaphysik, das war 1953, waren meine politischen und meine philosophischen Konfessionen – wenn Sie so wollen – zwei völlig verschiedene Dinge. Es waren zwei Universen, die sich kaum berührten. Dann habe ich gesehen, daß Heidegger, in dessen Philosophie ich gelebt habe, 1935 diese Vorlesung gehalten hat und sie ohne ein Wort der Erklärung – das war das, was mich eigentlich erschüttert hat – veröffentlichte. Darüber habe ich dann in der FAZ einen meiner ersten Artikel geschrieben. Ich war naiv und dachte, wie kann einer unserer größten Philosophen so was machen. Natürlich hätte man das auch viel früher wissen können; aber ich bin nicht so aufgewachsen. Etwa um dieselbe Zeit habe ich übrigens Lukács ›Geschichte und Klassenbewußtsein‹ gelesen, was mich sehr aufgeregt hat.
Horster/van Reijen: Wie kam man denn in dieser Zeit an ›Geschichte und Klassenbewußtsein‹?
Habermas: Der Lukács stand in der Seminarbibliothek, die war relativ klein, da war man zuhaus, da lebte man drin. Da kannte man jedes Buch.
Durch Löwith bin ich zunächst mal auf den jungen Marx gestoßen. Das war der Anlaß, daß ich nachträglich zu meiner Dissertation eine Einleitung geschrieben habe – was man ihr vielleicht ansieht: über die Junghegelianer. Ich nehme an, daß ich in diesem Zusammenhang auch auf Lukács gestoßen bin. Ich dachte, wie schade, daß man diese Motive systematisch nicht wiederbeleben kann. Ich war einerseits fasziniert, und andererseits wußte ich, das kann man heute nicht mehr so machen.
Politisch hat mich das damals doch bewegt. Dann kamen die Erinnerungen hoch: Ich kannte Marx ja von dieser Buchhandlung in Gummersbach, hatte ihn aber inzwischen vergessen. Ich hatte das Empfinden, es wäre gut, wenn man das so rezipieren könnte, daß sich daraus ein systematisches Argument entwickeln läßt, mußte aber mit einer gewissen Trauer feststellen, daß das mit dem Lukács nicht geht. Und dann – wenn ich einen kleinen Sprung

machen darf – habe ich 1953 Horkheimer/Adorno ›Dialektik der Aufklärung‹ gelesen. Was mich an den beiden sofort fasziniert hat, war, daß man Marx nicht etwa rezipiert, das taten sie ja gar nicht, sondern benutzt. Daß man sich systematisch auf die marxistische Tradition beziehen kann, war für mich eine große Erfahrung: Da waren Leute, die kein historisches Buch schreiben über Aristoteles, über Kant oder Hegel, sondern die eine Theorie der dialektischen Entwicklung der Gegenwartsgesellschaft aufstellen und dabei aus einer marxistischen Tradition heraus denken. Das war für mich ungeheuerlich; darauf war ich allerdings vorbereitet durch die Lukács-Lektüre. Da begannen sich philosophische und politische Dinge zum ersten Mal zu berühren.

Horster/van Reijen: Dann schrieben Sie: ›Strukturwandel der Öffentlichkeit‹?

Habermas: Dann habe ich erst empirische Sozialforschung gelernt, danach kam ›Student und Politik‹, und schließlich der ›Strukturwandel der Öffentlichkeit‹.

Horster/van Reijen: Ihr Öffentlichkeitsbuch war für die Demokratiegläubigkeit der jungen Generation desillusionierend. Zumindest hat es meine politische Orientierung völlig auf den Kopf gestellt. Für mich gab es als Alternative nur noch den SDS. War etwas Derartiges von Ihnen intendiert?

Habermas: Ich hatte immer ein stark akademisches Interesse. Und natürlich habe ich den ›Strukturwandel‹ in erster Linie geschrieben, um mir selbst klar zu werden über die Schattenseiten und Fehler unseres politischen Systems, dessen Vorzüge ich nie bezweifelt habe. Es herrschte damals ein sozial und politisch restauratives Klima, ein Klima, das so geprägt war, daß ich erschrak, als mich mein Freund Apel zum ersten Mal öffentlich einen Neomarxisten nannte. Dann habe ich mir aber überlegt, daß er recht hatte. Heute lege ich Wert darauf, als Marxist zu gelten.

Auf diesem Hintergrund müssen sie auch die Arbeit über den ›Strukturwandel der Öffentlichkeit‹ sehen. Dahinter stand das Interesse: Wie kann man sich denn klarmachen, was an diesem politischen System, trotz des Grundgesetzes, irgendwie falsch ist, was die politischen Intentionen angeht. Als der SDS aus der SPD ausgeschlossen wurde, war ich einer von den drei oder vier

Professoren, die mit Abendroth zusammen den Sozialistischen Bund gegründet haben, gewissermaßen eine Altherrenriege für den SDS. Ich kann nicht sagen, daß ich das Buch geschrieben habe, um die Leute zum SDS zu animieren. Ich habe das Buch geschrieben, um mir und anderen klarzumachen, daß in das politische System der Bundesrepublik Schwächen eingebaut sind, die gefährlich werden können.

Horster/van Reijen: Als Frage ein Zitat von Marx, der sagt, daß die Grenzen dieses Systems im System selber liegen. Sehen Sie das ähnlich, daß mit den liberalen Grundwerten selber etwas nicht stimmen könnte? Daß (diese) Selbstdestruktion unvermeidlich ist? Oder anders: Woraus schöpfen Sie eigentlich ihren Optimismus?

Habermas: Optimismus? Das muß man doch etwas differenzieren. Es ist wahr, daß ich die Grundannahme der »Kritischen Theorie«, so wie sie Anfang der vierziger Jahre Gestalt angenommen hat, nicht teile. Die Annahme, daß die instrumentelle Vernunft so weit zur Herrschaft gelangt ist, daß aus dem totalen Verblendungszusammenhang so recht kein Weg mehr herausführt, in dem nur noch Blitze von Einsichten möglich sind, die einzelnen Individuen zustoßen. Bis heute bin ich über einen Widerspruch irritiert. Auf der einen Seite ist unser Gesellschaftssystem, sicherlich das kapitalistische Gesellschaftssystem überhaupt, aber die Bundesrepublik vielleicht in besonderer Weise, relativ stabil, und das nicht nur ökonomisch: Es garantiert nicht nur einen relativ konfliktfreien Modus des Zusammenlebens, sondern hat politische Freiheiten institutionalisiert, die aus der historischen Perspektive zunächst einmal gesehen und bejaht werden müssen. Auf der anderen Seite erzeugt diese Gesellschaft viele Symptome, die mir Angst machen. Ich bin auf einer intuitiven Ebene eigentlich davon überzeugt, daß etwas in diesem System falsch angelegt ist. Das irritiert mich, ist auch ein Motiv meiner theoretischen Bemühungen und vielleicht eines gewissen Oszillierens. Ich bin nicht in dem Sinne Marxist, daß ich den Marxismus im Sinne einer Patenterklärung geglaubt hätte. Doch der Marxismus hat mir den Anstoß gegeben und die analytischen Mittel, um zu untersuchen, wie sich das Verhältnis von Demokratie und Kapitalismus entwickelt hat.

Horster/van Reijen: Aber das heißt doch, daß Sie wirklich davon überzeugt sind, daß durch eine theoretische Analyse bestehende Machtstrukturen auch gebrochen werden können?

Habermas: Ja, ich bin der festen Überzeugung, daß die Linke überhaupt, und die marxistische im besonderen, einen einzigen Vorzug reklamieren kann gegenüber allen anderen politischen Kräften, und das ist der, daß man glaubt, theoretische Analysen mit einer mittel- oder langfristigen Perspektive in der Tagespolitik vermitteln zu können. Dieses Erbe sollte man nicht preisgeben. Auf der anderen Seite bin ich auch der Meinung, daß wir weniger denn je überzeugende Analysen haben. Das ist vielleicht auch ein Motiv dafür, daß ich mit den Studenten zeitweise härter zusammengestoßen bin, als es vielleicht politisch nötig gewesen wäre. – Was ich zutiefst nicht verstanden habe, waren Dogmatismen, die sich ja auch bei den anarchistischen Studenten durchsetzten. Undogmatisch waren sie wohl eher in den Lebens- und Verkehrsformen...

Horster/van Reijen: Aber Ihre Kritik hat doch damals an einem anderen Punkt eingesetzt: An dem Punkt nämlich, daß theoretische Überlegungen so unreflektiert unmittelbar in der Praxis erprobt werden sollten von seiten des SDS. Bestimmte Vorwürfe gegenüber dem SDS – und da gehe ich sicher mit den damaligen Kritikern konform – haben sich aus heutiger Sicht als richtig herausgestellt, z. B. der Vorwurf der Wahnvorstellung, man habe die Gesellschaft schon damit im Griff, daß man auf irgendeinem Seminar die rote Fahne hißt. Aber war das damals richtig, zu diesem Zeitpunkt in dieser Weise zu kritisieren? Oskar Negt hat Ihnen den Vorwurf des unsolidarischen Verhaltens gemacht. Unsolidarisch in der Weise, daß Sie einerseits die Studentenrevolte inspiriert hätten, sich andererseits aber von ihr abgesetzt hätten und von außen kritisiert hätten. Wäre damals nicht ein Diskurs über die gesellschaftlichen Probleme nötig gewesen statt einer Kritik mit klinischen Begriffen? Mußten Sie nicht selbst vermuten, wenn Sie sich so verhalten, daß es dann eine unüberbrückbare Distanz geben wird?

Habermas: Ich will eine Prämisse in Frage stellen, nämlich die, daß ich mich außerhalb des Rahmens der Studentenbewegung gestellt hätte. Ich habe das nie so gesehen, das war nicht intendiert.

Horster/van Reijen: Wollten Sie nicht mit Ihren Äußerungen einen Schlußstrich ziehen?

Habermas: Nein, die Auseinandersetzung hatte doch noch gar nicht richtig angefangen, als ich damals diese etwas deplazierte Äußerung vom linken Faschismus gemacht hatte.
Nein, davon kann doch gar keine Rede sein.
Ich habe zweimal öffentlich Kritik geübt. Das erste Mal nach der Benno-Ohnesorg-Kundgebung in Hannover. Was ich gemeint habe, das habe ich später veröffentlicht, im Jahre 1969, in ›Protestbewegung und Hochschulreform‹. Ich halte diese Substanz der Äußerung nach wie vor für richtig, hätte sie aber mit anderen Worten ausdrücken sollen. Das andere Mal war Pfingsten unmittelbar nach der Verabschiedung der Notstandsgesetze. Der SDS hatte einen Schüler- und Studentenkongreß geplant. Die Schüler kamen aus der ganzen Bundesrepublik. Es war ein Marsch geplant vom Opernhaus auf die mit Polizei besetzte Universität. Ich habe das für unverantwortlich gehalten, habe im Kreis der Beteiligten selbst daran Kritik geübt. Diese Dinge sind ja nachzulesen. Das war zur Zeit des französischen Mai, und die Studenten haben wirklich gedacht, jetzt bricht die Revolution aus. Das war der Kontext.
Horster/van Reijen: Vom Inhaltlichen her, einverstanden, aber die Art wie ...
Habermas: Ich weiß, daß ich psychologisiert habe, aber zu jedem Satz könnte ich Ihnen eine Vorgeschichte erzählen, die mich dazu gebracht hat, so zu reden. Man muß einfach sehen, wie konkret das war. Das wußte auch damals jeder. Heute liest man das mit anderen Augen. Und es war damals eine *interne* Kritik der Methode der Protestbewegung. Sie fragen mich nach meiner Desolidarisierung. Es ist wahr, ich bin nicht in einer Organisation aufgewachsen, in welcher hätte ich auch? Darum habe ich vielleicht eine Nuance zu sehr als bürgerlicher Intellektueller reagiert. Andererseits war die Vorstellung der Studenten, man lebte sozusagen in Fortsetzung der Tradition der Arbeiterbewegung, doch genauso falsch. Infolgedessen glaube ich nicht, auch rückblickend, daß ich eine Chance gehabt hätte, wenn ich mich interner verhalten hätte.
Horster/van Reijen: Hat das denn Ihr Vertrauen in solche politischen Auseinandersetzungen nicht erschüttert? Denn Sie haben doch keinen Einfluß auf die Ereignisse genommen?
Habermas: Doch, es war mein Wunsch, Einfluß zu nehmen. Daß

die Führung des SDS mit mir vorbehaltlos geredet hätte, das war Mitte '67 vorbei. Mein Versuch, Einfluß zu nehmen, mußte diese Form haben. Da ist das Bild entstanden, der Habermas distanziert sich wirklich von der Protestbewegung. Selbst die Einleitung zu ›Protestbewegung und Hochschulreform‹ war noch eine klare Identifizierung mit den Zielen der Protestbewegung.

Horster/van Reijen: Klaus Meschkat warf Ihnen damals ein seltsames Verhältnis zur Aktualität vor, weil man Ihrer Frankfurter Rede nicht anmerkte, daß es die bundesweiten Osterunruhen und den französischen Mai gegeben habe. Würden Sie nicht rückblickend zugeben, daß doch mehr in Bewegung war, als Sie damals gesehen haben? Ist da nicht bewußtseinsmäßig ungeheuer viel mehr geschehen, als man damals absehen konnte? Die Studentenbewegung hat einen Punkt gesetzt, hinter den man nicht mehr zurückgehen kann.

Habermas: Das steht aber doch in meinen Thesen drin. Sehen Sie sich doch die letzte These mal an. Sie drückt nun wirklich Optimismus in bezug auf die Protestbewegung aus.

Horster/van Reijen: Das würden Sie heute auch noch so sehen, daß die Protestbewegung für die Entwicklung der Bundesrepublik ungeheuer wichtig war?

Habermas: Im normativen Bereich, in den Einstellungen, im kulturellen Wertsystem hat es einen Riß gegeben.

Horster/van Reijen: Man würde aber doch heute eher wieder das Gegenteil sehen, daß die Studenten heute mehr denn je bereit sind, sich einzulassen auf alle möglichen restriktiven Bedingungen.

Habermas: Nein, es gibt Untersuchungen, die im internationalen Vergleich zeigen, daß sich sogar das Wertsystem der gesamten Population verändert hat. Was Frau Noelle-Neumann als Proletarisierung der Mittelstandswerte darin bezeichnet, kann man ja auch ein bißchen angemessener beschreiben! Darin spiegelt sich eine Distanzierung von den Wertorientierungen, die die politische Kultur der fünfziger Jahre extrem bestimmt haben. Instrumentalistische, privatistische, konkurrenzbestimmte, karriereorientierte, familistische Wertsyndrome sind in Teilen der Bevölkerung, wie die Verschiebung von der »alten« zur »neuen Politik« zeigt, ins Schwimmen geraten.

Horster/van Reijen: Aber ist es nicht so, daß da, wo solche Einstellungen geändert werden, keine politische Änderung daraus folgt. Zwar können Einstellungsänderungen festgestellt werden, aber Personen, die ihre Einstellungen ändern, fallen aus dem politischen System heraus und werden systematisch unterprivilegiert.

Ergänzend will ich fragen: Die Werte der fünfziger Jahre gibt es nicht mehr, aber was denn dafür?

Habermas: Zunächst einmal sind überhaupt Spuren zu sehen, die die Protestbewegung hinterlassen hat. Veränderungen in der Familienstruktur, Veränderungen im Erziehungsstil sind älter. Zum Teil ist die Protestbewegung schon ein Produkt veränderter Sozialisationsformen. Das muß man also in einer längeren Perspektive sehen. Aber zunächst einmal sind wir uns einig, daß die Protestbewegung in kulturellen Umorientierungen wirksam geworden ist. – Sie fragen jetzt, welche politischen Folgen haben solche Veränderungen? Muß man da nicht eher skeptisch sein? Sie drängen mich da ohnehin in die falsche Rolle eines Optimisten. Im Augenblick schätze ich die Sache so ein, daß sich neue politische Potentiale bilden, die dysfunktional folgenreich sein können und die einen Vetodruck ausüben können.

Dieser Vetodruck könnte längerfristig eine Reorganisation des Parteiensystems einleiten und das nicht unbedingt im Sinne von Strauß. Aber spezifische Prognosen traue ich mir nicht zu. Es geht hier um historische Trends, die schwer zu diagnostizieren sind. Ich halte den Alternativspielraum, innerhalb dessen das Parteiensystem auf solche Herausforderungen reagieren kann, für relativ groß. Wenn es wirklich eine Rechtsregierung geben würde, die konsequent eine neue ökonomische Politik im Sinne von Milton Friedmann verfolgte; also das bedeutet einen Abbau des Sozialstaates. Dann könnte das zu einer Wiederbelebung traditionaler Klassenkämpfe führen. Ich nehme aber an, daß auch diese Regierung schlau genug sein würde, solche Risiken zu kalkulieren.

Horster/van Reijen: Ich teile Ihre Auffassung, daß es nicht so schnell zum Abbau des Sozialstaates kommt. Andererseits, was mich trotzdem betroffen hat, ohne daß ich jetzt ein Einzelphänomen überbewerten möchte, war diese Kohl-Diskussion in Holland.

Die Erregung war ungeheuerlich. Die Deutschen waren offenbar doch mehr darüber schockiert und sicher auch Kohl, daß ein bestimmtes Diskussionsprinzip durchbrochen war, als daß heikle Themen zur Diskussion standen. Daß es nämlich in einem Fernsehinterview nicht gelungen ist, daß der Moderator und Kohl die Initiative behalten. Die Holländer sagten, wir bestimmen darüber, was eine Antwort ist und was nicht. Das hat die deutschen Zuschauer schockiert. Ich frage mich, ob nicht in Deutschland deutlicher als in Holland die Tendenz besteht, die Bildung von Öffentlichkeit stark zu formieren. Ob nicht das, was sich in einer solchen Sendung gezeigt hat, exemplarisch ist.
Habermas: Ich habe die Sendung nicht gesehen. Aber ich nehme an, daß sie ein Symptom ist für korporatistische Einschränkungen eines funktionierenden bürgerlichen Pluralismus. Und dafür sind die Symptome in der Bundesrepublik nach meinen Erfahrungen stärker als in Amerika oder England. Es ist ja auch nicht so, als ob ich nur heiteren Himmel über mir sehe, im Gegenteil. Nach der Schleyer-Entführung haben Politiker, haben Medien, hat die Presse mit wenigen Ausnahmen, nicht nur die Blätter rechts unterhalb der FAZ, Schranken der politischen Kultur eingerissen, die in den ersten zwei Jahrzehnten nach dem Kriege mühsam aufgebaut worden waren. In den ersten zwei Jahrzehnten ist eine offizielle Meinung durchgepaukt worden, die wesentlich liberaler war als die Gesamteinstellung der Bevölkerung. Diese heilsamen Kontrollen sind durchbrochen worden, plötzlich durfte man Böll zur Emigration auffordern, Geiselerschießungen in Betracht ziehen usw. Solche Gefühle bestehen natürlich, ihnen aber Ausdruck zu geben, war bis dahin nicht möglich. Hinzu kamen bürokratisch verordnete Gefühlsregungen, Tendenzen, die Bevölkerung zur Hilfspolizei zu machen usw. Ich erinnere mich an eine Pressekonferenz, auf der der Bund Freiheit der Wissenschaft Namen von Professoren, von Kollegen öffentlich gemacht hat, die angeblich zur Sympathisantenszene gehörten. Ich glaube, daß der hohe Grad an sozialer Integration in der Bundesrepublik ein täuschendes Phänomen ist und eine Kehrseite hat: stark unterdrückte Affekte und Einstellungen, die in extremen Situationen an die Oberfläche gespült werden. Jedenfalls dann, wenn sich eine der großen Parteien an die Spitze

setzt. Hätte die CDU nicht mitgemacht, hätten wir einen Herbst in Deutschland nicht erlebt.

Horster/van Reijen: Sie haben damals ja zum Sturm geblasen in Ihrem Spiegel-Essay. Darüber waren viele erfreut, daß Sie sich wieder öffentlich in die politische Diskussion einschalteten. Aber am Russell-Tribunal haben Sie dennoch nicht teilgenommen.

Habermas: Ich habe mich, was die Wirkung des ersten Russell-Tribunals angeht, verschätzt. Ich hatte die Befürchtung, daß nachher die gesamte Diskussion über Berufsverbote geradezu in die Illegalität abgedrängt werden würde. Ich meinte, daß der für die Bundesrepublik unangemessene institutionelle Rahmen des Russell-Tribunals die Sache so sehr diskreditiert, daß man nachher kein Bein mehr auf die Erde bekommt. Ich hatte die Vorstellung – Sie mögen sagen, typisch liberale Intellektuellenvorstellung –, daß man 10 bis 20 Leute in Harheim zusammenbringt, die die erwartete publizistische Wirkung konterkarieren; Leute, die dann sagen konnten: Wir haben das Russell-Tribunal nicht unterstützt, aber was da zutage gekommen ist, ist doch der wahre Skandal. Ich habe diese Gruppe aber nicht zustande gebracht. Im übrigen hätte man es beim ersten Russell-Tribunal belassen sollen; denn das zweite hatte einen einzigen »Fall«, und das war das Kontaktsperre-Gesetz. Die Hauptsache, die verhandelt worden ist, waren Fälle faktischer Zensur, die ist aber in der Bundesrepublik nicht schlimmer als in jedem anderen westlichen Land.

Horster/van Reijen: Die Buback-Affäre, § 88a und Studenten, die absehen von der Behandlung von Marx in den Examensarbeiten, weil sie Lehrer werden wollen, ist das nicht doch irgendwie typisch für die Situation in der Bundesrepublik?

Habermas: Doch ja!

Horster/van Reijen: Was da gemacht wird an Unterdrückung der Meinungsbildung...

Habermas: Nun gut, jeder Liberale würde Ihnen jetzt antworten, und hoffentlich mit Recht, irgendwie haben wir die Sache ausgestanden. Der Herr Nixon mußte ja auch erst mal abgesetzt werden. Eine Demokratie bewährt sich am Ende nicht an den Produkten, die sie überhaupt zuläßt, sondern in der Art und Weise, wie sie damit fertig wird.

Horster/van Reijen: Aber gerade in der Hinsicht ist etwas zu registrieren...: Diesen Treue-Revers, den man den niedersächsischen Hochschullehrern vorgelegt hat...
Habermas: Was Pestel gemacht hat, ist ein Skandal, ein Neuaufguß der McCarthy-Ära, und nebenbei gesagt, daß die meisten der aufgeforderten Professoren unterschrieben haben, ist genauso ein Skandal.
Horster/van Reijen: Es ist aber nicht nur eine Frage für die Bundesrepublik, sondern auch eine Frage für die kleineren Länder rundum. Die Bundesrepublik hat eine derartig gewaltige wirtschaftliche Macht. Die wirkt sich doch aus auf die politische Struktur der Nachbarländer.
Habermas: Ich bin kein Europa-Fan, war es auch nicht, als es Mode war, aber man muß über die wachsende Integration der europäischen Länder froh sein...
Horster/van Reijen: ... über die Konfrontation mit Systemen, die mehr auf politische Bildung und politische Meinungsbildung Wert legen...
Habermas: ... auch in einem Rahmen, in dem es Frankreich und England, vor allem auch die lateineuropäischen Länder, mit starken kommunistischen Parteien gibt.
Auch in der Bundesrepublik könnte eine stärkere euro-kommunistische Partei in mancher Hinsicht ein liberalisierender Faktor sein. Es würden sich viele Dinge normalisieren. Hierzulande ist man beispielsweise nicht Max-Planck-Direktor oder Ordinarius oder was immer, und gleichzeitig Marxist. Solange das nicht der Fall ist, sind die Grundzüge der politischen Kultur nicht liberal.
Horster/van Reijen: Eine letzte Frage noch zum politischen Bereich: Worin sehen Sie Ihre eigene zukünftige politische Wirksamkeit?
Habermas: Ob ich für das politische Bewußtsein der Linken in der Bundesrepublik noch eine gewisse Wirkung haben kann, weiß ich nicht. Das heißt natürlich nicht, daß man nicht den üblichen akademischen Einfluß z. B. auf Studenten hat.
Horster/van Reijen: Und Ihr theoretischer Einfluß?
Und die Zielgruppe, Jungakademiker?
Habermas: Sie können es so nennen. Was heißt Jungakademiker?

An dem konservativen Geschrei über die ›Sinnvermittler‹ ist insofern etwas dran, als der normative Horizont unserer Gesellschaft sensitiver geworden ist. Es ist wohl keine Illusion eines Altaufklärers, mit Flausen aus dem 18. Jahrhundert, wenn man sagt, daß man durch Bücher Argumentationslagen verändern kann; man kann sich, wenn nötig, durch Artikel in der Tagespresse in einen Einstellungswandel einfädeln, den natürlich niemand intentional erzeugt, für den aber Interpretationen doch wichtig sind. Nun sage ich etwas ganz Altmodisches: Wenn man eine diffuse Situation, die niemand so recht auf den Begriff bringt, etwas klarer beleuchten kann, dann muß das das Verständnis, sogar das Selbstverständnis von breiteren sozialen Gruppen, berühren. Das hängt einfach mit dem außerordentlich wirksamen Mediensystem zusammen, das wir haben. Ich sehe aber im Augenblick keine »Zielgruppe«. Wir haben ganz kurz über diese neuen politischen Potentiale gesprochen. Meine Vorstellung wäre, etwas beizutragen zur Interpretation von Konflikten, die an den Rändern von hochverrechtlichten, von bürokratisierten Lebensbereichen, von technologisch umgepflügten Lebensbereichen entstehen. Wer eine unklare Situation richtig interpretiert, hat nicht nur den Erfolg, den man hat, wenn man sich der Wahrheit ein kleines Stückchen nähert, er mag auch ein Selbstverständnis beeinflussen, das schließlich politische Orientierungen bestimmt. Andererseits teile ich weiß Gott nicht die instrumentalistische Vorstellung, die unter unseren Tendenzwendenliteraten verbreitet ist: man könne durch Ideologieplanung und Sprachpolitik den objektiven Geist auf links oder rechts trimmen.

Horster/van Reijen: Ich habe nur ein praktisches Problem, nämlich Studenten, die Probleme, die in ›Zur Rekonstruktion‹ drinstehen, zu vermitteln. Durch die ungeheure Synthese von verschiedenen Theorien verzweifeln die Leute langsam und sagen, ja wenn wir erst anfangen müssen, die soziologischen Vorbedingungen zu erfüllen und dann die evolutionstheoretischen usw...

Ja, richtig, aber ich sehe das Problem auch anders. Die praktischen Schwierigkeiten mit der Vermittlung Ihrer Theorie würde ich auch zugeben. Aber die Schwierigkeiten sind doch von der Sache her begründet. Bloch hat immer gesagt: Ich kann über die Sache nicht einfacher schreiben, weil die Sache selbst nicht einfach ist. Für den dogmatischen Marxismus sind das natürlich alles keine Probleme, die schütteln eine Gesellschaftsanalyse aus dem Ärmel. Man kann aber mit dem groben Instrumentarium der Marxschen Theorie, beispielsweise mit dem »tendenziellen Fall der Profitrate«, das was an Krise jetzt hier ist, nicht erklären, nicht triftig erklären. Aber der Gegenstand »Gesellschaft«, der zur Analyse steht, ist selber sperrig. Das zeigen auch andere soziologische Theorien, die sich umsehen nach Möglichkeiten der Kombination mit wieder anderen soziologischen Theorien, in der Hoffnung, ihren zur Analyse stehenden Gegenstand besser in den Griff zu kriegen. Natürlich würde ich auch zugeben, daß es ein Problem für Studenten ist, die Theorien alle zu kennen. Aber man kommt in Ansehung des Gegenstandes nicht darum herum, oder ich muß meine Gesellschaftsanalyse unter Preis verkaufen. Etwas anderes sehe ich nicht in Ihren theoretischen Versuchen, Herr Habermas.

Habermas: Ich finde das sehr sympathisch, was sie sagen. Nur muß ich Herrn van Reijen doch in einem Recht geben: Was sich in den Schwierigkeiten meiner Texte spiegelt, sind selbstverständlich auch eigene Unklarheiten. Das ist gar keine Frage.

Horster/van Reijen: Sie sagten eben, Sie finden das ganz sympathisch, was ich sagte. Finden Sie das nur sympathisch oder würden Sie das auch als ihr Selbstverständnis ansehen?

Habermas: Ja.

Horster/van Reijen: Wenn Sie dem zustimmen, will ich gleich folgende Frage anschließen: Ihre Theorie ist die Synthese verschiedener Theorien mit unterschiedlichen Paradigmen, um nur einige zu nennen: Handlungstheorie, Sprachphilosophie, Marxsche Theorie, Evolutionstheorie. Die Diskussionen der letzten Soziologentage gingen um dieses Problem der Möglichkeit des Theorienvergleichs und der Theoriensynthese. Welche Kriterien haben Sie für Ihre Synthetisierungen? Kann man überhaupt Theorien mit so unterschiedlichen Paradigmen synthetisieren?

Habermas: Ich sehe das etwas anders. Wenn Sie mich fragen, ob man die Verhaltenstheorie, z. B. die lerntheoretische Kleingruppenforschung, wie sie in den fünfziger Jahren in Amerika entwikkelt worden ist, mit einer handlungstheoretisch ansetzenden, sei es

Parsonschen, sei es Marxistischen Soziologie, »verheiraten« kann, würde ich sagen: Nein. Die Grundbegrifflichkeiten schließen sich aus. In einem Fall konzeptualisiert man den Gegenstandsbereich unter Eliminierung des Grundbegriffes Sinn, im anderen Fall nimmt man intentionales Handeln, kommunikatives Handeln oder wertorientiertes Handeln als Grundbegriff auf. Das sind klare Alternativen. Ich würde nie versuchen, solche theoretischen Ansätze zu integrieren. Auf der anderen Seite glaube ich gar nicht, daß eine so große Paradigmenvielfalt besteht. Diese ist eher das Kunstprodukt einer durch Kuhn ungewollt inspirierten Wissenschaftsrethorik. In der Theoriegeschichte der Soziologie, soweit sie überhaupt einen gesellschaftstheoretischen Anspruch hatte, von Marx, Durkheim, Weber bis Parsons und wen Sie wollen, hat auf der Ebene der Grundbegrifflichkeiten immer dasselbe Problem bestanden: Wie verknüpfen wir System- und Handlungsparadigma bzw. das System- und das Lebensweltparadigma? Marx hat durch Übernahme der Hegelschen Grundbegriffe das Problem aus der Welt geschafft. Denn die Hegelsche Grundbegrifflichkeit ist gleichsam neutral gegenüber dieser Differenzierung. Deshalb hat Marx auch eine Arbeitswerttheorie entwickeln können, die dazu dient, die funktionalistische Analyse des Verwertungsprozesses, also Systemanalysen, zu übersetzen in Analysen, die auf Klassenauseinandersetzungen, auf handelnde Subjekte und Gruppen bezogen sind. Ich halte allerdings die Rettung der Arbeitswerttheorie nicht für möglich. Das ist übrigens einer der Gründe, warum mich viele Leute nicht für einen Marxisten halten. Freilich muß es ein systematisches Äquivalent geben. Parsons hat im Laufe seiner Entwicklung die Handlungstheorie in systemtheoretische überführt, übrigens nicht ohne Rest. Das läßt sich am Status des sogenannten »general frame of action«, der zum general action system avanciert ist, verdeutlichen. Meine Behauptung ist, das Problem besteht darin, die beiden Paradigmen nicht einfach rhetorisch, sondern befriedigend aufeinander zu beziehen. Nur dann kann man auch die Grundfragestellung von Marx systematisch aufnehmen. Salopp gesprochen ist das die Frage, wie das kapitalistische Wachstum, das systematisch analysiert werden muß, auf die Strukturen der Lebenswelt (der zunächst betroffenen Klassen, heute immer mehr der Gesamtpopulation) zurückwirkt. Die Dialektik von vergegenständlichter und lebendiger Arbeit sollte erklären, wie es zur Zerstörung der traditionalen Lebensformen in den sozialen Schichten gekommen ist, aus denen dann das Proletariat hervorgegangen ist. Es ging um die Erklärung der Proletarisierung von Lebensformen. Das war der für Marx eher praktische Antrieb und so kann man seine These auf unsere heutigen Verhältnisse beziehen. Unsere Probleme sind nach wie vor: wie dieses kapitalistische Wirtschaftssystem, das gar nicht so schlecht wächst, Lebensbedingungen zerstört, die so strukturiert sind, daß sie in handlungstheoretischen Kategorien beschrieben werden müssen. Sobald man Infrastruktur von Lebenswelten systemtheoretisch weginterpretiert, sobald man auf analytischer Ebene nur noch gesellschaftliche Lebensbereiche zuläßt, die systematisch reguliert werden, in dem Augenblick kann man über vergesellschaftete Individuen nicht mehr sprechen; allenfalls über Marswesen, über Existenzen, die so definiert sind, daß man unter dieser Beschreibung vergesellschaftete Individuen und deren Probleme überhaupt nicht mehr wiedererkennen kann.

Horster/van Reijen: Gut, von der strukturalistischen Marxinterpretation her würde ich schon sehen, daß zwischen Systemtheorie und dieser Marxinterpretation kein so großer Unterschied besteht. Doch läßt sich auch so ohne weiteres Handlungstheorie mit Marxscher Theorie synthetisieren? Was die Handlungen des Menschen betrifft, so kann die Handlungstheorie nicht erfassen, was sich hinter dem Rücken der Menschen in ihrem Bewußtsein durchsetzt. Also, der stumme Zwang der Verhältnisse fällt durch das analytische Netz.

Habermas: Ich glaube, daß sich das, woran der Marx interessiert war, das Durchgreifen objektiver Lebenszusammenhänge durch das Bewußtsein, durch die Handlungsorientierungen der Subjekte, am besten dann rekonstruieren läßt, wenn man sich klarmacht, daß in die handlungstheoretische Grundbegrifflichkeit ein Idealismus eingebaut ist. In den konsequent durchgeführten handlungstheoretischen Ansätzen, wie dem linguistischen (Winch), dem phänomenologischen (Schütz) oder dem ethnomethodologischen (Garfinkel) wird Gesellschaft im Grunde als eine Lebenswelt, die vollständig transparent ist, definiert. Statt dessen würde ich Gesellschaft als systemisch stabilisierte Handlungszusammenhänge sozial integrierter Gruppen verstehen. Lassen Sie es mich als Aufgabe formulieren: Wenn es gelingt, System- und Handlungsparadigma auf die richtige Weise grundbegrifflich zusammenzufügen, kann man die Marxschen Fragestellungen einklagen, statt sie einfach wegzudefinieren, wie es jeweils in Systemtheorie und Handlungstheorie, in sich genommen, passiert. So ist die Vielfalt der theoretischen Ansätze, die ich zu integrieren versuche, nicht so groß.

Horster/van Reijen: Gerade da ist aber dann doch noch ein Problem, das aufgelöst werden muß, nämlich was Ihre Emanzipationstheorie betrifft. Wenn ich das richtig verstanden habe mit der idealen Sprechsituation in einer zukünftigen Gesellschaft, so bedeutet das doch die idealistische Hoffnung, daß sich über die Änderung der Handlung der Einzelindividuen, der kommunikativen Handlungen der Einzelmenschen ganze Gesellschaftssysteme ändern?

... das verfolgt Sie sicher wie Kuhn die Paradigmen...

Habermas: Da muß man doch den Stellenwert sehen. Ich brauche die ideale Sprechsituation zunächst einmal, um die normativen Grundlagen einer Kritischen Theorie zu rekonstruieren. Die Theoriekommunikation, die mir vorschwebt, geht von einem Typus verständigungsorientierten Handelns aus, bei dem sich die Beteiligten an kritisierbaren Geltungsansprüchen orientieren. Die Verständigung bemißt sich daran, ob der Geltungsanspruch, den Ego erhebt, von Alter akzeptiert wird oder nicht. In diesem Zusammenhang muß ich zeigen, was das heißt, kritisierbare Geltungsansprüche zu erheben und einzulösen, z. B. den Wahrheitsanspruch einer Behauptung. Ich meine nun, daß es genau zwei Geltungsansprüche gibt, die nur argumentativ eingelöst werden können. Das führt mich zu einer Diskurstheorie der Wahrheit und dabei rekurriere ich auf die allgemein pragmatischen Voraussetzungen der idealen Sprechsituation.

Man darf sich die ideale Sprechsituation nicht als ein utopisches Muster für eine emanzipierte Gesellschaft vorstellen. Ich benutze sie nur zur Rekonstruktion des Vernunftsbegriffes, d.h. eines Begriffes kommunikativer Vernunft, den ich in der Tat gegenüber Adorno/Horkheimers ›Dialektik der Aufklärung‹ ins Feld führen möchte. Bei Horkheimer/Adorno schrumpft die Vernunft zur »Unvernunft« der Mimesis zusammen. In den mimetischen Kräften ist ja das Versprechen der Versöhnung aufgehoben. Das führt dann bei Adorno zur Negativen Dialektik, und das heißt ins ›Nowhere‹.

Horster/van Reijen: ... also der Identitätsgesichtspunkt wäre für Sie auch nicht akzeptabel? ... die Rettung der Vernunft führt uns doch dazu zu sagen, daß auch in einer zukünftigen Gesellschaft Herrschaft bestehen bleibt. Altes Problem bei Schelling. Wenn die Herrschaft der Vernunft bestehen bleibt, dann bleibt immer die Herrschaft über die Objekte. Dagegen gibt es nur eine einzige Lösungsmöglichkeit, die von Schelling angeboten wurde, die Identität.

Habermas: Ich glaube, daß das zu den begrifflichen Erbschaften gehört, die nicht auf gleicher Augenhöhe einzuholen sind. Da ist einfach – wenn Sie wollen – ein Stück Kantianismus in mir. Da bleibt etwas Unversöhntes zu der Natur.

Wenn wir über Vernunft reden, dann reden wir ja nicht über Entscheidungen für Wertpostulate, sondern wir sprechen über unvermeidliche Voraussetzungen, die uns nicht zur Disposition stehen. Die Vernunftsaspekte, die nach Max Weber unversöhnlich auseinandergetreten sind, kognitiv instrumentelle, moralisch praktische, ästhetisch expressive, – diese drei bilden nach wie vor einen in sich differenzierten Begriff von Vernunft: Max Weber hat unrecht – würde ich sagen –, wenn er glaubt, daß sich die verselbständigten Momente der Vernunft sozusagen in irrationale Glaubensmächte verwandeln, die miteinander konkurrieren. Nein, sie bleiben Vernunftsmomente, und die große Frage ist: Wie können wir ihren Zusammenhang hinreichend präzise beschreiben? Was bedeutet dieser Vernunftzusammenhang für die Vergesellschaftung von Individuen, die sprechen und arbeiten und, indem sie beides tun, nicht anders können, als ihr Leben mit Hilfe eben jener dreistrahligen Vernunft zu reproduzieren. Ich glaube freilich nicht – und da hat Max Weber recht –, daß man die Einheit der Vernunft, den Zusammenhang der Vernunftsmomente auf der Ebene kultureller Deutungssysteme, also in Form eines religiösen Weltbilds oder einer Philosophie dingfest machen kann. Im übrigen ist das marxisch gesprochen: Aufhebung der Philosophie. Auf der Ebene kultureller Deutungssysteme geht nichts mehr zusammen. In den Lebensverhältnissen aber und in der kommunikativen Alltagspraxis hängen die Vernunftsmomente zusammen, nur auf eine merkwürdig verstellte Weise. Das ist auch Marxens Frage: Die Zerstörung genau dieser vernünftig angelegten Lebensverhältnisse durch die Rückwirkungen eines ökonomisch-administrativen Systems, das für sich betrachtet ein hohes Niveau der Systemdifferenzierung erreicht hat, aber doch so eingerichtet ist, daß es destruktive Nebenfolgen hat, und diese sind das Problem.

Unter dem Gesichtspunkt der Rationalisierung – Weberisch formuliert – ist dasjenige, was für mich die Idee des Sozialismus konstituiert, die Möglichkeit, die kapitalistische Vereinseitigung des Rationalisierungsprozesses zu überwinden. Vereinseitigung im Sinne des Dominantwerdens der kognitiv-instrumentellen Aspekte, durch die alles andere ins scheinbar Irrationale abgedrängt worden ist. Diese würden sozusagen an den richtigen Platz gerückt, nicht als hätte es je eine Phase gegeben, in der sie den richtigen Platz gehabt hätten. Man würde auch im Sozialismus mit einem Wirtschaftssystem leben müssen, das genauso operiert wie ein ausdifferenziertes, aus dem politischen Zusammenhang ausdifferenziertes Teilsystem eben funktioniert, das aber dennoch nicht diese objektive, hinter dem Rücken durchgreifende destruktive Gewalt für kommunikativ strukturierte Lebensverhältnisse entwickelt. – Worin ich Marx kritisieren würde, ist folgendes: Er hat nicht gesehen, daß mit der kapitalistischen Produktionsweise nicht nur eine neue unpolitische Form der Klassenherrschaft etabliert worden ist, sondern daß damit auch ein neues Niveau der Systemdifferenzierung – würde Luhmann sagen – erreicht worden ist, mit ungeheuren evolutionären Vorteilen gegenüber dem Niveau der Systemdifferenzierung, das staatlich organisierte Gesellschaften vorbürgerlicher Art erreicht haben. Solche evolutionären Vorteile – wenn man so sagen will – stehen eigentlich nicht zur Disposition. Marx hat sich vorgestellt, wir zerschlagen das Kapital und damit löst sich gleichsam die Ökonomie wieder auf in einen lebensweltlichen Zusammenhang unter unserer Kontrolle. Später hat er die Sache etwas skeptischer beurteilt (Trennung des Reiches der Notwendigkeit vom Reich der

Freiheit). Marx hat von neutralen Produktivkräften geredet, ich frage mich, gibt es neutrale Komplexitätssteigerungen oder ist dieses in der Moderne erreichte höhere Niveau der Systemdifferenzierung nur um den Preis *irgendeiner* Form von Klassenherrschaft zu haben? Wenn das letztere der Fall ist, gäbe es nur regressive Lösungen für den Sozialismus. Was die Sache nicht unbedingt unattraktiver, aber beinahe aussichtslos macht. Denn wie müßte eine Situation aussehen, in der die Masse der Bevölkerung für humanere Formen des Zusammenlebens den handfesten Preis einer devolutionierten Wirtschaft zu zahlen bereit wäre? Aber für die pessimistische Annahme, die dieser Frage zugrunde liegt, gibt es keine a priori-Argumente, deshalb ist die Sozialisierung als ein selbstkorrekturfähiges, sozusagen fallibilistisch angelegtes Projekt heute so essentiell wie eh und je.

Nachweise

1 Das chronische Leiden der Hochschulreform, in: Merkur 11, 1957, Nr. 109, 265-284; wiederabgedruckt: Protestbewegung und Hochschulreform, Frankfurt/Main 1969, 51-82.

2 Konservativer Geist und die modernistischen Folgen. Zum Reformplan für die deutsche Schule, in: Der Monat (Berlin) 1959, 12 (133), 41-50.

3 Pädagogischer ›Optimismus‹ vor Gericht einer pessimistischen Anthropologie, Schelskys Bedenken zur Schulreform, in: Neue Sammlung (Göttingen) 1961, 1 (4), 251-278.

4 Vom sozialen Wandel akademischer Bildung, in: Merkur 17, 1963, Nr. 183, 413-427; wiederabgedruckt: Theorie und Praxis, Frankfurt/Main 1971, 359-376.

5 Zwangsjacke für die Studienreform. Die befristete Immatrikulation und der falsche Pragmatismus des Wissenschaftsrates, in: Der Monat 18, 1966, Nr. 218, 7-19; wiederabgedruckt: Protestbewegung und Hochschulreform 92-107.

6 Universität in der Demokratie. Demokratisierung der Universität (1967), in: Merkur 21, 1967, Nr. 230, 416-433; wiederabgedruckt: Protestbewegung und Hochschulreform, Frankfurt/Main 1969, 108-133.

7a) Grundsätze für ein neues Hochschulrecht (zusammen mit Denninger, von Friedeburg und Wiethölter), in: Frankfurter Allgemeine Zeitung vom 23. Juli 1968; wiederabgedruckt: Protestbewegung und Hochschulreform, Frankfurt/Main 1969, 203-216.

b) Heilige Kühe der Hochschule. In Hessen könnte die Reform beginnen, in: Die Zeit vom 27. September 1968; wiederabgedruckt: Protestbewegung und Hochschulreform, Frankfurt/Main 1969, 216-223.

c) Ein Beitrag zur Diskussion des Hessischen Hochschulgesetzentwurfs (zusammen mit Denninger, von Friedeburg und Wiethölter), in: Der Spiegel vom 2. Dezember 1968; wiederabgedruckt: Protestbewegung und Hochschulreform, Frankfurt/Main 1969, 223-234.

8 Demokratisierung der Hochschule – Politisierung der Wissenschaft?, in: Merkur 23, 1969, Nr. 255, 597-604; Theorie und Praxis, Frankfurt/Main 1971.

9 Diskutieren – was sonst?, in: Daten (Dortmund) 2, 47ff.; wiederabgedruckt: Protestbewegung und Hochschulreform, Frankfurt/Main 1962, 83-89.

10a) Rede über die politische Rolle der Studentenschaft in der Bundesrepublik, in: Der Politologe (Berlin) 23, 2 u. 6ff.; wiederabgedruckt: Protestbewegung und Hochschulreform, Frankfurt/Main 1969, 137-146.
b) Diskussionsbeiträge, in: Bedingungen und Organisation des Widerstandes. Der Kongreß in Hannover, Voltaire Flugschrift 12, 75f. und 100ff.; wiederabgedruckt: Protestbewegung und Hochschulreform, Frankfurt/Main 1969, 146-149.
c) Brief an C. Grossner, in: Protestbewegung und Hochschulreform, Frankfurt/Main 1969, 151-152.

11 Studentenprotest in der Bundesrepublik, in: Protestbewegung und Hochschulreform, Frankfurt/Main 1969, 153-177.

12 Einleitung einer Podiumsdiskussion, in: Protestbewegung und Hochschulreform, Frankfurt/Main 1969, 178-184.

13 Werden wir richtig informiert?, in: Die Zeit vom 31. Mai 1968.

14 Die Scheinrevolution und ihre Kinder. 6 Thesen über Taktik, Ziele und Situationsanalysen der oppositionellen Jugend, in: Frankfurter Rundschau, 5. Juni 1968; wiederabgedruckt: Protestbewegung und Hochschulreform, Frankfurt/Main 1969, 188-201.

15 Seminarthesen, in: Protestbewegung und Hochschulreform, Frankfurt/Main 1969, 244-248.

16 Vorbemerkung und Einleitung zu: Protestbewegung und Hochschulreform, Frankfurt/Main 1969, 7-50.

17 Ein wahrhaftiger Sozialist, in: Die Zeit vom 4. Januar 1980.

18 Machtkampf und Humanität. Eine Erwiderung auf Ernst Topitsch, in: Frankfurter Allgemeine Zeitung vom 12. Dezember 1970; wiederabgedruckt: Kultur und Kritik, Frankfurt/Main 1973, 371-377.

19 Die Utopie des guten Herrschers, in: Merkur 26, 1972, Nr. 296, 1266-1273; wiederabgedruckt: Kultur und Kritik, Frankfurt/Main 1973, 378-388.

20 Wo bleiben die Liberalen, in: Die Zeit vom 5. Mai 1978.

21 Wissenschaftssprache, Bildungssprache, Umgangssprache, in: Max-Planck-Gesellschaft (Hrsg.), Jahrbuch 1977, 36-51.

22 a) Probe für Volksjustiz, in: Der Spiegel vom 10. Oktober 1977.
b) Die Bühne des Terrors, in: Merkur 31, 1977, Nr. 353, 944-958; wiederabgedruckt: F. Duve, H. Böll, K. Staeck (Hrsg.), Briefe zur Verteidigung der Republik, Reinbek 1977; Linke Terroristen, Sympathisanten, in: Süddeutsche Zeitung vom 26./27. November 1977.

23 Mut zur Erziehung, in: Die Zeit vom 21. Juli 1978.

24 Einleitung zu: J. Habermas (Hrsg.), Stichworte zur geistigen Situation der Zeit, Frankfurt/Main 1979, 7-35.

25 Der Fall Brückner ist ein Fall Albrecht, in: A. Krovoza, K. Ottomeier, A. Oestmann (Hrsg.), Zum Beispiel Peter Brückner. Treue zum Staat und kritische Wissenschaft, Frankfurt/Main 1980.

26 Die Moderne – ein unvollendetes Projekt, Rede aus Anlaß der Verleihung des Adorno-Preises der Stadt Frankfurt (11. 9. 1980).

27 Geführt am 16. 12. 1977 in Jerusalem, auf Hebräisch, in: Machschavot Nr. 48, 1979, 68-79.

28 Geführt am 29. Mai 1978 in Starnberg, in: Rinascita, Nr. 30/31, 28. Juli/4. August 1978; englisch in: Telos Nr. 39, 1979, 163-172.

29 Geführt am 23. März 1979 in Starnberg, in: D. Horster, Habermas zur Einführung, Hannover 1980, 70-94.

Jürgen Habermas
Theorie des kommunikativen Handelns
Bd. 1 Handlungsrationalität und gesellschaftliche Rationalisierung
Bd. 2 Kommunikative vs. funktionalistische Vernunft

Die Theorie des kommunikativen Handelns dient der Klärung der Grundlagen einer kritischen Gesellschaftstheorie. Auf einer ersten Ebene versteht sie sich als Beitrag zur soziologischen Handlungstheorie. Indem sie theoriegeschichtliche Rekonstruktion mit Begriffsanalyse verbindet, schließt sich die Untersuchung auch in methodischer Hinsicht an Parsons' Werk von 1937 (The Structure of Social Action) an. Allerdings geht sie nicht mehr von der Struktur der Zwecktätigkeit aus, sondern konzentriert sich auf die Verständigungsleistungen, durch die Aktoren ihre Handlungen koordinieren.

Der Grundbegriff des kommunikativen Handelns erschließt den Zugang zu drei Themenkomplexen, die miteinander verschränkt sind: zum Begriff der kommunikativen Rationalität, zu einem zweistufigen, die Paradigmen von Handlung und System verknüpfenden Gesellschaftskonzept, und zu einem theoretischen Ansatz, der die Paradoxien der Moderne mit Hilfe einer Unterordnung der kommunikativ strukturierten Lebenswelt unter die Imperative verselbständigter formal organisierter Handlungssysteme erklärt.

In der Einleitung wird die These begründet, daß die Rationalitätsproblematik nicht von außen auf die Soziologie zukommt, sondern von innen aufbricht. Für jede Soziologie mit gesellschaftstheoretischem Ehrgeiz stellt sich das Problem der Verwendung eines normativ gehaltvollen Rationalitätsbegriffs auf drei Ebenen gleichzeitig. Sie kann dem Zusammenhang zwischen (a) der metatheoretischen Frage nach den Rationalitätsimplikationen der grundlegenden Handlungsbegriffe, (b) der methodologischen Frage nach den Rationalitätsimplikationen eines sinnverstehenden Zugangs zum Objektbereich und (c) der empirischen Frage, in welchem Sinn die Modernisierung einer Gesellschaft als Rationalisierung beschrieben werden kann, nicht ausweichen. Diese drei Fragen bieten den Leitfaden für eine systematische Aneignung der Theoriegeschichte.

Max Webers Theorie der Rationalisierung erstreckt sich einerseits auf den Strukturwandel religiöser Weltbilder und das kognitive Potential der ausdifferenzierten Wertsphäre Wissenschaft, Moral und Kunst, andererseits auf das selektive Muster der kapitalistischen Modernisierung (Kapitel II). An dem aporetischen Gang der marxistischen Rezeption der Weberschen Rationalisierungsthese von Lukács bis Horkheimer und Adorno zeigen sich die Grenzen des bewußtseinstheoretischen Ansatzes und die Gründe zu einem Paradigmenwechsel von der Zwecktätigkeit zum kommunikativen Handeln (Kapitel IV). In diesem Lichte fügen sich G. H. Meads kommunikationstheoretische Grundlegung der Sozialwissenschaften und E. Durkheims Religionssoziologie so zusammen, daß das Konzept der sprachlich vermittelten normengeleiteten Interaktion im Sinne einer begrifflichen Genese erklärt werden kann. Die Idee der Versprachlichung des Sakralen bietet im übrigen den Gesichtspunkt, unter dem Meads und Durkheims Annahmen zur Rationalisierung der Lebenswelt konvergieren (Kapitel V).
Anhand der Theorieentwicklung von T. Parsons läßt sich das Problem der Verknüpfung von system- und handlungstheoretischen Grundbegrifflichkeiten gut analysieren. Dabei werden die Ergebnisse der, systematischen Fragen gewidmeten, Zwischenbetrachtungen aufgenommen (Kapitel VII). Die erste Zwischenbetrachtung nimmt Max Webers Handlungstheorie zum Ausgangspunkt, um den formal pragmatischen Ansatz einer Theorie des kommunikativen Handelns darzustellen (Kapitel III). Die zweite Zwischenbetrachtung entwickelt zunächst das Konzept der Lebenswelt und verfolgt dann den evolutionären Trend zur Entkoppelung von System und Lebenswelt so weit, daß Max Webers Rationalisierungsthese umformuliert und auf gegenwärtige Verhältnisse angewendet werden kann (Kapitel VI). Die Schlußbetrachtung führt die theoriegeschichtlichen und die systematischen Untersuchungen zusammen; sie soll einerseits die vorgeschlagene Interpretation der Moderne an Verrechtlichungstendenzen und neuen Konfliktpotentialen einer Überprüfung zugänglich machen und andererseits die Aufgaben präzisieren, die sich heute einer kritischen Gesellschaftstheorie stellen (Kapitel VIII).

Inhalt

Bd. 1: Handlungsrationalität und gesellschaftliche Rationalisierung

I. Einleitung: Zugänge zur Rationalitätsproblematik:
1. Rationalität – eine vorläufige Begriffsbestimmung; 2. Einige Merkmale des mythischen und des modernen Weltverständnisses; 3. Weltbezüge und Rationalität, Aspekte des Handelns in vier soziologischen Handlungsbegriffen; 4. Die Problematik des Sinnverstehens in den Sozialwissenschaften

II. Webers Theorie der Rationalisierung:
1. Okzidentaler Rationalismus; 2. Die Entzauberung religiös-metaphysischer Weltbilder und die Entstehung moderner Bewußtseinsstrukturen; 3. Modernisierung als gesellschaftliche Rationalisierung: die Rolle der protestantischen Ethik; Rationalisierung des Rechts und Gegenwartsdiagnose

III. Erste Zwischenbetrachtung: Soziales Handeln, Zwecktätigkeit und Kommunikation:
1. Aspekte der Rationalität des Handelns; 2. Formale und empirische Pragmatik

IV. Von Lukács zu Adorno: Rationalisierung als Verdinglichung:
1. Max Weber in der Tradition des westlichen Marxismus; 2. Die Kritik der instrumentellen Vernunft

Bd. 2: Kommunikative vs. funktionalistische Vernunft

V. Paradigmenwechsel bei Mead und Durkheim: Von der Zwecktätigkeit zum kommunikativen Handeln:
1. Zur kommunikationstheoretischen Grundlegung der Sozialwissenschaften; 2. Die Autorität des Heiligen und der normative Hintergrund kommunikativen Handelns; 3. Die rationale Struktur der Versprachlichung des Sakralen

VI. Zweite Zwischenbetrachtung: System und Lebenswelt:
1. Das Konzept der Lebenswelt und der hermeneutische Idealismus der verstehenden Soziologie; 2. Entkoppelung von System und Lebenswelt

VII. Talcott Parsons: Konstruktionsprobleme der Gesellschaftstheorie:
1. Von der normativistischen Theorie des Handelns zur Systemtheorie der Gesellschaft; 2. Die Wendung zur Systemtheorie; 3. Theorie der Moderne

VIII. Schlußbetrachtung: Von Parsons über Weber zu Marx:
1. Ein Rückblick auf Max Webers Theorie der Moderne; 2. Marx und die These der inneren Kolonialisierung; 3. Aufgaben einer kritischen Gesellschaftstheorie

Literaturverzeichnis
Namensverzeichnis

Suhrkamp Verlag GmbH
Torstraße 44, 10119 Berlin
info@suhrkamp.de
www.suhrkamp.de